한 번에 합격,
자격증은 이기적

이렇게
기막힌
적중률

함께 공부하고 특별한 혜택까지!
이기적 스터디 카페 🔍

구독자 13만 명, 전강 무료!
이기적 유튜브 🔍

자격증 독학, 어렵지 않다!
수험생 합격 전담마크

이기적 스터디 카페

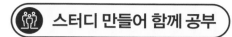 스터디 만들어 함께 공부

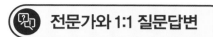 전문가와 1:1 질문답변

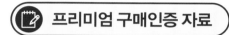 프리미엄 구매인증 자료

 365일 진행되는 이벤트

이기적 스터디 카페

인증만 하면, **고퀄리티 강의가 무료!**

100% 무료 강의

STEP
1

이기적
홈페이지
접속하기

>

STEP
2

무료동영상
게시판에서
과목 선택하기

>

STEP
3

ISBN 코드
입력 & 단어
인증하기

>

STEP
4

이기적이 준비한
명품 강의로
본격 학습하기

영진닷컴 이기적 🔍

1년 365일 이기적이 쏜다!

365일 진행되는 이벤트에 참여하고 다양한 혜택을 누리세요.

EVENT ❶ 기출문제 복원

- 이기적 독자 수험생 대상
- 응시일로부터 7일 이내 시험만 가능
- 스터디 카페의 링크 클릭하여 제보

이벤트 자세히 보기 ▶

EVENT ❷ 합격 후기 작성

- 이기적 스터디 카페의 가이드 준수
- 네이버 카페 또는 개인 SNS에 등록 후
  이기적 스터디 카페에 인증

이벤트 자세히 보기 ▶

EVENT ❸ 온라인 서점 리뷰

- 온라인 서점 구매자 대상
- 한줄평 또는 텍스트 & 포토리뷰 작성 후
  이기적 스터디 카페에 인증

이벤트 자세히 보기 ▶

EVENT ❹ 정오표 제보

- 이름, 연락처 필수 기재
- 도서명, 페이지, 수정사항 작성
- book2@youngjin.com으로 제보

이벤트 자세히 보기 ▶

N Pay 20,000원
네이버페이 포인트 쿠폰

영진닷컴 쇼핑몰 30,000원

- N페이 포인트 5,000~20,000원 지급
- 영진닷컴 쇼핑몰 30,000원 적립
- 30,000원 미만의 영진닷컴 도서 증정

※이벤트별 혜택은 변경될 수 있으므로 자세한 내용은 해당 QR을 참고하세요.

이기적 크루를 찾습니다!

WANTED

저자 · 강사 · 감수자 · 베타테스터 상시 모집

저자 · 강사

- **분야** 수험서 전 분야
  수험서 집필 혹은 동영상 강의 촬영
- **요건** 관련 강사, 유튜버, 블로거 우대
- **혜택** 이기적 수험서 저자 · 강사 자격
  집필 경력 증명서 발급

감수자

- **분야** 수험서 전 분야
- **요건** 관련 전문 지식 보유자
- **혜택** 소정의 감수료
  도서 내 감수자 이름 기재
  저자 모집 시 우대(우수 감수자)

베타테스터

- **분야** 수험서 전 분야
- **요건** 관련 수험생, 전공자, 교사/강사
- **혜택** 활동 인증서 & 참여 도서 1권
  영진닷컴 쇼핑몰 30,000원 적립
  스타벅스 기프티콘(우수 활동자)
  백화점 상품권 100,000원(우수 테스터)

◀ 모집 공고 자세히 보기

이메일 문의하기 ✉ book2@youngjin.com

기억나는 문제 제보하고 N페이 포인트 받자!
기출 복원 EVENT

성명	이기적

수험번호 ㄹ O ㄹ 4 1 1 1 3

Q. 응시한 시험 문제를 기억나는 대로 적어주세요!

①365일 진행되는 이벤트   ②참여자 100% 당첨   ③우수 참여자는 N페이 포인트까지

영진닷컴 쇼핑몰
30,000원

N Pay

네이버페이
포인트 쿠폰   **20,000원**

적중률 100% 도서를 만들어주신 여러분을 위한 감사의 선물을 준비했어요.

신청자격 이기적 수험서로 공부하고 시험에 응시한 모든 독자님

참여방법 이기적 스터디 카페의 이벤트 페이지를 통해 문제를 제보해 주세요.

※ 응시일로부터 7일 이내의 시험 복원만 인정됩니다.

유의사항 중복, 누락, 허위 문제를 제보한 경우 이벤트 대상에서 제외됩니다.

참여혜택 영진닷컴 쇼핑몰 30,000원 적립

정성껏 제보해 주신 분께 N페이 포인트 5,000~20,000원 차등 지급

이벤트 페이지 확인하기 ▶

이기적이
다 드립니다

여러분은 합격만 하세요! 이기적 합격 성공세트 BIG 4

영상으로 쉽게 이해하는, **무료 동영상 강의**

공부하기 어려운 사무자동화 필기 이론을 기초부터!
이기적이 떠먹여주는 시험 대비 강의를 시청하세요.

무엇이든 물어보세요, **1:1 질문답변**

사무자동화 시험에 대한 궁금증, 전문 선생님이 해결해드려요.
스터디 카페 질문/답변 게시판에 어떤 질문이든 올려주세요.

더 많은 문제를 원한다면, **모의고사 추가 3회분**

문제를 더 풀고 연습하고 싶으시다고요?
걱정 마세요. 아낌없이 3회분 모의고사까지 더 드립니다.

채점도 대신 해드리는, **자동 채점 서비스**

QR코드를 찍어 오픈된 모바일 답안지에 답안을 입력해 보세요.
자동으로 채점되고 오답은 해설이 제공되는 서비스입니다.

〈2025 이기적 사무자동화산업기사 필기 기본서〉를 구매하고 인증한 독자에게만 드리는 자료입니다.

이 모든 혜택 한 번에 보기 ▶

시험 환경 100% 재현!
CBT 온라인 문제집

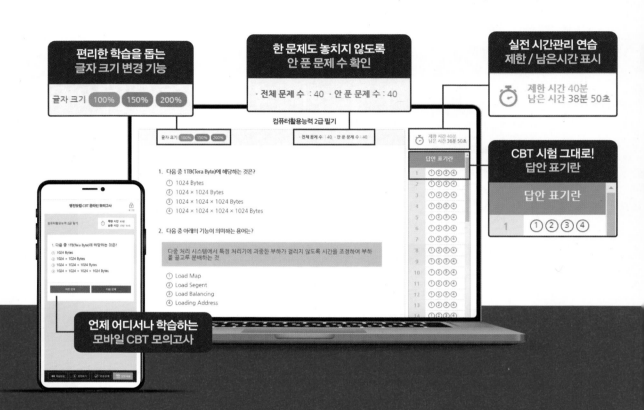

편리한 학습을 돕는 글자 크기 변경 기능
글자 크기 100% 150% 200%

한 문제도 놓치지 않도록 안 푼 문제 수 확인
· 전체 문제 수 : 40 · 안 푼 문제 수 : 40

실전 시간관리 연습 제한 / 남은시간 표시
제한 시간 40분
남은 시간 38분 50초

CBT 시험 그대로! 답안 표기란
답안 표기란
1 ① ② ③ ④

언제 어디서나 학습하는 모바일 CBT 모의고사

이용 방법

STEP 1	STEP 2	STEP 3	STEP 4
이기적 CBT cbt.youngjin.com 접속	과목 선택 후 제한시간 안에 풀이	답안 제출하고 합격 여부 확인	틀린 문제는 꼼꼼한 해설로 복습

이기적 CBT 🔍

이렇게
기막힌
적중률

사무자동화산업기사
필기 기본서

1권 · 이론서

"이" 한 권으로 합격의 "기적"을 경험하세요!

YoungJin.com Y.
영진닷컴

출제빈도에 따라 분류하였습니다.
- 상 : 반드시 보고 가야 하는 이론
- 중 : 보편적으로 다루어지는 이론
- 하 : 알고 가면 좋은 이론

▶ 표시된 부분은 동영상 강의가 제공됩니다.
이기적 홈페이지(license.youngjin.com)에 접속하여 시청하세요.

▶ 제공하는 동영상과 PDF 자료는 1판 1쇄 기준 2년간 유효합니다.
단, 출제기준안에 따라 동영상 내용은 변경될 수 있습니다.

PART 03 프로그래밍 일반

별책 **기출공략집**

구매 인증 PDF

CBT 모의고사
01~03회 PDF

사무자동화산업기사 필기
핵심 요약 PDF

※ **참여 방법** : '이기적 스터디 카페' 검색 → 이기적 스터디
카페(cafe.naver.com/yjbooks) 접속 → '구매 인증 PDF
증정' 게시판 → 구매 인증 → 메일로 자료 받기

STEP 01 시험에 꼭 나오는 핵심 이론으로 학습

출제빈도
섹션별 출제빈도를 상/중/하로
나누어 효율적인 학습이 가능합니다.

빈출 태그
시험에 자주 출제되는
주요 키워드를 태그로 정리했습니다.

강의 QR
동영상 강의를 QR코드로 쉽게
시청할 수 있습니다.

기적의 TIP
사무자동화의 정의 및 행동
과학에 대한 설명과 배경 요
소 등을 반드시 숙지하세요.

01 사무자동화의 개요

1) 사무자동화(OA : Office Automation)의 정의 21년 5월, 16년 10월, 15년 9월, 14년 5월, 13년 6월
- 조직의 사무업무를 수행하기 위해 사무기능을 자동화한 것이다.
- 컴퓨터 기술, 통신 기술, 시스템 공학, 행동 과학을 적용하여 사무의 생산성을 높이는 일이다.
- 사무 근로자의 생산성을 높이기 위해 그들이 사용하는 장비에 수행하는 업무를 통합시키는 것이다.
- 전사적, 장기적 관점에서의 사무생산성 향상과 창조적 인간능력 개선이다(광의적 정의).
- 기존의 자료 처리 기술로는 다루기 어렵고 자료 양이 많으면서도 명확하지 않은 사

팁(TIP)
기적의 TIP, 암기 TIP 등 학습
에 도움이 되는 다양한 TIP을
삽입하였습니다.

 STEP 02 이론 학습 후 기출문제 풀이로 유형 파악 및 복습

기출문제

01 다음은 무
사무업무에 있어?... 로 목표에 맞
는 일을 수행했느냐의 여부를 나타낸다. 이는 산출물의
정확성, 신속성, 확실성, 품질의 향상 등을 의미하며, 조
직 구성원의 행동적 측면과 많은 관련이 있다.

① 효율성 ② 창조성
③ 유효성 ④ 가치성

사무자동화의 생산성 평가 기준
- 효율성 : 시스템에 유입되는 투입량과 산출량의 양적 비율
- 유효성 : 사무업무에 있어서 산출물의 질적 개념, 목표에 맞는 일을 했느냐에 대한 여부 즉, 효과
- 창조성(인간성) : 사무실의 환경 향상, 직장의 활성화 등을 의미
- 생산성 : 동일한 산출량을 위해 더 적은 비용이나 시간의 투입을 의미

02 사무자동화 시스템은 수작업 처리를 자동화함으로써
처리시간을 감소시키거나 여러 가지 효율성을 증가시
킨다. 이에 해당되지 않는 사항은?

04 다음 중 MIS(경영 정보 시스템)에 대한 설명으로 가
장 관계가 먼 것은?
① MIS는 기업의 전략, 계획, 조정, 관리, 운영 등
의 결정을 보조하는 특징을 갖고 있다.
② MIS는 창조적이고 지적인 공학과는 관계없는
프로그래밍을 통한 단순 업무 전산화를 말한다.
③ MIS의 전문성은 기업의 업무를 분석하고 기업
경영을 진단하는 능력이다.
④ MIS는 분석과 진단에 의해 기업업무의 정보요
구가 정의되어야 하고, 정의된 정보를 효율적
으로 처리할 수 있는 시스템을 개발하고 관리
하는 특징을 갖고 있다.

경영 정보 시스템(MIS)은 기업의 내·외부의 비즈니스, 데이터를 수집해서 가공
한 후 기업을 관리하는 모든 계층 사람들의 의사결정에 필요한 정보를 제공해
주는 시스템이다.

기출문제
이론 학습 후 문제로
바로 실력을 테스트 해보세요.

STEP 03 대표 기출 90선으로 출제 유형 파악

● 참고 이론
보충 학습이 필요할 경우, 해당하는
이론 위치 표기를 통해 확인할 수 있습니다.

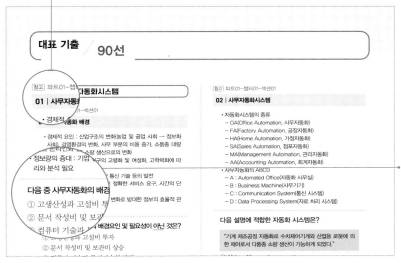

● 대표 기출문제
자주 출제되는 기출문제를 풀
어보며 핵심 개념을 정리하고
출제 유형을 확실히 이해할 수
있습니다.

 STEP 04 최신 기출문제 풀이로 실전 완벽 대비

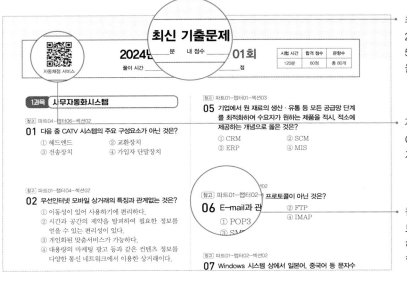

● 최신 기출문제
2023~2024년 최신 기출문제
5회분을 풀며 실전 감각을 키
울 수 있습니다.

● 자동 채점 서비스
OMR 카드에 정답을 입력하면
자동으로 채점됩니다.

● 참고 이론 위치
보충 학습이 필요한 경우 해당
하는 이론 위치를 빠르게 확인
할 수 있습니다.

STEP 01 필기 응시 자격 조건

- 2년제 이상 대학 졸업자 및 졸업 예정자 (관련 학과)
- 이외의 응시자격은 시행처에서 확인 필요

STEP 02 필기 원서 접수하기

- www.q-net.or.kr에서 접수
- 정기 검정 : 1년에 3회
- 검정 수수료 : 19,400원

STEP 03 필기 시험 응시

- 신분증과 수험표 지참
- 100점을 만점으로 하여 과목당 40점 이상, 전과목 평균 60점 이상

STEP 04 필기 합격자 발표

시험 종료 후 바로 확인

01 응시 자격

- 기능사(타 산업기사, 타 자격 포함) 이상+실무 1년 이상
- 동일 및 유사 직무분야 산업기사 이상 취득
- 2 · 3년제 전문대학 또는 대학 졸업자 및 졸업예정자(관련 학과)
- 실무 경력 2년 이상

02 원서 접수

필기 : 19,400원, 실기 : 31,000원

(원서접수 마감일 18시까지 결제, 계좌 이체 및 신용카드 결제 가능)

03 합격 기준

필기 시험	100점을 만점으로 하여 과목당 40점 이상, 전과목 평균 60점 이상
실기 시험	100점을 만점으로 하여 60점 이상

04 합격자 발표

최종 답안 제출 후 바로 점수 확인 가능

05 자격증 수령

- 상장형 자격증을 원칙으로 하며 수첩형 자격증도 발급
- 자격 취득 사실 확인이 필요할 경우 취득사항확인서(한글, 영문) 발급

형태	상장형 및 수첩형
신청 절차	공단이 본인 확인용 사진을 보유한 경우, 인터넷 배송 신청 가능(q-net.or.kr)
수수료	• 인터넷 접수 수수료 : 3,100원 • 우편 발송 요금 : 3,010원
수령 방법	• 상장형 자격증은 인터넷을 통해 무료 발급 가능(1회 1종목) • 수첩형 자격증은 우편배송만 가능 • 신분 미확인자는 공단에 직접 방문하여 수령
신청 접수 기간	합격자 발표일 이후

06 출제 기준

출제 기준 상세 보기

- 적용 기간 : 2023.01.01.~2025.12.31.
- 사무자동화시스템

사무자동화 개념	사무자동화 정의 및 기본요소, 사무자동화 추진 및 전략, 사무자동화 경영관리
사무자동화 기술	하드웨어기술, 응용소프트웨어기술, 통신응용기술, 정보보안기술
사무자동화 응용	자료전송, 자료저장
통합사무자동화	데이터베이스, e-비즈니스, 경영관리시스템

- 사무경영관리개론

사무정보관리	사무관리 의의, 정보자원관리, 경영정보관리
사무관리 표준화	사무의 계획 및 조직, 사무의 통제 및 표준화, 사무환경관리
자료관리 운용	자료의 개요, 정보보안, 전산망 관리와 운용, 자료관리의 자동화
사무작업 형태	사무작업의 효율화, 전자문서의 관리와 운용

- 프로그래밍 일반

프로그래밍 언어	프로그래밍 설계, 언어번역, 자료형, 순서제어
시스템 소프트웨어	운영체제

- 정보통신개론

정보통신의 개념	정보통신 시스템 구성 및 서비스
정보통신기기	단말 및 교환기, 전송 및 접속장비
정보전송 기술	정보전송이론, 전송 및 변조방식
통신프로토콜	통신프로토콜의 개념, OSI 모델, 표준안 및 권고안
정보통신망	정보통신망 개요, 데이터통신망, 광통신, 무선통신, 위성통신

시험 출제 경향

PART 01 사무자동화시스템 자주 출제되는 내용이 많고 고득점 얻기 쉬운 과목! 20문항

가장 기초적이면서 기본적인 내용을 담고 있는 부분입니다. 사무자동화 정의 및 배경, 목적 등 각 항목은 반드시 외우고 항목별로 뜻하는 의미도 기억해 두어야 변형되는 유사 문제들을 풀 수 있습니다. 자주 출제되지만 어려운 과목은 아니므로 종종 지나치는 부분이 많을 수 있습니다. 꼭 자신이 확실히 알고 있는지 확인해 보세요.

01 사무자동화 개념
24%
빈출 태그 사무자동화 정의 및 목적, 접근 방법의 종류 및 추진과정, 생산성 및 평가 기준과 방법, 경영 정보 시스템, 데이터웨어하우스

02 사무자동화 기술
25%
빈출 태그 중앙 처리 장치, 주기억장치, 소프트웨어, 정보통신시스템

03 사무자동화 기기
25%
빈출 태그 자료 처리 기기, 팩시밀리 주사 방식, 전자우편, 디스크의 개념과 종류

04 통합 사무자동화
26%
빈출 태그 데이터베이스 정의 및 특징, 스키마, 전자상거래, 전자화폐, 그룹웨어

PART 02 사무경영관리개론 조금은 외울 것이 많은 과목! 꼼꼼한 학습이 필요! 20문항

관리의 기능인 계획·조직·통제·조정·지시·인사 등을 묻는 문제가 빈번히 출제되었고, 사무관리와 정보관리에 대한 설명으로 옳지 않은 것을 고르는 문제, 각각의 기능과 차이점 등을 묻는 문제가 해마다 출제됩니다. 각 기능들에 대한 설명과 그에 따른 학자들의 주장 등은 다소 헷갈릴 수 있으므로 꼼꼼한 학습이 필요합니다.

01 사무관리 개요
26%
빈출 태그 사무의 개념/본질/분류, 사무관리의 기능, 현대적 사무관리, 경영 정보 시스템

02 사무관리 표준화
24%
빈출 태그 사무 계획화, 사무 조직화, 사무 통제 방법, 표준화 종류, 사무실 관리 및 배치 원칙

03 자료관리 운용
25%
빈출 태그 자료의 종류/수집/분류, 정보보안, 국가기간 전산망, 전산망 관련 기관

04 사무작업 형태
25%
빈출 태그 사무 간소화, 사무 분석, EDI 시스템, 사무관리 규정, 전자문서

PART 03 프로그래밍 일반 기출문제가 많이 나오는 과목! 신유형보다는 기출문제! 20문항

자료형, C언어, 운영체제에서 많은 문제가 출제됩니다. 신유형 문제가 출제되기는 하지만, 적은 수의 신유형 문제를 위해 시간을 쏟기보다는 기출 문제의 철저한 학습과 이해를 중심으로 준비하는 것이 합격의 지름길입니다.

01 프로그래밍 언어 개요 17%
빈출 태그 기계어, 어셈블리어, 호환성, 시스템 프로그래밍용 언어

02 언어의 설계와 구현 17%
빈출 태그 디버깅, 컴파일러, 인터프리터, 목적 프로그램, 링키지에디터, 바인딩

03 언어 구문과 번역 21%
빈출 태그 예약어, 핵심어, BNF, 파스 트리, 정규 문법, 어휘 분석, 구문 분석, 토큰

04 자료형과 C, Java 13%
빈출 태그 변수, 상수, 기억 장소, 기억 클래스, 관계 연산자, 기본 입력함수, 상속성

05 순서 제어 16%
빈출 태그 연산자, 중위표기법, 반복 실행, 조건문, 반복문, 스택, 큐, 매크로

06 운영체제 16%
빈출 태그 소프트웨어, 제어 프로그램, 처리 프로그램, 프로세스, HRN 스케줄링, 주기억 장치 배치전략, 페이징 기법, UNIX 명령어

PART 04 정보통신개론 광범위한 영역! 예측할 수 없는 신유형! 20문항

광범위한 내용을 다루며 신유형이 가장 많이 출제되는 과목입니다. 하지만 분명 필수적으로 반복되는 기출문제 유형이 있습니다. 기출문제에 집중하는 것이 역시 해답입니다.

01 정보통신 개요 18%
빈출 태그 광역화, 데이터 전송계, 데이터 처리계, 데이터 전송 경로

02 정보통신 기기 22%
빈출 태그 단말 장치, 접속 규격, 교환기기, 코덱, 광케이블, 다중화기

03 정보 전송 기술 20%
빈출 태그 주파수, 변조, 위상, 샤논의 법칙, 동기식/비동기식 특징, 프로토콜, ARQ

04 통신 프로토콜 13%
빈출 태그 통신 규약, 공중 데이터망, OSI 7계층 구조

05 정보 통신망 15%
빈출 태그 교환망의 특징, 트래픽 제어, LAN, ISDN, ATM, CDMA/CD

06 인터넷과 뉴미디어 12%
빈출 태그 서브네팅, TCP/IP 프로토콜, IP주소 클래스의 크기, 비디오텍스

Q & A

Q 사무자동화산업기사 시험에 응시할 수 있는 자격 제한은 어떻게 되나요?

A 2년제 이상 관련 학과의 대학졸업(예정)자 또는 이와 동등한 학력을 소유하면 응시할 수 있습니다(자세한 사항은 www.q-net. or.kr에서 확인하실 수 있습니다).

Q 사무자동화산업기사 시험은 어디에서 접수하며, 방문 접수도 가능한가요?

A 한국산업인력공단 홈페이지(www.q-net.or.kr)에서 인터넷 접수만 가능합니다.

Q 접수 후 시험 장소나 종목을 변경할 수 있나요?

A 접수된 내용(종목, 장소, 일자, 응시 계열)은 변경 및 수정이 불가능합니다. 접수 취소 후 재접수해야 합니다.

Q 접수 가능한 사진 범위 등 변경사항 구분 내용은 어떻게 되나요?

A

구분	내용
접수 가능 사진	6개월 이내 촬영한 (3×4cm) 컬러 사진, 상반신 정면, 탈모, 무 배경
접수 불가 사진	스냅 사진, 선글라스, 스티커 사진, 측면 사진, 모자 착용, 혼란한 배경사진, 기타 신분확인이 불가한 사진

Q-net 사진등록, 원서접수 사진 등록 시 등 상기에 명시된 접수 불가 사진은 컴퓨터 자동인식 프로그램에 의해서 접수가 거부될 수 있습니다.

Q 입실 시간이 지난 후 시험장에 도착할 경우 시험 응시가 가능한가요?

A 반드시 시험 30분 전에 입실해야 합니다. 입실 시간이 지나면 시험에 응시할 수 없습니다.

Q 필기시험 합격 유효 기간은 언제까지 인가요?

A 필기시험 합격 유효 기간은 합격자 발표일로부터 2년 동안 유효합니다.

Q 자격증 분실 시 재발급 방법 및 준비물은 어떤 것들이 있나요?

A 본인이나 대리인이 직접 방문 또는 www.q-net.or.kr에서 신청하시면 됩니다.
준비물 : 신분증, 사진(증명 또는 반명함 1매), 수수료 등

Q 자격증 발급 신청 후 수령까지 소요 기간은 얼마나 걸리나요?

A 자격증 발급(3~6일) 및 배송업체에서 배송하는 기간(2~4일)을 포함하여 약 7일(5~10일) 정도 소요되며, 정확한 배송예정 일은 우체국에서 자격증이 배송되기 전에 SMS 문자 메시지로 전송될 예정입니다.

※시험의 일반 사항에 관한 내용은 얼마든지 변경될 수 있으니 한국산업인력공단(www.q-net.or.kr)에서 최종 확인하시기 바랍니다.

사무자동화산업기사 자격증은 일반 사무직 사원들이 알아야 할 중요한 내용을 포함하고 있으며, 본 교재는 그 내용을 체계적으로 전달하기 위해 만들어졌습니다. 자격증 취득을 목표로 하는 독자분들을 위해 실용적이고 포괄적인 학습 자료로 내용을 구성하였으며, 다음과 같은 특성이 있습니다.

먼저, 1과목 '사무자동화시스템'에서는 컴퓨터의 기본적인 이해와 사무자동화의 개념을 자세히 다룹니다. 이를 통해 독자들은 사무자동화 시스템의 기능과 장점에 대해 깊이 이해할 수 있을 것입니다.
다음으로 2과목 '사무경영관리개론'에서는 사무자동화를 위한 법규, 이론, 사무환경, 자료관리 등의 주제를 다룹니다. 이 과목은 사무자동화에 필요한 지식과 역량을 갖추는 데 중요한 역할을 합니다.
그리고 3과목 '프로그래밍 일반'에서는 운영체제, UNIX, 언어번역, C언어, JAVA 언어 등 다양한 주제를 다루어 프로그래밍에 대한 기본 지식을 습득할 수 있도록 합니다.
마지막으로 4과목 '정보통신개론'에서는 네트워크, 인터넷, 정보보안 등 정보통신 분야에 대한 종합적인 내용을 다룹니다. 이를 통해 정보통신에 대한 이해도 향상을 기대할 수 있습니다.

본서는 사무자동화산업기사 필기 시험에서 자주 출제되는 문제들을 제공하여 출제 경향과 유사한 문제들을 체계적으로 학습할 수 있고, 문제 해결 능력을 키울 수 있도록 도와줍니다. 또한, 각 장의 끝에는 예상문제와 해설이 수록되어 있어, 독자분들이 학습한 내용을 실제 문제에 적용해보며 복습할 수 있습니다. 기출문제를 많이 풀어보면서 실전 문제에 대한 경험과 자신감을 쌓아 나가시기 바랍니다.

본서가 자격증 취득을 희망하는 여러분에게 큰 도움이 되는 책이 되기를 바라며, 수험생 여러분의 합격의 영광과 사무 실무에 큰 보탬이 되기를 진심으로 기원합니다.

그리고 집필을 위해 도움을 주신 영진닷컴 모든 임직원분들께도 깊은 감사의 말씀을 전합니다.

두목쌤 신면철

- 현) ㈜익스터디 교육이사
- 전) K대 외래교수
- 전) 서울 S고 교사
- 전) 화성 K 컴퓨터학원 원장
- 전) ㈜익스터디 대표이사

저서
정보처리기사 필기/실기
컴퓨터활용능력 1급 필기/실기
사무자동화산업기사 필기/실기
워드/엑셀/파워포인트/한글

CBT 시험 가이드

CBT란?

CBT는 시험지와 필기구로 응시하는 일반 필기시험과 달리, 컴퓨터 화면으로 시험 문제를 확인하고 그에 따른 정답을 클릭하면 네트워크를 통하여 감독자 PC에 자동으로 수험자의 답안이 저장되는 방식의 시험입니다.
오른쪽 QR코드를 스캔해서 큐넷 CBT를 체험해 보세요!

큐넷 CBT
체험하기

CBT 필기시험 진행 방식

본인 좌석
확인 후 착석 ➡ 수험자
정보 확인 ➡ 화면 안내에
따라 진행 ➡ 검토 후
최종 답안 제출 ➡ 퇴실

CBT 응시 유의사항

- 수험자마다 문제가 모두 달라요. 문제은행에서 자동 출제됩니다!
- 답지는 따로 없어요!
- 문제를 다 풀면, 반드시 '제출' 버튼을 눌러야만 시험이 종료되어요!
- 시험 종료 안내방송이 따로 없어요.

FAQ

Q CBT 시험이 처음이에요! 시험 당일에는 어떤 것들을 준비해야 좋을까요?

A 시험 20분 전 도착을 목표로 출발하고 시험장에는 주차할 자리가 마땅하지 않은 경우가 많으므로, 대중교통을 이용하는 것을 추천합니다. 무사히 시험 장소에 도착했다면 수험자 입장 시간에 늦지 않게 시험실에 입실하고, 자신의 자리를 확인한 뒤 착석하세요.

Q 기존보다 더 어려워졌을까요?

A 시험 자체의 난이도 차이는 없지만, 랜덤으로 출제되는 CBT 시험 특성상 경우에 따라 유독 어려운 문제가 많이 출제될 수는 있습니다. 이러한 돌발 상황에 대비하기 위해 이기적 CBT 온라인 문제집으로 실제 시험과 동일한 환경에서 미리 연습해두세요.

CBT 진행 순서

좌석번호 확인

수험자 접속 대기 화면에서 본인의 좌석번호를 확인합니다.

수험자 정보 확인

시험 감독관이 수험자의 신분을 확인하는 단계입니다.
신분 확인이 끝나면 시험이 시작됩니다.

안내사항

시험 안내사항을 확인하고, 다음을 클릭합니다.

유의사항

시험과 관련된 유의사항을 확인합니다.

문제풀이 메뉴 설명

시험을 볼 때 필요한 메뉴에 대한 설명을 확인합니다.
메뉴를 이용해 글자 크기와 화면 배치를 조정할 수 있습니다.
남은 시간을 확인하며 답을 표기하고, 필요한 경우 아래의 계산기를 이용할 수 있습니다.

문제풀이 연습

시험 보기 전, 연습을 해 보는 단계입니다.
직접 시험 메뉴화면을 클릭하며, CBT가 어떻게 진행되는지 확인합니다.

시험 준비 완료

문제풀이 연습을 모두 마친 후 [시험 준비 완료] 버튼을 클릭하면 시험 감독관의 지시에 따라 시험이 시작됩니다.

시험 시작

시험이 시작되었습니다. 수험자는 제한 시간에 맞추어 문제풀이를 시작합니다.

답안 제출

시험을 완료하면 [답안 제출] 버튼을 클릭합니다. 답안을 수정하기 위해 시험화면으로 돌아가고 싶으면 [아니오] 버튼을 클릭합니다.

답안 제출 최종 확인

답안 제출 메뉴에서 [예] 버튼을 클릭하면, 수험자의 실수를 방지하기 위해 한 번 더 주의 문구가 나타납니다. 완벽히 시험 문제 풀이가 끝났다면 [예] 버튼을 클릭하여 최종 제출합니다.

합격 발표

CBT 시험이 모두 종료되면, 퇴실할 수 있습니다.

이제 완벽하게 CBT 필기시험에 대해 이해하셨나요?
그렇다면 이기적이 준비한 CBT 온라인 문제집으로 학습해 보세요!

이기적 온라인 문제집 : https://cbt.youngjin.com

이기적 CBT
바로가기

PART

01

사무자동화시스템

파트 소개

사무자동화의 정의, 배경, 목적, 기본 요소, 주요 기능, 생산성 평가 기준, 추진 과정, MIS 등에 대해서 자주 출제됩니다.

CHAPTER 01

사무자동화 개념

학습 방향

사무자동화의 개념에서는 전체적으로 자주 고르게 출제되고 있습니다. 사무자동화 정의 및 배경, 목적 등 각 항목은 반드시 외우고 항목별로 뜻하는 의미도 기억해 두어야 변형될 유사 문제들도 풀 수 있습니다.

출제빈도

SECTION 01	중	34%
SECTION 02	중	28%
SECTION 03	중	38%

출제빈도 상 **중** 하
반복학습 ① ② ③

사무자동화 정의 및 기본 요소

▶ 합격 강의

빈출 태그 사무자동화의 기본 정의 및 목적 • 배경과 기술적 요인 • 사무자동화의 구성 요소

Marcus
사무자동화는 컴퓨터에 대한 전문 지식이 없는 사용자들이 편리하게 사용할 수 있는 분산자료 처리 시스템의 특별한 경우임

01 사무자동화의 개요

1) 사무자동화(OA : Office Automation)의 정의 21년 5월, 16년 10월, 15년 9월, 14년 5월, 13년 6월

• 조직의 사무업무를 수행하기 위해 사무기능을 자동화한 것이다.
• 컴퓨터 기술, 통신 기술, 시스템 공학, 행동 과학을 적용하여 사무의 생산성을 높이는 일이다.
• 사무 근로자의 생산성을 높이기 위해 그들이 사용하는 장비에 수행하는 업무를 통합시키는 것이다.
• 전사적, 장기적 관점에서의 사무생산성 향상과 창조적 인간능력 개선이다(광의적 정의).
• 기존의 자료 처리 기술로는 다루기 어렵고 자료 양이 많으면서도 명확하지 않은 사무업무에 대하여 컴퓨터 기술, 통신 기술, 시스템 과학, 행동 과학을 적용한 학문이다(Zisman의 정의).

┌ 인간의 행동에 대해 객관적인 원칙을 적용하여 행동을 예측하고 제어하는 것

  – 행동 과학의 요소 : 사회학, 심리학, 인류학
  – 시스템 과학을 적용하는 데 있어서 갖춰야 할 특징 : 반환(Feedback) 기능, 입/출력의 분석, 목적 · 목표의 계속적 추구, 질서 있는 전체로서의 추구
• 사무자동화의 주요 역할은 사무의 합리화, 정보의 효율화, 정보의 시스템화, 사무작업의 기계화이며 이를 통해 사무자동화가 이루어지고, 사무자동화는 사무 부분의 생산성 향상을 높인다.

2) 사무자동화의 ABCD

A	Automated Office(자동화 사무실)
B	Business Machine(사무 기기)
C	Communication System(통신 시스템)
D	Data Processing System(자료 처리 시스템)

🅑 기적의 TIP

사무자동화의 정의 및 행동 과학에 대한 설명과 배경 요소 등을 반드시 숙지하세요.

3) 사무자동화의 특징(목적) 20년 8월, 17년 3월, 16년 10월, 15년 3월, 13년 3월

• 사무 분야의 지적 생산성 향상
• 사무처리의 질적 향상
• 사무처리의 비용 절감

- 사무처리의 시간 단축
- 사무처리의 투명화
- 효과적인 정보 관리
- 정형적 업무의 자동화
- 욕구의 다양화에 대처
- 유효성 향상
- 창조성 향상

4) 사무자동화의 궁극적 목적 24년 5월, 21년 5월, 19년 9월, 16년 9월/3월, 13년 3월

- 사무자동화의 최종 목적은 사무부문의 지적 생산성 향상에 있다.
- 사무 부문의 지적 생산성 향상을 위한 접근 방법 : 사람 · 조직 개편/사무 작업 개선/사무 환경 정비/정보 시스템 확립

▼ 사무 부문의 지적 생산성 향상의 접근 방법

사람 · 조직 개편	• 사무 · 조직 활성화 • 교육 제도 적용
사무 작업 개선	• 사무 작업 방식 재설계 • 문서 관리 제도 적용 • 회의 운영 효율화
사무 환경 정비	• 사무실 배치 과학화 • 사무기기 효율성 증대
정보 시스템 확립	• 분산 처리 시스템 확립 • 정보 수직 · 수평 통일화 • 통신 기술 적용

과학적 사무 개선 절차
문제 명확화 → 관련 사실 파악 → 개선안 마련 → 개선안 실시 → 결과 확인

5) 사무자동화의 배경 24년 5월, 22년 5월, 19년 9월, 19년 4월, 17년 3월, 16년 3월/10월, 15년 3월, 13년 9월

① 경제적 요인	• 사무 부분의 비용 상승(인건비, 사무실 운영비, 문서 작성비 등) • 이익을 위해 정보의 최대 활용이 요구되는 경제 환경 • 사무 부분의 저생산성
② 사회 환경적 요인	• 정보 산업의 급속한 발전과 확대 • 복잡하고 다양한 정보의 생산 • 정보의 효율적인 관리와 배분의 필요성 증대 • 사무실 업무의 표준화 및 합리화의 필요성 • 노동인구의 고령화 및 고학력화 • 생산부문의 합리화, 자동화에 부응한 기업 구조의 변화
③ 기술적 요인	• 컴퓨터 기술의 발달 • 통신기술의 발달로 정보 교환의 고속화, 대중화 • 소프트웨어 기술의 발달(고성능화, 소형화, 저렴화) • 사무자동화 기기의 다양화 및 저가격화로 보급과 이용 확산
④ 고객 요구의 다양화	• 과거보다 더욱 빠르고 정확한 서비스를 요구 • 늘어난 정보량의 정보처리 시간 단축과 온라인화의 필요성 대두
⑤ 정보량의 증대	• 국제화된 기업환경과 해외 기업과의 협력 및 경쟁, 그리고 정치 · 경제와 관련된 기업정보가 엄청난 양으로 증가함 • 방대한 양의 정보를 수집, 분석하고 신속한 대응 전략을 마련하기 위해 최신 기술을 바탕으로 한 각종 사무자동화 기기의 활용이 증가함

정보화 사회의 특징
- 협동화
- 분산화
- 시스템화

스마트 워크(Smart work)
언제 어디서나 구애받지 않고 업무를 처리할 수 있는 체제. 원격근무나 재택근무 등을 의미하며 모바일 기기를 활용한 업무처리도 포함됨

1) 사무자동화의 구성 요소 24년 5월/7월, 21년 3월, 20년 6월, 18년 3월, 14년 3월/5월, 13년 9월, 07년 9월

철학(Philosophy)	사무자동화에 대한 명료한 개념을 파악하고 자동화를 위한 계획 및 실천에 대한 확고한 신념과 의지
장비(Equipment)	사무자동화를 위해 필요한 사무기기 등을 총칭하는 것으로, 하드웨어와 소프트웨어로 나눌 수 있음
제도(System)	오디오시스템, 비디오시스템, 경영관리 시스템 등 유형무형의 시스템이 수없이 많이 존재함
사람(People)	사무자동화는 사무의 생산성을 높이기 위해 필요한 것인 만큼 사람은 모든 시스템의 주체가 됨

2) 사무자동화 시스템의 주요 기능 21년 3월, 19년 3월, 18년 4월

문서화 (Documentation)	문서의 작성, 배포, 보관의 신속화, 정확도의 향상을 위한 기능
통신 기능 (Communication)	• 자료를 송수신하거나 상호 대화를 하는 기능 • 통신의 3요소 : 정보의 제공, 정보 수신 측의 반응, 정보 송신 측의 반환
정보 활용	• 정보 이용의 고도화, 창조적 활동의 효율성과 유용성을 도모하는 것 • 음성 정보, 화상 정보, 문자 정보 등 다양한 정보들을 효율화하기 위한 기능
업무의 자동화	• 문서화 기능, 통신 기능, 정보 활용 기능을 유기적으로 결합하여 신속·정확한 업무 처리가 목표 • 전문지식이 없는 사무자라도 쉽게 사용할 수 있도록 사용자 중심으로 설계·운영되어야 함 • 각종 장비와 기능들은 가능한 통합되는 것이 좋으며, 상호 간의 자료 교환과 대체가 용이해야 함

3) 사무의 기능상 분류

단순 사무 기능	업무 처리를 위한 정보 수집 기능으로 기록의 집계, 계산, 사실의 기록, 결과 보고 등 데이터 발생지와 밀접한 관계를 가진 기능
관리 기능	단순 사무 기능에서 발생한 데이터를 이용하는 기능으로 사업 목표 설정, 사업 기획, 계획 수립, 사업통제 및 조정 등의 업무를 처리하는 기능
서비스 기능	생산 공장, 영업부서 지원 및 홍보업무와 관련된 기능

4) 사무자동화의 대상

정보 형태에 의한 구분	수치 정보	수치 정보를 대상으로 한 정형화된 업무
	비수치 정보	문서 정보, 도형 정보, 음성 정보, 화상 정보 등과 같이 비정형적인 업무
정보의 종류	수치 정보	전표, 장부, 경영 정보 등 수치 대상의 정보로써 EDPS의 주요 정보 처리 대상이 됨
	문자 정보	보고서, 의사록, 계획서, 품의서 등 문자 대상의 정보로써 워드프로세서의 주요 처리 대상이 됨
	도형 정보	도형, 그래프, 사진 등 이미지 대상의 정보로써 문서에서 차지하는 비중이 점차 늘어나고 있음(GUI 기능)
	음성 정보	전화, 회의, 면담 등 음성 대상의 정보로써 음성 인식에 의한 자료 입력, 음성에 의한 메일링, 음성 응답 시스템 등에 활용되고 있음

🅕 기적의 TIP

사무자동화의 대상을 구분할 수 있어야 합니다.

이론을 확인하는 기출문제

01 사무자동화의 배경 요인 중 사회적 요인에 가장 거리가 먼 것은?

① 정보화 사회의 출현으로 사무실에서 처리해야 할 정보의 양이 증가하였다.
② 단순 노동보다는 지적 노동이 부각화되었다.
③ 생산부문의 합리화, 자동화에 부응하여 오피스에 대한 관심의 증가로 인해 기업 구조가 변화하였다.
④ 이미지, 소리, 그래픽과 같은 멀티미디어 기술의 등장으로 다양한 형태의 정보처리가 가능하게 되었다.

기술의 등장으로 인한 결과로써 기술적인 요인에 해당함

02 다음 중 사무자동화의 기본 요소로 구성된 것은?

① 철학 – 인터넷 – 제도 – 사람
② 철학 – 장비 – 제도 – 사람
③ 철학 – 장비 – 제도 – 로봇
④ 종교 – 장비 – 제도 – 사람

사무자동화의 구성 요소 : 철학, 장비, 제도, 사람

03 사무자동화의 배경 요인 및 필요성이 아닌 것은?

① 고생산성과 고설비 투자
② 문서 작성비 및 보관비 상승
③ 컴퓨터 기술과 통신기술의 발전
④ 고학력 노동자의 증가와 사무 관리의 질적인 효율성 필요

고생산성은 저생산성을 극복하기 위해 사무자동화가 이루어지고 그 결과로 나타나는 긍정적 현상이지 배경 요인은 아님

04 사무자동화가 추구하는 목적과 가장 거리가 먼 것은?

① 사무 부문의 생산성 향상
② 효과적인 정보관리
③ 사무처리의 비용 절감
④ 사무실의 무인화 및 사무원의 부속품화

사무자동화의 궁극적 목적은 효과적인 정보관리와 조직의 최적화를 통해서 사무 부문의 지적 생산성 향상으로 인한 경쟁력 증대와 사무 부문의 질적 향상 및 비용 절감에 있음

정답 01 ④ 02 ② 03 ① 04 ④

05 사무자동화의 궁극적인 목적으로 가장 적절한 것은?

① 정보처리의 신속
② 대량의 정보 처리
③ 지적 생산성 향상
④ 관리 기능의 향상

사무자동화의 궁극적 목적은 사무 부문의 지적 생산성 향상이고 이를 위해, 사무 부문의 질적 향상과 사무 부문의 비용 절감이 선행되어야 함

06 사무자동화 개념 발전에 영향을 준 경제, 사회적 요인 중 설명이 적합하지 않은 것은?

① 최대의 이익을 추구하기 위하여 정보의 최대 활용이 요구되는 경제 환경의 변화
② 생산 부분의 합리화, 자동화에 부응하여 오피스에 대한 관심의 증가로 인한 기업의 구조적 변화
③ 소품종 대량생산으로 변화되고 오피스도 처리 능력이 소수 정밀화가 요구되는 사회풍토의 변화
④ 고학력화, 고령화로 인한 인구수, 연령분포, 교육년수의 변화

소품종 대량생산 체제는 산업사회의 특징이며 사무자동화가 도입된 정보화 사회의 특징은 다품종 소량생산 체제임

07 사무자동화의 배경에 해당되지 않는 것은?

① 생산 부문에 비해 사무부문의 생산성 증가가 크게 저조
② 사무 부문 종사자의 증가와 사무근로자의 임금이 큰 폭 상승
③ 사무정보기기의 가격 하락과 급속한 성능 향상
④ 서비스 산업의 비중은 증가했으나 정보산업 비중이 크게 감소

정보화 사회의 출현으로 처리해야 할 정보가 다양하고 대량화되었음

08 사무자동화의 목표에 관한 설명으로 틀린 것은?

① 비전문가라도 사용할 수 있는 시스템을 추구한다.
② 사무실의 기계화를 궁극적인 목표로 한다.
③ 창조적 인간능력의 증대를 목표로 한다.
④ 생산성 향상을 꾀하는 것이다.

사무자동화의 최종 목적은 사람이나 조직을 개편하고, 사무 작업을 개선하여 사무 부문의 지적 생산성을 향상시키는 데에 있음

09 다음 중 사무자동화를 추진하고 수행하는 데 있어서 모든 시스템의 주체 및 운영의 주역이 되는 요소로 옳은 것은?

① 철학
② 장비
③ 제도
④ 사람

사람은 모든 시스템의 주체 및 운영의 주역으로 가장 중요한 요소임

사무자동화 추진 및 전략

▶ 합격 강의

빈출 태그 사무자동화 접근방법의 종류 • 추진 과정 • 추진 조직 유형 • 사무자동화 선결 과제

01 사무자동화의 추진 24년 3월/5월, 23년 5월, 22년 3월/4월, 17년 3월/5월, 16년 5월, 15년 3월, 14년 9월, 13년 3월/6월

1) 사무자동화 접근 방법

전사적 접근 방식	• 사무자동화 대상의 모든 시스템과 전체적인 업무 기능 및 계층에 걸쳐 추진되는 방식 • 사업 전반에 걸쳐 문제점이나 개선점을 분석 · 정리하여 추진하는 방식 • 작은 규모의 조직이나 신설되는 조직, 혹은 조직 개편을 하고자 할 때 적당함 • 계획의 성공에 따라 매우 큰 효과를 얻을 수 있음 • 시스템 도입의 낭비를 줄일 수 있음 • 검토 개시에서 시스템 구축 운용까지의 시간이 많이 걸림 • 경영자의 인식과 강한 리더십이 필요하고 사내 협력 추진 조직이 필요함
부분 전개 접근 방식	• 먼저 적용할 특정 부문을 선정하여 사무자동화를 추진해 가는 접근 방식 • 요구가 큰 부분을 먼저 추진함 • 추진하기 쉬운 업무부터 우선 추진함 • 전시효과가 큰 업무부터 먼저 추진함 • 시행착오가 감소하고 사무자동화 필요성이 높은 부서부터 고려해 비용과 인력 시간 모두가 절약됨 • 사무자동화 해당 업무의 정확한 파악이 어려움
공통 과제형 접근 방식	• 문서보안이나 사무환경 개선 등과 같은 각 부분의 공통 과제를 대상으로 추진하는 방식 • 장점 : 전 부문을 대상으로 하기 때문에 효율성이 큼 • 단점 : 전 부문의 대상이 되는 과제 선정이 어려움
기기 도입형 접근 방식	• 사무자동화 기기를 시험적으로 도입하여 이에 대한 사용자의 사무자동화 이해도를 높이고, 단계적으로 적용 분야를 넓혀가는 방식 • 사용자의 기호와 선호도가 높은 업무를 선정하여 확산시켜야 큰 효과를 얻을 수 있음
계층별 접근 방식	• 업무의 계층 및 직위에 따라서 대상 범위를 점차 확대해 나가면서 사무자동화를 추진하는 방식 • 경영층은 자동 보고시스템, 스케줄관리, 회의일정관리 등에서부터 시작함 • 사무원은 문서작성, 파일 구축부터 시작함 • 신속한 의사결정과 신뢰성이 높음
업무별 접근 방식	• 업무 개선이 우선되어야 할 분야부터 시작하여 완료 시까지 업무의 흐름에 따라 사무자동화를 추구해 나가는 방식 • 해당 업무에 대한 명확한 흐름 파악과 업무 분담, 필요한 정보를 사전에 충분히 검토해야 함 • 장점 : 대상 업무의 신속 · 정확성

✔ 개념 체크

1 사무자동화 접근방법 중 전 부문을 대상으로 하기 때문에 효율성이 큰 장점을 보이는 접근 방식을 ( ) 이라고 한다.

2 계층별 접근 방식은 전시효과가 큰 업무부터 먼저 추진하는 것을 말한다. (O, X)

1 공통 과제형 2 ×

2) 사무자동화 수행 방식 24년 5월, 22년 3월/5월/9월, 19년 3월, 17년 5월, 16년 3월, 14년 3월/9월, 12년 3월/5월, …

상향식 접근 방식 (Bottom-Up Approach)	• 기업의 최하위 단위부터 자동화하여 그 효과를 점차 증대시키는 방식 • 업무개선, 기계화, 재편성의 단계를 거쳐 자동화가 수행됨 • 점진적인 사무자동화의 추진으로 기존 조직에 거부 반응이 최소화됨 • 시행착오로 인한 전체적인 비용이 증가되는 경우가 발생할 수 있음 • 요구되는 사무자동화 시스템을 구축하는 시간이 많이 소요됨
하향식 접근 방식 (Top-Down Approach)	• 전체 조직을 총괄 분석하여 사무자동화 방해 요인을 제거하고 최고 경영자가 요구하는 최적의 시스템을 구축할 수 있는 방식 • 최고 경영자에게 필요한 정보를 즉시 제공할 수 있어서 실효성이 큼 • 단기간에 구축할 수 있음
전사적 접근 방식 (Enterprise Approach)	• 상향식 접근 방식과 하향식 접근 방식을 절충한 방식 • 사무자동화 추진에서 최적 시스템을 구성하고 추진 효과를 극대화할 수 있는 방식

3) 사무자동화 추진 과정 21년 9월, 19년 9월, 16년 5월, 15년 5월, 14년 9월, 07년 5월, 00년 5월/10월

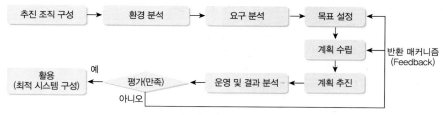

▲ 사무자동화 구체적인 추진 단계

4) 환경 분석 15년 5월, 03년 3월/8월, 01년 3월/9월, 99년 6월/8월

- 내적 환경 분석 : 사무구성원 분석, 사무기기 분석❶, 사무구조 분석
- 외적 환경 분석 : 사무기기 생산업체, 소프트웨어 개발업체, 통신망 분석

5) 요구 분석 20년 8월, 17년 5월, 10년 3월, 03년 5월, 99년 8월

- 분석 방법 : 인적 요소, 처리 요소, 관리 요소, 환경 요소 등
- 사용자의 인적 요소에 관한 특성의 분석
- 자동화기기의 기능과 특성에 관한 요구 분석
- 기기 도입 후 관리 및 사용 효율화에 관한 분석
- 요구 분석 목표 : 사용자의 요구를 분석하여 친밀감이 있고 사용하기 쉬운, 사용자를 위한 시스템을 구축하는 것

❶ 사무기기 분석
현재 사용하고 있는 기기들을 분석함으로써 자동화의 요구, 자동화 기기의 사용 가능성, 자동화 기기의 배정 등을 결정하는 기초 자료로 사용

✓ 개념 체크

1 사무자동화 추진을 위해 '추진 조직 구성 → 환경 분석 → ( ) → 목표 설정 → 계획 수립 → ( ) → 운영 및 결과 분석 → 평가(만족) → 활용(최적 시스템 구성)'의 과정이 필요하다.

1 요구 분석, 계획 추진

6) 목표 설정 ^{14년 5월, 10년 5월, 03년 3월}

- 목표 설정의 기준 : 목적의 명확화, 면밀한 계획과 조직의 편성, 전 사원의 의식 개혁, 과감한 실천, 실시에 따른 면밀한 분석과 검토가 기준이 된다.

▼ 목표 설정 방법

시간에 따른 목표	단기	1년 ~ 2년 이내에 실행 가능한 목표
	중기	4년 ~ 5년 사이에 실행 가능한 목표
	장기	10년 이내에 실행 가능한 목표
수행 주체에 따른 목표	개인	문서의 효율적인 보관, PC 이용 방법 등
	단위 사무실	정보의 공유화, 문서 작성의 중복 방지 등
	조직 전체	부문 간의 중복된 정보처리 및 불필요한 정보의 집중 지양 등
각 부분별 목표 설정	최종	전체적인 균형 유지
	부분 구성	다른 구성 목표와의 연관성을 고려하여 결정
	세부	처리 방법 지정 등 계량적이고 구체적인 것

7) 계획 수립 및 고려 사항 ^{99년 3월}

계획 수립 내용	사무자동화를 위한 정보 수집, 사무자동화 대상 업무 결정, 구체적인 세부 목표 설정, 이용 자원에 대한 고려, 일정 계획표를 작성
계획 수립 시 고려 사항	문제점의 이해와 의식, 목표 및 목적의 타당성, 현실성 및 추진 방법의 적정성을 고려
구체적인 계획 사항	기업 모델 작성, 업무 모델 작성, 시스템화 계획안 작성, 업무별 정보 흐름도 작성, 시스템 구성도 작성 등
수행 방법 결정	상향식, 하향식 또는 전사적 방법 중에서 가장 타당성이 있는 추진 방법을 선택
사무기기 구성 방법	업무별 정보 흐름도와 업무 조사표 또는 설문 결과에서 나온 업무량을 중심으로 구성하며, 통합 시스템의 전체 조직에서 벗어나지 않도록 구성
사무기기 선정 시 고려 사항	워드프로세서나 PC 등과 같이 사무업무의 가장 기본이 되는 기기를 우선적으로 도입하고, 저렴한 비용으로 큰 효과를 낼 수 있는 것을 선택

계획 수립 시 우선순위 결정 주요 항목
비용(Cost), 효과(Benefit), 성공효과(Success), 미래도(Future), 정책도(Strategic Need)

8) 계획 추진

사무자동화 기초 작업 단계 (기반 조성 단계)	규정의 정비, 문서의 형식, 문서의 규격, 용어의 통일, 코드의 표준화 등을 추진하는 단계
적용 범위 확대 단계	기초 작업 단계에서 나타난 문제점을 보완하고 사무자동화 기기를 사용하여 문서 작성, 단순 계산 업무 등을 자동화시켜 나감
공동 활용 단계 (통신망 구축 단계)	컴퓨터와 각종 기기를 접속하는 네트워크를 구성하여 조직원 간의 원활한 의사 전달과 정보교환을 가능하게 함
정보 시스템의 통합화 단계	사무자동화의 완성 단계로 정보처리 시스템, 각종 관리 시스템 및 사무자동화 시스템이 통합되고, 의사 결정 지원 시스템이 구축

9) 결과 분석 04년 8월

각 단위 업무의 분석	• 모든 사무자동화 기기에 공통으로 적용되는 부분 • 하드웨어의 구성 요소의 검사와 소프트웨어의 기능 분석
서브 시스템의 분석	• 업무의 부분 최적화가 가능한지의 여부 판단 • 계획과 일치하고 있는지를 검토 • 추가적인 개선의 필요성에 대해서 분석
총괄 시스템의 분석	기업 경영 전반에 걸쳐 충분한 지식을 가진 사람에 의해 분석되어야 함

10) 평가 01년 6월, 00년 10월, 99년 4월

평가 기준		기기의 차원, 사용자의 차원, 조직적 차원, 대외적 차원 등으로 나누어 계획의 수행성과를 측정
평가 종류	사전 평가	경제성 평가
	중간 평가	성능에 대한 분석
	사후 평가	시스템 가치, 기술적 평가, 운영에 대한 평가, 경제성 평가

11) 피드백(Feedback)

사무자동화 도입에 따른 결과 분석 및 평가 과정에서 드러난 운용상의 문제점이나 미비점이 다시 추진 목표 및 계획 수립에 반영되도록 하는 것을 말한다.

02 추진 목표 및 전략 11년 4월

1) 사무자동화 계획 10년 5월, 98년 3월, 97년 10월
순서 있고 조직적인 처리 절차

• 사무자동화의 계획과 추진에 시스템 과학과 행동 과학을 적용한다.
• 시스템 과학의 적용 : 사무실 자체가 시스템이기 때문에 수작업으로 수행되는 사무실 시스템을 자동화된 사무실 시스템으로 전환하기 위해서는 사무실 시스템에 대한 명확한 정의와 분석을 함으로써 사무 부문의 생산성을 더욱 더 증대시킬 수 있다.
• 시스템 과학의 특징 : 질서 있는 전체로서의 추구, 목적/목표의 계속적인 추구와 새로운 인식, 입력과 출력의 분석, 반환(Feedback) 기능

2) 사무자동화 추진 시 선결 과제 20년 6월, 15년 9월, 14년 3월, 12년 5월, 09년 3월/5월, 05년 8월

• 조직 및 체제의 재정비
• 사무 관리 제도의 개혁
• 사무환경의 정비
• 정보 시스템 확립
• 실시안의 결정
• 도입 교육 실시
• 한계선 설정

3) 사무자동화 추진 전략 21년 9월, 14년 9월, 01년 3월, 98년 5월/10월, 96년 7월

기술 집약 전략	날로 발전되는 기술을 효율적으로 조직 내에 수용하는 문제
응용 항목 전략	어떤 기술을 응용하며 우선순위를 어디에 둘 것인가의 문제
측정 전략	생산성 측정의 문제
실행 전략	시스템이 개발된 후 조직 내 효과적으로 확산시킬 방안에 관한 문제
관리 전략	설치될 여러 형태의 OA장비들을 관리할 방침 및 절차에 관한 문제
교육 전략	관리자 및 직원들에게 사무자동화에 대한 교육을 어떻게 시킬 것인가의 문제
조직 전략	사무자동화 기능을 어떻게 조직할 것인가의 문제

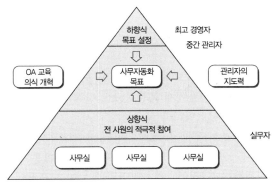

▲ 전사적 사무자동화 접근 방식

4) 사무자동화 추진 조직의 유형 99년 4월

전문 조직 주도형	전문 스탭들의 조직에 의해 주도되며, 전사적 접근이 가능
사용자 주도형	특정 부서에 의해 주도되며, 문서류에 한정되는 단점 발생
전산 부문 주도형	전산 부문의 지식에만 의존하다 보면 제도적, 업무적인 측면이 결여되어 추진과정에서 제약이 초래
위원회 주도형	전사적 방향이나 조정 기능에는 강하지만 구체적인 방향 제시에 문제가 생김
프로젝트 주도형	구체적인 전개 과정에서는 효과적이나 전사적 접근 단계에서는 적절하지 못함

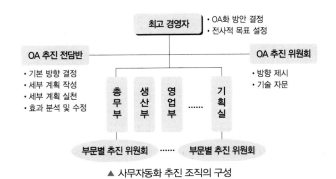

▲ 사무자동화 추진 조직의 구성

5) 네트워크 조직(Network Organization) ^{18년 4월, 15년 3월, 10년 9월}

정의	• 전통적인 계층형 피라미드 조직의 경직성을 극복하기 위한 대안적 조직 운영 방식을 일컫는 개념 • 조직의 위계 서열과는 무관하게 조직 구성원 개개인의 전문성, 지식에 근거한 자율권을 기초로 개인 능력 발휘의 극대화와 제반 기능 간, 사업부문 간 의사 소통의 활성화를 도모하기 위한 신축적인 조직 운영 방식 • 외부 자원 활용을 통해 유연성을 확보하는 기업 간 네트워크를 지칭하는 의미로 사용
장점	• 계층이 거의 없고, 조직 간의 벽도 없으며, 부문 간 교류가 활발하게 이루어지는 특징 • 조직 구성원들에게 자율과 책임에서 오는 참여 정신과 창의성 발휘를 극대화 • 빠르고 신속한 업무 처리가 가능
단점	• 계층제(피라미드형)에 비해 소속감이 낮음 • 상대방에 대한 의존도가 강화되고 구성원들이 고정화되어 네트워크 전체가 폐쇄화되고 유연성이 떨어짐

비즈니스 인텔리전스의 순서
거래데이터 축적 → 패턴정보 찾기 → 데이터 및 패턴분석에 따른 의사결정

6) 비즈니스 인텔리전스(BI) ^{15년 9월}

• 기업에서 사용하는 소프트웨어군으로 기업 업무를 보다 합리적으로 이끌어갈 수 있다.
• 주로 중간관리자와 지식노동자에게 복잡하고 일상적이지 않은 결정들에 대한 컴퓨터 기반지원을 제공하는 시스템이다.
• 데이터 간의 연관성을 분석해 찾아 주는 데이터 마이닝이 대표적인 툴이다.
• 고객관계관리(CRM), 밸런스드 스코어 카드(BSC), 활동기준원가관리 시스템(ABC) 등의 각종 재무회계, 경영관리, 생산 관리 등이 대표적인 적용 분야이다.

01 다음은 사무자동화를 추진하는 단계이다. 올바른 순서로 나열된 것은?

㉠ 목표 설정	㉡ 계획 추진
㉢ 요구 분석	㉣ 환경 분석
㉤ 계획 수립	㉥ 오차 수정
㉦ 최적 시스템 구성	◎ 운영 및 결과 분석

① ㉣-㉢-㉠-㉤-㉡-◎-㉥-㉦
② ㉠-㉤-㉡-㉣-㉢-㉥-◎-㉦
③ ㉤-㉣-㉢-㉠-㉡-㉥-◎-㉦
④ ㉦-㉠-㉤-㉢-㉣-㉡-㉥-◎

사무자동화 추진 단계 : 환경 분석 → 요구 분석 → 목표 설정 → 계획 수립 → 계획 추진 → 결과 분석 → 평가 → 피드백

02 사무자동화 추진 조직 구성에서 전문인력 집단을 구성하여 추진하기 때문에 해당 분야의 구체적 전개는 가능하나 타 부서와의 의견 조정이 <u>어려운</u> 유형은?

① 사용자 주도형
② 위원회 주도형
③ 전문 조직 주도형
④ 프로젝트 주도형

전문 조직 주도형은 전문 스탭들의 조직에 의해 주도되며, 전사적 접근이 가능하다. 타 부서와의 의견 조정이 어려운 것은 프로젝트 주도형이다.

03 사무자동화 추진 전략에 포함되는 것은?

① 부서별 전략
② 차별화 전략
③ 교육 전략
④ 조직구조 변경 전략

사무자동화 추진 전략 : 기술집약, 응용 항목, 측정, 실행, 관리, 교육, 조직

04 사무 관련 업무수행 방식 중 상향식 접근 방식(Bottom-Up Approach)에 속하지 <u>않는</u> 것은?

① 기업의 최하부 단위 업무부터 자동화하여 그 효과를 점차 증대시키는 방식
② 업무 개선, 기계화, 재편성의 단계를 거쳐 자동화 수행
③ 기본 조직에 거부 반응이 없고 자연스럽게 활용 가능
④ 최고 경영자가 요구하는 최적의 시스템을 구축할 수 있는 방식

최고 경영자가 요구하는 최적의 시스템 구축 방식은 하향식 접근 방식(Top-Down Approach)이다.

05 사무자동화 추진과 관련하여 시스템 과학을 적용하는 데 있어서 갖춰야 할 특징으로 <u>잘못된</u> 것은?

① 고정된 작업공정에 적용
② 반환(Feedback) 기능
③ 입력과 출력의 분석
④ 목적 · 목표의 계속적 추구

시스템 과학이란 순서 있고 조직적인 처리 절차를 말하며, ②, ③, ④의 특징 외에 '질서 있는 전체로서의 추구'라는 특징이 있음

06 사무자동화 접근 방법 중 사무자동화 대상이 되는 모든 시스템, 즉 전 업무 또는 전 계층에 걸쳐 실시되는 것은?

① 전사적 접근 방법
② 공통 과제형 접근 방법
③ 기기 도입형 접근 방법
④ 계층별 접근 방법

문제는 '전사적 접근 방법'에 대한 설명으로, 소규모 조직이나 신설 조직에 적합함

정답 01 ① 02 ④ 03 ③ 04 ④ 05 ① 06 ①

07 사무자동화 추진을 위한 하향식(Top-Down) 접근 방식의 특징으로 옳은 것은?

① 최고 경영자에게 필요한 정보를 즉시 제공할 수 있어서 실효성이 크다.
② 기업의 최하위 단위부터 자동화하여 그 효과를 점차 증대시키는 방식이다.
③ 시행착오로 인한 전체적인 비용이 증가되는 경우가 발생할 수 있다.
④ 요구되는 사무자동화 시스템을 구축하는 시간이 많이 소요된다.

하향식 접근 방식(Top-Down Approach)
• 전체 조직을 총괄 분석하여 사무자동화 방해 요인을 제거하고, 최고 경영자가 요구하는 최적의 시스템을 구축할 수 있는 방식
• 최고 경영자에게 필요한 정보를 즉시 제공할 수 있어서 실효성이 큼. 단기간에 구축할 수 있음

08 사무자동화가 조직 구조를 종래의 피라미드형 조직에서 네트워크형 조직으로 변환시키는 이유로 틀린 것은?

① 관리직의 관리범위의 증대
② 관리자의 지휘 · 통솔에 대한 역할 불필요
③ 시장변화에 대한 신속하고도 정확한 대응
④ 의사소통의 신속화

조직 규모가 커짐에 따라 관리자의 지휘통솔을 좀 더 효과적으로 하기 위해 네트워크형으로 변환시키고 있음

09 사무자동화(OA)의 접근 방법의 유형에 속하지 <u>않는</u> 것은?

① 부분 전개 접근 방법
② 업무별 접근 방법
③ 사원별 접근 방법
④ 계층별 접근 방법

사무자동화의 접근 방법에는 전사적 접근 방법, 부분 전개 접근 방법, 공통 과제형 접근 방법, 기기 도입형 접근 방법, 계층별 접근 방법, 업무별 접근 방법 등이 있음

정답 07 ① 08 ② 09 ③

▶ 합격 강의

출제빈도 상 ㉗ 하
반복학습 ① ② ③

빈출 태그 사무자동화 생산성 • 평가 기준 • 기대효과의 분류 • 평가 방법 • 경영 정보 시스템 • DSS • ERP • CRM • 데이터웨어하우스

01 사무자동화의 생산성

1) 생산성(Productivity) 15년 3월, 13년 3월, 03년 8월, 00년 7월, 96년 10월

- 생산 활동의 효율을 나타내는 지표로 [산출효과 ÷ 투자비용]으로 계산한다.
- 사무 부분의 생산성 : 얼마만큼 자원을 투입하여 어느 정도의 성과를 올렸는지를 의미하며, 근로자의 지적 능력 경험에 의한 것이 많기 때문에 산출 성과를 항상 높은 수준으로 유지하기 힘들다.

▼ 사무 부분의 생산성 측정이 어려운 요인

- 성과가 투입의 시점에서부터 뒤늦게 나타난다.
- 효율성과 유용성 양면에 대한 평가 기준을 명확하게 규정할 방법이 없기 때문에 직접적인 평가는 어렵다.
- 사무 근로자의 지식, 경험의 영향이 크므로 산출 성과를 안정되게 유지할 수 없다.

2) 사무자동화의 생산성 평가 기준 15년 3월, 14년 5월, 09년 3월, 07년 8월, 06년 5월/8월, 04년 8월, 02년 3월/8월, …

효율성 (Efficiency : 능률, 효율)	• 시스템에 유입되는 투입량과 산출량의 양적 비율 • 노동력 감소에 따른 인건비 증가의 억제, 사무처리 시간의 단축, 경비의 삭감 등 • 한정된 자원으로 특정한 업무를 제대로 수행하는 것을 의미
유효성 (Effectiveness : 효과)	• 사무업무에 있어서 산출물의 질적 개념, 목표에 맞는 일을 했느냐의 여부 • 산출물의 정확성, 신속성, 확실성, 품질의 향상 등을 의미하며 조직구성원의 행동적 측면과 많은 관련이 있음
창조성(인간성)	사무실의 환경 향상, 직장의 활성화 등을 의미
사무실의 생산성 (Productivity)	• 효율성과 유효성을 모두 고려해야 하므로 생산성 측정이 어려움 • 양적 효과와 질적 효과로 나눔

3) 사무자동화 시스템의 효율성 05년 3월, 04년 5월, 01년 6월, 99년 4월

매체 변환(Media Transformation)의 감소	단일 시스템 내 자동화는 매체 사이에서의 전송량이 적어짐
부수적 기능(Shadow Function)의 감소	작업 시 오류를 줄여 주는 것을 의미함(데이터 입력 시의 오타나 전화 걸 때 전화번호를 잘못 누르는 것 등)
자동화(Automation)의 증가	수작업 처리에 소요되는 노동력을 기계 처리로 대체하여 성취
적시성(Timing)의 증가	대기 시간 감소 및 기회 포착으로 신속한 결정이 가능
통제(Control)의 향상	통제 향상으로 적은 양의 정보로도 급격한 변화에 빨리 대응

🅑 기적의 TIP

사무자동화의 평가 기준의 종류, 효율성의 종류, 기대 효과, 평가 방법의 종류를 암기하고, 기대 효과의 정량적 효과와 정성적 효과에 대한 차이를 이해하세요.

✅ 개념 체크

1 생산 활동의 효율을 나타내는 지표인 '생산성'은 산출효과 ÷ ( )으로 계산한다.

2 사무 부문의 생산성 평가 기준으로는 효율성, 확실성, 신속성, 안정성이다. (O, X)

1 투자비용 2 X

4) 사무자동화의 기대 효과 21년 5월, 16년 3월, 15년 9월, 10년 5월, 03월/7월, 07년 8월, 05년 3월

생산성의 개선	업무의 정확성 개선(질적 향상), 단위 시간당 작업량의 증대, 개인별 작업 시간의 단축 (사고 및 창조 시간의 향상)
조직의 최적화	개인 능력의 향상, 적절한 인력 구성, 단순 작업의 최소화, 개인과 조직의 융통성 향상, 공간의 효율적 사용
경쟁력의 증대	정보 획득 시간의 단축, 적절한 형태의 정보 획득, 의사 결정의 신속화, 서비스의 개선

5) 기대 효과의 분류 22년 3월, 20년 6월, 16년 3월, 15년 3월, 14년 5월, 08년 3월/7월, 07년 3월, 04년 8월

정량적(양적) 효과❶	시간의 효율적 사용, 인력의 능률적 사용, 공간의 효율적 사용 등
정성적(질적) 효과❷	일반적 효과, 사회적 · 기술적 효과 등

6) 사무자동화 시스템의 효과 평가 방법 24년 7월, 19년 9월, 14년 5월, 13년 9월, 10년 9월, 09년 5월, 07년 8월, 04년 8월, …

투자 효율 산정법	투자 이익 효과와 직접적인 투자비를 이용하여 계량화하는 방법 (투자 이익 효과 = 산출 효과/ 투자비용)
상대적 평가법	직접 효과가 아닌 간접 효과를 사무자동화 실시 전과 실시 후의 연도별, 부서별 심사분석 자료 등을 통해 사무실의 생산성 지표를 설정하여 비교하는 방법
정성적 평가법	• 정량적으로 측정할 수 없는 효과를 설문조사 등을 통해 간접적으로 평가하는 방법 • 평가항목 : 다양한 정보 수집, 양질의 문서 작성과 신뢰성, 적시 정보 획득 및 정확성, 서비스 개선 및 향상, 사무 처리의 정확성 및 의사결정의 신속/정확화, 사무 처리 기계화에 의한 근무 향상, 사무 환경 개선에 의한 사기 진작, 업무 만족도 증가 등

02 경영 관리

1) 경영 정보 시스템(MIS : Management Information System) 24년 3월, 23년 3월/9월, …

① 정의
- 기업의 외부, 내부의 비즈니스, 데이터를 수집 · 가공하고 관리자들에게 필요한 때에 요구하는 정보를 곧바로 제공할 수 있는 시스템이다.
- 조직의 운영, 관리 및 의사결정 기능을 지원하기 위한 정보를 제공하는 통합적 인간 · 기계시스템(Man-Machine System)이다.

② 경영 정보 시스템의 기본 구성
- 의사결정 서브시스템(Decision Making Subsystem) : MIS의 지휘본부 기능에 해당하며, System 설계 기능도 포함
- 프로세스 서브시스템(Process Subsystem) : 자료저장 · 검색 기능
- 데이터베이스 서브시스템(Database Subsystem) : 체계적으로 축적된 데이터의 집합 기능
- 통신 서브시스템(Communication Subsystem) : MIS 기기의 통신을 위한 기능
- 시스템 설계 서브시스템(System Design Subsystem) : MIS의 유지, 개발, 통합을 위한 기능

2) 정보 시스템 모형 및 개념

① POS(판매 시점 정보 관리 : Point Of Sales) _{20년 8월, 09년 5월, 06년 8월, 05년 5월, 01년 9월, 99년 4월, …}

상점의 바코드 리더(Bar-Code Reader) 등을 통해 판매 시점에서 수집한 자료를 온라인 시스템을 통해 공동으로 이용하여 재고 관리, 생산 관리, 판매 관리 등에 실시간으로 빠르고 정확한 정보를 제공하는 시스템이다.

② DSS(의사 결정 지원 시스템 : Decision Support System) _{21년 3월, 16년 5월, 10년 3월, 06년 3월, …}

최고 경영자의 의사결정을 지원해 주는 시스템으로서 최고 경영자가 이용하며, 기업 정책의 결정에 목적을 두고 정보의 중앙 집중화와 종합화가 필요하다.

③ ERP(전사적 자원 관리 : Enterprise Resource Planning) _{24년 5월, 21년 5월, 10년 5월, 07년 3월/5월, …}

- 기업 활동을 위해 사용되는 기업 내의 모든 인적, 물적 자원을 효율적으로 관리하여 궁극적으로 기업의 경쟁력을 강화시켜 주는 역할을 하는 통합 정보 시스템이다.
- 기업의 목적 달성(이익 극대화, 고객 만족)을 위하여 구매, 생산, 판매, 회계, 인사 등의 기업 기간 업무를 전체적으로 파악하고, 전사적으로 경영 자원의 활용을 최적화하고자 하는 계획과 관리를 위한 경영 개념이다.

④ CRM(고객 관계 관리 : Customer Relationship Management) _{19년 9월, 07년 9월, 12년 5월, …}

기업이 고객과의 관계 관리 및 서비스 제공을 위해 고객 데이터베이스를 구축하고 이를 기초로 고객을 세부적으로 분류하여 효과적이고 효율적인 마케팅 전략을 개발하는 경영전반에 걸친 관리체계를 말한다.

⑤ e-CRM(인터넷 고객 관계 관리 : Electronic CRM)

- 전자상거래와 더불어 등장한 마케팅 기법으로 인터넷과 같은 온라인상에서 고객의 행동과 성향을 분석해 고객 만족을 극대화하는 마케팅 시스템이다.
- CRM과의 차이는 실시간으로 고객의 성향에 따라 차별화된 서비스를 신속하게 제공하는 양방향 커뮤니케이션을 통한 1대1 마케팅이 가능하다.

⑥ RSM(Real Storage Management) _{15년 5월}

회사의 주요 경영정보를 통합 관리하기 위하여 기업 내, 외부에 걸친 지속적인 프로세스의 개선과 실시간 정보제공을 통해 업무지연을 최소화하고 의사결정 속도를 높여 기업 경쟁력을 극대화한다.

정보 시스템 모형 및 개념에서 출제되었던 용어들은 다시 출제되기 쉬우니 용어의 의미를 이해하고, 자동화 시스템의 종류에 대해서는 약칭에 대한 이름을 정확히 외워 두세요.

정보 시스템
(Information System)
조직 업무의 능률적인 관리를 목적으로 하여 자료의 수집, 기억, 검색, 통신, 이용을 결과로 하며, 인적 자원 및 컴퓨터 관련 자원의 집합

CRM의 기본 요소
유통, 마케팅, 서비스, 목표, 세일즈, 지식

✔ **개념 체크**

1 최고 경영자가 이용하며, 의사결정에 필요한 정보를 지원해 주고 기업 정책의 결정에 목적을 두고 정보의 중앙 집중화와 종합화가 필요한 시스템을 ( )이라고 한다.

2 고객 관계 관리를 의미하는 용어는 ( )이며, 이는 유통, 마케팅, 서비스, 목표, 세일즈, 지식 등의 요소로 구성된다.

1 의사 결정 지원 시스템(DSS),
2 CRM

⑦ CTI(컴퓨터 전화 통합 : Computer Telephony Integration) 10년 5월
- 컴퓨터를 통해 전화, 팩스 등의 주요 기능을 연동시키는 통합시스템으로 고객의 정보를 데이터베이스화하고 기업의 전화 통제 시스템에 연동시켜 컴퓨터상에서 전화, 팩스 같은 통신 매체 기능을 처리하거나 음성, 팩스 등을 컴퓨터 네트워크와 결합해 고객 서비스 및 마케팅 활동을 최적화시켜 주는 솔루션을 말한다.
- CTI는 일반적으로 상담센터, A/S 센터와 같은 콜센터에 많이 적용한다.

⑧ EAI(기업 어플리케이션 통합 : Enterprise Application Integration) 08년 3월
- 기업에서 운영되는 서로 다른 플랫폼(OS, DBMS 등) 및 어플리케이션(ERP, MES, e-Biz, CRM 등)들 간의 정보에 대한 전달, 연계, 통합을 가능하게 하는 솔루션을 말한다.
- 기업 내의 컴퓨터 애플리케이션들을 현대화하고, 통합하고, 조정하는 것을 목표로 세운 계획, 방법 및 도구 등을 일컫는다.

⑨ 빌링 시스템(Billing System) 10년 9월, 08년 7월
- 통신 서비스 사업자가 서비스를 이용 중인 가입자에 대한 사용 요금을 계산, 청구, 수납하는 등의 요금 관련 업무를 자동으로 처리해 주는 시스템이다.
- 주요 제품으로는 프리빌과 LG CNS의 스마트빌 등이 있다.

⑩ BPR(기업 경영 혁신 : Business Process Reengineering)
- 자동화를 위하여 Business Process를 재구축하는 것을 말한다.
- 사업 활동을 영위하는 조직의 측면에 있어, 작업을 개선하고 자원의 사용을 보다 효율적으로 만들기 위하여, 하나의 목적으로 처음부터 다시 근본적인 변화를 만드는 것을 의미한다.

⑪ ECR(효율적 고객 대응 : Efficient Consumer Response)
소비자의 만족에 초점을 두고 공급 사슬(Supply Chain)의 효율을 극대화하기 위한 새로운 모델로서, 제품의 제조 단계부터 도매, 소매에 이르기까지 전과정을 일련된 흐름으로 보아 관련 기업들의 공동 참여를 통해 총체적으로 경영 효율을 제고하는 기법이다.

⑫ SCM(공급망 관리, Supply Chain Management) 23년 3월, 17년 3월
- 기업에서 원재료의 생산·유통 등 모든 공급망 단계를 최적화해 수요자가 원하는 제품을 원하는 시간과 장소에 제공하는 개념이다.
- SCM을 위한 정보시스템으로 CRP(Continuous Replenishment Process) : 상품 보충), VMI(재고 관리), CMI(공동 재고 관리) 등이 있다.

⑬ RTE(실시간 기업 경영 : Real-Time Enterprise) 15년 5월
기업의 주요 경영정보를 통합 관리하기 위하여 실시간으로 정보를 제공하고 의사결정 속도를 높이는 기업 경영의 새로운 시스템이다.

⑭ 6시그마(6Sigma) 09년 3월
- 제너럴일렉트릭의 잭 웰치(Jack Welch)에 의해 유명해진 품질경영 혁신기법이다.
- 기업에서 전략적으로 완벽에 가까운 제품이나 서비스를 개발하고 제공하려는 목적으로 정립된 품질경영 기법이다.

사무실(Office) 시스템 설계와 운용
- 사무실은 정보를 창조하고 전달하는 기능을 하는 공간이며 동시에 사람이 호흡하고 생활하는 공간으로 인간, 정보, 공학 기술로 구성된다.
- 사무실 시스템 설계와 운용을 위한 기술적인 체계 : 시스템 설계, 맨-머신 시스템 설계, 조직 관리 기술, 시스템 관리 기술, 사무실 설계, 환경 공학, 안전 공학

✔ 개념 체크

1 (   )은 기업에서 원재료의 생산·유통 등 모든 공급망 단계를 최적화하여 수요자가 원하는 제품을 적시, 적소에 제공하는 관리 기법이다.

2 기업에서 전략적으로 완벽에 가까운 제품이나 서비스를 개발하고 제공하려는 목적으로 정립된 품질경영 기법을 '6시그마'라고 한다. (O, X)

1 SCM(공급망 관리), 2 O

3) 자동화 시스템의 종류 18년 3월, 06년 8월, 05년 3월, 04년 5월, 99년 4월, 95년 10월

HA(Home Automation : 가정 자동화)	원격 제어에 의한 가전 기기의 조작, 방범, 방재
OA(Office Automation : 사무 자동화)	사무실의 일상 업무를 자동화
FA(Factory Automation : 공장 자동화)	기계, 생산라인, 공정의 자동화
SA(Sales Automation : 점포 자동화)	POS 시스템에 의한 유통의 자동화
BA(Building Automation : 빌딩 자동화)	건물 내의 각종 설비를 원격 제어, 감시하는 시스템
AA(Accounting Automation : 회계 자동화)	자동 분류 및 회계 데이터의 일괄 처리
MA(Management Automation : 관리 자동화)	정형적 의사 결정에 도입

4) 데이터 웨어하우스(DW : Data Warehouse) 19년 9월, 18년 4월, 17년 3월, 14년 3월, 08년 5월, …

- 개념 : 다양한 형태의 데이터베이스 자원을 통합 및 가공하여 의사 결정 지원을 목적으로 특별히 설계한 주제 중심의 정보저장소이다.
- 목적 : 기존의 데이터베이스가 업무 · 거래 처리의 신속, 정확, 효율화를 목적으로 구축되어지는 데 비해 데이터 웨어하우스는 분석을 통한 기업의 전략 수립이나 의사 결정을 효율적으로 지원하는 것을 목적으로 한다.

▼ 관련 용어 24년 3월, 23년 3월/5월, 21년 9월, 18년 4월

데이터 웨어하우징 (Data Warehousing)	어느 조직이 데이터 웨어하우스를 구축하고, 이를 적절히 활용하여 그들의 정보 자산에서 가치를 창출하는 일련의 과정
데이터 마이닝 (Data Mining)	대량의 실제 데이터로부터 잠재되어 드러나지 않은 유용한 정보를 찾아내는 것을 말하며, 대량의 데이터 사이에 서로 연관관계를 찾아내어 이를 바탕으로 미래를 예측하는 방법
데이터 마트 (Data Mart)	데이터의 한 부분으로서 특정 사용자가 관심을 갖는 데이터들을 담은 비교적 작은 규모의 데이터 웨어하우스를 말한다. 즉, 한두 개의 특별한 영역에 중점을 둔 데이터 웨어하우스
OLAP(Online Analytical Processing)	데이터의 분석과 관리를 위해서 다차원의 데이터를 수집, 관리, 처리, 표현하기 위한 응용 프로그램 및 기술을 말한다. 즉, 최종 사용자가 데이터베이스에 쉽게 접근하여 필요로 하는 정보를 직접 작성하고 의사 결정에 활용하는 일련의 과정
OLTP(Online Transaction Processing)	여러 이용자가 네트워크상에서 실시간으로 데이터베이스의 데이터를 조회/갱신하는 등의 단위 작업을 처리하는 방식을 말한다. 주로 신용카드 조회 업무나 자동 현금 지급 등 금융 전산 관련 부문에서 많이 발생하여 '온라인 거래처리'라고도 함

메타 데이터(Meta Data)
데이터 웨어하우스의 구조에 대한 정보를 저장하고 있는 곳을 말하며, 데이터 웨어하우스에 대한 생성, 사용, 유지 · 보수 등의 작업을 지원하는 구성 요소

빅데이터 22년 9월
데이터의 생성 양, 주기, 형식 등이 기존 데이터에 비해 매우 크기 때문에, 종래의 방법으로는 수집, 저장, 검색, 분석이 어려운 방대한 데이터를 의미. 정보화 사회에서 여러 방향으로 수집된 대량의 데이터임

빅데이터의 특징
- 빅데이터 3V
  - 데이터의 크기(Volume)
  - 데이터의 속도(Velocity)
  - 데이터의 다양성(Variety)
- 빅데이터 4V : 3V + 데이터의 가치(Value)

01 다음은 무엇에 대한 설명인가?

> 사무업무에 있어서 산출물의 질적 개념으로 목표에 맞는 일을 수행했느냐의 여부를 나타낸다. 이는 산출물의 정확성, 신속성, 확실성, 품질의 향상 등을 의미하며, 조직 구성원의 행동적 측면과 많은 관련이 있다.

① 효율성　　　　② 창조성
③ 유효성　　　　④ 가치성

사무자동화의 생산성 평가 기준
- 효율성 : 시스템에 유입되는 투입량과 산출량의 양적 비율
- 유효성 : 사무업무에 있어서 산출물의 질적 개념. 목표에 맞는 일을 했느냐에 대한 여부 즉, 효과
- 창조성(인간성) : 사무실의 환경 향상, 직장의 활성화 등을 의미
- 생산성 : 동일한 산출량을 위해 더 적은 비용이나 시간의 투입을 의미

02 사무자동화 시스템은 수작업 처리를 자동화함으로써 처리시간을 감소시키거나 여러 가지 효율성을 증가시킨다. 이에 해당되지 않는 사항은?

① 매체변환(Media Transformation)의 감소
② 부수적 기능(Shadow Function)의 증가
③ 적시성(Timing)의 증가
④ 통제(Control)의 향상

- 부수적 기능(Shadow Function)의 증가가 아닌 감소임
- 사무자동화 시스템의 구체적인 효율성에는 자동화(Automation)의 증가도 있음

03 의사결정지원시스템(DSS)의 특징이 아닌 것은?

① 초기 시스템은 주로 반구조적, 비구조적 문제를 해결하기 위해 사용
② 초기 시스템은 의사결정자가 데이터와 모델을 활용할 수 있게 하는 일시적 컴퓨터시스템으로 정의
③ 전통적인 데이터 처리와 경영과학의 계량적 분석기법을 통합하여 사용
④ 의사결정자가 신속하고 다양하게 문제를 해결할 수 있는 정보시스템 환경 제공

초기 시스템은 주로 반구조적, 비구조적 문제를 해결하기 위해 사용되었음

04 다음 중 MIS(경영 정보 시스템)에 대한 설명으로 가장 관계가 먼 것은?

① MIS는 기업의 전략, 계획, 조정, 관리, 운영 등의 결정을 보조하는 특징을 갖고 있다.
② MIS는 창조적이고 지적인 공학과는 관계없는 프로그래밍을 통한 단순 업무 전산화를 말한다.
③ MIS의 전문성은 기업의 업무를 분석하고 기업 경영을 진단하는 능력이다.
④ MIS는 분석과 진단에 의해 기업업무의 정보요구가 정의되어야 하고, 정의된 정보를 효율적으로 처리할 수 있는 시스템을 개발하고 관리하는 특징을 갖고 있다.

경영 정보 시스템(MIS)은 기업의 내·외부의 비즈니스, 데이터를 수집해서 가공한 후 기업을 관리하는 모든 계층 사람들의 의사결정에 필요한 정보를 제공해 주는 시스템이다.

05 사무자동화(OA)의 기대효과라고 볼 수 없는 것은?

① 투자 효율성 증가　　② 생산성의 개선
③ 조직의 최적화　　　　④ 경쟁력의 증대

사무자동화의 궁극적 기대 효과에는 최적화된 조직 시스템 구축, 사무 부분의 생산성 개선(향상), 조직의 경쟁력 강화가 있으며, 투자 효율성 증가는 사무자동화의 기대 효과로 볼 수 없음

06 일반적으로 컴퓨터를 사용해 전화 통화를 관리하는 CTI Application들이 제공하는 기능으로 틀린 것은?

① 인증이나 메시지 전달을 위한 음성인식
② 송화자에게 대화식 음성 응답을 제공
③ 대기 중인 통화 또는 송화자가 남긴 메시지를 수집하여 보여 줌
④ 텔레마케팅과 같은 외부 통화 제한을 위한 잠금 기능

CTI는 일반적으로 상담센터, A/S센터와 같은 콜센터에 많이 적용되기 때문에 ④의 내용은 맞지 않음

정답 01 ③　02 ②　03 ②　04 ②　05 ①　06 ④

CHAPTER 02

사무자동화 기술

사무자동화 3대 기술과 각 장치별 특징을 이해한 후 자주 출제되는 중앙 처리 장치 구성, 주기억장치 구성, 캐시 메모리, 압축 기술, 정보 처리 시스템에 대해서는 좀 더 자세하게 암기하도록 하세요.

출제빈도

SECTION 01	상	45%
SECTION 02	상	30%
SECTION 03	중	25%

하드웨어 기술

▶ 합격 강의

> 빈출 태그 사무자동화 3대 기본 기술 • 중앙 처리 장치 • 주기억장치 • 기타 기억장치 • 접근속도 • 용량 단위 • 입출력 장치 • 해상도 • 입출력 채널

사무실(Office) 시스템 설계와 운용에 관한 기술
시스템 설계, 맨-머신 시스템 설계, 조직 관리 기술, 시스템 관리 기술, 사무실 설계, 환경 공학, 안전 공학

> **기적의 TIP**
>
> 하드웨어 기술 중 컴퓨터 구성 장치와 기술에 대한 내용들은 자주 출제되는 내용이므로 모든 내용을 꼼꼼하게 정리해 두세요. 특히, CPU 구성 중 연산장치의 각 레지스터의 역할을 반드시 숙지하세요.

초창기 컴퓨터 명칭
• 최초의 상업용 컴퓨터 : UNIVAC
• 폰노이만의 프로그램 내장방식 컴퓨터 : EDSAC
• 진공관을 이용한 최초의 계산기 : ENIAC
• 최초의 2진수처리 프로그램 내장방식 컴퓨터 : EDVAC

01 컴퓨터 구성 장치와 기술

1) 사무자동화 3대 기본 기술 10년 5월/9월, 09년 3월, 06년 3월/5월/8월, 04년 3월, 02년 8월, 01년 3월/6월/9월, …

하드웨어 기술 (Hardware Technology)	초고속 회로 소자, 광 기술, 아키텍처 설계 기술 등으로 구성
소프트웨어 기술 (Software Technology)	센서 및 인식 기술, 음성 합성 기술, 인공지능 기술, 자연 언어 처리 기술 등으로 구성
통신 기술 (Communication Technology)	• 통신 기반 기술 : 교환 기술, 전송 기술, 단말 기술 • 무선 통신 기술, 위성 통신 기술, 광 및 CATV 기술, 통신망 기술

2) 맨-머신 인터페이스(Man-Machine Interface) 시스템 10년 5월, 07년 8월, 06년 3월/5월/8월, …

• 맨-머신 인터페이스란 기기와 기기 간의 접속 또는 인간과 기기 간의 상호 의사 전달이 원활하게 이루어지는 것을 의미한다.
• 일반적으로 인간과 기계가 협력하여 목적을 달성하는 시스템을 맨-머신 인터페이스라 하며, 사무자동화는 고도의 맨-머신 시스템이다.

3) 컴퓨터의 분류 07년 8월, 04년 3월/8월

처리 능력 기준	슈퍼 컴퓨터, 대형(메인) 컴퓨터, 중형(미니) 컴퓨터, 워크스테이션, 소형 컴퓨터(마이크로 컴퓨터, PC, 노트북 등), PDA(팜톱) 등
처리 데이터 기준	디지털 컴퓨터(문자나 숫자 데이터), 아날로그 컴퓨터(온도, 전류, 속도 등), 하이브리드 컴퓨터(디지털과 아날로그 컴퓨터의 장점을 혼합)
사용 목적 기준	범용 컴퓨터, 전용(특수용) 컴퓨터

4) 컴퓨터 하드웨어의 구성 15년 9월, 09년 3월, 07년 8월, 03년 3월, 00년 5월/7월, 99년 8월, 96년 7월

컴퓨터 5대 구성	입력 장치, 주기억장치, 제어 장치(Control Unit), 연산 장치(ALU; Arithmetic and Logic Unit), 출력 장치(Output Unit)
중앙 처리 장치 (CPU; Central Processing Unit)	제어 장치, 연산 장치, 주기억장치
주변 장치 (Peripheral Unit)	입력 장치, 출력 장치, 보조 기억장치

5) 중앙 처리 장치(CPU)의 구성

① 제어 장치(Control Unit) 15년 3월, 00년 5월, 96년 7월
컴퓨터의 모든 장치들의 동작을 지시하고 제어한다.

프로그램 카운터, 프로그램 계수기 (PC : Program Counter)	다음에 실행할 명령어의 번지를 기억하는 레지스터
명령 레지스터❶ (IR : Instruction Register)	현재 실행 중인 명령의 내용을 기억하는 레지스터
명령 해독기(디코더 : Decoder)	명령 레지스터에 있는 명령어를 해독하는 회로
부호기(엔코더 : Encoder)	해독된 명령에 따라 각 장치로 보낼 제어 신호를 생성하는 회로
메모리 주소 레지스터 (MAR : Memory Address Register)	기억장치를 출입하는 데이터의 번지를 기억하는 레지스터
메모리 버퍼 레지스터 (MBR : Memory Buffer Register)	기억장치를 출입하는 데이터가 잠시 기억되는 레지스터

② 연산 장치(ALU : Arithmetic & Logic Unit) 24년 5월, 22년 3월, 16년 10월, 10년 5월, 09년 8월, 08년 3월, …
제어 장치의 명령에 따라 실제 연산을 수행한다.

가산기(Adder)	2진수의 덧셈을 수행하는 회로
보수기(Complementer)	뺄셈을 실행하기 위해 입력된 값을 보수로 변환하는 회로
누산기(AC : Accumulator)	연산된 결과를 일시적으로 저장하는 레지스터
데이터 레지스터(Data Register)	연산에 사용될 데이터를 기억하는 레지스터
상태 레지스터(Status Register)	연산 중에 발생하는 여러 가지 상태 값을 기억하는 레지스터
인덱스 레지스터(Index Register)	주소 변경을 위해 사용되는 레지스터
프로그램 상태 레지스터(PSWR)	시스템 내부의 순간순간의 상태를 기록하고 있는 PSW(Program Status Word)를 기억하는 레지스터

6) 주기억장치(Main Memory) 05년 5월, 04년 5월, 03년 5월/8월, 00년 3월, 98년 10월

- 기억장치는 주기억장치(Main Memory)와 보조 기억장치❷(Auxiliary storage Unit)로 구분한다.
- 주기억장치는 CPU가 직접 참조하는 고속의 메모리로, 프로그램이 실행될 때 보조 기억장치로부터 프로그램이나 자료를 이동시켜 실행시킬 수 있는 기억 장소이다.

❶ 레지스터
한 비트를 저장할 수 있는 플립플롭의 모음으로 중앙 처리 장치 내에 있는 소규모 임시 기억 장소로 프로그램을 실행하는 데 필요한 명령어나 데이터를 임시로 보관

❷ 보조 기억장치
주기억장치의 한정된 기억 용량을 보조하기 위한 메모리로 주기억장치에 비해 속도는 느리지만 대량의 자료를 영구적으로 저장. 자기 디스크, 자기 테이프, 광 디스크, 플래쉬 메모리 등이 있음

① ROM(Read Only Memory) 24년 7월

- 한번 기록한 정보에 대해 오직 읽기만 가능하도록 설계한 비휘발성(사라지지 않음) 기억장치이다.
- 수정이 필요 없는 기본 입·출력 프로그램이나 글꼴들의 펌웨어(Firmware)❶를 저장하는 데 사용한다.

Mask ROM	컴퓨터 제조회사에서 필요한 자료를 제조 과정에서 기록하여 제공하는 ROM
PROM(Programmable ROM)	사용자가 한 번에 한해 기록(쓰기) 가능한 ROM
UV-EPROM(UV-Erasable PROM)	소자에 강한 자외선을 비춤으로써 정보를 지울 수 있기 때문에 반복해서 여러 번 정보를 기록할 수 있는 ROM
EEPROM(Electrically EPROM)	사용자가 메모리 내의 내용을 수정할 수 있는 ROM으로, 정상보다 더 높은 전압을 이용하여 반복적으로 지우거나, 다시 기록 가능한 ROM

② RAM(Random Access Memory) 24년 3월, 23년 3월/9월, 20년 6월, 17년 3월

- 실행 중인 프로그램이나 데이터를 저장하며, 자유롭게 데이터의 판독과 기록이 가능한 주기억장치이다.
- 전원이 공급되지 않으면 기억된 내용이 사라지는 휘발성(소멸성) 메모리이다.

SRAM (Static RAM : 정적 램)	• 전원이 공급되는 한 내용이 그대로 유지 • 가격이 비싸고, 용량이 적으나 속도가 빨라 캐시(Cache) 메모리 등에 이용
DRAM (Dynamic RAM : 동적 램)	• 구조가 단순하여 가격이 저렴하지만 집적도가 높아 PC 메모리로 이용 • 일정 시간이 지나면 전하가 방전되므로 재충전(Refresh) 시간이 필요

7) 기타 기억장치 23년 5월, 22년 3월, 21년 5월, 20년 8월, 16년 10월, 15년 3월/5월, 09년 5월, 08년 3월/5월/7월, …

캐시 메모리 (Cache Memory)	• 중앙 처리 장치(CPU)와 주기억장치 사이에 위치하여 컴퓨터 처리 속도를 향상시키는 고속의 소용량 메모리 • 주로 접근 속도가 빠른 정적 램(SRAM)을 사용
버퍼 메모리 (Buffer Memory)	• 두 개의 장치가 데이터를 주고받을 때 두 장치 간 속도 차이를 해결하기 위해 중간에 데이터를 임시로 저장해 두는 공간 • 키보드 버퍼, 프린터 버퍼 등이 있음 • 캐시 메모리도 일종의 버퍼 메모리임
CAM(연상 기억장치 : Associate Memory)	• 연관 메모리 또는 CAM(Content Addressable Memory)이라고도 함 • 저장된 내용으로 메모리에 기억된 정보를 찾아 접근하는 방법으로 매우 빠른 검색 속도로, 병렬 탐색이 가능
가상 기억장치 (Virtual Memory)	• 보조 기억장치(HDD)의 일부를 주기억장치처럼 사용하는 메모리 기법 • 주기억장치보다 큰 프로그램을 실행할 때 유용함 • 주기억장치보다 큰 프로그램을 작은 단위인 세그먼트❷로 분리한 후 세그먼트 단위로 주기억장치에 읽어 들여 사용함
자기 코어 (Magnetic Core)	• 도넛 모양의 기억 소자로 페라이트(Ferrite)라는 자성 물질로 만듦 • 과거에 주기억장치로 사용 • 파괴성 메모리이고 비휘발성 기억 소자 • 반도체 기억 소자보다 기록 밀도가 낮고 전력 소모가 많음
플래시 메모리 (Flash Memory)	• EEPROM의 일종으로 비휘발성 메모리이며 속도가 빠름 • MP3 플레이어, 개인용 정보단말기, 휴대전화, 디지털 카메라 등에 널리 사용됨

8) 기억장치 특징 및 단위 20년 8월, 19년 9월, 17년 3월, 16년 10월, 10년 3월/5월, 08년 5월/7월, 05년 8월, 04년 3월, …

▼ 기억장치 접근 속도

◀— CPU —▶		◀—— 주기억장치 ——▶		◀———————————— 보조 기억장치 ————————————▶					
레지스터 (Register)	캐시 (SRAM)	램 (RAM)	롬 (ROM)	SSD	자기드럼	자기디스크 (HDD)	광 디스크 (CD–ROM)	플로피 디스크 (FDD)	자기 테이프

빠름 ◀——————————————————————————————————▶ 느림

▼ 기억장치 용량 순서

◀——— 보조 기억장치 ———▶		◀— 주기억장치 —▶	◀— 캐시 메모리 —▶	◀— 레지스터 —▶
자기 테이프	자기 디스크	DRAM	SRAM	CPU

대용량 ◀——————————————————————————————————▶ 소용
량

▼ 기억장치 용량 단위

단위		KB	MB	GB	TB	PB
읽기		Kilo Byte	Mega Byte	Giga Byte	Tera Byte	Peta Byte
용량	8Bit	1,024Byte	1,024KB	1,024MB	1,024GB	1,024TB
	2진수 표기	2^{10}	2^{20}	2^{30}	2^{40}	2^{50}
	10진수 표기	10^{3}	10^{6}	10^{9}	10^{12}	10^{15}

용량 작음 ◀——————————————————————————————————▶ 용량 큼

▼ 기억장치 속도 단위

단위	ms	μs	ns	ps	fs	as
읽기	milli second	micro second	nano second	pico second	femto second	atto second
속도	10^{-3}	10^{-6}	10^{-9}	10^{-12}	10^{-15}	10^{-18}

속도 느림 ◀——————————————————————————————————▶ 속도 빠름

SSD(Solid State Disk)
USB 메모리의 메모리칩들을 여러 개 묶어서 하드 디스크처럼 사용할 수 있도록 개발된 제품으로 일반 하드 디스크에 비해 액세스 시간이 빠르기 때문에 부팅 속도와 프로그램 실행 속도, 처리 속도가 빨라지나 용량 대비 가격이 비쌈

02 주변 장치

1) 입력 장치 19년 3월, 18년 4월, 14년 5월/9월, 06년 3월/5월, 05년 3월, 04년 3월, 03년 5월, 01년 3월, 00년 5월/10월, …

키보드(Keyboard)	CUI(Character User Interface) 환경의 기본적인 문자 입력 장치
마우스(Mouse)	그래픽 위주의 환경(GUI : Graphic User Interface)의 기본적인 입력 장치
트랙볼	마우스에 볼을 추가한 형태로 볼을 돌려 커서를 이동
광학 문자 판독기(OCR : Optical Character Reader)	• 프린터 같은 기기로 인쇄된 문자에 빛을 쬐어 되돌아온 빛의 강약으로 판독하는 장치 • 전표, 청구서, 바코드 등의 입력에 사용
광학 마크 판독기(OMR : Optical Mark Reader)	• 컴퓨터용 연필이나 사인펜으로 표시한 마크를 빛을 이용하여 판독하는 장치 • 객관식 시험의 답안지나, 수강 신청서, 각종 조사 및 수치 기록의 용도로 사용
자기 잉크 문자 판독기(MICR : Magnetic Ink Character Reader)	• 자성을 띤 잉크로 숫자나 기호를 프린트하여 자기헤드로 판독하는 장치 • 전표, 수표, 어음 등 주로 금전 거래 업무에 사용
바코드 판독기(BCR : Bar Code Reader)	바코드를 판독하여 컴퓨터 내부로 입력하는 장치로 POS 시스템에 이용
자기 테이프(Magnetic Tape)	폴리에스터 필름에 자화물질을 입혀 자화 형태로 자료를 기록하고 판독할 수 있는 장치
스캐너(Scanner)	• 그림, 사진, 도표, 그래프, 문서 등 모든 인쇄물을 사진화하여 입력하는 장치 • 문자 인식 소프트웨어를 이용하면 이미지를 텍스트(Text)로 변환 가능
라이트 펜(Light Pen)	화면의 빛을 감지하는 센서가 부착된 펜 모양의 입력 장치
디지타이저(Digitizer)	• 평면 직사각형의 판(타블렛, Tablet) 위에 연결된 펜이나 마우스와 유사한 커서를 움직여 좌표를 입력 • 주로 그림, 도표, 설계도 등을 입력하는 데 사용
조이스틱(Joystick)	주로 게임용으로 사용되는 스틱과 버튼 세트
터치 스크린(Touch Screen)	사용자의 손가락을 통해 입력을 받기 때문에 마우스에 비해 해상도는 떨어지나 마우스를 사용하기 부적절한 장소나 공공 목적으로 배치된 키오스크(Kiosk) 시스템의 입력 도구로 많이 사용
음성 입력 장치	• 인간의 음성을 전기적 신호(Electrical Signals)로 변환시키기 위해 마이크(Microphone)나 전화기를 사용 • 컴퓨터로 전송된 음성을 저장장치 안에 미리 수록되어 있던 유형사전(Dictionary of Patterns)과 비교하여 단어를 인식하고 그것에 적합한 출력을 산출

2) 출력 장치 23년 3월, 16년 10월, 13년 3월, 07년 3월, 01년 9월, 98년 10월

천공 카드(Punch Card)	• 천공 카드 판독기(Punch Card Reader)를 이용하여 호퍼(Hopper)에 쌓아 둔 카드를 한 장씩 가져와 빛을 통과시켜 카드의 내용을 판별함 • 입력 및 출력이 가능
CRT(Cathode Ray Tube : 음극선관 디스플레이)	• 해상도가 높고 저렴하며 출력 속도가 빠름 • 눈에 부담이 많고, 전력 소비가 큼 • 가장 널리 사용되는 영상 표시장치로 Soft Copy의 대표적인 장치

LCD(Liquid Crystal Display : 액정 디스플레이)	• 가격이 비싸나, 전력 소비와 부피가 작아 휴대용으로 많이 사용 • 눈에 부담이 적고, 정면에서의 선명도가 우수 • 출력 속도가 느리며 보는 각도에 따라 화면의 왜곡이 발생
PDP(Plasma Display : 플라즈마 디스플레이)	• 두 장의 유리기판 사이에 네온 및 아르곤 가스를 넣고, 전압을 가해 발생된 네온 발광(빛)을 이용하여 화면을 구성하는 방식 • 고해상도이고 눈에 부담이 적어 그래픽용으로 우수 • 전력 소비와 열 방출이 많고, 가격이 비싼 단점이 있음
LED(Light Emitting Diode : 발광 다이오드)	• 한쪽으로(순방향) 전기가 통하고 역방향으로 전기가 통하지 않게 하는 반도체 소자의 일종으로 일정 전압을 가했을 때 발광 • 소비 효율 차이로 소비 전력이 적어지고 두께가 얇아지며, 밝고 화질이 선명하며 전기 소모량이 가장 적지만 PDP, LCD에 비해 가격이 비쌈
FED(Field Emission Display : 전계 방출형 디스플레이)	• 두께가 매우 얇고 구조가 간단 • 소비 전력이 적고 고속 동작이 가능 • 해상도가 뛰어나며, LCD에서처럼 각도에 따른 화면 왜곡이 거의 없음
X–Y 플로터(Plotter)	• 고정된 종이 위에 펜이 X와 Y좌표를 움직여 그리거나, 펜이 한쪽 방향으로만 움직이고 다른 방향으로는 종이를 이동시켜 그리는 장치 • 느리지만 복잡한 도면은 오히려 빨리 얻을 수 있고, 정교하며, 컬러 출력이 가능
COM (Computer Output Microfilm)	• 컴퓨터의 처리 결과를 인간이 인지할 수 있는 문자나 도형으로 변환하여 마이크로필름에 저장하는 출력 장치 • 데이터 보관용으로 많이 쓰임
음성 출력	음성 인식 시스템(Voice Recognition System)이 컴퓨터에게 말할 수 있도록 하여주듯이, 음성 응답 시스템(Voice Response System)은 컴퓨터로 하여금 사람들에게 말할 수 있도록 함
프린터(Printer)	출력물을 종이 등으로 인쇄하는 장치

3) 표준 디스플레이 해상도 20년 8월, 10년 5월, 09년 3월, 07년 8월

① 해상도

• 해상도는 1인치 안에 표현되는 화소(Pixel) 수를 말하며, DPI(Dots Per Inch) 단위를 사용한다.

  └─ 모니터 등의 디스플레이나 프린터의 해상도 단위이며 1인치당 몇 개의 도트(점)가 들어가는지를 표현

• 해상도가 높을수록 많은 화소수로 이미지를 표현하기 때문에 더 자세히 표현한다는 의미이다.

② 표준 디스플레이 해상도

표준 디스플레이 해상도 방식은 CGA를 시작으로 계속 고해상도 방식으로 발전하고 있다.

▼ 방식별 해상도

방식	해상도
CGA	320×200
EGA	640×350
VGA	640×480
XGA(XVGA)	1024×768
SXGA	1280×1024
QXGA	2048×1536

C/D 비율(통제표시비)
컴퓨터 작업자의 능률에 영향을 미치는 요소로 마우스나 조이스틱 등이 커서의 위치를 제어하는 조종 장치를 움직였을 때 화면상에서 실제 커서가 움직이는 정도를 나타내는 비율

4) 프린터(Printer) 23년 5월, 22년 9월, 19년 9월, 17년 5월, 15년 9월, 07년 5월, 06년 5월, 98년 5월

23년 5월, 22년 9월, 19년 9월, 17년 5월, 15년 9월, 07년 5월, 06년 5월, 98년 5월

- 충격식 프린터(Impact Printer) : 잉크 리본을 헤드로 두드려 인쇄하는 방식으로 소음이 크고 인쇄 품질이 다소 떨어진다.

도트 매트릭스 프린터 (Dot Matrix Printer)	핀으로 리본을 때려 여러 개의 점을 찍는 방법으로 한 문자씩 출력
활자식 프린터 (Character Printer)	데이지 휠 프린터(Daisy Wheel Printer)와 볼 프린터(Ball Printer)가 있으며, 준비된 활자를 이용해 리본을 때리므로 깨끗하고 선명한 인쇄물을 얻음
라인 프린터(Line Printer)	라인 단위로 출력시키는 장치로 LPM(Lines/Min)을 사용

- 비충격식 프린터(Non-Impact Printer) : 물리적인 충격을 가하지 않고 열과 잉크를 뿌려서 인쇄하는 방식으로 소음이 없으며 낱장 공급 용지를 이용한다.

잉크젯 프린터 (Ink Jet Printer)	잉크를 종이에 직접 뿌려 글자를 출력하므로 소음이 거의 없고 출력 속도나 품질이 비교적 뛰어남
열전사 프린터 (Thermal Printer)	• 헤드에 열을 발생시켜 리본에 묻은 잉크를 녹여 인쇄하는 방식 • 장점 : 인쇄 품질이 우수하고 소음이 거의 없음 • 단점 : 속도가 느리고 리본과 용지가 고가여서 유지비가 많이 듦
감열 방식 프린터 (Thermal Transfer Printer)	• 특수 처리된 용지에 가열된 헤드를 직접 접근시켜 출력 • 용지가 고가이고, 출력물이 빛에 노출될 경우 차차 변색
레이저 프린터 (Laser Printer)	• 드럼에 레이저빔을 쏘아 토너 가루를 붙여 영상을 만들고, 이 드럼에 종이를 접촉시켜 출력 • 고품질의 인쇄물로 페이지 단위로 출력하는 고속 출력 등의 장점

- 출력 방법에 따른 분류 08년 5월

08년 5월

하드 카피(Hard Copy)	컴퓨터 출력을 영구적인 보관이 가능하도록 종이 등에 출력하는 방법
소프트 카피(Soft Copy)	컴퓨터 출력을 CRT 등과 같은 화면 표시 장치를 이용하여 출력하는 방법

- 프린터 출력 성능 표시 단위 24년 7월, 21년 3월, 19년 3월, 18년 3월, 15년 5월, 07년 8월, 02년 8월, 97년 10월

24년 7월, 21년 3월, 19년 3월, 18년 3월, 15년 5월, 07년 8월, 02년 8월, 97년 10월

CPS(Character Per Second)	초당 출력되는 문자 수로 도트 매트릭스 및 시리얼 프린터의 속도 단위
LPM(Line Per Minute)	분당 출력되는 줄(Line) 수로 라인 프린터 속도 단위
PPM(Page Per Minute)	분당 출력되는 페이지 수로 잉크젯 및 레이저 프린터의 속도 단위
DPI(Dots Per Inch)	1인치에 출력되는 점(Dot)의 수로 출력물의 인쇄 품질(해상도)을 나타내는 단위

5) 하드웨어 관련 용어

① 메인 보드(Mainboard) 99년 4월

- 마더 보드(Mother Board)라고도 하며, CPU, 메모리, 그래픽 카드 등 각종 외부 기기 컨트롤러 등을 장착할 수 있는 주기판이다.
- 메인 보드 구성 요소에는 확장 슬롯(Slot), 칩셋(Chipset), 버스 방식❶, 롬 바이오스, CMOS❷, 포트(Port)❸ 등이 있다.

② 포트(Port)의 종류 15년 9월, 10년 3월, 08년 5월

직렬 포트	• 데이터를 직렬로 전송하기 위한 포트로 모뎀과 마우스를 연결하는 데 사용 • COM1~COM4 등이 있음
병렬 포트	주로 프린터 등의 연결에 사용
PS/2 포트	• 마우스나 키보드를 PC에 접속하기 위해 IBM이 개발한 포트 • 6핀의 소형 DIN 플러그 사용
Thunderbolt (썬더볼트)	• 양방향 10Gbps 전송 속도로 USB3.0보다 빠름 • 별도의 드라이버 설치 없이 사용 가능 • 미니 디스플레이포트와 호환 • 10W 전원 공급이 가능(USB2.0 → 2.5W / USB3.0 → 5W)
USB 포트	• 컴퓨터와 주변기기를 연결하는 데 쓰이는 입출력 표준 • 기존의 다양한 방식의 연결을 대처하기 위해 만들어졌으며, 충전용으로도 많이 사용 • 허브(Hub)를 사용하면 최대 127개의 주변 기기 연결이 가능 • 직렬 포트나 병렬 포트보다 빠른 속도로 데이터를 전송 • 핫 플러그 인❹(Hot Plug In), 플러그 앤 플레이❺(Plug And Play)를 지원 • 최대 전송 속도 : USB 1.1 − 12Mbps, USB 2.0 − 480Mbps, USB 3.0 − 5Gbps
IEEE 1394	• 미국전기 학회(IEEE)가 표준화한 직렬 인터페이스 규격 • 애플(Apple)사와 T1사가 공동으로 개발한 디지털 가전 기기 간 전송 기술 표준 • 최대 63대까지 연결이 가능하고, 멀티미디어 데이터를 100Mbpd ~ 1Gbps까지 송수신
IrDA	적외선을 이용한 무선 직렬 포트로 주변 장치와의 통신에 사용

③ 입·출력 채널(I/O Channel) 11년 6월, 07년 8월, 05년 8월, 01년 3월

- CPU의 처리 효율을 높이고 데이터 입·출력을 빠르게 할 수 있게 만든 입·출력 전용 처리기이다.
- 입·출력 장치와 주기억장치 사이의 속도 차이를 위한 장치로 독립적으로 입출력 장치와 기억장치 간의 데이터를 주고받을 수 있는 제어 장치이다.
- CPU의 부담을 줄이고, 시스템 전체의 입출력 속도를 높이는 효과를 볼 수 있다.
- 종류 : 고속의 입출력 장치를 제어하는 셀렉터(Selector) 채널과 저속의 입출력 장치를 제어하는 멀티플렉서(Multiplexer) 채널 그리고 두 기능이 혼용된 블록 멀티플렉서(Block Multiplexer) 채널이 있다.

❶ 버스 방식
컴퓨터의 각종 주변 장치를 접속하기 위해 사용되는 연결 부분

❷ CMOS
바이오스(BIOS)의 여러 사항을 설정하는 것이며, 메인 보드의 내장 기능 설정 및 주변 장치에 대한 정보를 기록

❸ 포트(Port)
메인 보드와 주변 장치 사이에 정보를 교환하기 위한 통로

❹ 핫 플러그 인
전원이 연결된 상태에서도 주변 장치의 설치가 가능

❺ 플러그 앤 플레이
별도의 설정을 하지 않아도 연결하면 바로 사용할 수 있는 기능

USB OTG(Universal Serial Bus On-The-Go)
메인 컴퓨터의 개입 없이 스마트폰, MP3 플레이어 등과 같은 포터블 장치 간 동작될 수 있도록 수정된 USB 규격

🅑 기적의 TIP

프린터 분류, 프린터 성능을 표시하는 단위, USB 포트의 특징에 대해 묻는 문제가 자주 출제됩니다. 이외에도 한번 이상 출제된 용어들에 대해서는 다시 출제될 확률이 높으니 장치에 대한 내용을 정리해 두세요.

채널
입출력 처리기로 저속의 입출력 장치를 직접 제어해 준다.

SATA(Serial ATA)
• 직렬 ATA로 하드 디스크 또는 광학 드라이브와의 전송을 위해 만들어진 버스의 한 종류로 속도와 신뢰도 면에서 효율적인 방식
• Master/Slave 설정이 필요 없이 핫 플러그 인 기능이 있으며, 케이블이 얇아서 냉각 효과도 갖추고 있음

이론을 확인하는 기출문제

01 Man-Machine Interface의 특성으로 가장 거리가 먼 것은?

① 시스템 자체의 CPU 구조와 처리속도, 메모리 용량 등의 기술에 의존도가 높다.
② 인간과 기계가 협력하여 목적을 달성하는 시스템이다.
③ 맨-머신 인터페이스 기술은 입력기술과 출력기술로 나눌 수 있다.
④ 맨-머신 인터페이스 기술은 컴퓨터의 사용을 쉽게 하는 소프트웨어 기술에 대한 의존도가 높다.

OA는 고도의 맨-머신 시스템으로 인간이 기계를 사용해서 목적을 달성하는 것을 의미하며, 시스템 자체(H/W)의 의존도가 높지 않음

02 사무자동화를 지지하는 3대 주요 기본기술이 아닌 것은?

① 통신 기술 ② 사무관리 기술
③ 소프트웨어 기술 ④ 하드웨어 기술

사무자동화 3대 기본 기술 : 하드웨어 기술, 소프트웨어 기술, 통신 기술

03 다음 중 연산 장치의 구성 요소가 아닌 것은?

① 가산기 ② 감산기
③ 누산기 ④ 레지스터

연산 장치의 구성 요소는 가산기, 누산기, 보수기, 어드레스 레지스터이며, 감산기는 가산기와 보수기를 이용해 구현됨

04 기억을 위한 핵심 소자가 반도체 기반으로 설계된 보조 기억장치가 아닌 것은?

① Secure Digital Card
② Hard Disk Drive
③ Compact Flash Drive
④ Solid State Drive

Hard Disk Drive는 자성을 갖는 디스크로 구성되어 있음

05 다음 중 컴퓨터의 성능을 높이기 위하여 명령어의 처리 속도를 CPU와 같도록 할 목적으로 기억장치와 CPU 사이에 사용하는 것은?

① Virtual Memory
② DMA
③ Associate Memory
④ Cache Memory

오답 피하기
• 가상 기억장치(Virtual Memory) : 사용자가 보조 기억장치(디스크)의 용량에 해당하는 커다란 기억장치를 갖고 있는 것처럼 생각하고 프로그램을 수행할 수 있는 개념으로 메모리 공간의 확대에 목적을 둠
• 연관 메모리(Associative Memory) : 기억장치에 저장되어 있는 항목을 찾는 데 번지를 사용하는 것이 아니라 기억된 정보의 일부분을 사용하여 접근하는 기억장치로 주소화 기억장치(CAM)라고 함
• DMA(직접 기억장치 접근 : Direct Memory Access) : CPU를 거치지 않고 직접 주기억장치와 주변 장치 사이에서 데이터를 주고받는 방식

06 다음 중 DRAM(Dynamic RAM)의 설명으로 옳지 않은 것은?

① 소용량 메모리에 주로 사용된다.
② refresh 펄스가 필요하다.
③ 전력소모가 적다.
④ 주로 주기억장치에 쓰인다.

PC 주기억장치로 주로 사용됨

07 일반적인 화상 정보(2차원 정보)를 입력하는 방법으로 적당하지 않은 것은?

① 타블렛(디지타이저) 등을 이용하여 도형 요소를 하나씩 입력한다.
② 동화상의 입력에 비디오카메라를 사용할 수 있다.
③ 스캐너를 이용하여 도면 등을 입력할 수 있다.
④ 패턴인식기술을 이용한 OCR로 입력한다.

④의 OCR(광학 문자 판독기)은 문자 인식 시스템으로 2차원 정보를 입력하기에는 부적합함

정답 01 ① 02 ② 03 ② 04 ② 05 ④ 06 ① 07 ④

08 컴퓨터 네트워크에 연결된 파일 수준의 데이터 저장 서버로 서로 다른 네트워크 클라이언트에 데이터 접근 권한을 제공하는 시스템은?

① NAS

② FDD

③ HDD

④ SAMBA

- NAS(Network-Attached Storage)
  - 컴퓨터 네트워크에 연결된 파일 수준의 데이터 저장 서버로 서로 다른 네트워크 클라이언트에 데이터 접근 권한을 제공하는 시스템
  - 미디어 서버, 그룹웨어, 메일 서버로도 확장 사용할 수 있음
- SAMBA 리눅스, 유닉스, OpenVMS 등의 다양한 운영체계에서 설치하여 다른 컴퓨터에 파일, 인쇄기, 기타 자원의 접근 요구를 할 수 있고, 다른 컴퓨터는 그 요구에 응하여 가부간 응답을 보냄

09 다음 중 표준 디스플레이 해상도가 가장 높은 것은?

① CGA   ② XGA   ③ EGA   ④ VGA

해상도 순서(낮음 → 높음)
CGA 〈 EGA 〈 VGA 〈 XGA(또는, XVGA) 〈 SXGA 〈 QXGA

10 중앙 처리 장치에서 사용되는 레지스터의 종류가 아닌 것은?

① Accumulator

② Program Counter

③ Instruction Register

④ Full Adder

레지스터는 프로그램을 실행하는 데 필요한 명령어나 데이터를 임시로 보관하는 기억 장소로 제어 장치, 연산 장치에 속한 레지스터로 구분할 수 있음
- 제어 장치 레지스터 : 프로그램 카운터(PC : Program Counter), 명령 레지스터(IR : Instruction Register), 메모리 주소 레지스터(MAR : Memory Address Register), 메모리 버퍼 레지스터(MBR : Memory Buffer Register)
- 연산 장치 레지스터 : 누산기(AC : Accumulator), 데이터 레지스터(Data Register), 상태 레지스터(Status Register), 인덱스 레지스터(Index Register)

11 메인 컴퓨터의 개입 없이 스마트폰, MP3 플레이어 등과 같은 포터블 장치 간 동작될 수 있도록 수정된 USB규격을 무엇이라 하는가?

① OTAP   ② OTG   ③ OTP   ④ OAP

- USB OTG(Universal Serial Bus On-The-Go) : 메인 컴퓨터의 개입 없이 스마트폰, MP3 플레이어 등과 같은 포터블 장치 간 동작될 수 있도록 수정된 USB규격
- OTP(One Time Password) : 고정된 패스워드 대신 무작위로 생성되는 일회용 패스워드를 이용하는 사용자 인증 방식으로 인터넷 뱅킹의 보안카드 대안으로 사용되고 있음

12 CPU의 명령에 따라 독립적으로 입·출력 장치와 기억장치 간의 데이터를 주고받을 수 있는 것은?

① 버퍼 메모리

② 캐시 메모리

③ 채널

④ 가상 메모리

- 버퍼(Buffer) 메모리 : 두 개의 장치가 데이터를 주고받을 때 두 장치 간 속도 차이를 해결하기 위해 중간에 데이터를 임시로 저장하는 메모리
- 캐시 메모리(Cache Memory) : 중앙처리장치(CPU)와 주기억장치 사이에 위치하여 컴퓨터 처리 속도를 향상시키는 고속의 소용량 메모리
- 채널(Channel) : CPU의 명령에 따라 독립적으로 입출력 장치와 기억장치 간의 데이터를 주고받을 수 있는 제어 장치로 입출력 제어를 채널이 전담하여 CPU의 부담을 줄이며 시스템 전체의 입출력 속도를 높이는 기능을 함
- 가상 기억장치(Virtual Storage) : 보조 기억장치(HDD)의 일부를 주기억장치처럼 사용하는 메모리 기법

13 기억장치의 접근 속도가 $0.5\mu s$이고, 데이터 워드가 32비트일 때 대역폭은?

① 8M[bit/sec]

② 16M[bit/sec]

③ 32M[bit/sec]

④ 64M[bit/sec]

대역폭이란 메모리에서의 처리 속도를 의미하며 1초 동안에 전송되는 최대한의 정보량을 Bit 수로 표시함
1 μs(micro second)는 10^{-6}이므로, 대역폭을 계산하는 식(비트수/초)에 값들을 대입하면 (32 bit * 2) / (0.5μs * 2 * 10^{-6}) = 64 bit * 10^6 = 64MB가 됨

14 다음 보조 기억장치 등에 사용되는 USB에 대한 설명으로 틀린 것은?

① 컴퓨터와 주변 기기를 연결하는 데 쓰이는 입·출력 표준 중 하나이다.

② USB 방식으로 연결된 주변 기기는 대부분 핫 플러그를 지원한다.

③ 미국 애플사가 제창한 시리얼 버스 인터페이스 표준 규격이다.

④ USB 방식은 보통 외부 전원을 이용하지 않고도 쉽게 주변 기기를 사용할 수 있다.

③은 IEEE 1394에 대한 설명으로 IEEE 1394는 데이터의 고속 전송과 실시간 데이터 서비스를 지원함

소프트웨어 기술

▶ 합격 강의

❶ 소프트웨어
하드웨어적 자원을 이용하여 컴퓨터를 효율적으로 활용하기 위한 프로그램과 처리 절차에 관한 기술 및 각종 문서들을 포함하는 프로그램 체계의 총칭을 말함

❷ 컴파일러
사용자가 작성한 프로그램을 원시 프로그램(Source Program)이라 하며, 컴파일러에 의해 기계어 형태의 목적 프로그램(Object Program)으로 변환하며 다시 Linkage Editor에 의해 실행 가능한 상태로 로드 모듈(Load Module)이 됨

IME
테이블이나 폼에서 텍스트 데이터를 입력하려고 할 때 입력모드를 '한글' 또는 '영숫자반자'와 같은 입력상태로 지정하려고 할 때 사용하는 소프트웨어

스프레드시트의 기능
• 셀 단위의 연산이 가능함
• 간단한 표와 같은 문서 작성이 가능함
• 함수를 사용하여 합, 평균 등의 수식을 처리할 수 있음

❸ 멀티미디어 저작 도구
문자, 영상, 음성 등의 다양한 매체를 통하여 정보를 쉽게 표현할 수 있도록 도와주는 소프트웨어

ODBC
ODBC(Open DataBase Connectivity)는 개방형 데이터베이스 접속 규격으로 공통적인 인터페이스를 통해 어떤 응용 프로그램을 사용하는지에 관계없이 데이터베이스를 자유롭게 사용할 수 있음

01 소프트웨어❶의 분류

1) 시스템 소프트웨어 19년 3월, 17년 5월, 15년 5월, 07년 3월, 06년 5월, 05년 8월, 04년 5월, 01년 6월, 00년 3월/7월, …

컴퓨터와 사용자의 중간에서 시스템을 효율적으로 운영할 수 있도록 도와주는 역할을 수행하는 프로그램이다.

운영체제 (Operating System)	• 제한된 컴퓨터 시스템 자원(H/W)을 효율적으로 관리·운영하여 사용자에게 편의성을 제공하는 시스템 프로그램 • 종류 : DOS, Windows, OS/2, Unix, Linux, MacOs, IOS, Android 등
언어 번역 프로그램 (Language Translation P/G)	• 프로그래밍 언어로 작성한 프로그램을 컴퓨터가 이해할 수 있는 기계 명령어로 변환하는 프로그램 • 종류 : 인터프리터, 컴파일러❷, 어셈블러
유틸리티 프로그램 (Utility Program)	• 컴퓨터의 사용 과정에서 일상적으로 발생하는 업무의 수행을 지원하는 프로그램 • 파일 관리, 시스템 관리 등의 작업을 수행

C 언어로 쓴 최초의 개방형 표준 운영체제
UNIX의 일종으로 리눅스 토발즈에 의해 최초로 개발되었으며, 프로그램 소스 코드가 공개된 운영체제

2) 응용 소프트웨어(Application Software) 20년 6월/8월, 18년 4월, 16년 3월, 08년 3월, 02년 3월/8월, …

• 일반적으로 사용자들이 특정한 용도에 맞게 활용하기 위해 작성된 소프트웨어를 말한다.
• 사용 목적에 따라 범용 소프트웨어와 특정(전용) 소프트웨어로 구분한다.

범용 S/W	워드프로세서 (Wordprocessor)	한글 2007, MS-Word
	스프레드시트(Spreadsheet)	MS-Excel, Lotus, 훈민시트
	데이터베이스(Database)	MS-Access, dBase, Oracle
	프레젠테이션(Presentation)	MS-Powerpoint, 프리랜서
	멀티미디어 저작 도구❸	디렉터(Director), 멀티미디어 툴북(ToolBook), 프리미어(Premier), 오소웨어(Authoware) 등
	그래픽(Graphic)	포토샵, 페인팅 프로그램, 드로잉 프로그램
	전자 출판(DTP)	PageMaker, QuarkXpress, Ventura Publisher, 문방사우
	웹사이트 제작	나모 웹 에디터, 드림위버(Dreamweaver), 플래시(Flash) 등
	확률/통계(Statistic)	SAS, SPSS
	설계	CAD(Computer Aided Design)
특정(전용) S/W	기업의 정보처리 업무	MIS, DSS, ERP 등
	과학 응용 프로그램	통계 분석 프로그램, 컴퓨터 통합 생산, 건축 설계나 제도, 공정 분석이나 회로 설계 시스템, 시스템 시뮬레이션, 구조 해석 및 기계 설계, 지리 정보 시스템 등

3) 소프트웨어 구분 ^{06년 5월}

상용 소프트웨어 (Commercial Software)	일정한 사용료를 지불하고 구입하여 사용하는 S/W
공개 소프트웨어(Freeware)	프로그램 제작자가 자유로운 사용을 허용한 S/W
셰어웨어(Shareware)	일정 기간 동안만 사용이 가능한 기능 제한판 S/W
데모 버전(Demo Version)	상용 S/W 홍보를 위해 주요 기능을 시연할 수 있는 S/W
트라이얼 버전(Trial Version)	상용 S/W를 일정 기간 동안 사용해 볼 수 있는 체험판 S/W
알파 버전(Alpha Version)	제작 회사 내에서 성능을 시험하기 위한 테스트용 버전
베타 버전(Beta Version)	공식 프로그램을 발표하기 전에 일반 사용자에게 공개되어 제공되는 버전
패치 프로그램 (Patch Program)	프로그램의 오류가 있는 부분의 모듈을 수정하거나 기능 향상을 위하여 프로그램 일부를 변경해 주는 프로그램
번들 프로그램 (Bundle Program)	컴퓨터 시스템이나 프로그램을 구입할 때 특정 제품과 함께 서비스로 제공되는 부가 프로그램

EULA(소프트웨어 라이선스 동의 : End User License Agreement)
상용 S/W를 설치하기 전에 표시되는 내용으로 최종 사용자가 "허가를 받은 소프트웨어"를 사용한다는 조건 아래 지켜야 할 의무사항을 명시해 놓은 것으로, S/W가 설치되어 있다는 것은 이 문서에 동의한 것을 의미함

4) 기타 소프트웨어 용어 설명 ^{09년 3월, 05년 8월, 04년 3월, 03년 5월}

인공 지능 (Artificial Intelligence)	• 인간이 가진 지적 능력을 전자계산기에 실현하려는 것 • 80년대 마이크로일렉트로닉스(Microelectronics) 등의 급속한 발전으로, 전자계산기의 처리 능력이 급속히 증가됨으로써 개발된 분야
자연 언어(Natural Language)	한국어나 영어와 같이 사람이 일상적으로 사용하는 언어
간이 언어 (Simplified Software)	컴퓨터 프로그래밍에 대한 지식이 없는 사람도 아주 쉽게 프로그램을 작성할 수 있도록 개발된 컴퓨터 언어
유비쿼터스(Ubiquitous)	• 라틴어로 '언제 어디서나 있는'을 뜻하는 의미로 사용자가 컴퓨터나 네트워크를 의식하지 않은 상태에서 장소에 구애받지 않고 자유롭게 네트워크에 접속할 수 있는 환경 • 유비쿼터스 네트워크를 구축하기 위해서는 정보기술(IT)의 고도화, 컨버전스 기술의 일반화, 광대역화, IT 기기의 저가격화 등이 전제되어야 함
MTBF(Mean Time Between Failure : 평균 고장 간격)	신뢰도 척도의 하나로, 수리 가능한 장치의 어떤 고장과 다음 고장 사이. 즉, 수리 완료로부터 다음 고장까지 무고장으로 작동하는 시간의 평균값
MTTR(Mean Time To Repair : 평균 복구 시간)	신뢰도 척도의 하나로 기기 또는 시스템이 장해에 의해 가동하지 못한 상태가 계속된 평균 시간
데몬(Daemon)	• 유닉스와 같은 멀티태스킹 운영체제에서 사용자가 직접적으로 제어하지 않고 백그라운드에서 돌면서 여러 작업을 하는 프로그램 • 시스템에서 대기상태로 있다가 서비스 요청이 들어오면 해당 서비스를 실행하는 기능

🅱 기적의 TIP

소프트웨어의 분류 중 시스템 소프트웨어에 대한 구성 항목을 잘 알아 두고, 소프트웨어 관련 용어들에 대해 기억해 두세요.

마샬링(Marshalling)
• 하나 이상의 프로그램 또는 연속되어 있지 않은 저장 공간으로부터 데이터를 모은 다음, 데이터들을 메시지 버퍼에 집어넣고, 특정 수신기나 프로그래밍 인터페이스에 맞도록 그 데이터를 조직화하거나 미리 정해진 다른 형식으로 변환하는 과정을 일컫는 것
• 어떤 한 언어로 작성된 프로그램의 출력 매개 변수들을, 다른 언어로 작성된 프로그램의 입력으로 전달해야 하는 경우에 필요함

02 운영체제(OS : Operating System)

1) 운영체제의 목적

- 사용자 인터페이스(User Interface) 제공
- 컴퓨터 시스템의 성능(Performance) 향상
- 처리량(Throughput)의 향상
- 응답 시간(Response Time)의 단축 및 신뢰성(Reliability)의 향상

2) 운영체제의 구성 24년 5월, 23년 3월, 19년 9월, 17년 5월

제어 프로그램 (Control Program)	감시 프로그램 (Supervisor Program)	시스템 전체의 동작 상태를 감독하고 지원하며 제어 프로그램의 중추적 역할을 담당
	작업 제어 프로그램 (Job Control Program)	어떤 작업을 처리하고 다른 작업으로의 자동적 이행을 위한 준비와 처리를 수행
	자료 관리 프로그램 (Data Management Program)	주기억장치와 외부 보조 기억장치 사이의 데이터 전송, 입·출력 데이터와 프로그램의 논리적 연결, 파일 조작 및 처리 등을 담당
처리 프로그램 (Processing Program)	언어 번역 프로그램 (Language Translator Program)	• 원시 프로그램을 컴퓨터가 알 수 있는 기계어로 변환시키는 프로그램 • 종류 : 컴파일러, 어셈블러, 인터프리터 등
	서비스 프로그램 (Service Program)	• 시스템에서 사용 빈도가 높은 프로그램을 미리 개발하여 놓은 프로그램 • 종류 : 연계 편집 프로그램, 로더(Loader), 디버깅 프로그램, 정렬/병합 프로그램, 라이브러리 등
	문제 프로그램 (Problem Program)	• 컴퓨터 사용자가 필요한 업무에 맞게 개발한 프로그램 • 종류 : 급여 관리, 인사 관리, 회계 관리 등

3) 운영체제 처리 기법 19년 9월, 16년 10월, 10년 5월, 07년 5월, 99년 6월/8월, 98년 5월, 95년 10월

다중 프로그래밍 시스템 (Multi-Programming System)	• 메모리에 여러 개의 프로그램들을 동시에 적재(Load)함으로써 CPU와 I/O 장치들의 유휴 시간들을 줄여 CPU 효율을 높이는 기법 • 여러 개의 사용자 프로그램이 마치 동시에 실행되는 것처럼 처리
다중 처리기 시스템 (Multi-Processing System)	두 개 이상의 CPU를 지닌 시스템으로 여러 작업을 병행 처리함으로써 처리율을 높임
다중 태스킹 시스템 (Multi-Tasking System)	사용자가 터미널에서 여러 프로그램을 동시에 실행시키는 기법
다중 사용자 시스템 (Multi-User System)	여러 개의 터미널이 연결되어 있고, 컴퓨터를 사용하는 사람이 여러 명인 시스템 ⑩ 은행이나 대학교 전자계산소 컴퓨터 등
스풀링(SPOOLing)	• 스풀은 프린터나 Card Reader 같은 장치의 데이터를 임시로 보관하는 디스크 내의 버퍼 • 여러 프로그램이 수행하면서 한 프린터로 출력을 보내면 즉시 처리가 불가능하므로 스풀에 모아 두고, 프로그램의 수행이 끝나면 그때까지 모아진 데이터를 일괄해서 차례로 하나씩 프린터로 보내는 방식 • 입·출력 작업 시 CPU의 효율을 높임

운영체제의 구조
총 5개 계층으로 구성되며, 1계층부터 차례로 프로세서 관리(동기화 및 스케줄링), 메모리 관리, 프로세스 관리, 주변 장치 관리, 파일 관리를 담당

⑮ 기적의 TIP

운영체제의 내용은 1, 3과목에서 출제되고 있으니 목적 및 구성 항목들을 암기하고, 일괄 처리와 실시간 처리 시스템에 대해서는 응용 분야까지 암기하세요.

인터럽트
- 컴퓨터 시스템에서 발생하는 예외적인 사건을 신속히 처리하기 위해 CPU를 가로채는 기법으로, 인터럽트가 발생하면 CPU에서 수행 중인 작업을 일시 중단시키고, 해당 인터럽트 처리 루틴을 먼저 수행한 후 원래의 프로그램으로 되돌아옴
- 인터럽트 처리 우선순위

  정전 인터럽트 ➡ 기계 고장 인터럽트 ➡ 외부 인터럽트 ➡ I/O 인터럽트 ➡ 프로그램 체크 인터럽트 ➡ SVC

4) 운영체제의 성능 평가 요소

- 처리 능력(Throughput)
- 응답 시간(Turnaround Time)
- 사용 가능도(Availability)
- 신뢰도(Reliability)

5) 운영체제의 종류 24년 5월, 21년 5월/9월, 17년 5월, 15년 9월, 14년 5월, 10년 9월, 09년 3월, 06년 3월/5월/8월, …

일괄 처리 시스템 (Batch Processing System)	• 입력되는 자료들을 일정 기간 동안 또는 일정량의 자료를 모아 두었다가 한꺼번에 처리하는 방식 • 장점 : 컴퓨터 시스템을 효율적으로 사용 • 단점 : 응답 시간(Response time)이 길어짐 • 응용 분야 : 월말 급여 계산, 수도료 계산 등
시분할 시스템 (Time–Sharing System)	• 컴퓨터를 대화식(Interactive)으로 사용하기 위해, CPU 스케줄링과 다중 프로그래밍 기법을 사용하여 각 사용자들에게 일정 시간(Time Slice)을 할당하고, CPU를 그 시간만큼 사용할 수 있게 하는 방식 • 시스템은 일정 시간 단위로 한 사용자에서 다음 사용자로 신속하게 전환함으로써, 각각의 사용자들은 실제로 자신만이 컴퓨터를 사용하고 있는 것으로 여기게 함
실시간 처리 시스템 (Real–Time System)	• 제어 대상에서 처리를 요구하는 자료가 발생할 때마다 즉시 처리하는 방식 • 장점 : 처리 시간 단축과 비용 절감 • 단점 : 입출력 자료의 일시 저장 및 대기가 필요하며 시스템 장애 시 단순한 재실행이 불가능 • 응용 분야 : 방위 시스템이나 항공기 예약 업무 등
병렬 처리 시스템 (Parallel Processing System)	• 입출력 채널 또는 처리기와 같은 장치에서 둘 이상의 프로세스를 동시에 수행하는 방식 • 병렬 처리의 목적 : 연산 속도를 높임으로써 단위 시간당 수행 작업의 양, 즉, 처리 능력을 높임
분산 처리 시스템 (Distributed Processing System)	통신 회선으로 연결된 여러 개의 컴퓨터와 단말기에 작업과 자원을 분산시킨 후 통신망을 통하여 교신, 처리하는 방식
네트워크 운영체제 시스템 (NOS : Network OS)	• 네트워크상 여러 시스템들이 자원을 서로 액세스할 수 있도록 하는 기능을 말함 • Telnet, FTP 등이 지원되며 사용자들은 네트워크(호스트 이름, 자원의 위치 등)를 잘 알아야 함 ⑩ Netware, LAN–Manager, Banyan VINES 등

---

03 압축 기술

1) 압축 방식에 따른 분류

손실 압축	• 압축 시 데이터 일부가 손실되어, 복원한 데이터가 압축 전의 데이터와 일치하지 않으나 사용자가 다르다고 느낄 정도의 차이는 아님 • 대체로 연속 매체인 음향이나 비디오 및 동영상을 압축하는 데 적당
무손실 압축	• 압축할 때 데이터에 어떤 변경이나 수정도 가하지 않기 때문에, 압축한 데이터를 복원한 데이터와 압축 전의 데이터가 완전히 일치 • 멀티미디어 정보에서 정확성이 생명인 데이터들(⑩ 의학용 영상 등)의 압축에 사용 • 일반적으로 컴퓨터에서 사용되는 자료에 대한 압축 및 복원 방법으로 비트 보존 압축기법이라고 함

교착상태(Deadlock)
- 다중 프로그래밍 시스템하에서 서로 다른 프로세스가 일어날 수 없는 사건을 무한정 기다리며 더 이상 진행되지 못하는 상태
- 교착상태 발생의 필요충분조건은 상호 배제(Mutual Exclusion), 점유 및 대기(Hold and Wait), 비선점 조건(Non–Preemption), 환형 대기 조건(Circular Wait)이 있음

✓ 개념 체크

1 운영체제 중 일괄 처리 시스템은 월말 급여 계산, 수도료 계산 등에 응용되며 컴퓨터 시스템을 효율적으로 사용할 수 있다는 장점이 있다. (O, X)

2 분산 처리 시스템은 통신망을 통해 연결되어 있으므로 데이터를 공유하고 정보를 자유롭게 교환할 수 있다. (O, X)

1 O 2 O

2) 압축 형식 22년 4월, 19년 9월, 17년 3월, 16년 5월, 14년 3월/9월, 10년 9월, 09년 3월/8월, 08년 5월/7월, 07년 3월

▼ **정지 영상(그래픽 파일)의 압축** 24년 5월, 17년 5월

GIF	• 미국의 Compserve에서 개발한 형식으로 비손실 압축 방법 사용 • 이미지 손상은 없지만 압축률이 낮음 • 256색까지만 표현할 수 있으나 배경을 투명하게 하거나 애니메이션 효과 가능
JPEG	• 정지 영상 압축 기술에 관한 국제 표준 규격 • 비손실 압축과 손실 압축을 모두 지원 • 압축과 복원을 수행할 때 동일한 과정과 시간이 소요되기 때문에 '대칭 압축'이라고 함
PNG	• GIF와 JPG의 장점만을 조합하여 만든 형식 • GIF가 갖고 있는 투명한 배경, 애니메이션 효과를 지원하고 JPG의 높은 압축률을 지원

▼ **동영상 데이터 압축**

MPEG	• MPEG(Motion Picture Expert Group)은 컬러 동화상의 압축 방식을 담당한 ISO 위원회 및 동화상의 포맷 • MPEG는 손실 압축 방법을 이용하여 중복성을 제거하는 방식으로 압축 효율을 높임
DiVX	• DiVX(Digital Internet Video eXpress)는 MPEG-4와 MP3를 재조합한 것으로 코덱❶ (CODEC)을 변형해서 만든 것 • 비표준 동영상 파일이지만 기가 바이트(GB) 이상의 DVD를 CD 1~2장의 분량으로 줄일 수 있음 • DVD와 동급의 화질로 영화를 감상할 수 있는 코딩 방식
AVI	AVI(Audio Video Interactive)는 Windows의 표준 동영상 형식의 디지털 비디오 압축 방식
DVI	• DVI(Digital Video Interactive)는 디지털 TV를 만들기 위해 개발되었던 것을 인텔에서 인수 하여 동영상 압축 기술로 개발함 • 많은 양의 영상과 음향 데이터를 압축하여 CD-ROM에 기록이 가능
H.264	• 매우 높은 데이터 압축률을 가지는 디지털 비디오 코덱 표준으로 MPEG-4 파트 10 또는 AVC (Advanced Video Coding)라 부름 • 블루 레이(Blue-ray)나 HD 방송 콘텐츠를 인코딩하는 데 많이 사용
ASF	• 능동 스트리밍❷ 포맷(Active Streaming Format, ASF), 고급 시스템 포맷(Advanced Sys-tems Format), 고급 스트리밍 포맷(Advanced Streaming Format)이라고 하며 마이크로소프트사가 만든 영상과 소리를 담는 포맷으로 MPEG4 기술을 사용 • 주로 인터넷에서 스트리밍 방송용으로 많이 쓰이며 인터넷이 연결되어 있지 않은 로컬 컴퓨터 에서도 재생 가능
INDEO	인텔에 의해 개발되어, 마이크로소프트의 Video for Windows에 사용

🅑 기적의 TIP

압축과 관련된 문제는 방식에 따른 분류와 정지 영상, 동영 상 압축 파일의 종류, MPEG 등이 자주 출제되었고 최근에 는 문서 압축인 PDF 형태에 대한 문제도 출제되고 있습니 다. WAVE, MIDI는 압축되지 않은 사운드(음악) 파일 형식 인 것을 알아 두세요.

정지 영상(그래픽) 데이터의 표현 방식

• 비트맵(Bitmap) : 이미지를 점 (Pixel, 화소)의 집합으로 표현하 는 방식으로 확대 시 계단 현상 (Alias)이 발생하는 단점. BMP, JPG, GIF, PNG 등이 이 방식을 사용

• 벡터(Vector) : 이미지를 선분과 도형을 이용해서 표현하는 방식 으로 확대 시 계단 현상이 발생 하지 않음. WMF, AI 등이 이 방 식을 사용

그래픽 관련 용어

• Morphing(모핑) : 컴퓨터 그래 픽에서 어떤 모습을 전혀 다른 모습으로 서서히 변화시키는 기 법으로 주로 영화 등에서 사용 되며 사람을 서서히 늙대의 모 습으로 바꾸는 경우 등에 사용

• Rendering(렌더링) : 3차원 컴 퓨터 그래픽에서 화면에 그려지 는 물체의 각 면에 색깔이나 음 영 효과를 넣어 화상의 입체감 과 사실감을 나타내는 기법

❶ 코덱
디지털 동영상이나 사운드 파일 등을 손실 없이 압축(COmpress) 하거나 복원(DECompress)하는 기술

❷ 스트리밍(Streaming)
• '흐른다'는 뜻으로 인터넷에서 영상이나 음향·애니메이션 등 의 파일을 하드디스크 드라이브 에 다운로드받아 재생하던 것을 다운로드 없이 실시간으로 재생 해 주는 기법

• 일반적으로 ASF, WMV 등이 해 당함

▼ 오디오 데이터 압축

MP3	MPEG-1을 이용하여 PCM 오디오 데이터에서 사람이 들을 수 없는 부분이나 필요 없는 부분을 버리고 다시 인코딩하는 방식
AC3	AC3(Audio Codec code 3)은 5.1 채널에 기반해 2채널의 MP3보다 훨씬 좋은 음질을 자랑하며 영화의 사운드 트랙용으로 사용
AAC	• AAC(Advanced Audio Coding)는 디지털 오디오에서 쓰이는 표준적인 손실 데이터 압축 방식 • 애플의 아이폰, 아이팟, 아이튠즈에 사용되는 기본 오디오 포맷
OGG	특허권으로 보호되지 않는 오픈 표준 파일 형식으로 멀티미디어 비트스트림을 효율적으로 전송하고 처리할 수 있게 하기 위해 Xiph.Org 재단에서 개발
FLAC	• FLAC(Free Lossless Audio Codec)은 오디오 데이터 압축을 위한 파일 형식 • 무손실 압축 포맷으로 MP3, AAC, Vorbis와는 달리 오디오 스트림에 손실이 발생하지 않음 • FLAC은 태깅(Tagging), 앨범 아트, 빠른 건너뛰기(Fast Seeking)를 지원하기 때문에, 일상적인 음악 재생과 보관에 알맞음

▼ PDF(Portable Document Format) 10년 3월

개념	• 미국의 어도비사에서 개발한 문서 포맷으로 서체, 프린팅 기술을 지원하기 위해 포스트스크립트를 기반으로 개발한 전자문서 파일 형태 • 그림과 대부분의 문서를 PDF로 변환할 수 있으며, 아크로뱃 리더(Acrobat Reader)를 이용해 볼 수 있음
특징	• 대부분의 문서 표현 가능 • 인쇄 상태 그대로를 컴퓨터에서 보여 주므로 디지털 출판에 적합 • 장치의 독립성 및 해상도 독립성을 가짐 • 이동 가능한 문서 형식 • 문서 보안(문서를 열 때 보안과 수정할 때 보안으로 나눔)이 가능 • 용량 조절이 가능(이미지의 경우 최대 75% 용량이 줄어들기 때문에 전자책이나 디지털 출판에 많이 사용됨)

3) MPEG의 규격

MPEG-1	• 비디오(동화상) 압축 포맷으로 단순히 음향과 동화상의 동기화를 목적으로 설계 • 비디오 CD나 CD-I의 규격 • 파일이름 확장자가 '.mp3'라고 되어 있는 것은, MPEG-1 Layer-3을 의미하는 것임
MPEG-2	• 디지털 TV, 대화형 TV, DVD 등 높은 화질과 음질을 필요로 하는 분야의 압축 기술 • 현재 DVD 등의 컴퓨터 멀티미디어 서비스와 직접위성방송 유선방송 고화질 TV 등의 방송서비스, 영화나 광고편집 등에서 널리 쓰임
MPEG-3	HDTV 방송을 위해 고안되었으나 MPEG-2에 흡수 통합되어 규격으로는 존재하지 않음
MPEG-4	• 멀티미디어 통신을 위해 만들어진 영상 압축 기술 • IMT-2000 멀티미디어 서비스, 차세대 대화형 인터넷 방송의 핵심 압축 방식으로 비디오/오디오를 압축하기 위한 표준 • 복원 시간보다 압축 시간이 지나치게 많이 걸림(비대칭적)
MPEG-7	• 인터넷상에서 멀티미디어 동영상의 정보 검색이 가능 • 정보 검색 등을 효율적으로 사용하기 위한 콘텐츠 저장 및 검색을 위한 표준
MPEG-21	MPEG 기술을 통합한 디지털 콘텐츠의 제작, 유통, 보안 등 모든 과정을 관리할 수 있는 규격

4) MPEG 오디오 표준 분류 23년 9월, 22년 4월, 16년 5월

MPEG-A	멀티미디어 애플리케이션 포맷(MAF)을 위한 표준
MPEG-B	시스템 표준 분류를 위한 MPEG 표준
MPEG-C	비디오 표준 분류를 위한 MPEG 표준
MPEG-D	오디오 표준 분류를 위한 MPEG 표준(사실상 MPEG 서라운드(MPEG Surround) 표준에 해당함)
MPEG-E	멀티미디어 미들웨어를 위한 표준

✓ 개념 체크

1 양방향 멀티미디어를 구현할 수 있는, 화상통신을 위한 동영상 압축 기술로 64kbps급의 초저속 고압축률 실현을 목적으로 하고 있는 것을 (　　　)라 한다.

2 MPEG 표준에서 오디오 표준 분류를 위한 규격은 (　　　)이다.

1 MPEG-4, 2 MPEG-D

01 Time Sharing에 대한 설명으로 적합하지 **않은** 것은?

① CPU가 Multi-Programming 하는 것을 가능하게 한다.
② 사용자 관점에서 프로세서를 일정한 시간 주기로 번갈아 점유하는 것을 말한다.
③ 병렬 처리와 같은 말이다.
④ 프로세서가 여러 사용자 프로그램을 처리함에도 불구하고 사용자는 자신의 것만을 처리하는 것으로 느낀다.

시분할 처리(Time Sharing) : 속도가 빠른 CPU의 처리 시간을 분할하여 여러 개의 작업을 연속적으로 처리하는 방식

오답 피하기
병렬 처리(Parallel Processing) : 프로그램 명령어를 여러 프로세서에 분산시켜 동시에 수행함으로써 빠른 시간 내에 원하는 답을 구하는 작업

02 일괄 처리(Batch Processing)에 가장 적절한 업무는?

① 항공기 예약 업무
② 수도요금 계산 업무
③ 증권매매 업무
④ 공장 자동 제어 업무

①, ③, ④와 같이 즉시성이 필요한 작업 처리에는 온라인(On-Line) 실시간 처리(Real-Time Processing)가 적당

03 어떤 응용 프로그램을 사용하는지에 관계없이 데이터베이스를 자유롭게 사용하기 위하여 만든 응용 프로그램의 표준 방법을 무엇이라고 하는가?

① GUI
② ODBC
③ Interface
④ 운영체제

ODBC(Open DataBase Connectivity) : 개방형 데이터베이스 접속 규격으로 공통적인 인터페이스를 통해 서로 다른 데이터베이스 파일을 볼 수 있도록 만들어 준 데이터베이스 표준 접속 규격을 말함

04 다음 중 운영체제에 해당하지 **않는** 것은?

① Windows XP
② Oracle
③ Unix
④ MS-DOS

오라클(Oracle)은 상용 데이터베이스임

05 사용자가 소프트웨어를 구입할 때 비용 지불 방법에 따라 소프트웨어를 분류하는데 시험 삼아 사용한 후 사용자가 필요하다고 느껴 대가를 지불하는 것을 전제로 무료로 배포하는 것은?

① 펌웨어(Firmware)
② 포스트카드웨어(Postcardware)
③ 셰어웨어(Shareware)
④ 프리웨어(Freeware)

오답 피하기
• 펌웨어(Firmware) : PROM 내에 삽입되어, 영구적으로 컴퓨터 장치의 일부가 되는 프로그램
• 포스트카드웨어(Postcardware) : 사용자가 소프트웨어 제공자에게 대가 지불의 한 형태로서 우편엽서 한 장만을 보내기만 하면 되는 프리웨어
• 프리웨어(Freeware) : 아무런 대가 없이 제공하는 프로그램

06 양방향 멀티미디어를 구현할 수 있는 화상통신을 위한 동영상 압축 기술로 64Kbps급의 초저속 고압축률 실현을 목적으로 하고 있는 것은?

① MPEG-1
② MPEG-2
③ MPEG-4
④ MPEG-21

MPEG-1	가정용 VTR 수준의 품질(1.5Mbps)의 영상을 제공하기 위한 표준
MPEG-2	저장매체인 DVD에서 특히 영상 데이터 저장 시 적용되는 압축 기술
MPEG-4	• 양방향 멀티미디어를 구현할 수 있는, 화상 통신을 위한 동영상 압축 기술 • 64kbps급의 초저속 고압축률 실현을 목적으로 하고 있음
MPEG-7	동영상 데이터 검색이나 전자 상거래 등에 적합하도록 개발된 차세대 동영상 압축 재생 기술

정답 01 ③ 02 ② 03 ② 04 ② 05 ③ 06 ③

SECTION

03

통신 응용 기술

▶ 합격 강의

출제빈도 상 (중) 하
반복학습 1 2 3

빈출 태그 집중 처리와 분산 처리・정보통신 시스템의 형태 분류・통신망 기술・인터넷 서비스 종류 및 관련 용어

01 정보 처리 시스템 19년 3월, 14년 3월/9월, 10년 3월, 09년 5월/8월, 07년 8월, 06년 5월/8월, 05년 8월, …

1) 비집중(단일, 개별) 처리 시스템

- 초기의 정보 처리 시스템 형태로 각 사용자 또는 각 지역마다 독립적으로 운영하는 시스템으로 각각의 컴퓨터에 단순한 응용 프로그램을 사용한다.
- 문제점 : 업무량 증대에 따라 컴퓨터의 수가 증가된다.

2) 집중 처리 시스템

① 비집중 처리에서 집중 처리로 발전된 요인

사용자 측면	• 여러 부문의 기능과 데이터의 중복이 발생 • 시스템 내용이 복잡화되어 각 부문 간 또는 각 지역 간의 효율적인 집중 제어가 요구됨
하드웨어 측면	• 고성능 컴퓨터의 출현 • 다중 프로그래밍 기능 등을 가진 운영체제 및 데이터 통신 기술의 발전

② 집중 처리 시스템의 특징

- 전사적 관리와 통제가 용이하다.
- 대규모 처리에 대한 적응성은 집중 처리 시스템이 우수하다.
- 모든 처리를 담당하는 중앙 컴퓨터와 데이터 입출력을 담당하는 단말기로 구성된 시스템이다.
- 회선 비용이 적게 든다.
- 소프트웨어 개발이 집중됨으로 인하여 제한된 개발 인력의 한계로 소프트웨어 개발의 저생산성 문제가 발생할 수 있다.
- 중앙 컴퓨터로 부하가 집중되는 관계로 대용량의 컴퓨터가 필요하다.

③ 집중 처리 시스템의 문제점

사용자 응용 업무 개발 시 문제점	• 중앙에 전산 개발 및 운영 요원이 주도적으로 운영하는 방식으로 다수의 인력이 필요하지만 수준 높은 전산 요원이 부족함 • 소프트웨어 개발이 집중되면 제한된 개발 인력의 한계로 인해 소프트웨어 개발의 저생산성 문제가 발생
시스템 사용상의 불편	• 컴퓨터 장애 발생 시의 문제점 • 중앙 컴퓨터로 부하가 집중되는 관계로 대용량의 컴퓨터가 필요함
운영상의 문제점	• 시스템 용량 제한에 따른 문제점이 발생 • 데이터 보관이 어려움 • 새로운 업무 개발 추가 시 많은 비용이 필요함

3) 분산 처리 시스템 _{22년 3월, 21년 5월, 15년 3월}

① 집중 처리에서 분산 처리로 발전된 요인

- 집중 처리 시스템의 문제점을 해결하고, 특정 부문의 소규모 적용 업무를 신속·정확하게 개발, 실행하고자 하는 목적으로 발전되었다.
- 하드웨어 비용의 저하, 분산 처리를 위한 데이터 통신 기술 및 LAN 등의 등장으로 발전되었다.

② 분산 처리 시스템의 특징

- 각 부문의 관리자의 책임감과 만족감을 높이고, 시스템의 유연성, 신뢰성, 확장성이 우수하고 생산성이 증대된다.
- 사용자 중심의 시스템으로, 조직 요구에 대한 대응이 용이하고 융통성이 높다.
- 자원의 공유, 연산 속도 및 신뢰성이 향상되어 시스템의 응답성이 우수하다.
- 집중 처리에 비해 처음 구축 시 비용이 많이 들고, 구축이 어려우나 장기적으로 볼 때 비용 절감 효과가 있다.
- 데이터가 분산되므로 통제가 용이하지 않다.

③ 사용자 이용 형태에 따른 분류 _{13년 4월, 10년 3월, 08년 5월, 07년 3월, 03년 3월, 01년 3월, 00년 3월, 99년 4월, …}

분산 데이터 입력 시스템	데이터 발생 현장에서 다기능 단말이나 분산 처리 프로세서를 직접 배치하여 정확한 데이터 입력이 가능
계층형 분산 처리 시스템	처리 기능, 능력 및 데이터를 적당한 장소에 배치하여 자체 처리하고 필요한 데이터만 중앙 컴퓨터와 주고받는 시스템
수평형 분산 처리 시스템	복수의 중앙 컴퓨터가 통신선으로 접속된 것으로 각 시스템이 대등한 관계 유지
혼합형(계층형·수평형) 분산 처리 시스템	복수의 중앙 컴퓨터 시스템이 각각 계층형으로 분산 프로세서를 갖는 형태

02 정보 통신 시스템

1) 정의 및 특징

- 정의 : 중앙의 컴퓨터 시스템과 원격지의 단말기❶ 간을 통신회선과 통신 기기들로 연결하여 데이터 전송과 처리를 행하는 체계적인 시스템이다.
- 여러 원격지 이용자가 임의로 요구 및 처리하며, 즉시 처리가 가능하다.
- 신속한 응답 시간(Response Time)이 요구된다.

2) 정보 통신의 이용 형태에 따른 분류 _{18년 4월, 16년 3월, 03년 5월, 01년 6월, 98년 3월/5월, 96년 10월}

구분	설명	구분 방법
온라인(On-Line)	입출력 장치와 데이터 전송 장치, 통신 제어 장치 등의 회선을 통해 직접 연결되어 데이터를 처리하는 방식 예 실시간 처리 방식, 시분할 방식, 원격 일괄 처리 방식 등	데이터 전송 방식
오프라인(Off-Line)	단말기와 컴퓨터 사이에 자기 테이프 등과 같은 기록 매체를 이용하여 데이터를 처리하는 방식 예 일괄 처리 방식	

❶ 단말기(Terminal)
디지털 자료 전송 시스템에서 자료의 생성 및 검색, 자료의 송·수신 기능을 수행하는 기기

온라인 실시간 처리를 이용하는 업무
방위 시스템이나 항공기 예약, 증권거래 업무 등

일괄 처리를 이용하는 업무
수도요금 계산, 급여 계산 등

실시간 처리 (Real-Time Processing)	• 데이터가 발생한 시점에서 필요한 계산 처리를 즉석에서 수행하여 그 결과를 데이터가 발생한 곳으로 되돌려 보내는 방식 • 응답시간❶을 단축하지만 부수적인 통신 기기가 필요하며 시스템 구조가 복잡, 유지 및 보수가 어려움 🔟 은행 업무 및 좌석 예약, 전화 교환의 제어, 공장 기계의 수치 제어, 열차 운행의 제어 등	데이터 처리 방식
일괄 처리 (Batch Processing)	데이터의 입력을 일정 시간 모았다가 한꺼번에 입력시키고 그 처리 결과도 한꺼번에 받아 보는 처리 방법 🔟 급여, 경영 자료 작성 등 즉각적인 처리를 요구하지 않는 업무	

3) 통신망 기술 24년 7월, 23년 9월, 22년 3월, 21년 9월, 07년 3월, 05년 3월, 03년 8월, 00년 10월

LAN(근거리 통신망)	근거리 통신망으로 형상, 전송 매체, 전송 방식 등에 따라 여러 가지로 분류
WAN (광역 통신망)	• 원거리 통신망이라고도 하며 넓은 지역에 만드는 네트워크로 LAN으로 상호 연결시 킨 망 • 망의 폐쇄적 성격 때문에 전문성과 안전성이 뛰어나 세계적으로 보편화됨
VAN (부가가치 통신망)	공중 전기 통신 사업자에게 임차한 통신 회선에 자신의 통신망을 연결시켜 메일박스 서비 스나 프로토콜 변환, 포맷 변환 등의 부가가치 통신 서비스를 이용자에게 분할하여 재판매 하는 통신 처리망
VPN (가상 사설망)	통신 사업자에게 전용 회선을 임대하여 공중망을 통해 사설 네트워크를 구축하는 것으 로 기존 사설망의 고비용 부담을 해소하기 위해 사용
ISDN (종합 정보 통신망)	• 음성, 데이터, 문자, 영상 등 여러 종류의 서비스를 디지털로 변환하여 한 망에서 총 괄적으로 처리할 수 있게 한 망 • 음성, 문자, 데이터, 영상 서비스를 한 망에 통합 수용한 것이 특징
B-ISDN(광대역 종합 정보 통신망)	• 영상 전화와 같은 동화상과 음향, 고속 데이터, HDTV 등을 전송할 수 있음 • ATM 교환기와 소유 단말기, 광섬유 가입자망 등의 기반 시설이 필요함

4) 인터넷

① 인터넷 서비스 18년 3월, 10년 5월

World Wide Web(WWW)	하이퍼텍스트를 기반으로 멀티미디어 정보를 검색할 수 있는 서비스
전자우편(E-mail)	인터넷 사용자에게 컴퓨터를 이용하여 편지를 주고받는 서비스
FTP(File Transfer Protocol)	파일을 송수신하는 서비스
텔넷(Telnet)	멀리 있는 컴퓨터를 자신의 컴퓨터처럼 사용할 수 있는 시스템(원격 접속)
아키(Archie)	Anonymous(익명) FTP 서버 내의 파일 리스트를 검색하기 위해 사용되는 데이터베이스 검색 서비스
고퍼(Gopher)	인터넷에 있는 정보를 계층적 또는 메뉴 방식으로 찾아 주는 서비스
베로니카(Veronica)	고퍼 서비스에서 정보 검색
유즈넷(Usenet)	뉴스 그룹이라고도 하며, 공통 관심사를 갖는 사람들끼리 그룹을 구성하여 게시판에서 관련 정보를 교환, 조회할 수 있는 서비스
웨이즈(WAIS)	특정 데이터베이스 등을 키워드로 고속 검색하는 환경을 제공하는 서비스

② 인터넷 설정 23년 3월, 07년 8월, 05년 3월

• TCP/IP(Transmission Control Protocol/Internet Protocol)는 인터넷 표준
프로토콜❷이다.
• 인터넷 프로토콜(TCP/IP)은 자동 설정(유동 IP) 방식과 직접 설정(고정 IP) 방식이 있다.
• 직접 네트워크 설정 시 TCP/IP 등록 정보에 지정해야 하는 정보 : IP Address,
서브넷 마스크❸, 기본 게이트웨이❹(Gateway), DNS 서버❺ 주소

❶ 응답 시간(Turn Around Time)
일반적으로 어떤 한 가지 일의 처
리를 컴퓨터에 지시한 후에 그 결
과를 얻을 때까지 걸리는 시간

**정보통신 시스템의 대표적인 고
장 진단 방식**
• FLT(Fault Locating Test) 방식
: 대형 컴퓨터의 CPU에 사용되
는 고장 진단의 논리 방식
• 기능 진단 방식 : 기기별로 규격
에 규정된 기능이 정상적으로
발휘되는지를 시험하는 고장 진
단 방식
• 마이크로 진단 방식 : 각 회로의
기능이 마이크로프로그램에 의
해 정상적으로 작동되고 있는지
를 테스트하는 방식

ESM(기업 보안 관리)
방화벽, 침입 탐지 시스템, 가상 사
설망 등의 보안 솔루션을 하나로
모은 통합 보안 관리 시스템으로
중복 투자, 자원 낭비를 줄일 수 있
으며, 솔루션 간 상호 연동을 통해
전체 정보 통신 시스템에 대한 보
안 정책 수립이 가능

RLOGIN
• 유닉스(UNIX)와 리눅스(LINUX)
에 포함된 Remote login 서비
스 기능으로 텔넷(Telnet)과 유
사한 기능
• 텔넷은 아이디와 패스워드를 입력
해야 하나, RLOGIN은 패스워드
없이 아이디만 입력하여 로그인을
하기 때문에 보안 위험이 있음

❷ 프로토콜(Protocol)
네트워크에서 서로 다른 기종 간
의 데이터 전송 시 원활한 정보 교
환이 가능하도록 절차 등을 규정
해 놓은 통신 규약

❸ 서브넷 마스크
네트워크 내의 주소에 해당하는 IP
어드레스 중 네트워크를 식별하기
위해 몇 비트는 네트워크 어드레
스에 사용할지 정의

❹ 게이트웨이
프로토콜이 서로 다른 통신망을
상호 접속하기 위한 장치로 일반
적으로 라우터 주소를 사용

❺ DNS 서버
숫자로 구성되는 IP 어드레스를 사
람이 이해하기 쉽도록 문자로 표
현하는 것을 도메인 네임이라고
하며, DNS(Domain Name Sys-
tem)를 두어 도메인 네임과 IP 주
소를 대응(Mapping)시켜 줌

URL(Uniform Resource Locator)
인터넷상에 있는 각종 정보들의 위치를 표시하는 표준으로 인터넷의 다양한 서비스(http, FTP, e-mail 등)를 제공하는 서버들로부터 정보를 얻기 위해 이들 위치를 표시하는 체계로 [프로토콜://서버주소[:포트번호]/디렉토리/파일명] 형식으로 작성한다. 예 ftp://abc:1234

❶ IPv6
현재 IP(IPv4)의 32비트 주소 체계로는 전 세계의 증가하는 호스트에 주소를 할당하기 어렵기 때문에 1994년부터 개발하기 시작한 128비트의 주소 체계를 쓰는 IPv6의 정책을 적용함. 라우팅 능력 개선 및 라우팅 옵션 개선, 보안 취약점을 개선함

웹(Web) 2.0
데이터의 소유자나 독점자 없이 누구나 손쉽게 데이터를 생산하고 인터넷에서 공유할 수 있도록 한 사용자 참여 중심의 인터넷 환경을 제공하며 블로그 등이 이에 속함

웹브라우저
인터넷 사이트에 접속하여 정보를 나열해 주는 프로그램

소프트스위치(Softswitch)
패킷망과 기존의 유무선망 간의 연동 기능을 수행하는 장비로 미디어 게이트웨이 컨트롤러라고도 불리며 통신 서비스 사용자의 신규 서비스를 위한 차세대 통신망에 도입하고 있음

❷ 마이크로 블로그
미니 블로그라고도 하며 블로그 서비스의 일종으로 [블로그+메신저] 형태의 서비스로, 블로거가 올린 한두 문장 정도의 짧은 정보를 관심이 있는 개인들에게 실시간으로 전달하는 새로운 통신 방식이며, SNS와 비슷한 용어로 사용

❸ 팔로우(Follow)
트위터 글을 전송받는 기능으로 상대방이 허락하지 않아도 일방적으로 신청이 가능

③ **인터넷 관련 용어** 15년 5월, 10년 3월/5월/9월, 09년 8월, 08년 3월, 06년 3월

용어	설명
IP 주소(Address)	• 인터넷에 연결된 컴퓨터의 고유 주소로 32비트 주소 체계를 사용하는 IPv4와 128비트 주소 체계인 IPv6❶이 있음 • 현재 IPv6을 사용
도메인 네임(Domain Name)	숫자로 구성되는 IP 어드레스를 사람이 이해하기 쉽도록 문자로 표현한 것
CIDR	IP 주소 할당 방법의 하나로, 한정된 IP 주소의 낭비를 방지하고 라우터의 처리 부하를 경감시킬 목적으로 개발
IMS (IP Multimedia Subsystem)	고정 전화망이나 이동 통신망 등을 회로 스위치나 소켓 스위치가 다른 공중 통신 서비스를 IP 기술이나 인터넷 전화에 쓰이는 프로토콜인 SIP로 통합하여 멀티미디어 서비스를 실현시킴
블루투스(Bluetooth)	무선기기(이동 전화, 컴퓨터, PDA 등) 간 정보 전송을 목적으로 하는 근거리 무선 접속 프로토콜
WiBro(Wireless Broadband)	언제, 어디서나, 이동 중에 높은 전송 속도로 무선 인터넷 접속이 가능한 통신 서비스
WAP(Wireless Application Protocol)	무선 인터넷 표준 프로토콜로 모든 무선 네트워크(핸드폰, 컴퓨터 등)에 연결할 수 있는 모바일 컴퓨터용 아키텍처
VoIP(IP 폰, 인터넷 폰)	인터넷 프로토콜을 이용하여 데이터뿐 아니라 음성을 함께 전송할 수 있도록 지원하는 프로토콜
프록시 서버 (Proxy Server)	• 인터넷을 사용하는 기관 등에서 PC 사용자와 인터넷 사이의 중개자 역할을 수행하는 서버 • 보안이나 관리적 차원의 규제와 캐시 서비스 등을 제공
디지털 워터마크 (Digital Watermark)	• 이미지, 사운드, 영상, MP3, 텍스트 등의 디지털 콘텐츠에 사람이 식별할 수 없게 삽입해 놓은 비트 패턴 등을 의미하는 것 • 흐리게 보이거나 복사 시 "복사"라는 표시가 나타나도록 함 • 외부로부터의 손상이나 변형에 대비할 수 있어 최근에 저작권을 보호하기 위한 기술 중 하나로 많이 사용
CSS (Cascading Style Sheet)	• 기존의 HTML이 웹문서를 다양하게 설계하고 수시로 변경하는 데 많은 제약이 따르기 때문에 이를 보완하기 위해 만들어진 표준안 • 웹 문서의 전반적인 스타일을 미리 저장해 둔 스타일시트로 문서 전체의 일관성을 유지할 수 있고, 세세한 스타일 지정의 필요성을 줄어들게 함
X[트위터(Twitter)]	• 한 번에 140자 이내의 단문 메시지를 적을 수 있는 '마이크로 블로그❷ (단, 최근 일부 유료 서비스에 140자 글자 제한을 없앰) • 웹에 직접 접속하지 않고서도 글을 올릴 수 있고, 언제 어디서나 정보를 실시간으로 교류할 수 있음 • 관심 있는 상대방을 뒤따르는 "팔로우(Follow)❸라는 독특한 기능을 중심으로 소통함
SNS (소셜 네트워크 서비스)	• 소셜 네트워크 서비스(Social Network Service, SNS)는 온라인 인맥구축 서비스 • 1인 미디어, 1인 커뮤니티, 정보 공유 등을 포괄하는 개념으로 스마트폰과 정보기술의 발달로 점점 역할과 기능이 발전하는 추세임 예 페이스북, X(구 트위터), 마이스페이스, 인스타그램, 링크드인 등

03 인텔리전트 빌딩(Intelligent Building)

1) 정의 및 특징 22년 5월, 19년 4월, 08년 7월, 04년 8월, 01년 9월, 00년 3월, 99년 8월, 98년 3월/10월, 94년 6월

- 정의 : 정보통신 기능, 정보처리 기능, 빌딩 자동화 기능, 건축 기술, 쾌적한 환경 등에 의한 높은 수준의 지적 건축물로서 정보통신 기능의 향상, 에너지 절감, 인력 감소 및 능률 향상, 실내 환경의 쾌적성, 정보의 안전성, 신뢰성 확보 등의 대상이 완비된 양호한 건축 자산을 말한다.
- 최대의 목표 : 인간의 능력을 최대로 발휘할 수 있는 이상적인 환경의 창조에 있다.
- 정보 통신 시스템, 사무자동화 시스템, 빌딩관리 시스템, 환경관리 시스템, 보안 시스템 등의 서브시스템으로 구성된다.
- 사무 생산성의 향상, 사무작업의 노동생활 향상을 가져올 수 있다.

2) 기본 기능 05년 3월

정보통신 기능	기초 설비, 기본 통신 서비스, 고속 통신 서비스
정보처리 기능	컴퓨터 시스템, LAN, 워드프로세서
빌딩 자동화	관리 설비, 에너지 절약 설비, 안전 설비
건축 기술	변화 갱신에 대한 대응성, 유지 관리 보수의 용이성, 건물 라이프 사이클 계획
쾌적 환경 기능	워크스테이션의 설계와 인간 공학, 오피스의 쾌적 환경, 배열 계획과 사무용 가구

3) 인텔리전트 빌딩의 구현 07년 10월, 03년 3월

단계	구현 서비스	서비스 내용
1	음성 중심 서비스	• 음성 응답 장치를 이용한 예약, 검색 서비스의 실현 • 디지털 교환기, 음성 회의, 빌딩 관리 시스템, 음성 응답 장치 등
2	정지 화면 서비스	• 비디오텍스를 이용한 예약, 검색 서비스의 실현 • 화상 회의 시스템, 비디오 시스템, 전자게시판, 음성 · FAX 우편 시스템 등
3	동작 화면 서비스	• 다기능 단말기의 도입에 의한 음성 및 데이터의 통일 • 카드에 의한 빌딩 내 각종 시스템의 이용 • 광케이블에 의한 입주자와의 연결(LAN) • 다기능 단말기, 동영상 회의(64K) 시스템, 광 네트워크 등

✔ 개념 체크

1 다음 중 인텔리전트 빌딩에 관한 설명으로 옳지 않은 것은 무엇인가? (   )
  ⊙ 최대 목표는 인간의 능력을 최대로 발휘할 수 있는 이상적인 환경 창조에 있다.
  ⓒ 사무 생산성의 향상, 사무작업의 노동생활 향상을 가져 올 수 있다.
  ⓒ 기본적인 기능에는 분산 데이터 입력, 계층형 분산 처리, 수평형 분산 처리 등이 있다.

1 ⓒ

01 컴퓨터 시스템이 중앙 집중 형태의 시스템에서 분산 처리 시스템의 형태로 발전하게 된 데에는 다음과 같은 장점이 있기 때문이다. 분산 처리 시스템의 장점에 속하지 <u>않는</u> 것은?

① 자원 공유(Resource Sharing)
② 연산 속도 향상(Computation Speed-Up)
③ 신뢰성(Reliability)
④ 창조성(Creation)

분산 처리 시스템 : 데이터의 처리를 한 대의 호스트 컴퓨터로 행하는 것이 아니라 퍼스널 컴퓨터와 워크스테이션을 사용해 분산 처리를 함. 따라서 자원을 공유하며, 집중 처리에 비해 연산 및 처리 속도가 향상되고 신뢰성이 높음 그 외의 장점으로는 다음과 같다.
• 데이터 커뮤니케이션의 비용이 적게 소요
• 조직의 요구에 따라 시스템 설비 추가가 가능
• 최종 이용자가 컴퓨터와 직접 상호작용을 할 수 있게 하여 생산성을 증대시킴

02 인터넷 서비스에서 다른 컴퓨터를 자신의 컴퓨터와 같이 원격으로 사용할 수 있도록 지원해 주는 것은?

① Telnet
② Archie
③ FTP
④ E-mail

텔넷(Telnet) : 멀리 있는 컴퓨터를 자신의 컴퓨터처럼 사용할 수 있는 시스템(원격 접속)

오답 피하기
• 아키(Archie) : 인터넷상의 익명 파일 전송 규약 서버(Anonymous FTP server)에 공개되어 있는 파일의 검색 서비스를 행하는 클라이언트/서버형 프로그램
• FTP(File Transfer Protocol) : 두 컴퓨터 간의 파일 전송을 위한 인터넷 표준 프로토콜. FTP 클라이언트를 써서 상대방 컴퓨터에 접속, 파일을 보내고 받는 일을 수행
• 전자우편(E-mail) : 인터넷 사용자에게 컴퓨터를 이용하여 편지를 주고 받는 서비스

03 2.3GHz 주파수 대역의 고속 휴대용 인터넷 서비스는?

① WiBro
② Bluetooth
③ DMB
④ WCDMA

WiBro(Wireless Broadband Internet) : 언제, 어디서나, 이동 중에도 초고속 인터넷을 무선으로 자유롭게 이용할 수 있는 서비스

오답 피하기
• 블루투스(Bluetooth) : 무선기기(이동 전화, 컴퓨터, PDA 등) 간 정보 전송을 목적으로 하는 근거리 무선 접속 프로토콜
• DMB(Digital Multimedia Broadcasting) : 휴대용 IT기기에 영상이나 음성을 디지털로 변환하여 방송하는 서비스
• WCDMA(Wideband CDMA) : 3세대 이동통신 기술 표준의 하나로 디지털 자동차, 휴대전화, 포켓벨 등을 포함한 이동통신 무선접속 규격

04 공중 전기 통신 사업자에게 임차한 통신 회선에 자신의 통신망을 연결시켜 메일박스 서비스나 **프로토콜 변환, 포맷 변환** 등의 부가가치 통신 서비스를 이용자에게 분할하여 재판매하는 통신처리망은?

① LAN
② WAN
③ VAN
④ ISDN

오답 피하기
• LAN(근거리 통신망) : 한정된 지역 내에 있는 정보기기들을 초고속 전송회선으로 연결하여 구성
• WAN(광대역 통신망) : 근거리 통신망의 형태를 여러 개 서로 엮어서 더 넓은 지역에서 자원을 공유할 수 있도록 형성된 통신망
• ISDN(종합 정보 통신망) : 다양한 종류의 서비스를 하나의 통합된 망에서 제공하는 통신망

05 데이터의 소유자나 독점자 없이 누구나 손쉽게 데이터를 생산하고 인터넷에서 공유할 수 있도록 한 사용자 참여 중심의 인터넷 환경은?

① 인트라넷
② VPN
③ 웹 2.0
④ 유비쿼터스

웹 2.0(Web 2.0) : 일방적으로 정보를 전달하는 것이 아니라 인터넷상에서 양방향으로 정보를 주고받고 공유하며 참여하는 새로운 패러다임

정답 01 ④ 02 ① 03 ① 04 ③ 05 ③

CHAPTER 03

사무자동화 기기

학습 방향

사무자동화 기기의 분류와 분류별 소속 기기를 묻는 질문이 출제되고 있으니 분류별
기기까지 암기하고, 자료 전송 기기와 저장 기기들을 각 장치별로 특징 및 장단점들에
대해 정리하여 암기하세요.

출제빈도

SECTION 01	중	30%
SECTION 02	상	42%
SECTION 03	중	28%

자료 처리 기기

▶ 합격 강의

빈출 태그 ▶ 자료 처리 기기 • 전송 기기 • 저장 기기 • 워크스테이션 • 스프레드시트 • 피벗 테이블 • 워드랩

01 사무자동화 기기의 분류

1) 정보 형태에 따른 분류 98년 5월

수치 정보(계수 정보)	수치, 문자 정보를 대상으로 한 정형화된 업무
비수치 정보(비계수 정보)	문서, 도형, 음성, 화상 정보를 대상으로 한 비정형적인 업무

2) 자료 처리 기능에 의한 분류 07년 5월, 05년 5월, 04년 5월, 02년 3월, 96년 5월

자료 처리 기기	정보의 수집, 생성 및 가공	• 수치 자료 처리 : 계산기, 금전 등록기, 컴퓨터, 수치 자료 처리 시스템 등 • 화상 자료 처리 : 마이크로필름, 마이크로 피시(Micro Fiche), 애퍼처 카드(Aperture Card)❶ 등 • 문서 자료 처리 : 타자기, 복사기, 워드프로세서, 프린터 등
자료 전송 기기	정보를 전달	팩시밀리, 전자우편, LAN, 다기능 전화기, 원격지 회의 시스템 등
자료 저장 기기	정보의 저장 및 검색	마이크로필름, 광 디스크, COM, CAR, NAS

02 자료 처리 기기 04년 8월, 98년 3월

워드프로세서 (Word Processor)	• 문서 작성 및 편집, 문서 저장 등의 사무 기능을 원활하게 하는 기기 또는 소프트웨어 • 본체, 입출력 장치, 기억장치로 구성
개인용 컴퓨터 (PC : Personal Computer)	• 퍼스널 컴퓨터는 문서의 입력은 물론이고 편집 저장, 송수신, 처리 등의 광범위하고 다양한 일들을 수행할 수 있는 소형의 전자계산기 • 중앙 처리 장치는 마이크로프로세서로 구성되며 정보 처리 단위도 16, 32, 64 비트로 고도화되고 있음
사무용 컴퓨터	• 고도의 데이터 축적 기술과 통신 기술로 PC를 다기능 단말로 이용하고 대형 컴퓨터에 접속되어 분산 처리 시스템을 가능하게 하는 분산 처리 프로세서 • 사무용 컴퓨터는 그 뚜렷한 정의보다는 컴퓨터 자체가 범용으로 사용할 수 있다는 특징으로 사무 업무에 사용되는 경우를 말함
워크스테이션 (Workstation)	• 고도의 맨–머신 인터페이스(Man–Machine Interface) 서비스를 가능하게 하고 디스플레이에 의한 대화 처리와 하향식 설계 방식으로 이용자가 쉽게 접근할 수 있는 기기 • 갖추어야 할 기능 : 고도의 연산 기능, 화상 처리 기능, 파일링과 메일링 기능, 네트워크 기능

03 처리 기기 관련 용어 16년 3월, 10년 9월, 09년 5월, 08년 3월

스프레드시트❶	피벗 테이블	기존 목록이나 표에 있는 데이터를 요약하고 분석
	필터	스프레드시트의 데이터 목록에서 조건을 지정하여 조건에 맞는 자료들만 추출하는 기능
	매크로	스프레드시트에서 일련의 명령들을 모아 한 번에 실행할 수 있도록 기록해 두는 기능
	VLOOKUP	데이터 검색에 사용하는 엑셀 함수
	시나리오	입력되어 있는 자료들에 대해 가상의 상황을 만들어서 그 결과를 분석하고 예측하는 기능
	부분합	워크시트에 있는 데이터를 일정한 기준으로 요약하여 통계 처리를 수행하는 기능으로 기준이 될 필드(열)가 먼저 정렬되어야 함
	데이터 통합	하나 이상의 원본 영역을 지정하여 하나의 표로 데이터를 요약하는 기능
	목표값 찾기	특정한 결과를 얻기 위해 데이터가 어떻게 변화하는지 알아보기 위한 기능
문서 처리기	워드랩 (Word Wrap)	워드프로세서에서 문장 입력 시 소프트 리턴 문자를 자동으로 입력해 주는 기능

❶ 스프레드시트
• 워크시트(Work sheet)의 빈 칸에 필요한 데이터나 문자를 넣어 주면 계산을 가능하게 하는 응용 프로그램
• 수식, 함수, 차트를 이용하여 데이터 계산, 통계, 재무 분석을 쉽게 할 수 있고, 반복적이고 규칙적인 대량의 작업을 일괄적으로 자동 처리할 수 있는 프로그램

이론을 확인하는 / 기출문제

01 사무자동화 기기의 통합을 촉진시킨 직접적인 배경은?

① 마이크로필름의 개발
② 시분할 시스템의 등장
③ 정보검색 기술의 발달
④ 근거리 통신망(LAN)의 개발

• 사무자동화 기기는 소형화, 고성능화, 다기능화, 통합화(복합화), 저렴화, 개인화로 발전되고 있으며 그 기반에는 하드웨어 기술의 향상과 네트워크의 발달이 있음
• 사무자동화 기기의 복합화에서 상품으로 갖추어야 할 성립 조건은 두 종류 기기의 구입보다 값이 싸야 하고, 설치 면적이 작아야 하며, 유지비가 적어야 함

02 일반적인 스프레드시트 프로그램에서 수행할 수 있는 기능이 아닌 것은?

① 셀 단위의 연산이 가능하다.
② 대량의 데이터 속 데이터 질의 언어(SQL)를 사용할 수 있다.
③ 간단한 표와 같은 문서 작성이 가능하다.
④ 함수를 사용하여 합, 평균 등의 수식을 처리할 수 있다.

대량의 데이터 속 데이터 질의 언어(SQL)를 사용할 수 있는 프로그램으로는 Microsoft Access 등의 프로그램이 있음

03 다음 중 자료 저장 기기로서 적당하지 <u>않은</u> 것은?

① 마이크로필름
② 하드 디스크
③ 광 디스크 시스템
④ OMR(Optical Mark Reader)

OMR : 광학 문자 판독기로 자료 처리(준비) 기기

04 스프레드시트 기능 중 기존 목록이나 표에 있는 데이터를 요약하고 분석할 수 있도록 하는 대화형 테이블에 해당하는 것은?

① VIEW
② 필터
③ ACCESS
④ 피벗 테이블

스프레드시트에서 데이터 관리 및 분석
• 정렬 : 특정 필드를 기준으로 레코드의 순서를 재배치하는 방법(오름차순, 내림차순)
• 부분합 : 특정 항목을 기준으로 분류된 데이터를 항목별로 함수를 이용해 계산하는 기능(정렬이 먼저 되어야 함)
• 피벗테이블 : 데이터베이스 목록을 여러 방법으로 요약, 분석하여 보고서를 작성하는 기능
• 시나리오 : 결과를 예측하기 어려운 경우 여러 가지 변수와 상황에 따른 다양한 결과값의 변화를 가상의 상황을 만들어 요약해 분석하는 기능

정답 01 ④ 02 ② 03 ④ 04 ④

자료 전송 기기

▶합격 강의

빈출 태그 팩시밀리 주사 방식 · 전자우편 · MHS · 전자우편 프로토콜 · 뉴미디어 특징 및 분류

> **🅱 기적의 TIP**
>
> 팩시밀리와 전자 우편에 대해
> 서는 꾸준히 출제되고 있으
> 니 출제된 항목을 중심으로 외
> 워 두세요. 특히, 전자우편이
> MHS(메시지 처리 시스템)의
> 부가 기능 중 하나이므로 전자
> 우편의 특징이 MHS의 특징입
> 니다.

01 팩시밀리(Facsimile : FAX)

1) 정의 및 특징 19년 3월, 18년 3월, 15년 5월, 14년 5월, 07년 3월/5월, 04년 8월, 03년 8월, 01년 9월, 00년 10월, 98년 5월, …

정의	사진, 문자, 그림 등을 미세한 점으로 분해한 다음 이를 전기 신호로 변환시켜 전화회선을 통해 수신 측에 전송하고 수신된 전기신호를 원래의 정보로 재현하는 기능을 가진 화상 자료 통신 기기
특징	• 데이터의 전달이 원본을 직접 전송하므로 정확하게 전송되며, 일반 전화회선을 이용하여 즉시 전송 가능 • 전송을 하고자 하는 데이터의 제한이 거의 없으며, 원하는 시간에 원하는 정보 전송 가능

2) 원리

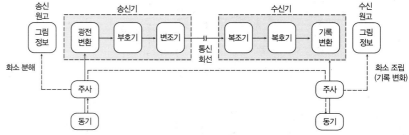

▲ 팩시밀리의 기본 구성 및 원리

• 그림 정보를 일정한 크기의 픽셀로 나누기 위해 그림 정보를 주사(Scan)하여 연속된 값의 정보로 변환한다.
• MODEM을 통해 정보로 변환된 내용은 원거리 전송을 위해 변조 및 증폭되고 (MOdulator) 전화국의 통신회선을 통해 상대방 팩시밀리로 들어가 원래 신호로 변경(DEModulator)된다.

3) 주사(Scan) 13년 6월, 10년 9월, 07년 3월, 03년 8월, 00년 10월, 98년 1월, 96년 7월

정의	사진, 문자, 그림 등을 정해진 방식으로 화소로 분해하는 과정
방식	• 기계식 주사 : 원통 주사, 원호면 주사, 평면 주사 • 전자식 주사 : 고체 주사

광전 변환
화소로 분해된 데이터를 전기 신호로 바꾸는 과정

4) 수신 기록

정의	통신 회선을 통하여 들어온 신호를 원래의 신호로 바꾸어서 현재 화상 정보를 재현해 내는 것
방식	전기에 의한 정전 기록 방식, 전사 및 전해 기록 방식, 열에 의한 감열 기록 방식, 빛을 이용한 전자 사진 방식 등

5) 팩시밀리 종류 ^{96년 10월}

문서 팩시밀리	G1	아날로그 방식으로 신호를 압축하지 않고 주파수 변조(FM)를 사용하는 저속 팩스
	G2	주파수 대역 압축 기술을 사용하여 G1 팩시밀리의 전송 시간을 개선한 중속 팩스
	G3	• MODEM을 이용한 디지털 팩시밀리로 데이터를 압축하여 전송하는 고속 팩스 • 변조 방식은 PSK나 QAM을 사용
	G4	ISDN용 고속 정보 전송 및 고압축 부호화 방식의 팩시밀리로 A4원고를 4초 이내로 전송 가능
사진 팩시밀리		사진의 전송이 아날로그 방식으로 수행되고, 수신 시 일반 사진의 형태로 인화지에 출력. 주로 언론사와 경찰 업무에 사용
컬러 팩시밀리		전송할 사진을 삼색 유리를 통해 삼원색으로 분리한 후 이들 신호를 연속적으로 변조하여 전송하고 수신측에서 이를 필름으로 다시 재생. 주로 TV 방송국의 정보 전송에 이용
특수 팩시밀리		위성과 광섬유 케이블을 이용한 초고속 팩시밀리, 마이크로필름을 검색하면서 그대로 전송할 수 있는 팩시밀리가 실용화

02 전자우편(E-Mail : Electronic Mail) ^{18년 3월, 13년 9월, 07년 3월/8월, 05년 5월, 04년 3월, …}

1) 정의 및 특징

정의	컴퓨터를 도구로 하여 정보를 교환하는 정보 전송 시스템으로 호스트 컴퓨터에 개인전용의 사서함을 갖고 이용자 상호 간 메시지를 교환, 저장, 검색하는 사무자동화의 기본적인 도구
특징	빠른 정보 수신(전송), 빠른 의사 결정, 지역적 공간의 해결, 복수 수신자에게 배포가 용이, 종이절감 및 우편료 절약(Paperless Office 실현을 지향), 개인적 정보 보호 조치 필요
기본 기능	메시지 작성, 메시지 전송, 메시지 수신
구성 기술	워드프로세싱 기술, DBMS 기술, 네트워크(통신) 기술, 단말기 인터페이스 기술

2) 메시지 처리 시스템(MHS : Message Handling System) ^{09년 5월, 06년 5월, 05년 3월/8월, …}

- ITU-T가 공중망 서비스 부분에서 표준화를 지정하고 있는 전자우편 시스템(Electronic Mail Service)을 말하며, X.400 계열의 권고안으로 규정되어 있다.
- 문자 데이터를 비롯하여 음성, 수치, 데이터, 도형, 화상 등 각종 정보 매체의 메시지 처리가 가능하다.
- 다양한 부가서비스(전자우편, 다른 기종 단말 간의 통신, 정보 검색 등)를 제공하며, 다른 텔레메틱 서비스❶와 상호 접속이 가능하다.

❶ 텔레메틱 서비스(Telematics)
통신과 정보처리를 결합한 새로운 비전화계 단말 장치에 의한 통신 서비스

3) 전자우편 프로토콜 ^{23년 3월, 17년 3월, 15년 3월/9월, 08년 3월, 06년 8월, 04년 8월}

SMTP	전자우편을 송신하기 위한 프로토콜
POP	전자우편을 수신하기 위한 프로토콜
IMAP	메일을 수신하기 위한 프로토콜로 전자우편의 헤더(머리글) 부분만 수신
MIME	전자우편으로 멀티미디어 정보를 전송할 수 있도록 하는 멀티미디어 지원 프로토콜
S/MIME	전자우편에서 인증, 메시지 무결성, 송신처의 부인 방지, 데이터 보안과 같은 암호학적 서비스를 제공

✔ 개념 체크

1 전자우편(E-Mail)을 보낼 때 사용하는 프로토콜은 (   )이다.

1 SMTP

4) 전자우편 주요 기능 _{18년 4월, 13년 3월, 09년 3월, 05년 3월}

동보 기능(동보 지정)	동일한 편지를 여러 사람에게 전송
전달(Forward)	받은 편지를 원문 그대로 다른 이에게 전송
첨부(Attachment)	첨부 파일. 편지에 덧붙여 보내는 파일

03 기타 전송 기기 _{15년 3월, 08년 3월, 04년 3월, 98년 3월, 97년 10월}

다기능 전화기 (Keyphone)	간단한 키 조작으로 자동 다이얼, 발신 예약, 부재 전송 등 고도의 각종 서비스 기능을 이용할 수 있는 전화기
원격 회의 시스템 (Teleconference)	• 서로 먼 거리에 떨어져 있는 사람들이 통신 매체를 이용하여 동일한 시간에 동일한 주제로 회의를 할 수 있는 시스템 • 장점 : 회의를 위한 이동이나 여비를 절약할 수 있어 경제적, 시간적인 면이 절약되고, 의사 소통 기능이 강화되어 신속한 의사 결정이 가능
화상 회의 시스템(VCS : Video Conference System)	서로 먼 거리에 떨어져 있는 사람들끼리 각자의 실내에 설치된 TV 화면에 비친 화상 및 음향 등을 통하여 회의를 진행할 수 있도록 만든 시스템
구내 전자 교환기(EPBX : Electronic Private Branch Exchange)	관청, 기업체 등에서 구내의 내선 전화기 상호 간 및 내선 전화기와 가입자 전화회선(국선) 간의 교환 접속을 행하는 교환기
전자 회의 (Electronic Conference)	• 컴퓨터와 통신 기술을 사용해서 원격지에 있는 사람들이 마치 책상 앞에서 같이 앉아 회의하는 것과 같은 시스템 • 장점 : 이동시간 및 비용을 절약, 다수의 사람들이 회의에 참석 가능, 정보가 신속하게 전달, 빠른 의사 결정 지원, 의사 소통 기능의 강화

UMS(Unified Messaging System : 통합 메시징 시스템)
음성, 팩스, 전자우편 등 다양한 형태의 모든 메시지 유형 등을 하나의 논리적 우편함에 저장, 관리하는 시스템으로 장소, 시간, 단말기에 관계없이 서로 다른 메시지를 단일한 메일박스에서 통합 운영할 수 있는 차세대 시스템

04 뉴미디어(New Media) 기기

1) 뉴미디어 개념과 특징 08년 7월, 07년 5월, 04년 8월, 02년 3월, 98년 10월

개념	• 기존 미디어(Media)에 고도로 발달된 뉴미디어 기술을 새롭게 결합한 새로운 분야의 미래 산업 • 정보를 전달하는 매체 혹은 수단으로 새롭게 개발된 미디어
특징	• 상호 작용성 : 양방향 통신이 가능 • 탈대중화 : 개별화의 특징을 지님(특정 계층을 목표로 함) • 비동시성 : 정보 이용자 중심으로 통제됨 • 시간과 장소에 관계없이 통신이 가능

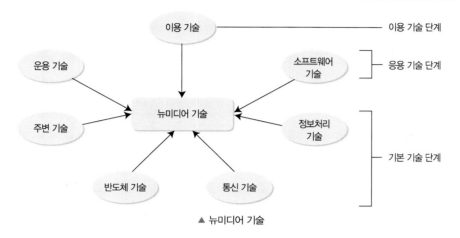

▲ 뉴미디어 기술

2) 뉴미디어의 분류 07년 3월, 04년 5월/8월, 02년 8월, 01년 9월, 00년 10월

• 전달 매체에 의한 분류 : 일반적으로 정보를 전달하는 매체를 기준으로 분류할 때 무선계, 유선계, 패키지계로 분류한다.

무선계	위성 통신, 텔레텍스트(Teletext)❶, HDTV❷, PCM 음성 방송, 팩시밀리 방송, 개인 휴대 통신 등
유선계	비디오텍스(Videotex), 원격 회의, 팩시밀리 통신, VRS, CATV, LAN, VAN, ISDN 등
패키지계	비디오 디스크, 디지털 오디오 디스크, VTR, 광 디스크(CD-ROM, 콤팩트 디스크)

• 사회적 통상 미디어에 의한 분류 : 사회적 통상 미디어를 구분하는 방식으로 구분할 때 신문계, 방송계, 통신계, 패키지계로 나누어진다.

방송계	• 고도의 다양한 정보의 서비스 • 종류 : HDTV, 위성방송, 다중 방송, CATV, CCTV, LAN, VAN, 텔레텍스(Teletex)❸
통신계	• 새로운 가치 생산을 하는 정보 통신망 • 종류 : 화상 회의, 공중 전화망, 위성 통신, 이동 통신, 무선 LAN, 데이터 통신, 텔레텍스트(Teletext)
패키지계	• 정보의 패키지화 • 종류 : CD-ROM, VTR, 비디오 디스크, 콤팩트 디스크, DAT, Eraseable 디스크

뉴미디어 발달 과정
활자미디어 시대 → 전파미디어 시대 → 영상미디어 시대 → 정보통신미디어 시대

❶ **텔레텍스트**
텔레비전 방송의 전파 틈을 이용하여 뉴스나 일기예보, 흥행 안내 등을 문자 · 도형 정보로 보여 주는 방송 시스템

❷ **HDTV**
기존 TV보다 주사선 수를 2배로 증가시킴으로써 고품질의 화상을 얻을 수 있는 뉴미디어 기기

❸ **텔레텍스**
기존의 텔렉스에 워드프로세서 기능을 추가하여 문서의 편집, 저장 등의 처리 기능을 가진 단말기의 문서 통신 서비스

01 문자, 도표, 사진 등의 정지화상을 화소로 분해해 전기적 신호로 변화시켜 전송하여 원래대로 복원 기록하는 전송 기기는?

① 텔렉스 ② 팩시밀리
③ 텔레타이프 ④ 텔레텍스트

오답 피하기
- 텔렉스(Telex) : Teleprinter Exchange에서 유래. 국내 및 국제적인 통신망 회선을 통하여 가입자 상호 간에 직접 교신이 가능한 반이중(Half-Duplex)의 비동기적 전신 서비스. 이 서비스의 회선에 접속되는 기기의 종류에 따라 여러 가지 형태의 단말기로 나누어짐
- 텔레텍스트(Teletext) : 텔레비전 방송을 통하여 문자나 도형 정보를 제공하고, 사용자가 필요한 정보를 선택할 수 있도록 하는 시스템
- 텔레타이프(Teletype) : 미국 텔레타이프사의 상품명으로, 통신 시스템에 사용되는 테이프 천공기, 수신용 천공기, 페이지 인쇄기 등과 같은 각종 형식의 인쇄 전신기를 가리킴

02 다음 중 팩시밀리에서 송신 주사를 분류하였을 때 전자적 주사 방식에 속하는 것은?

① 원통 주사
② 평면 주사
③ 고체 주사
④ 기계 주사

주사 방식은 기계식 주사와 전자적 주사로 나뉘며, 기계적 주사는 원통 주사, 원호면 주사, 평면 주사로 분류되고 전자적 주사는 고체 주사가 있음

03 인터넷에서 전달하는 전자우편을 다른 사람이 받아 볼 수 없도록 암호화하고, 받은 전자우편의 암호를 해석해 주는 것은?

① SSL ② PGP
③ TLS ④ JSP

전자우편의 보안 기법
- PEM(Privacy Enhanced Mail) : 전자우편을 엽서가 아닌 밀봉된 봉투에 넣어서 보낸다는 개념으로 IETF에서 인터넷 초안으로 채택한 것
- PGP(Pretty Good Privacy) : 전자우편을 다른 사람이 받아 볼 수 없도록 암호화하고, 받은 전자우편의 암호를 해석해 주는 프로그램으로, 현재 가장 많이 사용되고 있음
- S/MIME : 인증, 메시지 무결성, 송신처의 부인방지, 데이터 보안과 같은 암호학적 보안 서비스를 제공함

04 전자우편에서 인증, 메시지 무결성, 송신처의 부인방지, 데이터 보안과 같은 암호학적 서비스를 제공할 수 있는 것은?

① 세션키 분배 방식
② POP3
③ S/MIME
④ SMTP

E-Mail 보안 표준인 S/MIME(Secure/Multipurpose Internet Mail Extension)에 대한 설명

오답 피하기
출제 가능 전자우편과 관련된 프로토콜
- SMTP(Simple Mail Transfer Protocol) : 메일을 보내는 역할을 하는 프로토콜
- POP3(Post Office Protocol 3) : PC사에서 윈도우즈 메일 프로그램을 사용 가능하도록 하는 프로토콜
- MIME(Multipurpose Internet Mail Extension) : 여러 포맷의 문서를 전송하기 위해 사용하는 프로토콜

05 멀리 떨어져 있는 회의실을 통신회선으로 상호 연결하여 회의를 진행할 수 있는 시스템은?

① 원격 회의 시스템
② 분산 처리 시스템
③ 원격 조정 시스템
④ 텔레텍스트

원격 회의 시스템(Teleconference)
- 서로 먼 거리에 떨어져 있는 사람들이 통신 매체를 이용하여 동일한 시간에 동일한 주제로 회의를 할 수 있는 시스템
- 장점 : 회의를 위한 이동이나 여비를 절약할 수 있어 경제적, 시간적인 면이 절약되고, 의사 소통 기능이 강화되어 신속한 의사 결정이 가능

오답 피하기
분산 처리 시스템 : 데이터의 처리를 한 대의 호스트 컴퓨터로 행하는 것이 아니라 퍼스널 컴퓨터와 워크스테이션을 사용해 분산 처리를 하는 것으로, 자원을 공유하며 집중 처리에 비해 연산 및 처리 속도가 향상되고 신뢰성이 높음

정답 01 ② 02 ③ 03 ② 04 ③ 05 ①

06 뉴미디어의 특징과 가장 거리가 먼 것은?

① 단방향성
② 네트워크화
③ 분산적
④ 특정 다수자

뉴미디어의 특징
• 대화형식의 통신으로 상호 작용성이 있음
• 필요한 시기에 메시지를 보내고 받을 수 있는 비동시성이 있음
• 다채널, 쌍방향 통신
• 정보의 형태가 다양함

07 개인용 컴퓨터, 팩시밀리, 텔렉스 등 통신수단에 관계 없이 상대방의 통신수단별 번호만 알면 국내외 어디서나 메시지를 교환할 수 있는 시스템은?

① EDI
② WCDMA
③ MHS
④ 인트라넷

메시지 처리 시스템(MHS : Message Handling System) : 이용자가 컴퓨터를 통해 보내고 싶은 정보를 축적, 전송하고 이용자의 요구 조건에 따라서 수신측에 보내는 축적 전송형의 새로운 메시지 통신 서비스이며 전자우편 서비스(Electronic Mail Service)라고도 함

오답 피하기
• EDI(Electronic Data Interchange : 전자 자료 교환) : 다른 기업 간에 수주, 발주, 수송, 결제 등 상업 거래를 위한 자료를 데이터 통신 회선을 통해 표준화된 포맷(format)과 규약에 따라 컴퓨터 간에 온라인으로 전달하는 것
• WCDMA(Wideband CDMA) : 3세대 이동통신 기술 표준의 하나로 디지털 자동차, 휴대전화, 포켓벨 등을 포함한 이동통신 무선접속 규격
• 인트라넷(Intranet) : 각종 정보 시스템을 인터넷을 이용하여 사용할 수 있도록 수정하여 재개발한 정보시스템을 의미

08 뉴미디어의 분류 방법으로 정보를 전달하는 매체를 기준으로 한 분류 방법에 속하지 않는 것은?

① 데이터계
② 무선계
③ 유선계
④ 패키지계

뉴미디어의 분류 방법에 따라 전달 매체에 의한 분류(무선계, 유선계, 패키지계), 사회적 통상 미디어에 의한 분류(방송계, 통신계, 패키지계)로 구분

09 전자우편에 대한 설명 중 옳지 않은 것은?

① 문서우편에 비해 복수의 수신자에게 배포가 용이하다.
② 전자우편은 컴퓨터 내에 파일화가 용이하지만 필요할 때 자유자재로 검색할 수는 없다.
③ Paperless Office 실현을 지향하는 기업 활동과 밀접한 관계가 있다.
④ 전자적인 수단을 이용하여 순간적인 전송이 가능하므로 즉시성의 효과를 얻을 수 있다.

전자우편은 메시지 작성, 교환, 저장, 검색이 가능함

10 멀티미디어 활용 분야에 대한 설명으로 틀린 것은?

① VCS : 전화, TV를 컴퓨터와 연결해 각종 정보를 얻는 뉴 미디어
② Kiosk : 백화점, 서점 등에서 사용하는 무인 안내 시스템
③ VOD : 사용자가 원하는 영상정보를 원하는 시간에 볼 수 있도록 전송
④ VR : 컴퓨터그래픽과 시뮬레이션 기능을 이용해 가상 세계 체험

VCS(화상 회의 시스템 : Video Conference System) : 서로 먼 거리에 떨어져 있는 사람들끼리 각자의 실내에 설치된 TV 화면에 비친 화상 및 음향 등을 통하여 회의를 진행할 수 있도록 만든 시스템

11 전자우편 시스템의 주요 기능으로 개인은 물론 그룹 혹은 선별된 다수인에게 복사, 중복된 문서의 작성 없이 동시에 같은 내용을 편지로 보낼 수 있는 기능은?

① 동보 기능
② 시간별 전송기능
③ 저장 및 열람기능
④ 배달 증명기능

동보 기능 : 복수의 수신처에 자동적으로 동일 내용을 송신하는 기능을 말함

자료 저장 기기

▶ 합격 강의

빈출 태그 자기 디스크 관련 용어 • 등각, 등선 속도 • 광 디스크의 개념과 종류 • 파일링 시스템

⑪ 보조 기억장치(Auxiliary Storage Unit) 16년 3월

1) 자기 테이프 17년 3월
• 자성체를 입힌 폴리에스테르 필름을 자화시켜 데이터 기록 및 읽기가 가능하며, 순서적인 처리만 가능한 대용량의 보조 기억장치(SASD)이다.
• 가격이 저렴하여 장기간 대용량의 데이터 보관이나 백업(Backup)용으로 사용한다.

▼ 자기 테이프 관련 용어

IRG(Inter Record Gap)	논리 레코드와 논리 레코드 사이에 자료가 기록되지 않은 공백의 영역
IBG(Inter Block Gap)	블록화(Blocking)된 테이프에서 물리 레코드와 물리 레코드 사이에 자료가 기록되지 않은 공백의 영역
블록화 인수(Blocking Factor)	Block(물리 레코드) 안에 포함된 Record(논리 레코드)의 개수
기록 밀도 단위 BPI(Byte Per Inch)	1인치(2.54cm)에 기록할 수 있는 문자 수

2) 자기 디스크(Magnetic Disk) 20년 8월, 18년 4월, 16년 5월/10월, 08년 3월/7월, 07년 8월, 06년 3월/5월, 05년 5월, …
레코드판과 같은 형태의 알루미늄과 같은 금속성 표면에 자성 물질을 입혀서 그 위에 데이터를 기록하고, 기록된 데이터를 읽어 내는 기억장치로, 순서적인 처리와 비순서(직접)적인 처리가 가능한 보조 기억장치(DASD)이다.

▼ 자기 디스크 관련 용어

트랙(Track)	회전축을 중심으로 구성된 여러 개의 동심원
섹터(Sector)	트랙을 여러 구역으로 나누어 놓은 것
클러스터(Cluster)	몇 개의 섹터를 묶은 것으로 실제 데이터를 읽고 쓰는 단위
실린더(Cylinder)	• 동일한 수직선상의 트랙들의 집합 • 디스크 팩의 사용 가능한 실린더 수 : 트랙 수 ⓓ 디스크 팩 7장으로 구성되어 있고 디스크 한 면당 200개 트랙으로 구성된 경우 실린더 수는 200)
디스크 팩(Disk Pack)	• 여러 장의 디스크를 하나의 축에 고정시켜 사용하는 것으로 자기 디스크로 윗면과 밑면은 정보를 기억하지 않는 보호면으로 사용 • 디스크 팩의 사용 가능한 면 계산 공식 : [총 디스크 수 × 2면 – 윗면 – 밑면] ⓓ 6장의 디스크인 경우 = 6장 × 2면 – 2(윗면과 밑면) = 10면 사용 가능
Seek Time(탐색 시간)	헤드(액세스 암)를 원하는 데이터가 있는 트랙까지 이동하는 데 걸리는 시간
Search Time(회전 지연 시간)	특정 트랙에서 해당 데이터가 있는 섹터에 헤드를 위치시키는 데 걸리는 시간
Access Time(접근 시간)	Seek Time(탐색 시간) + Search Time(회전 지연 시간) + Transfer Time❶(전송 시간)

3) 플로피 디스크(Floppy Disk) ^{06년 5월, 05년 8월, 94년 6월}

- 얇은 플라스틱 원판에 자성체를 입혀 정보를 기억시키는 장치로 소규모의 데이터를 저장하는 데 사용한다.
- 구분 : 기록 밀도에 따라 2D/2HD, 크기에 따라 5.25인치/3.5인치 등
- 플로피 디스크 용량 = 기록면 수 × 트랙 수 × 섹터 수 × 섹터당 바이트 수

4) 하드 디스크(Hard Disk) ^{06년 3월}

- 단단한 자기 디스크가 주요 부품으로 이루어진 저장 매체로, 여러 디스크들이 레코드판처럼 겹쳐져 구성된다.
- 자기 디스크처럼 트랙과 섹터로 구역을 나누어 그 안에 데이터를 전자기적으로 기록하여 대량의 데이터를 저장하고 비교적 빠르게 접근할 수 있다.
- 디스크 연결 방식(Interface)에 따라 IDE, EIDE, SCSI, RAID 등이 있다.

5) RAID ^{20년 6월, 15년 9월, 09년 8월}

- 여러 하드 디스크를 하나의 저장 장치처럼 사용하는 것으로 장애 발생 시 데이터의 손실을 방지하고 각각의 드라이브가 독립적으로 동작할 수 있도록 한다.
- 중요한 데이터를 가지고 있는 서버에 주로 사용되며, 여러 대의 하드 디스크가 있을 때 동일한 데이터를 다른 위치에 중복해서 저장하는 방법이다.

6) NAS(Network-Attached Storage) ^{16년 3월}

- 컴퓨터 네트워크에 연결된 파일 수준의 데이터 저장 서버로 서로 다른 네트워크 클라이언트에 데이터 접근 권한을 제공하는 시스템이다.
- 미디어 서버, 그룹웨어, 메일 서버로도 확장해 사용할 수 있다.

7) 등각 속도(CAV) ^{10년 5월}

- CAV는 하드 디스크, 플로피 디스크 및 레이저 디스크 등에 사용되는 읽기 · 쓰기 모드이다.
- 디스크 회전 속도를 일정하게 하고 디스크의 회전각에 따라 데이터를 저장하는 방식으로 안쪽과 바깥쪽 트랙의 크기가 다르기 때문에 일정한 회전 속도에서 배속 차이가 생겨 바깥쪽 트랙에서는 저장 공간의 낭비가 생긴다.
- 데이터를 찾아내는 시간이 빨라 대용량 하드 디스크에 사용한다.
- 디스크 저장 공간이 비효율적으로 사용된다.
- 디스크 회전 속도가 일정하여 스핀들 모터(회전 구동 장치)가 단순하다.
- 디스크의 안쪽 트랙과 바깥쪽 트랙의 저장밀도와 전송률이 다르다.

8) 등선 속도(CLV) ^{10년 9월}

- 데이터를 읽어 들이는 속도를 일정하게 하기 위해, 시간당 항상 일정한 거리를 지나가도록 회전하는 방법으로 회전 반경이 짧은 안쪽은 회전 반경이 긴 바깥쪽보다 상대적으로 빠른 속도로 회전한다. 예를 들어, 8배속 CD롬 드라이브는 언제나 1.2MB/S의 속도로 데이터를 읽어 들인다.
- CLV는 데이터를 읽어 들이는 것이 목적인 CD-ROM 드라이브가 고속화되면서 모터에 무리를 주는 문제점이 발생하여 이 문제를 해결하기 위해 등각 속도(CAV) 방식이 제안된다.

기적의 TIP

보조 기억장치의 장치별 특징을 묻는 문제에서 최근에는 CAV, CLV, RAID와 같은 세부적인 기능을 묻는 문제가 출제되고 있으니 자기 디스크와 관련된 용어들을 숙지하세요.

기억장치 대역폭

기억장치에서 대역폭이란 메모리에서의 처리 속도를 의미하며 1초 동안에 전송되는 최대한의 정보량을 Bit 수로 표시하며, 대역폭은 '비트수/초'로 계산

개념 체크

1 데이터를 복수 또는 분할 저장하여 병렬로 데이터를 읽는 보조기억장치 또는 그 방법으로 디스크의 고장에 대비하여 데이터의 안정성을 높이는 기술을 CAV라고 한다. (O, X)

1 ×

- 광학적 방식의 정보 저장 및 추출 방식 중 하나로, 레이저를 매체 표면에 쏘아 미세한 홈(Pit)을 만들어 기록하고, 이 홈들의 반사율로 재생하는 기술이다.
- 기록이 안정적이고 대용량으로 영화, 음악, 애니메이션 등 동화상 정보 저장에 이용하며, 중요한 데이터를 백업할 때 많이 사용한다.
- 데이터의 안정성과 신뢰성이 우수하며 데이터의 영구 보존이 가능하다.
- 자기 디스크의 10배 이상의 대량의 정보 기록(광 디스크 한 면에 A4용지 문서 3만 매 기록)이 가능하다.

▼ 종류

CD-ROM (Compact Disk Read Only Memory)	• 전송 속도가 하드 디스크에 비해 느림 • 나선형 트랙구조로 섹터의 길이가 일정 • 저장된 데이터는 수정 불가(Read Only) • 650MB 이상의 데이터 저장 가능
CD-R (CD Recordable)	• 사용자가 한 번에 한하여 기록이 가능한 CD • WORM(Write Once, Read Many)이라고도 함 • 안전이나 법적인 이유로 한 번 기록된 후에는 변경해서는 안 될 자료를 기록할 때 사용 　에 은행, 중개소 거래내역, 정부 기관 등
CD-R/W (CD-Read/Write)	여러 번에 걸쳐 기록과 삭제를 할 수 있는 CD로, 데이터를 담기 위해서는 CD-R/W 드라이브가 필요
DVD (Digital Versatile Disk)	• 기존의 CD 크기에 4.7GB 기본 용량(최대 17GB)을 가지며, 1배속은 초당 1,200KB의 전송속도를 가짐 • 저장된 음성, 화상 정보의 경우 음질과 화질이 우수 • MPEG2 압축 기술을 이용하여 영화 한 편 분량(약 135분)의 동화상을 기록할 수 있음
HD-DVD	HD 방송 시대에 대응하기 위해 개발된 CD 규격. DVD 규격에 기반을 두고 동일한 모양으로 만들어지지만 DVD보다 파장이 짧은 레이저를 사용하여 기록 밀도를 더 높임
블루레이 디스크 (Blu-Ray Disc)	디지털 비디오 디스크(DVD)보다 약 10배를 저장할 수 있는 용량의 청자색 레이저를 사용하며, DVD가 650㎚ 파장의 적색 레이저를 사용하는 데 비해 블루레이 디스크는 좀 더 좁은 405㎚ 파장의 청자색 레이저를 사용함. 다중 레이어(면)를 이용할 수 있으며 한 면에 최대 27GB, 듀얼은 50GB, 쿼드 레이어는 100G 데이터를 기록함

- 초미립자 · 고해상도의 필름인 마이크로필름(Microfilm)에 문서, 도면 등 각종 기록물을 고도로 축소 촬영하여 저장한다.
- 광학을 사용하는 저장 방식으로 고밀도, 대용량 기록이 가능하며 저장비용이 저렴하고 영구 보존(약 100년 보존)이 가능하다.
- 계수형(수치) 자료를 직접 마이크로필름에 문자화하여 기록하는 것이 가능하고 그 처리 속도가 라인프린터에 비해 수십 배 빠르며 자기 테이프나 자기 디스크보다 25~100배 정도 더 밀도가 높다.

1) 장·단점

장점	단점
• 고밀도 기록이 가능하며 대용량화하기 쉬움 • 기록 내용을 확대하면 그대로 재현 • 기록 품질이 좋으며 영구 보존이 가능 • 보관 면적의 최소화가 가능 • 매체 비용이 매우 낮아 저장 비용이 저렴함	• 기록 시 처리가 복잡하고 시간이 오래 걸림 • 검색 시간이 길어 온라인 처리에 부적합 • 데이터 내용의 수정이 어려움 • 컴퓨터 이외의 사무 기기와 결합 시 장치 비용 높음

2) 마이크로필름에 사용되는 자동화 장치 22년 9월, 16년 10월, 15년 5월, 14년 5월, 10년 3월, 07년 3월, 05년 8월, …

CAR❶ (Computer Assisted Retrieval)	• 검색 장치 • 컴퓨터를 이용하여 마이크로필름을 고속·자동으로 검색하는 시스템 • 갱신과 검색이 빨리되며, 입력과 Film Encord가 간단
COM (Computer Output Microfilm)	• 출력(저장) 장치 • 컴퓨터 출력 정보를 마이크로 이미지 촬영기를 이용하여 마이크로필름으로 제작한 것 • 필름을 제작하는 장치로 저장 및 처리 부분, 카메라 부분, CRT 부분으로 구성 • 장점 : 라인프린터에 비해 고속인쇄가 가능하며, 비용 절감 효과가 있음 • 단점 : 컴퓨터 출력 정보의 고속인쇄는 가능하지만 촬영에서부터 현상까지의 시간이 긺
CIM (Computer Input Microfilm)	• 입력 장치 • 마이크로필름에 기록된 정보를 컴퓨터 내부로 입력시켜 주는 시스템

❶ CAR 종류
Open Loop System(개방형 시스템), Closed Loop System(폐쇄형 시스템), Stand-alone System(독립형 시스템)

마이크로필름의 종류
실버 할레이드 필름(Silver Halide Film), 다이아조 필름(Diazo Film), 버지큘라 필름(Vesicular Film)

04 전자 파일링 시스템(Electronic Filing System)

1) 파일링 시스템 16년 5월, 10년 5월, 00년 3월, 99년 4월/8월, 98년 3월/5월, 96년 5월/7월

개념	필요한 서류를 필요한 때에 바로 꺼낼 수 있도록 서류를 체계적으로 정리·보관, 폐기하는 일련의 제도
도입 효과 (도입 목적)	• 문서 관리의 명확화, 정보 전달의 원활화 • 정확한 의사 결정, 기록의 효과적 활용 • 공용 파일에 대하여 개인 물건화 방지 • 사무환경의 정리 • 중복 문서의 제거, 불필요한 문서의 폐기 • 신속한 검색 활용의 용이(시간 절약), 기록 활용에 대한 재비용 절감 • 보존, 보관, 폐기를 정기적으로 실시함에 따라 업무상 필요한 기록의 보존 및 폐기가 용이

🅑 기적의 TIP

웹 하드(Web Hard)
인터넷으로 대용량의 파일을 저장하고 내려받을 수 있는 서비스를 의미한다. 저렴한 비용으로 대용량의 데이터를 자유롭게 주고받을 수 있다는 장점도 있지만 각종 불법 자료 거래의 온상으로 이용되는 문제점도 있다.

2) 전자 파일링 시스템 06년 8월

개념	자료, 도면 등을 이미지 데이터(전자 파일)로 저장매체에 보관하여 검색이나 편집을 할 수 있도록 하는 시스템
특징	• 저장 매체로 자기 기록형, 마이크로필름, 광 디스크 등을 사용 • 고밀도의 기억이 가능하며, 보안성 및 즉시성, 고속의 검색 기능, 저렴한 가격, 통신 기능 등을 가짐 • 자료의 저장도 중요하지만 저장된 자료의 갱신도 중요하므로 갱신 시기 및 책임자 등에 관해 명백한 사항을 명시하고, 자료의 관리 체제, 보안 문제 등에 관한 절차와 방법을 마련해야 함

이론을 확인하는 기출문제

01 다음 중 등선속도(CLV) 방식의 장점에 해당하는 것은?

① 회전 구동장치가 간단하다.
② 회전 속도가 높아진다.
③ 액세스 시간이 단축된다.
④ 저장 용량의 손실이 없다.

> **CLV 등선 속도(Constant Linear Velocity) 광 디스크 검색 방식**
> CD 안쪽과 바깥쪽은 원주 길이에서 2.5배 차이로 인해 재생할 때 rpm이 유동적으로 바뀌며 데이터를 읽어 들이는 속도가 언제나 일정하고 저장 용량에 손실이 없음

02 CD-ROM에 대한 다음 설명 중 옳지 <u>않은</u> 것은?

① 레이저 빔을 비추어 굴절하는 정도로써 정보를 읽는다.
② 광 디스크의 일종이다.
③ 읽기만 하고 CD-ROM에 쓸 수는 없다.
④ 주기억장치로 사용된다.

> CD-ROM은 대표적인 보조 기억장치로 읽기 전용(Read Only Memory)이므로 주기억장치로 사용할 수는 없음

03 어떤 디스크 팩이 7장으로 구성되어 있고 한 면당 200개의 트랙으로 구성되어 있을 때, 이 디스크 팩에서 사용 가능한 실린더의 수는?

① 200
② 400
③ 1,200
④ 1,400

> 실린더 수가 트랙의 수이므로 계산할 필요도 없이 200개

04 블루레이 디스크(Blue-ray Disc)에 대한 설명으로 옳지 <u>않은</u> 것은?

① 고선명 비디오를 위한 디지털 데이터를 저장할 수 있다.
② DVD 디스크에 비해 훨씬 짧은 파장을 갖는 레이저를 사용한다.
③ 단층 기록 면을 갖는 블루레이 디스크는 최대 10GB까지 데이터를 기록할 수 있다.
④ DVD와 같은 크기인데도 더 많은 데이터를 저장할 수 있다.

> Blu-ray : 디지털 비디오 디스크(DVD)보다 약 10배를 저장할 수 있는 용량의 청자색 레이저를 사용함. DVD가 650㎚ 파장의 적색 레이저를 사용하는 데 비해 블루레이 디스크는 좀 더 좁은 405㎚ 파장의 청자색 레이저를 사용하며 다중 레이어(면)를 이용할 수 있으며 한 면에 최대 27GB, 듀얼은 50GB, 쿼드 레이어는 100GB 데이터를 기록함

05 안전이나 법적인 이유로 한 번 기록된 후에는 변경해서는 안 될 자료 즉, 은행이나 중개소의 거래내역 등을 보관하기 위한 것으로 가장 적당한 것은?

① CD-ROM
② WORM 디스크
③ 소거 광 디스크
④ 플로피 디스켓

> WORM(Write Once, Read Many) 디스크 : CD-R을 말하는 것으로, 데이터의 영구적인 기록을 위해서 고출력 레이저를 사용하여 기록하는 방식으로 정부기관이나 대기업 등의 조직에서 기록의 장기 보관 목적으로 오랜 기간 사용되어 왔음

06 컴퓨터의 출력 정보를 마이크로 이미지 촬영기를 이용하여 온라인 및 마이크로필름으로부터 오프라인으로 촬영·현상을 처리하는 시스템은?

① COM
② CAR
③ MICR
④ CAM

> 마이크로필름의 출력 장치는 COM, 검색 장치는 CAR, 입력 장치는 CIM

07 파일링 시스템 도입의 효과라고 할 수 <u>없는</u> 것은?

① 문서 관리의 명확화를 기할 수 있다.
② 개인소유 문서를 그룹 단위로 보관함에 따라 중복 문서가 많아진다.
③ 보존, 보관, 폐기를 정기적으로 실시함에 따라 업무상 필요한 기록의 보전, 폐기가 용이하다.
④ 공용 파일에 대하여 개인 물건화를 방지한다.

> 파일링 시스템을 도입하면 중복 문서를 줄일 수 있으며 보관, 보존, 폐기는 정기적으로 실시하여야 함

CHAPTER 04

통합 사무자동화

학습 방향

데이터베이스 시스템의 특징과 기능을 중심으로 공부하고, 전자상거래의 정의와 전자
결재 시스템 중 전자화폐를 중심으로 공부하세요. 그룹웨어 시스템은 개념과 기본 구
성 요소를 암기하세요.

출제빈도

SECTION 01	중	50%
SECTION 02	중	25%
SECTION 03	하	20%

데이터베이스 시스템

▶ 합격 강의

01 데이터베이스 시스템(Database System)의 정의 및 모델 종류

1) 데이터베이스 시스템의 정의

① **정의** 08년 5월, 04년 3월, 99년 8월

데이터를 저장하고, 관리해서 정보를 생성하기 위해 구성된 데이터베이스의 주위를 둘러싼 모든 요소, 즉 컴퓨터 중심의 하드웨어/소프트웨어 및 사람을 포함한 포괄적인 시스템을 말한다.

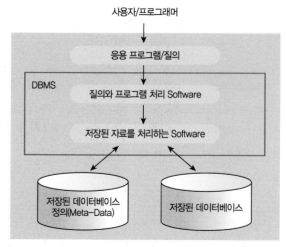

▲ 데이터베이스 시스템

② 데이터베이스 시스템 구성 요소

• 데이터베이스(파일) • 스키마(Schema) • 데이터베이스 관리 시스템(DBMS) • 데이터베이스 언어(DBL)	• 사용자(User) • 데이터베이스 관리자(DBA) • 데이터베이스 기계(DBM : Data Base Machine)

✅ 개념 체크

1 데이터베이스 시스템의 구성
   요소에는 데이터베이스(파
   일), (   )(User), 스키마,
   데이터베이스 (   )(DBL),
   데이터베이스 관리자(DBA)
   등이 있다.

1 사용자, 언어

2) 데이터베이스(Database)의 정의 13년 6월, 13년 3월, 06년 5월, 05년 5월, 04년 5월/8월, 02년 5월, 99년 4월/8월, …

어느 한 조직의 여러 응용 시스템들이 공유할 수 있도록 통합, 저장된 운영 데이터의 집합이다.

공용 데이터(Shared Data)	한 조직에서 여러 응용 프로그램이 공동으로 소유, 유지 가능한 데이터
통합 데이터(Integrated Data)	동일 데이터의 중복을 배제하여 중복을 최소화한 데이터
저장 데이터(Stored Data)	컴퓨터가 접근할 수 있는 저장 매체에 저장된 데이터
운영 데이터(Operational Data)	조직의 존재 목적이나 유용성 면에서 필수적인 데이터의 집합으로 지속적인 데이터

3) 데이터베이스의 특징 22년 9월, 16년 3월, 15년 5월

실시간 접근성 (Real Time Accessibility)	질의에 대한 실시간 처리 및 응답을 처리할 수 있도록 지원
계속적인 변화 (Continuous Evolution)	삽입, 삭제, 갱신을 통해서 현재의 데이터를 동적으로 유지
동시 공유 (Concurrent Sharing)	여러 사용자가 동시에 공용할 수 있음
내용에 의한 참조 (Content Reference)	위치나 주소가 아닌 데이터의 내용, 즉 값에 따라 참조 가능

4) 데이터베이스의 목적 10년 5월, 06년 8월

- 데이터의 독립성 : 데이터의 물리적, 논리적 독립성을 유지한다.
- 데이터의 무결성 : 데이터를 올바르게 유지한다.
- 데이터의 일관성 : 데이터의 중복을 최소화하여 자료의 일치를 기한다.
- 데이터의 보안성 : 데이터 보안을 유지하여 데이터의 손실을 방지한다.
- 데이터의 공유 : 데이터를 공동으로 이용한다.

🅑 기적의 TIP

데이터베이스의 궁극적인 목적은 데이터베이스의 무결성 유지입니다.

5) 데이터베이스의 장 · 단점 19년 3월, 14년 9월, 09년 5월, 05년 5월, 99년 4월

장점	단점
• 중복의 최소화와 자료의 일치 • 데이터의 물리적, 논리적 독립성 유지 • 실시간 접근 • 데이터 보안을 유지하여 데이터의 손실을 방지 • 최신 데이터를 유지하여 데이터의 계속적인 변화에 적응 • 데이터 내용에 의한 접근	• 컴퓨터의 부담(Overhead)이 큼 • 데이터의 복구가 어려움 • 전산 비용이 증가 • 자료 처리 방법이 복잡

자료처리 시스템은 자료가 종속적이지만,
데이터베이스의 데이터는 내용이 바뀌어도 프로그램에 영향을 미치지 않음

✔️ 개념 체크

1 데이터베이스(Database)의 특성이 맞으면 O, 아니면 X에 표시하세요.
   ㉠ 데이터의 무결성 (O, X)
   ㉡ 데이터의 중복성 (O, X)
   ㉢ 데이터의 독립성 (O, X)
   ㉣ 데이터의 일관성 (O, X)

   1 ㉠ ○, ㉡ ×, ㉢ ○, ㉣ ○

① 계층형 데이터베이스(Hierarchical Database)

- 트리(Tree) 데이터베이스라고도 하며, 데이터의 관계를 계층적으로 나타내어 트리 형태로 구성한 데이터베이스이다.
- 하나의 부노드(Parent-Node)가 다수 개의 자노드(Child-Node)를 가진다(일대다(1 : N)의 관계).
- 정보 전달 단위는 세그먼트(Segment)로 세그먼트가 모여 데이터베이스를 형성한다.

장점	단점
• 간단해서 이해가 쉬움 • 구현, 수정, 탐색이 용이함 • 쉽게 성능 평가가 가능함	• 데이터 상호 간의 유연성이 부족함 • 검색 경로가 한정되어 있어 비효율적임 • 동일 레벨상에서 정보 교환이 불가능함 • m : n의 처리가 어려움

② 네트워크형 데이터베이스(Network Database)

망 구조 데이터베이스, Plex 데이터베이스라고도 하며, 하나의 자노드가 다수 개의 부노드를 가진다(그래프 형태).

장점	단점
• 데이터 상호 간의 유연성이 좋음 • 다양한 형태의 구조를 제공 • m : n의 관계 표현이 가능	• 복잡해서 이해하기 어려움 • 변경이 어려워 확장성이 거의 없음

③ 관계형 데이터베이스(Relational Database)

- 표(Table) 데이터베이스라고도 하며, 테이블을 이용해 데이터 상호 관계를 정의한다.
- 계층적 데이터베이스와 네트워크 데이터베이스의 복잡한 구조를 단순화한다.

장점	단점
• 다른 데이터베이스로 변환이 용이 • 간결하고 보기가 편리	성능이 다소 떨어짐

④ 객체 지향 데이터베이스(Object-Oriented Database)

- 1980년대 후반 들어 등장한 모델로 객체 지향 프로그래밍 환경을 기반으로 하는 데이터 모델이다.
- 데이터와 프로그램을 그룹화하고 복잡한 객체들을 이해하기 쉬우며, 유지와 변경이 용이하다.

⑤ 객체 관계 데이터베이스(Object Relational Database)

- 1990년대 후반에 관계 데이터베이스에 객체 지향 개념을 통합한 객체 관계 데이터베이스 모델이 제안되었다.
- 객체 단위의 관계 표현(Object Relationship)에 중점을 둔 데이터베이스 모델로 멀티미디어 정보가 많아지면서 점차 이런 형태의 데이터베이스로 구축되고 있다.

02 데이터베이스 시스템의 구성

1) 스키마(Schema) 20년 8월, 19년 4월, 18년 3월, 17년 5월, 10년 9월, 08년 5월, 06년 8월, 05년 5월, 01년 3월, 98년 5월, 96년 10월, ⋯

- 데이터를 구성하는 데이터 개체(Entity 또는 Object), 이들 개체 사이의 애트리뷰트(Attribute), 이들 간에 존재하는 관계(Relationship) 그리고 데이터 구조와 데이터 값들이 갖는 제약 조건(Constraint)에 관한 정의를 총칭해서 스키마라고 한다.
- 스키마는 데이터베이스를 보는 시각에 따라 외부, 개념, 내부 스키마 3단계로 구분한다.

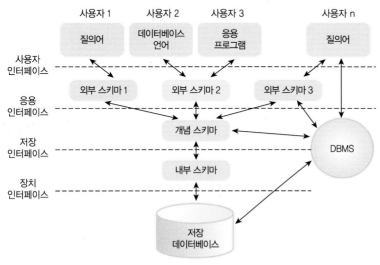

▲ 데이터베이스 시스템 구성도

외부 스키마(External Schema) 또는 서브 스키마(Subschema)	• 실질적으로 데이터를 액세스할 수 있는 프로그래머(사용자) 입장에서 필요로 하는 데이터베이스의 논리적 구조 • 특정 응용 프로그램에 필요한 전체 데이터베이스의 한 논리적 부분으로 간주
개념 스키마(Conceptual Schema) 또는 스키마(Schema)	• 조직이나 기관의 입장에서 본 논리적 데이터베이스 전체 구조 • 모든 응용 프로그램이나 사용자들이 필요로 하는 데이터를 종합한 조직 전체의 데이터베이스 구조로, 한 개만 존재함
내부 스키마(Internal Schema) 또는 저장 스키마(Storage Schema)	• 물리적 저장 장치의 입장에서 본 데이터베이스 구조 • 실제 데이터베이스에 저장될 레코드의 형식을 정의하고 저장 데이터 항목의 표현 방법, 내부 레코드의 물리적 순서 등을 나타냄

2) 데이터베이스 언어(DBL : Data Base Language) _{22년 5월, 19년 9월, 17년 5월, 09년 5월, 07년 5월, …}

데이터 정의어(DDL : Data Definition Language)	• 데이터베이스 생성 및 수정 • 데이터베이스 구조와 관계, 데이터베이스 이름, 데이터 항목, 키 값의 규정, 데이터 형과 한계 규정, 데이터 액세스 방법 등을 규정
데이터 조작어(DML : Data Manipulation Language)	• 주프로그램에 내장되어 데이터베이스를 실질적으로 운영(삽입 · 삭제 · 수정) • 질의어(Query Language) : 데이터베이스를 단말 사용자가 이용하도록 만든 언어로 자연어이며, 대화식 사용 • 데이터 부속 언어(Data Sublanguage) : 응용 프로그램과 DBMS를 연결하는 도구로 호스트 언어(Cobol, C 등)로 작성된 응용 프로그램 속에서 사용되는 명령어의 집합
데이터 제어어(DCL : Data Control Language)	• 데이터베이스를 올바르게 공용하기 위해 여러 가지 규정이나 기법을 통하여 제어해야 함 • 데이터를 보호하기 위한 데이터 보안, 데이터 무결성, 데이터 회복과 병행 수행을 제어할 수 있는 명령이 포함됨

3) 사용자(User) _{24년 5월, 18년 3월, 15년 9월, 07년 8월, 06년 3월, 05년 3월, 03년 3월, 00년 3월}

- 단말기 사용자(End-User) : 특별한 지식 없이도 단말기에서 질의어를 사용하여 데이터베이스에 접근해 데이터의 검색, 삽입, 삭제, 갱신 작업을 수행하는 사람을 말한다.
- 응용 프로그래머(Application Programmer) : 프로그래밍 언어와 DBMS가 지원하는 데이터 부속 언어로 프로그램을 작성하여 데이터베이스를 응용하고, 외부 스키마를 처리하는 사람을 말한다.
- DBA(Data Base Administrator : 데이터베이스 관리자) : 데이터베이스 시스템의 관리 운영에 대해 모든 책임을 지고 있는 사람이나 그룹을 말한다.

데이터베이스 관리자가 할 일	• 데이터베이스의 데이터베이스 설계와 조작 및 표준화(데이터 모델(Data Model)의 정의/데이터 서브 모델(Data Submodel)의 정의) • 데이터베이스의 내용을 결정 • 데이터의 검색 및 수정에 대한 관리 • 데이터베이스 시스템의 파괴 시 회복책 수립 • 교육 • 문서화(Documentation) : 현상 조사로부터 개략적인 시스템 설계, 세부적인 설계, 프로그램의 완성 단계까지의 과정을 문서로 작성하는 것 • 시스템의 전반적인 운영에 대한 책임

4) 데이터베이스(DB)의 구성 요소 _{07년 8월}

논리적 DB	속성(Attribute)	계층형에서는 필드(Field)나 항목(Item)에 해당하며 관계 모델에서는 테이블의 열을 구성하는 각 항목
	개체(Entity)	사람이 생각하는 개념이나 정보의 단위로서 파일 구성 측면에서는 레코드에 해당하며, 관계형에서는 도메인(Domain)이라고도 함
	관계(Relationship)	엔티티나 레코드들의 사이에 존재하는 여러 가지 유형의 관계를 가리키는 것으로 파일 구성 측면에서는 파일에 해당
물리적 DB	기억장치의 실제적인 구현 양식으로 어드레스와 물리적 레코드로 이루어지는 비트, 바이트, 블록, 실린더, 트랙, 인덱스, 포인터 등으로 구성됨	

상용 DBMS
ORACLE, MS-SQL, DB2, SYBASE, Informix 등

공개용 DBMS
MySQL

ERD(E-R 다이어그램)
개체-관계 모델에 의해 작성된 설계도로, 개체-관계 모델을 그래픽 형태로 나타낸 것. 개체, 속성, 관계, 링크 등으로 구성됨

✓ **개념 체크**

1 (　　　)는 데이터베이스에 저장된 자료를 삽입, 삭제, 운영하는 데 사용되는 언어이다.

2 데이터베이스 (　　　)는 데이터베이스의 내용을 결정하고, 시스템의 전반적인 운영에 대한 책임을 다해야 한다.

1 데이터 조작어(DML), 2 관리자

5) 데이터베이스 관리 시스템(DBMS)

- 응용 프로그램과 데이터의 중재자로서 모든 응용 프로그램들이 데이터베이스를 공유할 수 있도록 관리해 주는 소프트웨어 시스템이다.
- DBMS의 궁극적인 목적은 데이터 독립성(Data Independency)을 제공하는 것이다.

① DBMS의 기능 23년 3월, 22년 4월/5월, 16년 5월, 15년 3월, 10년 3월, 09년 3월, 07년 3월, 06년 3월, 05년 8월, …

- 데이터베이스 내의 자료 관계를 설정한다.
- 자료의 보안을 담당한다.
- 자료의 회복(Recovery) 능력을 갖추고 있다.
- 질의어(Query Language) 능력을 갖추고 있다.

정의 기능 (Definition Facility)	• 하나의 저장 형태로 여러 사용자의 관점을 만족시키기 위해 데이터를 조작하는 기능 • 응용 프로그래머가 데이터베이스 사이의 인터페이스를 위한 수단을 제공 • 요건 : 데이터 모델 기술, 물리적 저장에 관한 명세, 물리적/논리적 사상 명세
조작 기능 (Manipulation Facility)	• 체계적인 처리를 위한 데이터의 접근 지원 능력(검색, 갱신, 삽입, 삭제)으로 사용자와 데이터베이스 사이의 인터페이스를 위한 수단을 제공 • 요건 : 사용이 쉽고 자연스러운 도구, 연산의 완전한 명세 가능, 효율적인 접근
제어 기능 (Control Facility)	• 데이터의 정확성과 안전성을 유지하는 기능을 제공 • 요건 : 무결성 유지, 보안/권한 검사, 병행 수행 제어(Concurrency Control)

② DBMS의 장 · 단점 14년 9월

장점	단점
• 데이터 중복을 최소화 • 일관성(Consistency) 유지 • 데이터의 보안(Security) 보장 • 데이터의 공유(Sharing) • 무결성(Integrity) 유지❶ • 표준화(Standardization) 가능	• 컴퓨터의 부담(Overhead)이 큼 • 전산 비용의 증가 • 자료 처리 방법의 복잡 • 예비(Backup)와 회복(Recovery) 기법이 더 어려워짐 • 시스템의 취약성이 존재

6) 데이터베이스 관련 용어 13년 9월, 10년 9월, 04년 5월, 98년 3월

▼ 데이터베이스 용어

애트리뷰트(Attribute)	데이터의 가장 작은 논리적 단위로 항목(Item, Field)과 유사
튜플(Tuple)	관계 데이터베이스에서 행을 구성하는 Attribute의 집합
엔티티(Entity)	데이터베이스가 표현하는 정보의 객체로 Record와 유사
세그먼트(Segment)	계층적 데이터베이스에서 정보가 전달되는 단위
도메인(Domain)	관계 데이터베이스에서 Table이 갖고 있는 속성값의 집합
테이블(Table)	관계 데이터베이스 전체로 Record 혹은 Tuple의 집합
릴레이션(Relation)	데이터베이스를 구성하기 위해 어떤 언어에 의해서 관련 자료들 간의 상관 관계를 나타냄
오너(Owner)	네트워크 데이터베이스에서 상위 계층의 Entity
멤버(Member)	네트워크 데이터베이스에서 하위 계층의 Entity

🅑 기적의 TIP

데이터베이스 언어의 종류와 특징, 데이터 베이스 관리자(DBA)의 역할, 데이터베이스 관리 시스템(DBMS)의 기능과 장단점이 자주 출제되고 있습니다.

❶ 무결성 유지

정보가 임의로 수정될 수 없다는 개념으로 DBMS에서 뿐만 아니라 네트워크 환경에서도 데이터가 허가된 사람들에게만 개발되고 수정될 수 있음을 보장하는 것. 무결성을 보장하기 위해서는 물리적 환경에 대한 통제나 데이터 액세스 제한, 인증 절차에 따른 접속 등이 있음

🅑 기적의 TIP

Transaction의 특성

- 원자성(Atomicity) : 완전하게 수행 완료되지 않으면 전혀 수행되지 않아야 함
- 일관성(Consistency) : 시스템의 고정 요소는 트랜잭션 수행 전후에 같아야 함
- 격리성(Isolation, 고립성) : 트랜잭션 실행 시 다른 트랜잭션의 간섭을 받지 않아야 함
- 영속성(Durability, 지속성) : 트랜잭션의 완료 결과가 데이터베이스에 영구히 기억됨

Transaction File

주 파일(Master File)의 변경 사항을 일시적으로 저장하고 있는 파일. 일반 업무에서 전표와 같은 역할을 하는 것으로 갱신용 데이터나 조합용 데이터를 기록해 두는 파일임. 실시간으로 처리되는 온라인 시스템에서는 단말기로부터 입력되는 트랜잭션 데이터를 일시적으로 포함하고 있다가 주 컴퓨터 시스템에서 처리함으로써 주 파일이 갱신됨

Bit(비트)	데이터 표현의 최소 단위로 1Bit는 0 또는 1을 나타냄
Byte(바이트)	문자 표현의 단위로 1Byte는 8Bit로 구성
Word(워드)	컴퓨터가 액세스하여 처리하는 단위로 2Byte, 4Byte, 8Byte로 구성
Field(필드)	Item이라고도 하며, 특정 사물의 속성이나 이름을 나타냄
Record(레코드)	1개의 레코드는 여러 개의 필드로 구성되며 파일의 기본 요소를 나타내는 단위
File(파일)	연관된 자료의 집합
Database(데이터베이스)	유기적으로 연관된 파일의 집합

7) 정규화(Normalization)의 개념 20년 8월, 15년 9월

- 함수적 종속성 등의 종속성 이론을 이용하여 잘못 설계된 관계형 스키마를 더 작은 속성의 세트로 쪼개어 바람직한 스키마로 만들어 가는 과정을 말한다.
- 좋은 데이터베이스 스키마를 생성해 내고 불필요한 데이터의 중복을 방지하여 정보 검색을 용이하게 할 수 있도록 허용한다.

8) 정규화의 목적

- 데이터 구조의 안정성 최대화
- 중복 데이터의 최소화
- 수정, 삭제 시 이상 현상 최소화
- 테이블 불일치 위험 간소화

03 SQL

- SQL(Structured Query Language) : 관계형 데이터베이스의 표준 질의어
- 종류 : DDL, DML, DCL

1) DDL(Data Definition Language, 데이터 정의어) 19년 4월/9월

- 데이터베이스의 정의/변경/삭제에 사용되는 언어
- 논리적 데이터 구조와 물리적 데이터 구조의 정의
- 논리적 데이터 구조와 물리적 데이터 구조 간의 사상 정의
- 번역한 결과가 데이터 사전에 저장

▼ 종류

CREATE	스키마, 도메인, 테이블, 뷰 정의
ALTER	테이블 정의 변경
DROP	스키마, 도메인, 테이블, 뷰 삭제

> **🅱 기적의 TIP**
>
> **뷰(View)**
> 사용자에게 접근이 허용된 자료만을 제한적으로 보여주기 위해 기본 테이블에서 유도되는 가상 테이블

① CREATE TABLE : 테이블 정의문

```
CREATE TABLE 기본테이블
        ({열이름 데이터_타입 [NOT NULL], [DEFALUT 값]},…,
        {[PRIMARY KEY(열이름_리스트)]},
        {[UNIQUE(열이름_리스트,…)]},
        {[FOREIGN KEY(열이름_리스트)]
        REFERENCES 기본테이블[(기본키_열이름)]
        [ON DELETE 옵션]
        [ON UPDATE 옵션]}
        [CHECK(조건식)]);
```

• { }는 중복 가능한 부분
• NOT NULL은 특정 열에 대해 널(Null) 값을 허용하지 않을 때 기술
• PRIMARY KEY는 기본 키를 구성하는 속성을 지정할 때
• FOREIGN KEY는 외래 키로 어떤 릴레이션의 기본 키를 참조하는지 기술

② ALTER TABLE : 테이블 구조 변경문

```
ALTER TABLE 테이블_이름 ADD 열_이름 데이터_타입 DEFAULT 값;
ALTER TABLE 테이블_이름 ALTER 열_이름 SET DEFAULT 값;
ALTER TABLE 테이블_이름 DROP 열_이름 CASCADE;
```

• ADD : 새로운 열(속성)을 추가할 때
• ALTER : 특정 열(속성)의 디폴트 값을 변경할 때
• DROP : 특정 열(속성)을 제거할 때

③ DROP : 테이블 삭제문

```
DROP SCHEMA 스키마_이름 [CASCADE | RESTRICT];
DROP DOMAIN 도메인_이름 [CASCADE | RESTRICT];
DROP TABLE 테이블_이름 [CASCADE | RESTRICT];
DROP INDEX 인덱스_이름;
```

• CASCADES 옵션을 사용 : 삭제할 요소가 다른 개체에서 참조 중이라도 삭제가 수행된다.
• RESTRICT 옵션을 사용 : 삭제할 요소가 다른 개체에서 참조 중이라면 삭제가 수행되지 않는다.

2) DML(Data Manipulation Language, 데이터 조작어) 19년 4월

• 데이터의 검색 · 삽입 · 삭제 · 변경에 사용되는 언어
• 사용자와 DBMS 간의 인터페이스 제공

개념 체크

1 관계형 데이터베이스의 표준 질의어(SQL)의 하나로, 데이터베이스의 정의 · 변경 · 삭제에 사용되는 언어를 ( )(이)라고 한다.

2 새로운 열(속성)을 추가하거나 특정 열(속성)을 변경 · 제거하기 위해 CREATE TABLE문을 사용한다. (O, X)

1 DDL(데이터 정의어), 2 ×

▼ 종류

SELECT	• 튜플 검색
	• 기본 구조
	  SELECT 속성명[ALL | DISTINCT |
	  FROM 릴레이션명
	  WHERE 조건;
	  [GROUP BY 속성명1, 속성명2,…]
	  [HAVING 조건]
	  [ORDER BY 속성명 [ASC | DESC]];
	• ALL : 모든 튜플을 검색 (생략 가능)
	• DISTINCT : 중복된 튜플 생략

INSERT	• 튜플 삽입
	• 기본 구조
	  INSERT INTO 테이블명(속성명1, 속성명2, …)
	  VALUES (데이터1, 데이터2 …);

DELETE	• 튜플 삭제
	• 기본 구조
	  DELETE
	  FROM 테이블명
	  WHERE 조건;

UPDATE	• 튜플의 내용 변경
	• 기본 구조
	  UPDATE 테이블명
	  SET 속성명=데이터
	  WHERE 조건;

3) DCL(Data Control Language, 데이터 제어어) 23년 3월, 19년 4월

- 데이터 제어 정의 및 기술에 사용되는 언어
- 불법적인 사용자로부터 데이터 보호
- 무결성 유지
- 데이터 복구 및 병행 제어

▼ 종류

COMMIT	명령어로 수행된 결과를 실제 물리적 디스크로 저장하고, 명령어로 수행을 성공적으로 완료하였음을 선언
ROLLBACK	명령어로 수행을 실패하였음을 알리고, 수행된 결과를 원상복귀시킴
GRANT	데이터베이스 사용자에게 사용 권한 부여
REVOKE	데이터베이스 사용자로부터 사용 권한 취소

✅ 개념 체크

1 사용자와 DBMS 간의 인터페이스를 제공하는 DML(데이터 조작어)의 종류로는 SELECT, INSERT, DELETE, UPDATE가 있다. (O, X)

2 트랜잭션의 수행을 성공적으로 완료하였음을 선언하는 SQL문은? ( )

1 O, 2 COMMIT

01 데이터베이스의 장점으로 적합하지 <u>않은</u> 것은?

① 중복을 최소화하여 불일치성을 제거한다.
② 데이터베이스의 논리적 또는 물리적 구조가 변하더라도 프로그램에 영향을 미치지 않도록 독립성을 유지한다.
③ 자료의 내용을 이용하여 참조 및 검색이 가능하다.
④ 데이터가 한 곳에 모여 있어 보안상 위험이 크므로 정보처리의 사용에 부적합하다.

데이터가 한 곳에 모여 있어 보안상의 위험이 크지만 보안 기술을 적용해 사용함

02 다음 중 상용 데이터베이스 관리 시스템에 포함되지 <u>않는</u> 것은?(단, 개인 사용 시에 한함)

① ORACLE   ② DB/2
③ SYBASE   ④ MySQL

①, ②, ③은 각각 오라클, IBM, 사이베이스사의 상용 데이터베이스이고 MySQL은 MySQL사에서 작성하여 공개용 데이터베이스로 제공

03 관계형 데이터베이스에서 기본키(Primary Key)가 가져야 할 성질은?

① 공유성   ② 중복성
③ 식별성   ④ 연결성

기본키는 한 릴레이션의 속성(Attribute) 조합으로서 식별성과 불가결성을 가져야 함
• 식별성 : 하나의 키 값으로 하나의 튜플만 식별할 수 있는 유일한 식별성
• 불가결성 : 키를 구성하는 속성(Attribute) 하나를 제거하면 유일한 식별성이 파괴되는 성질

04 데이터베이스를 구성하는 자료 객체, 이들의 성질, 이들 간의 관계, 자료의 조작, 이들 자료 값들이 갖는 제약조건에 관한 정의를 총칭해서 스키마(Schema)라 한다. 다음 중 3층 스키마에 속하지 <u>않는</u> 것은?

① 외부 스키마   ② 관계 스키마
③ 내부 스키마   ④ 개념 스키마

스키마는 데이터베이스 전체를 정의(기술)하며 외부 스키마, 개념 스키마, 내부 스키마로 구성

05 데이터베이스 관리 시스템의 기능과 맞지 <u>않는</u> 것은?

① 데이터베이스 내의 자료관계를 설정한다.
② 자료의 보안을 담당하지 않아도 된다.
③ 자료의 회복(Recovery) 능력을 갖추고 있다.
④ 질의어(Query Language) 능력을 갖추고 있다.

DBMS의 필수 기능은 정의 기능, 조작 기능, 제어 기능이 있으며, ①은 정의 기능, ③은 제어 기능, ④는 조작 기능을 설명하고 있음

오답 피하기

②는 보안을 담당하지 않아도 되는 것이 아니라 제어 기능에서 보안을 담당하고 있음

06 다음 SQL문의 의미로 옳은 것은?

```
select hk, nm from ipsi;
```

① 테이블 ipsi에 항목 hk, nm의 값을 삽입하라.
② 테이블 ipsi에서 항목 hk, nm의 모든 값을 추출하라.
③ 테이블 ipsi에서 항목 hk, nm의 값을 삭제하라.
④ 테이블 ipsi에 두 항목 hk, nm의 값으로 변경하라.

• SELECT문 : 테이블에서 제시된 조건에 해당하는 필드와 레코드를 검색할 때 사용함
[기본 구조]
SELECT 속성명 [ALL | DISTINCT |
         FROM 릴레이션명
            WHERE 조건;
                [GROUP BY 속성명1, 속성명2,…]
                [HAVING 조건]
                [ORDER BY 속성명 [ASC | DESC]];
• ALL : 모든 튜플을 검색(생략 가능)
• DISTINCT : 중복된 튜플 생략
[의미] ipsi 테이블에서 hk, mn 필드의 모든 레코드를 검색하시오.

정답 01 ④ 02 ④ 03 ③ 04 ② 05 ② 06 ②

07 다음 중 DBMS 구축과 관련이 <u>없는</u> 것은?

① DDL ② DML
③ DBA ④ DTP

- DBMS(데이터베이스 관리 시스템)는 정의 기능, 조작 기능, 제어 기능을 갖추어야 하며, 이를 지원하는 데이터베이스 언어가 정의어(DDL), 조작어(DML), 제어어(DCL)임
- DBA는 데이터베이스 관리 책임자(DataBase Administrator)

오답 피하기

DTP는 Desk Top Publishing의 약자로, 전자출판 혹은 탁상출판이라고도 함

08 파일의 자료구조에 근거한 데이터베이스 모델이 <u>아닌</u> 것은?

① 네트워크 데이터베이스 모델
② 관계 데이터베이스 모델
③ 계층적 데이터베이스 모델
④ 이진 데이터베이스 모델

데이터베이스 모델의 종류 : 네트워크 데이터베이스 모델, 관계 데이터베이스 모델, 계층적 데이터베이스 모델, 객체지향 데이터베이스 모델

09 하나의 릴레이션에 나타나는 주어진 일련의 속성 값들이 다른 릴레이션에 일련의 속성으로 반드시 나타나야 할 필요가 있는 것을 무엇이라 하는가?

① 함수적 종속(Function Dependence)
② 참조 무결성(Referential Integrity)
③ 무결성 매니저(Integrity Manager)
④ 지배 엔티티(Dominant Entity)

문제는 참조 무결성에 대한 설명으로, 참조 무결성은 외래키 값은 널이거나 참조 릴레이션에 있는 기본키 값과 같아야 한다는 제약을 말함

오답 피하기

함수적 종속(Function Dependence) : 관계형 데이터베이스의 관계에서 애트리뷰트들 간의 관계를 정의할 때 사용. 어떤 릴레이션 R에서 애트리뷰트 X의 값 각각에 대해 애트리뷰트 Y의 값이 오직 하나만 연관되어 있을 때 "Y는 X에 함수적으로 종속되어 있다"라고 함

10 데이터베이스 설계 단계 중 개념 스키마 모델링 및 트랜잭션 모델링과 관계되는 것은?

① 논리적 설계 ② 물리적 설계
③ 요구조건 분석 ④ 개념적 설계

스키마에는 외부, 개념, 내부 스키마가 있으며 문제는 개념적 설계에 대한 설명임

11 다음 중 데이터베이스 관리 시스템의 기능을 원활하게 수행하기 위하여 관리 책임을 지는 사람은?

① 응용 프로그래머 ② 데이터베이스 관리자
③ 시스템 프로그래머 ④ 단말기 사용자

---

①, ③, ④는 사용자(User)에 해당하며, 관리 책임은 데이터베이스 관리자(DBA)가 가짐

12 데이터베이스 관리 시스템(DBMS)은 응용 프로그램들이 데이터베이스를 공용할 수 있도록 관리해 주는 소프트웨어 시스템으로 DBMS가 가지는 기능으로 옳지 <u>않은</u> 것은?

① 탐색 기능 ② 정의 기능
③ 조작 기능 ④ 제어 기능

DBMS는 정의 기능, 조작 기능, 제어 기능을 가져야 함

13 데이터의 가장 작은 논리적 단위로서 파일 구조상의 데이터 항목(Data Item) 또는 데이터 필드(Data Field)를 나타내는 용어는?

① 속성(Attribute) ② 엔티티(Entity)
③ 관계(Relationship) ④ 스키마(Schema)

오답 피하기

- 엔티티(개체 : Entity) : 데이터베이스가 표현하는 정보의 객체로 Record와 유사
- 관계(Relationship) : 데이터베이스를 구성하기 위해 어떤 언어에 의해서 관련 자료들 간의 상관관계를 나타냄
- 스키마(Schema) : 데이터를 구성하는 데이터 엔티티(Entity 또는 Object), 이들 엔티티 사이의 애트리뷰트(Attribute), 이들 간에 존재하는 관계(Relationship) 그리고 데이터 구조와 데이터 값들이 갖는 제약 조건(Constraint)에 관한 정의

SECTION

02

전자상거래 시스템

출제빈도 상 ⟨중⟩ 하
반복학습 ① ② ③

▶ 합격 강의

빈출 태그 전자상거래 • CALS • EDI • CITIS • 전자상거래의 특징 • 전자화폐 • B to C • PEM • 기록 보존 기간

01 전자상거래의 표준화

1) 전자상거래의 정의 23년 3월/5월/9월, 19년 4월, 00년 5월

협의(좁은 의미)	사람과 사람이 물리적인 매체의 전달을 통해 상품을 사고파는 전통적인 상거래와는 달리 컴퓨터와 네트워크라는 전자적인 매체를 통해 상품을 사고파는 행위
광의(넓은 의미)	기업 내 혹은 기업과 기업 간 거래관계의 모든 프로세스를 전자적으로 처리하는 것
포함 기술	전자거래(EC : Electronic Transaction) 및 광속 거래(CALS : Commerce At Light Speed), 전자 문서 교환(EDI : Electronic Data Interchange), 인터넷 상거래(Cyber Business) 등을 포함하는 개념

2) 관점에 따른 전자상거래의 정의 18년 3월, 15년 5월, 10년 3월

커뮤니케이션(통신) 관점	• 정보 전달, 제품/서비스, 전화선, 컴퓨터 네트워크 등 매체를 이용한 결제 분야 • 정보의 전달, 상품과 서비스의 배달, 지불까지의 과정이 모두 전자적인 매체를 통해 이루어지는 거래 활동
비즈니스 프로세스 관점	• 상거래와 업무 흐름 자동화를 위한 기술의 적용 분야 • 기존의 상거래 업무 처리 과정을 자동화하여 사람의 개입을 최소화하고 정확성과 신속성을 높이는 것을 목표
서비스 관점	• 상품의 품질과 서비스 배달 속도를 향상시키며 서비스 비용 절감 관리를 통해 기업, 소비자의 욕망을 충족시키는 분야 • 커뮤니케이션, 비즈니스 관점의 특징을 최대한 활용하여 중간 유통 마진을 최소화하여 고객에게 보다 저렴한 가격에 높은 품질의 서비스를 제공하는 것을 추구

3) 광속 거래(CALS : Commerce At Light Speed) 22년 9월, 08년 5월, 07년 3월, 00년 7월/10월

정의	제품의 설계, 개발, 생산, 판매, 유지보수, 폐기 등에 이르는 제품 수명 전 주기를 관리하기 위해 기업 활동 전반을 전자화하는 것
도입 효과	비용 절감 및 신속한 정보의 제공, 처리 시간 단축 및 품질 향상, 종이 없는(Paperless) 환경 구축과 인력 절감
핵심 기술	BPR❶(기업 경영 혁신 : Business Process Reengineering), ECR❷(효율적 소비자 반응 : Efficient Consumer Response), EDI(전자 자료 교환), CAD❸/CAM/CIM 기술, 네트워크 기술, 정보 보호 기술, MULTIMEDIA 기술 등
출현 배경	• 1980년대 초 군수물품 조달을 위한 개념으로 미국 국방부의 필요에 따라 연구 시작 • 낙후된 통신과 서류에 의한 업무 처리 비효율성을 해결하기 위해 컴퓨터 기술을 이용하고자 시작

🅑 기적의 TIP

전자상거래의 정의와 CALS, EDI 용어에 대해서는 자세하게 숙지하세요.

전자자금 이체
계좌이체, 자동이체 등을 컴퓨터 네트워크를 통해 금융기관에서 자금의 이동이 발생하는 것을 의미한다. 홈뱅킹, ATM 등이 있다.

❶ BPR
정보기술을 이용하여 비용, 품질, 서비스, 속도와 같은 핵심적 성과에서 극적인 향상을 이루기 위하여 기업 업무 프로세스를 근본적으로 다시 생각하고 혁신적으로 재설계하는 경영 혁신법

❷ ECR
소비자가 기업의 제품에 대해 어떠한 반응을 보이는가를 파악하여, 생산 효율성을 높이고 재고 관리를 개선하며 효과적인 촉진 정책을 쓰기 위해 만든 첨단 유통 시스템

❸ CAD
도면, 규격의 생성과 이들을 이용한 분석 및 제작 기술

4) 전자 문서 교환(EDI : Electronic Data Interchange) ^{24년 7월, 23년 3월, 18년 3월, 16년 10월, 07년 3월/8월, …}

- 기업 간 거래에 관한 데이터를 정형화, 표준화하여 컴퓨터 통신망을 통해 거래 당사자의 컴퓨터 사이에서 직접 전송 신호로 주고받는 것이다.
- 조직 간 전자상거래에 주로 사용되며, 상거래 데이터의 교환 및 공유를 위한 UN/EDIFACT을 제정하여 활용한다.

5) 쇼루밍(Showrooming) ^{16년 3월}

매장에서 제품을 살펴본 뒤 실제 구매는 온라인 등 다른 유통 경로로 하는 것을 말하는 신조어이다.

02 전자상거래의 특징

1) 전자상거래의 특징 ^{19년 9월, 17년 3월, 15년 3월, 14년 9월, 02년 3월}

상호 간 이익의 극대화	전자상거래는 가상 공간(Cyber Space)을 바탕으로 매매 당사자 간의 직접 거래를 가능하게 하여 판매자와 구매자의 이익을 극대화함
시간적 제약의 극복	• 망(Network)으로 연결되어진 가상 공간은 시간적 제약을 극복 • 전 세계를 대상으로 실시간 거래가 가능
마케팅 촉진 기회 도모	• 구매자의 구매 욕구를 가상 공간을 통해 디지털로 파악 가능 • 구매자가 요구하는 사양 및 주문 내역에 따라 재화 및 서비스 제공이 가능
양방향성 의사 소통 가능	• 전통적 상거래에서는 고객 요구를 수용하기 위해 막대한 비용과 인력을 투입하거나 수집된 자료를 분석하기 위해 일정한 시간이 요구되어 시장 내 경쟁력을 높이는 장애 요소로 작용 • 전자상거래의 경우 매매 당사자 간에 양방향성 의사 소통이 가능하게 되어 이에 따른 장애 요소를 극복할 수 있음

2) 전자상거래와 전통적 상거래의 차이점 ^{06년 3월}

구분	전자상거래	전통적 상거래
유통	기업 ↔ 소비자	기업 ↔ 도매 ↔ 소매 ↔ 소비자
지역	전 세계	한정된 지역
시간	24시간(Real Time)	한정된 영업 시간
수요 파악	온라인 획득(Digital)	영업 사원(정보재입력)
마케팅	쌍방향 일대일 마케팅	일방적 마케팅
고객 대응	신속한 포착, 즉각 대응	대응 지연
판매 거점	가상 공간(Cyber Space)	물리적 판매 공간

3) 전자상거래의 장·단점 15년 3월, 04년 5월, 02년 8월

구분	장점	단점
구매자 입장	• 소비자의 다양한 정보와 선택의 다양화 • 구매자의 비용 절감 • 효율적인 구매 결정 가능 • 시간적·공간적인 제약 극복 • 안정된 구매	• 안정성과 신뢰성의 문제 • 지급과 결제 분야의 보안과 인증 문제 • 정보의 과잉으로 인한 혼선 • 네트워크상 전자거래 정보의 유출 및 변동 가능성 • 개인 정보의 유출 가능성
판매자 입장	• 잠재 고객의 확보와 물리적(공간적) 제약 극복 • 저렴한 비용으로 광고가 가능 • 시의 적절한 마케팅 전략의 수립 • 전 세계를 대상으로 한 판매 전략 수립 가능 • 특화된 분야에서 경쟁력 제고	

4) 전자상거래 주체에 따른 분류 22년 3월/9월, 20년 8월, 19년 3월, 16년 10월, 15년 3월, 03년 3월

기업, 개인 및 정부를 전자상거래의 거래 당사자로 하여 상호 간의 계약적 관계에 따라 분류한다.

B to C(Business to Consumer : B2C)	기업과 개인 간 전자상거래 ⑩ 웹상의 상점을 통한 전자상거래
B to B(Business to Business : B2B)	기업과 기업 간 전자상거래 ⑩ e-마켓플레이스를 통한 전자상거래
C to C(Consumer to Consumer : C2C)	개인과 개인 간 전자상거래 ⑩ 인터넷 경매에 의한 개인의 중고품 교환·판매
B to G(Business to Government : B2G)	기업과 정부(공기업, 교육기관 포함) 간의 전자상거래 ⑩ 군수 산업
G to C, G to B(Government to Citizen/Business)	정부와 시민, 정부와 기업 간 전자상거래 ⑩ 정부의 공공자원 구매, 기업/개인의 전자세금 납부

03 전자상거래의 보안

1) 정보 보안 24년 5월/7월, 23년 3월/9월, 22년 9월, 18년 4월, 17년 5월, 16년 10월, 15년 5월/9월, 09년 8월

전자상거래의 특성이 불특정 다수에게 개방되어 있는 개방형의 구조와 양방향의 구조를 가지고 있어 거래에 관련한 정보가 제3자에게 노출될 수 있고 개인의 신용정보가 도용될 수 있기 때문에 기밀성, 무결성의 확보, 진정성, 부인 방지, 가용성, 인가를 그 요소로 하여 전자상거래의 신뢰성과 안전성을 보증해야 한다.

기밀성 (Confidentiality)	거래 당사자 간 전자 매체를 통하여 교환되는 정보는 당사자 이외에는 확인할 수 없도록 보증
무결성(Integrity)	정보의 정확성 및 완전성에 관한 것으로 정보의 교환 중에 제3자에 의하여 변경되거나 손실됨이 없이 전송 초기의 정보와 동일하고도 완전한 것임을 보증하는 것
진정성(Authenticity)	정보를 교환하는 실제 당사자로서의 신원을 확인하는 것으로 정보의 근원을 보증하는 것
부인 방지 (Non-Repudiation)	정보 제공자 또는 수신자가 각 상대방에 대해 정보 내용을 부인하는 것을 방지함
가용성(Availability)	시스템이 장애 없이 정상적으로 운영되는 것(가동률과 같은 뜻으로 사용하기도 함)
인가(Authorization)	특정 프로그램이나 데이터 또는 서비스 등에 접근할 수 있는 권한이 주어지는 것

제3조(정보통신서비스 제공자 및 이용자의 책무)

① 정보통신서비스 제공자는 이용자의 개인정보를 보호하고 건전하고 안전한 정보통신서비스를 제공하여 이용자의 권익보호와 정보이용능력의 향상에 이바지하여야 한다.

② 이용자는 건전한 정보사회가 정착되도록 노력하여야 한다.

③ 정부는 정보통신서비스 제공자 단체 또는 이용자단체의 개인정보보호 및 정보통신망에서의 청소년 보호 등을 위한 활동을 지원할 수 있다.

전자서명법

• "공인전자서명"이라 함은 다음 각 목의 요건을 갖추고 공인인증서에 기초한 전자서명을 말한다.
  - 가. 전자서명생성정보가 가입자에게 유일하게 속할 것
  - 나. 서명 당시 가입자가 전자서명생성정보를 지배·관리하고 있을 것
  - 다. 전자서명이 있은 후에 당해 전자서명에 대한 변경 여부를 확인할 수 있을 것
  - 라. 전자서명이 있은 후에 당해 전자문서의 변경 여부를 확인할 수 있을 것
• "전자서명생성정보"라 함은 전자서명을 생성하기 위하여 이용하는 전자적 정보를 말한다.

개인정보의 안전성 확보에 필요한 기술적 조치

정보통신망 이용촉진 및 정보보호 등에 관한 법률 시행 규칙 제28조제1항 및 제67조제1항에 따른 개인정보의 안전성 확보에 필요한 기술적 조치는 다음 각 호와 같다.

1. 개인정보에 대한 접근 권한을 확인하기 위한 식별 및 인증 조치
2. 개인정보에 대한 권한 없는 접근을 차단하기 위한 암호화와 방화벽 설치 등의 조치
3. 접속기록의 위조·변조 방지를 위한 조치
4. 침해사고 방지를 위한 보안프로그램의 설치 및 운영

침입 탐지 시스템(IDS : Intrusion Detection System)

네트워크를 통한 공격을 탐지하기 위한 장비로 방화벽이 차단하지 못한 내부의 해킹이나 악성코드의 활동을 탐지함. 방화벽이 성문을 지키는 병사라면 침입 탐지 시스템은 성 안의 순찰병사라고 할 수 있음

2) 개인정보 보호 및 인증시스템(암호화 시스템) 20년 6월/8월, 19년 4월, 17년 3월, 09년 8월

방화벽(Firewall)	내부의 전산망을 인터넷 등 외부망과 연결하거나 기업 내 사설망을 구축할 경우 외부 사용자 또는 기업 간 사설망의 전자도청으로부터 내부의 중요한 기밀과 정보를 보호하기 위해 구축하는 전자 보안 시스템
SSL (Secure Socket Layer)	인터넷에 접속하는 모든 프로토콜이라 볼 수 있는 TCP/IP를 이용한 정보 교환에 있어서 보안과 관련된 안전성을 보장할 수 있는 표준
SET(Secure Electronic Transaction)	1996년 Visa 및 Master 카드사의 주도하에 정보업계의 협력을 통해 제정되어진 정보 보안 표준체계
PEM (Privacy Enhanced Mail)	전자우편을 엽서가 아닌 밀봉된 봉투에 넣어서 보낸다는 개념으로 IETF(Internet Engineering Task Force)에서 인터넷 초안으로 채택한 전자우편 보안 통신 프로토콜
PGP (Pretty Good Privacy)	PEM과 같은 통신 서비스 계층의 전자우편 보안표준으로 다른 사람이 볼 수 없도록 암호화하는 방식
전자서명(Digital Signature, Electronic Signature)	거래 당사자 간 신원 확인과 의사 표시의 진위 여부를 확인
전자 인증과 전자 인증서	• 전자 인증서를 받은 사람은 인증 기관의 공개키로 전자 인증서를 복호화하여 나온 공개키를 상대방의 공개키라고 신뢰 • 전자 인증서를 만들 수 있는 사람은 그 개인키를 알고 있는 인증 기관뿐이며, 인증 기관은 공인 인증 기관으로서 신뢰할 수 있음
ESM(Enterprise Security Management)	방화벽, 침입탐지시스템(IDS), 가상시설망(VPN) 등 다양한 종류의 보안 솔루션을 하나로 모은 통합보안관리시스템
NAT(Network Address Translation)	한정된 하나의 공인 IP를 여러 개의 내부 사설 IP로 변환하여 공인 IP를 절약하고, 외부 침입에 대한 보안성을 높이기 위한 기술 예를 들어 인터넷 공유기에 공인 IP 1개가 할당되고 그 하위 컴퓨터에 여러 컴퓨터에 DHCP를 이용해 사설 IP를 분배하는 것
VPN(Virtual Private Network)	통신 사업자에게 임대한 공용인터넷망을 전용선처럼 사용할 수 있도록 특수 통신체계와 암호화 기법을 제공하는 서비스
IDS(Intrusion Detection System)	정보시스템의 보안을 위협하는 행위가 발생할 경우 이를 감지하여 침입을 차단하는 시스템
백신(Vaccine)	주기억장치나 보조 기억장치에 침투된 바이러스를 검색하고 치료, 예방하는 프로그램

3) 개인정보의 위협요소 24년 5월, 23년 5월, 19년 3월/4월, 17년 5월, 15년 5월

랜섬웨어(Ransomware)	인터넷 사용자의 컴퓨터에 잠입하여 내부 문서, 스프레드시트, 그림(사진)파일 등을 암호화시킨 후 해동 프로그램 또는 방법을 알려 주겠다며 금품을 요구하는 악성 프로그램이다.
해킹(Hacking)과 크래킹(Cracking)	불법 침범이나 시스템 파괴 등 불법적인 수단으로 시스템에 침투하거나 고장을 일으키게 하는 등, 자료를 변조, 파괴하는 행위를 지칭하며 목적에 따라 해킹과 크래킹으로 나뉨
스파이웨어(Spyware)	• 스파이(Spy)와 소프트웨어(Software)의 합성어로 광고 등을 목적으로 무분별하게 배포되는 것을 의미 • 광고(Ad)가 주목적이므로 애드웨어(Adware)라고도 함
스니핑(Sniffing)	"코를 킁킁거리다"는 뜻의 도청 공격을 의미하는 용어로 네트워크를 거쳐 전송되는 패킷 정보를 읽어 계정과 암호를 알아내는 행위
스푸핑(Spoofing)	눈속임에서 파생된 것으로, 검증된 사람이 네트워크를 통해 데이터를 보낸 것처럼 데이터를 변조하여 접속을 시도하는 침입 형태

DDoS(Distributed Denial of Service)	특정 시스템에 통신량을 급격히 오버플로우를 일으켜 정상적인 서비스를 수행하지 못하도록 만드는 행위
XSS(Cross-site scripting, 사이트 간 스크립팅)	게시판, 웹 메일 등에 삽입된 악의적인 스크립트에 의해 페이지가 깨지거나 다른 사용자의 사용을 방해하거나 쿠키 및 기타 개인 정보를 특정 사이트로 전송시키는 공격

4) 정보보안 관리통제 ^{18년 3월}

데이터보안 통제	디스크나 테이프에 저장된 가치 있는 기업 데이터 파일이 사용이나 저장 중에 허가 없는 접근, 변경 혹은 파괴당하지 않도록 보장한다.
소프트웨어 통제	시스템 소프트웨어의 사용을 모니터링하고 소프트웨어 프로그램, 시스템 소프트웨어, 컴퓨터 프로그램의 승인되지 않은 접근을 차단한다.
하드웨어 통제	컴퓨터 하드웨어가 물리적인 보안, 그리고 장비 기능 불량을 점검하는 것을 보장한다.
실행 통제	시스템 개발 과정이 다양한 시점에 절차가 적절히 제어되고 관리되도록 보장하기 위해 통제한다.
관리상 통제	기준, 규범, 절차, 그리고 제어 규율을 조직의 일반적인 응용 프로그램 제어가 적절히 수행되고 실시되도록 보장하기 위해 공식화한다.
컴퓨터 운영 통제	• 프로그램된 절차가 데이터를 저장하고 처리하는데 일관되고 정확하게 적용되도록 컴퓨터 부서의 업무를 감독한다. • 컴퓨터 처리 업무의 셋업, 비정상적 종료를 대비한 백업과 복원 절차의 전체 제어를 포함한다.

04 전자결제 시스템

1) 전자결제 시스템 ^{18년 3월, 16년 10월, 13년 9월, 08년 7월}

개념	• 전자결제 : 상품 또는 서비스에 대한 대가를 전자적인 수단을 통하여 지급, 결제하는 것 • 전자결제 시스템 : 전자결제에 있어 결제 수단으로 사용하는 매체를 포함한 총체적인 지급, 결제 과정
요건	• 안전하고도 다양한 대금 지불 • 거래 당사자의 신용 확인 기반 • 전자화폐의 불법 변조 및 위조 방지 • 사용자 프라이버시와 익명성 보장 • 소액 결제 지원 및 처리비용이 경제적
종류	결제 수단에 따라 신용카드 결제 시스템❶, 전자화폐 결제 시스템, 전자수표 결제 시스템❷, 전자자금 이체 시스템❸(EFT)으로 구분

컴퓨터 포렌식스(Computer Forensics)
• 범죄에 사용된 컴퓨터나 범죄 행위를 한 컴퓨터로부터 디지털 정보를 수집하고 범죄의 증거를 확보하는 기술이다.
• 정보가 법정에서 증거로 사용될 수 있도록 컴퓨터 저장매체에 남아있거나 추출 가능한 데이터를 과학적 수집, 조사, 인증, 보존 및 분석하는 것을 말한다.

비트락커(BitLocker)
MS사의 윈도우 운영체제에 포함된 디스크 암호화 기능

카스퍼스키(Kaspersky)
백신프로그램 중 하나로 러시아의 예브게니 카스페르스키가 제작함

❶ 신용카드 결제 시스템
현재 전자결제를 할 수 있는 방법으로 가장 많이 선호. 결제의 안전과 관련한 보안 및 제한적인 사용, 수수료 부과에 따른 소액결제의 부적합성 등이 문제점

❷ 전자수표 결제 시스템
전자수표는 발행, 교환, 추심 등 수표거래의 전 과정에 걸쳐 인터넷이나 다른 공중 통신망을 이용한 전자상거래의 지급 수단. 전자수표는 큰 금액의 거래 또는 기업 간 상거래의 지불 수단으로 적합

❸ 전자자금 이체 시스템
금융기관에 대한 계좌이체나 자동이체 지시를 컴퓨터 네트워크를 통해 전자적 수단으로 하는 자금 이동을 말함. 전자자금 이체를 이용한 결제방식은 현재도 홈뱅킹이나 ATM으로 가능

2) 전자화폐 09년 3월, 08년 3월, 03년 5월

전자화폐의 과제
• 전자화폐의 중요한 기술적 과제는 안전성 확보 및 신뢰성을 높이기 위한 보안 문제임
• 전자화폐의 위변조, 이중 사용 등을 막기 위해서 암호화 기술이 필요

• 전자화폐는 일반 은행뿐 아니라 기업, 기타 기관들에서 발행 가능하며, 선불 지급 결제 수단이므로 발행 기관 입장에서 지급할 의무가 존재한다.
• 전자화폐는 유통성, 양도가능성, 범용성, 익명성 등 현금의 기능을 갖추고 있고, 원격 송금성, 수송상의 비용절감, 금액의 분할 및 통합의 유연성, 전자성 등의 특징을 가진다.
• 다음의 전자화폐의 주요 특성은 전자화폐를 사용하는 전자결제 시스템에서도 지원해야 하는 주요 기능이다.

개념	은행 기타 전자화폐 발행자가 IC 카드 또는 컴퓨터 시스템을 통하여 일정한 화폐가치를 전자기호로 저장하고 그 지급을 보장하는 것(선불식 범용 지급결제 수단)
주요 특성	보안성(Security), 익명성(Anonymity), 휴대 가능(Portability), 양방향(Two-way), Off-line 수행가능(Off-line capability), 가분성(Divisibility), 영구성(Infinite duration), 상용화 정도(Wide acceptability), 사용자 친숙성(User-friendly) 등
문제점	불법적인 수단으로 활용될 수 있기 때문에 적절한 추적을 통한 사용자 프라이버시와 익명성을 보장하는 유연한 결제시스템의 구축이 필요

3) 전자상거래에서 소비자 보호를 위한 기록 보존 기간 18년 4월, 13년 9월, 10년 3월/5월

❶ 해당 기간
해당 규정은 [전자상거래 등에서의 소비자보호에 관한 법률의 시행령]에 의해 지정된 기간임

전자상거래에서 통신판매중개자는 자신의 정보처리시스템을 통하여 처리한 기록의 범위 중 다음 항목에 대해서는 해당 기간❶ 동안 거래 기록을 보존해야 한다.

표시·광고에 관한 기록	6개월
계약 또는 청약 철회 등에 관한 기록	5년
대금 결제 및 재화 등의 공급에 관한 기록	5년
소비자의 불만 또는 분쟁 처리에 관한 기록	3년

4) 전자상거래 등에서의 소비자보호에 관한 법률 주요 내용 10년 9월

전자거래 분쟁조정위원회	• 전자(상)거래 분쟁을 신속, 공정하게 해결하고 그 피해를 구제하기 위해 전자거래 기본법에 따라 2000년 4월에 정보통신산업진흥원 내에 설치됨 • 신속(45일 내 처리), 공정, 무료, 비공개의 특징을 가짐
공정거래위원회	• 공정거래관련 사건을 심의, 결정하는 역할을 담당 • 현재 경쟁 촉진, 소비자 주권 확립, 중소기업의 경쟁 기반 확보 및 경제력 집중 억제 등 크게 4가지의 업무를 수행
전자상거래 청약 철회	• 재화 등의 공급을 받거나 공급이 개시된 날부터 7일 이내 • 재화 등의 내용이 표시·광고 내용과 다르거나 계약 내용과 다르게 이행된 경우에는 해당 재화 등을 공급받은 날부터 3개월 이내, 그 사실을 안 날 또는 알 수 있었던 날부터 30일 이내
소비자 피해보상 보험계약	대한민국의 전자상거래 등에서의 소비자보호에 관한 법률에서 전자상거래 또는 통신판매에서의 소비자보호를 위하여 그 보험계약이 권고되거나 강제되는 보험계약 등을 말함

✓ 개념 체크

1 전자화폐는 일반 은행이 아닌 한국은행에서만 발행한다. (O, X)

2 통신판매중개자가 자신의 정보처리시스템을 통하여 처리한 기록 중 계약 또는 청약 철회 등에 관한 기록은 ( )년 동안 보존해야 한다.

1 X, 2 5

01 다음 중 전자상거래 시스템에서 우선적으로 추진해야 할 사항이 <u>아닌</u> 것은?

① 전자결제 시스템　　② 전자화폐
③ 개인 정보 보호　　④ 보안 문제

• 전자상거래 시스템에서는 개인 정보 보호를 포함한 보안 문제와 전자결제 시스템이 우선적으로 추진되어야 함
• 전자화폐는 신용카드, 전자수표, 전자자금 이체 등과 함께 전자결제 시스템 중 하나이기 때문에 보기 중 가장 우선 추진 과제에서 거리가 멀다고 봄

02 제품의 설계, 개발, 생산, 판매, 유지보수, 폐기 등에 이르는 제품 수명 전 주기를 관리하기 위해 기업 활동 전반을 전자화하는 것을 무엇이라고 하는가?

① CALS　　　　② EC
③ ERP　　　　④ EDI

오답 피하기

• EC(Electronic Commerce) : 마케팅, 광고, 정보수집, 구매 · 판매, 대금결제 등 기업 간 또는 기업과 소비자 간 제반 상거래 절차의 전자적인 구현
• ERP(Enterprise Resource Planning, 전사적 자원 관리) : 기업 활동을 위해 사용되는 기업 내의 모든 인적, 물적 자원을 효율적으로 관리하여 궁극적으로 기업의 경쟁력을 강화시켜 주는 역할을 하는 통합 정보 시스템
• EDI(Electronic Data Interchange) : 기업 간의 거래에 관한 데이터를 정형, 표준화하여 컴퓨터 통신망을 통해 거래 당사자의 컴퓨터 사이에서 직접 전송 신호로 주고받는 것

03 조직 간 전자상거래에 주로 사용되며, 상거래 데이터의 교환 및 공유를 위한 EDIFACT를 제정하여 활용한 것은?

① EDI　　　　② 가상 상점
③ INTERNET　　④ TDI

전자 자료 교환(EDI : Electronic Data Interchange) : 상거래 데이터의 교환 및 공유를 위한 범세계적인 표준으로 87/88년 EDIFACT를 제정하여 활용하기 시작함

04 인터넷을 통한 전자상거래(EC)의 효과로써 적당하지 <u>않은</u> 것은?

① 잠재 고객의 확보와 물리적 제약 극복
② 소비자의 다양한 정보와 선택의 다양화
③ 완벽한 기밀성과 익명성의 보장
④ 구매자의 비용 절감

전자상거래의 단점으로는 안전성 신뢰의 문제, 보안과 인증에 관한 기술적인 대비책이 미흡하며 개인의 프라이버시 침해 및 고유 정보 유출 위험 등이 있음

05 다음 중 전자화폐의 특징에 해당하지 <u>않은</u> 것은?

① 전자화폐는 한국은행에서 발행한다.
② 사적인 비밀보장이 갖추어져야 한다.
③ 다른 사람에게 이전이 가능해야 한다.
④ 전자화폐의 보안성이 물리적인 존재에 의존해서는 안 된다.

전자화폐는 한국은행에서 발행하지 않고 일반 은행과 기업, 기타 다른 기관에서 발행 가능함

06 통신판매 중개자가 자신의 정보처리 시스템을 통하여 처리한 기록 중 소비자 불만에 관한 기록의 보존 기준은?

① 6개월　　　　② 1년
③ 3년　　　　④ 5년

• 전자상거래 등에서의 소비자보호에 관한 법률 시행령 중 제6조 3항에 '대금결제 및 재화 등의 공급에 관한 기록'은 5년으로 정의되어 있음
• 제6조 (사업자가 보존하는 거래기록의 대상등) ①법 제6조제3항의 규정에 의하여 사업자가 보존하여야 할 거래기록의 대상 · 범위 및 기간은 다음 각 호와 같다. 다만, 통신판매중개자는 자신의 정보처리시스템을 통하여 처리한 기록의 범위 내에서 다음 각 호의 거래기록을 보존하여야 한다.
　1. 표시 · 광고에 관한 기록 : 6개월
　2. 계약 또는 청약철회 등에 관한 기록 : 5년
　3. 대금결제 및 재화 등의 공급에 관한 기록 : 5년
　4. 소비자의 불만 또는 분쟁처리에 관한 기록 : 3년

정답 01 ② 02 ① 03 ① 04 ③ 05 ① 06 ③

그룹웨어 시스템

▶ 합격 강의

01 그룹웨어 시스템의 개요

1) 그룹웨어의 개요 09년 3월, 07년 8월, 05년 8월

출현 배경	• 클라이언트/서버 환경에 의해 각 사용자는 하나의 작업 그룹을 구성하게 되고, 개인별 업무 처리에서 그룹 간의 공동 업무 처리로 업무의 개념이 바뀜 • 단순한 업무 교환이 아닌 특정한 프로젝트를 공동으로 수행 가능하게 되어 정보 공유의 중요성이 대두됨
정의	• 최초의 정의 : 1978년 피터(Peter)와 트루디(Trudy)가 "그룹 상호 간의 프로세스에 그들을 지원하는 소프트웨어를 결합한 것이다."라 정의함 • LAN 등으로 연결된 컴퓨터로 공동의 업무를 수행하는 구성원들이 원활하게 정보를 공유하고, 신속하 고 정확한 의사 결정을 내릴 수 있도록 지원하여 공동으로 수행하는 업무의 생산성을 높이기 위한 집 합 소프트웨어

2) 그룹웨어의 특징 24년 5월, 23년 7월, 22년 3월/9월, 19년 3월/4월, 18년 4월, 10년 3월, 08년 7월, 08년 5월,

- 공동 작업이나 공동 목표에 참여하는 다양한 작업그룹을 지원한다.
- 신속하고 정확한 의사 결정을 지원하는 의사 결정 지원 시스템으로 컴퓨터의 환경을 최대로 활용하여 개인 및 조직의 이익과 생산성을 극대화할 수 있는 환경을 제공한다.
- 일반 사무용 패키지 소프트웨어가 개인 작업의 생산성 향상을 목적으로 하는 데 비해, 그룹웨어는 공동의 업무를 수행하는 구성원들 사이에서 업무정보를 주고받으면서 생산성을 높이는 데 주안점을 둔다.
- 클라이언트/서버(Client/Server) 환경에서 구현되며, 이들 클라이언트와 서버 간을 네트워크(Network)로 연결하는 구조이다.

02 그룹웨어의 기능 및 구성 요소

1) 그룹웨어의 기능 22년 4월, 18년 3월, 16년 5월, 14년 9월, 04년 3월, 02년 5월/8월

기본 기능	문서 및 이미지 작성 기능
정보 공유 기능	• 사용자 간의 공동 업무를 수행하기 위한 업무 정보를 주고받고 이를 저장 및 검색할 수 있도록 지원하는 기능 • 전자우편 기능, 전자게시판 기능, 정보 유통 기능, 정보 축적 기능, 정보 검색 기능 등이 있음
의사 결정 (전자결재) 기능	신속하고 정확한 의사 결정을 내릴 수 있도록 지원하는 시스템으로 전자결재 기능과 전자회의 기능 등이 있음
업무 흐름(Workflow) 관리 기능	비즈니스 규칙 및 작업자들이 처리 과정에서 담당하는 역할에 따라 사용자들 사이에 작 업순서를 매기고 정보의 경로를 지정하며 이를 통해 그룹의 업무 처리 흐름을 자동화함
기타 기능	• 그룹웨어 시스템을 사용해서 공동 작업을 수행하는 사용자들의 편의를 위한 기능 • 시스템 관리 기능 등이 있음

엘리스(Ellis)
그룹웨어를 "공동으로 일을 하는 사람들 사이를 지원하거나 공유 환경 인터페이스를 제공하는 컴퓨터 지원 시스템"으로 정의함

지식 관리(KMS : Knowledge Management System)
조직 내의 인적자원들이 축적하고 있는 개별적인 지식을 체계화하여 공유함으로써 기업 경쟁력을 향상시키기 위한 기업 정보 시스템. 지식관리 시스템의 기본 개념은 인적 자원이 소유하고 있는 비정형 데이터인 지적 자산을 기업 내에 축적·활용할 수 있도록 하는 것

시·공간적 제약을 극복하는 그룹웨어 기능
전자우편, 전자게시판, 전자결재 등이 있음

2) 그룹웨어의 구성 요소 22년 3월, 16년 10월, 03년 5월, 01년 3월

서버	• 서버 측에는 주로 클라이언트 측에서 요구한 기능을 처리하는 모듈들과 데이터베이스와의 연결을 담당하는 모듈로 이루어짐 • 구성 모듈 : 기본 기능, 정보 공유 기능, 의사 결정 지원, 정보 축적, 흐름 관리 기능, 데이터베이스 연결
클라이언트	• 서버에게 의뢰한 작업 결과를 받아서 이를 사용자에게 알려 주는 인터페이스 구실을 주로 함 • 서버에서 제공하는 기본 기능, 정보 공유 기능, 의사 결정 기능, 흐름 관리 기능에 대응하는 클라이언트 측의 기능 모듈이 존재하며, 이들이 상호 통신하여 사용자에게 그룹웨어 환경을 제공
네트워크	• 네트워크를 통한 서버와 클라이언트의 연결을 담당 • 주로 구내 통신망이 사용되며, 점차 WAN 환경에 대응해 가고 있음 • 서버/클라이언트 간의 통신 모듈과 네트워크 모듈 등이 있음

3) 그룹웨어 도입 시 고려 사항

기술적 관점	• 저가형이고 소형인 단말기가 멀티미디어를 지원해야 함 • 사용자들이 시간과 공간의 제약 없이 언제나 사용 가능해야 함 • 네트워크를 통해 다 지점 접속이 가능하여야 하며 많은 양의 데이터를 처리하기 위해 고속 네트워크가 필요함 • 가상 현실 및 시선 일치 기술과 같은 고기능을 채택하여 사용자가 쉽게 접근할 수 있도록 해야 함 • 작동법을 쉽게 하여 누구나 사용할 수 있도록 해야 함
인간적 관점	• 사람의 감정, 애매한 속성을 최대한 묘사할 수 있어야 하며 불편하지 않은 수준의 기능을 갖추어야 함 • 최근 그룹웨어의 공학적 실현 기술보다 그룹웨어의 기능성과 휴먼 인터페이스(Human Interface)에 대한 요구 조건의 연구가 활발히 진행됨
사회 · 문화적 관점	• 제작된 그룹웨어 시스템의 사용 환경이 전통적인 조직 구조와 친숙한 형태가 되어야 함 • 결재 라인을 중심으로 한 상하 간의 수직적인 의사 소통이 조직의 핵심인 우리나라의 실정에 맞추어 적용되어야 함

4) 인트라넷과 그룹웨어의 비교

① 인트라넷(Intranet) 13년 6월, 07년 5월/8월

• 각종 정보 시스템을 인터넷을 이용하여 사용할 수 있도록 수정하여 재개발한 정보 시스템을 의미한다.
• 인트라넷은 인터넷 기술을 이용하기 때문에 적은 비용으로 큰 성과를 얻을 수 있고, 차세대 정보 기술로 빨리 전환할 수 있으며, 조직 내 · 외부의 정보를 결합하기 쉽다는 장점과 기회를 제공한다.
• 정보의 보안 문제가 좋지 않다는 단점이 있다.

② 인트라넷과 그룹웨어의 차이

• 회사의 모든 업무를 사내 전산망으로 해결하는 방법으로 그룹웨어와 인트라넷을 사용한다.
• 기존 클라이언트/서버(C/S) 형 그룹웨어와 인트라넷 형 그룹웨어의 기본적인 차이는 전산망의 차이로, C/S(클라이언트/서버) 형은 LAN(구내통신망) 등 폐쇄망에서 구동되는 데 비해, 인트라넷 형은 인터넷을 통해 연결되므로 비용이 저렴하고 확장성 및 수정이 용이하다.

그룹웨어 구축 시 고려 사항
업무 환경에 맞는 제품 선택, 업무 분석, 장기적인 시각으로 선정, 사용자 교육, 기반 환경 구축, 사후 지원

클라우드 컴퓨팅 (Cloud Computing)
정보가 인터넷상의 서버에 영구적으로 저장되고, 데스크톱 · 태블릿 컴퓨터 · 노트북 · 넷북 · 스마트폰 등의 IT 기기 등과 같은 클라이언트에는 일시적으로 보관되는 컴퓨터 환경으로 인터넷이 되는 환경이면 IT 기기를 통해 언제 어디서든 정보를 이용할 수 있음

엑스트라넷(Extranet)
• 회사 내 전산망과 외부 전산망을 인터넷을 통하여 연결시키는 것
• 인터넷 기술을 사용하여 공급자 · 고객 · 협력업체 사이의 인트라넷을 연결하는 협력적 네트워크
• 웹, 인터넷, 그룹웨어 어플리케이션, 방화벽 등 4가지 기술에 의존

01 공동 작업이나 공동 목표에 참여하는 다양한 작업 그룹을 지원하는 응용 시스템은?

① 데이터베이스 관리 시스템
② 운영체제
③ 그룹웨어 시스템
④ 입출력 시스템

....

그룹웨어는 공동의 업무를 수행하는 구성원들 사이에서 업무 정보를 주고받으면서 생산성을 높이는 데 주안점을 둔 집합 소프트웨어를 말함

02 다음 문장이 의미하는 것은?

근거리통신망(LAN) 등으로 연결된 컴퓨터로 공동의 업무를 수행하는 구성원들이 원활하게 정보를 공유하도록 하고, 신속하고 정확한 의사 결정을 내릴 수 있도록 지원하여 수행하는 업무의 생산성을 높이기 위한 집합 소프트웨어를 말한다.

① 그룹웨어
② 인터넷
③ 응용 소프트웨어
④ 시스템 소프트웨어

....

그룹웨어는 클라이언트/서버(Client/ Server) 환경에서 구현되며, 이들 클라이언트와 서버 간을 네트워크(Network)로 연결하는 구조를 가짐

03 다음 중 그룹웨어의 기능과 거리가 먼 것은?

① 의사결정기능   ② 이미지 편집기능
③ 정보공유기능   ④ 업무흐름 관리기능

....

그룹웨어
• 공동작업이나 공동목표에 참여하는 다양한 작업그룹을 지원
• 신속하고 정확한 의사결정을 지원
• 컴퓨터의 환경을 최대로 활용하여 개인 및 조직의 이익과 생산성을 극대화할 수 있는 환경을 제공
• 클라이언트/서버 환경에서 구현되며, 이들 클라이언트와 서버 간을 네트워크로 연결하는 정보공유 구조
• 비즈니스 규칙이나 작업자들의 역할에 따라 그룹의 업무 처리흐름을 자동화하는 워크플로우 기능이 있음

04 다음은 무엇에 대한 설명인가?

인터넷 기술을 이용하기 때문에 적은 비용으로 큰 성과를 얻을 수 있고, 차세대 정보 기술로 빨리 전환할 수 있으며 조직 내외부의 정보를 결합하기 쉽다는 장점과 기회를 제공한다. 그러나 단점으로는 정보의 보안 문제가 있다.

① 그룹웨어
② 인트라넷
③ 워크플로우
④ 미들웨어

....

오답 피하기

미들웨어 : 응용과 통신 소프트웨어 및 운영체제 사이에 존재하는 표준 프로그래밍 인터페이스로 다양한 종류의 서버와 워크스테이션상에서 응용 프로그램의 구현과 기존의 응용들의 통합을 위한 편리한 환경을 제공
워크플로우 : 작업 절차를 통한 정보 또는 업무의 이동을 의미하며, 작업 흐름이라고도 부른다. 작업 절차의 운영적 측면이며 작업의 흐름도, 작업 절차, 업무의 이동성을 핵심 키워드로 정의한다.

05 그룹웨어의 기능에 대한 설명으로 적절하지 **않은** 것은?

① 전자우편이나 게시판을 통하여 정보를 공유할 수 있다.
② 지역적으로 떨어져 있는 경우 컴퓨터를 이용하여 전자적으로 회의를 할 수도 있다.
③ 비즈니스 규칙이나 작업자들의 역할에 따라 그룹의 업무 처리흐름을 자동화하는 워크플로우 기능이 있다.
④ 결재 부문은 전자결재의 위험성을 무시할 수가 없어 반드시 전통적인 방법으로 결재를 한다.

....

• 그룹웨어의 기능 분류는 기본 기능, 정보 공유 기능, 커뮤니케이션, 의사 결정 기능, 컴퓨터 회의, 프로젝트 관리, 팀 구축지원 기술, 스케줄링, 워크플로우 기능, 흐름 관리 기능, 시스템 관리 기능 등이 있음
• ①은 정보 공유 기능, ②는 의사 결정(전자결재) 기능, ③은 업무흐름 (Workflow) 관리 기능에 대한 설명임

정답 01 ③ 02 ① 03 ② 04 ② 05 ④

06 다음 중 그룹웨어(Groupware)에 대한 설명으로 가장 거리가 먼 것은?

① 협동 작업을 지원하기 위해 컴퓨터 기술을 이용하는 시스템의 통칭이다.
② 컴퓨터 지원 협동 작업을 가능하게 하는 하드웨어 및 소프트웨어 시스템이다.
③ 클라이언트를 사용자 단말기로 하고 서버를 호스트 컴퓨터로 하는 네트워크 시스템이다.
④ 사람 간의 프로세스의 생산성과 기능성을 증진하는 컴퓨터로 중재되는 시스템이다.

....

그룹웨어는 클라이언트/서버(Client/Server) 환경에서 구현되며, 이들 클라이언트와 서버 간을 네트워크(Network)로 연결하는 구조임

07 다음 중 시간적, 공간적 제약을 모두 극복하는 형태의 그룹웨어는?

① 면담, 회의
② 스케줄링, 프로젝트 관리
③ 화상회의, 화면 공유
④ 전자우편, 전자게시판, 전자결재

....

전자우편, 전자게시판, 전자결재는 모두 네트워크를 통해 이루어지기 때문에 시간과 공간의 제약이 없이 이루어짐

사무경영관리개론

관리의 기능인 계획 · 조직 · 통제 · 조정 · 지시 · 인사 등을 묻는 문제가 빈번하게 출제되었고, 사무관리와 정보관리에 대한 설명으로 옳지 않은 것을 고르는 문제, 각각의 기능과 차이점 등을 묻는 문제는 거의 해마다 빠지지 않고 출제됩니다. 정보관리의 기능, 학자들과 그에 따른 주장, 현대 사무관리의 의사 결정 부분도 꼭 암기하고 기억해 두세요.

CHAPTER 01

사무관리 개요

사무의 본질을 작업적 측면과 기능적 측면으로 분류할 수 있어야 하며, 관리의 정의 및 각각의 기능, 학자에 따른 정의 등에 대해 숙지하고 있어야 합니다. 사무관리와 정보관리에 대한 설명을 반드시 이해하고, 현대의 과학적 사무관리의 특징과 정보관리의 범위 및 기능을 암기하고 있어야 합니다. 최근에는 경영 정보 시스템에 대해 새로운 유형의 문제들이 가끔 출제되고 있습니다.

출제빈도

SECTION 01	상	39%
SECTION 02	상	38%
SECTION 03	중	23%

사무관리 의의

▶합격 강의

빈출 태그 사무의 개념 · 사무의 본질 · 사무의 분류 · 관리의 기능 · 사무관리의 순환 구조

01 사무의 개요 20년 6월, 15년 3월

1) 사무의 개념 10년 9월, 08년 5월/7월, 07년 3월/8월

• 전통적 의미 : 사무실에서 이루어지는 문서의 생산, 유통, 보존을 위주로 하는 문서 작업(Paper Work)을 의미한다.
• 현대적 의미 : 사무의 본질은 관리에 필요한 정보를 만드는 작업이며, 모든 관리나 경영 활동에 의사 결정은 필수적이며 이것을 과학적으로 하기 위해서는 과학적 정보가 필요하다. 그러한 정보를 효과적으로 생산하고 처리하는 일이 사무의 역할이다.
• 사무는 자료의 수집, 작성을 통하여 경영 조직 목적의 달성에 필요한 정보를 생산하고, 그 정보를 적시에 필요한 곳에 신속히 보관 · 보존하는 기능을 가진다.
• 사무 시스템은 경영 각 부분의 전체가 상호 관련되어 시너지 효과를 가진다.

2) 학자에 따른 사무의 정의 24년 7월, 23년 3월/9월, 18년 3월, 17년 3월, 15년 5월/9월, 14년 3월, 10년 9월

포레스터(Forrester)	경영의 정보를 행동으로 연결시키는 과정
달링톤(Darlington)	경영체는 인체요, 사무는 신경계통임
레핑웰(Leffingwell)	경영체 내부의 여러 기능과 활동을 능률적이고 효과적으로 달성하기 위해 조정/지휘/통제하는 관리 활동의 일부로서, 경영 활동 전체의 흐름을 이어 주고 각각의 기능을 결합시키는 기능을 수행함
테리(Terry)	모든 부문의 조직 활동을 활발하게 움직이게 하는 상호 결합 기능을 갖게 하는 동적인 결합체이며 모체임
힉스(Hicks)	사무작업은 기록과 보고서 준비, 기록의 파일화 및 폐기를 포함한 기록의 보존, 계산, 커뮤니케이션 등으로 구분함
마커스(Marcus)	사무자동화는 컴퓨터에 대한 전문 지식이 없는 사용자들이 편리하게 사용할 수 있는 분산자료 처리 시스템의 특별한 경우임

3) 사무의 특징

• 사무는 경영 활동인 생산, 판매, 구매, 재무 등을 연결짓는 역할을 한다.
• 사무의 정보를 취급하고 정보의 기록과 관리를 한다.
• 사무는 조직구성원이 근무하는 과정에서 처리하는 일로서, 조직체를 전제로 한다.

기적의 TIP

학자에 따른 사무의 정의는 1년에 한 번씩은 출제되는 내용입니다. 출제될 경우에 대비하여 기억해 두도록 합니다.

사무의 특성

• 사무의 정보를 취급하고 정보의 기록과 관리를 수행함
• 조직목표를 달성하기 위해 의사 결정에 필요한 다양한 정보 수집, 처리, 전달, 보관 등의 기능을 관리함
• 사무작업은 기록, 계산, 통신, 회의, 분류, 정리 등의 작업을 포함함
• 사무의 간소화, 표준화, 기계화는 동시에 경영활동의 간소화, 표준화, 기계화를 성취하는 것
• 사무기능도 경영기능과 같이 생산사무, 재무사무, 인사사무, 판매사무 등으로 나눌 수 있음. 예를 들어 판매전표를 작성하는 경우, 이것은 사무이며, 동시에 경영의 판매활동을 처리하는 것

4) 사무의 본질 20년 8월, 17년 3월, 15년 5월, 14년 3월, 10년 3월, 09년 3월/5월, 08년 3월, 06년 5월

사무의 실체(實體) 또는 본질(本質)은 관리 활동에 필요한 정보를 만드는 '작업'이며, 작업적 측면과 기능적 측면으로 분류할 수 있다. 사무의 본질을 기능적인 측면으로 볼 때, 사무는 곧 정보 처리라고 할 수 있다.

작업적 측면	레핑웰(Leffingwell, W.H.)과 힉스.(Hicks, C.B.)❶ 두 학자의 주장을 종합하여 분석해 보면 사무를 위한 통상적인 작업은 다음과 같이 구성됨 ① 기록(Writing : 인쇄 포함) ② 계산(Computing) ③ 면담(Interviewing) ④ 통신(Communicating : 운반 포함) ⑤ 분류 · 정리(Classifying & Filing)
기능적 측면	① 사무의 결합 기능 ② 사무의 정보 처리 기능 ③ 사무의 보조(관리) 기능

❶ 힉스(Hicks)
사무작업의 요소를 네 가지로 분류
① 기록 혹은 보고서의 준비
② 기록의 파일화 및 폐기를 포함한 기록의 보존
③ 계산
④ 서신 전화 보고 회의 명령 등의 의사소통

5) 사무의 구성 요소 00년 10월

사무원(事務員)	사무의 주체로서 담당 직종에 따라 작업원, 영업 활동원, 스탭, 관리자 등으로 구분
사무실(事務室)	조직의 통제 기구가 있는 곳으로 사무문서의 기록이 준비되고 처리되며, 공급되는 곳
사무기기(事務器機)	사무 수단의 가장 중요한 요소로서 날로 늘어나는 정보의 신속하고 정확한 처리를 위해 보다 효율적이고 자동화된 사무기기들이 개발, 보급됨
사무문서(事務文書)	사무기기를 활용하여 정보를 보다 구체화시켜 놓은 것으로 규정된 양식의 장표와 일반 문서, 메모와 같은 비공식적인 문서 등이 있음(컴퓨터로 처리된 전자문서도 사무문서에 포함)
사무제도(事務制度)	사무 처리와 관련된 여러 가지 구체적 방법들에 대하여 표준화하고 규정화시켜 놓은 것
사무조직(事務組織)	사무제도에 대응하는 업무 분담을 나타내는 것으로 조직의 목적을 달성하기 위한 사무 처리 조직

🅱 기적의 TIP

- 사무의 통상적인 작업과 관련이 없는 것을 묻는 문제가 10회 이상 출제되었습니다.
- 주로 정보 예측이나 접근(Access), 관리(Management), 조직화(Organizing) 등이 관련이 없는 예로 많이 등장하고 있습니다.

6) 사무의 분류 22년 4월, 19년 4월, 16년 5월, 15년 3월, 09년 8월, 00년 7월/10월, 04년 3월

① 목적에 의한 분류

본래 사무	• 행정 목적을 직접 수행하는 사무 • 외교통상부의 경우 외교정책의 수립 및 시행, 외국과의 통상 및 통상교섭 등이 본래 사무
지원 사무	• 참모 부분이 담당하는 사무 • 인사 사무, 회계 사무 등이 지원 사무라고 할 수 있음
경영 사무	전략적 계획에 관한 사무로 조직체의 최고방침이나 정책적 의사결정을 위해 행해지는 것

✓ 개념 체크

1 "사무는 경영의 정보를 행동으로 연결시키는 과정"이라고 주장한 사람은 (   )이다.

2 사무의 본질을 기능적 측면에서 구분한 것은 대화와 독해 기능, 사서와 분류정리 기능 등이 있다. (O, X)

1 포레스터(Forrester), 2 ✕

② 사무의 난이도별(기능별) 사무 분류 20년 6월, 09년 8월, 01년 3월, 00년 3월

관리 사무(판단 사무)	• 관리자, 경영자, 감독자가 수행하는 사무 • 정책 결정, 사업계획, 통제, 감사 등이 있음
작업 사무(단순 사무)	일반적인 계산, 기록, 정리 등과 같은 사무
서비스(잡무)	특별한 지식이나 경험이 필요 없는 사무

③ 오피스의 기본 기능에 따른 분류 04년 3월, 02년 8월, 00년 7월/10월, 99년 8월

오피스의 기본 기능은 사무원의 행동 분석을 통하여 의사 결정 업무, 데이터 처리(문서처리) 업무, 커뮤니케이션 업무로 나눌 수 있다.

의사 결정 업무	방침, 전략 및 일상 업무 수행 시에 생기는 여러 가지 문제를 해결하는 것으로 문제의 발견, 상황의 분석, 해결책의 입안, 평가, 선택, 판정, 사고, 결재 등이 있음
데이터처리 (문서처리) 업무	업무 수행 결과로서의 새로운 정보를 생성하는 것이며, 오피스에 있어서 전달, 보관 등의 대부분이 문서 형태에 의하므로 특히 문서 처리, 사무 처리라 부름
커뮤니케이션 업무	문서나 구두에 의한 공식적 또는 비공식적 정보를 상호 전달하며 각각의 업무를 촉구하는 것으로 의사소통 업무라고도 부름

④ 기타 사무의 분류

발생 주체성에 따라 강제 사무와 자주 사무, 반복성 유무에 따라 상례 사무와 예외 사무, 위임 여부에 따라 고유 사무와 위임 사무 등으로 나눌 수 있다.

02 사무관리의 특성

1) 관리의 정의 24년 3월/9월, 17년 3월, 14년 3월, 13년 9월, 08년 3월, 06년 5월/8월, 04년 3월, 03년 3월

관리란 자체가 목적이 아니라 하나의 수단으로서 '한 조직이 공통의 목표를 달성할 수 있도록 계획을 세우고, 이를 달성하기 위해 인간, 기계, 재료, 방법 등을 조정하는 모든 활동'을 말한다.

쿤츠와 오도넬 (Koonts, H. & C. Odonnel)	집단의 목표를 달성할 목적으로 조직되어 내부적으로 환경을 조정하는 과정
데이비스(Davis, R.C.)	조직의 목적 달성을 위하여 타인의 활동을 계획하고 조직화하며 통제하는 것
페이욜(Fayol, H.)	경영 활동의 하나로 계획 기능, 조직 기능, 지휘 기능, 조정 기능, 통제 기능을 가지며, 경영 규모가 커질수록 그 기능은 확대됨

2) 관리의 기능 10년 5월, 08년 7월, 07년 3월/5월, 06년 3월/5월/8월

관리의 기능은 학자에 따라 여러 가지로 정의되기도 하지만 일반적으로 '계획과 실행과 통제의 일련의 과정'이라고 정의된다.

3) 관리(Management)의 기본 특성과 계획화 24년 3월, 23년 3월, 20년 6월/8월, 19년 9월, 15년 5월, …

연속성, 향상성, 통일성 등이 있으며 관리 과정 가운데 가장 우선적으로 실시하여야 하는 것은 계획화이다.

계획화(Planning)	일정한 목적을 달성하기 위해서 장래에 대한 전망 또는 예측을 하고 그 방향으로 나아가기 위한 기본 지침과 방법의 대강을 설정하는 것
조직화(Organizing)	조직과 체제의 설립, 처리 절차의 개발, 재원과 직무의 할당, 권한과 책임의 명확화 등 계획을 실현하기 위한 필요조건과 관계를 구축해 나가는 것
지휘(Directing)	경영자나 관리자가 주어진 목적의 달성을 위하여 직원과 부하들을 지도하고 감독하는 것
통제(Controlling)	• 계획에 준한 기준을 설정하고 실제 활동에서 나타나는 결과와 비교하여 활동을 규제하고, 필요한 수정을 가하는 것 • 쿤츠(H. koontz)와 오도넬(C. O'Donnell)은 "어떠한 일의 성취도를 계획에 비추어 측정하고 계획상의 목표 달성을 보장할 수 있도록 계획으로부터의 차질을 시정하는 조치"라고 정의
인사 관리 (Personal Administration)	조직에서 필요로 하는 인원을 충원하여 적재적소에 배치하고 훈련하여 각 개인이 그의 능력을 최대한 발휘하도록 하는 것
조정화(Adjusting)	실시의 시기와 순서의 관점에서 그 조직의 활동을 원활히 수행하도록 업무 수행에 필요한 이해나 견해를 마찰이 없도록 결합하고 조화시키는 관리 기능

4) 관리의 순환 구조 08년 7월, 07년 3월/5월, 05년 3월

관리는 조직의 관리자에 의하여 다음 기본적인 3가지 기능으로 분류하고, 사무관리의 일반적인 순환 구조라 한다.

- 사무관리의 일반적인 순환 구조 : 계획화 – 조직화 – 통제화
- 계획화(Planning) : 목적을 달성하기 위해 미래에 대한 전망이나 예측을 하는 것
- 조직화(Organizing) : 계획을 실현하기 위한 필요 조건과 관계를 구축해 나가는 것
- 통제화(Controlling) : 계획에 준한 기준을 설정하는 것

▲ 여러 가지 관리의 순환 구조 모델

5) 관리 이념

관리와 관련한 기본적인 방향 또는 지침으로 효율(능률)성, 민주(반응)성, 합법성, 효과성 등이 있다.

효율(능률)성(Efficiency)	경영에 있어서 가장 기본이 되는 이념으로 보다 적은 노력과 투입으로 보다 많은 성과와 결과를 얻어내는 것으로 사무관리론에서의 대표적인 관리이념 혹은 관리원칙
민주성(Democracy) or 반응성(Responsiveness)	기업 활동과 관련된 결정 과정에서 공정성과 토론의 보장이 얼마나 보장되는가를 나타내는 것으로 능률성 논리와 상충되기도 함
합법성(Lawfulness)	적법한 절차의 준수 여부를 묻는 것으로 기업 활동에 있어서 가장 중요한 것이긴 하지만지나치게 강조될 경우에는 융통성의 부족과 형식주의를 낳을 수 있음
효과성(Effectiveness)	기업이 추구하는 목적과 목표에 대한 성취의 정도를 나타냄

🅑 **기적의 TIP**

사무 관리의 순환 구조인 계획화 → 조직화 → 통제화의 순서를 꼭 기억하도록 합니다. 자주 출제되는 내용입니다.

✅ **개념 체크**

1 ( )는 작업 실시의 시기와 순서의 관점에서 그 조직의 활동을 원활히 수행하도록 업무 수행에 필요한 이해나 견해를 마찰 없이 결합하고 조화시키는 관리 기능이다.

2 사무관리의 일반적인 순환 구조는 계획화–조직화–통제화 순이다. (O, X)

1 조정화 2 O

01 다음 중 사무의 본질을 기능적 측면에서 구분한 것은?

① 대화와 독해 기능
② 독해와 정보처리 기능
③ 정보처리와 결합 기능
④ 사서와 분류 정리 기능

사무의 본질을 기능적 측면으로 구분하면 사무의 결합 기능, 정보처리 기능, 보조(관리) 기능으로 구분할 수 있음

02 "사무는 경영의 정보를 행동으로 연결시키는 과정"이라고 주장한 사람은 누구인가?

① 포레스터(J.W. Forrester)
② 달링톤(G.M. Darlington)
③ 힉스(C.H. Hicks)
④ 딕시(L.R. Dicksee)

포레스터는 사무를 경영의 정보를 행동으로 연결시키는 과정으로 보았음

03 다음 중 사무관리의 일반적인 순환 구조로써 가장 적절한 것은?

① 계획화 – 보고화 – 조직화
② 계획화 – 조직화 – 통제화
③ 계획화 – 통제화 – 보고화
④ 조직화 – 통제화 – 보고화

사무관리의 순환 구조 : 계획화 – 조직화 – 통제화

04 사무를 위한 통상적인 작업과 관련이 <u>없는</u> 것은?

① 기록   ② 계산
③ 면담   ④ 관리

사무를 위한 통상 작업은 기록(Writing : 인쇄 포함), 계산(Computing), 회의(Interviewing : 면담), 통신(Communicating : 운반 포함), 분류 정리(Classifying and filing)가 있음

05 다음은 관리의 기능 중 어느 것을 설명한 것인가?

> 계획이 실현될 수 있도록 직무를 명확화하고, 이들 직무를 유기적으로 결합하여 직무 상호 간의 전체적 관련을 객관적으로 규정함과 아울러 기타 필요한 재원 등을 투입하면서 통합적으로 추진해 나가는 것

① 조직(Organizing)
② 조정(Coordinating)
③ 지시(Directing)
④ 통제(Controlling)

오답 피하기
- 조정(Coordinating) : 조직의 각 구성원이 분담하는 업무가 조직의 목표 달성에 효과적으로 기여할 수 있도록 조직 전체의 다양한 활동들이 항상 적절한 관계에 놓이도록 하는 것
- 지시(Directing) : 경영자나 관리자가 주어진 목적의 달성을 위하여 직원과 부하들을 지도하고 감독하는 것
- 통제(Controlling) : 계획에 준한 기준을 설정하고 실제 활동에서 나타나는 결과와 비교하여 활동을 규제하고, 필요한 수정을 가하는 것

06 사무의 본질에 관한 설명으로 적절하지 <u>않은</u> 것은?

① 작업적 측면에서 사무기기 조작
② 경영 활동의 결합 기능
③ 경영 본래의 목적 기능
④ 작업적 측면에서의 의사 소통, 통신, 분류 및 정리

경영의 목적이 사무가 아니고 사무의 목적이 경영임

정답 01 ③ 02 ① 03 ② 04 ④ 05 ① 06 ③

사무관리 운용체계

출제빈도 (상) 중 하
반복학습 ① ② ③

빈출 태그 사무관리의 개념 • 사무관리의 기능 • 사무관리와 정보관리 • 정보관리의 범위 및 기능 • 현대(과학)적 사무관리의 3S

01 사무관리

1) 사무관리의 개념 22년 4월, 20년 6월, 18년 3월, 14년 5월, 09년 8월, 08년 7월, 07년 8월, 06년 5월

- 조직의 운영에 필요한 유용한 정보를 효율적으로 관리하는 것을 말한다.
- 테리(Terry)는 사무관리를 눈에 보이지 않는 힘으로 기업의 목적을 달성하기 위하여 지휘, 통제하는 행위로 정의하였다.
- 리틀필드(LittleField)는 사무의 계획, 조직, 조정, 인사, 통제, 지위를 전체적이거나 부분적으로 수행하는 행위로, 무형의 역할에 의해 조직의 목적을 달성해 가는 과정이라고 정의하였다.
- 사무관리의 원칙은 신속성, 정확성, 용이성이다.
- 사무관리는 부문관리와 상호독립해서 존재하는 것이 아니라 공통적인 요소에 관점을 둔다.
- 사무실의 실체를 작업으로 규정하는 것을 사무관리의 작업적 접근 방법이라고 하며, 이는 정보관리와 사무관리의 핵심이다.

Time Lag
사무관리의 산출 요소 중에서 투입 후 산출까지의 시간적 지체를 의미

① 사무관리의 목적
사무제도(事務制度)와 사무구조(事務構造)를 만들며, 기업이 환경 변화에 효과적으로 대처해 나갈 수 있도록 정보 체계를 세워 운영해 나가는 일이다.

② 사무관리의 목표

사무능률의 증대 (능률화)	• 효율적인 사무관리로 사무 능력을 향상시킬 수 있음 • 사무능률은 사무작업의 작업능률, 정신능률, 균형능률, 표준능률, 종합능률 등을 중점으로 고려해야 함
사무비용의 절감 (경제화)	사무관리를 효율적으로 함으로써 소모품비, 인건비, 비품 등의 비용을 절감할 수 있으며 낭비 요소를 제거할 수 있음

사무 능률의 증대
목표 지향적 사무관리에서 가장 중점을 두는 것이 '능률'임

③ 사무관리의 원칙 17년 3월, 16년 10월, 14년 9월
사무는 용이성, 정확성, 신속성 및 경제성이 확보될 수 있도록 관리하여야 한다.

용이성	작업 동작의 개선, 기계화, 표준화, 사무분담의 합리화, 사무환경의 정비 등을 통하여 사무작업을 현재보다 쉽게 하려는 것
정확성	기계화, 전기 회수의 감소, 검사 및 점검 방법의 적정화, 사무 분담의 상호견제 등을 통하여 사무 업무에 오류가 없도록 하는 것
신속성	표준화, 경로의 축소, 신속한 운송 수단 등을 통하여 사무 업무를 신속하게 처리하려는 것
경제성	소모품의 절감, 장표의 설계 및 운용의 합리화, 문서 의존도의 절감 등을 통하여 사무 처리에 지출되는 비용을 줄이는 것

✔ 개념 체크

1 사무관리의 원칙에는 용이성, 정확성, ( ) 등이 있다.
2 작업 동작의 개선, 기계화, 표준화, 사무분담의 합리화, 사무환경의 정비 등을 통해 사무작업을 현재보다 쉽게 하려는 것에 부합하는 사무관리의 원칙은 ( )이다.

1 신속성, 2 용이성

사무관리의 작업적 접근 방법
사무의 실체를 작업으로 규정하는 것으로 초기 연구자는 레핑웰(W.H.Leffingwell)이며 사무라는 서비스를 생산함

사무관리의 시스템적 접근 방법
• 관리정보시스템
• 사이버네틱스 사고방법
• 사무시스템, 기계시스템, 자료처리시스템, 통신기구 등을 포함

힉스(Hicks)의 과학적 사무관리 분야
사무작업에 적용 가능한 과학적 어프로치를 압축해서 '과학적 방식의 결정', '사무작업과 사무관리의 분리', '사무활동에 관한 통제 집중', '기계화', '시스템 및 절차의 연구' 등 14개 항목을 제시

④ 사무관리의 필요성

• 기업 규모의 대형화와 경영 활동의 복잡화
• 사무 활동의 비중 증대와 사무 직원의 양적 증가
• 사무량의 증가와 사무 방법의 복잡화
• 사무기기의 발전, 특히 컴퓨터 기술과 정보통신 기술의 발전

⑤ 사무관리 관리층

최고경영층	• 회사설립 목적의 설정, 인사방침의 설정 등을 담당함 • 회장, 사장, 부사장 등이 해당됨
중간관리층	• 조직 구성, 예산의 편성 및 기획 등을 담당함 • 부장 등 사무관리 각 부문별 장이 해당됨
하위관리층	• 사무 진행 계획 수립, 부하직원 통제 등을 담당함 • 과장, 계장, 주임, 반장 등이 해당됨

⑥ 사무 관리자의 역할

역할 정의	사무관리자(Office Manager)는 관리 전반에 걸친 모든 방침과 실천 방법들에 관하여 전문적으로 수행하기 위한 전문가여야 하며, 사무작업의 계획화, 조직화, 통제화에 관한 책임을 지는 것
구체적 내용	• 적절한 사무관리 조직의 작성 • 사무작업 계획을 수립함 • 사무절차 및 사무직원 배치를 지시 • 종업원의 감독 및 그들의 협력을 구함 • 경영조직 속에서 사무 서비스가 제대로 기능을 하는지 파악함

2) **사무관리의 기능** 22년 3월, 15년 5월, 10년 9월, 09년 5월/8월, 07년 3월, 06년 5월, 04년 3월/8월, 03년 5월/8월

① 결합 기능(Linking Function : 연결 기능)

사무의 연결(결합) 기능은 기업의 경영 활동에 속하는 생산, 판매, 인사, 재무 등의 활동을 사무라는 하나의 흐름에 연결시킴으로써 통일된 경영 활동이 이루어지도록 하는 것이다.

레핑웰(Leffingwell)	사무는 경영체 내부의 여러 기능과 활동을 능률적이고 효과적으로 달성하기 위해 조정, 지휘, 통제하는 관리 활동의 일부로서 경영 활동 전체의 흐름과정을 도모하게 하고 각각의 기능을 결합시켜 주는 기능을 하는 것
달링톤(Darlington)	사무를 인체의 신경계통으로 비유하였으며, 두뇌, 손, 발 등의 경영 활동을 움직이고 조정하는 기능이라 할 수 있음
테리(Terry)	사무는 모든 부문의 조직 활동을 활발하게 움직이게 하는 상호 결합 기능을 갖게 하는 동적인 결합이며 모체
힉스(Hicks)	사무작업 상호 간의 단순한 결합만으로는 조직의 목적을 달성할 수 없고, 조직의 횡적 부문화와 종적인 계층화가 능률적으로 이루어져야 함

② 관리 기능(Management Function : 보조 기능)

조언, 조력의 기능을 의미하며, 유형(有形)의 장표, 보고서 등의 서류와 무형의 통신, 토의, 회의 등을 통하여 보조적 기능의 역할을 담당한다.

페이욜의 관리 기능
• 회계활동
• 기술활동
• 재무활동

페이욜(Fayol)	보다 능률적이고 효과적인 경영 활동을 통하여 기업의 목표를 달성할 수 있도록 조언하고, 뒷받침해 주는 인적 보조 기능으로서 경영 규모가 커질수록 관리 기능은 더욱 확대됨
테리(Terry)	경영 조직체를 구성하는 개개의 직능이 본래의 직무를 효율적으로 수행할 수 있도록 조언하고 뒷받침하는 기능

③ 정보 기능(Information Function)

사무절차는 생산, 판매, 구매, 재무, 인사, 연구 개발 등으로 이루어진 정보 시스템의 한 구체적인 표현 형태이며, 이들 하위 시스템들이 모여서 기업의 전체적인 사무 시스템을 구성한다.

힉스(Hicks)	사무작업은 계산, 기록이나 보고자의 준비, 서신, 전화, 보고, 회의, 명령, 기록의 파일화 및 폐기를 포함한 기록 보존 등의 의사 소통으로 구분
리틀필드(Littlefield)	사무란 기업 활동에서 이루어지는 각종의 정보처리를 포함하는 것
테리(Terry)	사무는 정보를 필요로 하는 사람에게 신속한 의사 결정을 내릴 수 있도록 적절하게 전달하는 조직적 서비스 기능
포레스터(Forrester)	사무는 경영의 정보를 행동으로 결합시키는 과정

02 정보관리

1) 정보관리의 개념 23년 5월, 20년 8월, 19년 3월/4월, 15년 5월, 10년 5월, 05년 5월, 03년 5월, 02년 5월/8월

기적의 TIP

정보관리의 기능, 정보관리를 위한 4단계 그리고 피터 드러커의 정의 등이 종종 출제되는 내용들입니다.

- 정보관리의 목적은 기업에서 의사결정에 필요한 정보를 신속, 정확, 편리하게 제공하는 것이다.
- 정보관리의 기능 : 정보 계획, 정보 통제, 정보 처리, 정보 보관, 정보 제공 등이다.
- 정보관리를 위한 4단계 : 정보 수요 파악 → 수집 계획 수립 → 정보 가공 → 정보 활용
- 정보관리의 활동 범위가 사무관리보다 광범위하다.
- 정보관리 업무는 조직의 제반기능, 경영활동을 폭넓게 지원한다.
- 사무관리는 정보관리 내의 지정된 정보 통제 기능과 정보 처리 기능만을 담당한다.
- 사무관리는 일상 업무를 처리하는 보고서를 작성하는 반면에 정보관리는 경영정보시스템의 도입으로 데이터베이스를 구축하는 것도 포함한다.
- 경영활동의 의사결정을 지원하는 것이 정보관리이고, 사무 처리 방법의 합리화 및 시스템화는 사무관리이다.
- 드러커(Drucker)는 현대 경영을 정보와의 싸움으로 보고 더욱 풍부하고 질이 좋은 정보를 보다 빨리 얻고 신속하게 이해하는 것만이 경쟁에서 승리할 수 있다고 정보관리의 중요성을 강조하였다.

① 정보관리의 범위 및 기능

정보 계획	정보관리를 추진하는 데 필요한 기본적 요건을 결정하는 것으로, 배치 인원의 결정, 사무 처리 방침의 결정, 의사 결정자가 요구하는 필요 정보 확정 등 사무 계획의 실현을 위한 최선의 사무 처리 시스템을 설정하는 것
정보 통제	생산관리의 공정관리에 해당하는 정보관리의 중핵적 기능으로, 사무 계획과 사무 통제의 과정으로 이루어지는 것으로, 이 기능의 성패 여부에 따라 정보관리의 경영적인 가치가 좌우됨 • 사무 계획 : 작업의 3요소인 인적, 물적, 도구 등을 포함하며, 작업 단위로 사무 처리 실행 계획을 세워 정보 처리 기능에 지시함 • 사무 통제 : 정보 처리가 계획대로 실시되는지 그 여부를 통제하거나 차이를 발견하여, 수정 또는 피드백(Feedback)을 하는 것을 의미

개념 체크

1 '정보의 조정'은 정보관리의 기능과 관련이 없다. (O, X)

2 (   ) 기능은 정보관리의 중핵적 기능으로서 사무계획과 사무통제의 과정으로 이루어진다.

1 O 2 정보 통제

정보 처리	정보관리의 실제 활동으로 사무활동 그 자체라고 할 수 있으며, 사무작업 실행과 보고 기능을 포함 • 사무작업 실행 : 정보 통제 부문의 지시에 따라 작업을 실행 • 사무작업 보고 : 작업이 완료되면 정보통제 부문에 보고
정보의 보관 및 제공	필요한 정보를 적시에 제공하는 기능으로, 정보가치와 사무 처리의 생산성을 높이기 위한 것

② **정보관리의 단계** 18년 3월, 09년 5월

정보 수요 파악 ➡ 수집 계획 수립 및 수집 ➡ 정보 가공 ➡ 정보 평가 및 활용

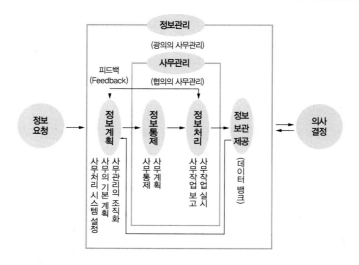

2) 사무관리와 정보관리 23년 5월, 20년 6월, 16년 10월, 15년 9월, 10년 9월, 09년 5월/8월, 08년 5월, 06년 3월/8월, …

정보관리와 사무관리는 사무활동을 대상으로 하는 점은 같으나 관리 범위가 정보관리는 넓고 사무관리는 좁다.

▼ **정보관리와 사무관리의 차이점**

구분	정보관리	사무관리
목적	의사 결정에 필요한 정보를 신속, 정확하게 제공하는 것	지정된 데이터를 지정된 기일, 방법으로 작성하며 사무작업의 능률을 향상시키는 것
범위	정보의 계획, 통제, 처리 및 보관, 제공의 제 기능을 갖는 광범위하고 포괄적인 것	정보관리 내의 정보 통제 기능과 정보 처리 기능을 대상으로 함
업무 내용	경영 정보 시스템의 도입으로 데이터베이스를 구축하는 것도 포함되며, 조직의 제반 기능 및 경영 활동을 폭넓게 지원	사무의 개선과 분석, 사무 기계화

3) 현대 사무관리 10년 3월, 09년 3월, 07년 3월/5월, 05년 3월/8월

• 현대 사무관리의 추세는 과거의 전통적 관리법, 관찰식 관리법 및 체계적 관리법에서 벗어나 과학적 사무관리(Scientific Office Management)를 지향하고 있으며, 구체적으로는 사무관리의 표준화, 간소화, 전문화를 추구한다.

- 현대 경영이 사무관리에 요구하고 있는 것은 경영관리에 필요한 정보를 적시에 적절하게 제공하는 것으로, 이러한 목표는 경영 정보관리가 구축하고 있는 경영정보시스템(MIS : Management Information System)으로 달성 가능하다.
- 사무를 기능별로 분류하면 판단 사무, 작업(서기) 사무, 잡무로 나눈다. 현대 사무의 지향점은 경험에 기초한 두뇌적 판단을 요하는 판단 사무를 작업 사무화하는 것이다.
- 현대(과학)적 사무관리의 목표는 생산성 향상, 능률 향상, 낭비 요소 배제 등이다.

경영정보시스템의 기능별 분류
- 생산정보시스템
- 판매 및 마케팅정보시스템
- 회계정보시스템
- 재무정보시스템
- 인적자원정보시스템

① 현대 과학적 사무관리의 5단계 07년 3월, 04년 3월

문제 인식 ➡ 자료 수집 ➡ 가설의 공식화 ➡ 가설의 검증 ➡ 업무의 해결책 적용

② 현대 과학적 사무관리의 3S 방법 23년 3월, 22년 9월, 19년 9월, 18년 4월, 17년 5월/9월, 16년 10월, 14년 3월, 13년 9월, …

사무관리의 표준화 (Standard)	과학적 사무관리의 생명이며, 핵심이라 할 수 있는 표준화는 인원(Men), 물자(Material), 기계(Machine), 방법(Method), 금전(Money), 대상(Market)에 모두 해당됨
사무관리의 간소화 (Simplification)	불필요한 것, 비합리적인 것, 비능률적인 것을 제거함으로써 사무 간소화가 이루어지며, 이러한 방안으로는 사무의 분권적 다양화와 보고서의 간소화를 들 수 있음
사무관리의 전문화 (Speciality)	분업의 원리에 따라 기능과 부서를 나누고 소관 부서에서 각기 사무 처리의 능률을 올림으로써 전반적인 기능을 올리는 것으로 개인적 전문화, 집단적 전문화, 기계적 전문화를 들 수 있음

🔁 기적의 TIP

3S의 종류, 원어, 각 방법의 내용을 기억하도록 합니다.

③ 테일러(Taylor)의 과학적 관리법 : 테일러 시스템(Taylor System) 19년 3월/4월, 09년 3월, 05년 3월, …

작업과정의 능률을 최고로 높이기 위하여 시간연구와 동작연구를 기초로 노동의 표준량을 정하고, 임금을 작업량에 따라 지급하는 등 여러 가지로 합리적인 방법을 연구하여 생산 효율성을 높이는 것으로 경영자 측에서 이를 관리, 적용하므로 기업의 기능을 관리 기능과 작업 기능으로 분리하며 기존의 직계식 관리 조직 대신 기능식 직장제를 사용한다.

④ 목표에 의한 관리(MBO : Management By Objectives) 24년 9월

- 상하조직 구성원의 참여 과정을 통해 조직의 공동 목표를 설정하고 이를 조직 구성원들 개개의 목표와 책임을 합의하에 부여함으로써 경영자와 종업원 모두가 만족할 수 있는 경영 목표를 설정할 수 있으며 피드백 과정을 통해 경영계획 수립에 반영된다.
- 조직의 공동 목표가 일치하기 때문에 높은 수준의 욕구를 충족시킬 수 있다.
- 목표는 측정 가능하고, 실천 가능하며, 구체적인 것이어야 한다.
- 목표에 의한 관리는 하급자가 담당하는 일의 목표가 명확하기 때문에 역할 갈등을 느끼지 않으며, 권한과 책임의 영역이 명확해진다. 또한 직무를 통해서 개인의 욕구를 충족시킬 수 있다.
- 피터 드러커(Petter Drucker)가 그의 저서 '경영의 실제'에서 주장한 이론이다.

✅ 개념 체크

1 과학적 사무관리를 위한 기본적 단계 중 첫 번째는 문제의 (　　) 단계이다.

2 현대 과학적 사무관리가 추구하는 3S는 표준화(Standard), 신속화(Speed), 간소화(Simplification)이다. (O, X)

1 인식 2 ✕

01 사무의 기능에 대한 설명으로 가장 거리가 <u>먼</u> 것은?

① 경영 활동의 보조 기능
② 정보 처리 기능
③ 신속한 업무 처리 기능
④ 조직체의 각 활동을 결합하는 기능

사무관리의 기능
• 사무의 연결 기능(Linking Function)
• 사무의 관리 기능(Management Function)
• 사무의 정보 처리 기능(Information Function)

오답 피하기
①은 사무의 관리 기능, ②는 정보 처리 기능, ④는 연결 기능으로 볼 수 있음

02 다음 중 정보관리의 기능과 가장 거리가 <u>먼</u> 것은?

① 정보의 계획　　② 정보의 처리
③ 정보의 조정　　④ 정보의 보관

정보관리는 정보 계획, 정보 통제, 정보 처리, 정보 보관, 정보 제공에 이르는 광범위한 활동 범위를 가짐

03 다음 중 사무관리의 원칙과 가장 관계 <u>없는</u> 것은?

① 용이성　　② 주관성
③ 정확성　　④ 신속성

사무관리의 원칙은 용이성, 정확성, 신속성, 경제성임

04 사무관리의 산출요소 중에서 투입과 산출의 대응시기의 문제점은?

① 유효성
② 능률성
③ 산출발현의 시차(Time Lag)
④ Side Effect

Time Lag : 사무관리의 산출 요소 중에서 투입 후 산출까지의 시간적 지체를 의미함

05 사무관리와 정보관리에 대한 설명으로 <u>틀린</u> 것은?

① 사무관리는 기업의 전사적 측면에서 정보를 관리한다.
② 정보관리는 기업에서 의사 결정이 필요한 정보를 정확, 신속하게 제공하는 것이다.
③ 사무관리는 지정된 데이터를 지정된 기일과 방법으로 작성하며 사무작업의 능률을 향상시키는 것이다.
④ 정보관리는 정보의 계획, 통제, 처리 및 보관, 제공의 제 기능을 갖는 광범위하고 포괄적인 것이다.

기업의 전사적 측면에서 정보를 관리하는 것은 정보관리이며, 사무관리는 정보관리 내의 지정된 정보처리 및 통제 기능만을 담당함

06 다음 중 사무관리 관리층 또는 사무관리자의 역할이 <u>틀린</u> 것은?

① 최고경영층 – 회사설립 목적의 설정
② 중간관리층 – 예산의 편성 및 기획
③ 하위관리층 – 사무 진행 계획 수립
④ 사무관리자 – 부하직원 통제

관리자의 역할
• 사무절차 및 사무직원 배치를 지시함
• 경영조직 속에서 사무 서비스가 제대로 기능을 하는지 파악함
• 종업원의 감독 및 그들의 협력을 구함

오답 피하기
부하직원 통제는 하위관리층에서 담당함

07 과학적 사무관리가 추구하는 3S가 <u>아닌</u> 것은?

① 표준화(Standardization)
② 신속화(Speed)
③ 간소화(Simplification)
④ 전문화(Specialization)

현대(과학)적 사무관리의 3S 방법 : 표준화, 간소화, 전문화

정답 01 ③ 02 ③ 03 ② 04 ③ 05 ① 06 ④ 07 ②

SECTION

03

경영 정보관리 체계

출제빈도 상 ⟨중⟩ 하
반복학습 ① ② ③

▶ 합격 강의

빈출 태그 경영과 사무 · 의사 결정 유형 · 경영 정보 시스템(MIS)

01 경영 정보의 개요

경영은 본질적으로 의사 결정의 과정이라고 할 수 있는데, 기업주나 경영자는 자신들의 의사 결정을 위한 관련 정보에 대하여 직접 수집하거나 처리할 여건이 되지 못한다. 따라서 조직 내의 하위 수준에서 의사 결정자에게 필요한 정보를 제공하기 위한 실제적인 활동이 이루어지게 된다.

1) 경영과 사무 22년 4월, 15년 3월, 09년 5월, 05년 8월, 04년 5월, 03년 8월

• 사무에서 경영에 이르는 경로

> 사무 ➡ 자료(데이터) ➡ 정보 ➡ 의사 결정 ➡ 경영

• 경영은 의사 결정의 흐름이며 의사 결정에는 정보가 필수적이다. 정보를 취급하고 정보의 기록과 조정 및 운반의 수단이 곧 사무이기 때문에 경영과 사무는 밀접한 관계를 지닌다.
• 셸든(O. Sheldon)은 "경영이 목적을 결정하는 기능이라면 관리는 그 목적을 지향하여 노력하는 기능이다."라고 주장하였다.

2) 경영의 기능별 분류

• 생산정보시스템 : 생산시스템의 설계, 재고, 생산일정 계획 등 생산운영에 대한 활동을 지원한다.
• 판매 및 마케팅 정보 시스템 : 시장정보 수집, 시장세분화 및 목표시장 선정, 마케팅 믹스 개발과 같은 활동을 지원한다.
• 회계정보시스템 : 경영에 필요한 회계전반의 업무를 지원한다.
• 재무정보시스템 : 기업 경영의 자금조달, 투자활동과 관련된 업무지원시스템, 현금관리, 경영분석 등을 지원한다.
• 인적자원정보시스템 : 기업의 종업원 선발, 부서배치, 업무 평가 및 보상을 위한 인사 관리 기능을 지원한다.

3) 정보 09년 3월/8월, 08년 7월, 06년 3월

• 데이터 : 관찰이나 측정을 통해 가공되지 않은 상태의 사실이나 결과값을 말한다.
• 정보는 의사 결정자에게 유용한 형태의 변형된 자료로 의사 결정자의 목적과 용도에 따라 필요한 자료가 수집되고, 보고서 형식의 정보가 산출된다. 정보 사용자는 정보를 이용하여 현재 또는 미래의 행위 및 의사 결정에 실제적인 혹은 잠재적인 가치를 부여한다.

> **클릭스트림(Click-Stream) 데이터**
> 방문자와 고객들이 웹사이트를 방문하여 생성되는 정보로 웹사이트에서 사용자 활동의 자취를 만들어 내는 데이터

포레스터(J.W.Forrester)
'경영은 정보를 행동으로 연결시키는 과정(Process)이다.'라고 하고, 이는 경영상의 의사 결정에 정보가 중심이 된다는 것을 강조한 것

• 정보란 일정한 의도를 가지고 정리해 놓은 자료의 집합이며, 정보가 되기 위해서는 이용자, 즉 어떤 목적을 갖는 사람이 있어야 하고 자료가 처리되어야 한다. 그리고 정보는 이용자를 위하여 일정한 규칙에 따라서 재배열, 요약, 삭제하는 행위를 거쳐야 한다.

02 경영 정보 시스템

1) 현대 경영 환경과 사무 10년 9월, 09년 3월/5월, 08년 7월, 02년 8월, 00년 7월/10월, 99년 4월

① 경영 환경
기술, 경기, 가치관, 시장 등의 복잡한 변화로 인하여 현재의 사업 분야에 대한 능률적인 경영만으로는 기업의 유지와 성장을 기대하기 힘들게 되었다. 따라서 기존 사업의 미래에 대한 정확한 판단과 더불어 신규 사업으로의 빠른 전환이 가능해야 한다.

② 의사 결정
전략적 의사 결정은 현대 경영에 있어서 중요한 과제로 부각되고 있으나 경영 의사 결정은 전략적 의사 결정만으로 이루어질 수는 없다. 따라서 전통적인 관리적 의사 결정과 업무적인 의사 결정도 함께 고려한 적절한 의사 결정과 문제 해결이 요구된다.

③ 경영 정보와 의사 결정

맥도노우 (McDonough)	정보, 데이터, 사무는 경영 내에서 동일 계열상에 위치하며 사무는 의사 결정의 기초가 됨
포레스터 (Forrester)	• 정보를 행동으로 연결시키는 과정은 의사 결정과 정보를 중심으로 한 근대적 경영 행동이라고 할 수 있음 • 환경 변화는 정보로 전이되고, 정보는 의사 결정으로 전이되며, 의사 결정은 행동으로 전이됨

④ 안소프(H. Igor Ansoff)가 분류한 의사 결정의 유형 19년 9월, 17년 5월, 15년 5월, 09년 3월, 00년 7월/10월, …
안소프는 경영 전략이란 시장과 제품에 대한 최종 도달점의 길이 개념으로 볼 수 있으며, 이에 따른 구체적인 의사 결정에는 상품 시장의 선택, 경쟁상의 이점, 성장벡터, 시너지(Synergy) 등이 포함된다고 주장하고, 기업의 의사 결정을 다음의 세 가지 유형으로 분류하였다.

시너지 효과
전체적인 조직의 효율은 산술적인 합계보다 항상 큰 효율을 나타내는 것을 의미한다.

전략적 의사 결정 (Strategic Decision)	• 기업의 내부 문제보다는 기업과 외부 환경과의 관계에 관한 의사 결정으로써 기업의 성격을 기본적으로 좌우하는 결정 • 유사한 문제가 반복되는 운영적 의사 결정과 달리 기업 성장에 결정적인 영향을 미치는 중요한 판단을 하게 됨 • 주로 최고 관리층에서 의사 결정을 함 　예 신사업 진출이나 다각화, 설비 투자, 기업 인수 등 성장 방식에 관한 결정
관리적 의사 결정 (Administrative Decision)	• 관리적 의사 결정은 결정된 목표와 전략을 가장 효과적으로 달성하기 위한 활동과 관련이 있음 • 조직화(organization)는 권한과 책임을 구조화해서 전략과 운영 사이의 갈등을 조정하고 최적의 성과가 날 수 있도록 조정하는 역할을 함 • 자원의 효율적 배분, 인력 훈련과 개발, 자금 조달, 설비와 장비의 획득 등과 같이 자원의 획득과 개발에 대한 문제도 다루게 됨 • 관리적 의사 결정은 전략과 운영 간의 갈등은 물론 개인과 조직 목표 간의 갈등 문제도 다루게 되며 주로 조직의 중간 경영층에서 전략과 운영 사이의 조정을 위한 의사 결정을 함

✔ **개념 체크**

1 환경 변화 정보는 안소프(Ansoff)가 주장한 경영전략에 따른 의사결정 대상에 포함된다. (O, X)

1 ×

운영적 의사 결정 (Operating Decision)	• 기업 현장에서 일어나는 생산, 판매 등 구체적인 행위와 관련된 것으로 일단 관리상의 지침이 설정된 후에 하나하나의 행동에 대한 의사 결정이 하부로 위양될 수 있는 단순하고 일상적이며 반복적인 의사 결정을 의미함 • 부서 혹은 사업부가 독자적으로 의사 결정을 하기도 함 ⑳ 운영의 스케줄링, 성과 모니터링, 가격 설정, 생산 스케줄링, 재고 관리 등 일상적이고 반복적인 결정

2) 경영 정보 시스템(MIS) <small>23년 3월, 22년 3월, 19년 3월/4월, 18년 3월, 17년 5월, 15년 9월, 14년 9월, 10년 3월/5월, …</small>

① 구조 및 특징

경영 정보 시스템의 주요 형태는 기업 구조에 따라 피라미드 구조로 이루어진다.

정의	경영 의사 결정에 필요한 정보를 공급하기 위하여 다양한 공급원들로부터 자료를 통합할 수 있는 형식화된 컴퓨터 정보 시스템
특징	• MIS는 기업의 전략, 계획, 조정, 관리, 운영 등의 결정을 보조하는 특징을 가짐 • MIS의 전문성은 기업의 업무를 분석하고 기업 경영을 진단하는 능력임 • MIS는 분석과 진단에 의해 기업 업무의 정보 요구가 정의되어야 하고, 정의된 정보를 효율적으로 처리할 수 있는 시스템을 개발하고 관리하는 특징을 가짐

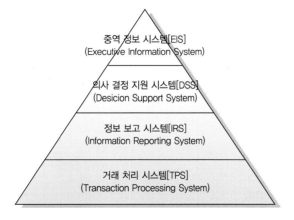

중역 정보 시스템[EIS]
(Executive Information System)

의사 결정 지원 시스템[DSS]
(Desicion Support System)

정보 보고 시스템[IRS]
(Information Reporting System)

거래 처리 시스템[TPS]
(Transaction Processing System)

② 의사 결정 지원 시스템(DSS)의 특징 <small>23년 5월, 18년 3월, 10년 3월</small>

• 의사 결정 지원 시스템(Decision Support System)은 전통적인 데이터 처리와 경영과학의 계량적 분석 기법을 통합하여 의사 결정자가 보다 손쉽고 정확하게, 그리고 신속하고 다양하게 문제를 해결할 수 있는 정보 시스템 환경을 제공하는 것이다.
• 초기 시스템은 주로 반구조적, 비구조적 문제를 해결하기 위해 사용하였다.
• 전통적인 데이터 처리와 경영과학의 계량적 분석 기법을 통합하여 사용하였다.

6시그마(6σ)
기업에서 전략적으로 완벽에 가까운 제품이나 서비스를 개발하고 제공하려는 목적으로 정립된 품질 경영 기법 또는 철학으로서, 기업 또는 조직 내의 다양한 문제를 구체적으로 정의하고 현재 수준을 계량화하고 평가한 다음 개선하고 이를 유지 관리하는 경영 기법. 다른 품질경영관리기법인 종합 품질 관리(Total Quality Management)의 경우에는 생산품질 자체에 집중하지만 6시그마는 회사의 모든 부서의 업무에 적용할 수 있으며 각자의 상황에 알맞은, 고유한 방법론을 개발하고 적용하여 정량적 기법과 통계학적 기법으로 향상시킬 수 있음

전략정보시스템(SIS)
중역 정보 시스템(EIS)를 전략정보 시스템(SIS)이라고도 한다.

의사 결정의 수준에 따른 분류
• 전략적(Strategic)
• 전술적(Tactical)
• 운영적(Operation)

01 다음 중 사무에서 경영에 이르는 경로로 올바른 것은?

① 사무 → 자료 → 정보 → 의사 결정 → 경영
② 정보 → 의사 결정 → 사무 → 자료 → 경영
③ 사무 → 자료 → 의사 결정 → 정보 → 경영
④ 사무 → 의사 결정 → 자료 → 정보 → 경영

경영은 본질적으로 의사 결정의 과정이라고 할 수 있으나 기업주나 경영자는 자신들의 의사 결정을 위한 관련 정보에 대하여 직접 수집하거나 처리할 여건이 되지 못하므로 조직 내의 하위 수준에서 의사 결정자에게 필요한 정보를 제공하기 위한 실제적인 활동이 이루어지게 됨

02 다음 중 안소프(H. I. Ansoff)에 의한 기업의 의사 결정에 포함되지 않는 것은?

① 전략적 의사 결정(Strategic Decision)
② 관리적 의사 결정(Administrative Decision)
③ 업무적 의사 결정(Operating Decision)
④ 경쟁적 의사 결정(Competitive Decision)

안소프(H.I. Ansoff)가 분류한 의사 결정의 유형 : 전략적 의사 결정, 관리적 의사 결정, 업무적 의사 결정

03 다음 중 MIS(경영 정보 시스템)에 대한 설명으로 가장 관계가 먼 것은?

① MIS는 기업의 전략, 계획, 조정, 관리, 운영 등의 결정을 보조하는 특징을 가지고 있다.
② MIS는 창조적이고 지적인 공학과 관계없는 프로그래밍을 통한 단순 업무 전산화를 말한다.
③ MIS의 전문성은 기업의 업무를 분석하고 기업경영을 진단하는 능력이다.
④ MIS는 분석과 진단에 의해 기업 업무의 정보요구가 정의되어야 하고, 정의된 정보를 효율적으로 처리할 수 있는 시스템을 개발하고 관리하는 특징을 가지고 있다.

MIS는 단순 전산화를 의미하는 것이 아니라, 경영 의사 결정에 필요한 정보를 공급하기 위하여 다양한 공급원들로부터 자료를 통합할 수 있는 형식화된 컴퓨터 정보 시스템임

04 의사 결정 지원 시스템(DSS)의 특징이 아닌 것은?

① 초기 시스템은 주로 반구조적, 비구조적 문제를 해결하기 위해 사용한다.
② 초기 시스템은 의사 결정자가 데이터와 모델을 활용할 수 있게 해 주는 일시적 컴퓨터 시스템으로 정의한다.
③ 전통적인 데이터 처리와 경영과학의 계량적 분석기법을 통합하여 사용한다.
④ 의사 결정자가 신속하고 다양하게 문제를 해결할 수 있는 정보 시스템 환경을 제공한다.

의사 결정 지원 시스템(DSS : Decision Support System)은 전통적인 데이터 처리와 경영과학의 계량적 분석 기법을 통합하여 의사 결정자가 보다 손쉽고 정확하게, 그리고 신속하고 다양하게 문제를 해결할 수 있는 정보 시스템 환경을 제공하는 것으로 ②는 설명이 맞지 않음

05 경영 정보 시스템에서 기업의 구조에 따라 피라미드 구조를 이루고 있는 형태에 해당되지 않는 것은?

① 거래 처리 시스템 　② 의사 결정 지원 시스템
③ 중역 정보 시스템 　④ 전사적 자원 관리 시스템

경영 정보 시스템의 주요 형태는 기업구조에 따라 중역 정보 시스템 → 의사 결정 지원 시스템 → 정보 보고 시스템 → 거래 처리 시스템의 순서로 피라미드 구조로 이루어짐

06 MIS의 기본 구성의 내용과 관계가 없는 것은?

① 의사 결정 Sub System - MIS의 지휘기능에 해당하며 System 설계기능도 포함
② 데이터베이스 Sub System - 체계적으로 축적된 데이터의 집합 기능
③ 프로세스 Sub System - 자료 저장·검색기능
④ 시스템 설계 Sub System - 의사 결정의 이론과 방법에 따라 System 구성

경영정보시스템의 기본 구성
• 의사 결정 서브시스템 : MIS의 지휘기능에 해당하며, System 설계기능도 포함
• 프로세스 서브시스템 : 자료저장·검색기능
• 데이터베이스 서브시스템 : 체계적으로 축적된 데이터의 집합 기능
• 통신 서브시스템 : MIS 기기의 통신을 위한 기능
• 시스템 설계 서브시스템 : MIS의 유지, 개발, 통합을 위한 기능

정답 01 ① 02 ④ 03 ② 04 ② 05 ④ 06 ④

CHAPTER 02

사무관리 표준화

학습 방향

사무관리 표준화 챕터에서는 계획화, 조직화, 집중화, 분산화, 표준화에 대해 기출문제에서 크게 벗어나지 않는 경향이 있습니다. 꼼꼼하게 기출문제를 잘 파악하면 변형된 새로운 유형의 문제가 나와도 크게 당황하지 않을 것입니다. 사무 환경 관리 섹션에서는 기출문제뿐 아니라 좀 더 구체적인 규정을 묻는 문제가 최근에 많이 출제되고 있습니다. 가능한 많은 문제를 접해 보시기 바랍니다.

출제빈도

SECTION 01	상 ━━━━━━━━━	38%
SECTION 02	중 ━━━━━	24%
SECTION 03	상 ━━━━━━━━━	38%

사무의 계획 및 조직

▶ 합격 강의

빈출 태그 사무 계획의 구성 요소 • 사무 계획 수립의 계층별 의사 결정사항 • 사무 계획의 필요성 및 효과 • 사무 계획 수립절차 • 사무 조직화 • 사무조직의 형태 • 집중화와 분산화

01 사무 계획

1) 사무 계획화의 개요 23년 3월, 19년 9월, 18년 3월/4월, 14년 5월, 06년 5월, 04년 3월, 02년 3월/8월, 00년 10월

- 기업 경영상에 필요한 사무관리의 목표를 정하고 그것을 효과적으로 수행할 수 있도록 필요한 활동의 방향과 지침, 절차 등을 수립하는 것을 말한다.
- 사무 계획은 목표 달성을 위해 미래의 사무 행동 노선을 사전에 준비하는 과정이다.
- 계획화는 조직의 모든 계층, 즉 경영층과 작업층에까지 필요한 것이며, 결과에 대한 목표의 평가와 선정을 의미한다.

▼ 사무 계획의 구성 요소 15년 5월/9월, 10년 9월, 07년 5월, 03년 8월, 02년 3월, 99년 10월

예측(Forecast)	계획 결정의 기초가 되는 것으로 정보를 수집하고 분석하여 얻음
목표(Objective)	경영 활동을 위한 지표로서 이념적인 기본 목표와 구체적인 집행 목표로 나눔
방침(Policy)	목표를 달성하기 위한 원칙
프로그램(Program)	방침을 구체화하고 목표를 달성하기 위한 행위의 계획
스케줄(Schedule)	해야 할 일에 대한 시간적 순서
절차(Procedure)	일을 실시할 때 요청되는 방법
예산(Budget)	장래 성과를 수치로 나타낸 것

① 사무 계획의 요건 10년 3월, 05년 3월

좋은 계획이 되기 위해서는 객관성, 정확성, 타당성, 합리성, 신축성, 탄력성, 명확성, 실현 가능성, 용이성, 통일성의 요건을 갖추어야 한다.

② 사무 계획 수립의 계층별 체계 06년 8월, 03년 3월, 01년 6월, 00년 5월/7월

- 최고층에서 작업층에 이르는 조직 전체가 조화를 이루고 체계가 잘 유지되어야 한다.
- 실시 계획에는 구체적 수행 주체, 책임 소재, 시행 시기와 순서 등이 고려되어야 한다.
- 최고층의 기본 계획은 전체 사무 계획의 기반이 된다.

③ 계획화 분류 09년 8월, 02년 3월/8월, 00년 3월, 99년 6월, 96년 7월

사무 계획을 특성에 따라 분류할 때 계획의 순응 능력에 따라 개별 선정 계획과 표준 계획으로 나눌 수 있으며, 계획 설정의 대상에 따라 구조 계획과 과정 계획으로 분류할 수 있다.

개별 선정 계획	특정 상황에 응하여 그때마다 만들어지는 계획
표준 계획	일반적 상황에서의 계획

④ 사무 계획 수립의 계층별 의사 결정 사항

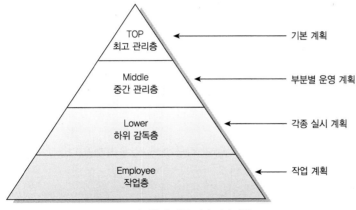

▲ 조직 계층에 따른 의사 결정 사항

최고 경영자(전략적 계획)	중간 관리자(경영 통제)	하위 관리자(운영 통제)
• 회사 목적의 선택 • 조직 계획 • 인사 방침의 설정 • 재무 방침의 설정 • 방침의 결정 • 연구 방침의 결정 • 신제품 품종의 선택 • 신 공장의 취득 • 임시 자본 지출의 설정	• 예산의 편성 • 스탭 인사의 계획 • 인사 수속의 제정 • 운전 자본 계획 • 광고 계획의 작성 • 연구 계획의 결정 • 제품 개선의 선택 • 공장 배치 교체의 결정 • 경상적 자본 지출의 결정 • 경영 실적의 측정, 평가, 개선	• 고용의 통제 • 각 방침의 실시 • 신용 확장의 통제 • 광고 배분의 통제 • 생산 스케줄의 작성 • 재고 관리 • 작업 공원의 능률의 측정 평가 및 개선

2) 사무 계획화의 필요성 및 효과

① **사무 계획의 필요성** 09년 8월, 04년 5월/8월, 00년 7월/10월, 99년 6월/8월, 96년 10월
- 장래에 발생하게 될 상황을 예측하고 대비함으로써 자원을 최대한 활용할 수 있고 예산, 인력 정보 등의 중복과 낭비를 최소화할 수 있다.
- 계획은 성과를 이루기 위해서 조화 있게 움직여 나가도록 하는 지휘·통제의 수단 이 된다.
- 목표를 달성하기 위한 의사 소통과 의사 결정을 위한 경로를 수립하기 위함이다.

② **사무 계획화의 효과** 20년 6월, 14년 9월, 13년 3월, 09년 3월/5월, 05년 5월, 02년 8월
- 인적, 물적 자원 및 시간의 낭비를 최소화할 수 있다.
- 사무 자원의 적재적소 배치가 가능하다.
- 사무량을 평준화시킴으로써 사무량의 과다·과소로 인한 혼란과 낭비를 제거할 수 있어 능률적이다.
- 사무 업무의 중복과 누락을 최소화할 수 있다.
- 사무 관리자가 정해진 기준에 의해 부하를 감독함으로써 상호 간 이해의 분위기가 조성된다.

✓ 개념 체크

1 (　　　)는 기업경영에 필요 한 사무관리의 목표를 정한 후, 그것을 효과적으로 수행 할 수 있도록 하는 것이다.

2 사무 계획을 통해 업무량이 늘어나게 되어 고용 증대 효 과가 발생한다. (O, X)

1 사무 계획화, 2 ×

- 각종 사무용 비품이나 기기, 시설을 도입하는 데 있어서 소요예산 결정이나 적정 기종 설비의 선택이 용이하고 여러 가지 비용을 절감할 수 있다.
- 중요한 업무를 중요하지 않은 업무보다 선행하여 처리할 수 있다.

③ 계획적이지 않은 작업의 결과
- 시간, 자금, 노동, 예산의 낭비가 발생할 수 있다.
- 중요하지 않은 업무가 중요한 업무보다 먼저 수행될 수 있다.
- 계획된 절차나 방침이 없으면 관리자보다 작업자가 행동 방침을 결정하게 되어 비능률적이다.
- 계획의 미비로 특정 시기에 업무량이 과중하게 될 우려가 있다.

3) 사무 계획화의 내용 17년 3월, 16년 3월, 15년 9월, 10년 3월, 02년 5월

필요 정보의 확정	• 필요 정보의 조사 : 경영 정보에 필요한 정보의 종류, 알고 싶은 사항 등을 조사 • 개요 설계 : 필요 정보의 조사를 장표, 도표, 일람표 등의 양식으로 구체화 • 개요 설계의 수정 : 의견을 듣고 양식을 수정 • 본 설계 : 개요 설계에 기초하여 데이터 양식을 설계
사무량 예측	사무 예측 설계 : 사무량에 따른 적정 인원 배치를 위해 사무량을 측정. 사무량 측정 방법으로 데이터 계열 분석법이 있음 (총 사무량 = 경상 사무량 + 일시적 사무량)
사무 처리 방식(방침) 결정	• 생산 계획상의 생산 방식의 결정과 같이 사무 기본 계획의 마무리로서 필요 정보의 확정, 사무량 예측, 장소·설비·기계 등의 전제 조건을 감안하여 결정 • 개별 처리 방식 : 1인의 사무원이 정보의 수집부터 작성까지 모든 처리. 사외 정보 사무, 일시적 사무, 돌발적 사무 처리 등에 많이 적용 • 로트(lot) 처리 방식 : 정보의 수집부터 작성까지를 여러 사무원이 분담 처리. 각 사무원이 맡은 처리를 행한 다음 다른 사람에게 넘기는 방식이며, 경상 사무에서 많이 이용 • 유동 처리 방식 : 사무의 처리 순서대로 사무기계 및 사무원을 배치하여 1인의 사무원 또는 1대의 사무기계 처리가 끝나면 다음 사무공정으로 진행 • 오토메이션 방식 : OA 기기를 이용하여 자동적으로 사무를 처리

4) 사무 계획 수립 절차 24년 9월, 19년 3월, 11년 3월, 09년 3월, 06년 3월/8월, 00년 3월/7월, 99년 10월

목적·목표·방침의 명확화 ➡ 정보의 수집 및 분석 ➡ 전제 조건 설정 ➡ 대안의 구성 ➡ 최종안의 결정

5) 계획화의 대상 사무 09년 5월, 04년 3월, 03년 5월, 02년 8월, 01년 3월/9월

✔ 개념 체크

1 사무관리의 기본계획과 관련하여 데이터 양식의 결정, 사무량 예측, 사무 처리 방식보다 사무실 면적을 고려해야 한다. (O, X)

2 로트 처리 방식은 여러 사람이 분담하여 처리하는 것으로 각 사무원이 각자 맡은 처리를 행한 다음 다른 사람에게 넘기는 것을 말한다. (O, X)

1 × 2 ○

반복적인 사무작업	• 급여의 지급 준비, 상품 송장의 발송, 전표 기입, 복사와 같이 일상적인 활동 • 정규적 사무 활동을 수행하기 위한 계획은 항상 보다 좋은 방법을 발견하기 위해 끊임없이 분석되어야 함
비반복적인 사무작업	불규칙하게 생기거나 아주 드물게 일어나는 비반복적인 작업도 그 가운데서 반복적 성질을 먼저 분석해야 함
자발성·창조성을 요구하는 사무작업	자발적이거나 창조적인 노력을 필요로 하는 작업도 그 행위를 연구하고 계획하면 표준화가 가능
예외 사항의 사무작업	사무작업에는 예외 사항이 자주 발생하나 이러한 예외 사항도 미리 계획하여, 특별히 채용된 사무원에 할당하거나 특정한 개개인에게 「작업계획서」 혹은 「작업 분담표」에 의해 할당, 또는 일상 작업을 이미 끝내고 다른 일을 위해 준비가 되어 있는 사람에게 할당이 가능

02 사무 조직

1) 사무 조직화

① 조직화의 개요와 원칙 22년 5월, 19년 5월, 10년 9월, 09년 5월/8월, 08년 7월, 07년 5월, 05년 3월/5월/8월, 04년 5월, …

조직(Organization)의 발생은 인간이 개인적인 능력의 한계를 초월하는 어떤 커다란 욕망을 달성하고자 하는 데서 비롯된다. 사무 조직도 기업의 경영 목표를 달성하기 위해 결합된 인간 집단이므로 효율적인 운영을 위해서는 제도적인 측면과 인간 행동적인 측면을 동시에 고려해야 한다.

▼ **조직의 일반 원칙** : 조직을 효율적으로 관리하기 위해서 다음과 같은 일반 원칙이 준수되어야 한다.

명령 계통의 일원화	조직에서 한 사람이 여러 상관으로부터 직무의 명령과 지시를 받지 않도록 명령 계통을 일원화해야 함. 즉, 지휘 계통이 통일됨으로써 조직의 통제는 가능하며 또한 조직상 각 지위를 점하는 개인 간의 알력이나 혼란을 해소시킬 수 있음
권한의 위임	직원 각자의 책임과 권한의 균형을 도모하며 실행 권한은 가능한 실행 계층에 위임하되, 이중 위임을 제한하고 위임자에 대한 지원과 격려도 있어야 함
합리적인 책임 할당	할당되는 직무가 명확하고 해결 가능한 분량으로 책임의 경합이나 중복을 피하고 책임의 한계를 명확히 정해야 함
통솔 범위의 적정화	• 한 사람의 관리자가 직접 감독할 수 있는 부하 직원의 수나 조직의 수는 통제 범위를 벗어나서는 안 됨 • 통솔 범위의 한계를 결정하는 요인 : 감독자의 능력과 근무 시간의 한계, 감독할 업무의 성질, 부하 직원의 능력, 조직의 제도화 정도, 조직의 전통과 규모, 작업 장소의 지리적 분산 정도, 스탭의 지원 능력 등

▼ **사무 관리자를 위한 조직상의 원칙** 22년 4월, 20년 8월, 17년 5월, 16년 3월, 07년 5월, 01년 3월

목적의 원칙	각 부문은 하나 이상의 목표가 있어야 하며, 반드시 공표되어야 함
기능화의 원칙	조직 구성원의 능력이나 사정 등을 고려하지 않고 해야 할 일(to work ought to be done), 업무 중심으로 조직을 구성해야 함
개인의 원칙	개인의 경영 참여, 개인차의 인식, 장려 제도 등을 통하여 기능 수행인 각 개인의 정당한 인식을 부여해야 함
책임의 원칙	하나의 일을 분담하고 그것을 달성하는 권한이 주어진 사람에게는 응분의 책임이 주어져야 함
권한의 원칙	책임이 주어진 사람에게는 필요한 권한이 주어져야 하며, 그 범위와 방향이 뚜렷해야 함
권한 위임의 원칙	조직 내의 하위자가 매번 상위자의 지시나 명령을 받음이 없이 자기의 독자적인 판단만으로 직무의 수행을 할 수 있도록 상위자가 가지는 직무 수행의 권한을 하위자에게 위임함을 의미
관리 한계의 원칙	한 사람이 직접 지휘, 감독할 수 있는 부서 및 인원에는 한계가 있음

② 사무 조직의 형태 20년 6월, 17년 3월/5월, 16년 3월, 15년 5월, 14년 5월, 13년 9월, 07년 3월, 06년 8월, 05년 8월, …

▼ **라인 조직(Line Organization)** : 직계식 조직

특징	• 최고 경영자의 명령이 상부에서 하부로 직선적으로 전달되는 사무 조직 형태 • 가장 오래되고 단순함 • 각 관리자는 담당 부문의 모든 활동 범위에 대해 책임을 짐 • 소기업 또는 기업의 초창기 단계에서 많이 보임		
장점	• 단순하고 이해하기 쉬움 • 결정과 집행이 신속 • 하위자의 조정이 용이 • 전체의 통일성과 질서 유지 • 책임 소재 명확 • 소기업에서 경제적	단점	• 상위자에게 너무 많은 책임이 맡겨짐 • 독단적 처사에 의한 폐단 • 각 부문 간의 유기적 조정 곤란 • 능력 있는 관리자를 얻기 어려움 • 각 부문 사이에 혼란의 우려 • 전문화의 결여

🅱 기적의 TIP

사무조직의 일반적인 원칙과 함께 그 내용까지 확실하게 이해하시기 바랍니다. 조직의 일반 원칙을 가장 적합하게 설명한 것을 묻는 문제와 함께 종종 출제되는 문제입니다.

✓ 개념 체크

1 다음 중 사무관리자의 조직상 원칙이 아닌 것을 모두 고르세요. (   )
ⓐ 집중화의 원칙
ⓑ 의무 확대의 원칙
ⓒ 기능화의 원칙
ⓓ 권한 위임의 원칙
ⓔ 지위체계 다양화의 원칙

1 ⓐ, ⓑ, ⓔ

▼ 스탭 조직(Functional Organization) : 기능식 조직

특징	• 스탭 조직의 근본은 전문화로 일은 기능담당의 전문가에 의해 기능별로 각각 계획되고 수행함 • 각 작업원은 한 상사에 대해서가 아니라 주어진 업무에 따라 각기 다른 감독자의 통제를 받음 • 경영 활동이 복잡화되어 전문적 지식을 바탕으로 관리하려는 경우에 적합		
장점	• 전문가 양성이 용이 • 보다 좋은 감독 가능 • 작업의 표준화 가능 • 상위자의 부담 경감 • 사람을 본위로 한 작업 • 훈련이 용이	단점	• 권한의 분산 • 통일성 저해 • 행동의 둔화 • 의견 일치 어려움 • 책임 전가 가능 • 관리 비용 증가 • 경영 전체의 조정 곤란

▼ 라인-스탭 조직(Line and Functional Organization) : 직계·기능식 조직 혹은 스탭제 직계 조직, 직선 참모 조직 19년 5월

특징	• 전문화의 원칙과 명령 일원화의 원칙을 활용하려는 목적으로 라인 조직의 장점과 기능 조직의 장점을 살린 조직 • 라인 조직의 지휘·명령 계통의 일관성을 확보하고, 전문적 지식을 조직에 활용하기 위해서 스탭을 둔 조직 형태로 스탭의 권한 및 책임은 조언적 성격이 있음		
장점	• 일상의 업무 집행에 전념 가능 • 시간적 여유를 가지고 의사 결정을 할 수 있음 • 지휘·명령 계통의 일관성 유지 • 전문가를 활용해서 직무의 질을 높이고 능률을 향상시킬 수 있음	단점	• 명령 계통과 참모 계통이 혼동되기 쉬움 • 두 부문 간의 조정이 곤란하게 될 우려 • 스탭 전문가의 참여로 조직 비용이 증가 • 라인 부문의 태만과 책임을 회피하려는 경향이 있음

▼ 위원회 조직

행렬 조직
프로젝트 조직과 기능식 조직을 합한 조직 형태

특징	• 여러 부문에 공통적으로 해당하는 문제와 같은 특별한 문제를 해결하기 위한 결정이나 토론을 목적으로 하는 조직 • 문제를 보다 현실적으로 해결하고, 1인에게 지나치게 강한 권한이 부여되는 것을 막기 위해 의사 결정에 집단 토의 방법을 도입한 조직 형태		
장점	• 중지를 모아 합리적인 의사 결정 가능 • 참여 의식과 소속감 증대 • 관리자는 경영의 전반적인 업무에 대한 지식을 얻을 수 있음 • 부문 상호 간의 협조가 잘 됨	단점	• 기동성이 결여되기 쉬움 • 많은 시간과 노력 필요 • 개인의 창의가 무시되기 쉬움 • 책임 소재가 불분명

③ **조직 분석** 04년 3월

현재의 조직을 분석·개선하여 최선의 조직을 만들기 위한 분석 방법이다.

❶ **조직도**
• 조직의 명칭, 기능 등의 상호관계를 나타낸 것
• 조직의 목적, 기능, 각 단위의 위치를 나타내주므로 명령 계통, 인원의 배치, 감독 범위 등의 검토에 유용

조직도 분석❶	• 조직도 분석은 조직 분담의 내용을 도표화하여 명령 계통, 계층, 감독 범위 등을 검토하는 것 • 직무 기술서 : 직무를 가장 능률적으로 수행할 수 있도록 직무의 성격과 그 내용을 기재함. 일반적인 기재 사항으로는 직무명, 직무 분류 번호, 직무의 권한과 책임, 근무 시간, 협동 관계에 있는 다른 직무와의 관계가 있음
직무 명세서	• 직무를 합리적으로 수행할 수 있도록 각 직무별 책임과 권한 등을 명확히 하기 위해 작성 • 직무 분석에 의해 항목을 정리·분류한 것으로 누가 직무를 담당하더라도 중복을 피하고 직무의 쉬운 이해를 목적으로 함. 일반적 기재사항으로는 성별 및 연령, 동작의 기민성, 경험 및 숙련도, 특수 기능, 사무원의 정서적 성격, 사무원의 정신적 능력이 있음
직무 평가	직무 분석을 통해 작성된 직무 기술서와 직무 명세서에 의해 각종 직무의 숙련도, 노력, 책임의 정도 및 직무 수행의 난이도 등을 비교 평가하여 각종 직무 사이의 상대적 서열을 결정

✓ **개념 체크**

1 라인-스탭 조직은 직선 ( ) 조직 또는 에머슨식 조직이라고도 한다.

1 참모

2) 사무자동화 추진 조직의 유형

- **전문 조직 주도형** : 전문 스텝들의 조직에 의해 주도되며, 전사적 접근이 가능하다.
- **사용자 주도형** : 특정 부서에 의해 주도되며, 문서류에 한정되는 단점이 있다.
- **전산 부문 주도형** : 전산 부문의 지식에만 의존하다 보면 제도적, 업무적인 측면이 결여되어 추진 과정에서의 제약이 초래된다.
- **위원회 주도형** : 전사적 방향이나 조정 기능에는 강하지만 구체적인 방향 제시에 문제가 있다.
- **프로젝트 주도형** : 구체적인 전개 과정에서는 효과적이나 전사적 접근 단계에서는 적절하지 못하며 전문인력 집단을 구성하여 추진하기 때문에 해당 분야의 구체적 전개는 가능하나 타 부서와의 의견 조정이 어렵다.

3) 집중화와 분산화 08년 3월/7월, 07년 3월, 05년 5월, 04년 3월, 03년 3월, 01년 6월, 00년 5월

사무 조직을 계획하는 데 있어서 중요한 것은 집중화와 분산화에 대한 결정이며, 이는 사무관리 조직 구조와는 별개로 계획해야 한다.

① 물리적 집중화 02년 5월

물리적 집중화는 모든 사무작업을 한 장소에서 하는 것을 말한다. 그러나 사무작업의 완전한 물리적 집중화는 불가능하며, 현실에서는 물리적 집중과 분산을 절충한 형태의 것이 된다. 물리적 분산은 각 부처마다 중복해서 하는 일이 많아지며 따라서 그에 따른 비용 또한 많이 든다.

장점	단점
• 사무집행 처리에 대한 감독과 작업량의 증감이 용이함 • 제한된 인력의 효과적 활용 가능 • 사무량이 한 곳에 집중되므로 사무작업 계획을 세우기 쉬워 생산성도 향상 가능 • 전문적 훈련을 통해 전문화를 가속시킴 • 사무량이 한 곳에 집중되므로 경제성 증가 • 각자 전문화된 일을 처리한다면 사무작업 방법이나 수속을 개선하는 것이 용이함	• 집중화된 사무 단위 간의 작업을 주고받고 함으로써 시간 지연 발생 • 전문적·기술적 작업이 반영되기 어려우며 비밀 작업이 유지되지 못함 • 각 기능 부서별의 중요성이나 긴급성을 감안하지 못하며, 변화에 신속하게 대응할 수 없음 • 사무의 파킨슨 법칙❷, 즉 불필요한 사무가 증가될 수 있음

> **❷ 사무의 파킨슨 법칙**
> 사무업무는 사무원의 능력에 따라 많은 작업량의 차이를 보이며, 사무 조직원들은 업무량의 증감에 상관 없이 조직 구성원을 늘리려는 경향이 있음

② 기능적 집중화

기능적 집중화라 함은 유사한 활동을 1인 사무 관리자 감독하에 두고 그 활동의 물리적 처리는 그것이 발생하는 곳에 위임해 주는 것을 말한다. 즉, 한 사람의 최고 관리자가 각 라인 부서에 있는 사무 관리자에게 자문과 협조를 하는 형태이다.

장점	단점
• 각 부서의 반발 또는 이들의 분권적 요구를 어느 정도 충족 • 사무 자체가 발생 장소에 있으므로 시간 절약의 효과 • 기능 각 부서의 비밀이 유지 가능	• 사무관리 측면의 전문적인 감독이 완전하지 못함 • 설비나 사무기계의 신형, 대량 처리형의 도입이 늦어짐 • 사무직원의 전문화나 훈련, 생산성 향상이 불리

③ 사무작업의 분산화 17년 5월

사무작업은 사무가 발생한 부서에서 처리하고, 부서의 장에 의해 통제를 받는다. 조직의 여러 부분에 사무관리 기능 담당 부서가 부·과·계의 형태로 분산되어 있는 조직 형태이다.

장점	단점
• 사무작업자의 사기 저하를 방지할 수 있음 • 독립된 부서에서 처리하므로 비밀 유지 가능 • 작업 시간, 거리, 운반 등의 간격을 줄일 수 있음 • 사무의 중요도에 따라 순조롭게 처리할 수 있음 • 환경 변화에 신속 대응 가능	• 커뮤니케이션과 통솔의 어려움 • 전문 인력의 육성과 사무작업의 기계화 추진에 어려움이 있음 • 사무작업의 전문화, 표준화, 사무량의 측정 등이 어려움 • 사무기기의 다량 보유 등으로 인한 원가 및 인건비 절감이 용이하지 않음

이론을 확인하는 기출문제

01 다음 중 사무 계획의 정의를 가장 바르게 설명한 것은?

① 사무 목표와 실행 결과의 편차를 수정하는 것이다.
② 사무인원의 충원과 적재적소 배치를 하는 활동이다.
③ 사무 문서의 표준화와 간소화를 수립하는 활동이다.
④ 목표달성을 위해 미래의 사무행동노선을 사전에 준비하는 과정이다.

사무 계획이란 기업의 모든 계층, 즉 경영층에서부터 작업층까지 두루 필요하며, 행정이나 기업 경영 중에 필요한 사무관리의 목표를 정하고 그것을 효과적으로 수행할 수 있도록 하는 것

02 사무 계획화의 대상으로 볼 수 없는 것은?

① 사무 작업의 개선 발전을 위한 사항
② 유효 적절한 정보 처리 문제
③ 임금 인상을 위한 사항
④ 사무 진행상 더욱 능률적이고 유기적인 관계를 유지하도록 하는 사항

계획화 사무 대상
• 반복성의 관례적 사무 작업   • 비반복적인 사무 작업
• 자발성이나 창조성을 요구하는 사무 작업   • 예외 사항의 사무 작업

03 사무 계획 중에서 특정 상황에 대응하여 그때마다 만들어지는 계획을 무엇이라 하는가?

① 고정 계획
② 구조 계획
③ 표준 계획
④ 개별 선정 계획

• 개별 선정 계획 : 특정 상황에 응하여 그때마다 만들어지는 계획
• 표준 계획 : 일반적 상황에서의 계획

정답 01 ④ 02 ③ 03 ④

04 사무 계획 수립 절차를 순서대로 바르게 나열한 것은?

① 대안 구상→전체의 설정→정보 수집→최종안 결정
② 대안 구상→정보 수집→목표 설정→최종안 결정
③ 정보의 수집→정보 분석→목표 설정→최종안 결정
④ 목표 설정→정보 수집 분석→대안 구상→최종안 결정

사무 계획의 수립 절차 중 가장 먼저는 목표 설정임

05 사무의 처리 순서대로 사무원을 배치하여 1인의 사무원 처리가 끝나면 다음 사무 공정으로 진행하는 사무 처리 방식은?

① 유동 처리 방식   ② 개별 처리 방식
③ 로트 처리 방식   ④ 순차 처리 방식

유동 처리 방식에 대한 설명임

오답 피하기
• 사무 처리 방식 결정은 개별 처리 방식, 로트 처리 방식, 유동 처리 방식, 오토메이션 방식이 있음
• 개별 처리 방식 : 1인의 사무원이 정보의 수집부터 작성까지 모든 처리. 사외 정보 사무, 일시적 사무, 돌발적 사무 처리 등에 많이 적용
• 로트(lot) 처리 방식 : 정보의 수집부터 작성까지를 여러 사무원이 분담 처리. 각 사무원이 맡은 처리를 행한 다음 다른 사람에게 넘기는 방식. 경상 사무에서 많이 이용
• 오토메이션 방식 : OA 기기 등을 이용하여 자동적으로 사무를 처리하는 방식

06 다음 경영조직의 형태 중 성격이 다른 하나는?

① 라인(Line) 조직
② 직선조직
③ 군대식 조직
④ 스태프(Staff) 조직

라인조직 = 직선조직 = 군대식 조직 = 직계식 조직

07 사무조직에서 분산화의 특징이 아닌 것은?

① 작업시간, 거리, 운반 등의 간격을 줄일 수 있다.
② 사무작업자의 사기 저하를 방지할 수 있다.
③ 사무중요도에 따라 순조롭게 업무를 처리할 수 있다.
④ 직원의 전문화 및 직원 관리를 쉽게 할 수 있다.

사무조직을 분산화하면 직원의 전문화는 가능하지만 직원 관리는 어려움

08 선진기업들이 수직적 통합으로 자신이 직접 생산하던 부품생산을 상당 부문 외부 주문으로 전환하는 것을 무엇이라 하는가?

① Re-Engineering   ② Out-Sourcing
③ Re-Structuring   ④ Downsizing

Out-Sourcing : 선진기업들이 수직적 통합으로 자신이 직접 생산하던 부품생산을 상당 부문 외부 주문으로 전환하는 것

09 사무 계획 수립 절차에 속하지 않는 것은?

① 시정조치
② 정보의 수집
③ 최종안의 선택
④ 사무의 목적 및 목표의 명확화

사무 계획 수립 절차 : 목적, 목표, 방침의 명확화 → 정보의 수집 및 분석 → 전제조건 설정 → 대안의 구성 → 최종안 결정

10 사무 계획의 구성 요소에 해당하지 않는 것은?

① 예측(Forecast)   ② 프로그램(Program)
③ 스케줄(Schedule)   ④ 지표(Index)

사무 계획의 구성 요소 : 예측, 목표, 방침, 프로그램, 스케줄, 절차, 예산

11 사무조직은 크게 집중화와 분산화로 구분된다. 다음 중 집중화의 장점으로 가장 거리가 먼 것은?

① 환경변화에 신속하게 대응할 수 있다.
② 감독이 용이하고 사무량 측정이 용이하다.
③ 사무의 요구에 따른 인원의 육성이 용이하다.
④ 작업량의 균일화가 가능하다.

집중화의 장점
• 사무집행처리에 대한 감독을 철저히 할 수 있음
• 제한된 인력을 효과적으로 활용
• 경제성과 생산성을 증대
• 전문화를 가속화
• 사무작업방법이나 속속을 개선하는 것이 용이
집중화의 단점
• 타 부문에서 사무관리 부문으로 사무를 인도하고, 반대로 사무관리 부문에서 타 부문으로 사무를 인도하는 데 필요한 만큼의 시간이 지연됨
• 전문적, 기술적 작업이 반영되기 어려움
• 비밀작업 유지가 안 됨
• 각 기능 부서별의 중요성이나 긴급성이 감안되지 못함

사무의 통제 및 표준화

▶ 합격 강의

빈출 태그 사무 통제 방법 • 사무 통제를 위한 관리 도구 • 표준화 대상 • 표준화 종류

🏷️ 사무 통제

1) 사무 통제의 개념 10년 9월, 06년 8월, 02년 5월

- 사무 통제란 사무 집행이 당초 계획한 대로 행해지고 있는가의 여부를 확인하고 계획과 실시 간의 차이를 시정하는 관리 활동이다. 계획과 실행 간의 차이가 있을 경우 원인을 제거하여 생산성을 향상시키고 효율을 높이는 활동이다.
- 쿤츠(H. Koontz)와 오도넬(C. O'Donnell)은 통제를 '어떠한 일의 성취도를 계획에 비추어 측정하고 계획상의 목표 달성을 보장할 수 있도록 계획으로부터의 차질을 시정하는 조치'라고 정의했다.

2) 사무 통제의 방법 및 절차

① 사무 통제의 방법 19년 4월, 14년 9월, 10년 9월, 05년 3월/5월/8월, 02년 5월/8월

정책	모든 통제의 근본을 이루는 것으로, 정책을 바탕으로 다른 통제가 전개되며 유지
예산	관리적 성과를 높이기 위하여 기업의 경영 활동에 대한 모든 계획을 화폐가치로 나타낸 예산을 수립하고, 그것에 기초하여 경영 활동을 수행하며, 최초의 예산은 관리적 성과의 여부를 판단하는 표준이 됨
감사	조사, 검사, 조회 혹은 평가 등을 말하는 것으로 크게 내부 감사와 외부 감사로 나눔
장표	통제의 방법 중 가장 강제력이 있는 방법의 하나로, 장표의 설계 및 발행도 통제 필요
집중화	하나의 집단을 하나의 사무소에 통합시키는 물리적 집중화와 여러 집단을 한 사람 또는 한 집단에서 관리하는 기능적 집중화가 있음
절차	일을 수행하는 데 있어서 따르지 않으면 안 되는 규정된 틀
기록	기록은 권한을 확립하고 방향을 지정하며 결과를 표시
보고	조직 전체를 통해 종횡의 의사 소통을 하는 것으로, 문서로 된 보고는 자연적인 통제에 의존
일정	표준, 기계 및 개인의 능력, 활동 계획에 따라 수립되며, 잘 짜인 일정은 명확한 목표 제시와 효과적인 산출량 통제를 가져옴
표준	주관적이든 객관적이든 사실에 입각한 표준은 가장 정확하며, 손쉬운 통제 방법
기계	기계에 의해서 생산의 속도, 제품의 형상이 정해지며, 또한 기계의 능력에 따라 제품의 질이 결정되므로 이런 의미에서 통제적 작용을 하는 것이라고 볼 수 있음

통제과정에 관한 원칙
- 표준의 원칙 : 효율적인 통제가 이루어지려면 객관적이며 정확하고 적절한 표준이 마련되어야 한다는 원칙
- 중요 항목 통제의 원칙 : 계획에 대한 실적을 평가함에 있어서는 중요한 사항에 대해서만 주의를 기울여야 한다는 것으로 실적과 중요한 편차 요인에만 주의를 기울여야 한다는 원칙
- 예외의 원칙 : 유난히 좋거나 유난히 나쁜 점, 혹은 편차가 같은 예외적인 사항에 특히 주의를 기울여야 한다는 원칙
- 탄력적인 통제의 원칙 : 통제의 실효를 거두기 위해 탄력성 있는 통제가 이루어져야 한다는 원칙으로 계획 집행상 예상하지 않았던 변화나 예기치 않았던 결과가 생겼을 때에는 이에 적응하는 통제가 이루어져야 한다는 원칙
- 활동의 원칙 : 통제에는 수정활동이 따라야 한다는 원칙으로 실적이나 예상 결과가 계획과 편차가 있을 때에는 계획을 수정하거나, 조직의 재편성 충원 혹은 지휘 방법의 개선 등을 통해 통제가 효율적으로 달성된다는 것

감사
조사 · 검사 · 조회 혹은 평가 등의 방법으로써, 무질서하게 행해지는 산발적인 체크 혹은 일정한 룰에 기초한 표본 조사로 진행되는 사무 통제 방법

② 사무 통제의 절차 08년 3월

계획 ➡ 일정 수립 ➡ 준비 ➡ 전달 ➡ 지시 ➡ 감독 ➡ 비교 ➡ 시정

계획	모든 사무 활동에 대한 예비적인 단계로 무엇을, 어떻게, 어디서, 누가, 왜 하느냐를 결정하는 것
일정 수립	작업의 각 단계에서 요구되는 시간을 결정하고, 작업의 지연을 예측하여 가장 좋은 작업 순서를 결정하는 것
준비	도구, 직원, 기계, 서류 등의 필요한 설비를 요구 시점에서 즉시 제공될 수 있도록 보장하는 것
전달	행사해야 할 권한을 발동시키는 것으로 특정한 일을 시작할 시간이 오면 명령의 전달이 빠르고 효과적이며, 최저의 비용으로 행해질 수 있어야 함
지시	작업 수행 중의 동시적인 통제의 수단으로, 지시는 명백하고 정확하며 시종일관된 것이어야 함
감독	지시는 감독에 선행하는 것으로 일의 수행 방법을 가리키는 것. 그러나 감독이 없이는 지시를 이해하지 못할 수도 있으며, 실수를 범할 수도 있기 때문에 감독은 통제를 가하거나 유지하는 유용한 수단이 됨
비교	실제의 성과와 표준에 있어서 양, 시간, 비용 등을 비교하고, 계획된 성과와 얼마나 일치하는가를 평가하는 것
시정	계획과의 차이 또는 그 차이를 발생시킨 원인을 바르게 수정하는 것으로 특수한 경우도 있고, 일반적인 경우도 있음

3) 사무 통제 관리 도구 24년 3월, 23년 3월, 20년 8월, 19년 9월, 18년 3월, 17년 3월, 16년 5월/10월, 15년 9월, 14년 3월, …

일정표	사무의 통제를 위해 가장 효과적이며, 자주 사용되는 방법으로 간단하지만 특정 업무를 통제할 때 필요하며, 주로 감독자가 많이 사용
절차 도표	여러 단계의 제조 공정을 거치게 되는 생산 현장에서 재료의 경과를 통제하기 위해 널리 사용
전달판	각 사무원에게 업무를 지시할 때 그 사무원의 이름이 표시된 위치에 업무 지시서를 두어 업무 할당 지시서를 받고 그 업무가 끝나면 다시 감독자에게 회부
과정판	과정판은 원래 생산 통제 현장에서 완성 작업을 표시하기 위해 사용하던 것으로 사무 처리에 있어서도 계획된 업무의 진행 상황 파악에 사용 가능
간트 차트 (Gantt Chart)	작업량, 시간, 평가 등을 나타내는 간단한 부호를 사용하여, 절차 계획과 일정 계획의 내용을 작업자에게 쉽게 이해시키기 위한 것으로, 유기적인 전후 관계를 나타내지 못하는 단점이 있음
PERT(Program Evaluation and Review Technique)	• 최단시간 내에 완성할 수 있는 방법을 찾는 기법 • 프로그램 진행사항을 추적하는 관리도구 • 간트도표에 비해 작업계획을 수립하기 쉬움 • 관계자 전원이 참가하게 되므로 의사소통이나 정보교환이 용이 • 문제점을 명확하게 종합적으로 파악 가능
자동 독촉 제도 (Come-up System)	정해진 시기에 처리해야 할 사무 계획을 세운 후 필요한 서류를 전담 직원에게 보관시켜 놓고, 전담 직원으로 하여금 자동으로 독촉하게 하는 제도
티클러 시스템 (Tickler System)	색인 카드철(Tickler file)을 이용하여 서류를 처리해야 할 날짜별로 철해 두었다가, 처리해야 할 날짜가 되면 그 서류를 찾아 처리하는 방법

시뮬레이션(Simulation)
실제로 해보기 힘든 실험을 컴퓨터에서 예비실험을 하는 것으로 가상의 환경에서 실제 상황의 결과를 예측할 수 있다는 장점이 있다.

원 라이팅 시스템(One Writing System)
일련의 사무절차를 수행하는 데 필요한 전표(傳票)를 일괄해서 동시에 발행하는 방식으로 예로 들면 따로 작성했던 견적서·주문서·납품서·청구서 등을 동시에 일괄 발행하여 사무상의 합리화뿐만 아니라 사무 처리의 일정계획도 가능하게 된다는 등의 이점을 꾀할 수 있음

✅ 개념 체크

1 사무의 효과적인 통제를 위한 행위에는 감사, 기록, 표준, 분산화, 보고, 환경, 예산 등이 있다. (O, X)

2 사무통제를 위해 작업량, 시간, 평가 등을 나타내는 간단한 부호를 사용하여 절차 계획과 일정 계획의 내용을 나타내는 관리 도구는 ( )이다.

1 × 2 간트 차트

**"현실적으로 달성 가능한 표준"
의 의미**
- 보통의 작업자들이 열심히 노력
하기만 하면 달성 가능한 표준
- 작업이나 작업환경을 과학적으
로 분석하여 엄격하지만 달성
가능한 표준
- 근로자에게 동기를 부여할 수
있고 객관적으로 성과를 평가할
수 있는 표준

사무공정관리
- 사무통제를 위한 관리기술로 사
무표준을 사용하여 매일 발생하
는 사무를 능률적으로 처리하는
것을 목적으로 하는 관리 활동
- 결재권한의 합리화, 사무서식의
분석 및 개선, 사무흐름의 표준화

02 사무 표준화

1) 사무 표준화의 개념 18년 3월, 14년 9월, 08년 5월, 06년 8월

- 정책, 규격, 방법, 절차 등에 관하여 획일성 또는 통일성을 가지며, 정확하고 납득할 수 있어야 한다.
- 수립된 표준은 실행 가능해야 하며, 어느 정도 융통성이 있어야 한다.

2) 사무 표준화의 내용

① 표준화의 목적 및 효과 20년 6월/8월, 18년 4월, 13년 6월, 10년 5월, 06년 3월/5월, 05년 5월/8월, 02년 3월, 01년 9월,…

- 직원들을 더욱 철저하게 감독, 통제할 수 있고 용어나 개념상의 통일을 기한다.
- 공동 이해 촉진과 직원의 생산성 향상 및 통제의 강화로 낭비를 줄인다.
- 직원들의 사기가 높아지며 직원들을 능력별로 활용하기에 유리하다.
- 작업의 구성이 단순화 · 균일화되므로 생산성을 향상시킨다.
- 생산 계획이나 통제를 하는 데 도움이 된다.
- 낭비적인 요소를 제거함으로써 원가가 절감되는 효과를 얻을 수 있다.

② 표준화의 대상 09년 8월, 07년 3월, 04년 5월

정책(Policies)	• 조직의 일반적 목표와 이를 세분한 목적들을 문서화하여 배포하여야 함 • 기업에서는 세부 분야별로 정책편람 등이 해당됨
재료(Materials)	종이, 복사지, 클립, 스테이플러, 서류보관용 표지 등. 이는 동일 규격으로 부서별로 사용량도 표준화시킴
기계와 비품	사무용 기계의 브랜드, 색, 칸막이, 조명기구 등에 관하여 통일
인간(Men)	사람에 관한 측면도 사전에 규격화. 기업에서는 직무명, 직무기술서, 자격증, 채용시험, 신원증명, 배치, 인사 기록 등에 대한 표준이 이에 해당함
금전(Money)	주로 원가에 관한 표준으로 작업 단위당 인건비의 산출, 재료비, 기계 및 비품비의 산출, 오류의 비용 등 표준 원가를 산출
방법(Methods)	주로 작업 수행 절차와 방법에 관한 표준을 의미. 문서 분류 보관 방법 혹은 영수증 처리 절차, 재고관리의 절차와 방법을 표준화함

③ 사무 표준의 종류 22년 4월, 17년 3월, 16년 5월, 09년 8월, 08년 5월, 05년 5월/8월, 00년 10월

양(Quantity) 표준	일정 기간 내에 생산되는 작업 단위의 수를 말하며, 양 표준 그 속에 시간 표준(Time Standards)을 포함하며, 이는 대체로 주관적 표준(Subjective Standards), 기술(엔지니어)적 표준(Engineered Standards), 실적 표준(Production Standards), 과학적 표준(Scientific Standards)의 4개 측면을 고려
질(Quality) 표준	사무 작업의 정확도를 뜻하며, 보통 %로 표시
양 및 질 표준	한 사무 작업에 양 표준과 질 표준을 함께 적용

✔️ **개념 체크**

1 사무관리에 있어서 표준화의 목적 중 하나는 '사무 환경의 개선'이다. (O, X)

2 사무 표준은 정확하고, 정기적으로 재검토 및 수정이 이루어져야 하며, 실제 적용에 무리가 없어야 한다. (O, X)

1 × 2 ○

④ 사무 표준의 구비 조건 19년 3월, 08년 3월, 07년 5월, 05년 8월, 01년 9월

- 사무 작업 내용과 근무 조건을 분석한 다음 정확하게 만들어야 한다.
- 유능한 직원을 기준으로 하고 실제 적용에 무리가 없으며, 당사자들인 사무원들도 받아들일 수 있어야 한다.
- 정기적으로 재검토해서 수정해야 한다.

이론을 확인하는 기출문제

01 다음 중 조사 · 검사 · 조회 혹은 평가 등의 방법으로써, 무질서하게 행해지는 산발적인 체크 정도이거나 혹은 일정한 룰에 기초한 표본 조사인 사무 통제 방법은?

① 집중화
② 감사
③ 예산
④ 절차

문제는 '감사'에 대한 설명이며, '감사'는 신규인 경우 또는 상황이 급속히 변화하는 경우 여러 번 반복 시행하는 것이 좋음

02 기업은 양적, 질적으로 작업을 측정하여 표준을 세워야 한다. 다음 중 표준화에 대한 내용으로 옳지 <u>않은</u> 것은?

① 사무 설비 중 책장, 의자 및 파일링 기구 등을 표준화한다.
② 장표, 기록 및 절차 등을 표준화한다.
③ 인사 관리 중 직무 분석, 직무 기술서 등을 표준화한다.
④ 기업의 장래 예측 및 의사 결정의 형태를 표준화한다.

• 사무 표준화의 대상 : 정책(Policies), 재료(Materials), 기계와 비품, 인간(Men), 금전(Money), 방법(Methods)
• 기업의 장래 예측이나 의사 결정의 형태는 표준화할 수 없음

03 다음 중 일정 시간 내에 생산되는 작업 단위의 수를 말하며 시간 표준을 포함하는 사무 표준의 종류는?

① 양(Quantity) 표준
② 질(Quality) 표준
③ 양 및 질 표준
④ 완성도

양 표준 : 일정 기간 내에 생산되는 작업 단위의 수를 말하며, 시간 표준을 포함하고 주관적 표준(Subjective Standard), 엔지니어적 표준(Engineered Standard), 생산 표준(Production Standard)으로 분류

04 전통적 관리와 목표에 의한 관리에는 몇 가지 차이점이 있다. 다음 중 목표에 의한 관리에 해당하는 것은?

① 목표 설정이 귀납적임
② 상급자에 의해 통제됨
③ 분업화 및 전문화가 촉진됨
④ 높은 수준의 욕구충족이 가능함

• MBO는 목표설정의 가장 대표적인 예로서 "목표에 의한 관리"라고도 부름
• 특징 : 구체적인 목표 설정, 계획 설정에 참여, 실적에 대한 피드백 기능

05 하나의 시간 계획을 작성할 때 사용하는 것으로 관리자에게 완성될 프로젝트에 관하여 정확히 요구된 시간의 추정치를 창출할 수 있는 사무 계획 수립 기법은?

① PERT
② 간트 도표
③ 선형 계획 기법
④ 회귀 기법

PERT : 어떤 사업에 있어서 그것을 최단시간 내에 완성할 수 있게 하는 방법을 찾는 기법임

오답 피하기
• 간트 차트 : 작업량, 시간, 평가 등을 나타내는 간단한 부호를 사용하여, 절차 계획과 일정 계획의 내용을 작업자에게 쉽게 이해시키기 위한 방법
• 선형 계획 기법(Linear Programming; LP) : 주어진 목적을 달성하기 위하여 어떻게 제한된 자원을 합리적으로 배분하느냐에 대한 것으로 의사 결정 문제를 해결하기 위하여 개발된 수리적 기법으로 현재까지 알려져 있는 경영과학 기법 중에서 가장 중요하며 널리 이용
• 회귀 기법 : 각종 의사 결정을 위해 수요 예측, 광고효과 분석 등을 행할 때 주로 사용하는 기법으로, 독립변수와 종속변수 사이의 인과관계를 선형 관계식을 구해 독립변수의 변화에 따른 종속변수를 예측하는 통계학 기법

06 다음 중 시간 관계를 기초로 분류한 통제 형태로 보기 힘든 것은?

① 품질 통제
② 사전 통제
③ 사후 통제
④ 진행 통제

• 통제 시기에 따른 구분 : 사전 통제(투입 통제), 동시(진행) 통제, 사후 통제
• 통제 내용에 따른 구분 : 생산 통제, 자원 통제, 재무 통제, 마케팅 통제

정답 01 ② 02 ④ 03 ① 04 ④ 05 ① 06 ①

▶ 합격 강의

01 사무실 관리 16년 5월

1) 사무실의 주요 기능 13년 6월, 04년 3월, 03년 3월, 02년 5월/8월, 00년 5월/7월/10월

- 사무 작업이 이루어지는 모든 장소를 말한다.
- 사무실은 집무에 필요한 설비, 기계, 집기 등을 적절히 배치하고 일의 흐름을 정비하며, 생리적, 심리적으로 쾌적한 상태에서 일할 수 있는 공간이 되어야 한다.
- 사무를 사무실(Office)의 기본 기능별로 분류하면 의사 결정 업무, 데이터 처리(문서 처리) 업무, 커뮤니케이션 업무로 나눌 수 있다.

2) 사무실 배치 원칙

① 사무실 위치 선정 18년 4월, 17년 5월, 10년 3월, 08년 5월, 07년 8월, 06년 5월, 04년 8월, 03년 5월, 01년 3월/6월, 00년 5월, …

- 행정 또는 경영 관리의 기능적 수행이 용이하고, 집무 능력의 향상에 이바지할 수 있도록 하며, 직원의 노동 의욕이 향상될 수 있는 집무 환경을 만들어 내는 것이다.
- 사무실의 경제성 향상, 사무원가 절감, 직원의 노동, 위생조건이 충족, 주민에게 친절감, 서비스 향상이 되어야 한다.
- 정세의 변화에 순응할 수 있도록 하고 업무 성격을 확실하게 표현하며 PR 효과를 제공할 수 있어야 한다.

② 사무실 배치의 원칙 23년 3월, 22년 3월, 20년 6월, 19년 9월, 16년 10월, 15년 5월, 14년 3월, 07년 5월, 05년 8월, …

- 사무의 성격이 유사하거나 연락이 많은 부서를 가깝게 배치하여 작업의 편리를 도모한다.
- 직선적 배치는 작업 경로를 단순화하여 처리 단계의 상호 결합 용이, 시간의 단축, 인원 증가가 억제의 효과가 있다.
- 공중과 관계가 많은 부서는 입구 근처에 배치한다.
- 관리자의 개인실은 가능한 면적을 작게 하며, 공동의 응접실이나 회의실을 활용한다.
- 장래 확장에 대비하여 탄력성 있는 공간을 확보한다.
- 대사무실주의는 사무실 배치에 있어서 가능한 한 독방을 제한한다. 독방은 부하의 감독에 불편할 뿐만 아니라 작업의 흐름에 단절을 가져오고 공간, 냉 · 난방, 조명, 환기 등의 면에서 더 많은 비용이 발생한다.

사무실을 포함한 주요 업무 시설의 물리적 보안대책

- 근접탐지시스템, 적외선시스템 등을 활용하여 침입탐지시스템을 가동함
- 화재에 대비하기 위하여 각종 화재감지기를 설치 운용함
- 계절 변화에 따른 온도, 습도 영향을 줄이기 위하여 주요 전산 시스템이 설치된 곳에 항온 항습기를 설치함
- 갑작스러운 정전 시에는 서버시스템을 보호하기 위하여 UPS(정전 시 일정 시간 동안 전원을 공급)를 설치함

대실주의

사무실을 너무 세분화하는 것보다는 여러 과를 한 사무실에 배정하여 사용하는 것이 바람직하다고 생각하는 사무실의 배정 방식

- 실내 공간 이용도를 높일 수 있음
- 사무의 흐름을 직선화하는 데 편리하며 직원 상호 간 친목도를 높임
- 과별로 직원 상호 간에 행동상의 비교가 이루어져 자유통제가 쉬움

행정업무의 효율적 운영에 관한 규정

제57조(영상회의실의 설치 · 운영 및 지정) ① 행정기관의 장은 다음 각 호의 회의를 개최하기 위하여 영상회의실을 설치 · 운영할 수 있다.〈개정 2013.3.23., 2014.2.18.〉
1. 국무회의 및 차관회의
2. 장관 · 차관이 참석하는 회의
3. 둘 이상의 정부청사에 위치한 기관 간에 개최하는 회의
4. 정부청사에 위치한 기관과 지방자치단체 간에 개최하는 회의
5. 그 밖에 원격지(遠隔地)에 위치한 기관 간 회의

③ 워크스테이션의 설계 : 오피스 업무를 처리하는 최소 단위 공간

인간 공학적 요인	손발이 닿는 범위, 키보드 작업 시 팔의 각도, 시각과 체형 그리고 능력 등 고려
지각적 요인	시각과 청각을 고려한 디스플레이, 판독 범위를 고려한 자료의 거리, 음원의 방향 등
환경적 요인	채광, 온도, 습도, 소음 등
사회적 요인	개인 간 커뮤니케이션, 부문 간의 교류, 방문객에 대한 응대 등 고려
동기 유발 요인	프라이버시, 지위, 귀속성, 개인의 정신적 충족성 등
사용자 단위	개인용, 공용으로 구분
미관적 요인	형체, 재질, 색채, 배선 처리 등 고려

④ **책상 배치** 22년 5월, 19년 5월, 14년 5월, 07년 5월, 03년 3월/5월, 00년 10월

- 책상 배치 방식 : 일반적으로 사용되는 대향식, 동향식, 좌우 대향식 이외에 자유 방향식, ㄴ자형, +자형, S자형, T자형, U자형 등의 다양한 형태가 있다.
- 업무자의 시선이 주 통로나 입구로 향해서는 안 되며, 부득이한 경우 패널이나 플랜트 박스 등으로 시선을 가려 주어야 한다.
- 방문객과 접촉의 기회가 많은 사람이나 부서를 입구 쪽에 배치하여 다른 사람이나 부서에 방해를 주지 않도록 한다.
- 창문으로부터 6m 이내의 지역은 채광설비를 하고 입사광이 시선 위로 오도록 해서는 안 된다. 광선은 왼쪽 어깨 위에서 비치는 것이 좋다.
- 타인과 등을 맞댈 경우에는 최저 70cm, 통로는 90cm 이상의 공간이 필요하며, 마주 보아야 할 경우에는 패널 등으로 차단하거나 서로 비껴 앉는 것이 좋다.
- 통로의 폭은 주통로인 경우 2m 이상, 부서 간의 경계는 1m 이상, 부문 간 통로는 70cm 이상이 유지되는 것이 좋다.
- 관련 부서끼리는 원활한 의사 소통을 위해 관리자의 시야 범위인 10m 이내에 배치한다.
- 관리자, 감독자는 가능한 부하 직원들의 뒷면이나 측면에 위치하되, 감시적인 느낌이 들지 않도록 해야 한다.

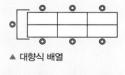

▲ 대향식 배열

▲ 동향식 배열

▼ **주로 사용되는 대향식과 동향식의 장 · 단점** 19년 4월, 96년 5월

특징	대향식	동향식
장점	• 점유 면적이 적음 • 직무상의 의사 소통이 원활함 • 전화기를 공동 사용할 수 있음 • 일련의 연속적인 사무 흐름이 가능함	• 서로 쳐다보지 않으므로 집중력 높음 • 잡담 등의 기회가 적어짐 • 감독하기에 편리함 • 질서정연한 인상을 줌
단점	• 상대의 시선과 행동에 집중력 저하 • 충분한 여유 공간 확보가 어려움 • 업무 외의 잡담 기회가 많아짐 • 감시적 느낌 때문에 감독이 불편함	• 차지 면적이 대향식에 비해 10~20% 큼 • 직무상 의사 소통이 불편함 • 전화 대수가 적은 경우 매우 불편함 • 일련의 연속적인 사무 흐름이 어려움

▲ 좌우 대향식 배열

⑤ 배선 및 컴퓨터 설치 대책 18년 4월

- 과거 : 바닥이나 천장에 배선용 배관, 3선 케이블 덕(Duck), 벽면용 폴(Pole) 등을 사용한 노출 배선 방식을 주로 사용하여 콘센트 추가, 배선의 증설 등 시공상의 어려움이 많다.
- 최근 : 마루를 들어 올리는 액세스 플로어(Access Floor) 방식과 카펫 아래에 평면 케이블(Flat Cable)을 부설하는 방법으로 콘센트 플러그의 이전이나 증설 등이 보다 편리하다.
- 액세스 플로어 방법 : 바닥에 알루미늄 주조물로 된 높이 조정식 조립 마루를 부설하고 그 공간에 케이블을 설치하는 것으로 기존의 마루보다 바닥이 높아지기 때문에 천장이 낮은 경우에는 부적합한 방법이다.
- 소음 방지나 미관을 고려하여 바닥에 카펫(Carpet)이 깔려 있는 경우에는 카펫 밑으로 평면 케이블을 설치하는 것으로 융통성과 안전성, 미관성에서 가장 효과적인 배선 방법이다.
- 컴퓨터 시스템 설치를 위한 입지 선정 시 지반이 약한 지역은 피해야 하며, 컴퓨터 센터의 건물은 주요 구조부를 내화 구조로 하여야 한다. 또한 컴퓨터실은 비상시 메인 스위치로 통제할 수 있도록 해야 한다.
- PC 설치 시에는 전기적 잡음이나 진동이 적은 곳에 설치해야 하며, 전기 사용량이 큰 기기와는 전원부를 공유하지 않는 것이 좋다. 또한 직사광선이나 습기가 많은 곳, 히터 등 열기구 근처는 피하며 통풍이 잘 되는 곳이 적당하다.

02 사무실 환경

1) 집무 환경의 요소 23년 5월, 22년 3월, 16년 10월, 15년 3월, 10년 3월, 05년 5월, 03년 8월, 01년 6월/9월, 00년 7월, 99년 6월, 96년 10월, …

집무 환경의 중요한 요소는 실내 조명, 색채 조절, 소음에 대한 방음 시설, 온도 · 습도의 공기 조절 등이 있다.

① 조명 20년 6월/8월, 17년 3월, 15년 5월, 14년 3월, 13년 6월, 10년 5월/9월, 09년 8월, 08년 5월, 07년 8월, 04년 5월, 02년 5월, …
- 채광 : 밖으로부터의 자연 빛을 얻는 것이다.
- 조명 : 인공적으로 빛을 만들어 내는 것으로 직접/간접/반간접 조명으로 나뉜다.

직접 조명	• 천장에 고정된 조명 시설에서 아래로 직접 빛이 비추게 하는 방법 • 빛을 가장 효율적으로 사용할 수는 있으나 눈이 쉽게 피로해짐
간접 조명	• 조명 시설에 반사판을 설치하거나 빛의 방향을 천장이나 벽으로 향하게 하여 기기에서 반사된 빛을 이용하는 방법 • 반사된 빛은 직접 비추는 빛보다 부드럽고, 눈의 피로도 덜하지만 전체적인 빛의 양이 줄어들 수 있음
반간접 조명	간접 조명의 단점을 보완하기 위해 일부의 빛을 아래로 직접 비추도록 한 것으로 작업 환경에 있어서 가장 효과적인 조명 방법

- 백열 전구보다는 형광등을 많이 사용한다. 형광등은 시설 비용이 크고, 높은 전압을 필요로 하며 변색되는 단점이 있으나 자연광에 가깝고, 전력 소모와 발열이 적으며 수명이 긴 장점을 가진다.
- 주의 : 직사광선에 오랜 시간 노출될 경우 변색이나 변형되기 쉽기 때문에 직접적으로 비치도록 해서는 안 된다. 창에 커튼이나 블라인드를 설치하여 창으로 들어오는 빛의 양을 조절해야 한다.

▼ **사무실의 조도(산업보건기준에 관한 규칙 제265조)** 24년 5월, 20년 6월

구분	조도
초정밀 작업	750lux❶ 이상
정밀 작업	300lux 이상
보통 작업	150lux 이상
그 밖의 작업	75lux 이상

② **소음** 24년 3월, 20년 8월, 14년 3월, 10년 5월, 09년 3월, 08년 7월, 07년 5월/8월, 06년 3월, 04년 8월, 03년 3월/8월, 01년 9월, …

- 지나친 소음은 대화를 방해하고 작업 능력을 저하시켜 작업효율을 떨어뜨리며, 정신 상태를 성가시고 초조하게 만드는 등 바람직하지 않은 영향을 끼친다.
- 소음을 발생하는 기계나 장비 등은 별도의 방에 배치하거나, 각종 진동음과 마찰음을 최소화하고, 천장이나 벽❷ 등에 흡음재와 방음재를 사용하여 소음을 최소화한다.
- 일반적으로 허용되는 일반 사무 환경의 평균 소음은 50~55dB이다(ISO 권고 기준).

▼ **장소에 따른 소음 허용도❸**

장소	허용도	장소	허용도
일반 사무실	50~55dB	식당	60~65dB
현관 및 복도	60~65dB	중역실	40~50dB
전화 교환실	65~70dB	대회의실	50~55dB
컴퓨터실	75dB 이하	소회의실	50dB 이하

▼ **산업 보건 기준에 관한 규칙**

- 소음 작업은 1일 8시간 작업을 기준으로 85dB 이상의 소음이 발생하는 작업을 말한다.
- 청력 보존 프로그램이라 함은 소음 노출 평가, 노출 기준 초과에 따른 공학적 대책, 청력보호구의 지급 및 착용, 소음의 유해성과 예방에 관한 교육, 정기적 청력 검사, 기록 · 관리 등이 포함된 소음성 난청을 예방 관리하기 위한 종합적인 계획을 말한다.
- 사업주는 소음의 작업 환경 측정 결과 소음 수준이 90dB을 초과하는 사업장, 소음으로 인하여 근로자에게 건강 장해가 발생한 사업장에 해당하는 경우 청력 보존 프로그램을 수립 · 시행하여야 한다.
- 강렬한 소음 작업이라 함은 다음에 해당하는 작업을 말한다.

소음	작업 시간	소음	작업 시간
90dB 이상	1일 8시간 이상	105dB 이상	1일 1시간 이상
95dB 이상	1일 4시간 이상	110dB 이상	1일 30분 이상
100dB 이상	1일 2시간 이상	115dB 이상	1일 15분 이상

❶ Lux
조도의 단위. 1Lux는 1m^{2}의 면에 수직으로 1Luman의 광속으로 비칠 때의 조도

❷ 벽
소음을 차단할 수 있는 벽의 형태와 두께는 철근 콘크리트벽 20cm 이상이 적당함

❸ 폰(Phon)
- 물리적 음압 측정을 기준으로 단위를 매겼던 데시벨(dB)과는 달리 실제 들리는 소리 크기를 기준으로 한 단위
- 사람이 들을 수 있는 가장 작은 소리를 0Phon, 사람이 들을 수 있는 가장 큰 소리를 120Phon이라 정하고, 조건의 변화에 상관없이 사람이 듣고 있는 소리의 크기를 기준으로 그에 대한 단위를 설정함

✓ **개념 체크**

1 소음 수준이 90데시벨을 초과하는 사업장에 대해서는 청력 보존 프로그램을 수립, 시행해야 한다. (O, X)

1 O

③ **온도와 습도** 10년 3월, 06년 3월, 04년 5월/8월, 01년 6월, 00년 7월, 99년 4월

▼ 계절별 온도와 습도 관리 기준

계절	기온	습도	유효 온도
봄 · 가을	22 ～ 23℃	50~70%	19.4 ～ 20.1℃
여름	25℃		21.1 ～ 22.8℃
겨울	18 ～ 20℃		17.8 ～ 18.3℃

▼ 불쾌 지수 : (건구 온도℃ + 습구 온도℃) × 0.72 × 40.6

불쾌 지수	느낌
70 이하	쾌적함
70 ～ 75	10명 중 1명 정도가 불쾌감을 느낌
75 ～ 80	절반 정도가 불쾌감을 느낌
80 ～ 86	전원이 불쾌감을 느낌
86 이상	참을 수 없을 정도로 불쾌감을 느낌

기적의 TIP

'산소결핍' 기준과 '적정한 공기'의 기준, '포름알데히드' 관리기준 등 공기 오염은 자주 출제되고 있으니 꼼꼼하게 확인하시기 바랍니다.

④ **공기 오염 방지** 24년 3월, 22년 3월, 19년 9월, 16년 10월, 13년 3월, 10년 3월/9월, 09년 5월

- 공기 오염의 주된 요인 : 사람의 호흡에서 나오는 이산화탄소, 작업 과정에서 발생되는 황이나 질소 산화물들을 포함한 각종 유해 가스, 기기에 부착된 냉각팬 등에서 일어나는 먼지 등으로 인한 분진 등
- "적정한 공기"라 함은 산소 농도의 범위가 18% 이상 23.5% 미만, 탄산가스의 농도가 1.5% 미만, 황화수소의 농도가 10ppm 미만인 수준의 공기를 말한다. 공기 중의 산소농도가 18% 미만일 때 "산소 결핍"이라 한다.
- 분진의 허용 농도 : 분진의 허용 농도는 $50\mu g/m^2$ 이하이며, 전자 설비가 있는 곳은 $5\mu m$ 이상, 기계 교환 및 전력 설비가 있는 곳은 $10\mu m$ 이상의 입자를 각각 90% 이상 제거하도록 되어 있다.
- 먼지 관리 : 먼지의 완전한 차단을 위해서는 창문을 완전히 밀폐시키고, 이중 출입문과 공기청정기를 설치한다. 공기청정기는 항상 가동하되, 적절한 시기마다 필터를 세척 또는 교체해 주어야 한다.

기적의 TIP

제651조 미생물오염관리사업주는 미생물로 인한 사무실 공기 오염을 방지하기 위해 다음 각 호의 조치를 하여야 한다.
- 누수 등으로 미생물의 생장을 촉진할 수 있는 곳을 주기적으로 검사하고 보수할 것
- 미생물이 증식된 곳은 즉시 건조 · 제거 또는 청소할 것
- 건물 표면 및 공기정화설비 등에 오염되어 있는 미생물은 제거할 것

▼ 사무실 공기 관리 기준(산업보건기준에 관한 규칙 제49조)

구분	허용 기준
공기 중의 먼지량	공기 $1m^3$당 0.15mg 이하
일산화탄소(CO) 함유량	공기 $1m^3$당 1백만 분의 10 이하(10ppm 이하)
이산화탄소(CO_2) 함유량	공기 $1m^3$당 1백만 분의 1천 이하(1,000ppm 이하)
포름알데히드	공기 $1m^3$당 1백만 분의 0.1 이하(0.1ppm 이하)
아황산(SO_2) 함유량	공기 $1m^3$당 0.2mg 이하
유화수소(H_2S)	공기 $1m^3$당 0.006mg 이하
이산화질소(NO_2)	공기 $1m^3$당 0.42mg 이하
암모니아(NH_3)	공기 $1m^3$당 0.045mg 이하
염소(CL_2)	공기 $1m^3$당 0.23mg 이하

※ 1일 8시간 시간 가중 평균 농도를 기준으로 한다.

⑤ **색채 조절** 03년 8월, 01년 3월, 00년 7월

• 색채 조절이란 색이 지니고 있는 물리적 특성을 이용하여 인간의 생리적·심리적 안정을 높이고 업무의 효율을 높이려는 것이다.
• 올바른 색채 조절을 위해서는 밝고 안정된 느낌이 들도록 하여야 하므로 작업의 종류와 장소에 따라 잘 고려하여야 한다.
• 추운 느낌이 드는 곳은 따뜻한 색으로, 반대되는 곳은 차가운 색으로 하고 회의실이나 휴게실 등 안정적인 느낌이 필요한 곳에는 중간 정도의 색을 사용한다.
• 좁은 실내를 넓게 보이기 위해서는 밝고 차가운 색을 사용한다.
• 바닥은 중성색을 사용하는 것이 시력 보호에 유리하다.
• 천장과 벽은 백색이나 연한 녹색 등이 좋으며, 둘 다 동일한 색상이나 유사한 색상을 사용하는 것이 좋다.
• 차이가 큰 색을 오랫동안 보게 되면 피로가 가중되므로 서류와 책상, 벽의 상부와 하부, 창문 가장자리와 유리 등의 색상이 너무 차이가 나지 않도록 한다.

2) VDT 증후군 22년 9월, 16년 3월, 13년 3월, 07년 8월, 05년 3월, 03년 5월/8월, 96년 5월/7월, 94년 6월

• VDT란 Video Display Terminal의 약자로 키보드의 입력을 화면에 표시하거나 CPU의 처리 결과를 음극선판에 표시하는 장치들을 총칭한다.
• VDT 증후군이란 VDT의 전자파에 장시간 노출됨으로써 입게 되는 새로운 직업병으로, 영상표시 단말기 증후군이라고도 부르며, 주로 컴퓨터 사용자들에게서 많이 발견되어 컴퓨터 단말기 증후군이라고도 한다.
• VDT로 인한 여러 가지 증상으로는 시력 장애(눈의 피로, 시력의 저하 및 두통, 스트레스, 어지러움 등), 여성의 경우 임신 및 출산장애, 빈혈, 생리불순, 유산 등이 있다.
• 미국에서는 전산 전문직에서 발생하는 업무의 부담감으로 인한 테크노 스트레스(Techno Stress)도 직업병으로 보고 있다.
• VDT 증후군을 사전에 예방하기 위해서는 작업 환경의 개선을 통해 작업 시 올바른 자세를 유지하고, 작업 휴식에 대한 가이드라인을 준수해야 한다.

사무실 색채 조절 요령(사무관리 실무편람 참조)

• 색의 경중감각을 이용하여 사무실의 안정감을 높이기 위하여 사무실의 아래 부분은 명도가 낮은 색으로, 윗부분은 명도가 높은 색으로 하되, 명도의 차이가 너무 심하지 않은 것이 좋음
• 색의 자극 정도를 이용하여 자주 접촉하는 책상·사무용품 또는 벽 등은 되도록 자극이 적은 색을 사용하고 단조롭고 정적인 사무를 처리하는 사무실은 활기를 조장하기 위하여 비교적 명쾌한 자극성이 높은 색을 사용하는 것이 필요함

실내 장소별 적합한 색채

• 일반사무실 벽 : 황색, 녹색, 청색
• 회의실 : 강한 색채를 가진 밝은 중간색
• 일반사무실 문 또는 벽 아랫부분 : 다색, 짙은 녹색

영상 표시 단말기(VDT)

• 화면의 휘도비(CONTRAST)는 작업자가 용이하게 조절할 수 있을 것
• 영상표시단말기 화면은 회전 및 경사조절이 가능할 것
• 화면의 화질은 항상 선명할 것
• 단색화면일 경우 색상은 일반적으로 어두운 배경에 밝은 황·녹색 또는 백색 문자를 사용하고 적색 또는 청색의 문자는 가급적 사용하지 않도록 할 것

전파법령

무선설비, 전기/전자기기 등에서 발생하는 전자파가 인체에 미치는 영향을 고려하여 전자파 인체보호 기준 등을 정하는 법령

✔ **개념 체크**

1 사무실벽의 위·아랫부분은 색상 (   )가 너무 크지 않도록 가능한 명도의 차를 적게 한다.

2 VDT 증후군은 주로 영상 표시장치 사무 환경에 의해 발생하며 컴퓨터 작업은 1일 총 5시간 미만으로 해야 한다. (O, X)

1 차이 2 O

01 전산 시스템을 보호하기 위한 허용 온도 범위로 적합한 것은?

① −10~0℃
② 0~10℃
③ 16~20℃
④ 25~42℃

전산실에 일정한 온도(18℃±2℃)와 일정한 습도(50%±5%)를 유지시켜야 함

02 사무 환경의 배치에 관한 것으로 가장 적합한 것은?

① 광선은 우측 어깨로부터 받을 수 있도록 배치한다.
② 관리자, 감독자는 가능한 부하직원의 전면에 위치시키도록 한다.
③ 방문객의 접촉 기회가 많은 부서는 입구와 거리가 먼 자리에 배치한다.
④ 작업자가 빈번히 사용하는 사용 용구나 비품은 가능한 집무자 곁에 배치한다.

①, ②, ③은 다음과 같이 수정해야 적합함
• ① 광선은 사람이나 기기에 직접적으로 비치지 않도록 한다.
• ② 관리·감독자는 가능한 부하직원의 뒷면이나 측면에 위치시킨다.
• ③ 방문객과 접촉 기회가 많은 부서는 입구 쪽에 배치한다.

03 산업보건기준에 관한 규칙상 용도별 조도 기준 중 틀린 것은?

① 초정밀 작업 : 750럭스 이상
② 정밀 작업 : 300럭스 이상
③ 보통 작업 : 200럭스 이상
④ 기타 작업 : 75럭스 이상

산업보건기준 조도의 기준
• 초정밀 작업은 750럭스 이상
• 정밀 작업은 300럭스 이상
• 보통 작업은 150럭스 이상
• 그 밖의 작업은 75럭스 이상

04 산업보건기준에 관한 규칙에 의거 소음의 작업측정 결과 청력보존프로그램을 수립, 시행해야 할 기준으로 옳은 것은?

① 소음 수준이 50데시벨을 초과하는 사업장
② 소음 수준이 70데시벨을 초과하는 사업장
③ 소음 수준이 90데시벨을 초과하는 사업장
④ 소음 수준이 100데시벨을 초과하는 사업장

산업 보건 기준 "청력 보존 프로그램"이라 함은 소음 노출 평가, 노출 기준 초과에 따른 공학적 대책, 청력 보호구의 지급 및 착용, 소음의 유해성과 예방에 관한 교육, 정기적 청력 검사, 기록·관리 등이 포함된 소음성 난청을 예방 관리하기 위한 종합적인 계획을 말하며, 사업주는 다음에 해당하는 경우 청력 보존 프로그램을 수립·시행하여야 함
• 소음의 작업 환경 측정 결과 소음 수준이 90데시벨을 초과하는 사업장
• 소음으로 인하여 근로자에게 건강 장해가 발생한 사업장

05 사무실 색채 조절요령 중 가장 적합하지 <u>않는</u> 것은?

① 책상, 사무용품, 벽 등은 되도록 자극성이 적은 색을 사용한다.
② 사무실벽의 아래 부분은 윗부분에 비해 명도가 낮은 색을 사용한다.
③ 사무실의 활기를 조장하기 위해서는 자극성이 높은 색을 사용한다.
④ 사무실벽의 윗부분과 아래 부분은 가능한 한 명도의 차를 적게 한다.

사무실 관리 실무 편람 색채 조절요령
• 색의 경중감각을 이용하여 사무실의 안정감을 높이기 위하여 사무실의 아래 부분은 명도가 낮은 색으로, 윗부분은 명도가 높은 색으로 하되, 명도의 차이가 너무 심하지 않은 것이 좋음
• 색의 자극 정도를 이용하여 자주 접촉하는 책상·사무용품 또는 벽 등은 되도록 자극이 적은 색을 사용하고 단조롭고 정적인 사무를 처리하는 사무실은 활기를 조장하기 위하여 비교적 명쾌한 자극성이 높은 색을 사용하는 것이 필요함

CHAPTER 03

자료관리 운용

학습 방향

프로그램 보호 관리에서는 최근 강조되고 있는 저작권 관련 문제가 자주 등장합니다. 프로그램 보호 관련 법령을 한번쯤 숙지하시기 바랍니다. 자료관리 섹션에서 문서 관리와 전자 문서, 사무관리 규정은 CHAPTER 04에서 보다 자세히 설명해 놓았으니 참고하세요. 전산망 관리와 운용 섹션에서는 기출문제가 중복되어 나오기보다는 새로운 경향의 문제들이 가끔 출제되고 있습니다.

출제빈도

SECTION 01	중	32%
SECTION 02	상	46%
SECTION 03	하	22%

SECTION 01 자료관리

출제빈도 상 ⓡ 하
반복학습 1 2 3

빈출 태그 자료의 종류 · 자료의 수집 방법 · 한국십진분류법

▶ 합격 강의

01 자료의 개념

1) 자료

① 자료의 정의

사무관리 규정에서 자료는 '행정기관이 생산 또는 취득하는 각종 기록물(공문서를 제외한다) 중 행정기관에서 상당 기간에 걸쳐 이를 보존 또는 활용할 가치가 있는 도서 · 사진 · 디스크 · 테이프 · 필름 · 슬라이드 · 기타 각종 형태의 기록물'이라고 정의한다.

② 자료의 종류 20년 6월, 10년 9월, 01년 3월, 00년 3월

자료의 종류를 행정기관에서는 관리방법상의 필요에 따라 행정 간행물, 행정 자료 및 일반 자료의 3종류로 나뉜다.

행정 간행물	행정기관이 발간하여 배포하는 것으로 행정에 관한 조사보고서 · 연구보고서 · 통계서 · 백서 및 홍보 안내서의 간행물 등이 있음
행정 자료	행정기관, 국가 또는 지방자치단체가 관리하는 기업체 및 단체 또는 외국의 행정기관이 생산한 행정 업무에 관한 자료로 일반적인 대내외 문서, 법규 문서, 지시 문서, 공고 문서, 그리고 비치 문서 등이 있음
일반 자료	각종 전문서적 · 교양서적 등의 도서류와 기타 자료로서 행정기관이 생산하지 않는 자료

▼ 자료의 종류

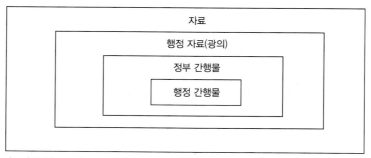

자료의 종류는 그 기준에 따라 여러 가지로 나눌 수 있으나, 행정 기관에서는 관리법상의 필요에 따라 행정 간행물, 행정 자료 및 일반 자료의 3종류로 나누고 있다.

비치기록물
비치기록물이란 행정기관이 일정한 사항을 기록하여 행정기관 내부에 비치하면서 업무에 활용하는 비치대장, 비치카드 등의 문서를 말하며, 카드, 도면, 대장 등과 같이 주로 사람, 물품 또는 권리 관계 등에 관한 사항의 관리나 확인 등에 수시로 사용되고 처리과에서 계속하여 비치, 활용하여야 하는 기록물을 말함

✔ 개념 체크

1 자료의 종류는 그 기준에 따라 여러 가지로 나눌 수 있으나, 행정기관에서는 관리법상의 필요에 따라 (　　　), 행정 자료, 일반 자료의 3종류로 나눈다.

1 행정 간행물

2) 자료관리 목적 19년 3월, 16년 10월, 14년 3월, 03년 5월, 00년 3월

• 자료관리란 수집된 많은 양의 자료에서 필요한 정보를 유효하고 적절하게 얻어 낼수 있도록 효과적으로 자료를 수집 · 분류 · 정리함은 물론 필요 없는 자료를 적시에 폐기하는 일련의 과정이다.
• 자료의 대출, 전시, 복사, 번역 서비스, 전달 등의 내용을 모두 포함한다.
• 자료의 관리를 위해서는 자료의 수집, 분류, 가공, 검색, 제공, 이관 및 폐기 등 일련의 기능들이 유기적으로 결합되어야 한다.
• 자료관리의 기대효과
  – 많은 양의 자료에서 필요한 정보를 유효하고 적절하게 얻어 낼 수 있다.
  – 자료의 자연 증가를 통제할 수 있다.
  – 자료의 이동 과정을 신속하게 파악할 수 있다.
  – 자료 처리에 따르는 경비를 절약할 수 있다.

02 자료관리의 수집, 정리, 이용 및 보관

1) 자료관리

① **자료의 수집** 22년 3월, 15년 3월, 08년 3월, 06년 3월, 04년 3월, 02년 5월, 01년 6월

• 업무 수행 과정에서 자연적으로 발생되어 보존 과정을 거친다.
• 자료관리 기관은 연 1회 이상 자료의 수요 조사를 거쳐 수집 대상 자료의 목록을 작성하고, 그 자료의 수집에 필요한 조치를 하여야 한다.
• 자료의 수집 방법은 납본 · 구입 · 교환 및 과제 부여에 의한 방법이 있다.

납본	자료과는 행정기관 자체에서 발행한 모든 간행물에 대하여 9부씩 납본(자료 제출)을 받아, 그 중 3부는 중앙자료관리기관(정부 기록 보존소)에 송부하여야 하므로 정부 기록 보존소는 이를 통해 행정 간행물을 수집할 수 있게 됨
구입	다른 행정기관이나 외국 또는 민간기관에서 간행 또는 발행된 자료 중 판매되는 자료는 수요 조사를 거친 후 필요한 자료를 구입
교환	행정기관이 외국기관 또는 국내 민간기관과 자료의 상호 교환에 관한 약정을 체결한 경우, 중앙자료관리기관은 당해 자료를 생산한 기관에, 자료과의 장은 당해 자료를 생산한 처리과에 대하여 교환에 필요한 자료의 제출을 요청할 수 있으며, 그 요청을 받은 기관은 특별한 사유가 있는 경우를 제외하고는 이에 응하여야 함
과제 부여	중앙자료관리기관 또는 자료과의 장은 행정기관의 비용으로 국외여행을 하는 공무원에 대하여 외국자료의 수집에 관한 과제를 부여할 수 있으며 자료 수집 과제를 부여받은 공무원은 귀국한 날부터 15일 이내에 그 과제를 부여한 자료관리기관의 장에게 자료 수집의 결과를 보고하고 수집한 자료를 제출하여야 함

② **자료의 정리** 23년 3월, 22년 3월, 13년 9월, 09년 5월, 07년 3월, 05년 8월, 03년 5월/8월, 02년 3월, 00년 10월

• 수집 과정을 거친 자료들을 필요한 것과 필요 없는 것, 유사종별, 동일 목적별 등에 따라 구분 관리하는 것을 말한다.
• 행정 자료의 분류 : 행정 간행물 및 행정 자료의 분류번호는 기관번호 · 기능분류번호 및 형식구분번호로 구성하되, 한 줄로 표시하는 때에는 각 번호를 붙임표(–)로 이어 표시한다.

- 일반 자료는 한국십진분류법(KDC : Korean Decimal Classification)에 따라 분류한다.
- 한국십진분류법은 공공도서관 등에서 사용하는 분류법으로 10개 항목으로 분류된 주류와 대분류, 중분류로 나눈다.
- 한국십진법에 의한 분류는 모든 지식 분야를 총류(總類 : 000), 철학(100), 종교(200), 사회과학(300), 순수과학(400), 기술과학(500), 예술(600), 어학(700), 문학(800), 역사(900)로 나누고, 각 주류마다 다시 10가지로 나누어 강목(綱目 : division)으로 구분한다.
- 총류에는 여러 주제를 포괄하거나 특정 주제로 분류하기 어려운 것이 속하며 백과사전, 사전, 전집, 총서 등이 해당된다.

③ 자료의 열람 17년 5월, 06년 5월

- 열람 방식은 크게 서고(자료)와 열람실을 따로 분리시키는 폐가식과, 자료와 열람실이 함께 있는 개가식의 2가지로 나눌 수 있다.
- 열람 제한의 표시를 하는 때에는 당해 자료 표지의 윗부분 가운데에 열람 제한의 표시를 하고, 표지 다음 면의 여백에는 열람 제한 내용을 표시한 후 열람 제한의 범위 및 기간 등을 명시하여 특별히 관리한다.

④ 자료의 폐기 및 이관 17년 5월, 14년 5월, 06년 3월, 03년 3월

자료관리 기관은 자료의 보존 상태, 폐기 대상 자료의 검사, 대출 자료의 회수 여부, 자료실의 청소 상태 및 환경 사항 등을 연 1회 이상 점검을 실시한다.

폐기 가능 자료	• 자료로서의 가치가 떨어져 더 이상 관리할 필요가 없게 된 자료 • 2본 이상의 복사본을 소장하고 있는 자료로서, 열람 빈도가 낮아 복사본을 소장할 필요가 없게 된 자료 • 심한 훼손으로 더 이상 활용이 곤란하게 된 자료 • 기타 당해 자료관리 기관의 장이 소장할 필요가 없다고 인정하는 자료
자료의 이관	• 폐기 대상 자료 중 역사 자료로서의 보존 가치가 있다고 인정되는 자료는 이를 폐기하지 아니하고 처리과는 당해 기관의 자료과에, 자료과는 중앙자료관리기관에 이관 • 자료를 이관한 때에는 자료관리 대장에서 당해 자료의 분류번호 및 제목을 두 줄로 삭제하고, 비고란에 "이관" 표시를 한 후 그 일자를 기재

2) 자료관리 기관 03년 8월

행정기관의 자료는 중앙자료관리기관, 자료과 및 처리과(자료책임자) 단위로 관리한다.

중앙자료 관리기관	정부기록보존소가 되며, 여기서는 각급 행정기관에서 발간하는 모든 행정 간행물을 수집, 관리하는 정부행정자료실을 운영할 뿐만 아니라, 행정기관이 소장하고 있는 자료에 대한 목록을 반기 1회 통보받아 종합자료목록집을 발간하고 이를 각급 기관의 자료실 등에 배포하여 이용자에게 필요한 정보를 제공하는 등 정부자료센터로서의 기능을 수행
자료과	• 각급 행정기관의 자료관리에 관한 사무를 주관하는 과, 담당관 등을 말함 • 당해 기관의 공동 활용 자료를 관리하기 위하여 자료실을 운영하고 행정 간행물의 등록업무를 담당하며, 그 기관의 자료실 및 처리과의 소장 자료에 대한 목록을 작성하여 이용자에게 정보를 제공하는 등 당해 기관의 자료센터의 역할을 담당
처리과	• 소관업무를 직접 처리하는 과, 담당관 등을 말함 • 자료책임자를 두어 당해 처리과에서 필요로 하는 자료를 수집, 관리하는 자료관리 단위가 됨

3) 자료실의 설치와 운영

- 행정기관은 자료실을 설치, 운영한다. 다만, 4급 또는 이에 상당하는 공무원이 장으로 되어 있거나 소장 자료의 양이 적은 기관은 자료실을 설치하지 아니할 수 있다.
- 둘 이상의 행정기관이 동일한 청사를 이용하는 경우에는 협의에 의하여 협동자료실을 설치, 운영할 수 있다.
- 자료실에는 자료목록 및 열람, 이용안내물 등을 비치하고 열람용 탁자, 의자 및 복사기를 준비하여 열람이 용이하도록 한다.

4) 자료관리의 방식 99년 4월

행정자료는 크게 3가지 방식으로 나누어 관리할 수 있다.

분리식	행정자료를 일반자료와 별도의 장서로 취급
통합식	행정자료를 다른 자료와 똑같이 취급하는 통합식
절충식	분리식과 통합식의 장점을 따르는 방식. 즉, 분리식의 경제성과 통합식의 주제접근을 중심으로 하되, 도서관의 필요에 따라 다른 장점들을 활용함

5) 자료 저장의 자동화

① **전자 파일링(Electronic Filing) 시스템** 22년 4월, 15년 3월, 03년 8월, 00년 5월, 98년 3월

- 파일 : 컴퓨터 내부에서 처리되는 데이터의 묶음을 말한다.
- 파일링 시스템(Filing System) : 조직체의 유지 발전에 필요한 문서를 그 조직체 물건으로 필요에 따라 누구든지 즉시 이용할 수 있도록 조직적으로 정리, 보관, 폐기하는 일련의 제도이다.
- 전자 파일링 시스템 : 전자 파일 저장 매체에 수록된 자료들의 데이터베이스에 의거, 색인을 작성하고 필요할 때마다 신속하게 데이터를 검색할 수 있도록 한 시스템이다.

② 데이터베이스

- 어떤 특정한 목적의 응용을 위해 상호 연관성이 있도록 자료를 저장하고 운영할 수 있도록 모아 둔 집합체이다.
- 데이터베이스를 구축하는 목적 : 통합되지 않은 데이터들을 체계적으로 정리하여, 데이터의 중복성(Redundancy)을 최소화시키고 데이터의 공유, 데이터의 일관성 유지, 데이터의 보안 보장 등을 통하여 전체적인 업무의 표준화와 효율을 극대화하기 위해서이다.
- 데이터베이스 시스템이 가지는 단점 : 운영비가 많이 들어 시스템이 복잡하고, 시스템 고장에 따른 영향이 너무 크다.

기적의 TIP

초록(Abstract)
필요한 부분만을 뽑아서 적음. 또는 그런 기록

개념 체크

1 전자 파일링 시스템을 통해 중복 문서가 제거되고 문서 보관 및 반출이 신속해져서 회사나 조직체에서 효율적으로 사무처리가 가능하다. (O, X)

1 ○

이론을 확인하는 기출문제

01 자료의 십진분류 방법 중에서 우리나라의 일반 자료의 분류에 많이 사용되는 분류법은?

① DDC   ② UDC   ③ NDC   ④ KDC

일반자료는 한국십진분류법(KDC : Korean Decimal Classification)에 따라 분류

02 자료의 수집 방법에 해당하지 <u>않는</u> 것은?

① 납본   ② 상부의 지시
③ 과제 부여   ④ 교환

자료의 수집 방법에는 납본 · 구입 · 교환 및 과제 부여에 의한 방법 등이 있음

03 자료관리가 필요한 이유로 적합하지 <u>않은</u> 것은?

① 자료의 자연증가를 통제할 수 있다.
② 자료의 이동 과정을 신속하게 파악할 수 있다.
③ 자료처리에 따르는 경비를 절약할 수 있다.
④ 자료를 서식화할 수 있다.

자료관리의 목적은 많은 양의 자료에서 필요한 정보를 유효하고 적절하게 얻어낼 수 있으나 자료를 서식화할 수는 없음

04 한국십진분류법 중 "300"에 해당하는 것은?

① 철학   ② 기술과학
③ 자연과학   ④ 사회과학

• 한국십진분류법(KDC) : 000(총류), 100(철학), 200(종교), 300(사회과학), 400(자연과학), 500(기술과학), 600(예술), 700(언어), 800(문학), 900(역사)
• 듀이십진분류법 : 100(철학), 200(종교), 300(사회과학), 400(어학), 500(자연과학), 600(기술과학), 700(예술), 800(문학), 900(역사)

05 문서정리의 기본적인 절차를 순서대로 나열한 것은?

① 보관 → 분류 → 보존 → 폐기
② 분류 → 보존 → 보관 → 폐기
③ 보관 → 보존 → 분류 → 폐기
④ 분류 → 보관 → 보존 → 폐기

문서정리의 기본 절차

분류	문서 분류표를 작성하여 문서를 일관성 있게 분류함
보관	문서자료의 처리 완결 후부터 보존되기 전까지의 관리를 보관이라고 함
보존	문서정리 보존의 일반원칙 • 보존할 문서는 가능한 줄임 • 규정에 의거 보존문서의 정리 및 폐기를 자주 함 • 문서보존규정을 제정하고 이를 준수함
폐기	문서 폐기 시 내용을 알 수 없도록 절단하거나 소각해야 함

06 카드, 도면, 대장 등과 같이 주로 사람, 물품 또는 권리관계 등에 관한 사항의 관리나 확인 등에 수시로 사용되는 기록물은?

① 비치기록물   ② 전자기록물
③ 서류기록물   ④ 관용기록물

비치기록물이란 행정기관이 일정한 사항을 기록하여 행정기관 내부에 비치하면서 업무에 활용하는 비치대장, 비치카드 등의 문서를 말하며, 카드, 도면, 대장 등과 같이 주로 사람, 물품 또는 권리 관계 등에 관한 사항의 관리나 확인 등에 수시로 사용됨

07 파일링 시스템(Filing System)의 도입에 따른 효과로 옳지 <u>않은</u> 것은?

① 공용화에 의한 사물화 방지
② 문서 보관 및 반출 신속
③ 기록 활용에 대한 제비용 증가
④ 문서 관리의 명확화

파일링시스템을 이용할 경우 기록 활용에 대한 제비용이 감소됨

08 다음 중 폐기대상 자료에 해당되지 <u>않는</u> 것은?

① 자료로서 가치가 떨어진 자료
② 열람빈도가 적어 복사본을 소장할 필요가 없는 자료
③ 판독불능 정도로 훼손된 자료
④ 자료 가치나 상태와 상관없이 일정 기간이 지난 자료

자료의 가치가 높은 경우에는 자료를 보관함

정답 01 ④ 02 ② 03 ④ 04 ④ 05 ④ 06 ① 07 ③ 08 ④

프로그램 보호 관리

▶합격 강의

빈출 태그 ▶ 프로그램 저작권 • 프로그램 저작자의 권리 • 프로그램 등록 및 권리 침해

01 컴퓨터 프로그램 보호

1) 컴퓨터 프로그램의 정의 16년 3월

- 프로그램이란 특정한 결과를 얻기 위하여 컴퓨터 등 정보처리 능력을 가진 장치(컴퓨터) 내에서 직접 또는 간접으로 사용되는 일련의 지시 · 명령으로 표현된 것을 말한다.
- 컴퓨터 프로그램 보호법은 컴퓨터 프로그램을 하나의 저작물로 보고, 이에 대한 프로그램 저작권을 인정하고 있다.

2) 컴퓨터 프로그램 보호법의 목적

- 컴퓨터 프로그램 저작물 저작자의 권리를 보호하고 프로그램의 공정한 이용을 도모한다.
- 프로그램 관련 산업과 기술을 진흥함으로써 국민 경제의 건전한 발전에 이바지한다.

02 저작권의 보호

1) 저작재산권의 보호기간

① 저작재산권은 이 관에 특별한 규정이 있는 경우를 제외하고는 저작자가 생존하는 동안과 사망한 후 70년간 존속한다.
② 공동저작물의 저작재산권은 맨 마지막으로 사망한 저작자가 사망한 후 70년간 존속한다.

2) 무명 또는 이명 저작물의 보호기간

무명 또는 널리 알려지지 아니한 이명이 표시된 저작물의 저작재산권은 공표된 때부터 70년간 존속한다. 다만 이 기간 내에 저작자가 사망한지 70년이 지났다고 인정할 만한 정당한 사유가 발생한 경우에는 그 저작재산권은 저작자가 사망한 후 70년이 지났다고 인정되는 때에 소멸한 것으로 본다. 〈개정 2011.6.30.〉

3) 업무상저작물의 보호기간

업무상저작물의 저작재산권은 공표한 때부터 70년간 존속한다. 다만 창작한 때부터 50년 이내에 공표되지 아니한 경우에는 창작한 때부터 70년간 존속한다.
〈개정 2011.6.30.〉

🅑 기적의 TIP

컴퓨터 프로그램 보호법은 2009년 7월 저작권법에 편입되었음

프로그램코드 역 분석
소프트웨어공학에서 두 프로그램의 호환 정보를 얻기 위해 해당 프로그램을 어떤 결과를 출력하는지부터 역으로 분석해 내는 방법(일반적으로 프로그램 코드는 컴파일되면 내역 확인이 불가능함)

✔ 개념 체크

1 프로그램 저작권의 유효기간은 프로그램이 공표된 때로부터 ( )년간 존속한다.

170

4) 영상저작물의 보호기간

영상저작물의 저작재산권은 제39조 및 제40조에도 불구하고 공표한 때부터 70년간 존속한다. 다만 창작한 때부터 50년 이내에 공표되지 아니한 경우에는 창작한 때부터 70년간 존속한다.

5) 계속적간행물 등의 공표시기

① 제40조 제1항 또는 제41조에 따른 공표시기는 책·호 또는 회 등으로 공표하는 저작물의 경우에는 매책·매호 또는 매회 등의 공표 시로 하고, 일부분씩 순차적으로 공표하여 완성하는 저작물의 경우에는 최종부분의 공표 시로 한다.
② 일부분씩 순차적으로 공표하여 전부를 완성하는 저작물의 계속되어야 할 부분이 최근의 공표시기부터 3년이 경과되어도 공표되지 아니하는 경우에는 이미 공표된 맨 뒤의 부분을 제1항의 규정에 따른 최종 부분으로 본다.

6) 보호기간의 기산

이 관에 규정된 저작재산권의 보호기간을 계산하는 경우에는 저작자가 사망하거나 저작물을 창작 또는 공표한 다음 해부터 기산한다.

기적의 TIP

프로그램 저작권의 보호는 매우 빈번하게 출제되는 문제입니다. 특히 최근에는 새로운 유형의 문제들이 많이 출제되므로 보다 세심하게 숙지하실 필요가 있습니다.

7) 프로그램 저작권 관련 용어 24년 3월, 22년 4월, 16년 5월

공표권	프로그램 저작자는 그 프로그램을 공표하거나 공표하지 아니할 것을 결정할 권리를 가짐
성명 표시권	프로그램 저작자는 프로그램이나 그 복제물에 또는 프로그램을 공표함에 있어서 그의 실명 또는 이명을 표시할 권리를 가짐
동일성 유지권	프로그램 저작자는 그의 프로그램의 제호 내용 및 형식의 동일성을 유지할 권리를 가짐
배타적 발행권	프로그램의 저작재산권자는 다른 사람에게 그 저작물에 대하여 독점적으로 복제하여 배포 또는 전송할 수 있도록 하는 배타적 권리를 말하며, 그 설정 행위에 특약이 없는 때에는 설정 행위를 한 날부터 3년간 존속
복제	프로그램을 유형물에 고정시켜 새로운 창작성을 더하지 아니하고 다시 제작하는 행위
개작	원프로그램의 일련의 지시·명령의 전부 또는 상당 부분을 이용하여 새로운 프로그램을 창작하는 것
공표	프로그램의 개발과 이에 대한 사항을 공중에게 제시하는 행위
배포	원프로그램 또는 그 복제물을 공중에게 대가를 받거나 받지 아니하고 양도 또는 대여하는 것
발행	공중의 수요에 응하기 위하여 프로그램을 복제·배포하는 행위
전송	공중이 수신하거나 이용할 수 있도록 하기 위하여 정보통신의 방법에 의하여 프로그램을 송신하거나 이용에 제공하는 행위

8) 프로그램 저작자

① 공동 저작 프로그램 20년 6월, 10년 9월

• 2인 이상이 공동으로 창작하고, 각자가 이바지한 부분을 분리하여 이용할 수 없는 프로그램의 저작권은 공동으로 창작한 자의 공유로 하며, 그들의 공유 지분은 공동 저작자 간에 특약이 없는 한 균등한 것으로 본다.

개념 체크

1 프로그램을 유형물에 고정시켜 새로운 창작성을 더하지 아니하고 다시 제작하는 것을 ( )라고 한다.
2 공동저작물의 저작인격권을 행사하려면 저작자 ( )의 합의가 있어야 한다.

1 복제, 2 전원

- 공동 저작 프로그램의 저작권은 공동 저작권자 전원의 합의에 의하지 아니하고는 이를 행사할 수 없으며, 다른 공동 저작권자의 동의가 없으면 지분의 양도나 질권 설정 등을 할 수 없다.
- 공동 저작권자가 상속인 없이 사망하거나 그 지분을 포기한 때에는 그 지분은 다른 공동 저작권자에게 각 지분 비율에 따라 배분한다.

② 업무상 창작한 프로그램의 저작자

국가 · 법인 · 단체 그 밖의 사용자의 기획하에 법인 등의 업무에 종사하는 자가 업무상 창작한 프로그램으로서 법인 등의 명의로 공표된 것은 계약이나 근로규칙 등에 달리 정함이 없는 한 그 법인 등을 당해 프로그램의 저작자로 한다.

③ 프로그램 저작자의 추정

- 원프로그램이나 그 복제물을 공표함에 있어 프로그램 저작자로서의 성명 또는 아호, 약칭 등이 일반적인 방법으로 표시된 자는 프로그램 저작자로 추정한다.
- 프로그램 저작자의 표시가 없는 프로그램의 경우에는 그 공표자 또는 발행자가 프로그램 저작권을 가진 것으로 추정한다.

④ 프로그램 저작권자가 불명인 프로그램의 사용

프로그램을 사용하고자 하는 자가 상당한 노력을 기울였어도 프로그램 저작권자나 그의 주소를 알 수 없어 그 프로그램 저작권자의 사용 허락을 받을 수 없는 경우에는 대통령령이 정하는 바에 따라 문화체육관광부 장관의 승인을 얻고 문화체육관광부 장관이 고시한 보상금을 프로그램 저작권자를 위하여 공탁한 후 당해 프로그램을 사용할 수 있다.

⑤ 프로그램 저작권의 제한 16년 5월

다음과 같은 경우에는 그 목적상 필요한 범위 안에서 공표된 프로그램을 복제 또는 사용이 가능하다.
- 재판을 위하여 필요한 경우
- 교육법에 의한 교육 기관에서 교육을 담당하는 자가 당해 프로그램의 종류, 용도, 복제의 부수 및 특성에 비추어 프로그램 저작권자의 이익을 부당하게 해하지 아니하는 범위 안에서 수업 과정에 제공할 목적으로 하는 경우
- 고등학교 및 이에 준하는 학교 이하의 교육 목적을 위하여 필요한 교과용 도서에 게재하는 경우
- 가정과 같은 한정된 장소에서의 개인적인 목적을 위하여 복제 또는 사용하는 경우
- 학교의 입학시험 그 밖의 학식 및 기능에 관한 시험 또는 검정을 목적(영리를 목적으로 하는 경우는 제외)으로 하는 경우

저작권법의 따른 등록 사항
① 저작자의 실명 · 이명 · 국적 · 주소 또는 거소
② 저작물의 제호 · 종류 · 창작연월일
③ 공표의 여부 및 맨 처음 공표된 국가 · 공표연월일
④ 기타 대통령령으로 정하는 사항

9) 프로그램 등록과 제출

① 프로그램 등록 15년 5월, 10년 5월, 05년 5월

- 프로그램 저작자는 다음 사항을 등록할 수 있으나, 프로그램의 창작 후 1년이 경과한 다음에는 등록하지 않아도 된다.
- 프로그램의 명칭 또는 제호
- 프로그램 저작자의 국적 실명 및 소재
- 프로그램의 창작 연월일
- 프로그램의 개요
- 프로그램 저작자가 사망한 경우에는 프로그램 저작자의 특별한 의사 표시가 없는 한 그의 유언으로 지정한 자 또는 상속인이 등록할 수 있다.
- 프로그램의 등록은 문화체육관광부 장관이 프로그램 등록부에 기재하여 행한다.
- 문화체육관광부 장관은 등록된 프로그램에 대하여 프로그램 공보를 발행하여 그 등록 사실을 공시한다.
- 프로그램 등록, 프로그램 공보, 프로그램 등록부의 열람과 사본 교부 청구 등에 관하여 필요한 사항은 대통령령으로 정한다.
- 프로그램의 등록, 프로그램 등록부의 열람 및 사본교부를 청구하고자 하는 자는 문화체육관광부령으로 정하는 바에 의하여 수수료를 납부하여야 한다.

② 프로그램의 제출

- 프로그램 등록을 하는 자는 등록 시에 당해 프로그램의 복제물을 문화체육관광부 장관에게 제출하여야 한다. 이 경우 프로그램의 복제물은 프로그램을 수록한 CD-ROM, 마이크로필름 등의 유형물 1부로 하되, 프로그램 내용의 전부를 제출하여야 한다. 다만, 프로그램의 일부만으로도 프로그램의 창작 사실을 입증할 수 있을 때에는 문화체육관광부령이 정하는 바에 의하여 프로그램의 일부를 발췌하여 제출할 수 있다.
- 프로그램은 등록된 창작 연월일에 당해 프로그램이 창작된 것으로 추정한다.
- 프로그램의 제출에 관하여 필요한 사항은 대통령령으로 정한다.

10) 한국저작권위원회 14년 9월, 10년 3월

- 역할 : 저작권에 관한 사항 심의와 저작권법에 의해 보호되는 권리에 관한 분쟁의 조정을 담당한다.
- 주요 업무 : 분쟁의 알선 · 조정, 저작권 보호를 위한 국제협력, 저작권 연구 · 교육 및 홍보, 저작권 정책의 수립 지원, 저작권 정보 제공을 위한 정보관리 시스템 구축 및 운영, 저작권 침해 등에 관한 감정 업무 등이다.

01 저작권법 제1장 제2조(정의)에 명시된 저작물 등의 원본 또는 그 복제물을 공중에게 대가를 받거나 받지 아니하고 양도 또는 대여하는 것에 해당하는 것은?

① 복제   ② 발행

③ 공표   ④ 배포

저작물 관련 용어
- 복제 : 프로그램을 유형물에 고정시켜 새로운 창작성을 더하지 아니하고 다시 제작하는 것
- 개작 : 원프로그램의 일련의 지시, 명령의 전부 또는 상당부분을 이용하여 새로운 프로그램을 창작하는 것
- 배포 : 원프로그램 또는 그 복제물을 공중에게 양도 또는 대여하는 것
- 발행 : 프로그램을 공중의 수요를 충족할 수 있을 정도로 복제하여 공중에게 배포하는 것

02 컴퓨터 프로그램 저작권의 유효 기간은 창작된 때로부터 몇 년간인가?

① 10년   ② 20년

③ 30년   ④ 70년

컴퓨터 프로그램 저작권의 유효기간은 해당 프로그램이 창작된 때로부터 70년간 유효

03 저작권법에 의한 프로그램 보호관리에서 컴퓨터프로그램 저작물의 정의로 옳은 것은?

① 특정한 결과를 얻기 위하여 컴퓨터 등 정보처리능력을 가진 장치 내에서 직접 또는 간접으로 사용되는 일련의 지시, 명령으로 표현된 창작물

② 저작물이나 부호, 문자, 음성, 영상 그 밖의 형태의 자료의 집합물

③ 소재의 선택, 배열 또는 구성에 창작성이 있는 편집물

④ 소재를 체계적으로 배열 또는 구성한 편집물로서 개별적으로 그 소재에 접근하거나 그 소재를 검색할 수 있는 창작물

컴퓨터프로그램 저작물의 정의
특정한 결과를 얻기 위하여 컴퓨터 등 정보처리처리능력을 가진 장치 내에서 직접 또는 간접으로 사용되는 일련의 지시, 명령으로 표현된 창작물

오답 피하기
② 편집물, ③ 편집 저작물, ④ 데이터베이스

04 저작자가 저작물의 원본이나 그 복제물에 또는 저작물의 공표 매체에 그의 실명 또는 이명을 표시할 권리를 가지는데 이것을 무엇이라고 하는가?

① 공표권

② 개작 배포권

③ 동일성 유지권

④ 성명 표시권

저작 인격권에는 공표권, 성명 표시권, 동일성 유지권이 있음

오답 피하기
- 공표권 : 프로그램 저작자는 그 프로그램을 공표하거나 공표하지 아니할 것을 결정할 권리를 가짐
- 동일성 유지권 : 프로그램 저작자는 그의 프로그램의 제호 내용 및 형식의 동일성을 유지할 권리를 가짐

05 공동저작물의 저작재산권을 행사할 수 있는 경우는?

① 저작재산권자 일부의 합의

② 저작재산권자 전원의 합의

③ 저작재산권자 1/2의 합의

④ 저작재산권자 2/3의 합의

공동저작물의 저작재산권 행사의 경우 저작재산권자 전원의 합의가 있어야 함

06 저작권의 등록 시 저작자가 등록하지 않아도 되는 것은?

① 저작자의 국적

② 저작물의 보호기간

③ 저작물의 종류

④ 공표의 여부

저작권 보호기간 : 저작물의 보호기간은 별도 등록하는 것이 아닌 법적으로 기준이 정해진다.

정답 01 ④ 02 ④ 03 ① 04 ④ 05 ② 06 ②

전산망 관리와 운용

▶ 합격 강의

빈출 태그 국가기간 전산망 • 행정 전산망 • 전산망 효과 • 전산망 관련 기관

01 전산망 관리

① 전산망의 개념 18년 3월

전산망	전기 통신 설비, 전자계산기 조직 및 그 응용 기술을 활용하여 정보를 처리, 보관하거나 전송하는 정보 통신 체계
정보 통신망	전기 통신 설비를 활용하거나 전기 통신 설비와 컴퓨터 및 컴퓨터의 이용 기술을 활용하여 정보를 수집 · 가공 · 저장 · 검색 · 송신 또는 수신하는 정보 통신 체제
행정 정보 통신망	국가 및 지방자치단체의 기관 간에 이용하기 위하여 행정안전부 및 지방자치단체가 시설한 정보 통신망
국가기간 전산망	• 공공기관의 전산화를 촉진하여 행정 효율을 높이고 국민의 편익을 증진시키고자 '전산망 보급 확장과 이용촉진에 관한 법률'의 규정에 의하여 추진되는 국가차원의 주요 공공 정보 통신망 • 국가기간 전산망 사업은 그동안 정부가 국가전략사업으로 지원해 온 각종 정보화사업 중에서는 최대 규모이며, 국가사회 정보화 촉진 및 정보산업 육성에 있어서 대표적인 것 • 행정 전산망, 금융 전산망, 교육연구 전산망, 국방 전산망 및 공안 전산망으로 구성되며, 1987년부터 1991년까지 1단계 사업은 이미 마무리되었으며, 제2단계 사업이 1992년부터 1996년까지 추진됨

② 전산망의 구성 조건

접속의 임의성	회선 접속 구간 내의 누구라도 임의로 접속이 가능해야 함
접속의 신속성	접속을 시도했을 때 신속하게 연결이 이루어져야 함
품질의 동일성	회선 접속 구간 내의 어느 지점에서나 접속 또는 정보 전송 품질 등이 동일하게 유지되어야 함
통신의 신뢰성	정보 전달이 정확하고 안정적으로 이루어져야 함
확장의 용이성	통신 수요의 증가, 회선 또는 망 형태의 변화에 능동적이고 융통성 있게 대처할 수 있어야 함
체계의 통일성	통신망의 관리 체계 및 번호 체계는 통일적이고 장기간에 걸쳐 유지되어야 함

③ 전산망의 효과 20년 6월, 06년 8월, 99년 10월

경제적 효과	원거리에 있는 복수의 컴퓨터 또는 터미널 간의 관련 장치나 프로그램, 파일 등의 자료를 공용 또는 공유함으로써 경제적 효과를 높일 수 있음
신뢰성 향상	자원의 분산에 의해 시스템 장애나 재해로 인한 손실의 크기를 줄일 수 있으며, 자료 복구에 따른 비용도 최소화할 수 있음
처리 능력 향상	분산 처리를 통하여 특정 시스템에 처리가 과적되는 것을 막고, 기능별로 전용 장치를 활용하여 전체적인 처리 능력을 높일 수 있음
프로토콜의 표준화	전산망 내의 통신규약을 표준화함으로써 하드웨어적인 요인이나 소프트웨어적인 요인에 서로 구애됨이 없이 프로그램 개발, 시스템 또는 네트워크 구성 등의 변경이 가능

✔ 개념 체크

1 전기 통신 설비, 전자계산기 조직 및 그 응용 기술을 활용하여 정보를 처리, 보관하거나 전송하는 정보 통신 체계를 (   )이라고 한다.

2 전산망 내의 통신규약을 표준화함으로써 하드웨어 또는 소프트웨어적인 요인에 서로 구애됨이 없이 프로그램 개발, 시스템 · 네트워크 구성 등의 변경이 가능하여 '경제적 효과'를 기대할 수 있다. (O, X)

1 전산망, 2 ×

02 전산망의 구성 및 특징

① 전산망의 구성 04년 3월, 99년 6월

통신 구조	• 전산망의 내부 또는 전산망 간의 상호 접속을 위한 국가 기간 전산망 또는 사업용 전산망의 통신 구조를 의미 • 하위 계층 : 전송 매체의 제어 기능과 통신망 내의 전송 경로 제어 기능 등을 제공 • 상위 계층 : 하위 계층에서 설정한 전송 경로상에서 전자 계산 조직 간의 정보 전달 및 대화 설정과 정보 형태, 정보 처리 기능 등을 제공
통신 규약	• 전산망의 내부 또는 전산망 기기 상호 간의 통신을 확보할 수 있는 논리적 계층 구조의 집합체 • 국가 기간 전산망 및 사업용 전산망의 통신 규약은 방송통신위원회가 고시한 기능 표준에 적합해야 함 • 통신 규약에는 전산망 서비스 제공에 장애 또는 이상이 발생한 경우 이를 이용자에게 통지할 수 있는 내용이 포함되어야 함
분계점의 설정	• 분계점 : 전산망 기기 상호 간을 연결할 때 건설 · 운영 및 유지 · 보수의 책임한계를 구분하기 위한 접속점 • 전산망 기기가 타인의 전산망 기기와 접속되는 경우에는 그 설치와 보존에 관한 책임의 한계를 명확히 하기 위해 설정 • 국가 기간 전산망 또는 사업용 전산망을 구축 · 운용하는 자가 설정
국가기관 등의 전산망의 감리	• 감리는 회계 분야의 감리와 기술 분야의 감리로 구분하여 실시 • 한국지능정보사회진흥원(구 한국전산원)은 국가기관 등의 장 또는 사업시행자의 요청으로 감리를 실시

② 전산망 관련 기관 19년 3월, 10년 3월, 09월, 00년 7월

한국지능정보사회 진흥원	국가기관 등의 국가정보화 추진과 관련된 정책의 개발과 건강한 정보문화 조성 및 정보격차 해소 등을 지원하기 위하여 설립된 공공기관으로서 한국정보사회진흥원과 한국정보문화진흥원을 통합하여 출범(2009년 5월)
한국인터넷진흥원	정보 통신망의 고도화와 안전한 이용 촉진 및 방송통신과 관련한 국제협력 · 국외진출 지원을 효율적으로 추진할 목적으로 기존 한국정보보호진흥원, 한국인터넷진흥원, 정보통신국제협력진흥원이 통합되어 설립(2009년 7월)
국가기록원	우리나라 공공기록물 관리에 관한 정책의 수립 및 중요 공공기록물의 수집 · 보존 · 서비스를 목적으로 설립된 중앙기록물관리기관
정보통신산업진흥원	정부의 정보통신산업 정책을 총괄적으로 지원하기 위하여 기존의 정보통신연구진흥원 · 한국소프트웨어진흥원 · 한국전자거래진흥원 등 3개 기관의 관련 업무를 통합하여 설립된 산업통상자원부 산하의 기관
한국저작권위원회	저작권법의 개정으로 2009년 7월 컴퓨터 프로그램 보호위원회와 통합하며 한국저작권위원회가 됨. 저작권에 관한 사항 심의와 저작권법에 의해 보호되는 권리에 관한 분쟁조정 등을 주요 업무로 하는 위원회

전산망 내 정보시스템의 무단사용을 방지하기 위한 보안 대책
• 정보시스템의 비밀번호는 영문, 숫자, 특수기호 등을 조합하여 9자리 이상으로 설정
• 보호구역 출입은 생체정보를 통하여 고유 신원 확인이 가능한 지문인식기를 설치하여 통제
• 각 PC마다 매체제어 프로그램을 설치하고 보안기능이 있는 USB 메모리를 통해 자료를 전송

RIP(Routing Information Protocol)
IP 통신망의 경로 지정 통신 규약의 하나. 경유하는 라우터의 대수(hop의 수량)에 따라 최단 경로를 동적으로 결정하는 거리 벡터 알고리즘을 사용

전자정부
정보기술을 활용하여 행정기관의 사무를 전자화함으로써 행정기관 상호 간 또는 국민에 대한 행정 업무를 효율적으로 수행하는 정부를 의미

✓ 개념 체크

1 (   )은 기록물 관리를 총괄, 조정하고 기록물의 영구 보존 및 관리를 위해 설립된 중앙기록물관리기관이다.

1 국가기록원

01 다음 중 정보 통신망을 구축하는 효과가 <u>아닌</u> 것은?

① 경제적 효과
② 신뢰성 향상
③ 처리 능력 향상
④ 프로토콜의 다양화

프로토콜의 표준화 : 전산망 내의 통신규약을 표준화함으로써 하드웨어적인 요인이나 소프트웨어적인 요인에 서로 구애됨이 없이 프로그램 개발, 시스템 또는 네트워크 구성 등의 변경이 가능

02 정부에서 국가기관 등의 국가정보화 추진과 관련된 정책의 개발과 건강한 정보문화 조성 및 정보격차 해소 등을 지원하기 위하여 설립한 기구는?

① 한국정보보호센터(한국인터넷진흥원)
② 한국정보화진흥원(한국지능정보사회진흥원)
③ 국가전산망진흥협회
④ 한국정보통신진흥원

한국지능정보사회진흥원 : 국가기관 등의 국가정보화 추진과 관련된 정책의 개발과 건강한 정보문화 조성 및 정보격차 해소 등을 지원하기 위하여 설립된 공공기관으로서, 2009년 5월 22일 한국정보사회진흥원과 한국정보문화진흥원을 통합하여 출범함

03 중앙기록물 관리 기관의 장이 기록물의 체계적, 전문적 관리 및 효율적 활용을 위하여 표준을 제정, 시행해야 할 사항이 <u>아닌</u> 것은?

① 전자 기록물의 관리 체계
② 기록물 관리 절차별 표준 기능
③ 기록물 종류별 관리 기준
④ 기록물 종류별 분류 기준

공공기관의 기록물관리에 관한 법률에는 중앙기록물 관리 기관의 장은 기록물의 체계적, 전문적 관리를 위하여 기록물 관리 절차별 표준 기능, 기록물의 종류별 관리 기준 등 표준을 제정 시행하여야 한다(제39조).

04 국가에서 추진하고 있는 5대 국가 기간 전산망(정보통신망)이 <u>아닌</u> 것은?

① 행정 전산망
② 경제 전산망
③ 공안 전산망
④ 국방 전산망

5대 국가 기간 전산망 : 행정, 금융, 교육연구, 국방, 공안 전산망

05 전산망 기기가 타인의 전산망 기기와 접속되는 경우에 그 설치와 보전에 관한 책임의 한계를 명확하게 구분하기 위한 것을 무엇이라 하는가?

① 구분점
② 한계점
③ 분계점
④ 경계점

분계점 : 전산망 기기 상호 간을 연결할 때 건설, 운영 및 유지 보수의 책임한계를 구분하기 위한 접속점

06 한국저작권위원회의 업무 내용이 <u>아닌</u> 것은?

① 저작권 정책의 수립 지원
② 저작권의 적용 범위 결정
③ 저작권 보호를 위한 국제협력
④ 저작권의 침해 등에 관한 감정

한국저작권위원회의 주요 업무 : 분쟁의 알선 및 조정, 저작권 보호를 위한 국제협력, 저작권 연구/교육/홍보, 저작권 정책의 수립 지원, 저작권 정보 제공을 위한 정보관리 시스템 구축 및 운영, 저작권 침해 등에 관한 감점 업무 등

정답 01 ④ 02 ② 03 ④ 04 ② 05 ③ 06 ②

CHAPTER 04

사무작업 형태

학습 방향

사무 간소화와 사무 분석, EDI 시스템은 비슷한 유형이 자주 출제되고 있으므로 기출 문제 위주로 많이 풀어 보시기 바랍니다. 점차 비중도 높아지고 새로운 유형의 문제들이 많이 출제되고 있는 사무관리 규정과 전자문서 부분은 보다 꼼꼼하게 이해하고 정리해 두시면 도움이 되리라 생각합니다. 사무관리 규정 시행규칙 등 관련 법률을 한번 읽어 보는 것도 문제를 이해하는 데 큰 도움이 됩니다.

출제빈도

| SECTION 01 | 상 | | 46% |
| SECTION 02 | 상 | | 54% |

사무작업의 효율화

▶합격 강의

빈출 태그 ▶ 사무간소화의 개념 • 목적 • 대상 • 사무량 측정방법 • 사무 분석 및 동작 연구

01 사무작업의 간소화

1) 사무 간소화의 개념 19년 3월/4월, 07년 8월, 06년 8월, 06년 3월, 02년 8월, 00년 3월, 95년 10월

• 사무 간소화(Work Simplifications)라는 것은 불필요한 작업을 제거하고, 남은 작업들을 최선의 순서에 의해 재배열하고, 작업자가 올바른 방법(Method)을 적용하도록 하기 위해 모든 종류의 작업을 체계적으로 분석하는 것을 말한다.
• 절차, 서식, 작업 시간 등을 단축하거나 간소화하여 사무작업의 효율화를 높인다.
• 사무 간소화 사업(WSP : Work Simplification Program)은 사무 간소화를 체계적, 공개적으로 일정 기간 동안 집중적으로 전개하는 특별사업을 말한다.
• 사무 간소화의 특징 : 본질적이지 않은 작업 제거, 본질적인 작업을 단순화하는 것을 목표, 사무작업의 중복성을 최소화, 불필요한 단계나 복잡성을 제거한다.

2) 사무 간소화의 목적과 대상

① 목적 23년 5월, 19년 4월, 17년 3월, 06년 5월, 05년 3월, 04년 8월

용이성	작업 동작의 개선, 기계화, 표준화, 사무분담의 합리화, 사무환경의 정비, 표준화 등을 통하여 사무작업을 현재보다 쉽게 하려는 것
정확성	기계화, 전기(轉記) 회수의 감소, 검사 및 점검 방법의 적정화, 사무 분담의 상호견제 등을 통하여 사무 업무에 오류가 없도록 하는 것
신속성	표준화, 경로의 축소, 신속한 운송 수단 등을 통하여 사무 업무를 신속하게 처리하려는 것
경제성	소모용품의 절감, 장표의 설계 및 운용의 합리화, 문서 의존도의 절감 등을 통하여 사무 처리에 지출되는 비용을 줄이는 것

② 사무 간소화 대상 23년 3월/5월, 19년 3월/9월, 05년 5월, 03년 8월, 99년 6월

사무 간소화 대상	사무 간소화 부적합 대상
• 사무처리 소요시간이 타 작업과 비교하여 상대적으로 긴 작업 • 사무처리 비용이 타 작업과 비교하여 상대적으로 많이 소요되는 작업 • 업무의 반복, 불평등한 업무량 등으로 불평불만이 제기되는 작업	• 사무량 측정이 부적합한 대상 • 조사 기획과 같은 비교적 판단 및 사고력이 요구되는 사무 • 사무량이 적은 잡다한 사무 • 소요 시간과 성과 측정을 할 수 없고 반복성이 없는 사무 • 사무량 측정이 필요 없는 사무

3) 사무 간소화의 단계

① 사무량 측정 14년 5월, 10년 5월, 09년 3월, 08년 5월, 06년 3월, 02년 8월, 00년 5월, 95년 10월

사무 작업을 측정하여 정량적으로 표시하는 것으로, 사무소 내에서 행하여지는 모든 대상 업무에 대해 수량, 시간 동작에 기준을 두고 측정된 사무량을 계량화한다.

사무량 측정 대상	사무량 측정이 부적합한 대상
• 업무의 구성이 동일한 사무 • 일상적으로 일정한 처리 방법으로 반복되는 사무 • 상당 기간 내용적으로 처리 방법이 균일하여 변동이 별로 없는 사무 • 성과 또는 진행 상황을 수치화하여 일정 단위로서 계산할 수 있는 사무	• 조사 기획과 같은 비교적 판단 및 사고력이 요구되는 사무 • 사무량이 적은 잡다한 사무 • 소요 시간과 성과 측정을 할 수 없고, 반복성이 없는 사무 • 사무량 측정이 필요 없는 사무

▼ **사무량 측정 방법** 23년 5월, 19년 4월, 18년 4월, 17년 5월, 16년 3월, 10년 3월, 09년 8월, 08년 3월/7월, 07년 5월, 06년 3월/8월, …

시간 연구(관측)법	스톱 워치❶, 시간 측정 용지, 측정판 및 연필 등의 측정용 도구를 가지고 표준적 과제를 전제로 하여 이를 수행하는 데 소요되는 시간 표준을 합리적으로 결정하는 방법
주관적 판단법 (경험적 측정법)	각각의 사무에 관한 경험이 깊은 감독자나 직원이 경험을 토대로 주관적 표준 시간을 정하는 방법으로 간단하나 과학적 논리가 부족
실적 기록법 (CMU)	• CMU(Clerical Minute per Unit)방법이라고도 하며, 일정 단위의 사무량과 소요 시간을 계속적으로 기록하고 통계적 분석을 통해 표준 시간을 결정 • 기록 양식과 기입 방법만 정확하게 관리된다면 매우 우수한 측정 방법
워크 샘플링법 (Work Sampling)	• 무작위로 추출된 작업자나 기계에 대하여 임의의 시간 간격으로 관찰하여 시간 표준을 결정 • 비교적 저렴한 비용과 적은 시간으로 측정이 가능하지만, 관찰 대상자들이 사무를 달리 수행할 수 있어 신뢰성이 떨어질 수 있음
표준 시간 자료법 (요소 시간 측정법 : PTS)	기본 동작들에 대한 표준 소요 시간을 미리 설정해 두고, 사무를 구성하는 요소별 소요 표준 시간❷을 가산하여 표준 시간을 구함

② 사무 분석 16년 3월, 08년 7월, 99년 8월

사무량 측정의 결과를 토대로 하여 사무 능률 향상에 영향을 줄 수 있는 사무의 내용, 방법, 절차 등을 분석·비교한다.

사무 공정 분석	사무 업무는 단계별로 흐르면서 진행되는데 이러한 흐름의 과정을 분석하는 것으로 다시 말하면 한 장소에서 다른 장소로, 한 사람에서 다른 사람으로 또 시간과 시간으로 흐르는 과정을 분석하는 것
사무 작업 분석	사무 작업에 대한 분석으로 사무 처리를 하기 위한 작업 시간의 조건, 기기 등의 설비 조건, 집무 환경 등을 분석하는 것
사무 가동 분석	사무 가동 비율, 또는 여유율, 업무의 발생 비율 등을 조사, 분석하는 것
사무 분담 분석	• 사무 업무는 계층화, 부문화가 되면서 일정한 업무가 수행됨 • 업무 수행을 위해 각자의 직무 분담이 발생되는데, 이때 그 업무가 적절한지의 여부 등을 분석하는 것

③ 사무 간소화 사업(WSP : Work Simplification Program)

사무 분석에 의하여 사무의 능률성과 효과성을 검토한 후에 복잡하거나 중복된 사무의 내용, 방법, 절차 등을 제거하거나 줄인다.

❶ 스톱 워치법(Stop Watch)
소요 시간을 측정하여 여기서 얻은 수치로 표준 시간을 계정하는 방법

❷ 사무의 표준 시간을 결정함에 있어서 고려할 사항
• 동일한 사무에 관해서는 동일한 표준이어야 함
• 사무 처리방법이 가장 합리화된 상태에 있어서의 표준이어야 함
• 실제의 사무 처리시간과 비교할 수 있을 만큼 적정한 것이어야 함

사무 분담 분석방법
계속관찰법 : 근무시간 중 일정한 시간을 한정시킨 다음 계속하여 조사하는 발췌 검사식 방법

✓ 개념 체크

1 사무 간소화는 정보의 상호 전달, 자료의 배분 등이 잘 안되는 1회성 작업을 대상으로 수행한다. (O, X)

1 ×

4) 사무 간소화의 모형

① 기본형

비공식 프로그램 (Informal Program)	모든 관계자의 자발적 자세를 전제로, 일련의 기업 내 훈련 과정에서 시청각이나 매뉴얼, 회합, 강연 등을 통해 모든 직원에게 참가를 유도해 보수나 표창 등을 통하여 관심과 흥미를 지속하는 프로그램
공식 프로그램 (Formal Program)	작업 간소화를 최고 경영자의 책임으로 보고 외부의 전문가나 컨설턴트 같은 자문기관이나 내부의 특정한 스탭에 의해 추진되고 단기간에 끝나는 프로그램

② 기타 15년 3월, 08년 7월, 03년 8월, 02년 3월, 00년 10월

자발적 접근법 (Voluntary Approach)	상관인 감독자가 부하들을 데리고 사무 간소화 사업의 필요성과 방법 등을 설명하는 교육을 하고, 그 이후에는 그 직원들의 자발적인 노력에 기대하는 것
문제 해결식 접근법 (Problem Solving Approach)	우선 부서의 장이 사무 간소화에 대한 훈련을 받는 데서부터 시작하여 자기 부서가 당면한 사무 작업상의 문제점을 자기 훈련을 담당했던 훈련관과 함께 도와주는 방향에서 사무 간소화를 추진
순수 계선(系線) 개발식 접근법 (Pure Line Development Approach)	부서장이 사무 간소화 훈련을 받고 나서 말단의 작업원에 이르기까지 훈련을 진행한 다음 실제로 사무 간소화하는 것은 밑에서 위로 향하여 자발적으로 맡기는 접근법. 실제 그 효과를 얻기에 많은 시간이 걸린다는 단점이 있음

기적의 TIP

문제 해결식 접근법
부하, 상사, 교관이 하나의 문제를 놓고 함께 해결하여 사무 간소화를 추진해 가는 방법을 묻는 문제로 출제되었습니다. 꼭 기억해 두세요.

5) 사무 간소화 사업(WSP : Work Simplicication Program)의 기본 조건

- 최고관리자가 사무 간소화 사업에 대한 직접책임자가 되거나, 하위자에게 위임할 경우 최고책임자의 적극적인 지지와 이해가 필요하다.
- 세밀하게 계획을 세워야 하며 작성된 계획도 재검토하는 면밀성이 필요하다.
- 주관자의 권한 내용이나 한계가 무엇인지를 사전에 정확히 알고 추진해야 한다.
- 충분한 기간을 미리 확보해 두어야 하며, 계획 작성에 있어서 목표를 현실적인 것으로 책정해야 한다.
- 사무 간소화 사업을 추진하는 모든 과정에서 최고책임자뿐만 아니라 일선 사원에 이르기까지 투명성이 전제되어야 하며, 어떤 사무 간소화 사업이든지 일시에 회사의 모든 문제들을 해결할 수는 없다는 것을 이해하고 있어야 한다.

02 사무 분석 16년 5월

1) 작업 연구

- 테일러의 시간 연구(Time Study)와 길브레스의 동작 연구(Motion Study)가 일체화된 것이다.
- 작업을 용이하게 하고 작업시간을 표준화하며, 자금결정을 공정하게 한다.
- 작업의 질적 향상을 가져오며 생산비를 절감하는 데 목적이 있다.

개념 체크

1 (   )은 부하, 상사, 교관이 하나의 문제를 놓고 함께 해결하여 사무 간소화를 추진해가는 방법이다.

1 문제 해결식 접근법

2) 동작 연구

동작 연구란 작업 방법에 포함된 모든 동작을 조사하고 이를 분석, 검토하여 불필요한 작업을 제거하고 필요한 동작을 가장 쉽고 편하고 힘이 적게 드는 동작으로 개선하며, 되도록 동작의 간소화를 도모하고 남는 잔여 작업을 최선의 가능한 절차에 의하여 배치하는 데 목적이 있다.

① **동작 연구 방법** 20년 8월, 15년 5월, 10년 5월, 09년 3월, 06년 3월, 01년 3월

목시 분석	육안으로 볼 수 있는 동작을 대상으로 분석하는 방법
미시 분석	• 필름에 의한 분석법 • 보통의 촬영법(초당 16컷 연속 촬영)에 의한 마이크로모션 분석법과 메모 모션 분석법(Memo–Motion Analysis)이 있음
서블릭 (Therblig)	• 서블릭이란 동작을 구성하는 최소 동작 단위의 동작 요소의 군을 말함 • 길브레스(Gilbreth) 부부가 고안해 낸 18개의 동작 요소 • 인간의 동작을 구성하는 기본적인 요소를 18가지의 미세 동작으로 나누고 이 미세 동작이 결합함으로써 작업이 수행된다고 보았으며, 이 18가지의 미세 동작을 기호화하여 길브레스의 이름을 거꾸로 표시하여 서블릭(Therblig)이라고 정의함 • 불필요한 작업을 없애기 위해 작업 중에 다수의 스패너를 옆에 두지 않음

기적의 TIP

서블릭의 개념을 기억하세요. 자주 출제됩니다.

② **동작 경제 원칙(Motion Study Principle)** 20년 6월, 10년 9월, 08년, 07년 3월

동작의 경제 원칙에는 인체 사용에 관한 원칙, 공구 및 장비의 설계, 작업장의 배열에 관한 원칙 등 동작을 절감시켜 작업의 효율화를 꾀하는 원칙들이 있다. 동작 경제 원칙은 특히 사무작업의 개선과 표준화를 도모하고자 하는 것이다.

▼ 원칙과 예

인체 사용의 동시 동작 원칙	• 신체 전체 동작 또는 양손, 양발을 동시 동작하게 함 • 가능한 곳에서 손을 쓰는 대신 발을 사용하여 동시에 손도 유효하게 사용되어야 함
적재적소 원칙	성별, 연령별, 기능별 또는 임금별로 구분하여 작업을 시킴
최소 노력의 원칙 (피로 감소 원칙)	사무 재료는 용이하게 잡을 수 있는 책상 위 최소 작업 범위 안에 둠

3) 시간 연구 17년 5월, 06년 8월

• 작업을 위한 정확한 표준 시간을 설정하는 데 목적이 있다.
• 표준 시간이란 정해진 1단위의 작업을 정상의 속도로 수행하는 데 필요한 시간이며, 정미 작업 시간(정상 시간)과 여유 시간으로 구성되어 있다.
• 시간 연구에 의해 설정된 표준 시간은 작업원의 공정한 작업량을 결정하고 소요되는 작업원수나 기계대수 등을 산정하는 기준이 된다.

개념 체크

1 왼손이 할 수 있는 것은 오른손을 사용하지 않도록 동작을 절감시켜 작업의 효율화를 꾀하는 원칙을 (   )이라고 한다.

1 동작 경제 원칙

- 작업원의 피로, 경영 관리측의 착오 또는 기타의 원인으로 작업의 지연 가능성은 항상 존재하므로, 표준 시간을 설정할 때는 반드시 정미 작업 시간에 적당한 여유 시간을 더하여 타당성이 있도록 산출해야 한다.
- 표준 작업 시간 = 정미 작업 시간 × (1 + 여유율)
- 여유율은 보통 피로 여유, 작업 여유, 용달 여유, 직장 여유로 구분한다.

4) 동작 및 시간 연구의 기법 18년 3월, 17년 5월, 10년 5월, 07년 3월

서식 절차 도표	현재의 서식을 대상으로 하는 것으로 새로운 서식의 도안, 신종 사무 발생 시 변화 절차에 관한 자료 수집을 목적으로 함
인간 절차 도표	인간 자체를 대상으로 작업 방법에 관한 정보를 수집하여 작업 방법의 개선을 목적으로 함
작업 도표	인간이 한 장소 내에서 행하는 작업 행동을 대상으로 그 작업이 어떻게 이루어지는가를 측정함
서식 경락 도표	각 부서가 서식의 취급을 둘러싸고 어떤 관계에 놓여 있는가를 파악하고 책임 범위를 명확히 하는 데 목적이 있음

5) 공정 연구

작업 과정을 공정 단위로 분석하여 총체적인 파악과 더불어 공정의 순서 변경, 낭비 배제, 합병 등에 대하여 검토하며 작업 방법 개선, 공정 관리, 설비 배치 등에 필요한 자료 획득에 목적이 있다.

▼ 공정의 종류

작업 공정	사무 목적에 따라 사무 작업이 진행되고 있는 상태(기안문서의 작성, 장부의 기록, 전표의 계산과 집계 등)
운반 공정	사무 작업의 위치를 변경시키는 상태(문서의 전달, 결재서류의 전달 등)
검사 공정	사무 작업을 측정하여 그 결과를 기준으로 비교하여 적합 혹은 부적합의 판단을 하는 단계(확인, 검열 결재 등)
정체 공정	앞의 단계들이 행하여지기를 기다리는 상태(보관, 대기, 보류 등)

01 사무량을 측정하기에 부적합한 사무는?

① 일상적으로 일정한 처리 방법으로 반복되는 사무
② 상당 기간 내용적으로 처리 방법이 균일하여 변동이 별로 없는 사무
③ 성과 또는 진행 상황을 수치화하여 일정 단위로서 계산할 수 있는 사무
④ 조사 기획과 같은 비교적 판단 및 사고력이 요구되는 사무

사무량 측정이 부적합한 대상
• 조사 기획과 같은 비교적 판단 및 사고력이 요구되는 사무
• 사무량이 적은 잡다한 사무
• 소요 시간과 성과 측정을 할 수 없고, 반복성이 없는 사무
• 사무량 측정이 필요 없는 사무

02 사무 작업의 측정법과 관계 없는 것은?

① 경험적 측정법　　② 워크 샘플링법
③ 실적 통계법　　　④ 추상적 측정법

사무량 측정 방법에는 시간 연구법(스톱워치), 주관적 판단법(경험적 측정법, 청취법), 실적 기록법(CMU 방법), 워크(Work) 샘플링법, 표준 시간 자료법이 있음

03 부하, 상사, 교관이 하나의 문제를 놓고 함께 해결하여 사무 간소화를 추진해 가는 방법은?

① 자발적 접근법　　② 문제 해결식 접근법
③ 공식 프로그램법　④ 순수 개발식 접근법

문제 해결식 접근법 : 우선 부서의 장이 사무 간소화에 대한 훈련을 받은 다음 자기의 부서가 당면한 사무 작업상의 문제점을 자기 훈련을 담당했던 훈련관과 함께 도와주는 방향에서 사무 간소화를 추진

04 사무 작업의 효율화를 기하기 위해서는 절차, 서식, 작업 시간을 단축하거나 간소화해야 하는데, 다음 사항 중 사무 간소화에 해당하지 **않는** 것은?

① 본질적이지 않은 작업을 제거한다.
② 사무 작업에서 불필요한 단계나 복잡성을 제거한다.
③ 사무 작업의 속도를 높여 업무량을 증가시킨다.
④ 사무 작업의 중복성을 최소화시킨다.

사무 간소화
• 본질적이지 않은 작업을 제거함
• 본질적인 작업을 단순화하는 것을 목표로 함
• 사무작업의 중복성을 최소화시킴
• 사무 작업에서 불필요한 단계나 복잡성을 제거함

05 일정 단위의 사무량과 소요 시간을 계속적으로 기록하고, 통계적 분석을 사용하여 표준 시간을 결정하는 방법은?

① 워크 샘플링법
② 시간 연구법, 스톱워치
③ 요소 시간 측정법(PTS)
④ 실적 기록법(CMU)

실적 기록법 : CMU(Clerical Minute per Unit) 방법이라고도 하며, 일정 단위의 사무량과 소요 시간을 계속적으로 기록하고 통계적 분석을 통해 표준 시간을 결정. 기록 양식과 기입 방법만 정확하게 관리된다면 매우 우수한 측정 방법

06 길브레스 부부는 인간의 동작을 구성하는 기본적인 요소를 18가지의 미세 동작으로 나누고 이 미세 동작이 결합함으로써 작업이 수행된다고 보았으며, 이 18가지의 미세 동작을 기호화하였는데 그 기호의 이름은?

① Symbol　　　　② Code
③ Therblig　　　 ④ Mark

요소 동작 분석법인 서블릭(Therblig) : 길브레스(Gilbreth)에 의해 고안된 방법으로 인간의 동작을 18개의 미세 동작으로 세분하여 관찰, 세분된 미시적인 동작들을 길브레스의 이름을 거꾸로 표시하여 서블릭(Therblig)이라고 함

07 다음 〈보기〉의 조건으로 계산한 CMU법(실적기록법)에 의한 작업표 건당 처리시간은?

> • 사무원 수 : 5명
> • 1일 평균 총 처리건수 : 200건
> • 6일간 1인당 평균 근무시간 : 44시간

① 8.4분　　　　　② 9.6분
③ 10.8분　　　　 ④ 11.0분

• 인당 처리건수 : 200/5 = 40
• 1일 처리시간 : 44시간/6일 = 7.3(7시간 20분) 7시간 20분을 분으로 계산 = 440분
• 건당 처리시간 : 1일 처리시간/1인당 처리건수 = 440/40 = 11

[정답] 01 ④　02 ④　03 ②　04 ③　05 ④　06 ③　07 ④

전자문서의 관리와 운용

▶ 합격 강의

빈출 태그   EDI의 정의 · 특징 · 발생 배경 · 효과 · 구성 요소 · 종류 · 사무관리 규정 · 문서관리 · 문서 종류 · 문서처리 원칙 ·
문서관리 기본원칙 · 전자문서 효력발생 시기 · 보존 관리 · 중앙기록물 관리기관

01 EDI 시스템

1) EDI의 개념

① EDI의 정의   24년 3월/7월, 23년 5월/9월, 20년 6월, 14년 9월, 05년 5월, 04년 3월, 03년 5월/8월, 01년 3월/9월

- EDI는 거래 상대방 간에 상호 합의된 메시지를 컴퓨터 간에 상호 교환함으로써 거래 업무에 따르는 문서처리 업무를 자동화하는 것으로, Electronic Data Interchange(전자 데이터 교환)의 약자이다.
- 기업 간 또는 공공기관 사이에 교환되는 문서로 작성된 거래정보를 컴퓨터 간의 전자적 수단으로 표준화된 형태와 코드체계를 이용하여 교환하는 시스템이다.
- EDI의 데이터 형식, 용어, 규약 등의 국제적 표준을 정하는 국제기구는 ISO이다.

② EDI의 특징   22년 9월, 20년 8월, 19년 9월, 15년 3월, 07년 3월, 06년 8월, 05년 3월, 04년 3월/5월/8월, 00년 3월, 99년 8월, …

- 컴퓨터 통신망을 통해 주고받게 되므로 번거로운 사무 처리가 제거되는 Paper less Trade(종이 없는 기업 거래)를 실현하게 되며 처리 시간의 단축, 비용 절감 등 데이터의 유통이 신속하고 원활하게 된다.
- 독립된 데이터베이스를 가지며, 거래처 간 쌍방의 자주성과 독립성이 보장된다.
- EDI에 의해 전달되는 데이터는 구조화되어 있어야 하고, 기계 처리가 가능한 표준 양식이어야 한다.
- EDI에 의한 데이터는 수신한 컴퓨터가 직접 처리하기 때문에 변환과 재입력이 필요 없다.
- EDI는 전자적으로 데이터를 축적, 전송한다는 점에서 전자우편(E-mail)과 유사하지만 E-mail이 일정한 형식이 없는 메시지를 교환하는 데 비하여 EDI는 컴퓨터가 자동으로 판독할 수 있는 일정한 구조를 가진 메시지 형태의 서류를 교환한다.

2) EDI의 발생 배경   10년 5월, 07년 8월, 02년 3월, 99년 4월

- EDI는 독립적인 컴퓨터 시스템들 간의 업무 처리의 신속성과 대량의 정보처리에 대한 요구에서 발생
- 정보 기술의 발전 및 정보기기의 가격 하락
- 조직 내 전산화의 발전
- 정보 통신의 활용 가능성 인식
- 정보처리 소요 비용 증가

EDIFACT(Electronic Data Interchange For Administration, Commerce and Transport)
국제 연합 유럽 경제 위원회(UN/ECE)에서 미국과 유럽 각국이 협조하여 추진하고 있는 표준 EDI 통신 규약. 행정 · 상업 · 수송을 위한 전자 자료 교환(EDI)이라는 뜻으로, UN/EDIFACT라고도 함

EDIFACT 기본요소
- 문법과 구문규칙
- 데이터 엘리먼트 디렉토리
- 표준 메시지

✔ 개념 체크

1 EDI는 독립된 데이터베이스를 가지며, 수신한 컴퓨터가 직접 처리하기 때문에 변환과 재입력이 필요 없다. (O, X)

2 EDI로 인력을 효율적으로 관리하여 인건비를 절약할 수 있다. (O, X)

1 ○ 2 ✕

- 외부 정보에의 의존 증대
- 분류 시스템의 영향 증대
- 수작업 비용의 증가

3) EDI의 효과 15년 3월, 07년 5월, 03년 3월, 02년 3월

- 송신 측의 문서 발송 비용 절감
- 수신 측의 재입력 비용 절감
- 송수신 양측의 오류 감소 및 수작업(자료의 분류, 저장, 보관, 발송) 비용 절감
- 물품의 재고관리에 JIT(Just-In-Time) 전략을 도입하여 창고 면적 및 관리 인원, 관리비 등이 절감
- 적절한 생산 계획 및 재고 관리를 통하여 경영 업무의 효율성이 증대됨
- 정확한 정보 전달을 통해 업무의 정확성과 신뢰성이 증대됨

4) EDI의 구성 요소 23년 9월, 20년 8월, 18년 4월, 15년 5월, 06년 8월, 05년 8월, 03년 5월, 01년 6월, 00년 5월/7월

EDI 표준 (EDI Standard)	양식 표준(Formatting Standard)과 통신 표준(Communication Standard)으로 구분
EDI 소프트웨어 (EDI S.W)	모든 업체는 자기 고유의 데이터 구조와 형식을 가지고 데이터를 보관, 이용하고 있기 때문에, 이를 상호 연결하기 위한 표준화된 EDI 소프트웨어가 필요함
EDI 네트워크 (EDI Network)	거래 당사자 간의 직접 연결, 제3자를 통한 연결
EDI 하드웨어 (EDI H.W)	컴퓨터와 통신용 모뎀

① EDI 표준 19년 4월, 18년 4월, 15년 5월, 03년 3월, 00년 3월

종류	기준 항목	EDI 표준안
양식 표준	• 전자적으로 전송될 문서의 종류 • 각 전송 문서에 포함되어야 하는 정보 • 각 정보의 용도 • 계산의 필요성 • 제목인지의 구분 • 정보의 형태(숫자, 코드, 문자 등) • 각 정보의 의미	• 사적 표준 : 한 회사와 거래 상대자에 제한 사용 • 공동 표준 – 산업별 표준 : TDCC(운송), VCS(잡화), WINS(창고) – 산업 간 표준 : ANSI X.12 – 국제 표준 : EDIFACT, TDI
통신 표준	• 전송 문서의 구성 형태 • 전송 속도와 전송 방법 • 통신에 쓰이는 프로토콜의 종류 • 통신 링크의 종류(공용회선 또는 개인회선)	

② EDI 소프트웨어 및 하드웨어

- EDI 소프트웨어 : 모든 업체는 자기 고유의 데이터 구조와 형식을 가지고 데이터를 보관, 이용하고 있는데 다른 업체와 동일하지 않기 때문에 EDI 표준을 지정하고 있다. 그러므로 이를 연결하기 위해 EDI 소프트웨어가 필요하다.

EDI 소프트웨어의 종류·연계 소프트웨어
- 형식 변환 소프트웨어
- 통신 소프트웨어

데이터 변환 S/W	각 업체마다 데이터베이스의 구조가 다르기 때문에 필요한 데이터를 추가하고 변환하여 형식 변환 소프트웨어에 넘기는 기능을 담당함
형식 변환 S/W	업체 고유의 형식으로 구성된 데이터를 표준 형식에 맞게 변환시키는 기능과 역기능을 담당함
통신 S/W	표준 형식으로 변환된 데이터를 전송하고 관리하는 기능을 담당하는 것으로 통신용 모뎀과 접속이 가능함
연계 S/W	각 업체 간의 응용 프로그램이 서로 다른 데이터 구조와 형식을 요구할 때 응용 프로그램 사이에서 연결해 주는 기능을 담당함

• EDI 하드웨어 : EDI를 구축하기 위한 하드웨어는 업체 나름대로 이용할 수 있는 컴퓨터와 거래 상대자에게 전자적으로 전송하기 위한 모뎀이 필요하다.

③ EDI 네트워크

EDI의 표준화된 문서는 통신 네트워크를 통해 전송되는데, EDI 네트워크는 크게 직접 방식 네트워크와 간접 방식 네트워크로 나눈다.

방식	특징
직접 방식 네트워크 19년 9월, 13년 6월	• 전화선 등을 통하여 컴퓨터 간 직접 연결을 행하는 것으로 대부분 다이얼 업(Dial-Up) 모뎀을 이용함 • 제한된 조직 간의 통신에는 효과적이지만 EDI가 활성화될 경우에는 기술적으로나 관리상 어려움이 많이 발생함 • 일 대 일 접속을 위한 회선 비용의 증가 • 거래 업무량이 많은 경우 송수신 시간 조절이 불가능 • 거래 당사자 간 보안 관리가 어려움 • 거래 당사자 간 통신 프로토콜이 일치해야 함 • 통신 시 수신자 측의 컴퓨터가 가동 중에 있어야 함 • Point-To-Point 방식 : 거래 당사자 간에 일대일로 직접 연결하는 방식. 회선 비용이 많이 들며, 거래 당사자 간에 통신 프로토콜이 일치하고 수신 측의 컴퓨터가 개방되어 있어야 함
간접 방식 네트워크	• 거래 상대방과 간접적으로 접속이 이루어짐 • 대표적인 유형으로 VAN이나 제3자(Third Party)를 이용한 간접 방식 등이 있음 • Third Party VAN 방식 : 제3자인 VAN을 이용하는 방법으로 전자우편함 및 부가가치 데이터 서비스(VADS : Value Added Data Service) 등을 이용

④ EDI의 종류 23년 5월, 19년 4월, 15년 9월, 09년 8월, 98년 10월

일괄 처리 방식 EDI	• VAN을 이용한 축적 전송 방식으로 가장 일반적이며, 송신 또는 수신 그 자체로 한쪽의 트랜잭션 처리가 끝남 • 상대방과 프로토콜을 일치시킬 필요가 없는 반면 전송 속도가 느림
즉시 응답 방식 EDI	• 거래 문서의 접수 확인이나 신속한 응답이 요구될 때 사용되며, 거래 당사자 간은 직접 연결할 수도 있고, VAN을 사용할 수도 있음 • 상호 간 프로토콜은 문제되지 않으며, 송수신 관련 시스템이 기능적으로 연결되어 있다고 반드시 실시간으로 처리할 필요는 없음
대화형 방식 EDI	거래 당사자 간 응용 시스템들이 질의와 응답으로 구성된 두 개 이상의 짧은 메시지를 동시에 주고받음으로써 실질적인 실시간 처리가 이루어짐
개방형 EDI (Open EDI)	이질적인 거래형태/정보기술 및 데이터 구조를 지닌 거래주체 사이에 공공 표준을 활용하여 상호 운용하는 방식
인터넷 EDI (Internet EDI)	EDI 문서 전송 시 TCP/IP프로토콜을 사용하는 방식

02 사무관리 규정과 전자문서

1) 사무관리 규정

① 사무관리 규정 목적과 적용 범위

목적	행정기관의 사무관리에 관한 사항을 규정함으로써 사무의 간소화 · 표준화 · 과학화 및 정보화를 기하여 행정의 능률을 높임
적용 범위	중앙행정기관(대통령 직속기관 및 국무총리 직속기관을 포함한다. 이하 같다.) 및 그 소속기관, 지방자치단체의 기관과 군의 기관(이하 "행정기관"이라 한다.)의 사무관리에 관하여는 다른 법령에 특별한 규정이 있는 경우를 제외하고는 이 명이 정하는 바에 의함

② 사무관리 규정 용어 19년 3월, 18년 4월, 14년 9월, 08년 3월, 03년 5월

공문서	행정기관 내부 또는 상호 간이나 대외적으로 공무상 작성 또는 시행되는 문서(도면 · 사진 · 디스크 · 테이프 · 필름 · 슬라이드 · 전자문서 등의 특수매체기록을 포함한다. 이하 같다.) 및 행정기관이 접수한 모든 문서
문서과	행정기관 내의 공문서의 분류 · 배부 · 수발업무지원 및 보존 등 문서에 관한 사무를 주관하는 과 · 담당관 또는 계를 말함
처리과	문서의 수발 및 사무 처리를 주관하는 과 · 담당관 또는 계를 말함
정보 통신망	전기통신설비를 활용하거나 전기통신설비와 컴퓨터 및 컴퓨터의 이용기술을 활용하여 정보를 수집 · 가공 · 저장 · 검색 · 송신 또는 수신하는 정보통신체제
전자문서	컴퓨터 등 정보처리 능력을 가진 장치에 의하여 전자적인 형태로 작성, 송 · 수신 또는 저장된 문서
서명	기안자 · 검토자 · 협조자 · 결재권자 또는 발신 명의인이 공문서(전자문서를 제외한다.)상에 자필로 자기의 성명을 다른 사람이 알아볼 수 있도록 한글로 표시하는 것
전자 문자 서명	기안자 · 검토자 · 협조자 · 결재권자 또는 발신 명의인이 전자문서상에 전자적 결합으로 자동 생성된 자기의 성명을 전자적인 문자 형태로 표시하는 것
전자 이미지 서명	기안자 · 검토자 · 협조자 · 결재권자 또는 발신 명의인이 전자문서상에 전자적인 이미지 형태로 된 자기의 성명을 표시하는 것
행정 전자 서명	기안자 · 검토자 · 협조자 · 결재권자 또는 발신 명의인의 신원과 전자문서의 변경 여부를 확인할 수 있도록 당해 전자문서에 첨부되거나 논리적으로 결합된 전자적 형태의 정보로서 인증을 받은 것
전자 이미지 관인	관인의 인영을 컴퓨터 등 정보처리 능력을 가진 장치에 전자적인 이미지 형태로 입력하여 사용하는 관인
전자문서 시스템	문서의 기안 · 검토 · 협조 · 결재 · 등록 · 시행 · 분류 · 편철 · 보관 · 보존 · 이관 · 접수 · 배부 · 공람 · 검색 · 활용 등 문서의 모든 처리 절차가 전자적으로 처리되는 시스템
행정 정보 시스템	행정기관이 행정정보를 생산 · 수집 · 가공 · 저장 · 검색 · 제공 · 송신 · 수신 및 활용하기 위한 하드웨어 · 소프트웨어 · 데이터베이스와 처리 절차 등을 통합한 시스템
업무 관리 시스템	행정기관이 업무처리의 전 과정을 과제관리카드 및 문서관리카드 등을 이용하여 전자적으로 관리하는 시스템

2) 문서관리

① 문서의 기능 05년 3월, 02년 3월, 01년 3월/6월/9월

- 문서의 주요 기능은 의사 전달과 의사 보존이라고 할 수 있다.
- 문서를 통한 의사 전달의 특징은 특정인의 추상적, 주관적 관념을 문자를 통해 구체화한다는 것이다.
- 문서를 통해 사무 처리의 결과를 정확하게 보존할 수 있다.

> ✅ **개념 체크**
>
> 1 행정기관에서 공무상 작성하거나 시행하는 문서와 행정기관이 접수한 모든 문서를 (   )라고 한다.
>
> 1 공문서

❶ 법규 문서
조문 형식에 의하여 작성하고, 누년 일련번호를 사용
예 법률 제1234호
고시나 공고는 연도표시-일련번호를 사용
예 고시 제2005-4호

❷ 훈령
상급기관이 하급기관에 대하여 장기간에 걸쳐 그 권한의 행사를 일반적으로 지시하기 위하여 발하는 명령

❸ 보관
문서정리 절차 중 '보관'이란 문서 자료의 처리 완결 후부터 보존되기 전까지의 관리를 의미

• 공문서라 함은 행정기관 내부 또는 공무원이 직무상 작성하고 처리한 문서를 말한다. 사무관리 규정 제3조에는 "공문서라 함은 행정기관 내부 또는 상호 간이나 대외적으로 공무상 작성 또는 시행되는 문서(도면 · 사진 · 디스크 · 테이프 · 필름 · 슬라이드 · 전자문서 등의 특수매체 기록을 포함) 및 행정기관이 접수한 모든 문서"를 말한다.

② 문서의 종류 16년 3월/10월, 09년 3월

사무관리 규정에서는 문서의 성질에 따라 법규 문서❶, 지시 문서, 공고 문서, 비치 문서, 민원 문서, 일반 문서로 나눈다.

법규 문서	• 헌법, 법률, 대통령령, 총리령, 부령, 조례 및 규칙 등에 관한 문서 • 법규 문서는 조문형식에 의하여 작성하고, 누년 일련번호를 사용
지시 문서	훈령❷ · 지시 · 예규 및 일일명령 등 행정기관이 그 하급기관 또는 소속공무원에 대하여 일정한 사항을 지시하는 문서
공고 문서	고시 · 공고 등 행정기관이 일정한 사항을 일반에게 알리기 위한 문서
비치 문서	비치대장 · 비치카드 등 행정기관이 일정한 사항을 기록하여 행정기관 내부에 비치하면서 업무에 활용하는 문서
민원 문서	민원인이 행정기관에 대하여 허가 · 인가 · 기타 처분 등 특정한 행위를 요구하는 문서 및 그에 대한 처리문서
일반 문서	위에 속하지 아니하는 모든 문서

③ 문서정리의 절차 18년 3월, 15년 3월, 06년 5월, 04년 5월

문서관리의 기본적인 절차는 분류 ➡ 보관❸ ➡ 보존 ➡ 폐기 순으로 진행된다.

④ 문서의 성립과 효력 발생

• 문서는 다른 법령에 특별한 규정이 있는 경우를 제외하고는 당해 문서에 대한 결재권자의 서명(전자문서 서명 · 전자이미지 서명 및 행정전자 서명을 포함함)에 의한 결재가 있음으로써 성립한다.
• 문서의 성립 요건은 정당한 권한이 있는 공무원이, 직무의 범위 내에서 공무상 작성하고, 결재권자의 결재가 있어야 한다.
• 문서는 수신자에게 도달(전자문서 도달 시기는 수신자의 컴퓨터 파일에 기록되는 것을 말한다.)됨으로써 그 효력을 발생한다. 다만, 공고문서의 경우에는 공고문서에 특별한 규정이 있는 경우를 제외하고는 그 고시 또는 공고가 있은 후 5일이 경과한 날부터 효력을 발생한다.
• 민원문서를 정보통신망을 이용하여 접수 · 처리한 경우에는 당해 민원사항을 규정한 법령에서 정한 절차에 따라 접수 · 처리된 것으로 본다.

▼ 문서의 효력 발생 시기

일반 문서	수신자에게 도달된 때에 효력이 발생
공고 문서	• 고시 또는 공고가 있은 후 5일이 경과한 날에 효력이 발생 • 효력 발생 시기가 법령에 규정되어 있거나, 공고문서에 특별히 명시되어 있는 경우는 그에 의함
전자 문서	수신자의 컴퓨터 파일에 기록된 때에 효력이 발생

✓ 개념 체크

1 사무관리 규정에 따른 공문서의 분류에 해당하는 것은 법규 문서, 지시 문서, 비밀 문서, 샘플 문서 등이 있다. (O, X)

1 ×

⑤ **문서처리의 원칙** 18년 4월, 17년 5월, 15년 5월, 09년 5월, 03월, 06년 8월, 01년 3월/9월

즉일처리의 원칙	문서는 내용 또는 성질에 따라 그 처리 기간이나 방법이 다를 수 있으나 효율적인 업무 수행을 위하여 그 날로 처리하는 것이 바람직함
책임처리의 원칙	문서는 여러 단계를 거쳐서 처리되므로 정해진 사무분장에 따라 각자의 직무 범위 내에서 책임을 가지고 관계 규정에 따라 신속·정확하게 처리하여야 함
적법처리의 원칙 (=법령적합의 원칙)	문서는 법령의 규정에 따라 일정한 형식 및 요건을 갖추어야 함은 물론 권한 있는 자에 의해서 작성·처리되어야 함
전자처리의 원칙	문서는 전자처리가 원칙이다. 문서의 기안·검토·협조·결재·등록·시행·분류·편철·보관·보존·이관·접수·배부·공람·검색·활용 등 문서의 모든 처리 절차가 전자문서 시스템에서 전자적으로 처리되도록 하여야 함

⑥ **문서분류의 원칙** 19년 9월

종합의 원칙	문서를 분류할 때 세분해서 나누는 것이 아니라, 성질의 유사성 및 처리의 편의성에 따라 묶어 관리함
일관성의 원칙	문서분류의 기준이 정해지면 그 기준에 따라 일관성 있게 정리·보존함
점진의 원칙	문서를 분류 및 정리하는 데 대분류에서 중분류, 중분류에서 소분류, 다시 소분류에서 세분류 등과 같이 단계를 세분화함
상호배제의 원칙	문서를 분류할 때 애매한 것을 없애고 그 내용이 중복되지 않도록 분류해야 함
병치의 원칙	문서의 분류 시 병치의 방법을 이용하여 모든 단위를 포함하는 것으로, 큰 범주에 종속된 부분이 없도록 문서를 정리하여 그 분류가 모든 문서를 대등하게 구분할 수 있어야 함

2) 문서관리

① **문서관리의 기본 원칙** 20년 6월, 17년 3월, 16년 10월, 10년 5월, 08년 5월, 07년 5월/8월, 06년 3월/5월, 05년 3월/5월, …

- 문서관리의 기본 원칙에는 표준화, 간소화, 집중화, 전문화, 자동(기계)화, 경제성(절감화), 용이성, 일일(즉일)처리, 능률화, 정확성, 신속성, 처리의 전진 등이 있다.
- 문서 보존 규정을 제정하고 이를 준수하면서, 보존할 문서는 가능한 줄이고, 규정에 의거 보존 문서의 정리와 폐기를 자주 해야 한다.

표준화	문서 사무 처리에 적용할 수 있는 여러 가지의 수단이나 방법 중에서 가장 합리적인 것을 선정하여 적용
간소화	문서 처리의 절차나 방법 중에서 중복되는 것이나 불필요한 것을 없애고 또 동일 종류의 문서 사무 처리를 하나로 통합
전문화	특정 사무를 한 사람에게 전담하도록 하여 전문성을 높임
자동(기계)화	문서 사무를 자동화함으로써 신속하고 편리하게 관리
경제성	문서 사무에 따르는 비용 절감
용이성	문서 사무는 사무원이 작성 및 취급이 쉽고 편리하게 처리되도록 하여야 함
신속성	문서의 처리를 빠르게 할 수 있도록 하여야 함
일일(즉일)처리	문서 처리는 되도록 그날 중에 끝내고 다음 날로 미루지 않음
집중화	인건비와 사무관리를 절감할 수 있도록 분산관리보다는 집중관리를 강구해야 함

② **문서작성의 일반 사항** 10년 3월/5월/9월, 09년 3월, 06년 5월

- 용지의 규격 : 문서의 규격을 표준화함으로써 문서의 작성·분류·편철·보관·보존이 용이하게 한다. 문서작성에 쓰이는 용지의 기본규격은 도면, 증표류 기타 특별한 형식의 문서를 제외하고는 가로 210mm, 세로 297mm(A4용지)로 한다.

공기록물 관리에 관한 법률 제5조(기록물관리의 원칙)
공공기관 및 기록물관리기관의 장은 기록물의 생산부터 활용까지의 모든 과정에 걸쳐 진본성(眞本性), 무결성(무결성), 신뢰성 및 이용가능성이 보장될 수 있도록 관리하여야 한다.

제2조(공문서 작성의 일반원칙)
① 공문서(이하 "문서"라 한다)의 내용을 둘 이상의 항목으로 구분할 필요가 있으면 그 항목을 순서(항목 구분이 숫자인 경우에는 오름차순, 한글인 경우에는 가나다 순을 말한다)대로 표시하되, 상위 항목부터 하위 항목까지 1., 가., 1), 가), (1), (가), ①, ㉮의 형태로 표시한다. 다만, 필요한 경우에는 ㅁ, ○, -, · 등과 같은 특수한 기호로 표시할 수 있다.

제18조(문서의 쪽 번호 등 표시)
영 제19조 제2호 가목에 따라 전자문서에는 다음 각 호의 구분에 따라 쪽 번호 또는 발급번호를 표시한다.
1. (생략)
2. 각종 증명발급에 관한 문서에는 해당 문서의 왼쪽 하단에 발급번호를 표시하되, 다음 예시와 같이 표시한다.
🔢 단말번호 – 출력연월일/시·분·초 – 발급일련번호 – 쪽번호

제28조(서식 설계의 일반 원칙)
① 서식은 글씨의 크기, 항목 간의 간격, 적어 넣을 칸의 크기 등을 균형 있게 조절하여 서식에 적을 사항을 쉽게 알 수 있도록 하여야 한다.
② 서식에는 누구나 쉽게 이해할 수 있는 용어를 사용하고, 불필요하거나 활용도가 낮은 항목을 넣어서는 아니 된다.
③ 서식은 특별한 사유가 없으면 별도의 기안문과 시행문을 작성하지 아니하고 그 서식 자체를 기안문과 시행문으로 갈음할 수 있도록 생산등록번호·접수등록번호·수신자·시행일 및 접수일 등의 항목을 넣어야 한다.
④ 법령에서 서식에 날인하여야 한다고 정하고 있지 아니하면 서명이나 날인을 선택할 수 있도록 하여야 한다.
⑤ 서식에는 가능하면 행정기관의 로고·상징·마크·홍보문구 등을 표시하여 행정기관의 이미지를 높일 수 있도록 하여야 한다.
⑥ 민원서식에는 민원인의 편의를 도모하기 위하여 그 민원업무의 처리흐름도, 처리기간, 전자적 처리가 가능한지 등을 표시하여야 하며, 음성정보나 영상정보 등을 수록하거나 연계한 바코드 등을 표기할 수 있다.
⑦ 서식에는 용지의 규격과 지질을 표시하여야 한다.

- 용지의 색 : 용지는 흰색으로, 글자는 검은색 또는 푸른색을 사용한다. 다만, 도표의 작성이나 수정·주의 환기 등 특별한 표시를 할 때에는 다른 색을 사용할 수 있다. 그러나 황색계통이나 보라색·담홍색 등은 복사 및 모사전송에 의한 문서 발송 시 글자가 잘 나타나지 아니하므로 사용하지 않는 것이 좋다.
- 용지의 여백 : 사무관리 규정 시행 규칙에 의해 공문서는 용지의 위쪽과 좌,우측 20mm, 아래쪽 10mm, 머리말/꼬리말 0mm로 하되, 필요한 경우 프린터로 출력 가능한 범위에서 확대하거나 축소할 수 있다. 〈개정 : 2011.12.31.〉

▼ 문서의 여백

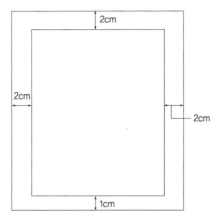

※ 문편철 위치나 용도에 따라 각 여백을 달리 할 수 있다.

▼ 문서의 용어

글자	어문 규범에 맞게 한글로 작성하되, 쉽고 간명하게 표현하고, 뜻을 정확하게 전달하기 위하여 필요한 경우에는 괄호 안에 한자나 그 밖의 외국어를 넣어 쓸 수 있으며, 특별한 사유가 있는 경우를 제외하고는 가로로 씀
숫자	아리비아 숫자로 씀
연호	서기연호를 쓰되, "서기"는 표시하지 않음
날짜	숫자로 표기하되 년, 월, 일의 글자는 생략하고 그 자리에 온점을 찍어 표시 🔢 2010.9.1
시분	24시각제에 따라 숫자로 표기하되, 시, 분 글자는 생략하고 그 사이에 쌍점(:)을 찍어 구분 🔢 오후 3시 20분 → 15:20

③ 문서의 기안 22년 3월, 20년 8월, 16년 10월, 15년 9월, 14년 5월, 13년 6월, 10년 5월

- 기안이라 함은 행정기관의 의사를 결정하기 위하여 문안을 작성하는 것을 말한다. 기안에는 기안문 서식을 사용하는 일반기안, 간이기안, 일괄기안(전자기안), 공동기안, 수정기안이 있으며, 기안문 서식을 사용하지 아니하는 서식에 의한 처리 등이 있다.
- 문서의 기안은 전자문서로 함을 원칙으로 한다. 다만, 업무의 성격 기타 특별한 사정이 있는 경우에는 종이문서로 기안할 수 있다.
- 기안문상 발의자 및 보고자 표시 : 기안문의 해당 직위 또는 직급의 앞 또는 위에 발의자는 ★표시를, 보고자는 ⊙표시를 한다. 발의자와 보고자가 동일인 경우에는 ★표시와 ⊙표시를 함께 표시한다.

- 기안문 구성
  - 기안문은 두문, 본문, 결문으로 구성한다.
  - 수신란 : 수신자가 없는 내부결재문서인 경우에는 "내부결재"로 표시, 수신자가 여럿인 경우에는 "수신자 참조"라고 표시한다.
  - 본문은 제목, 내용 및 붙임(문서에 다른 서식 등이 첨부되는 경우에만 해당함)으로 구성한다. 문서에 다른 서식 등이 첨부되는 경우에는 본문의 내용이 끝난 줄 다음에 "붙임"을 표시한다.

▼ 기안문 작성 시 유의 사항

정확성	6하 원칙에 의하여 작성하며, 애매한 표현이나 과장된 표현을 피함
신속성	문장은 짧게 끊어서 개조식으로 쓰며, 가급적 먼저 결론을 쓰고 그 다음에 이유 또는 설명을 씀
용이성	• 읽기 쉽고 알기 쉬운 말을 쓰며, 한자나 어려운 전문 용어는 피함. 한자 또는 전문 용어를 쓸 경우는 ( )를 하여 한자를 쓰거나 용어의 해설을 붙임 • 받는 사람의 이해력과 독해력을 고려하며 적절한 경어를 사용. 또한 감정적이나 위압적인 과격한 표현을 쓰지 않음
경제성	용지의 규격 등을 표준화하고 서식을 통일. 문자를 부호화하여 활용하며, 반복적인 업무는 표준 기안문을 활용

④ **결재** 22년 4월, 20년 8월, 19년 9월, 18년 4월, 17년 3월, 16년 5월
- 결재란 넓은 의미로 당해 사안에 대한 행정기관의 의사를 결정할 권한이 있는 자가 그 의사를 결정하는 행위를 말한다.
- 결재(좁은 의미)는 법령의 규정에 의하여 소관사항에 대한 행정기관의 의사를 결정할 권한을 가진 자(주로 행정기관의 장)가 직접 그 의사를 결정하는 행위를 말한다.
- 전결이라 함은 행정기관의 장으로부터 사무의 내용에 따라 결재권을 위임받은 자가 행하는 결재를 말하며, 그 위임전결사항은 당해 기관의 장의 훈령 또는 지방자치단체의 규칙으로 정한다.
- 대결이라 함은 결재권자가 휴가, 출장 기타의 사유로 결재할 수 없는 때에 그 직무를 대리하는 자가 행하는 결재를 말한다.

⑤ **문서의 접수 · 처리** 15년 9월, 10년 5월, 08년 7월
- 문서는 처리과에서 접수하여야 하며, 문서과에서 직접 받은 문서는 지체 없이 처리과에 이를 배부하여 접수하게 하되, 이 경우 배부 정보는 「공공기록물 관리에 관한 법률 시행령」에 따른 등록 정보로 관리하여야 한다.
- 접수된 문서에는 행정안전부령이 정하는 접수인을 찍고, 접수일시와 접수등록번호를 기재하여야 하며, 전자문서인 경우에는 그 접수일시와 접수등록번호가 자동으로 표시되도록 하여야 한다. 다만, 제1항의 규정에 의하여 문서과에서 받은 문서는 문서과가 접수일시를 기재하여 이를 처리과로 보낸다.
- 처리과의 문서수발사무를 담당하는 자는 접수된 문서를 처리 담당자에게 인계하고, 처리 담당자는 행정안전부령이 정하는 문서에 해당하는 경우에는 공람할 자의 범위를 정하여 그 문서를 공람하게 할 수 있다. 다만, 전자문서인 경우에는 공람하였다는 기록이 전자문서 시스템 또는 업무 관리 시스템상에서 자동으로 표시되도록 하여야 한다.

결재받은 문서를 수정하는 방법
제14조(결재받은 문서의 수정 등) 영 제17조 단서에 따라 종이문서의 일부분을 삭제하거나 수정하는 경우에는 원안의 글자를 알 수 있도록 해당 글자의 중앙에 가로로 두 선을 그어 삭제하거나 수정하고, 삭제하거나 수정한 사람이 그 곳에 서명이나 날인을 하여야 한다.

기안문에는 행정안전부령이 정한 바에 따라 발의자와 보고자를 알 수 있도록 표시해야 한다. 그러나 다음 문서에는 생략할 수 있다.
- 검토나 결정이 필요하지 아니한 문서
- 각종 증명 발급, 회의록, 그 밖의 단순 사실을 기록한 문서
- 일상적이고 반복적인 업무로서 경미한 사항에 관한 문서

행정 효율과 협업 촉진에 관한 규정 시행규칙 제13조(문서의 발신 방법 등)
- ①영 제16조 제1항에 따라 업무 관리시스템 또는 전자문서시스템 등을 이용하여 정보통신망으로 문서를 발신하거나 수신하였을 때에는 그 발신 또는 수신 기록을 전자적으로 관리하여야 한다.
- ②영 제16조 제2항에 따라 우편 · 팩스 등의 방법으로 문서를 발신한 때에는 그 발신기록을 증명할 수 있는 관계 서류 등을 기안문과 함께 보존하여야 한다.
- ③영 결재권자가 제16조 제5항에 따라 암호화 등의 발신방법을 지정한 경우에는 문서 본문의 마지막에 "암호" 등으로 발신할 방법을 표시하여야 한다.

모사전송(FAX)문서의 접수
감열기록 방식의 모사전송기(FAX)에 의하여 수신한 문서 중 보존기간이 3년 이상인 문서는 복사하여 접수하여야 하며, 이 경우 수신한 모사전송(FAX)문서는 즉시 폐기(감열기록방식이 아닌 모사전송 문서는 그대로 접수함)

- 제3항의 규정에 의한 공람을 하는 결재권자는 문서의 처리기한 및 처리 방법을 지시할 수 있으며, 필요하다고 인정하는 때에는 그 처리 담당자를 따로 지정할 수 있다.
- 행정기관의 장은 정보통신망을 이용하여 행정기관 외의 자로부터 문서를 접수할 수 있도록 필요한 조치를 할 수 있으며, 정보통신망을 이용하여 접수된 문서는 제1항 내지 제4항의 규정에 의하여 처리하여야 한다. 다만, 발신자의 주소 · 성명 등이 불분명한 경우에는 접수하지 아니할 수 있다.
- 행정기관의 장은 행정기관의 홈페이지 또는 공무원의 공식 전자우편 주소를 이용하여 행정기관외의 자로부터 문서를 받아 처리과에서 접수할 수 있다.

2) 전자문서

① 관련 용어 14년 9월, 08년 7월, 07년 3월, 05년 5월, 04년 5월, 00년 3월/10월, 99년 8월

전자문서의 정의	• 전자문서란 컴퓨터 등 정보처리 능력을 가진 장치에 의하여 전자적인 형태로 작성, 송 · 수신 또는 저장된 문서 • 국가기관, 지방자치단체 및 법령의 규정에 의하여 그 위탁을 받은 자가 전산망을 이용하여 전송, 처리 또는 보관하는 문서형식의 자료로서 표준화된 것
전자 기록 생산 시스템	기록물 및 기록물철의 등록, 분류, 정보에 대한 검색, 활용 기능을 제공하는 것으로 전자문서 시스템, 행정정보 시스템, 업무 관리 시스템을 포함함

② 전자문서의 효력 발생 24년 9월, 23년 3월/9월, 20년 8월, 18년 4월, 15년 9월, 13년 6월, 10년 3월/9월, 09년 3월, 08년 7월, …

- 전자문서는 다른 법령에 특별한 규정이 있는 경우를 제외하고는 수신자의 컴퓨터 파일에 등록된 때에 그 효력을 발생한다.
- 전자문서는 작성자 외의 자 또는 작성자의 대리인 외의 자가 관리하는 컴퓨터에 입력된 때에 송신된 것으로 본다.
- 전자문서의 내용에 대하여 당사자 또는 이해 관계자 사이에 다툼이 있는 때에는 전자문서 중계자의 컴퓨터의 파일에 기록된 전자문서의 내용대로 작성된 것으로 추정한다.
- 행정 기관에 송신한 전자문서는 당해 전자문서의 송신 시점이 컴퓨터에 의하여 전자적으로 기록된 때에 그 송신자가 발송한 것으로 본다.

③ 전자문서의 보존 · 관리 16년 10월, 10년 3월, 09년 3월

- 전자문서는 컴퓨터 파일로 보존하거나 출력하여 보존할 수 있다. 다만, 보존 기간이 20년 이상인 전자문서는 컴퓨터 파일과 장기보존 가능한 용지에 출력한 출력물을 함께 보존하여야 한다. 보존 기간이 20년 이상인 전자문서는 보존 기간 중 이를 폐기할 수 없다.
- 전자문서를 보존 · 관리함에 있어서 임의 수정, 삭제, 멸실, 분실, 도난, 유출, 위 · 변조 또는 훼손되지 아니하도록 물리적으로 보호할 수 있어야 한다.
- 컴퓨터 파일상의 전자문서를 출력하거나 복사할 경우 전자문서 출력 대장 또는 복사 대장에 출력일시 또는 복사일시, 출력자 또는 복사자, 출력 매수 또는 복사 매수 등을 표시하고 처리과 장의 확인을 받아야 한다.

④ 전자문서 고시 ^{17년 3월, 10년 5월}

국가기관 또는 지방자치단체의 장이 전자문서 처리를 위하여 고시하여야 할 사항은 다음 각 호와 같다.

- 전자문서로 처리하는 대상 업무 및 그 표준화 방식
- 전자문서 중계 설비를 관리하는 자(전자문서 중계자)
- 전자문서의 보관 기간
- 그 밖에 전자문서로 처리하기 위하여 필요한 사항

⑤ 전자 관인 ^{08년 3월, 03년 5월}

각급 행정기관은 전자문서에 사용하기 위하여 전자 관인을 가질 수 있으며, 전자 관인의 인명 규격 및 글씨체는 일반 관인의 규격 및 글씨체와 같아야 한다.

3) 정부 전자문서 유통지원센터의 운영 ^{09년 8월}

- 정부 전자문서 유통지원센터(이하 "센터"라 한다.)를 관리하는 자는 센터의 시스템이 정상적으로 가동되도록 관리하여야 하며, 유통되는 전자문서 및 행정정보가 위조 · 변조 · 훼손 또는 유출되지 아니하도록 적절한 보호대책을 강구하여야 한다.
- 센터의 관리자는 원활한 전자문서 유통을 지원하기 위하여 필요한 경우 테스트문서를 발송하여 센터를 이용하는 자 간의 문서 유통여부를 확인하여야 한다.
- 센터의 관리자는 전자문서 유통상의 장애가 발생하거나 시스템 간 문제가 발생한 경우에는 센터 이용자에게 전자문서시스템 등의 관련 정보를 요청할 수 있다.
- 행정안전부장관은 규정에 의하여 센터의 업무의 일부를 수행하는 행정기관에 대하여 기술적인 지원을 할 수 있다.
- 센터의 관리자와 센터 업무의 일부를 수행하는 행정기관의 전자문서유통지원업무를 담당하는 자의 역할 및 센터의 이용절차 등에 관하여 필요한 세부사항은 행정안전부장관이 정한다.

4) 중앙기록물 관리기관 ^{22년 9월, 17년 5월, 10년 3월/5월}

- 중앙기록물관리기관의 장은 기록물의 체계적 · 전문적 관리 및 효율적 활용을 위하여 다음의 사항에 대한 표준을 제정 · 시행하여야 한다. 다만, 기록물관리 표준과 관련된 사항이 「산업표준화법」에 따른 한국산업표준으로 제정되어 있는 경우에는 그러하지 아니하다.
  1. 전자기록물의 관리체계 및 관리항목
  2. 기록물관리 절차별 표준기능
  3. 기록물 종류별 관리 기준 및 절차
  4. 기록물관리기관의 유형별 표준모델
- 중요 기록물의 이중보존 : 영구보존으로 분류된 기록물 중 중요한 기록물에 대하여는 복제본을 제작하여 보존하거나 보존매체에 수록하는 등의 방법으로 이중보존함을 원칙으로 한다.
- 관련규정 : 「공공기록물 관리에 관한 법률」 시행령

기록물철의 분류번호
공공기록물 관리에 관한 법률 시행규칙 제13조(기록물철의 분류번호 표시)에 의하면 '전자기록물로 구성되어 있는 기록물철의 분류번호는 해당 전자기록물철의 등록정보로 관리한다.'고 규칙을 정하고 있다.

전자문서중계자
정보통신망 이용촉진 및 정보보호 등에 관한 법률에서는 '국가기관'이나 '지방자치단체의 장' 혹은 '전자문서중계설비를 관리하는 자'를 "전자문서중계자"라 한다.

일반적인 비공개 기록물의 공개 원칙
공공기록물 관리에 관한 법률에 따르면 일반적인 비공개 기록물은 생산연도 종료 후 30년이 경과하면 모두 공개함을 원칙으로 한다.

01 기업 간 또는 공공기관 사이에 교환되는 문서로 작성된 거래정보를 컴퓨터 간의 전자적 수단으로 표준화된 형태와 코드체계를 이용하여 교환하는 시스템은?

① EDPS
② MIS
③ EDI
④ OA

EDI : 전자데이터 교환(Electronic Data Interchange)의 약자로, 기업 간의 거래에 관한 데이터를 정형, 표준화하여 컴퓨터 통신망을 통해 거래 당사자의 컴퓨터 사이에서 직접 전송 신호로 주고받는 것

02 다음 중 EDI의 직접적인 구성 요소와 가장 거리가 먼 것은?

① 표준화
② 통신 네트워크
③ 통합 데이터베이스
④ 변환 소프트웨어

EDI(Electronic Data Interchange) 시스템 : 전자 데이터 교환의 약자로 기업 간의 거래에 관한 데이터를 정형, 표준화하여 컴퓨터 통신망을 통해 거래의 당사자의 컴퓨터 사이에서 직접 전송 신호를 주고받는 것. EDI의 구성 요소는 EDI 표준(EDI Standard), 소프트웨어(EDI Software), 네트워크(EDI Network), 하드웨어(EDI Hardware)

03 문서관리의 기본 원칙과 거리가 먼 것은?

① 능률화와 절감화
② 표준화와 간소화
③ 신속화와 정확화
④ 전문화와 인쇄화

문서관리의 기본 원칙 : 표준화, 간소화, 전문화, 기계화, 자동화, 능률화, 정확성, 신속성, 경제성(절감화), 용이성, 일일처리 등

04 "컴퓨터 등 정보처리 능력을 가진 장치에 의하여 전자적인 형태로 작성되어 송·수신 또는 저장된 문서 형식의 자료로써 표준화된 것"을 의미하는 것은?

① 공문서
② 전자문서
③ 프로그램
④ 프로토콜

전자문서는 전산망을 활용하여 작성, 시행 또는 접수, 처리되는 문서

05 전자문서의 내용에 대하여 당사자 또는 이해관계자 사이에 다툼이 있을 경우 전자문서의 내용 추정으로 옳은 것은?

① 수신자의 컴퓨터 파일에 기록된 전자문서의 내용대로 작성된 것으로 추정
② 송신자의 컴퓨터 파일에 기록된 전자문서의 내용대로 작성된 것으로 추정
③ 전자문서 중계자의 컴퓨터 파일에 기록된 전자문서의 내용대로 작성된 것으로 추정
④ 결재자의 컴퓨터 파일에 기록된 전자문서의 내용대로 작성된 것으로 추정

정보 통신망 이용 촉진 및 정보 보호 등에 관한 법률
제3장 전자문서중계자를 통한 전자문서의 활용
제20조 (전자문서 내용의 추정 등) ① 전자문서의 내용에 대하여 당사자 또는 이해 관계자 사이에 다툼이 있는 때에는 전자문서 중계자의 컴퓨터의 파일에 기록된 전자문서의 내용대로 작성된 것으로 추정

06 EDIFACT의 구성 요소 중 기본요소에 해당되지 않는 것은?

① 네트워크 가이드라인
② 문법과 구문규칙
③ 데이터 엘리먼트 디렉토리
④ 표준 메시지

• EDIFACT(Electronic Data Interchange For Administration, Commerce and Transport) : 국제 연합 유럽 경제 위원회(UN/ECE)에서 미국과 유럽 각국이 협조하여 추진하고 있는 표준 EDI 통신 규약. 행정·상업·수송을 위한 전자 자료 교환(EDI)이라는 뜻으로, UN/EDIFACT라고도 함
• **EDIFACT 기본요소**
  − 문법과 구문규칙
  − 표준 메시지
  − 데이터 엘리먼트 디렉토리

정답 01 ③ 02 ③ 03 ④ 04 ② 05 ③ 06 ①

07 사무의 표준시간을 결정함에 있어서 고려할 사항이 <u>아닌</u> 것은?

① 동일한 사무에 관해서는 동일한 표준이어야 한다.
② 사무처리 방법이 가장 합리화된 상태에 있어서의 표준이어야 한다.
③ 해당 사무에 최고 숙달된 사람이 처리할 수 있는 시간이어야 한다.
④ 실제의 사무처리 시간과 비교할 수 있을 만큼 적정한 것이여야 한다.

표준 시간을 최고 숙달자를 기준으로 측정되어서는 안됨

08 자료의 열람제한에 관한 내용으로 옳지 <u>않은</u> 것은?

① 공개할 경우 사회 및 경제 질서 유지에 혼란이 초래될 우려가 있는 자료는 열람을 제한한다.
② 열람제한 자료는 일반 자료와 함께 관리하며, 자료관리 대장의 비고란에 "열람제한"이라고 표시한다.
③ 열람제한 자료는 별도의 자료실에 관리하거나 서류 보관함에 넣어 특별히 관리한다.
④ 개인의 기밀에 속하는 사항으로 당사자에게 불이익을 줄 우려가 있는 경우 열람을 제한한다.

열람 제한 자료는 일반 자료와 함께 관리하지 않고 별도의 자료실에 관리하거나 서류 보관함에 넣어 특별 관리를 함

09 문서의 정확성이란 문서를 착오 없이 올바르게 작성하는 것을 말한다. 문서의 정확성을 기하기 위한 것으로 옳지 <u>않은</u> 것은?

① 불필요한 이기(移記)를 줄이고 가능하면 복사하여 처리할 수 있도록 한다.
② 문서의 유통 경로와 처리과정 및 이동거리를 단축하여야 한다.
③ 문서의 작성과 편집에 사무기기를 활용토록 한다.
④ 해석상 표현이 애매하거나 과장된 문구를 피하여 명료하게 하여야 한다.

문서의 유통 경로와 처리과정 및 이동거리를 단축하는 것은 문서의 처리를 빠르게 할 수 있도록 하는 것을 말하므로 문서의 신속성을 설명하는 것

10 문서를 통한 의사 전달의 특징을 가장 잘 나타낸 것은?

① 신속하게 전달할 수 있다.
② 상대의 반응을 신속하게 알 수 있다.
③ 전달내용을 정확하게 전달할 수 있다.
④ 비교적 세심한 감정까지 전달할 수 있다.

문서를 통한 의사전달의 특징은 특정인의 추상적, 주관적 관념을 문자를 통해 구체화하여 정확하게 전달한다는 것

PART
03

프로그래밍 일반

파트 소개

3과목 시험 문제는 기출문제가 90% 가량이 되고, 한 회당 한두 문제 정도가 조금 변형되거나 신유형으로 출제되고 있습니다.

주로 CHAPTER 04 자료형과 C 언어, CHAPTER 06 운영체제에서 많은 문제가 출제되고 특히 CHAPTER 06 운영체제에서 페이지 폴트 등 다양한 유형의 문제가 출제되고 있습니다. 운영체제의 출제 범위 자체가 점점 넓어지고 있다고 볼 수 있습니다. 그러나 앞서 말한 것처럼 기출문제가 대부분을 차지하기 때문에 합격 전략을 위해서 한두 개의 신경향 문제를 위해 시간을 너무 많이 투자하기보다는 기출 문제의 철저한 학습과 이해를 중심으로 준비하는 것이 합격의 지름길이 될 것입니다.

프로그래밍 언어 개요

기계어의 특징, 고급언어의 특징, 고급언어와 저급언어의 구분, C 언어(시스템 프로그래밍용)를 중심으로 한 프로그래밍 언어별 특징에 관한 문제들이 빈출되었습니다.

출제빈도

SECTION 01	상	69%
SECTION 02	중	31%

프로그래밍 언어의 기본 개념

▶ 합격 강의

빈출 태그 기계어 · 어셈블리어 · 저급언어 · 고급언어 · 호환성

01 저급 언어 vs 고급 언어

1) 저급 언어(Low Level Language) 18년 3월, 16년 5월/10월, 15년 3월/5월, 14년 3월/5월, 13년 3월, 11년 3월, …

기계어(Machine Language)	어셈블리어(Assembly Language)
• 0과 1의 2진수만 사용하여 명령어와 데이터를 나타내는 기계 중심 언어 • 컴퓨터가 직접 이해할 수 있어 실행 속도 매우 빠름 • 호환성 없고, 전문적인 지식이 없으면 이해하기 힘들고, 수정이나 보완 · 변경이 힘듦	• 기호 언어(Symbolic Language) • 기계어를 심볼(Symbol)로 대치한 언어 • 기호를 정하여 명령어와 데이터를 기술 • 전문 지식이 필요하고, 호환성이 떨어짐

• **어셈블러** : 어셈블리어를 번역하여 오브젝트 코드를 생성하는 프로그램
• **어셈블** : 어셈블러를 이용하여 어셈블리언어의 프로그램을 번역하는 것
• **매크로 어셈블러** : 자주 쓰는 루틴을 하나의 명령으로서 매크로화 할 수 있는 기능을 포함한 것

2) 고급 언어(High Level Language) : 절차 언어

• 사람 중심의 언어
• 저급 언어를 대신할 언어
• 상이한 기계에서 별다른 수정 없이 실행 가능한 언어
• 컴퓨터 시스템은 고급 언어를 직접 실행할 수 없으므로 기계어로 번역하는 과정이 필요하다.

🅱 **기적의 TIP**

저급 언어의 종류와 고급 언어의 종류를 구분할 수 있어야 합니다.
특히 기계어와 어셈블리어가 저급 언어에 해당함을 잊지 말고 기억하세요.

02 저급 언어와 고급 언어의 특징 13년 6월, 11년 6월/8월, 10년 5월, 09년 3월, 07년 3월

특징	저급 언어	고급 언어
주체	기계 중심의 언어	사용자 중심의 언어, 컴파일 언어
다른 기계와 호환성	호환성이 떨어짐	호환 가능
에러 수정	어려움	비교적 쉬움
프로그래밍의 용이성	어려움	비교적 쉬움
수행속도	기계 자체 언어이므로 번역의 필요성이 없어 빠름	실행하기 위해 기계어로 번역해야 하므로 느림
종류	기계어, 어셈블리어	FORTRAN, COBOL, ALGOL, PASCAL, C, Ada, LISP, BASIC 등

🅱 **기적의 TIP**

정보 처리 시스템에 대한 문제
저급언어와 고급언어의 특징을 정확히 구분할 수 있어야 합니다. 전체적으로 사람중심의 편리하고 쉬운 언어가 고급언어이고 저급언어는 불편하고 어렵다는 특징을 기억하면 쉽게 구분할 수 있습니다. 특히 호환성 없고 에러수정이 어려운 저급언어의 단점과 번역과정이 필요하므로 실행이 상대적으로 느린 고급언어의 단점은 꼭 기억합니다.

03 응용분야별 프로그래밍 언어

종류	의미	예
범용 언어 (General Purpose Language)	비교적 많은 분야에서 사용될 목적으로 개발된 언어	Pascal, C, Ada
인공지능 언어 (AI Language)	인공지능 분야의 프로그램 작성에 사용되며, 논리연산과 융통성이 중시되는 언어	LISP, Prolog
병렬 처리 언어 (Parallel Language)	두 개 이상의 비동기적(Asynchronous) 상호 통신을 하는 프로세스를 실행시킬 수 있는 언어	Concurrent Pascal, Linda
페이지 기술 언어 (Page description Language)	문서의 형식을 기술하는 데 사용되는 언어	Postscript, HTML
데이터베이스 질의어 (Query Language)	데이터베이스에서 원하는 정보를 검색하기 위해 별도의 응용프로그램을 작성하지 않고, 누구나 쉽게 사용할 수 있도록 만든 언어	SQL(Structured Query Language)

기적의 TIP

프로그래밍 언어
프로그램을 작성할 수 있는 언어 또는 프로그램을 만드는 툴을 의미합니다.

04 프로그래밍 언어 평가 기준

프로그래밍 언어를 평가하는 데 판독성(Readability), 작문성(Writability), 신뢰도(Reliability), 비용(Cost)이라는 4가지 기준이 있다.

판독성(Readability)	단순하고 명료하게 구조적으로 작성되었는가?
작문성(Writability)	프로그램 작성이 얼마나 쉬운가?
신뢰성(Reliability)	실행 시 오류를 찾아낼 수 있을까?
비용(Cost)	언어 구현, 관리, 보수에 드는 총체적 비용

기적의 TIP

프로그래밍 언어 평가 기준으로 들어가는 비용(Cost) 항목을 주의합니다.
CHAPTER 06의 운영체제에서 [운영체제의 성능 평가] 항목에는 비용(Cost)이 들어가지 않음을 비교해 두세요.

➕ 더 알기 TIP

프로그래밍 언어의 발전 과정

1. 프로그래밍 언어의 발전 방향
   - 기계 중심에서 사람 중심 언어로 발전합니다.
   - Windows와 같은 그래픽 중심의 사용자 인터페이스(GUI : Graphical User Interface)가 강조되고 있습니다.
   - 발전 단계
     기계어, 어셈블리어 → 고급 언어(절차적 언어) → 4세대(4GL) 언어(문제중심 언어) → 인공지능 언어(자연어)

2. 세대별 언어

1세대	기계어, 어셈블리어
2세대	FORTRAN II, ALGOL 60, COBOL, LISP
3세대	PL/ I, ALGOL 68, SNOBOL4, APL, BASIC, PASCAL, C
4세대	데이터베이스 및 질의 언어 등 고수준의 언어
5세대	자연어(Natural Language)

✓ 개념 체크

1 모든 기계에서 공통으로 사용할 수 있는 높은 호환성을 가진 저급 언어는 '기계어'이다. (O, X)

2 프로그래밍 언어를 평가하는 기준으로 판독성, ( ), 신뢰도, 비용이 있다.

1 × 2 작문성

01 기계어에 대한 설명으로 옳지 <u>않은</u> 것은?

① 컴퓨터가 직접 이해할 수 있는 언어이다.
② 기종마다 기계어가 다르므로 언어의 호환성은 없다.
③ 0과 1의 2진수 형태로 표현되며 수행 시간이 빠르다.
④ 프로그램 작성이 용이하다.

기계어
• 0과 1의 2진수만 사용하여 명령어와 데이터를 나타내는 기계 중심 언어
• 기계 중심적이다보니 기계마다 언어가 달라 호환성이 떨어진다는 특징이 있음

오답 피하기
기계어의 경우 기계 중심의 언어이므로 작성하기 어려움. 반면 고급 언어는 사람 중심의 언어이므로 사람이 작성하기 용이함

02 기계어에 대한 설명으로 거리가 <u>먼</u> 것은?

① 프로그램의 실행 속도가 빠르다.
② 프로그램의 유지보수가 용이하다.
③ 호환성이 없고 기계마다 언어가 다르다.
④ 2진수를 사용하여 데이터를 표현한다.

기계어의 대표적인 단점 : 프로그램의 작성이 어렵고 유지보수가 어려움. 이해하기 어렵고 호환성이 없음

03 기계어와 가장 유사한 언어는?

① COBOL 언어
② Assembly 언어
③ C 언어
④ PL/I 언어

저급 언어와 고급 언어를 구분할 수 있는가를 묻는 문제임. 기계어와 어셈블리어는 함께 묶어 저급 언어라고 기억해 두도록 함

오답 피하기
• ① : COBOL, ③ : C, ④ : PL/I은 모두 고급프로그래밍 언어임

04 저급 언어(Low-Level Language)에 해당되는 것은?

① C
② ASSEMBLY Language
③ COBOL
④ FORTRAN

저급 언어	고급 언어
기계 중심의 언어	사용자 중심의 언어, 컴파일 언어
기계 자체 언어이므로 번역의 필요성이 없어 빠름	실행하기 위해 기계로 번역해야 하므로 느림
기계어, 어셈블리어	FORTRAN, COBOL, ALGOL, PASCAL, C, Ada, LISP, BASIC 등

05 고급 언어에 대한 설명으로 옳지 <u>않은</u> 것은?

① 컴파일 과정 없이 실행 가능하다.
② 저급 언어보다 배우기 쉽다.
③ 기종 간의 큰 차이가 없어 호환성이 높다.
④ COBOL은 고급 언어에 해당한다.

고급 언어의 특징
• 사람 중심의 언어(저급 언어보다 배우기가 용이함)
• 저급 언어를 대신할 언어
• 상이한 기계에서 별다른 수정 없이 실행 가능한 언어

오답 피하기
• ① : 컴퓨터 시스템은 고급 언어를 직접 실행할 수 없으므로 기계어로 번역(컴파일)하는 과정이 필요함

06 "프로그램의 판독성이 좋다"는 의미는 무엇인가?

① 프로그램이 간결함을 의미한다.
② 암시적 문장을 많이 포함한다.
③ 번역기가 번역시간을 짧게 할 수 있다.
④ 문서 없이 프로그램의 이해가 가능하다.

판독성이 좋아지는 요건
• 프로그램이 간단, 명료해야 함
• 독립된 기능들은 독립적으로 이루어져야 함
• 핵심어(keyword)의 사용을 적합하게 해야 함
• 문법의 일관성이 있어야 함

정답 01 ④ 02 ② 03 ② 04 ② 05 ① 06 ①

SECTION 02

프로그래밍 언어별 특징

출제빈도 상 **중** 하
반복학습 1 2 3

빈출 태그 시스템 프로그래밍용 언어 • 스트림 활용

▶ 합격 강의

---

01 고급 언어의 종류별 특징 16년 3월

1) FORTRAN(FORmula TRANslation) : 과학 기술용 언어

- 1954년과 1957년 사이에 IBM의 John Backus가 이끄는 팀에 의해서 개발되었다.
- 수학적 성질을 갖는 문제를 컴퓨터로 해결하기 위해 만들어진 언어이다.
- 과학 분야나 엔지니어링 어플리케이션에 주로 사용된다.

2) ALGOL 60(ALGOrithmic Language 60) : 수치계산용 언어

- 1958년에 이론과 개념이 등장했다.
- 최초의 블록 중심 언어이다.
- 구문정의를 위해 BNF(Backus–Naur Forms)를 최초로 사용한 언어이다.

3) COBOL(COmmon Business · Oriented Language) : 사무처리용 언어

- 은행과 대규모의 데이터를 유지해야 하는 회사와 상업 응용 분야에서 빠르게 채택되었다.
- 기계 종속적인 부분과 기계 독립적인 부분을 분리하는 데 성공했다.
- COBOL이 선구적으로 도입한 기능
  - 데이터를 조직하는 레코드 구조
  - 자료구조를 프로그램의 실행부분과 분리시킨 점
  - 'picture'를 사용하거나 출력의 예시를 이용한 다양한 출력 양식 제공

▼ COBOL 프로그램 구성

식별부(Identification Division)	• 프로그램 문서화를 위한 사항을 기술 • 프로그램의 이름, 작성자, 작성일자, 컴파일 일자, 기계 설치 장소, 프로그램 설명문, 참고사항 등
표지부(Environment Division)	• 원시 프로그램이 컴파일되거나 프로그램이 실행될 컴퓨터, 프로그램 내에서 사용되는 각종 스위치와 기호들을 정의하는 구성 부분 • 프로그램에서 사용하는 파일의 구조를 정의하는 INPUT–OUTPUT 부분으로 구성

데이터부 (Data Division)	• 목적 프로그램에 의해 처리될 데이터의 기억 장소, 이름 등 데이터에 대한 모든 것을 기록
	• 4개의 SECTION으로 구성
	  – FILE SECTION : 파일의 실제 구조를 정의하는 파일 부분
	  – WORKING–STORAGE SECTION : 임시로 사용할 기억 장소를 정의하는 저장 부분
	  – LINKAGE SECTION : 서브프로그램 간의 데이터를 서로 교환할 때 필요한 기억 장소를 정의하는 연계 부분
	  – REPORT SECTION : 화면으로 데이터를 입력하기 위해 필요한 화면명을 기술하는 화면 부분

절차부(Procedure Division)	• 프로그램을 수행하는 실제 명령들을 기술 • 코볼의 모든 명령은 절차부에만 기술됨

✔️ **개념 체크**

1. ALGOL 60은 최초의 블록 중심 언어로 수치 계산에 이용하기 위해 만들어졌다. (O, X)
2. COBOL 프로그램은 (　　), 표지부, 데이터부, 절차부와 같이 4가지 부분으로 구성된다.

1 ○ 2 식별부

프로그래밍 언어별 특징 SECTION 02 **1-177**

▼ COBOL의 Level Number

Level Number	의미
01	레코드 명(Record Names)
02~49	그룹 항목이나 개별 항목에 부여
66	데이터 이름을 다른 이름으로 재정의(Renames)
77	DATA DIVISION의 WORKING-STORAGE SECTION의 독립 항목 기재
88	조건명(Condition Name)

❶ 인공지능(AI : Artificial Intel-ligence)
인간의 학습능력과 추론능력, 지각능력, 자연 언어의 이해능력 등을 컴퓨터 프로그램으로 실현한 기술

4) LISP(LISt Processor) : 리스트 처리용 언어, 인공지능

- 인공지능❶ 분야의 소프트웨어를 작성하기 위해 사용되는 프로그래밍 언어이다.
- 1950년대 말에 MIT의 John McCarthy에 의하여 개발되었다.
- 리스트 구조와 함수 적용을 기반으로 한다.
  └─ 자료구조의 한 종류로 순서가 매겨진 0개 이상의 원소들의 집합

5) PL/I(Programming Language One)

- FORTRAN, ALGOL, COBOL의 장점과 새로운 언어 개념을 통합하려고 시도한 범용언어이다.
- 예외처리 기능(Exception Handling)과 다중 작업(Concurrency)을 지원한다.

6) SNOBOL4(StriNg Oriented symBOlic Language)
┌─ 매크로 명령과 정의를 표현하는 방법, 규칙을 정하는 언어
- 어떤 기계에도 종속되지 않는 매크로 언어를 가진 인터프리터형 언어이다.
- 최초의 문자열 처리 언어로 복잡하고 강력한 패턴 매칭 기능을 제공한다.
- 문자열처리가 뛰어나며 기계에 비종속적인 매크로(Macro) 언어를 가진다.

7) BASIC(Beginner All · purpose Symbolic Instruction Code) : 범용성 언어

- 컴퓨터 프로그램 작성에 대한 교육 목적으로 설계된 고급 언어이다.
- 대화식으로 프로그램을 작성하고 수행 가능한 언어이다(인터프리터 사용).

8) PASCAL : 교육용 언어

- ALGOL 60을 모체로 1969년 취리히 공과대 ETH연구소의 니콜라 워드교수가 개발했다.
- 데이터를 구성할 때 데이터의 길이에 제약받지 않고 다양한 데이터 형식과 제어 구조를 사용한다.
- 범용/교육용 언어로 문법이 간결, 체계적, 명백한 형태로 구성되어 편하게 사용 가능하다.

📑 기적의 TIP

COBOL 프로그램을 구성하는 각 Division의 역할을 정확히 구별할 수 있어야 합니다.

✓ 개념 체크

1 문자열 대치, 복사, 치환 등과 같이 문자열 처리가 뛰어나며 어떤 기계에도 종속되지 않는 매크로 언어를 가진 것은 (   )이다.

2 C언어는 컴퓨터 프로그램 작성에 대한 교육 목적으로 설계되었다. (O, X)

1 SNOBOL4, 2 ×

9) Ada[●]

- 1978년 미국 국방부의 주도로 개발된 고급 프로그램 작성 언어이다.
- 파스칼 언어에서 처음으로 사용된 구조적 개념을 기반으로 하여 만들어진 범용의 프로그래밍 언어이다.
- 병렬처리나 프로그램의 모듈분할, 예외처리, 계산기에 의존한 데이터의 표현 등이 모두 포함되고 있어 에이다는 현존하는 언어의 장점을 모두 모은 언어라고 할 수 있다.
- 대규모 프로그램의 개발과 유지보수를 용이하게 하기 위한 기능이 높이 평가된다.

10) C 15년 9월, 14년 5월, 13년 3월, 08년 7월, 07년 3월/5월, 06년 5월/8월

- 벨 연구소에서 1971년경부터 리치(D.M.Ritchie) 등에 의해서 개발되었다.
- 시스템 프로그래밍에 적합하다.
- 구조적 프로그래밍 기법 채택, block 구조를 가진 언어이다.
- 이식성이 매우 높다.
- 포인터에 의한 번지 연산 등 다양한 연산기능을 가지고 있다.
- 저급 언어와 고급 언어의 특징을 모두 갖춘 언어이다.
- 발전 과정 : CPL ➡ BCPL ➡ B ➡ C

02 고급 언어의 종류별 용도 17년 5월, 11년 6월/8월, 10년 5월, 06년 8월, 04년 5월

FORTRAN	과학 기술 계산용	C	시스템 프로그램용
COBOL	사무처리용	Ada	군사적 목적용
ALGOL	수치계산, 논리연산용	C++	C 언어를 객체 지향적으로 개량한 객체 지향 언어
BASIC	대화형 인터프리터 언어	LISP	리스트 처리용, 인공지능
PASCAL	구조화된 프로그래밍, 교육용 언어	Simula	시뮬레이션(Simulation)처리용
SNOBOL	문자열 처리용 (String Operation)	JAVA	객체 지향 언어, 네트웍 환경에서 분산작업 가능, 다중 상속 가능

● 공모를 통해 선정된 프로그램 언어에 에이다(Ada)라는 이름이 붙여졌다. 이는 19세기 찰스 바베지(Charles Babbage) 에 의해 처음으로 고안된 소위 프로그램이라 부르는 컴퓨팅 엔진을 직접 설계한 로벨라스 백작의 부인인 아우그스타 에이다(Augusta Ada)의 이름을 딴 것이다.

암기 TIP

C 언어라고 하면 "시스템 프로그래밍용 언어"가 바로 떠올라야 합니다.

객체지향 프로그래밍(OOP : Object Oriented Programming)
- 하나의 데이터 구조로 데이터 값과 그것에 대한 절차를 합한 것으로 객체라는 모듈을 단위로 프로그램을 만드는 기법
- 상속을 통한 재사용이 용이하고 시스템의 확장성이 높으며 정보 은폐가 자연스럽게 됨
- 종류 : C++, JAVA, SmallTalk, Actor, Eiffel, Delphi 등

Visual Programming
- 기존 프로그래밍 언어에 아이콘(icon)과 메뉴(menu), 마우스와 같은 대화식 환경 등 사용자 인터페이스를 결합하여 프로그래밍하는 언어
- 프로그램의 개발과 수행을 용이하게 하며 컴퓨터를 보다 쉽고 편리하게 사용 가능하게 함
- 종류 : Visual Basic, Visual C++, CANTATA, VennLispe 등

기적의 TIP

고급 언어의 경우 언어별 용도를 반드시 구분할 수 있어야 합니다. 특히 C 언어의 경우 시스템 프로그래밍용으로 주로 사용된다는 특징 등을 정확히 이해합니다.

01 다음 중 시스템 프로그래밍에 가장 적당한 언어는?

① BASIC   ② C
③ COBOL   ④ FORTRAN

- C 언어라고 하면 '시스템 프로그래밍용 언어'가 바로 떠올라야 함
- 언어별 용도

BASIC	대화형 인터프리터 언어, 범용성 언어	C	시스템 프로그램용
COBOL	사무 처리용	FORTRAN	과학 기술 계산용
PASCAL	구조화된 프로그래밍, 교육용 언어	SNOBOL	문자열 처리용

02 스트림 자료 활용의 예가 빈번한 언어는?

① COBOL   ② SNOBOL4
③ C   ④ FORTRAN

- 스트림 자료 활용, 문자열 처리, String Operation = SNOBOL
- SNOBOL 4 : 문자열 대치, 복사, 치환 등과 같은 문자열의 조작을 편리하게 수행할 수 있도록 여러 가지 기능을 제공하며, 스트림 자료활용의 예가 많은 언어

오답 피하기
- ① : COBOL– 사무처리용
- ③ : C – 시스템 프로그래밍용
- ④ : FORTRAN–과학기술 계산용

03 고급 프로그래밍 언어에 관한 설명 중 옳지 않은 것은?

① COBOL 언어는 회사의 사무용 자료처리 언어로 개발되었으며, 기계 독립적인 부분과 기계 종속적인 부분을 분리하는 데 성공한 언어이다.
② PASCAL 언어는 간결하면서도 강력한 언어로 손꼽히고 있으며, 아직도 교육용 언어로는 가장 뛰어나다는 평가를 받고 있다.
③ FORTRAN은 과학 계산용 언어로서, 뛰어난 실행 효율성으로 성공한 언어이며, 번역기를 구현한 최초의 고급 언어이며, 컴파일러 방식의 대표적 언어이다.
④ C 언어는 고급 언어 프로그래밍과 저급 언어 프로그래밍이 가능한 언어이며, 인터프리터 방식의 대표적 언어이다.

C 언어의 특징
- 고급 언어와 저급 언어 프로그래밍이 가능함
- 대표적인 컴파일 언어임
- 시스템 프로그래밍 언어로 적합

04 프로그래밍 언어의 특성과 관련이 적절하지 않은 것은?

① PROLOG – 인공지능
② LISP – 과학기술
③ SNOBOL – 스트림 연산
④ COBOL – 사무처리

LISP : 리스트 처리용, 인공지능 언어

05 미 국방성의 주도로 개발된 고급 프로그램 작성 언어로서, 데이터 추출과 정보 은폐에 주안점을 두었고 입출력 기능이 뛰어나서 대량 자료 처리에 적합한 언어는?

① Ada
② APL
③ SNOBOL 4
④ PL/1

Ada : 미 국방성의 주도로 개발된 구조적 개념을 기반으로 한 범용 프로그래밍 언어

오답 피하기
- APL : 융통성이 있고 연산을 간략하게 표현할 수 있도록 확장된 연산자들과 자료 구조를 사용하는 프로그램 작성 언어
- SNOBOL 4 : 최초의 문자열 처리 언어
- PL/1 : FORTRAN, ALGOL, COBOL의 장점과 새로운 언어의 개념을 통합하려고 시도한 범용언어

06 언어의 번역과 바인딩 관점에서 나머지 언어와 성격이 다른 언어는?

① ALGOL
② FORTRAN
③ LISP
④ COBOL

- ① : ALGOL, ② : FORTRAN, ④ : COBOL은 C와 같은 컴파일러 언어임

오답 피하기
- ③ : LISP는 BASIC과 같은 인터프리터 언어임

정답   01 ②   02 ②   03 ④   04 ②   05 ①   06 ③

CHAPTER 02

언어의 설계와 구현

학습 방향

디버거와 디버깅, 번역 과정, 번역기의 종류별 특징, 인터프리터 방식과 컴파일 방식의 특징 비교와 언어 구분, 바인딩과 바인딩 시간의 정의, 동적 바인딩 시간과 정적 바인 딩 시간의 구분 등을 공부하세요.

출제빈도

SECTION 01	하	5%
SECTION 02	상	70%
SECTION 03	중	25%

프로그래밍 언어의 설계

▶ 합격 강의

빈출 태그 프로그램의 문서화 • 디버깅 • 디버거

01 프로그래밍 언어

• 좋은 프로그래밍 언어의 조건
  - 작업 및 학습의 용이성 : 언어의 구조와 개념이 단순하고 명료해야 하며, 체계적 언어 구조를 갖추어야 한다.
  - 신뢰성 : 효율적이고 신뢰성이 있어야 한다.
  - 이식성 : 다른 기종과 호환성이 높아야 하며, 다른 언어에 대해 이식성이 있어야 한다.
  - 검증의 용이성 : 추상을 지원할 수 있어야 하고, 검증하기 쉬워야 한다.
  - 비용의 적정성 : 작성 비용, 번역 비용, 실행 비용, 운영 및 유지보수 등 각종 비용이 적게 들어야 한다.

02 프로그래밍 작성 절차

문제 분석 ➡ 입출력 설계 ➡ 순서도 작성 ➡ 프로그램 코딩 ➡ 프로그램 입력 ➡ 컴퓨터 모의 실험 ➡ 실행 ➡ 문서화

1) 문제 분석 단계
해결하고자 하는 문제의 타당성을 검토하고 문제를 정의한다.

2) 설계 단계
입출력 설계 : 입력과 출력을 구체적으로 설계한다.

3) 순서도 작성
보다 편리한 프로그램의 검증 및 수정을 위해 실행 순서와 방법을 약속된 기호로 표현한 그림인 순서도를 작성한다.

4) 프로그램의 구현 09년 3월, 08년 3월/5월/7월, 07년 3월, 06년 5월/8월
• 완전한 프로그램으로 만드는 작업이다.
• 프로그램 코딩 / 프로그램 입력 / 프로그램 모의실험 / 디버깅(Debugging)

디버깅(Debugging)
컴퓨터 분야에서 디버깅이란 컴퓨터 프로그램이나 하드웨어 장치에서 잘못된 부분, 즉 버그를 찾아서 수정하거나 또는 에러를 피해 나가는 처리 과정

디버거(Debugger)
번역된 프로그램의 실행오류를 찾기 위한 프로그램

5) 프로그램 실행

실제 데이터를 입력한다.

6) 프로그램의 문서화 11년 3월, 07년 3월

- 문서화란 프로그램의 운영에 필요한 사항을 문서로 정리하여 기록하는 것을 의미한다.
- 문서화의 목적
  - 프로그램의 개발 목적 및 과정을 표준화하여 효율적인 작업이 되도록 한다.
  - 유지, 보수를 용이하게 한다.
  - 개발 과정에서의 추가 및 변경에 따르는 혼란을 줄여 준다.
  - 프로그램의 활용을 쉽게 한다.

B 기적의 TIP

문서화의 목적에 관한 문제들이 새롭게 출제되고 있습니다. 특히 유지, 보수의 용이성 등을 장점으로 잘 이해해 두세요.

이론을 확인하는 기출문제

01 프로그램의 오류 수정 작업을 위하여 사용되는 소프트웨어를 무엇이라 하는가?

① Linker ② Array
③ Loader ④ Debugger

- 디버거(Debugger) : 번역된 프로그램의 실행오류를 찾기 위한 프로그램, 보통 IDE 안에 컴파일러와 묶여 있음
- 실행 : 프로그램의 행 번호, 변수명, 프로시저와 같은 원시코드 정보를 유지함으로써 프로그램의 직접실행과 구별됨
- 종료 : 변수의 현재값과 호출된 함수의 정보를 제공하는 위치에서 발생함

02 번역된 프로그램의 실행 오류를 찾기 위한 프로그램은 무엇인가?

① Debugger
② Operating system
③ Spread sheet program
④ Linkage Editor

Debugger(디버거)에 관한 설명

오답 피하기

- ② Operating system : 운영체제, 사용자 인터페이스와 자원을 관리하는 시스템 프로그램
- ③ Spread sheet program : 엑셀과 같은 연산 중심의 프로그램
- ④ Linkage Editor : 목적 프로그램에 대해 로드 모듈(실행 가능한 프로그램)을 생성

03 컴퓨터 프로그램에서 잘못된 부분을 찾아서 수정하거나 에러를 피하는 처리 과정을 의미하는 것은?

① 디버깅 ② 클래스
③ 포인터 ④ 매크로

디버깅(Debugging) : 프로그램 개발 과정에서 프로그램 안에 내재해 있는 논리적 오류를 발견하고 수정하는 작업

오답 피하기

- 클래스(Class) : 객체를 생성하는 틀로 공통된 속성과 행위를 갖는 개체들의 집합
- 포인터(Pointer) : 주소값 어드레스라고도 하며 메모리상의 특정 위치 값을 의미
- 매크로(Macro) : 자주 반복되는 일련의 명령을 하나의 블록으로 묶어 이름을 부여하고, 사용할 곳에 지정한 이름만 적어 수행하는 방법

04 프로그램 문서화의 목적으로 거리가 가장 먼 것은?

① 프로그램 개발팀에서 운용팀으로 인계 인수를 쉽게 할 수 있다.
② 사고 발생 시 책임 구분을 명확히 할 수 있다.
③ 프로그램 개발 중 추가 변경에 따른 혼란을 감소시킬 수 있다.
④ 프로그램 개발 후 유지보수가 용이하다.

프로그램 문서화(Documentation)의 목적
- 프로그램의 개발 목적 및 과정을 표준화하여 효율적인 작업이 되도록 함
- 개발 과정에서의 추가 및 변경에 따르는 혼란을 줄여 유지, 보수를 용이하게 함

정답 01 ④ 02 ① 03 ① 04 ②

SECTION

02 프로그래밍 언어의 구현 기법

▶ 합격 강의

출제빈도 (상) 중 하
반복학습 1 2 3

빈출 태그 컴파일러 · 인터프리터 · 번역 과정 · 목적 프로그램 · 로드모듈 · 링키지에디터

01 번역기의 정의

- 어떤 언어로 된 사용자의 프로그램을 다른 언어로 변환시키는 프로그램을 번역기 (Translator)라 한다.
- 원래의 프로그램에 사용된 언어를 원시 언어(Source Language)라 하고, 변환된 프로그램의 언어를 목적 언어(Target Language)라고 한다.

02 번역 과정

1) 프로그램 수행 순서 24년 5월, 23년 9월, 22년 5월, 21년 9월, 20년 2월, 17년 5월, 16년 10월, 15년 3월/5월, 14년 9월, …

원시 프로그램 ➡ 컴파일러 ➡ 목적 프로그램 ➡ 링커 ➡ 로더 ➡ 실행

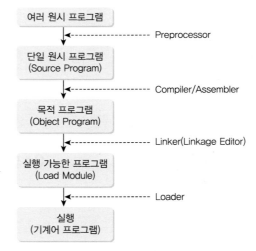

▼ 프로그래밍 언어의 번역 과정

기적의 TIP

- 번역 과정을 정확하게 외우고 있어야 합니다.
- 순서는 (원시 프로그램-컴파일러-목적 프로그램-로더) 혹은 (원시 프로그램-컴파일러-목적 프로그램-링커-로더) 두 가지로 문제화됩니다.

암기 TIP

"원시 프로그램을 컴파일러가 번역하여 목적 프로그램을 생성한다."는 컴파일러의 기능을 정확히 알고 있다면 프로그램 수행 순서를 쉽게 기억할 수 있습니다.

2) 번역 과정별 용어의 이해 24년 5월, 19년 9월, 18년 3월

원시 프로그램 (Source Program)	사용자가 어셈블리어, C, 파스칼, 코볼, 포트란 등 각종 프로그래밍 언어로 작성한 프로그램
목적 프로그램 (Object Program)	언어 번역 프로그램이 원시 프로그램을 읽어 기계어나 기계어에 가까운 형태의 프로그램으로 번역해서 출력한 프로그램
링커 (Linker)	• 목적 프로그램을 표준 라이브러리 함수에 대한 코드에 연결 • 실행이 가능한 파일에 다른 목적 파일로 번역된 코드를 연결 • 링커는 목적 프로그램에 대해 로드모듈(실행 가능한 프로그램)을 생성
로더 (Loader)	• 메모리에 주어진 베이스 주소에 관련 메모리를 할당할 주소를 계산 • 로드모듈을 수행하기 위해 메모리에 적재시켜주는 기능을 수행

03 번역기의 종류 24년 3월, 23년 5월, 22년 4월, 19년 4월/9월, 18년 3월/4월, 15년 3월, 11년 8월, 10년 5월, 08년 5월/7월, 06년 5월, …

종류	특징
어셈블러 (Assembler)	• 어셈블리어 → 기계어 • 기계어는 모든 기기마다 다를 수 있기 때문에 어셈블러는 특정한 컴퓨터의 어셈블리 언어에 대한 번역기 역할 • 어셈블리 언어는 기계어를 기호화한 형태이기 때문에 기계어로 전환이 용이함
컴파일러 (Compiler)	• 원시 프로그램 → 목적 프로그램 • 수준 언어를 저수준 언어로 일괄 번역한 후에 번역된 언어를 인식하는 기기에서 적재하여 실행시키는 번역기법
인터프리터 (Interpreter)	• 목적 프로그램을 생성하지 않고 필요할 때마다 기계어로 번역 • 고수준 언어로 작성된 원시 프로그램을 컴퓨터 주메모리에 적재해 두고, 한 명령문씩 꺼내어 이를 해석기에서 중간어로 전환하여 곧바로 실행시키는 번역기법
프리프로세서 (Preprocessor)	• 전처리기는 원시 프로그램을 기계어 프로그램으로 번역하는 대신에 기존의 고수준 컴파일러 언어로 전환하는 역할을 수행 • 컴파일러가 시작하기 전에 컴파일러에 의해 호출되는 별개의 프로그램 • 주석 삭제, 다른 프로그램 파일 포함, 매크로 치환, C언어의 #include문 등의 역할
크로스 컴파일러 (Cross Compiler)	원시 프로그램을 컴파일러가 수행되고 있는 컴퓨터의 기계어로 번역하는 것이 아니라, 다른 기종에 맞는 기계어로 번역하는 컴파일러

04 번역 기법의 비교

컴퓨터의 언어를 번역하는 방법의 차이에 따라 컴파일(Compile) 방식의 언어와 인터프리터(Interpreter) 방식의 언어로 구분한다.

1) 컴파일 기법

• 원시 프로그램을 받아들여 목적 프로그램을 만들어 낸다.
• 컴파일 방식의 언어는 목적 코드가 생성되며 "번역"과 "실행"이 별도로 이루어진다.
• 컴파일러는 고급 명령문들을 직접 기계어로 번역한다.
• 최적화 코드를 만들 수 있기 때문에 컴파일러에 의해 만들어진 목적 프로그램은 실행 속도가 빠르다.

> **🔔 암기 TIP**
>
> 최근 들어 번역 과정뿐 아니라 링커나 로더 자체의 역할에 대해 묻는 문제들이 출제되고 있습니다. 링커하면 '실행 가능한 로드 모듈 생성', 로더하면 '메모리 적재'라는 키워드를 꼭 떠올립니다!

> **로드 모듈(Load Module)**
> 링커(Linker)에 의해 실행 가능한 상태로 만들어진 프로그램 모듈

> **링키지 에디터(Linkage Editor)**
> 독자적으로 번역된 여러 개의 목적 프로그램에서 사용되는 내장 함수들을 하나로 모아서 컴퓨터에서 실행될 수 있는 로드 모듈을 생성하는 프로그램이다.

> **🅱 기적의 TIP**
>
> • 각 번역기의 차이점과 특징을 정확히 알고 있어야 합니다.
> • 어셈블러와 컴파일러의 차이점→원시 언어의 종류에 따라 차이가 있습니다.
>   - 어셈블러 : 저급어(어셈블리어)를 기계어로 번역
>   - 컴파일러 : 고급언어를 기계어로 번역

> **✅ 개념 체크**
>
> 1 실행이 가능한 파일에 다른 목적 파일로 번역된 코드를 연결하는 것을 링커라고 한다. (O, X)
>
> 2 고급 언어로 작성된 원시 프로그램을 해석하고 분석하여 기계어로 된 목적 프로그램을 생성하는 것은 '어셈블러'에 해당한다. (O, X)
>
> 1 O, 2 X

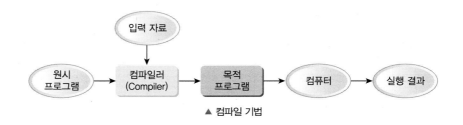
▲ 컴파일 기법

2) 인터프리터 기법

- 고급 언어로 작성된 원시코드 명령문들을 한 번에 한 줄씩 읽어 들여서 실행하는 프로그램 기법이다.
- 인터프리터는 고급 명령문들을 중간 형태로 번역한 다음, 그것을 실행한다.
- 인터프리터 기법은 "번역과 실행"이 한꺼번에 이루어져 목적 코드가 생성되지 않는다.
- 한 줄 단위로 번역이 이루어져 문법상의 오류를 쉽게 발견할 수 있다는 장점이 있다.
- 프로그램과 입력 자료 모두 인터프리터의 입력으로 받아들여 그에 따른 출력 자료를 생성한다.

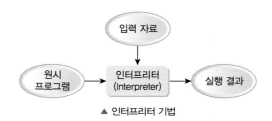
▲ 인터프리터 기법

3) 컴파일 언어와 인터프리터 언어의 특징 14년 3월, 10년 9월, 08년 5월, 07년 5월, 06년 3월/5월/8월, 02년 8월, …

특징	컴파일러	인터프리터
사용의 용이도	어렵다	쉽다
번역 단위	프로그램 단위	행 단위(명령 단위)
출력 자료	입력 프로그램과 동일한 목적 프로그램	직접 입력 프로그램을 실행
장점	반복문이나 부프로그램의 호출이 많은 경우 효율적임	큰 기억장치를 요구하지 않음
단점	번역의 산출물인 목적코드가 큰 기억장치를 요구	실행되는 동안 디코딩 시간을 많이 요구하므로 수행 속도가 느림
활용	실행시간의 효율성(Efficiency)을 중시하는 프로그래밍 언어에서 사용	사용자의 융통성(Flexibility)을 중시하는 언어에서 사용
프로그램 크기	크다	작다
수행 속도	빠르다	느리다
번역 속도	느리다	빠르다
언어의 성격	정적(Static)	동적(Dynamic)
대표적 언어	FORTRAN, COBOL, PASCAL, C/C++, Ada, PL/I	BASIC, LISP, APL, Prolog, Tcl, Perl, Postscript(PS)

01 다음 중 재배치 형태의 기계어로 된 여러 개의 모듈을 묶어서 로드 모듈을 작성하는 것은?

① 로더(Loader)
② 어셈블러(Assembler)
③ 프리프로세서 (Preprocessor)
④ 링키지 에디터(Linkage Editor)

링키지 에디터(Linkage Editor) : 독자적으로 번역된 여러 개의 목적 프로그램에서 사용되는 내장 함수들을 하나로 모아서 컴퓨터에서 실행될 수 있는 실행 프로그램을 생성하는 프로그램

02 목적 모듈(준 기계어)을 로드 모듈로 생성해 주는 것은?

① 로더
② 링커
③ 컴파일러
④ 전처리기

로더(Loader)	로드 모듈을 수행하기 위해 메모리에 적재시킴
링키지 에디터 (Linkage editor)	목적 프로그램에 대해 로드 모듈을 생성
어셈블러(Assembler)	어셈블리어를 기계어로 번역

03 원시 프로그램을 컴파일러가 수행되고 있는 컴퓨터의 기계어로 번역하는 것이 아니라, 다른 기종에 맞는 기계어로 번역하는 것은?

① Debugger
② Preprocessor
③ Cross Compiler
④ Linker

Cross Compiler : 원시 프로그램을 컴파일러가 수행되고 있는 컴퓨터의 기계어로 번역하는 것이 아니라, 다른 기종에 맞는 기계어로 번역하는 컴파일러

오답 피하기

• Debugger : 번역된 프로그램의 실행 오류를 찾기 위한 프로그램
• Preprocessor : 컴파일러가 시작하기 전에 컴파일러에 의해 호출되는 별개의 프로그램
• Linker : 독자적으로 번역된 여러 개의 프로그램과 프로그램에서 사용되는 내장 함수들을 하나로 모아서 컴퓨터에서 실행 가능한 프로그램을 생성

04 다음 중 주석(Comment)의 제거, 상수 정의 치환, 매크로 확장 등 컴파일러가 처리하기 전에 먼저 처리하여 확장된 원시 프로그램을 생성하는 것은?

① Preprocessor
② Linker
③ Loader
④ Cross Compiler

언어의 설계와 구현에서 번역기의 종류

Preprocessor	컴파일러가 시작하기 전에 컴파일러에 의해 호출되는 별개의 프로그램으로 주석 삭제, 다른 파일 포함, 매크로 치환 등의 역할을 함
Linker	독자적으로 번역된 여러 개의 프로그램과 프로그램에서 사용되는 내장 함수들을 하나로 모아서 컴퓨터에서 실행 가능한 프로그램을 생성
Cross Compiler	원시 프로그램을 컴파일러가 수행되고 있는 컴퓨터의 기계어로 번역하는 것이 아니라, 다른 기종에 맞는 기계어로 번역하는 컴파일러

05 다음 중 프로그램 수행 순서의 단계가 옳은 것은?

① 목적 프로그램 → 링커 → 원시 프로그램 → 컴파일러 → 로더 → 실행
② 원시 프로그램 → 컴파일러 → 목적 프로그램 → 링커 → 로더 → 실행
③ 목적 프로그램 → 컴파일러 → 원시 프로그램 → 링커 → 로더 → 실행
④ 원시 프로그램 → 링커 → 컴파일러 → 목적 프로그램 → 로더 → 실행

프로그래밍 언어의 일반적 번역 순서

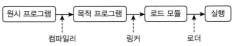

정답 01 ④ 02 ② 03 ③ 04 ① 05 ②

06 언어 번역 프로그램에 해당하지 않는 것은?

① 컴파일러　　　　② 인터프리터
③ 로더　　　　　　④ 어셈블러

- 로더 : 기계어로 번역된 목적 프로그램을 실행하기 위해 주기억장치로 적재하는 시스템 프로그램
- 언어 번역 프로그램

컴파일러	원시프로그램 → 목적프로그램
인터프리터	원시프로그램을 주메모리에 적재해 두고, 한 명령문씩 꺼내어 번역(목적프로그램을 생성치 않음)
어셈블러	어셈블리어 → 기계어

07 다음 프로그램 중 성격이 나머지 셋과 다른 것은?

① Assembler
② Compiler
③ Interpreter
④ Linker

번역기의 일종이라는 점은 모두 같으나, Assembler, Compiler, Interpreter는 기계어로 번역해 주는 역할을 하고, Linker는 목적 프로그램에 대해 로드모듈(실행 가능한 프로그램)을 생성해 주는 역할을 함

08 고급 언어를 기계어로 바꾸는 역할을 하는 것은?

① 어셈블러
② 컴파일러
③ 운영체제
④ 링커

- 어셈블러 : 어셈블리어로 작성된 저급언어를 기계어로 바꾸는 역할
- 링커 : 목적 프로그램에 대해 로드모듈(실행 가능한 프로그램)을 생성하는 역할

09 목적(Object) 프로그램에 대한 설명으로 옳은 것은?

① 기계어로 번역된 프로그램
② 기계어로 번역할 수 있는 프로그램
③ 기계어로 번역되기 전의 프로그램
④ 기계어를 원시 코드로 바꾸는 프로그램

- 목적 프로그램(Object Program) : 언어 번역 프로그램이 원시 프로그램을 읽어 기계어나 기계어에 가까운 형태의 프로그램으로 번역해서 출력한 프로그램
- ③은 원시 프로그램의 정의

10 컴파일러와 인터프리터의 가장 큰 차이점은?

① 프로그램의 번역
② 프로그램의 신뢰도
③ 목적 프로그램의 생성
④ 원시 프로그램의 생성

컴파일러는 목적 프로그램을 생성하고, 인터프리터는 목적 프로그램을 생성하지 않음

11 컴파일 언어와 인터프리터 언어에 관한 설명으로 옳은 것은?

① 컴파일 언어에는 포트란, 코볼, 파스칼이 있다.
② 인터프리터는 원시 프로그램을 번역하여 목적 프로그램을 생성한다.
③ 인터프리터는 반복적으로 실행하는 프로그램에서 실행 시간이 빠르다.
④ 컴파일러는 원시프로그램을 번역하여 목적프로그램을 생성하지 않는다.

- 인터프리터 언어와 컴파일러의 가장 큰 차이점 : 목적 프로그램의 생성 여부
- 컴파일러 : 목적 프로그램을 생성함
- 인터프리터 : 목적 프로그램을 생성하지 않음
- ③은 컴파일 언어의 장점임

12 다음은 인터프리터 기법에 관한 설명이다. 가장 거리가 먼 것은?

① 융통성을 강조한 처리 기법이다.
② 정적 자료구조이다.
③ 명령 단위별로 번역 즉시 실행한다.
④ BASIC은 인터프리터 기법에 해당하는 언어이다.

인터프리터 기법 : 명령 단위별로 번역되고 즉시 실행되므로 동적인 자료구조의 성격을 가짐

오답 피하기

② : 정적 자료구조는 효율성을 강조한 컴파일 기법의 특징

[정답] 06 ③　07 ④　08 ②　09 ①　10 ③　11 ①　12 ②

13 인터프리터에 대한 설명으로 옳지 <u>않은</u> 것은?

① 고급 언어로 작성된 원시 코드 명령문들을 한 번에 한 줄씩 읽어 들여서 실행하는 프로그램 기법이다.

② 한 줄 단위로 번역이 이루어져 문법상의 오류를 쉽게 발견할 수 있다.

③ 번역과 실행이 한꺼번에 이루어져 목적 코드라 불리는 개체 코드가 생성되지 않는다.

④ 인터프리터 기법의 대표적 언어는 C, COBOL, BASIC이다.

C, COBOL은 대표적인 컴파일 기법 언어임

인터프리터(Interpreter) 기법언어	컴파일(compile) 기법언어
BASIC, LISP, Prolog 등	FORTRAN, COBOL, PASCAL, C/C++, Ada, PL/I

14 인터프리터 기법을 사용하는 경우의 특징이 <u>아닌</u> 것은?

① 사용상에 있어 융통성(Flexibility)이 있다.

② 기억장소가 추가로 필요하다.

③ 프로그램을 한 줄씩 번역하여 곧바로 실행시킨다.

④ 반복문이 많을 경우 컴파일 기법에 비하여 유리하다.

반복문이 많을 경우에는 실행의 효율성(Efficiency)을 강조한 컴파일 기법이 유리함

15 Interpreter 기법에 의해 프로그램을 수행하는 언어는?

① BASIC
② C
③ PASCAL
④ PL/I

컴파일 기법 언어	인터프리터 기법 언어
FORTRAN, COBOL, PASCAL, C/C++, Ada, PL/I	BASIC, LISP, APL, Prolog, Tcl, Perl, Postscript(PS)

16 다음 중 해석 언어에 해당하는 것은?

① LISP
② COBOL
③ PASCAL
④ FORTRAN

• 문제를 다시 표현하면 '인터프리터 언어인 것은?'이라고 할 수 있음
• 인터프리터 언어란 직접적인 표현 대신 해석 언어 혹은 사용자의 융통성을 강조한 언어, 인터렉티브한 언어 등등으로 돌려서 묻기도 함

17 프로그래밍 언어의 해독 순서로 옳은 것은?

① 링커-로더-컴파일러
② 컴파일러-링커-로더
③ 로더-컴파일러-링커
④ 컴파일러-로더-링커

프로그래밍 언어는 컴파일러 - 링커 - 로더의 순서로 해독함

바인딩

▶ 합격 강의

ⓞ⓵ 바인딩 개념

1) 바인딩의 정의

- 프로그램 작성 시 '2개의 정보를 연관시켜 묶는다(Bind)'는 의미이다.
- 프로그램 내에서 식별자(Identifier)를 그 대상과 관련짓는 것을 의미한다.
- 변수, 배열, 라벨, 절차 등의 명칭, 즉 식별자와 그 값을 연결시키는 것을 의미한다.

2) 바인딩의 예

- 어떤 변수의 명칭과 그 메모리 주소, 데이터형 또는 실제값을 연결한다.
- '*' 기호 : 언어 설계시간에 곱셈 연산에 바인딩된다.
- FORTRAN의 integer : 언어 구현시간에 가능한 값의 범위에 바인딩된다.

ⓞ⓶ 바인딩의 종류 17년 3월, 16년 3월

- 동적 바인딩과 정적 바인딩의 장단점은 융통성(Flexibility)과 효율성(Efficiency)의 차이에 있다.

구분	동적 바인딩(Dynamic Binding)	정적 바인딩(Static Binding)
의미	• 늦은 바인딩(Late Binding) • 실행 중에 메모리를 할당하고 반환이 가능한 경우	• 이른 바인딩(Early Binding) • 실행 전에 할당하고 프로그램이 끝날 때까지 메모리를 가지고 있는 경우
장점	융통성이 있고 메모리 낭비가 없음	실행의 효율성(Efficiency)
단점	실행의 효율성(Efficiency)이 부족	융통성이 없으며 메모리 낭비의 가능성이 있음
언어	Lisp, Perl, Prolog, APL, SNOBOL4 등 인터프리터 방식의 언어	FORTRAN, ALGOL, COBOL 등 컴파일 방식의 언어

1) 융통성(Flexibility)을 중시 → 인터프리터 언어

- 실행 시에 속성이 바인딩되도록 하여 바인딩을 자료에 맞추어 융통성을 부여한다.
- SNOBL4, APL, LISP 등은 루틴이나 객체의 실행 시 그 순간의 상태에 따라 바인딩되도록 설계되었다.

✔ 개념 체크

1 바인딩이란 프로그램 내에서 (   )를 그 대상과 관련짓는 것을 의미한다.

2 동적 바인딩과 정적 바인딩의 장단점은 융통성과 (   )의 차이에 있다.

1 식별자, 2 효율성

2) 실행의 효율성(Efficiency)을 중시 → 컴파일 언어

- 컴파일 시 대부분의 속성을 결정하여 실행시간의 오버 헤드를 줄이고자 함이 목적이다.
- FORTRAN, ALGOL, COBOL 등은 가능한 많은 바인딩이 번역하는 동안에 이루어지도록 설계되었다.

03 바인딩 시간 24년 3월/7월, 23년 5월/9월, 22년 5월/9월, 20년 8월, 19년 9월, 16년 3월

1) 바인딩 시간(Binding Time) 07년 3월, 04년 5월

- 프로그램에서 변수들이 갖는 속성이 완전히 결정되는 시간이다.
- 이름에 속성이 연결되는 시간이다.

기적의 TIP

- 바인딩 시간의 정의를 정확히 알고 있어야 합니다.
- 정적 바인딩 시간과 동적 바인딩 시간의 종류를 꼭 외워 두세요.

2) 동적 바인딩 시간 vs 정적 바인딩 시간 20년 6월, 19년 3월/4월, 08년 3월, 07년 8월, 03년 8월, 02년 3월, …

동적 바인딩(실행 시간 바인딩)	정적 바인딩(번역 시간 바인딩)
• 프로그램 호출 시간 • 모듈 시작 시간 • 실행 시간 중 객체 사용 시점	• 언어 정의 시간 • 언어 구현 시간 • 언어 번역 시간 • 링크 시간

3) 동적 바인딩(Dynamic Binding) : 실행 시간 바인딩

- 바인딩이 프로그램 실행 중 그 순간의 상태에 따라 이루어지며 늦은 바인딩이라고도 한다.
- 변수에 값을 바인딩하거나 변수에 저장 장소를 바인딩하는 것을 의미한다.

프로그램 호출 시간	• 프로그램 호출 시간에 바인딩이 이루어짐
모듈 시작 시간	• 부프로그램(Subroutine)이나 블록(Block)을 시작할 때 바인딩이 일어나도록 하는 경우가 많음 • C나 Pascal에서 저장장소에 대한 형식 매개변수(Formal Parameter)와 실 매개변수(Actual Parameter)의 바인딩은 부프로그램의 시작에서만 일어나도록 함
실행 시간	• 실행 시 임의의 시간 • 어떠한 바인딩은 프로그램의 실행 중 임의의 시간에 바인딩이 일어날 수 있음 • 거의 모든 언어에서 배정문(Assignment Statement)을 통해 변수의 값을 바인딩하는 경우 • LISP와 ML 같은 일부 언어에서는 메모리에 대한 이름의 바인딩을 임의의 시점에서 일어나도록 함

매개변수

사용자 또는 다른 프로그램에 의해 한 프로그램으로 전달되는 이름, 숫자 또는 선택된 옵션 등과 같은 정보 항목

지역변수

선언된 지역의 영역 내에서만 영향을 미치는 변수

4) 정적 바인딩(Static Binding) : 번역 시간 바인딩

- 바인딩이 실행 전 컴파일, 링크(Link), 로드(Load) 시간에 이루어지며 정적 바인딩이라 한다.
- 변수의 형, 자료구조의 형과 크기, 레코드의 각 항목들의 형들을 확정하고, 변수에 대한 기억 장소를 바인딩하는 것이다.

개념 체크

1 다음 중 정적 바인딩(Static Binding)에 해당하는 것은?
(   )
㉠ 번역 시간
㉡ 링크 시간
㉢ 모듈의 기동 시간
㉣ 언어 정의 시간

1 ㉠, ㉡, ㉣

언어 정의 시간	• 한 언어의 대부분의 특징은 그 언어가 정의된 시점에서 확정됨 • 자료 구조, 프로그램 구조 등과 같은 특징은 언어를 정의할 때 고정됨 → 허용된 자료 구조, '+'와 '*' 등 연산의 종류 등
언어 구현 시간	• 언어에서 정수의 자릿수, 실수의 유효 숫자 개수 등이 바인딩되는 시간 → integer type 변수의 길이(16 bit or 32 bit) 등 • 언어의 구현 시간의 바인딩을 최소화하여 특정 기종에 구애받지 않는 호환성을 갖도록 함
언어 번역 시간	프로시저에 할당된 저장소 안에 있는 자료객체의 상대적 위치나 배열의 저장 방법과 크기 등의 결정은 언어 번역기가 결정함
링크 시간	부프로그램 이름에 관한 상대 주소 확정

이론을 확인하는 / 기출문제

01 프로그램에서 변수들이 갖는 속성이 완전히 결정되는 시간을 무엇이라 하는가?

① 컴파일 시간(Compile Time)
② 바인딩 시간(Binding Time)
③ 실행 시간(Run Time)
④ 로드 시간 (Load Time)

• 바인딩 : 프로그램 내에서 식별자를 그 대상과 관련짓는 것
• 바인딩 시간(Binding Time) : 이름에 속성이 연결되는 시간으로 프로그램에서 변수들이 갖는 속성이 완전히 결정되는 시간

02 바인딩 시간의 종류와 무관한 것은?

① 실행 시간(Execution Time)
② 번역 시간(Translation Time)
③ 언어 정의 시간
④ 프로그램 로드 시간

동적 바인딩(실행 시간 바인딩)	정적 바인딩(번역 시간 바인딩)
• 프로그램 호출 시간 • 모듈 기동 시간 • 실행시간 중 객체 사용 시점	• 언어 정의 시간 • 언어 구현 시간 • 언어 번역 시간 • 링크 시간

03 동적 바인딩(Dynamic Binding)이 이루어지는 시간이 <u>아닌</u> 것은?

① 프로그램 호출 시간
② 모듈의 기동 시간
③ 실행 시간 중 객체 사용시점
④ 번역 시간

④ : 번역 시간 바인딩은 이른 바인딩으로 정적 바인딩 시간에 속함

오답 피하기

①, ②, ③은 동적 바인딩

04 동적 바인딩(Dynamic Binding)에 대한 설명으로 옳지 <u>않은</u> 것은?

① 후기 바인딩(Late Binding)이라고도 한다.
② 정적 바인딩에 비하여 융통성을 확보할 수 있다.
③ 실행 이전에 일어나는 바인딩이다.
④ 동적 속성을 갖는다.

• 동적 바인딩은 실행시간 이전 바인딩이 아니라 실행 시간 바인딩
• 실행 시간 이전에 일어나는 바인딩은 정적 바인딩

05 정적 바인딩에 해당하지 <u>않는</u> 것은?

① 번역 시간   ② 링크 시간
③ 실행 시간   ④ 언어 구현 시간

정적 바인딩은 실행 이전에 이루어지는 바인딩으로 번역 시간 바인딩이라고도 함

오답 피하기

실행 시간 바인딩은 동적 바인딩으로 늦은 바인딩이라고도 함

정답 01 ② 02 ④ 03 ④ 04 ③ 05 ③

CHAPTER 03

언어 구문과 번역

학습 방향

언어의 구문 요소(예약어, 핵심어, 주석 등)의 정의와 특징, BNF 표기법과 기호의 의미, 파스 트리 등의 문제가 매회 빠지지 않고 출제됩니다. 토큰, 구문 분석기, 어휘 분석기, 컴파일 과정, 상향식-하향식 파서 구분 문제들을 중심으로 공부하세요.

출제빈도

SECTION 01	상		45%
SECTION 02	하		10%
SECTION 03	상		35%
SECTION 04	하		10%

언어의 구문

▶ 합격 강의

빈출 태그 판독성 • 예약어 • 핵심어 • 주석 • BNF • 파스 트리

01 언어의 구문 요소 19년 3월, 16년 3월/10월, 15년 3월, 13년 9월, 11년 6월/8월, 10년 9월, 10년 5월, 09년 8월, …

문자집합	모든 프로그래밍 언어는 알파벳 문자와 숫자로 이루어짐
식별자 (Identifier)	• 변수, 레이블, 프로시저 등의 이름으로 쓰이는 단어 • 하나의 프로그램 안에서 식별자는 유일해야 함
연산자	• 프로그래밍이나 논리설계에서 변수나 값의 연산을 위해 사용되는 부호 • +, −, %, ; 등의 부호가 연산자임
핵심어 (Key-word)	• 특별한 의미를 가진 프로그램 문장의 고정된 부분 • 예를 들면 조건문의 시작을 알리는 IF, 반복문의 시작인 DO와 같이 문장 구문의 고정된 부분
예약어 (Reserved-word)	• 프로그래머가 변수 이름이나 다른 목적으로 사용할 수 없는 핵심어(Key-word) • 번역기의 오류 검사 능력을 향상시키기 위해 예약어를 사용함 • 예약어 사용의 장점 : 프로그램 판독성 증가, 컴파일러 작성이 용이 • 예약어 사용의 단점 : 새로운 예약어 추가에 의해 기존 프로그램에서 예약어와 동일한 변수 명이 생길 경우 기존 프로그램을 수정해야 함
주석 (Comment)	• 프로그램에 실제 실행되지 않고 프로그래머가 코드의 이해를 돕거나 분석을 위해 써놓은 일종의 프로그램 설명 • 프로그램 문서화의 중요한 부분으로 추후 유지보수에 유리 • 프로그램의 판독성(Readability)을 향상시키는 요소 • 모든 프로그래밍 언어는 형식은 달라도 주석을 허용함
연산식 (Expression)	• 필요한 데이터의 값을 읽어서 원하는 연산을 수행하고 수행결과를 반환함 • 프로그램의 문장(Statement)을 구성하는 기본 구문 단위
문장 (Statement)	• 프로그램을 구성하는 기본 단위 • 하나의 프로그램은 여러 개의 문장으로 구성됨 • 각각의 문장은 언어 전체의 정규성, 판독성, 기록성에 큰 영향을 미침
구분 문자	• 단지 문장이나 식과 같은 구문적인 단위의 시작과 끝을 나타내기 위해 사용되는 구문적 요소 • 판독성을 높이기 위해서나 구문분석을 강화하기 위해 사용 • 특정 구문 구조의 경계를 명시적으로 정의함으로써 모호함을 삭제하는 중요한 목적도 있음
잡음어	• 판독성을 향상시키기 위한 선택적인 단어 • 특별한 정보를 갖지 않으면 판독성 향상만을 위해 사용됨

02 구문(Syntax) 표기법

구문(Syntax)이란 프로그램 문장 요소들 간의 관계를 나타내는 결합 법칙을 의미한다.

1) BNF(Backus-Naur Form) 24년 3월/5월/7월, 23년 5월, 20년 6월/8월, 19년 3월/4월, 18년 3월, …

• 프로그래밍 언어의 구문을 표현할 때 일반적으로 많이 사용되는 표기법이다.
• 1963년 ALGOI 60 구문 정의 시 BNF 표기법이 최초로 사용되었다.

- BNF에 사용되는 기호(심벌)

BNF 기호(Symbol)	의 미
::=	정의
|	선택(택일)
〈 〉	Non-Terminal 기호 : BNF로 다시 정의될 대상
문자열, 예약어	Terminal 기호 : 더 이상 정의가 불필요한 기호

2) EBNF(Extended BNF) 18년 3월/4월, 10년 9월

- BNF에 특수한 의미를 갖는 기호를 추가한 확장된 BNF 기호이다.
- 반복되는 부분이나 선택적인 부분을 BNF보다 더욱 간결하게 표현한다.
- EBNF에 사용되는 기호

EBNF 기호(Symbol)	의 미
{ A }	A가 0회 이상 반복될 수 있음
〔A〕	A가 선택 사항임, 즉 A가 없어도 무방함
(A | B)	A와 B 중에서 택일함

3) 구문 도표(Syntax Chart, Syntax Diagram, Syntax Graph)

- BNF/ EBNF 규칙을 표현하는 그래픽적인 방법이다.
- 각 규칙은 왼쪽의 입력으로부터 오른쪽의 출력인 경로를 나타낸다.
- 구문 도표에 사용되는 기호

구문 도표 기호	의 미
사각형 (□)	넌터미널(Non-Terminal)기호
원 (○)	터미널(Terminal)기호
지시선 (→)	흐름의 방향

예 A ::= c d e 의 표현 : A → ⓒ → ⓓ → ⓔ →

A ::= C | D 의 표현 :

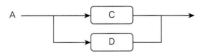

4) 파스 트리(Parse Tree) 24년 3월/5월, 23년 3월/5월, 22년 3월, 19년 3월/4월, 18년 3월/4월, 16년 5월/10월, 14년 9월, …

- 어떤 표현이 BNF에 의해 바르게 작성되었는지 확인하기 위해 만드는 트리이다.
- 문법의 시작기호(Non-Terminal)로부터 적합한 생성규칙을 적용할 때마다 가지치기가 이루어진다.
- 트리의 모든 가지 터미널로 유도되어 가지치기가 끝난 상태의 트리를 파스 트리라 한다.
- 파스 트리가 존재하면 주어진 BNF에 의해 올바르게 작성되었음을, 파스 트리가 존재하지 않으면 주어진 BNF에 의해 작성될 수 없음을 의미한다.

파싱(Parsing)
토큰 스트링이 하나의 문법 규칙에 의해 생성될 수 있는가를 결정하는 과정으로 구문 분석(Syntax Analysis) 과정에서 토큰을 입력받아 파스 트리(Parse Tree)를 형성하는 과정

01 특별한 정보는 갖고 있지 않으나 판독성을 향상시키기 위하여 사용하는 구문 요소는?

① 핵심어
② 예약어
③ 잡음어
④ 연산식

잡음어의 특징
• 판독성을 향상시키기 위한 선택적인 단어
• 특별한 정보를 갖지 않으면 판독성 향상만을 위해 사용됨

02 문장이나 식과 같은 구문적인 단위의 시작과 끝을 나타내기 위하여 사용되는 구문적 요소는?

① 주석
② 리스트
③ 연산자
④ 구분 문자

구분 문자
• 단지 문장이나 식과 같은 구문적인 단위의 시작과 끝을 나타내기 위해 사용되는 구문적 요소
• 판독성을 높이기 위해서나 구문 분석을 강화하기 위해 사용
• 특정 구문 구조의 경계를 명시적으로 정의함으로써 모호함을 삭제하는 중요한 목적도 있음

03 예약어에 대한 설명으로 옳지 않은 것은?

① 프로그램 판독성을 감소시킨다.
② 프로그래머가 변수 이름으로 사용할 수 없다.
③ 프로그램의 신뢰성을 향상시킨다.
④ 번역 과정에서 속도를 높여 준다.

• 예약어 : 프로그래머가 변수 이름이나 다른 목적으로 사용할 수 없는 핵심어 (Keyword)
• 예약어 사용의 특징
  – 프로그램의 판독성이 좋아짐
  – 번역 과정의 속도가 높아짐
  – 오류회복이 용이
  – 프로그램의 신뢰성 향상

오답 피하기
예약어는 프로그램을 읽기가 용이하게 해 줌. 즉 판독성이 증가함

04 프로그래밍 언어에서 시스템이 알고 있는 특수한 기능을 수행하도록 이미 용도가 정해져 있는 단어로서, 프로그래머가 변수 이름이나 다른 목적으로 사용할 수 없는 것은?

① 배열
② 상수
③ 예약어
④ 포인터

• 예약어 : 프로그래머가 변수 이름이나 다른 목적으로 사용할 수 없는 핵심어
• 상수 : 수명시간 동안 고정된 하나의 값과 이름을 가진 자료

05 대부분의 고급 프로그래밍 언어에서 제공하는 예약어에 관한 설명으로 거리가 먼 것은?

① 예약어의 사용은 프로그램의 판독성을 저해한다.
② 프로그램을 번역할 때 예약어의 사용은 심벌 테이블 검색시간을 단축시킨다.
③ 예약어의 사용은 오류가 발생하였을 때 발생하였을 때 오류회복(Error Recovery)을 가능케 한다.
④ 프로그래머가 변수 이름이나 다른 목적으로 사용할 수 없는 핵심어(Keyword)이다.

• 예약어 : 프로그래머가 변수 이름이나 다른 목적으로 사용할 수 없는 핵심어 (Keyword)
• 예약어 사용의 장점
  – 프로그램 판독성 증가
  – 컴파일러 작성 용이
• 예약어 사용의 단점 : 새로운 예약어 추가에 의해 기존 프로그램에서 예약어와 동일한 변수명이 생길 경우 기존 프로그램을 수정해야 함

06 프로그래밍 언어에서 사용되는 예약어(Reserved Word)에 대한 설명으로 거리가 먼 것은?

① 프로그램에서 변수명으로 사용할 수 없다.
② 번역 과정에서 속도를 높여 준다.
③ 프로그램의 신뢰성을 향상시켜 줄 수 있다.
④ 새로운 언어에서는 예약어의 수가 줄어들고 있다.

• 예약어 : 프로그래머가 변수 이름이나 다른 목적으로 사용할 수 없는 핵심어 (Keyword)
• 예약어 사용의 장점
  – 프로그램 판독성 증가
  – 컴파일러 작성 용이
• 예약어 사용의 단점 : 새로운 예약어 추가에 의해 기존 프로그램에서 예약어와 동일한 변수명이 생길 경우 기존 프로그램을 수정해야 함

정답 01 ③ 02 ④ 03 ① 04 ③ 05 ① 06 ④

07 프로그램 수행에는 영향을 주지 않고 프로그램의 판독성을 향상시키는 언어 구문 요소는?

① Constant   ② Variable
③ Key Word   ④ Comment

주석(Comment) : 프로그램을 작성하는 과정에서 컴퓨터에 의하여 직접 실행되는 명령어들이 아니라, 프로그램을 읽어 이해하기에 도움이 되는 내용을 기록한 부분으로 프로그램의 판독성을 향상시키는 요소임

오답 피하기

• 상수(constant) : 수명시간 동안 고정된 하나의 값과 이름을 가진 자료
• 변수(variable) : 프로그램이 동작하는 동안 값이 수시로 변할 수 있는 자료
• 핵심어(keyword) : 특별한 의미를 가진 프로그램 문장의 고정된 부분

---

08 언어의 구문 요소 중 주석(Comment)에 대한 설명으로 옳지 않은 것은?

① 프로그램의 판독성을 향상시킨다.
② 대부분의 프로그래밍 언어는 형식이 달라도 주석을 허용한다.
③ 프로그램이 동작하는 동안 값이 절대로 바뀌지 않는 공간을 의미한다.
④ 프로그램 문서화의 중요한 부분이다.

주석(Comment) : 프로그램의 판독성을 향상시키는 요소로 프로그램의 유지, 보수가 용이해짐

오답 피하기

프로그램이 동작하는 동안 값이 절대로 바뀌지 않는 공간은 "상수"임

---

09 프로그래밍 언어의 구문 형식을 정의하는 데 가장 일반적인 표현방식은?

① Backus−Naur Form
② Algorithm
③ DNF
④ HIPO

BNF(Bakus−Naur Form) 표기법
• 프로그래밍 언어의 구문 형식을 정의하는 일반적인 표기법
• John Backus에 의해 1960년대에 ALGOL의 구문 정의를 위해 개발

오답 피하기

Algorithm(알고리즘)
• 문제를 해결하기 위한 절차나 방법
• 아랍의 수학자인 Al · Khowarizmi(서기 825년)의 이름에서 유래

---

10 작성된 표현식이 BNF의 정의에 의해 바르게 작성되었는지를 확인하기 위해 만들어진 Tree의 명칭은?

① Parse Tree
② Binary Search Tree
③ Binary Tree
④ Skewed Tree

• Parse Tree(파스 트리) : 파싱(구문 분석)의 결과물
• 구문 분석 : 주어진 문장이 정의된 문법 구조(일반적으로 BNF 표기법)에 따라 정당하게 하나의 문장으로 합법적으로 사용될 수 있는가를 확인하는 작업

---

11 파스(Parse) 트리에 대한 설명으로 옳지 않은 것은?

① 작성된 표현식이 BNF의 정의에 의해 바르게 작성되었는지를 확인하기 위해 만드는 트리이다.
② 주어진 표현식에 대한 파스 트리가 존재한다면, 그 표현식은 BNF에 의해 작성될 수 없음을 의미한다.
③ 문법의 시작 기호로부터 적합한 생성 규칙을 적용할 때마다 가지치기가 이루어진다.
④ 파스 트리의 터미널 노드는 단말 기호들이 된다.

파스 트리(Parse Tree) : 어떤 표현이 BNF(구문 표기법)에 의해 바르게 작성되었는지를 확인하기 위해 만든 트리

오답 피하기

주어진 표현식에 따라 파스 트리가 존재한다면, 그 표현식은 BNF에 의해 작성될 수 있음을 의미함

---

12 BNF 표기법 기호 중 "택일"을 의미하는 것은?

① | ② ::=
③ 〈 〉   ④ { }

BNF 기호(Symbol)	의미
:: =	정의
|	선택(택일)
〈 〉	Non · Terminal 기호 : BNF로 다시 정의될 대상
문자열, 예약어	Terminal 기호 : 더 이상 정의가 불필요한 기호

오답 피하기

④ : { } 는 EBNF 표기법의 기호로 "반복되는 부분"을 의미

출제빈도 상 중 ⑨
반복학습 ① ② ③

▶ 합격 강의

빈출 태그 튜링 기계 · 유한 상태 오토마타 · 정규 문법

01 형식 언어의 개념

- 언어의 분석 및 번역을 정확히 하기 위해 수학적 기호를 사용하여 정의한 언어이다.
- 무한한 언어를 유한하게 표기할 수 있는 문자열 집합(Symbolic string set)이다.

02 형식 문법의 정의 및 구성 요소

1) 형식 문법의 정의

- 올바른 문자열을 결정하는 규칙(생성규칙)들의 집합이다.
- 형식 언어(Formal Language)를 구성하고 있는 문자열에 관한 규칙을 수학적 기호를 사용하여 명시한 것이다.
- 촘스키(N. Chomsky)에 의해서 처음으로 소개된 개념이다.

2) 문법의 구성 요소 03년 8월

$$G = (V_n, V_t, P, S)$$

기호	의미	특징
S	시작 기호($S \in Vn$)	• 생성 규칙의 시작 기호(Start Symbol) • 넌터미널(Non–Terminal) 기호 집합에 속함 • 다른 넌터미널 기호와 구별하여 표기
Vt	유한 집합의 터미널 기호	• 알파벳이나 기호의 집합 • 마지막 단계에 생성된 문장은 모두 터미널 문자로 구성됨
Vn	유한 집합의 넌터미널(Non–Terminal) 기호	문법에서 어떤 구문을 표현하는 기호들
P	유한 집합의 생성 규칙	문법 규칙들의 집합

✅ 개념 체크

1 문법은 생성규칙의 형태에 따라 Type0, Type1, (   ), Type3의 4가지 형식으로 구분되며 이를 촘스키의 (   )이라고 한다.

1 Type2, 문법계층

03 문법의 구분 03년 8월

- 문법은 생성규칙의 형태에 따라 Type0, Type1, Type2, Type3의 4가지 형으로 구분된다.
- 이를 촘스키의 문법계층(Chomsky Hierarchy)이라고 한다.

1) 문법 Type별 특징 23년 5월, 21년 5월, 20년 8월, 17년 3월

문법 Type	특징
Type 0문법(UG : Unrestricted Grammar/Contracting Grammar)	• 위축형 문법(Reducible Grammar), 무제약 문법 • 생성규칙에 아무런 제한을 두지 않음 • 언어(Language) : 순환적으로 열거할 수 있는 언어(Recursively Enumerable Set)
Type 1문법(CSG : Context Sensitive Grammar/Non-Contracting Grammar)	• 비위축형 문법(Irreducible Grammar), 문맥 연관 문법 • 모든 생성 규칙 a → b에서 오른쪽 b의 길이가 왼쪽 a의 길이보다 긺 • 너무 복잡해서 프로그래밍 언어에 적용하지 않음 • 언어(Language) : Context-Sensitive Language
Type 2문법(CFG : Context-Free Grammar)	• 문맥 자유 문법 • 대부분의 프로그래밍 언어의 문법이 Type 2에 해당함 • 파스트리를 자동적으로 생성하는 데 이용 • 언어(Language) : 문맥 자유 언어(Context-Free Language)
Type 3문법(RG : Regular Grammar)	• 정규 문법 • 토큰의 구조를 표현하는 데 사용(토큰의 구조 = 어휘 구조) • 문맥 자유 문법에 제한을 둔 문법 • 생성규칙의 오른쪽에 최대 하나의 넌터미널 기호를 가짐 • 하나의 문법의 생성규칙에 우선형과 좌선형 형태의 규칙이 혼합되어 있으면 정규 문법이 아님 • 언어(Language) : 정규 언어(Regular Language)

2) 문법 계층별 인식기 19년 9월

문법 계층	언어	인식기(Recognizer)
Type 0	Recursively Enumerable Set	튜링 기계(Turing Machine)
Type 1	Context-Sensitive Language	선형 제한 오토마타(LBA : Linear Bounded Automata)
Type 2	Context-Free Language	푸시다운 오토마타(PDA : Push Down Automata)
Type 3	Regular Language	유한 상태 오토마타(FA, FSA : Finite-State Automata)

04 정규 언어(Regular Language)

정규 언어는 형식 언어(Formal Language) 중 정규 문법에 의해 생성된 가장 간단한 언어이다.

1) 정규 문법

• 컴파일러의 어휘분석 단계에서 입력 프로그램에 나타나는 토큰의 구조를 정의하는 데 사용하는 문법이다.
• 정규 문법 사용 이유
  - 토큰은 간단하여 정규 문법으로 충분히 표현이 가능하다.
  - 문맥 자유 문법보다 효과적인 표현 가능하다.

토큰(Token)
• 문법적 의미를 갖는 최소 단위
• 토큰의 범주
① integer, if, for, case 등의 예약어 또는 키워드
② sum, total_pay, MsgCount 등의 식별자(Identifier)
③ ; += 등의 특수 기호
④ 숫자 11, 문자열 police 등과 같은 상수
웹 다음과 같은 FORTRAN문에서 토큰(Token)의 개수는?
DO 100 J = 5.5
→ DO100J가 하나의 식별자(포트란에서는 공백을 완전히 무시함), =이 특수기호, 5.5는 상수, 그러므로 토큰의 개수는 3개

🅑 기적의 TIP
• 언어별 인식기를 정확히 외우세요.
• 문법 타입별로도 인식기를 연결시키는 문제가 빈출되므로 타입별 인식기 종류도 정확히 외우세요.

🅑 기적의 TIP
형식 문법의 계층관계
Type 3형식 ⊂ Type 2형식 ⊂ Type 1형식 ⊂ Type 0형식

• UG : 무제약 문법
• CSG : 문맥 연관 문법
• CFG : 문맥 자유 문법
• RG : 정규 문법

2) 정규 표현

- 정규 언어를 표현하는 수식으로 상태 전이도(Transition Diagram)와 동등한 의미이다.
- 정규 문법으로부터 얻을 수 있다.
- 토큰을 인식하는 유한 오토마타를 구성하는 데 사용된다.
- 유한 길이의 스트링뿐만 아니라 모든 형태의 표현을 나타낼 수 있다.
- 정규 집합(Regular Set) : 정규 표현이 나타내는 스트링의 집합

3) 유한 오토마타(FA : Finite Automata)

- 이산적인 입력과 출력에 유한 수의 내부상태를 가진 시스템의 수학적 모델이다.
- 정규식이나 정규 문법에 의해 생성되는 스트링을 인식하는 가상적인 기계 인식기(Recognizer)이다.
- 상태의 수가 유한(有限) 개인 기계로 유한 상태 기계(FSA : Finite State Machine)라고도 한다.
- 하나의 문자가 입력될 때마다 내부 상태가 변경되어, 입력 문자열이 어떠한 토큰인지를 알려 주는 기능을 담당한다.

05 문맥 자유 언어(CFL : Context-Free Language)

문맥 자유 문법에 의해 생성되는 스트링의 집합을 문맥 자유 언어(Context-Free Language)라 한다.

1) 문맥 자유 문법(Context-Free Grammar)

- 대부분의 프로그래밍 언어가 문맥 자유(Context-Free) 문법으로 표현한다.
- 구문 분석단계는 문맥 자유 문법을 이용하여 입력된 문장이나 프로그램의 구문이 옳은지를 판단한다.
- 정규 문법은 간단한 패턴을 기술하기에 적합하기 때문에 토큰의 구조(어휘의 구조)를 나타낼 때 사용되고 프로그래밍 언어의 구조는 Context-Free 문법을 사용한다.

➕ 더 알기 TIP

단계별 사용 문법과 표현 대상을 정확히 구분할 수 있어야 합니다.

단계	사용 문법	표현 대상
어휘 분석단계	정규 문법(Regular Grammar)	토큰의 구조 = 어휘의 구조
구문 분석단계	문맥 자유 문법(Context-Free Grammar)	프로그래밍 언어의 구조

2) 유도(Derivation)

- 임의의 문장을 얻기 위해 시작 심벌로부터 반복적으로 생성 규칙을 적용해 가는 과정을 의미한다.
- 하나의 문장이나 스트링에 대한 유도 과정은 여러 개가 존재할 수 있다.
- 대표적인 유도과정으로 좌측 유도와 우측 유도가 있다.

좌측 유도(Left-Most Derivation)	우측 유도(Right-Most Derivation)
각각의 유도 과정 단계에서 문장의 가장 왼쪽에 있는 넌터미널(Non · Terminal)을 그 넌터미널에 관한 생성규칙을 적용하여 대치하는 것	각각의 유도 과정 단계에서 문장의 형태의 가장 오른쪽의 넌터미널을 그 넌터미널에 관한 생성 규칙을 적용하여 대치하는 것

3) 유도 트리(Derivation Tree)

- 문장이 유도되는 과정을 트리 형식으로 표현한 것이다.
- 유도 트리는 생성 규칙에 의해 적용되는 문장의 계층적 구조를 나타낸다.

4) 모호성(Ambiguity)

- 문법 G에 의해 생성된 하나의 문장이 둘 이상의 유도 트리를 발생시킬 때, 문법 G는 모호하다고 한다.
- 모호성을 없애는 것은 언어 문법을 정의할 때 가장 중요한 요소이다.
- 문장의 의미는 반드시 명확히 해석되어야 하고, 하나의 유도 트리로 유도되어야 한다.

✔ 개념 체크

1 다음 중 유도 과정에 대한 사항으로 옳은 것은 O, 옳지 않은 것은 X 표시하세요.
ⓐ 하나의 문장이나 스트링에 대한 유도 과정은 하나만 존재한다. (O, X)
ⓑ 유도 과정 단계에서 문장의 가장 왼쪽에 있는 넌터미널을 그 넌터미널에 관한 생성규칙을 적용하여 대치하는 것을 좌측 유도라고 한다. (O, X)

1 ⓐ X, ⓑ O

이론을 확인하는 기출문제

01 정규 표현(Regular Expression)에 대한 설명으로 옳지 <u>않은</u> 것은?

① 정규 표현은 정규 언어를 나타내는 수식이다.
② 정규 표현은 유한 길이의 스트링만 나타낼 수 있다.
③ 정규 표현은 상태전이도로 나타낼 수 있다.
④ 정규 집합을 형성하는 기초가 된다.

- **정규 표현(Regular Expression)** = 상태 전이도(Transition Diagram)
  - 형식 언어(Formal Language) 중 가장 간단한 언어(정규 언어)를 표현하는 수식
  - 정규 문법으로부터 얻을 수 있음
  - 토큰을 인식하는 유한 오토마타를 구성하는 데 사용됨
  - 유한 길이의 스트링뿐만 아니라 모든 형태의 표현을 나타낼 수 있음
- **정규 집합(Regular Set)** : 정규 표현이 나타내는 스트링의 집합

02 형식 문법에서 Type 1 문법을 인식하는 데 사용되는 인식기는?

① Finite Automata
② Push Down Automata
③ Linear Bounded Automata
④ Turing Automata

0-튜링, 1-선형, 2-무시2, 3-류(유)한을 떠올려 보자!!
- Finite Automata : Type 3 문법
- Push Down Automata : Type 2 문법
- Turing Automata : Type 0 문법

정답 01 ② 02 ③

▶ 합격 강의

빈출 태그 어휘 분석 · 구문 분석 · 토큰 · 파싱 · 파스 트리 · 번역 단계

01 컴파일러의 구조

- 고급언어로 작성된 프로그램을 실행하기 위해서 실행하고자 하는 컴퓨터의 기계어로 번역해야 한다.
- 논리적으로 언어 번역은 다음과 같은 두 단계를 사용한다.
  - 분석 단계 : 입력된 소스 프로그램을 분석하는 단계
  - 생성 단계 : 실행 가능한 목적 프로그램을 생성하는 단계

구분	분석 단계(전반부)	생성 단계(후반부)
세부단계	• 어휘 분석(Lexical Analysis) • 구문 분석(Syntax Analysis) • 의미 분석(Sementic Analysis)	• 코드 최적화(Code Optimization) • 코드 생성(Code Generate)
특징	• 각 언어당 하나씩 필요 • 기계 독립적인 부분	• 각 목적 기계당 하나씩 필요함 • 기계 종속적인 부분

02 고급 언어의 번역 단계

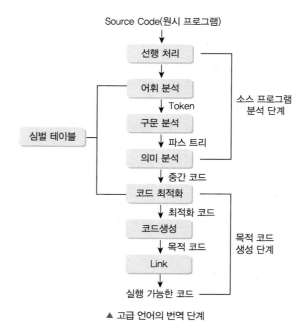

▲ 고급 언어의 번역 단계

✔ 개념 체크

1 고급언어로 작성된 프로그램을 실행하기 위해 기계어로 번역해야 하는데, 이때 분석 단계와 생성 단계로 나누어진다. 세부적으로 어휘 분석, 구문 분석, 의미 분석으로 나누어지며 전반부에 해당하는 단계를 (   )라고 한다.

1 분석 단계

03 컴파일 세부 과정

> 선행 처리 ➡ 어휘 분석 ➡ 구문 분석 ➡ 의미 분석 ➡ 중간 코드 생성 ➡ 코드 최적화 ➡ 목적 코드 생성 ➡ 실행 코드 생성

1) 선행 처리(Preprocessor) 24년 3월, 22년 5월, 21년 9월, 16년 10월

- 컴파일러가 원시 프로그램을 처리하기 전에 먼저 필요한 작업을 수행한다.
- 원시 프로그램을 기계어 프로그램으로 번역하는 대신에 기존의 고수준 컴파일러 언어로 전환한다.

2) 어휘 분석(Lexical Analysis) 23년 3월, 20년 6월/8월, 19년 9월, 17년 5월, 13년 9월, 10년 5월/9월, 09년 3월, …

- 소스 프로그램의 문자열(Stream)을 프로그램 구성의 기본 요소인 토큰으로 구분한다.
- 일명 스캐너(Scanner)라 불리는 어휘 분석기에 의해 이루어진다.
- 심벌 테이블❶에 초기 정보를 기록한다.

▼ 어휘 분석의 예

소스 코드	토큰 스트림
program total_pay; var sum: integer; begin ...	key_word : program identifier : total_pay separator : ; key_word : var identifier : sum ...

3) 구문 분석(Syntax Analysis)

- 일명 파싱(Parsing)이라 하며 작성된 프로그램이 프로그래밍 언어의 문법에 맞게 작성되었는지를 체크하는 과정이다.
- 어휘 분석기에 의해 발생된 토큰들을 사용하여 프로그램을 수행, 수식 등의 구조로 분석한다.
- 구문 분석의 결과로 파스 트리를 생성한다.

❶ 심벌 테이블(Symbol Table)
- 모든 번역기마다 있는 주요 자료 구조
- 어휘 분석기가 입력된 프로그램을 검색하여 초기 사항을 기재함(그 이후의 내용은 의미분석기가 작업)
- 원시 프로그램에 존재하는 각각 다른 식별자들의 속성에 대한 자료를 기재한 테이블
- 기재 내용
  ① 간단한 변수, 배열 이름, 부프로그램 이름, 형식 매개변수 등 식별자의 형(Type)
  ② 정수, 실수 등의 값에 따른 자료형
  ③ 조회 환경

🔔 암기 TIP
- 어휘 분석 = "토큰 생성"
- 구문 분석 = "파스 트리"
공식처럼 외워 두세요!

4) 의미 분석(Semantic Analysis)

- 구문 분석의 결과로 생성된 파스 트리를 사용하여, 실행 가능한 중간 코드를 생성한다.
- 의미 분석기는 프로그램 구조의 특정형을 분석, 처리한다.

5) 코드 최적화(Code Optimization)

- 실행 결과에 변화를 주지 않으면서, 중간 코드를 빠르고 작은 장소가 요구되는 최적화된 코드로 변화하는 작업이다.

6) 목적 코드 생성(Object Code Generation)

- 최적화된 코드가 어셈블리 언어 문장이나 기계 코드로 출력되어야 하는 다른 목적 프로그램 형태로 바뀌는 과정이다.
- 출력된 코드는 직접 실행 가능하거나, 어셈블리 또는 링크와 적재 등의 다른 번역 과정을 거칠 수 있다.

7) 실행 코드 생성

- 목적 코드를 실행하기 위해선 Main 프로그램에서 호출하는 모듈❶을 하나로 연결하여 실행 가능한 파일로 만들어야 한다.
- 목적 코드를 실행 가능한 파일로 변경하는 작업이 링크(Link)이다.

❶ 모듈(Module)
Library 함수, 별도로 컴파일된 목적 코드

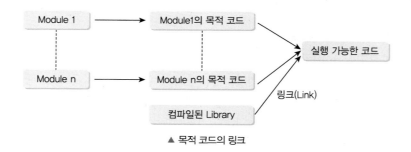

▲ 목적 코드의 링크

✓ 개념 체크

1 컴파일 세부 과정에서 일명 파싱이라 하며, 작성된 프로그램이 프로그래밍 언어의 문법에 맞게 작성되었는지 확인하는 과정을 (   )이라고 한다.

1 구문 분석

01 어휘 분석(Lexical Analysis) 단계에서 주로 하는 일은?

① 구문 분석　　　　② 파싱
③ 기억장소 할당　　④ 토큰 생성

어휘 분석(Lexical Analysis)
• 원시 프로그램을 토큰이라는 문법적 단위로 분석(토큰 생성 단계)
• 일명 스캐너(Scanner)라 불리는 어휘 분석기에 의해 이루어짐
• 심벌 테이블에 초기 정보 기록
• 프로그래머가 쓴 주석 처리

02 원시 프로그램을 하나의 긴 스트림으로 보고 원시 프로그램을 문자 단위로 스캐닝하여 문법적으로 의미 있는 일련의 문자들로 분할해 내는 역할을 하는 것은?

① 구문 분석기
② 어휘 분석기
③ 파스 트리
④ 코드생성기

어휘 분석기 (Lexical Analyzer)
소스프로그램의 문자열(Stream)을 프로그램 구성의 기본 요소(토큰)로 구분하는 작업
1. 원시 프로그램을 토큰이라는 문법적 단위로 분석
2. 일명 스캐너(Scanner)라 불리는 어휘 분석기에 의해 이루어짐
3. 심벌테이블에 초기 정보 기록
4. 프로그래머가 쓴 주석 처리

03 어휘 분석기에 대한 설명 중 맞지 <u>않는</u> 것은?

① 원시 프로그램을 읽어 들여 토큰이라는 문법적 단위로 분석한다.
② 프로그래머가 프로그램의 설명을 위해 쓴 주석은 어휘 분석기에서 모두 처리한다.
③ 어휘 분석기는 일명 스캐너라고도 불리운다.
④ 어휘 분석기는 그 결과물로 파스 트리를 생성한다.

• 파스 트리 : 구문 분석(Syntax Analysis)의 결과물
• 토큰 스트림 : 어휘 분석(Lexical Analysis)의 결과물

04 어휘 분석에 대한 다음 설명의 (　　) 안에 내용으로 옳은 것은?

> 어휘 분석의 주된 역할은 원시 프로그램을 하나의 긴 스트링으로 보고 원시 프로그램을 문자 단위로 스캐닝하여 문법적으로 의미하는 일련의 문자들로 분할해 내는 것을 말한다. 이때 분할된 문법적인 단위를 (　　)(이)라고 한다.

① 모듈　　　　② BNF
③ 오토마타　　④ 토큰

어휘 분석(Lexical Analysis)
소스 프로그램의 문자열(Stream)을 프로그램 구성의 기본요소인 토큰으로 구분하는 작업

05 언어 번역 단계 중 어휘 분석에 대한 설명으로 옳지 <u>않은</u> 것은?

① 어휘 분석은 일반적으로 파서가 파스 트리를 형성해 나가는 과정에서 새로운 토큰을 요구하면 원시 프로그램을 문자 단위로 읽어 토큰을 생성하여 파서에게 주는 방식으로 구성된다.
② 어휘 분석 단계에서 문법적인 단위를 토큰이라고 한다.
③ 어휘 분석에서의 주요 역할은 프로그램이 주어진 문법에 맞는가를 검사하여 옳으면 중간 코드를 생성하게 하고 옳지 않을 경우 오류 메시지를 출력하는 것이다.
④ 원시 프로그램을 하나의 긴 문자열로 보고 문자를 스캐닝하여 문법적으로 의미 있는 단위로 분할해 내는 것을 어휘 분석이라고 한다.

• 작성된 프로그램이 프로그래밍 언어의 문법에 맞게 작성되었는지를 체크하는 과정은 구문분석 과정임
• 중간코드는 의미 분석 단계에서 생성됨

06 주어진 문장이 정의된 문법 구조에 따라 정당하게 하나의 문장으로 합법적으로 사용될 수 있는가를 확인하는 작업으로 토큰들을 문법에 따라 분석하는 작업을 수행하는 단계는?

① 어휘 분석(Lexical Analyzer) 단계
② 구문 분석(Syntax Analyzer) 단계
③ 중간 코드 생성(Intermediate Code Generation) 단계
④ 코드 최적화(Code Optimization) 단계

· 어휘 분석 단계 : 토큰 생성
· 구문 분석 단계 : 일명 파싱 단계, 어휘 분석단계에서 생성된 토큰을 이용하여 프로그래밍 언어의 문법에 맞게 작성되었는지 체크하는 과정

07 구문 분석기가 처리한 문장에 대해 그 문장의 구조를 트리 형태로 표현한 것을 무엇이라 하는가?

① 구조 트리
② 구문 트리
③ 파스(parse) 트리
④ 분석 트리

· 파스 트리 : 구문 분석의 결과물로 구분 분석기가 올바른 문장에 대해 문장의 구조를 트리형식으로 표현한 것
· 구문 트리 : 파스 트리에서 불필요한 자료를 제거하고 코드 생성 단계에서 필요한 정보만을 갖도록 표현한 트리

08 다음 중 일반적인 컴파일러가 원시 프로그램을 번역하기 위해서 거치는 단계가 옳게 나열된 것은?

① 선행처리 → 구문 분석 → 어휘 분석 → 의미분석 → 중간 코드생성 → 코드 최적화 → 실행 코드 생성
② 선행처리 → 어휘 분석 → 중간 코드생성 → 구문 분석 → 의미분석 → 코드 최적화 → 실행 코드 생성
③ 선행처리 → 중간 코드생성 → 어휘 분석 → 구문 분석 → 의미분석 → 코드 최적화 → 실행 코드 생성
④ 선행처리 → 어휘 분석 → 구문 분석 → 의미분석 → 중간 코드생성 → 코드 최적화 → 실행 코드 생성

컴파일 단계
· 선행 처리 : 컴파일러가 원시 프로그램을 처리하기 전에 먼저 필요한 작업 수행
· 어휘 분석 : 원시 프로그램을 의미 있는 문법적 단위로 분석, 토큰 생성
· 구문 분석 : 어휘 분석 시 생성된 토큰을 입력받아 문법적 오류 검사, 파스 트리 생성
· 의미 분석 : 의미적 오류를 검사하고 실행 가능한 중간 코드를 구성하기 시작
· 중간코드 생성 : 실행 가능한 중간코드 생성 완료
· 코드최적화 : 중간 코드를 보다 간결하고 효율적으로 최적화시킴
· **실행코드 생성**

09 주석(Comment)의 제거, 상수 정의 치환, 매크로 확장 등 컴파일러가 처리하기 전에 먼저 처리하여 확장된 원시 프로그램을 생성하는 것은?

① Preprocessor
② Linker
③ Loader
④ Cross Compiler

· 프리프로세서(Preprocessor) : 주석(Comment)의 제거, 상수 정의 치환, 매크로 확장 등 컴파일러가 처리하기 전에 먼저 처리하여 확장된 원시 프로그램을 생성
· 크로스 컴파일러(Cross Compiler) : 번역이 이루어지는 컴퓨터와 번역된 기계어에 이용되는 컴퓨터가 서로 다른 기종의 컴퓨터일 때 사용하는 컴파일러의 한 가지

정답 06 ② 07 ③ 08 ④ 09 ①

구문 분석(Syntax Analysis)

▶ 합격 강의

출제빈도 상 중 (하)
반복학습 [1] [2] [3]

[빈출 태그] 파서 · 좌측 유도 · 상향식(Bottom–Up) · 하향식(Top–Down)

01 컴퓨터의 세대별 특징 03년 3월

• 입력으로 받아들인 스트링이 주어진 프로그래밍 언어의 문법에 맞는가를 판단한다.
• 문법에 맞는가를 파악하기 위해 파스 트리를 출력한다.

02 파싱(Parsing) 기법의 종류 23년 3월/5월/9월, 17년 3월, 16년 3월/10월, 07년 5월

파싱 기법	상향식(Bottom–Up) 파싱 기법	하향식(Top–Down) 파싱 기법
특징	• 파스 트리의 리프(Leaf), 즉 입력 스트링으로 부터 위쪽으로 파스 트리를 만들어 가는 방식 • 주어진 문장을 좌측에서 우측으로 한 문자씩 읽으면서 읽은 문자에 관하여 우측 우선 유도 과정에서 대입한 생성규칙의 문자열(handle)을 찾고, 이를 해당 넌터미널 문자로 감축시 키어 마침내 출발문자를 유도한다는 의미에 서 Shift Reduce 파싱이라고도 함 • 주어진 스트링의 시작이 심볼로 축약(Reduce) 될 수 있으면 올바른 문장이고 그렇지 않으면 틀린 문장으로 간주하는 기법 • 입력버퍼로부터 읽은 문자는 스택에서 다른 문자에 앞서 먼저 꺼내 볼 수 있도록 저장되고, 이로부터 우측 우선 유도과정에서 대입된 문자열(핸들)을 인식하고, 비단말 문자로 감축할 수 있어야 하며 이러한 기능은 스택버퍼를 갖춘 푸쉬다운 오토마타에 의하여 구현될 수 있음	• 파스 트리의 루트(Root)로부터 시작하여 파스 트리를 만들어 가는 방식 • 주어진 스트링과 같은 문장을 생성하기 위해 시작 심볼로부터 생성 규칙을 적용하여 좌측 유도(Left–Most Derivation)를 해나가는 방식 • 입력 문자열에 대해 루트에서 왼쪽 우선순으로 트리의 노드를 만들어감 • 이때, 생성 규칙이 잘못 적용될 경우 문자열을 다시 입력으로 보내는 반복 검조(Back–tracking)[1] 방법을 사용하기 때문에 시간이 많이 걸림 • 파싱할 수 있는 문법에 Left Recursion[2]이 없어야 하고 Left Factoring[3]을 해야 하므로 상향식 파서보다는 일반적이지 못함
종류	Shift Reduce Parser, LR Parser	Predictive Parser(예측 파서), LL Parser, Recursive Descent Parser(재귀 하향식)

🅑 기적의 TIP

• 상향식과 하향식 파싱 기법 의 특징을 구분할 수 있어 야 하고 종류도 구별할 수 있을 정도로 기억하세요.
• 종종 상향식, 하향식이라 는 표현 대신 Bottom–Up, Top–Down이란 용어로 문 제화되므로 그 의미도 정확 히 알아 두세요. (Bottom–Up = 상향식, Top–Down = 하 향식)

[1] 반복 검조(Backtracking : 역추 적)
좌측 유도 과정에서 생성 규칙이 잘못 적용되었으면 그 생성 규칙 에서 보았던 스트링을 다시 검조 (Scanning)하기 위하여 입력으로 보내고 다른 생성 규칙을 갖고 유 도를 시도하게 됨. 이 과정을 반복 검조라고 하며 심벌을 여러 번 반 복하여 조사하기 때문에 시간이 매우 많이 걸림

[2] Left–Recursion
하향식 파싱에서 좌측 유도 시 생 성규칙을 잘못 선택하여 무한 반 복 검조되는 것

[3] Left–Factoring
반복 검조를 없애기 위해 새로운 비단말 문자를 도입하여 새로운 생성 규칙을 구성하는 것

01 구문 분석에서 하향식 파싱(Top-Down Parsing)과 상향식 파싱(Bottom-Up Parsing)이 있다. 하향식 파싱에 대한 설명으로 <u>틀린</u> 것은?

① 하향식 구문 분석은 입력 문자열에 대한 좌측 유도(Left Most Derivation) 과정으로 볼 수 있다.

② 파싱할 수 있는 문법에 Left Recursion이 없어야 하고 Left Factoring을 해야 하므로 상향식 파서보다는 일반적이지 못하다.

③ 루트로부터 Preorder 순으로 주어진 문자열에 대해 파스 트리를 구성한다.

④ 터미널 노드에서 뿌리 노드를 만들어 내는 과정으로 뿌리 노드, 즉 시작 기호가 만들어지면 올바른 문장이고 그렇지 않으면 틀린 문장이다.

----

①, ②, ③은 하향식 파싱에 대한 설명, ④는 상향식 파싱에 대한 설명임

02 Shift-Reduce 파싱이라고도 하며, 주어진 문자열이 시작 심볼로 축약될 수 있으면 올바른 문장이고, 그렇지 않으면 틀린 문장으로 간주하는 파싱 기법은?

① 상향식(Bottom-Up) 파싱
② 하향식(Top-Down) 파싱
③ LR 파싱
④ LALR 파싱

• 상향식 파싱은 우측우선 유도에 의하여 생성된 문장을 분석하기 위하여 좌측에서 한 문자씩 읽고 유도과정을 역방향으로 거슬러 올라가면서 생성규칙의 우측 문자열을 비단말 문자로 감축하는 것
• 문장을 좌측으로부터 읽어 비단말 문자로 감축한다는 의미에서 shift-reduce 파싱이라고도 함

03 상향식(Bottom-Up) 파서에 해당하는 것은?

① Predictive Parser
② LL Parser
③ Recursive Descent Parser
④ Shift Reduce Parser

상향식 파싱 기법 : 파스 트리의 리프(leaf), 즉 입력 스트링으로부터 위쪽으로 파스 트리를 만들어 가는 방식으로 Shift Reduce 파싱이라고도 함

오답 피하기

• ① : Predictive Parser
• ② : LL Parser
• ③ : Recursive =Descent Parser
   모두 파스 트리의 루트로부터 시작하여 파스 트리를 만들어 가는 하향식 파싱 기법

04 Top-Down Parser에 해당하는 것은?

① Shift/ Reduce Parser
② LR Parser
③ Recursive Descent Parser
④ Precedence Parcer

상향식 (Bottom-Up) 파서	하향식(Top-Down)파서
Shift Reduce Parser, LR Parser	Predictive parser(예측 파서), LL Parser, Recursive Descent Parser(재귀 하향식)

정답 01 ④ 02 ① 03 ④ 04 ③

CHAPTER

자료형과 C, Java

각 언어의 정수 자료형(int), 관계 연산자, 입출력 함수, 이스케이프 시퀀스(Escape-Sequence), 기억 클래스, 포인터 자료형, 객체지향의 특징, 구성 요소, 변수와 상수의 구분 등을 중심으로 공부하세요.

출제빈도

SECTION 01	하	5%
SECTION 02	하	5%
SECTION 03	하	5%
SECTION 04	상	55%
SECTION 05	중	15%
SECTION 06	중	15%

자료형과 형에 따른 언어

▶ 합격 강의

변수 · 상수 · 기억 장소

01 자료형과 형 분류

1) 자료형

자료형이란 변수들이 가질 수 있는 값의 유형과 값들에 대한 연산들의 집합이다.

> 자료형 = 값의 집합 + 적용될 연산자의 집합

2) 자료형의 분류

• 컴퓨터 언어의 자료형

	기본 자료형	구조화된 자료형(Derived Type)
의미	더 이상 다른 구조로 나눌 수 없는 자료형	기본 자료형을 복합하여 만든 자료형
특징	기본 자료형에 대한 연산은 하드웨어가 직접 함	• 같은형의 자료 모임 : 배열(Array) • 이질형의 자료 모임 : 레코드(Record)
종류	정수형, 실수형, 부울형, 문자형, 열거형, 부분 영역형	레코드형, 배열형, 포인터형, 문자열형

• 정의 주체에 따른 자료형

	프로그래머 정의 자료	시스템 정의 자료
의미	프로그래머가 연산을 수행하기 위해 정의한 자료	시스템이 실행하기 위해 자동적으로 정의하는 자료
종류	수, 배열(Array), 입출력 파일(I/O file) 등	스택(Stack), 버퍼(Buffer), 참조 환경 등

02 형에 따른 언어

1) 강형 언어와 약형 언어

자료형에 대한 정보의 결정 시기와 정형성의 정도에 따라 강형 언어와 약형 언어로 나뉜다.

강형 언어(Strongly Typed Language)	약형 언어(Weakly Typed Language)
• 자료형에 관한 모든 특성들이 컴파일 시간에 확정되는 언어 • 형을 정적으로 결정하고, 형 일관성 및 형 추론규칙이 완전하게 정의된 언어 • 프로그램의 신뢰성, 유지보수성, 판독성을 증가시킴	• 정적인 형 체계를 전혀 갖추지 않은 언어 • LISP, SNOBOL, APL 등

2) 형 조사(Type Checking) ^{18년 3월}

번역과정(의미 분석 단계)에서 프로그램 내부에 형 정보의 일관성이 있는지를 조사하는 과정이다.

정적 조사	동적 조사
• 번역 시에 형 조사(강형 언어/컴파일러 언어) • 형 조사가 실행 이전에 컴파일러에 의해 이루어지므로 오류를 일찍 발견할 수 있음 • 융통성이 떨어짐	• 실행 시에 형 조사(약형 언어/인터프리터 언어) • 프로그램의 실행 속도가 떨어짐 • 실행 부분만 조사하므로 형 오류를 찾아내지 못할 수도 있음

03 변수와 상수 17년 3월, 15년 3월, 14년 9월, 13년 9월, 11년 3월, 09년 3월/5월, 08년 3월/7월, 07년 8월

1) 변수

변수란 기억장치의 한 장소를 추상화한 것이다.

속성	변수의 이름, 유형(Type), 주소, 값
특징	• 변수는 프로그램이 동작하는 동안 값이 수시로 변할 수 있음 • 변수의 유형은 컴파일 시간에 한번 정해지게 되면 그 다음부터 일반적으로 변할 수 없음
변수의 수명 (Life Time)	• 변수와 연관된 기억 장소가 할당되어 있는 시간을 의미 • 한 변수의 수명이란 그 변수가 값을 저장할 기억 장소를 할당받은 때부터 그 기억 장소가 더 이상 그 변수값을 의미하지 않을 때까지를 의미함

2) 변수의 종류

• 변수 사용 범위(Scope)에 따른 종류

0.6	• 자기 블록(단위 프로그램❶)에서 선언하고 자신의 블록에서만 사용하는 변수 • 실행될 때마다 기억 장소를 할당받아 초기화함
비지역변수 (Non-Local Variable)	상위 블록에서 선언된 것이지만 자기 블록에서 쓸 수 있는 변수
전역변수 (Global Variable)	• 블록 외부에 선언되어 모든 블록에서 쓸 수 있는 변수 • 프로그램 실행 시 초기화됨

• 변수의 수명에 따른 종류

정적 변수 (Static Variable)	• 기억 장소가 실행 이전에 바인딩되어 실행 종료 시까지 계속되는 변수 • 수명 시간은 프로그램 실행 시간 전체 • 전역변수
스택 변수 (Stack Variable)	• 변수가 선언된 블록이 실행될 때 생성되어 블록을 벗어날 때까지를 수명시간으로 함 • 지역변수
명시적 힙(Heap) 변수	프로그래머가 필요에 따라 명령어를 써서 생성시켰다가 소멸시키는 변수
묵시적 힙 변수	변수에 값이 부여될 때에서야 힙의 기억장소가 할당됨

❶ 단위 프로그램(Unit Program)
• 공통적으로 반복해서 사용할 수 있도록 작성된 프로그램
• 어떤 프로그램에 부속되어 사용되는 서브루틴과는 달리 단독으로 쓰임

✓ 개념 체크

1 변수의 속성으로 변수의 이름, (　　　)(Type), 주소, 값 등이 있다.

2 기억 장소가 실행 이전에 바인딩되어 실행 종료 시까지 계속되는 변수는 (　　　)로 수명 시간은 프로그램 실행 시간 전체에 해당한다.

1 유형, 2 정적 변수

기적의 TIP

변수와 상수에 대한 문제가 자주 출제됩니다.
변수는 변할 수 있는 공간, 상수는 변하지 않는 공간임을 비교해 두세요.

3) 상수 <small>24년 3월/7월, 23년 9월, 20년 8월, 19년 4월</small>

- 상수는 수명시간 동안 고정된 하나의 값과 이름을 가진 자료를 의미한다.
- 상수는 프로그램이 동작하는 동안 값이 절대로 바뀌지 않는다.

04 선언문(Declaration)과 배정문(Assignment Statement : 대입문)

1) 선언문 <small>18년 4월</small>

정의	프로그램에서 사용할 데이터의 속성에 관한 정보를 컴파일러나 인터프리터에게 알려 주는 문장
선언문 사용의 장점	• 보다 효율적인 주기억장치 사용과 접근 가능 • 보다 효율적인 주기억장치 할당기법 사용 • 컴파일 시간에 변수형 검사 가능

2) 배정문 <small>23년 3월, 16년 10월</small>

- 변수의 내용을 변경하는 기본 연산으로 프로그램에서 가장 일반적인 연산문이다.

> 예) A : = B ;
> 의미 : B 의 주소에 저장된 값을 A의 주소 값에 대입

- L–Value 와 R–Value

> 예) A : = B ; 에서
> A는 L–Value, B는 R–Value

L–Value(Left–Hand Side Value)	R–Value(Right–Hand Side Value)
• 주소를 의미 • 지정 연산자의 왼쪽 변수 • 모든 변수 이름은 변수값이 저장될 L–Value를 가짐	• 값을 의미 • 지정 연산자의 오른쪽 변수 • 상수는 R–Value만을 가짐

개념 체크

1 상수는 프로그램이 동작하는 동안 값이 무조건 바뀐다. (O, X)

2 선언문을 사용하면 보다 효율적인 (   ) 사용 및 접근이 가능하며 컴파일 시간에 변수형 검사가 가능하다는 장점이 있다.

1 ×, 2 주기억장치

01 프로그래머가 프로그램 내에서 정의하고 이름을 줄 수 있는 자료 객체는?

① 변수
② 정수
③ 실수
④ 유리수

변수
- 변수는 이름, 속성(Attribute)의 집합, 참조(Reference), 값(Value)의 4요소로 구성
- 변수의 속성들은 실수, 정수 등과 같이 일반적으로 변수가 가질 수 있는 값들의 자료형을 의미
- 변수는 프로그램이 동작하는 동안 값이 수시로 변경될 수 있음
- 변수의 속성은 컴파일 시간에 한 번 정해지면 그 다음부터는 일반적으로 변할 수 없음

02 프로그램 실행 시 사용되는 데이터 속성을 언어 번역기에 알려 주기 위한 문장은?

① 배정문
② 반복문
③ 조건문
④ 선언문

선언문
- 효율적인 주기억장치 사용과 관리를 위하여 프로그램 실행 시 사용되는 데이터 속성을 언어 번역기에 알려 주는 문장
- 명시적 선언 : 변수에 이름과 타입을 부여하거나 선언문을 사용하여 변수 이름을 나열하고 이들에 속성을 부여함
- 묵시적 선언 : 선언문을 사용하지 않고 기본 규칙으로 변수에 속성을 부여함

03 다음 중 "R-Value"를 의미하는 것은?

① 모든 변수명
② 4와 같은 상수
③ 배열 원소의 위치
④ 포인터 자신의 값이 있는 위치

L(Left)-Value	R(Right)-Value
• 위치를 의미 • 지정 연산자의 왼쪽 변수 • 모든 변수 이름은 변수값이 저장될 L-Value를 가짐	• 값을 의미 • 지정 연산자의 오른쪽 변수 • 상수는 R-Value만을 가짐

04 프로그래밍 언어에서 수명 시간 동안 고정된 하나의 값과 이름을 가진 자료로서 프로그램이 동작하는 동안 값이 절대로 바뀌지 않는 것을 의미하는 것은?

① 상수
② 변수
③ 예약어
④ 주석

- 상수에 대한 설명임
- 상수와 변수의 차이점 : 상수는 절대 변하지 않는 공간, 변수는 변할 수 있는 공간

05 프로그래밍 언어의 개념 중 변수에 대한 설명으로 옳지 <u>않은</u> 것은?

① 변수명은 프로그래머가 각 언어별로 변수명을 만드는 규칙에 따라 임의로 이름을 붙일 수 있다.
② 프로그램이 동작하는 동안 값이 바뀌지 않는 공간이다.
③ 변수는 이름, 값, 속성, 참조 등의 요소로 만든다.
④ 변수명은 묵시적으로 변수형을 선언할 수 있고, 선언문을 사용할 수도 있다.

② : 프로그램이 동작하는 동안 값이 바뀌지 않는 공간은 '상수'에 관한 설명임

오답 피하기
①, ③, ④ 모두 변수에 대한 설명임

06 기억장치의 한 장소를 추상화한 것으로 프로그램이 동작하는 동안 값이 수시로 변할 수 있는 것은?

① 상수
② 변수
③ 예약어
④ 주석

변수에 대한 설명임. 변수는 프로그램이 동작하는 동안 값이 수시로 변경될 수 있음

자료형의 종류와 표현

▶ 합격 강의

빈출 태그 부동 소수점 • BCD 코드 • ASCII 코드

01 언어별 기본 자료형 22년 3월/9월, 19년 3월/4월

C	PASCAL	FORTRAN	ADA	ALGOL 60	Visual BASIC
char	boolean	LOGICAL	BOOLEAN	boolean	Byte
int	char	CHARACTER	CHARACTER	integer	Boolean
float	integer	INTEGER	INTEGER	real	Integer
double	real	REAL	FLOAT		Long
void		DOUBLE			Single
		PRECISION			Double
		COMPLEX			Currency

02 기본 자료형(Basic Data Type)의 종류

기본 자료형이란 본래의 구조 이외에 다른 구조를 가질 수 없고 세분할 수 없는 자료형을 의미한다.

1) 정수형(Integer Type)

① 정수의 크기는 2byte 또는 4byte로 수학적 의미와 달리 프로그램 언어에서는 그 크기가 제한된다.

② 부호에 따라
• 부호가 달린 정수형 : signed integer
• 부호가 없는 정수형 : unsigned integer

③ 크기에 따라
• 작은 정수형 : short
• 일반 정수형 : integer
• 긴 정수형 : long integer

2) 부동 소수점 실수형(Floating Point Number)

• 프로그래머가 실수를 표현하고자 할 때 사용하는 기본 자료형이다.
• 소수점의 위치를 어느 한 곳에 고정하지 않고 변환할 수 있도록 함으로써 표현할 수 있는 수의 범위를 넓힌 실수형이다.

✓ 개념 체크

1 언어별 기본 자료형의 종류
중 'FORTRAN'에 해당하는
것은? (   )
㉠ char
㉡ LOGICAL
㉢ DOUBLE PRECISION
㉣ BOOLEAN
㉤ Single

1 ㉡, ㉢

3) 문자형

- 초기 프로그래밍 언어가 수치계산에 치중했기 때문에 문자열 처리는 미비했다.
- 1960년대 후반 이후 범용성 언어도 문자열 조작을 위한 특성을 갖추기 시작했다.

4) 논리형(Boolean형)

- 논리형 값의 영역은 true와 false로 구성되고 하나의 비트에 대응된다.
- 숫자형과의 혼합 연산은 허용되지 않는다.
- 논리형 변수 간에 허용되는 연산자
  - AND(논리곱), OR(논리합), NOT(부정), Implies(조건), Equivalent(동치)

논리 연산자	정의	의미
A AND B	if A then B else false	A, B 둘 다 참일 때만 참, 그 외엔 거짓
A OR B	if A then true else B	A, B 둘 다 거짓일 때만 거짓, 그 외엔 참
NOT A	if A then false else true	A가 참이면 거짓이 되고, 거짓이면 참
A implies B	if A then B else true	A가 참이고 B가 거짓일 때만 참
A equivalent B	if A then B else not B	A, B 모두 참이거나 거짓일 때만 참

03 자료의 표현 방법

1) 문자 데이터 표현 03년 5월, 02년 8월

- BCD 코드 : Binary-Coded Decimal(2진화 10진 코드)
- EBCDIC 코드 : Extended Binary Coded Decimal Interchange Code(확장 2진화 10진 코드)
- ASCII 코드 : American Standard Code for Information Interchange

	BCD 코드	EBCDIC 코드	ASCII 코드
정의	대표적인 가중치 코드❶ (Weighted Code)	BCD를 확장한 코드	미국 표준기구에 의해 개발된 표준형 코드
표현 문자	• 6비트로 구성 • 2^6(64)가지의 서로 다른 문자를 표현할 수 있음	• 8비트로 구성 • 2^8(256)가지의 서로 다른 문자를 표현할 수 있음	• 7비트로 구성 • 2^7(128)가지의 서로 다른 문자를 표현할 수 있음
기타	8421 코드라고도 함	IBM사에서 개발했으며, 대형 컴퓨터에서 많이 사용됨	• 영문 대문자, 소문자, 수학기호, 제어 문자와 escape 기호를 포함 • 데이터 통신을 위한 정보 교환 코드로 개인용 컴퓨터에 사용되며 오류를 검출하는 1개의 패리티 비트❷를 가짐

❶ 가중치 코드
- 각각의 비트 위치에 가중치가 부여된 코드
- 가중치가 8421인 경우 2진수 1001을 10진수로 변환하면 (1×8)+(0×4)+(0×2)+(1×1) = 9가 됨

❷ 패리티 비트(Parity Bit)
전송받은 데이터의 에러 검출 방법 중 하나로 1의 비트가 짝수인지 홀수인지를 검사

해밍 코드(Hamming Code)
에러를 parity bit에 의해 검출하고 이를 다시 교정까지 할 수 있는 코드

- 정규형으로 만드는 과정
- 두 개의 수를 비교하는 경우 고정 소수점 방식에서는 서로 대응되는 모든 bit를 비교하면 되지만, 부동 소수점 표현 방식에서는 0.1233×102, 0.01234× 103 등과 같이 여러 가지 표현이 다양하게 나올 수 있기 때문에 정규화가 필요하게 됨

정규형(Normal Form)
- 고정 소수점 표현방식처럼 서로 대응되는 비트들을 비교 가능하게 하기 위해 소수점 이하 첫 번째 자리에 유효숫자가 나오도록 가수부를 표현하고 그에 따라 이동된 소수점의 위치를 지수부에서 고려하는 표현 방식
- 유효숫자의 범위를 넓히면 표현된 수의 정밀도가 높아짐

2) 수치 데이터 표현

항목	고정 소수점 방식	부동 소수점 방식
기본 정의	소수점 위치를 고정하여 수치를 표현하는 방식	고정 소수점 방식에 비해 아주 큰 수나 작은 수를 표현할 수 있어 실수 데이터의 표현과 연산에 사용하는 방식
연산 속도	빠름	컴퓨터 내부의 처리 시간이 많이 걸려 연산 속도가 고정 소수점 방식에 비해 느림
표현 범위	수 표현 범위에 제한됨	표현 가능한 숫자의 수에는 거의 제한이 없음
기타	• 맨 왼쪽 비트가 부호 비트(양수(+)는 0, 음수 (−)는 1로 표시) • 양수를 표현할 경우에는 부호화 절대치, 1의 보수, 2의 보수가 모두 동일하지만 음수일 경우에는 모두 다름	• 부호, 지수부, 가수부로 구성되며, 소수점은 자릿수를 차지하지 않음 • 정규화가 필요함

- 부동 소수점 방식의 표현 형식

0	1	7 8	31
부호	지수부	유효 숫자부(가수부)	

이론을 확인하는 / 기출문제

01 10진수 634를 BCD 코드로 표현한 것은?

① 011000110100
② 001100110100
③ 011000110011
④ 001100110011

BCD : 2진 부호화 10진수(Binary Coded Decimal)
- 4비트의 2진수를 이용하여 1자리의 10진수를 표현한 코드 방식
- BCD 표현 방식의 장점은 수의 크기에 제한이 없다는 것. 10진수 1자리를 추가할 경우, 새로 4비트만 더 부가하면 됨

10진수	BCD 코드			
	d3	d2	d1	d0
0	0	0	0	0
1	0	0	0	1
2	0	0	1	0
3	0	0	1	1
4	0	1	0	0
5	0	1	0	1
6	0	1	1	0
7	0	1	1	1
8	1	0	0	0
9	1	0	0	1

위 코드표를 이용해 634를 BCD 코드로 바꾸면
6 → 0110, 3 → 0011, 4 → 0100이 되므로 634 → 011000110100임

정답 01 ①

▶ 합격 강의

출제빈도 상 중 ⑨
반복학습 ① ② ③

빈출 태그 포인터형

01 배열형(Array : 동질형의 자료구조)과 레코드형(Record : 이질형의 자료구조)

▼ 배열형과 레코드형 비교

항목	배열형(Array)	레코드형(Record)
차이점	• 동질형(Homogeneous) 원소들의 집합 • 원소의 구별 : 첨자(Index) • 주기억장치에 순차적으로 사상(Mapping)	• 다른형(Heterogeneous) 원소들의 집합 • 원소의 구별 : 이름 • 주기억장치에 블록 단위로 구성됨
공통점	여러 자료를 묶어 하나의 단위로 취급	

02 포인터형 23년 3월

1) 개념

• 포인터 : 객체에 대한 참조(Reference)
• 다른 객체를 가리키는 자료형이다.
• 고급언어에서 사용되는 기법이다.

2) 특징

• 객체를 참조하기 위해 주소를 값으로 하는 형식이다.
• 커다란 배열에 원소를 효율적으로 저장할 때 이용된다.
• 하나의 자료에 동시에 많은 리스트의 연결이 가능하다.
• C/C++에서 포인터 변수를 선언할 때는 *를 이용하여 선언한다.
• null 값을 갖는 포인터변수는 아무런 객체도 가리키고 있지 않다는 의미이다.
• 지원 언어의 종류로 PL/I, ALGOL, PASCAL, C 등이 있다.
• 보통 변수의 번지를 참고하려면 번지 연산자 &을 변수 앞에 쓴다.

3) 포인터 사용 시 문제점

• 한 객체에 대해 여러 포인터 변수가 가리키는 경우 어느 하나의 변수가 가리키고 있는 객체의 값을 바꾸면 나머지 포인터 변수의 의사와는 상관없이 변경되어 혼란을 초래한다.
• 한 객체에 대해 포인터가 하나도 없는 경우 객체에 대해 주소(참조) 값이 없기 때문에 객체로의 접근이 불가능해진다.

free
더 이상 할당된 메모리가 사용될 일이 없을 때 쓰레기(garbage)를 없애는 함수

✔ 개념 체크

1 포인터는 고급 언어에서는 사용되지 않고 저급 언어에서 주로 사용되는 기법이다. (O, X)

2 객체를 참조하기 위해 주소를 값으로 하는 형식을 가지는 것을 포인터형이라고 한다. (O, X)

1 ×, 2 ○

01 포인터 자료형에 대한 설명으로 옳지 <u>않은</u> 것은?

① 고급언어에서는 사용되지 않고 저급언어에서 주로 사용되는 기법이다.

② 객체를 참조하기 위해 주소를 값으로 하는 형식이다.

③ 커다란 배열에 원소를 효율적으로 저장하고자 할 때 이용한다.

④ 하나의 자료에 동시에 많은 리스트의 연결이 가능하다.

포인터 : 객체에 대한 참조(Reference)
• 객체를 가리키는 자료형
• 고급언어에서 사용되는 기법
• 일반 변수는 자신의 값을 기억하지만, 포인터 변수는 다른 객체를 가리키기 위해서 대상 객체의 시작주소를 기억하고 있음

02 다음 문장 중의 (   ) 안에 적합한 내용은?

> "배열(Array)은 동일한 데이터형의 모임이며, (   )는 (은) 서로 다른 데이터형의 모임을 하나의 이름으로 사용하기 위한 데이터형이다."

① 유니언(Union)

② 포인터(Pointer)

③ 구조체(Structure)

④ 전역 변수(Global variable)

Structure(구조체)
• 구조체는 편의상 단일 명칭하게 함께 묶어 이질적 변수들의 집합
• 일반적으로 레코드와 동일한 개념
• 배열과 구조체(레코드)를 서로 구분할 수 있는 명백한 차이점 : 배열의 경우에는 개개의 변수들이 모두 동일한 데이터형을 가지고 있는 반면에 구조체의 경우에는 개개의 변수들이 제각기 다른 데이터형을 가질 수 있음

03 자료의 크기를 동적으로 할당할 수 있는 자료형을 선언하는 데 적합한 데이터 형은?

① 포인터형

② 집합형

③ 가변 레코드형

④ 배열형

포인터형
• 특정형의 모든 주소의 집합으로 구성
• 메모리 위치를 값으로 가짐
• 동적 자료구조를 만드는 데 적합

정답 01 ① 02 ③ 03 ①

▶ 합격 강의

빈출 태그 기억 클래스 • 관계 연산자 • 기본 자료형 • 정수 데이터형(int) • 컴파일 언어 • 변환 문자 • 이스케이프 시퀀스 • 기본 입력함수

01 C 언어의 기초

1) C 언어의 특징 24년 3월/5월, 23년 3월/9월, 16년 10월, 15년 3월/9월, 10년 3월, 08년 7월, 07년 3월

- 고급언어와 저급언어의 특성을 모두 가진 언어이다.
- 시스템 프로그래밍 언어이다.
- 이식성이 높은 언어이다.
- 대표적인 컴파일 언어이다.
- 구조적 프로그래밍이 가능한 언어이다.
- 함수의 집합으로 프로그램을 구성한다.
- 다양한 연산자 제공한다.
- 대 · 소문자를 구별한다.

> **🅑 기적의 TIP**
>
> C 언어의 특징을 정확히 이해합니다. 다음의 핵심어를 꼭 기억해 두세요!
> - 고급언어
> - 컴파일형
> - 시스템 프로그래밍

2) C 언어의 장 · 단점

장점	단점
• 프로그램을 모듈화시킴 • 메모리를 동적으로 관리 • 다양한 연산자 제공 • 간결하고 함축적인 프로그램 구조	UNIX 기술 언어로 개발되었기 때문에 다중 프로그래밍, 병렬 연산, 동기화, 프로세스 제어 등의 기능이 미비한 UNIX의 약점을 그대로 가지고 있음

> **✔ 개념 체크**
>
> 1 시스템 프로그래밍 언어인 C언어는 대표적인 컴파일 언어로 대 · 소문자 구분 없이 사용한다. (O, X)
>
> 2 C언어는 UNIX 기술 언어로 개발되었기 때문에 다중 프로그래밍, 병렬 연산, ( ), 프로세스 제어 등의 기능이 미비하다는 단점을 보인다.
>
> 1 ×, 2 동기화

02 C 프로그램의 기본 구조

1) 기본 구조

- #include 문 : 컴파일러가 헤더파일을 읽어 와서 이 프로그램에 포함되게 한다.
- #define 문 : 프로그램에서 사용할 문자열을 치환할 때 선언
- main( ) : 하나의 프로그램에서 항상 존재해야 하는 주함수로 프로그램을 제어한다.
- 사용자 정의 함수( ) : 사용자가 직접 정의하여 사용하는 함수
- 변수
  - 전역 변수(Global) : 함수 외부에서 선언, 프로그램 어디에서나 액세스 가능한 변수
  - 지역 변수(Local) : 함수 내부에서 선언, 정의된 함수 내에서만 액세스 가능한 변수

2) C 프로그램의 기본 구성 요소

- 모든 프로그램은 한 개 이상의 함수(Function)로 구성되며 각 함수는 한 개 이상의 문장(Statement)을 포함한다.

```
〈함수의 형식〉
function_name( )                          /* 함수 이름 */
    {                                     /* 함수 시작 */
            Statement Sequence            /* 함수 내의 문장들(선언문이나 실행문) */
    }                                     /* 함수의 끝 */
```

- main( ) 함수는 항상 맨 먼저 실행되는 주함수이다.
- 함수 내의 문장들은 브레이스({…}, 블록) 내에 포함되어야 한다.
- C 문장은 세미콜론(;)으로 끝나며, 한 줄에 두 개 이상의 문장을 쓸 수 있다.
- 라이브러리의 함수들을 저장하는 파일을 헤더 파일(Header file)이라 하며, #include 지시어는 헤더 파일을 읽어서 프로그램에 삽입한다.
- #include 지시어는 선행 처리(Preprocessing) 됨 : 선행 처리기는 항상 '#'기호로 한다.
- C는 공백(Space)을 무시한다.
- 주석문 표현 : /* Comment */

3) 블록 구조

블록이란 C 프로그램에서 브레이스({…})로 묶여진 영역으로 자료의 선언과 연속적으로 실행될 프로그램 단위를 의미한다.

- 특징
  - 사용할 프로그램의 문장 근처에서 선언하기 때문에 프로그램의 지역성을 높인다.
  - 대형 프로그램을 기능에 따라 여러 작은 모듈들로 나눌 수 있어 프로그램의 작성을 간소화시키고, 프로그램의 이해를 향상시킬 수 있다.
  - 프로그램의 논리적 오류를 블록으로 제한시켜 프로그램 수정이 용이하다.
  - 프로그램을 블록단위로 첨가, 수정, 삭제를 할 수 있어서 개발이 용이하다.
  - 블록을 작성함으로써 변수에 대한 기억장소의 할당과 참조에 따른 제어를 프로그래머에게 일임할 수 있고, 블록 안에 선언된 변수는 해당 블록에서만 유효하기 때문에 자료의 보호와 제어가 용이하다.
  - 블록에 선언된 변수는 블록의 실행시간에만 기억장소를 할당받고, 블록의 실행이 끝나면 자동적으로 회수됨으로써 기억장소의 사용을 향상시킨다.

03 데이터형과 변수

1) C의 5가지 기본 자료형 23년 5월/9월, 20년 6월, 19년 9월, 11년 3월/6월/8월, 10년 9월, 10년 3월, …

Type	의미	크기
char	문자 데이터	1 byte
int	부호 있는 정수	2 byte
float	실수	4 byte
double	배정도의 실수	8 byte
void	값이 없음	–

2) 변수(Variable) ^{16년 5월}

- 변수란 데이터를 저장할 수 있는 이름이 부여된 기억장소를 의미한다.
- 변수명은 사용 전에 선언해야 한다.
- 변수명 작성 규칙
  - 문자, 숫자, underscore(_)로 구성된다.
  - 숫자가 변수명 맨 앞에 올 수 없다.
  - 대·소문자 구별 : MyBtj과 mybtj는 서로 다른 변수이다.
  - 키워드를 사용할 수 없다.
  - 길이의 제한이 없다.
  - 공백을 사용하지 않는다.

3) 형 변환(Type Conversion)

자동 형 변환(묵시적 형 변환)	수동 형 변환(명시적 형 변환)
• 여러 개의 변수가 혼합되어 사용되는 경우 변환 규칙에 따라 자동으로 형이 변환됨 • 두 개 이상의 데이터형이 혼합된 연산에서는 순위가 높은 데이터형으로 변환하여 계산	• cast 연산자에 의한 강제적 형 변환 • 프로그래머가 직접 지시하는 변환이며 수동형 변환은 자동형 변환에 대해 우선함

- 자동 형 변환 시 적용되는 우선순위

낮음 ← char < short < int < long < float < double → 높음

- 형 확장(Widening) : 크기가 작은 자료형을 크기가 큰 자료형으로 변환시키는 것
- 형 축소(Narrowing) : 형 확장의 반대 개념으로, 크기가 큰 자료형을 크기가 작은 자료형으로 변환시키는 것

형 확장(Widening) 예	형 축소(Narrowing) 예
정수형을 실수형으로 변환	실수형을 정수형으로 변환

4) C 언어의 기억 클래스의 종류 ^{19년 4월, 16년 10월, 15년 3월/5월, 10년 5월, 09년 3월/5월, 08년 3월/5월, …}

컴퓨터 내에서 데이터를 보전하는 장소는 메모리와 중앙처리장치의 레지스터인데 어느 것에 기억되는가를 결정해 주는 역할을 하는 것이 기억 클래스이다.

자동 변수	auto 데이터형 변수 형식	정적 변수	static 데이터형 변수 형식
레지스터 변수	register 데이터형 변수 형식	외부 변수	extern 데이터형 변수 형식

- C 언어에서 저장 클래스를 명시하지 않은 변수는 기본적으로 자동변수(Auto)로 간주된다.

🅑 기적의 TIP

C 언어의 기억 클래스 종류는 매회 출제되는 항목입니다. 자동, 레지스터, 정적, 외부 변수 4가지 기억 클래스를 기억하세요. 오답으로 주로 정적 변수 대신에 동적 변수를 제시하니 주의합니다.

04 연산자(Operator)

변수, 상수, 함수 호출값에 대해서 연산을 수행하여 결과를 제공한다.

1) 연산자의 종류 _{22년 4월, 19년 3월}

종류	연산자
산술 연산자	+, − (단항, 양과 음 부호)
	*, /, %, +, − (이항, 사칙연산)
증가 감소 연산자	++, −−
관계 연산자	〈, 〈=, 〉, 〉=, ==, !=
할당 연산자(대입 연산자)	=, +=, −=, /=, *=, 〈〈=, 〉〉=, =~
비트 연산자	〈〈, 〉〉, &, |, ^, ~
논리 연산자	&&, ||, ^
포인터 연산자	*, &
조건 연산자(삼항 연산자)	? :
기타 연산자	cast 연산자, sizeof 연산자
	, (콤마 연산자)

2) 산술 연산자(Arithmetic Operator) _{20년 8월, 19년 3월}

- 단항 연산자로 쓰인 +, −는 이항 연산자보다 우선순위가 높다.
- 이항 연산자 +, −는 동일한 우선순위이며 *, /, %보다 우선순위가 낮다.
- 나머지 자인 %는 실수형에는 사용할 수 없다.

3) 증가 감소 연산자(Increment and Decrement Operator)

기호	형식	의미
++	C = ++i	1씩 증가
−−	C = −−i	1씩 감소

4) 관계 연산자 _{16년 5월, 11년 3월, 09년 3월/5월, 08년 3월, 07년 5월/8월}

- 관계 연산자들은 모두 같은 우선순위를 갖는다.
- 관계 연산자는 산술 연산자보다 우선순위가 낮다.

기호	형식	의미
〈	A 〈 B	A가 B보다 작다.
〈=	A 〈=B	A가 B보다 작거나 같다.
〉	A 〉 B	A가 B보다 크다
〉=	A 〉=B	A가 B보다 크거나 같다.
==	A==B	A가 B와 같다.
!=	A!=B	A가 B와 같지 않다.

🕐 암기 TIP

최근 관계 연산자에 관한 문제가 빈출되고 있습니다. 특히 같지 않다(!=)의 연산자를 묻는 문제가 출제되었고, 연산자의 종류만 정확히 알고 있으면 쉽게 해결할 수 있는 쉬운 문제들이 출제되었습니다.
주의할 것은 〈= 연산자를 =〈(같거나 작다 의미는 맞는 것 같으나 이런 연산자는 없다!)와 혼동하지 마세요.

5) 논리 연산자

기호	형식	의미
&&	A && B	AND(논리곱) : A와 B 두 조건이 모두 만족하면 참
||	A || B	OR(논리합) : A와 B 두 조건 중 하나만 만족하면 참
!	!참	NOT(부정) : "거짓"을 반환

6) 할당 연산자 24년 3월/5월/7월, 23년 3월

- 할당 연산자는 연산자의 오른쪽 수식의 값을 왼쪽 변수에 넣는다.
- 수식의 결과값은 왼쪽 변수에 할당된 값이 된다.

기호	형식	의미
+=	i += j	i = i + j
-=	i -= j	i = i - j
*=	i *= j	i = i * j
/=	i /= j	i = i / j
%=	i %= j	i = i % j

7) 비트 단위 연산자(Bitwise Operator) 23년 9월

- 비트 단위 조작 연산자이다.
- 정수형 피연산자에만 적용할 수 있다.

기호	형식	의미
&	x & y	x 와 y를 비트 단위로 논리곱(AND)
|	x | y	x 와 y를 비트 단위로 논리합(OR)
^	x ^ y	x 와 y를 비트 단위로 Exclusive-OR(XOR)
<<	x << y	x 를 y 비트만큼 왼쪽으로 시프트(Shift)
>>	x >> y	x 를 y 비트만큼 오른쪽으로 시프트(Shift)
~	~x	x 를 1의 보수화

8) 조건 연산자(Conditional Operator)

- 조건식이 참이면 수식 T를 수행하고 조건식이 거짓이면 수식 F를 수행한다.
- 조건 연산자는 다른 언어에는 없는 C만의 연산자이다.

9) sizeof 연산자 20년 6월

- 자료형이나 수식의 기억장소의 크기를 알아보는 연산자이다.
- 기억장소가 차지하는 바이트 수를 반환한다.

변수 type	기억장소 크기	변수 type	기억장소 크기
문자형	1바이트	long 형, float 형	4바이트
int 형, short 형	2바이트	double 형	8바이트

- sizeof 연산자로 배열(Array), 구조체(Structure), 공용체(Union)의 크기를 알 수 있다.

10) 포인터 연산자 ^{17년 5월}

- 단항 연산자이다.
- *는 변수의 내용을 의미한다.
- &는 변수나 배열의 주소를 나타낸다.

11) Cast 연산자(형 변환 연산자)

- 어떤 수식을 다른 데이터형으로 바꿀 때 사용하는 연산자이다.
- 명시적으로 형 변환할 때 사용된다.

12) 연산자 우선순위와 결합성

- 우선순위란 두 종류 이상의 연산자가 수식 내에 포함 될 경우 연산의 순서를 의미한다.
- 결합성이란 연산자가 어느 방향으로 결합하는가를 결정하는 것이다.

우선순위	연산자	결합성
1	( ) [ ] . → ++(후위) ――(후위)	좌 → 우
2	++(전위) ――(전위) ! ~ sizeof(형) +(단항) −(단항) &(주소)	우 → 좌
3	* / % (산술 연산자)	
4	+−	
5	《 》	
6	《= 》=	
7	!=	
8	&	좌 → 우
9	^	
10	|	
11	&&	
12	||	
13	? : (조건 연산자)	
14	= += *= 《= 》=	우 → 좌
15	,(콤마 연산자)	좌 → 우

허상 포인터

지시자가 지시하는 레코드가 삭제되면 지시자는 의미 없는 레코드를 지시하게 되는 것. 즉, 객체에 대한 참조가 포인터 값에 대한 수정 없이 삭제되거나 할당 해제되었음에도 포인터가 계속 할당해제된 메모리를 가리킬 때를 의미함. 예측할 수 없는 오류가 발생됨

🅱 **기적의 TIP**

우선순위와 결합성에 관한 문제는 과거에 빈출되었으나 최근엔 거의 출제되고 있지 않아요.
외우기 부담스럽다면 그냥 한 번쯤 눈으로 읽고 넘어가세요.

✅ **개념 체크**

1 포인터 연산자는 명시적으로 형 변환할 때 사용되며 단항 연산자이다. (O, X)

2 "A와 B가 같지 않다"를 C언어의 관계 연산자를 사용하여 표현해 보세요. (   )

1 ×, 2 A ≒ B

05 제어문

- 주어진 조건의 결과값에 따라서 프로그램의 수행 순서를 제어하거나 문장들의 수행 횟수를 조정하는 문장이다.
- 프로그램의 흐름을 지시하는 데 사용되는 문장이다.

1) 선택 처리문

종류	특징
if~else 문	if 문의 조건식이 맞으면 if 문 다음 문장을 수행하고, 틀리면 else 다음 문장을 수행
switch~case 문	• 다중 선택문 • 다중 if 문의 복잡함을 해결 • 각각의 조건(case)에 따른 처리를 하고자 할 경우 사용

- if 문과 switch 문의 차이점
  - if 문 : 조건식에 어떤 형태의 식이라도 올 수 있다.
  - switch 문 : 오직 일치하는 것만을 검사하고 int나 char 형만 사용 가능하다.

2) 반복 처리문 24년 3월, 23년 3월, 22년 3월/5월, 09년 3월, 07년 8월, 04년 5월, 01년 9월

종류	특징
while 문	• 조건식이 만족하는 동안 while 문 안의 내용을 반복 수행 • 조건이 만족하지 않으면 한 번도 수행하지 않을 수도 있음
do~while 문	• 일단은 한 번 수행한 후 조건식이 참인 동안 while 문 안의 내용을 반복 수행 • 피제어문이 복수일 때는 블록({ })을 이용함 • 맨마지막에 ' ; ' 이 필요함
for 문	조건식이 만족하지 않을 때까지 for 문 안의 내용을 반복

- while 문과 do~while 문의 차이점
  - while 문 : 처음에 조건이 만족하지 않으면 한 번도 실행되지 않는다.
  - do~while 문 : 처음부터 조건에 만족하지 않더라도 최소한 한 번은 실행이 된다.

3) 기타 제어문 18년 4월

종류	특징
goto 문	• 레이블이 있는 곳으로 무조건 분기 • 장점 : 루틴의 빠른 실행 • 단점 : 프로그램이 비구조적이 되고 이해하기 어려워짐 • 구조적 프로그래밍에서는 goto 문을 사용하지 않음
break 문	for, while, do~while, switch 문과 같은 반복문이나 조건문 수행 중 범위를 완전히 벗어나고자 할 경우 사용
continue 문	• break 문과 상반되는 문 • 반복문에서 continue 문을 만나면 continue 문 이후 문장을 무시하고, 반복 조건식으로 제어권을 이동

06 입출력 함수

1) 입출력 함수의 종류 23년 5월, 20년 8월, 19년 3월/9월, 15년 9월, 14년 5월, 11년 8월, 10년 5월, 08년 3월/5월

구분	종류	의미
입력 함수	scanf( )	• 표준 입력함수로 키보드를 통해 입력 • 숫자 또는 단일 문자 변수에 값을 읽어 들이려면 변수 앞에 '&'를 붙임
	getchar( )	한 문자 입력
	gets( )	문자열 입력
출력 함수	printf( )	표준 출력함수
	putchar( )	한 문자 출력함수로, 출력 후 개행하지 않음
	puts( )	문자열 출력함수로, 출력 후 자동 개행

그 외의 함수
• fflush() : 버퍼에 남아 있는 불필요한 데이터를 삭제하는 함수
• fopen() : fflush() 함수로 삭제된 버퍼에 스트림을 생성해 주는 함수
• fwrite() : 스트림에 바이너리 데이터를 작성할 때 사용하는 함수

2) 입출력 함수의 변환 문자 08년 7월, 07년 5월, 06년 8월, 03년 5월, 01년 3월

변환 문자는 지정 문자열 속에 "%" 기호 다음에 인수의 수치를 표현하기 위한 변환 지시자를 사용한다.

형식		의미
%d	decimal integer	인수를 10진수 정수로 변환
%o	octal integer	인수를 8진수 정수로 변환
%x	hexadecimal integer	인수를 16진수 정수로 변환
%u	unsigned decimal integer	인수를 부호가 없는 10진수 정수로 변환
%c	a single character	인수를 단일문자로 변환
%s	character string	인수를 문자열로 변환
%f	floating point number	인수를 10진수 실수로 변환
%e	floating point number, e-notation	인수를 10진수 실수의 지수로 변환

• **변환 문자 사용의 예**

256이 저장되어 있는 정수형 변수 a를 7자리로 잡아 왼쪽으로 출력하려 할 때, 적절한 변환 문자의 표현법은 "%-7d"가 된다.

→ '-'는 필드 폭의 좌측에 출력하라는 의미, '-'가 없으면 우측에 붙여 출력한다.

✔ **개념 체크**

1 입출력 함수를 구분하였을 때 옳은 것은 O, 옳지 않은 것은 X 표시하세요.
  ㉠ 입력 함수 – gets( ) (O, X)
  ㉡ 입력 함수 – printf( ) (O, X)
  ㉢ 출력 함수 – putchar( ) (O, X)
  ㉣ 출력 함수 – scanf( ) (O, X)

1 ㉠ ○, ㉡ ×, ㉢ ○, ㉣ ×

기적의 TIP

확장 문자에 관한 문항은 거의 매회 출제되는 최빈출 문항입니다.
각 항목을 정확히 익혀 두고 특히 \r, \n, \0은 반드시 외우세요.

3) 확장 문자(Escape—Sequence) 22년 3월, 21년 9월, 20년 6월, 19년 9월, 18년 4월, 14년 9월, 11년 3월/6월/8월, …

코드	이름	의미
\b	백스페이스(backspace)	문자를 출력하고 뒤로 한 칸 이동
\f	폼피드(form feed)	한 페이지를 넘김
\n	뉴라인(new line)	커서를 다음 줄 앞으로 이동
\r	캐리지 리턴(carriage return)	현재 줄의 첫 컬럼으로 이동
\t	수평 탭(horizontal tab)	커서를 일정 간격만큼 수평 이동
\v	수직 탭(vertical tab)	커서를 일정 간격만큼 수직 이동
\"	큰 따옴표(double quote)	큰 따옴표 출력
\'	작은 따옴표(single quote)	작은 따옴표 출력
\\	역슬래쉬(backslash)	역슬래시(\ ) 출력
\0	널(null)	Null 문자, 종단문자 표현
\ddd	비트 표현	비트 표현 출력
\a	벨(alert)	내장 벨소리를 냄
\N	8진수 상수(N이 8진수)	8진수로 표현
\xN	16진수 상수(N이 16진수)	16진수로 표현

07 C 코딩하기

1) 반복문으로 수열 합계 계산 처리하기

- while 문은 제시된 조건에 만족하는 동안 반복하는 구조이다.
- do~while 문은 while과 동일하나 조건 검사는 마지막에 처리한다.
- for 문은 제시된 조건만큼 반복하는 구조이다.
- 예 sum이 20 미만일 때까지 반복하기

while문	do~while 문
``#include<stdio.h>
int main(void)
{
int sum, i;
sum = 0;
i = 1;
while (sum < 20)
{
sum = sum + i;
printf("sum : %d\n", sum);
i = i + 1;
printf("i : %d\n", i);
}
return 0;
}```	```#include<stdio.h>
int main(void)
{
int sum, i;
sum = 0;
i = 1;
do
{
sum = sum + i;
printf("sum : %d\n", sum);
i = i + 1;
printf("i : %d\n", i);
}
while (sum < 20)
return 0;
}```

개념 체크

1 C언어에서 사용되는 이스케이프 시퀀스와 그 의미가 바르게 연결되지 않은 것을 골라보세요. (   )
ⓐ \r – alert
ⓑ \\ – backslash
ⓒ \t – vertical tab
ⓓ \n – new line
ⓔ \0 – null

1 ⓐ, ⓒ

for 문	디버깅

``c
#include〈stdio.h〉
int main(void)
{
    int sum, i;
    for (sum = 0, i = 1; sum 〈 20; i=i+1)
    {
        sum = sum + i;
        printf("sum : %d\n", sum);
        printf("i : %d\n", i);
    }
    return 0;
}
``
	<table><tr><td>반복</td><td>sum+i</td><td>i+1</td></tr><tr><td>1</td><td>0+1=1</td><td>1+1=2</td></tr><tr><td>2</td><td>1+2=3</td><td>2+1=3</td></tr><tr><td>3</td><td>3+3=6</td><td>3+1=4</td></tr><tr><td>4</td><td>6+4=10</td><td>4+1=5</td></tr><tr><td>5</td><td>10+5=15</td><td>5+1=6</td></tr><tr><td>6</td><td>15+6=21</td><td>6+1=7</td></tr><tr><td>종료</td><td></td><td></td></tr></table>

2) 단 입력 받아서 구구단 계산하기

단을 키보드로 입력받아서 입력받은 단의 구구단 계산하기

구구단 계산하기	결과

``c
#include〈stdio.h〉
int main(void)
{
    int dan, num=1;
    printf("단을 입력하세요\n");
    scanf("%d", &dan);
    while (num 〈 10)
    {
        printf("%dx%d=%d\n", dan, num, dan*num);
        num++;
    }
    return 0;
}
``
	단을 입력하세요
	3
	3x1=3
	3x2=6
	3x3=9
	3x4=12
	3x5=15
	3x6=18
	3x7=21
	3x8=24
	3x9=27
	계속하려면 아무 키나 누르십시오 . . .

scanf("자료형", &변수명);

3) 정수 연산하여 16진수로 출력하기

정수 더하기 연산 후 16진수로 출력하기 : 10진수 13이 결과이나 출력 데이터형이 %h(16진수)이므로 d로 출력됨

코드	결과

``c
#include〈stdio.h〉
void main(void)
{
    int a = 3, b = 10;
    if (b〉5)
        printf("%x\n", a+b);
    else
        printf("%x\n", b-a);
}
``
	d

개념 체크

1 10진수 13이 결과이나 출력
   데이터 형이 (   )일
   때는 정수 더하기 연산 후 d
   로 출력한다.

1 %h(16진수)

4) 비트단위 논리 연산

비트단위 연산자는 변수 값을 비트단위로 변환하여 연산 후 출력한다.

코딩	결과/분석표
| ```c
#include<stdio.h>
int main(void)
{
    int a = 3, b = 6;
    int c, d, e;
        c = a & b;
        d = a | b;
        e = a ^ b;
    printf("%d %d %d\n", c, d, e);
    return 0;
}
``` | 2 7 5 <br> 〈분석표〉 |

AND 연산(&)	OR 연산(|)
0011 & 0110 ──── 0010 = 2	0011 | 0110 ──── 0111 = 7
XOR 연산(^)	
0011 & 0110 ──── 0101 = 5	

5) 논리연산자

1 또는 0을 입력하여 두 수의 논리 곱, 논리 합, 논리 부정의 결과를 출력하시오.

코딩	결과
| ```c
#include<stdio.h>
int main(void)
{
    int a, b;

    printf("두 개의 정수 입력(스페이스 구분):");
    scanf("%d%d", &a, &b);

    printf("%d && %d연산 결과 : %d\n", a, b, a && b);
    printf("%d || %d연산 결과 : %d\n", a, b, a || b);
    printf("!%d연산 결과 : %d\n", a, !a);

    return 0;
}
``` | 두 개의 정수 입력(스페이스 구분) : 1 0 <br> 1 && 0 연산 결과 : 0 <br> 1 \|\| 0 연산 결과 : 1 <br> !1 연산 결과 : 0 |

6) 관계연산자

- 두 값의 관계를 연산하여 참(1), 거짓(0)으로 출력한다.
- 두 수 1, 0을 입력한다고 가정한다.
- a==b : a와 b가 같은가? → 1,0은 다르므로 0(거짓)
- a!=b : a와 b가 다른가? → 1,0은 다르므로 1(참)

개념 체크

1 C언어의 관계연산자 중 '같
   지 않다'의 의미를 가지는
   연산자는 '~'이다. (O, X)

1 ×

코딩	결과
| ```c
#include<stdio.h>
int main(void)
{
    int a, b;
    printf("두 개의 정수를 입력:");
    scanf("%d%d", &a, &b);

    printf("a==b 결과는: %d\n", a == b);
    printf("a!=b 결과는: %d\n", a != b);
    printf("a>b 결과는: %d\n", a > b);
    printf("a>=b 결과는: %d\n", a >= b);
    printf("a<b 결과는: %d\n", a < b);
    printf("a<=b 결과는: %d\n", a <= b);
    return 0;
}
``` | 두 개의 정수를 입력 : 1 0<br>a==b 결과는 : 0<br>a!=b 결과는 : 1<br>a>b 결과는 : 1<br>a>=b 결과는 : 1<br>a<b 결과는 : 0<br>a<=b 결과는 : 0 |

7) 복합대입 연산자

+=1 : a=a+1 → +1씩 증가

*=2 : b=b*2 → *2를 계산

%= : c=c%30 → c를 30으로 나누었을 때 나머지 계산

코딩	결과
| ```c
#include<stdio.h>
int main(void)
{
    int a = 10, b = 20, c = 66;

        a += 1;
        b *= 2;
        c %= (10+20);

    printf("a = %d  b = %d  c = %d \n", a, b, c);

    return 0;
}
``` | a = 11  b = 40  c = 6 |

8) 산술 시프트

- 좌측 산술 시프트(<<) 1비트 이동 시 값이 2배가 된다.
- 우측 산술 시프트(>>) 1비트 이동 시 값이 1/2배가 된다.
- a를 우측 2회 시프트하면 1/4배 : 16/4 = 4
- b를 좌측 2회 시프트하면 4배 : 64*4 = 256

개념 체크

1 좌측 산술 시프트(<<) 1비트 이동 시 값이 (　　)배가 되고, 우측 산술 시프트(>>) 1비트 이동 시에는 그 값이 (　　)배가 된다.

1 1, 1/2

코딩	결과
| ```c
#include〈stdio.h〉
int main(void)
{
    int  a = 16, b = 64, c = 0;
        printf("시프트 횟수를 입력하세요: ");
        scanf("%d", &c);

        a = a 〉〉 c;
        b = b 〈〈 c;

        printf("우측 시프트 %d회 결과 :%d\n", c, a);
        printf("좌측 시프트 %d회 결과 :%d\n", c, b);

    return 0;
}
``` | 시프트 횟수를 입력하세요 : 3<br>우측 시프트 3회 결과 : 2<br>좌측 시프트 3회 결과 : 512<br><br>*16/8=2<br>*64*8=512 |

✓ 개념 체크

1 C언어로 구현된 「int a=16, b=64; a=a〉〉2; b=b〈〈2;」 이 프로그램의 실행 결과에 의해 변수 a에 저장된 값은 32, b에 저장된 값은 16이다. (O, X)

1 ×

이론을 확인하는 기출문제

01 C 언어에 대한 설명으로 옳지 않은 것은?

① 구조적 프로그래밍이 가능하다.
② 시스템 소프트웨어를 작성하기에 편하다.
③ 기계어에 해당한다.
④ 이식성이 높은 언어이다.

• C 언어는 고급 언어에 해당함
• C 언어의 특징
1. 고급 언어와 저급 언어의 특성을 모두 가진 언어
2. 시스템 프로그래밍 언어
3. 이식성이 높은 언어
4. 대표적인 컴파일 언어
5. 구조적 프로그래밍이 가능한 언어
6. 함수의 집합으로 프로그램을 구성
7. 다양한 연산자 제공
8. 대·소문자를 구별

02 C 언어의 특징으로 옳지 않은 것은?

① 기호 코드(Mnemonic Code)라고도 한다.
② 이식성이 뛰어나 컴퓨터 기종에 관계없이 프로그램을 작성할 수 있다.
③ UNIX 운영체제를 구성하는 시스템 프로그램이다.
④ 포인터에 의한 번지 연산 등 다양한 연산 기능을 가진다.

C 언어의 특징 : 고급 언어와 저급 언어의 특성을 모두 가진 언어로 시스템 프로그래밍용에 적합함

오답 피하기

기호 코드(Mnemonic Code) : 0과 1의 조합인 기계어의 명령을 사람이 이해하기 쉬운 단어로 표기한 것. 기호 코드(Mnemonic Code)를 정해 사람이 쉽게 컴퓨터의 행동을 제어할 수 있도록 한 것이 어셈블리 언어임

03 다음 중 C 언어의 특징으로 옳지 않은 것은?

① 컴파일(Compile) 과정 없이 실행 가능한 언어이다.
② 1972년 미국 벨 연구소의 데니스 리치에 의해 개발되었다.
③ 이식성이 높은 언어이다.
④ 고급 언어(High Level Language)이다.

C 언어는 시스템 프로그래밍에 적합한 대표적인 컴파일 언어임

04 C 언어의 기억 클래스에 해당하지 않는 것은?

① 내부 변수(Internal Variable)
② 자동 변수(Automatic Variable)
③ 레지스터 변수(Resister Variable)
④ 정적 변수(Static Variable)

정답 01 ③ 02 ① 03 ① 04 ①
```

C 언어에서 사용하는 기억 클래스
• 자동 변수(Automatic variable)
• 레지스터 변수(Register variable)
• 정적 변수(Static variable)
• 외부 변수(Extern variable)

05 C 언어에서 사용하는 데이터 유형이 아닌 것은?

① long
② integer
③ float
④ double

C 언어의 기본 자료형
char, int, float, double

오답 피하기

C 언어에서 정수형 데이터는 int로 표기함

06 C 언어에서 정수형 변수를 선언할 때 사용하는 것은?

① char
② int
③ float
④ double

C 언어의 기본 자료형

오답 피하기

Type	의미	크기
char	문자 데이터	1 byte
float	실수	4 byte
double	배정도의 실수	8 byte

07 C 언어에서 문자형 자료를 나타내는 데이터 형은?

① integer
② int
③ char
④ character

char – 문자데이터형

오답 피하기

• ①, ④ : 언어의 데이터형이 아님
• ② : int – 정수형 데이터

08 언어의 데이터 형식에 해당하지 않는 것은?

① double
② long
③ int
④ character

C의 자료형과 범위

자료형	수치 범위	비트수	부호
char	$-128 \sim +127(-2^7 \sim 2^7-1)$	8	있음
short	$-32,768 \sim +32,767(-2^{15} \sim 2^{15}-1)$	16	
int	$-32,768 \sim +32,767(-2^{15} \sim 2^{15}-1)$	16	
long	$0 \sim 2,147,483,648$	32	
unsigned char	$0 \sim 255$	8	없음
unsigned short	$0 \sim 65,535$	16	
unsigned int	$0 \sim 65,535$	16	
unsigned long	$-0 \sim 4,294,967,295$	32	
float	$-3.4E-38 \sim 3.4E+38$	32	있음
double	$-1.7E-308 \sim 1.7E+308$	64	있음

09 C 언어의 함수 중 문자열 입력 함수는?

① getchar( )
② gets( )
③ puts( )
④ putchar( )

입력 함수	gets() : 문자열 입력
	getchar() : 한 문자 입력
출력 함수	puts() : 문자열 출력, 출력 후 자동 개행
	putchar() : 한 문자 출력, 출력 후 개행 안 함

10 C 언어에서 어떤 수식을 다른 데이터형으로 바꾸고 싶을 때 사용하는 연산자는?

① 캐스트 연산자
② 관계 연산자
③ 콤마 연산자
④ 조건 연산자

• cast(캐스트) 연산자 : 수동 형 변환에서 사용
• 조건 연산자 : (조건식 ? 수식T : 수식F)의 형식으로 조건식이 참이면 수식T를 실행하고 조건식이 거짓이면 수식F를 실행한다. C에만 있는 특별한 연산자
• 관계 연산자 : 〈, 〉, 〈=, 〉=, == 등, 이항 연산자로 두 항의 관계를 나타냄

11 C 언어의 연산자 중에서 오른쪽에서 왼쪽으로의 결합법칙을 따르지 않는 것은?

① sizeof
② 〈〈
③ !
④ ++

• 오른쪽에서 왼쪽으로의 결합법칙을 따르는 연산자
sizeof(형), !, =, +=, *=, 〈=, 〉=, ++(전위), −−(전위), ~, +(단항), −(단항), &(주소)
• 이 외의 연산자들은 대부분 왼쪽에서 오른쪽으로의 결합법칙을 따름

12 C 언어에서 비트 단위 논리 연산자의 종류에 해당되지 <u>않는</u> 것은?

① ^   ② ~

③ &   ④ ?

• ?는 조건 연산자
• 비트 단위 논리 연산자(Bitwise Operators)

기호	형식	의미
&	x & y	x 와 y를 비트 단위로 논리곱(AND)
|	x | y	x 와 y를 비트 단위로 논리합(OR)
^	x ^ y	x 와 y를 비트 단위로 Exclusive-OR(XOR)
≪	x ≪ y	x 를 y 비트만큼 왼쪽으로 시프트(Shift)
≫	x ≫ y	x 를 y 비트만큼 오른쪽으로 시프트
~	~ x	x 를 1의 보수화 하라

13 C 언어의 연산문으로 <u>잘못</u> 표현한 것은?

① y = a%b

② y += a

③ y = a**2

④ y ≪ 2

식	사용 연산자	의미
y = a%b	산술 연산자(나머지)	나머지 연산
y += a	할당 연산자	y = y + a
y ≪ 2	비트 단위 연산자	y를 2bit만큼 왼쪽으로 시프트

C 연산자 중 ** 연산자는 없음

14 C 언어에서 사용되는 관계 연산자 중 "A와 B가 같지 않다"의 의미를 갖는 것은?

① A → B   ② A != B

③ A ≤= B   ④ A & B

관계 연산자
• A==B : A와 B가 같다.
• A!=B : A와 B가 다르다.

15 C 언어의 관계 연산자에 해당하지 <u>않는</u> 것은?

① ⟨   ② %

③ ==   ④ !=

C 언어의 관계 연산자

기호	형식	의미
⟨	A ⟨ B	A가 B보다 작다.
⟨=	A ⟨= B	A가 B보다 작거나 같다.
⟩	A ⟩ B	A가 B보다 크다
⟩=	A ⟩= B	A가 B보다 크거나 같다.
==	A == B	A가 B와 같다.
!=	A != B	A가 B와 같지 않다.

오답 피하기

%는 나머지를 구하는 산술 연산자임

16 C 언어에 반드시 포함해야 하는 것은?

① main 함수   ② 주석문

③ 출력문   ④ 할당문

C 프로그램은 항상 main() 함수부터 실행되며, 주석문, 출력문, 할당문은 선택적인 요소임

17 C 언어에서 문장을 끝마치기 위해 사용되는 기호는?

① ,   ② .

③ ;   ④ :

C 언어의 문장은 세미콜론(;)으로 끝나며, 한 줄에 두 개 이상의 문장을 쓸 수 있음

18 C 언어에서 주석문 사용 방법은?

① /# ~ #/   ② /* ~ */

③ /& ~ &/   ④ /% ~ %/

주석문 사용 방법
1. /* 주석 내용 */
2. /* 여러 줄의
       주석 내용 */
3. //단일 행 주석

19 C 언어의 제어 구조(Control-Structure) 중 실행한 다음, 조건을 검사하여 반복 실행의 여부를 결정하는 문은?

① for 문   ② while 문

③ do~while 문   ④ switch~case 문

• do ~ while 문은 처음에 한 번은 무조건 실행함
• for 문은 조건에 맞지 않으면 처음부터 실행하지 않을 수 있음

20 C 언어의 do∼while 문에 대한 설명 중 틀린 것은?

① 문의 조건이 거짓인 동안 루프처리를 반복한다.
② 문의 조건이 처음부터 거짓일 때도 문을 최소
한 번은 실행한다.
③ 무조건 한 번은 실행하고 경우에 따라서는 여
러 번 실행하는 처리에 사용하면 유용하다.
④ 문의 맨 마지막에 세미콜론(;)이 필요하다.

do∼while 문
• 문장을 일단 실행하고 나서 조건을 검사하여 참인 동안 반복 수행함
• 참/거짓에 상관없이 최소 한 번은 문장을 실행하게 됨

21 C 언어에서 사용되는 이스케이프 시퀀스(Escape-Sequence)와 그 의미의 연결이 옳지 <u>않은</u> 것은?

① \n : new line
② \b : null character
③ \t : tab
④ \r : carriage return

오답 피하기

\b 백스페이스(backspace) : 문자를 출력하고 뒤로 한 칸 이동

22 C 언어의 이스케이프 시퀀스에서 "Carriage Return"을 나타내는 기호는?

① \t
② \n
③ \b
④ \r

코드		의미
\b	백스페이스(backspace)	문자를 출력하고 뒤로 한 칸 이동
\t	수평 탭(horizontal tab)	일정 간격만큼 수평 이동
\n	뉴 라인(newline)	커서를 다음 줄 앞으로 이동
\r	캐리지 리턴(carriage return)	현재 줄의 첫 컬럼으로 이동
\0	널(null character)	Null 문자, 종단문자 표현

23 C 언어에서 데이터 형식을 규정하는 서술자로서의 의미가 옳지 <u>않은</u> 것은?

① %d : 8진수 정수(octal integer)
② %c : 문자(character)
③ %s : 문자열(string)
④ %x : 16진수 정수(hexadecimal)

입출력 함수의 변환 문자
• %d : 10진수(decimal integer)
• %o : 8진수 정수(octal integer)
• %u : 부호가 없는 10진수 정수(unsigned decimal inte)

24 C 언어에서 문자열을 출력하기 위해 사용되는 것은?

① %x
② %d
③ %s
④ %h

%s : Character String, 인수를 문자열로 변환

오답 피하기

입출력 함수의 변환 문자
• ① %x : 16진수 정수(hexadecimal)
• ② %d : 10진수 정수(decimal integer)

25 C 언어에서 정수형 변수 a에 256이 저장되어 있다. 이를 7자리로 잡아 왼쪽으로 붙여 출력하려고 할 때, 적절한 printf() 내의 % 변환 문자 사용은?

① %7f
② %7d
③ %−7d
④ %7i

• 변환 지시자 : f(부동 소수점수), d(10진수), 'i '는 변환 문자에서 사용하는 변환 지시자가 아님
• "−"플래그 : 왼쪽 정렬, ' − '가 없으면 오른쪽 정렬
• ①은 7자리 부동 소수점수를 출력
• ②는 7자리 10진수를 오른쪽에 붙여 출력
• ④는 오류 출력

26 C 언어의 변수명을 <u>잘못</u> 표현한 것은?

① ABC1
② abc
③ 135
④ abc3

C 언어 변수명 작성 규칙
• 문자, 숫자, underscore(_)로 구성
• 숫자가 변수명 맨 앞에 올 수 없음
• 대 · 소문자가 구별
• 키워드를 사용할 수 없음
• 길이의 제한이 없음
• 공백을 사용하지 않음

정답 20 ① 21 ② 22 ④ 23 ① 24 ③ 25 ③ 26 ③

27 C 언어로 구현된 다음 프로그램의 실행 결과에 의해 변수 a와 b에 저장된 값은?(단, "〈〈"는 왼쪽 시프트(Lsh), "〉〉"는 오른쪽 시프트(Rsh)를 의미함)

```
int  a=16, b=64;
a=a>>2;
b=b<<2;
```

① a=4, b=256
② a=8, b=128
③ a=32, b=32
④ a=64, b=16

- 좌측 산술 시프트 1비트 시 값이 2배가 된다.
- 우측 산술 시프트 1비트 시 값이 1/2배가 된다.
- a를 우측 2회 시프트했으므로 16/4 = 4
- b를 좌측 2회 시프트했으므로 64 * 4 = 256

28 다음 C 언어는 두 수의 비트별 AND, OR, XOR을 구하는 프로그램이다. 실행 결과는?

```
int main(void)
{
   int a=3, b=6;
   int c, d, e;
   c = a & b;
   d = a | b;
   e = a ? b;
   printf("%d %d %d\n", c, d, e);
}
```

① 2 2 5
② 2 7 5
③ 5 2 2
④ 5 7 2

- 정수형 변수 a=3, b=6, c, d, e 할당
- 논리 연산을 위해 2진수로 변환
- 3 = 0011
- 6 = 0110
- AND(논리 곱 : &) : 두 수가 모두 1이면 1
- OR(논리 합 : |) : 두 수 중 한 개라도 1이면 1
- XOR(배타적 논리 합 : ? (^)) : 두 수의 값이 다르면 1
  각 자릿수별로 연산하고 10진수로 변환한다.

AND 연산(&)	OR 연산(|)	XOR 연산(?)
0011	0011	0011
& 0110	| 0110	& 0110
0010 = 2	01110 = 7	0101 = 5

29 다음 C 프로그램의 출력 값은?

```
#include<stdio.h>
void main(void)
 {
   int  a=3, b=10;
   if (b>5)
     printf ("%x\n", a+b);
   else
     printf ("%x\n", b-a);
 }
```

① 7
② 13
③ D
④ A

int a=3, b=10;	정수변수 a=3, b=10으로 초기화
if (b>5)	만약 b가 5초과이면 a+b 값을 16진수로 출력
printf ("%x\n", a+b);	
else	만약 b가 5초과가 아니면 b-a 값을 16진수로 출력
printf ("%x\n", b-a);	

- b가 10이므로 a+b 계산 결과가 16진수로 출력된다.
- 3+10 =13 = D(16)

30 다음 C 프로그램의 실행 결과 출력되는 값은?

```
#include<stdio.h>
   void main(void)
   {
        int a;
        a=7;
        printf("%d", a+a);
   }
```

① 11
② 12
③ 13
④ 14

- int a : 변수 a의 변수 형을 정수형으로 선언
- a=7 : 변수 a에 7 입력
- printf("%d", a+a) : %d(10진수 형태 a+a(7+7) 결과를 출력한다.
- 7+7=14가 10진수 형태로 출력된다.

정답 27 ① 28 ② 29 ③ 30 ④

31 C 언어에서 while 문이 수행될 때, 중괄호로 둘러싸인 while 문의 몸체는 몇 번 수행되는가?

```
sum = 0;
i = 1;
while(sum<20)
{
    sum = sum+i;
    i=i+1;
}
```

① 1
② 3
③ 6
④ 20

- sum = 0 : 합계 변수 초기 값은 0
- i = 1 : 수열 변수 초기값은 1
- while(sum<20) : sum이 20 미만일 때까지 반복하는 반복문
- sum = sum + i : 변수 sum에 i를 누적하여 합산
- i = i+1 : 수열 i를 +1씩 증가시키는 수열 처리

반복	sum + i	i + 1
1	0+1=1	1+1=2
2	1+2=3	2+1=3
3	3+3=6	3+1=4
4	6+4=10	4+1=5
5	10+5=15	5+1=6
6	15+6=21	6+1=7
종료		

- 최종 sum 변수의 값은 6회전 21로 종료된다.

32 다음 C 언어 코드의 의미를 가장 잘 설명한 것은?

```
int * pt = new int;
```

① 1개의 정수 영역을 정적(Static)으로 확보한다.
② 256개의 실수 영역을 정적(Static)으로 확보한다.
③ 1개의 정수 영역을 동적(Dynamic)으로 확보한다.
④ 256개의 실수 영역을 동적(Dynamic)으로 확보한다.

- int는 정수형 변수이며 *는 역참조 연산자로 pt라는 정수형 포인터 변수를 선언함
- 포인터 변수는 선언된 변수의 이름이 아닌 메모리 내의 변수 위치 주소를 사용할 수 있도록 해 줌
- *pt 포인터 변수에 1개의 정수(int) 영역(new)를 동적으로 할당
- 위 코드는 동적할당에 사용되는 정규화된 식이므로 식과 문제를 암기해두도록 한다.
- int *pt = new int(2); → 2개의 정수 영역을 동적으로 할당한다.

객체 지향 프로그래밍

▶ 합격 강의

빈출 태그 매소드 · 상속성 · 클래스

01 객체 지향 프로그래밍(OOP : Object Oriented Programming) 개요

- 객체 지향이란 프로그램의 절차보다 데이터에 더 중점을 두는 것을 의미한다.
- 모든 처리는 객체에 대한 요구의 형태로 표현되며, 요구를 받은 객체는 자기 자신 내에 기술되어 있는 처리를 실행한다.
- 프로그램을 작성할 경우 프로그램이 단순화되고, 생산성과 신뢰성이 높은 시스템을 구축할 수 있다.
- 객체 지향 프로그래밍의 가장 큰 장점 : 소프트웨어의 재사용

1) 객체 지향 프로그래밍 기법에 도입된 새로운 개념

- 가능한 코드는 재사용할 수 있어야 한다.
- 객체 간에 공통된 데이터나 연산은 중복 선언되지 않아야 한다.
- 프로그래밍이 절차 중심적이 아니라 데이터 중심적이어야 한다.
- 객체 데이터와 연산은 함께 정의되어야 한다.
- 프로그램의 구조는 문제 영역의 구조를 밀접하게 반영해야 한다.

2) 객체 지향 언어의 종류

- Simula 67, Smalltalk, C++, Java, Visual Basic, Delphi 등이 있다.
- Simula 67 : 1960년대에 객체 지향 프로그래밍 개념을 처음으로 도입하였다.
- Smalltalk : 1980년대에 객체 지향 프로그램의 개념을 완성하였다.

02 객체 지향 언어의 기본 구성 요소

1) 객체(Object)

- 클래스를 통해 만들어지는 실질적인 변수이며 인스턴스(Instance)라고도 한다.
- 객체는 속성에 대한 정보와 함께, 속성과 관계되는 행위(Behavior)까지 전부 포함하여 정의된다.
- 객체는 변수들과 메소드들로 구성된 소프트웨어 덩어리이다.

> 객체 = 속성(Attribute) + 행위(Behavior)
>   = 변수(Variable) + 메소드(Method)
>   = 데이터(Data) + 함수(Member Function)

2) 클래스(Class) 24년 5월, 20년 6월/8월, 18년 4월, 16년 5월, 15년 5월, 14년 3월, 11년 6월, 10년 5월/9월, 06년 3월/5월, …

- 클래스는 객체를 생성하는 틀(Template)을 의미한다.
- 공통된 속성과 행위를 갖는 객체들의 집합이다.
- 하나 이상의 유사한 객체들을 묶어서 하나의 공통된 특성을 표현한 것이다.
- 클래스는 두 개의 구성 요소(Member)인 자료구조(필드)와 연산(메소드)을 가진다.

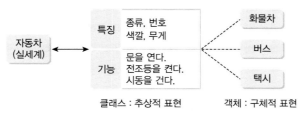

▲ 실세계와 클래스, 객체 간의 관계

3) 인스턴스(Instance)

- 클래스로부터 실제 객체를 생성하는 것을 말하며, 보통 객체를 인스턴스라고 한다.
- 일반적으로 어떤 집합에 대해서 그 집합의 개별적인 요소에 속하는 각 객체를 인스턴스라고 한다.
- 변수가 포함되어 있는 어떤 논리식의 변수에 구체적인 값을 대입하여 식을 만들려면 원래 식의 인스턴스가 만들어진다.

4) 메소드(Method) 22년 9월, 19년 4월/9월, 17년 5월, 16년 3월, 15년 9월, 10년 3월, 08년 7월, 07년 8월, 06년 3월

- 객체에서 속성값을 처리하는 동작 부분을 의미한다.
- 객체가 메시지를 받아 실행해야 할 구체적인 연산을 정의하는 것이다.
- 기능 또는 함수라고도 하며, C++에서는 멤버함수, 비주얼베이직에서는 서브프로시저 또는 함수라고 한다.
- 객체의 상태를 참조하거나 변경시킨다.
- 함수(Function)나 프로시저(Procedure)에 해당한다.

🕐 암기 TIP

함수, 연산, 동작 등의 단어가 나오면 [메소드]임을 기억하세요.

5) 속성(Attribute)

- 객체를 표현하거나 동작을 나타내기 위해 사용하는 자료이다.
- 한 클래스 내에 객체들이 가지는 자료들의 값을 단위별로 정의하며 분류, 식별, 상태 등을 표현한다.

6) 메시지(Message)

- 객체 지향 언어에서 객체와 클래스가 정보를 교환하기 위한 통신 명령을 의미한다.
- 메시지는 객체 사이에 전달되며 객체는 반드시 메시지에 의해서 동작한다.
- 메시지의 구성 : 수신 객체 이름, 수신 객체의 메소드 이름, 메시지에서 필요로 하는 값을 전달하는 인수이다.

✔️ 개념 체크

1 객체지향 언어에서 하나 이상의 유사한 객체(Object)들을 묶어서 하나의 공통된 특성으로 표현한 것을 인스턴스라고 한다. (O, X)

2 객체지향 기법에서 객체가 메시지를 받아 실행해야 할 구체적인 연산을 정의한 것은 (　　　)이다.

1 × 2 메소드

03 객체 지향 언어의 특징

1) 추상화(Abstraction) 23년 5월, 20년 8월, 18년 4월

객체들의 필요한 사항(중요한 특성)은 가시화시키고, 불필요한 사항은 은폐시키는 작업이다.

기능(Functional) 추상화	입력 자료를 출력자료로 변환하는 과정을 추상화하는 방법
데이터(Data) 추상화	자료와 자료에 적용될 수 있는 기능을 함께 정의함으로써 객체를 구성하는 방법
제어(Control) 추상화	제어 행위에 대한 정확한 메커니즘을 정의하지 않고 원하는 효과를 정하는 데 이용

2) 캡슐화(Encapsulation) 14년 5월, 11년 6월

- 객체를 캡슐화하여 What만 보여 주고 How는 감춘다.
- 객체를 작성할 때 숨겨야 하는 정보(Private)와 공개해야 하는 정보(Public)를 구분하여 작성한다.
- 데이터 캡슐화의 장점
  - 객체에 포함된 정보의 손상과 오용을 방지한다.
  - 객체 조작 방법이 바뀌어도 사용 방법은 바뀌지 않는다.
  - 데이터가 바뀌어도 다른 객체에 영향을 주지 않아 독립성이 유지된다.
  - 처리된 결과만 사용하므로 객체의 이식성이 좋다.
  - 객체를 부품화할 수 있어 새로운 시스템의 구성에 재사용이 용이하다.

3) 정보 은폐(Information hiding)

- 관련 속성과 메소드를 캡슐화하여 은폐시키고, 공개 인터페이스만 외부로 노출시키는 방법이다.
- 모듈성이 극대화❶되고, 유지보수가 쉬우며, 재이용을 극대화시킬 수 있다.

4) 상속성(Inheritance) 24년 3월/5월, 19년 3월/9월, 18년 4월, 16년 10월, 09년 5월, 08년 7월

- 클래스는 계층구조를 이룬다.
- 상위 계층의 모든 요소를 상속받고 추가적으로 필요로 되는 새로운 자료구조와 메소드를 추가하여 하위 계층의 클래스를 생성한다.
- 객체지향에서는 상속의 개념을 이용하여 소프트웨어의 재사용(Reusing)을 지원한다.

5) 다형성(Polymorphism) 24년 3월, 23년 5월, 17년 5월

- One Interface, Multiple Implementation
- 하나의 인터페이스를 사용하여 다양한 구현 방법을 제공한다.
- 동일한 연산자나 함수가 피연산자나 인자의 종류에 따라 서로 다르게 동작한다는 의미를 나타낸다.

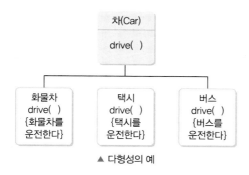

▲ 다형성의 예

이론을 확인하는 기출문제

01 객체 지향 언어(Object-Oriented Programming Language)에서 하나 이상의 유사한 객체(Object)들을 묶어서 하나의 공통된 특성으로 표현한 것을 무엇이라고 하는가?

① 클래스(Class)
② 행위(Behavior)
③ 사건(Event)
④ 메시지(Message)

- 클래스 : 객체생성을 위한 틀, 유사한 객체들의 집합
- 행위 : 메소드, 객체 구성 요소 중 하나로 객체에서 속성값을 처리하는 동작 부분
- 메시지 : 객체 지향 언어에서 객체와 클래스가 정보를 교환하기 위한 통신 명령의 개념

02 객체 지향 언어에서 객체(Object)의 구성을 나타낸 것은?

① Object = Program + Operator
② Object = Member Function + Data
③ Object = Class + Class
④ Object = Class + Member Function

객체 : 속성 + 매소드 = 데이터 + 동작 = Data + Member Function

03 객체 지향 개념에서 이미 정의되어 있는 상위 클래스(슈퍼클래스 혹은 부모 클래스)의 메소드를 비롯한 모든 속성을 하위 클래스가 물려받는 것을 무엇이라 하는가?

① Abstraction
② Method
③ Inheritance
④ Message

상속(Inheritance)에 관한 설명임

추상화 (Abstraction)	객체들의 필요한 부분은 가시화시키고 나머지는 은폐시키는 작업
메소드(Method)	객체에서 속성값을 처리하는 동작부분
메시지 (Message)	객체 지향 언어에서 객체와 클래스가 정보를 교환하기 위한 통신 명령

04 객체 지향 기법에서 객체가 메시지를 받아 실행해야 할 구체적인 연산을 정의하는 것은?

① 메소드
② 클래스
③ 속성
④ 인스턴스

메소드(Method)	• 객체에서 속성값을 처리하는 동작부분 • 객체의 외부적인 활동을 연산이란 전제하에서 구현한 것
클래스(Class)	공통된 속성과 행위를 갖는 객체들의 집합. 객체를 생성하는 틀
속성(Attribute)	객체를 표현하거나 동작을 나타내기 위해 사용되는 자료
인스턴스(Instance)	어떤 집합의 개별적 요소에 속하는 각 객체를 인스턴스라고 함

정답 01 ① 02 ② 03 ③ 04 ①

Java 언어

01 Java 언어의 기초

1) Java 언어의 개념

- 객체 지향 언어이다.
- 추상화, 상속화, 다형성과 같은 특징을 가진다.
- 네트워크 환경에서 분산 작업이 가능하도록 설계되었다.
- 특정 컴퓨터 구조와 무관한 가상 바이트 머신 코드를 사용하므로 플랫폼이 독립적이다.

2) Java 언어의 기본 자료형

분류	예약어	바이트 수	비고
정수형	byte	1byte	−127 ~ +128
	short	2byte	−32,768 ~ +32,767
	int	4byte	−2,147,483,648 ~ +2,147,483,647
	long	8byte	−9,223,372,036,854,775,808 ~ +9,223,372,036,854,775,807
실수형	float	4byte	단정도 실수형(유효 자리는 7 정도)
문자형	double	8byte	배정도 실수형(유효 자리는 15 정도)
	char	2byte	유니코드 문자열 1자
논리형	boolean	1byte	true, false

3) 이스케이프 시퀀스(Escape Sequence)

문자	의미	기능
\n	new line	커서를 다음 줄 처음으로 이동한다.
\r	carriage return	커서를 현재 줄 처음으로 이동한다.
\t	tab	커서를 일정 간격만큼 띄운다.
\b	backspace	커서를 뒤로 한 칸 이동한다.
\f	form feed	한 페이지 넘긴다.
\'	single quote	작은따옴표를 출력한다.
\"	double quote	큰따옴표를 출력한다.
\\	backslash	역슬래시를 출력한다.

4) Java 접근 제한자(접근 제어자) 24년 7월

- public : 모든 접근을 허용한다.
- private : 같은 패키지에 있는 객체와 상속 관계의 객체들만 허용한다.
- default : 같은 패키지에 있는 객체들만 허용한다.
- protected : 현재 객체 내에서만 허용한다.

5) Java의 출력 함수

- System.out.print() : 괄호 안을 출력하고 줄 바꿈을 안 한다.
- System.out.println() : 괄호 안을 출력하고 줄 바꿈을 한다.
- System.out.printf() : 변환 문자를 사용하여 출력한다.
- 변환 문자

%d	10진 정수
%o	8진 정수
%x	16진 정수
%f	실수형
%e	지수형
%c	문자
%s	문자열

6) Java 언어 변수명 작성 규칙

- 영문 대소문자(A~Z, a~z), 숫자(0~9), '_', '$'를 혼용하여 사용할 수 있다.
- 첫 글자는 영문자나 '_', '$'로 시작해야 한다.
- 영문자는 대소문자는 구분한다.
- 공백을 포함할 수 없다.
- 예약어(reserved word)를 사용할 수 없다.

7) JAVA 클래스 종류

- wrapper : Java 언어에서 기본 데이터형을 객체 데이터형으로 바꾸어주는 클래스
- abstract : Java 언어에서 추상 메소드를 한 개 이상 포함한 클래스로 상속 시에 추상 메소드를 반드시 재정의해야 한다.
- super : 상속관계에서 상위 클래스이다.
- sub : 상속관계에서 하위 클래스이다.
- final : 마지막으로 구현한다라는 의미로 클래스를 제한할 때 사용한다.

✔ 개념 체크

1 Java에서 출력할 때 System.out.printf( ) 메소드를 사용해서 특정 형식의 문자열을 출력할 수 있는데, 이 때 사용되는 변환 문자로 옳지 않은 것을 모두 골라 보세요. (   )
ⓐ %d
ⓑ %x
ⓒ %&
ⓓ %a
ⓔ %e

1 ⓒ, ⓓ

02 Java 언어의 연산자

1) 연산자의 종류 및 우선순위

연산자	종류	결합 규칙	우선순위
단항 연산자	+, - !, ~, ++, --, &, *, sizeof	←	높음
산술 연산자	*, /, %		
관계 연산자	⟨ ⟨=, ⟩, ⟩=, instanceof		
	==, !=		
논리 연산자	&	→	
	^		
	|		
	&&		
	||		
조건 연산자	? :		
할당 연산자	=, +=, -=, *=, /=, %=, ⟨⟨=, ⟩⟩=	←	낮음

✔ 개념 체크

1 Java 연산자 중 할당 연산자보다 단항 연산자의 우선순위가 높다. (O, X)

1 ○

이론을 확인하는 / 기출문제

01 다음 중 Java에서 사용하는 기본형 타입은?

① 배열형   ② 논리형
③ 클래스형   ④ 인터페이스형

Java 언어의 기본 자료형
• 정수형
• 실수형
• 문자형
• 논리형

02 Java 프로그래밍 언어의 정수 데이터 타입 중 'long'의 크기는?

① 1byte   ② 2byte
③ 4byte   ④ 8byte

Java 언어 정수형 타입의 바이트 수

예약어	바이트 수
byte	1byte
short	2byte
int	4byte
long	8byte

03 Java에서 사용되는 출력 함수가 <u>아닌</u> 것은?

① System.out.print( )
② System.out.println( )
③ System.out.printing( )
④ System.out.printf( )

• System.out.print() : 괄호 안을 출력하고 줄 바꿈을 안 함
• System.out.println() : 괄호 안을 출력하고 줄 바꿈
• System.out.printf() : 변환 문자를 사용하여 출력

04 Java에서 사용하는 접근 제어자의 종류가 <u>아닌</u> 것은?

① internal
② private
③ default
④ public

Java 접근 제한자(접근 제어자)
• public : 모든 접근을 허용
• private : 같은 패키지에 있는 객체와 상속 관계의 객체들만 허용
• default : 같은 패키지에 있는 객체들만 허용
• protected : 현재 객체 내에서만 허용

정답 01 ②   02 ④   03 ③   04 ①

CHAPTER 05

순서 제어

학습 방향

묵시적, 명시적 순서 제어, 표기법 전환(전위 ↔ 중위 ↔ 후위), 구조적인 프로그래밍 방식, 활성 레코드 포함 내용, 코루틴, 스택 구조, 부작용, 별명 등을 중심으로 공부하세요!

출제빈도

SECTION 01	중	10%
SECTION 02	상	35%
SECTION 03	중	15%
SECTION 04	하	5%
SECTION 05	상	35%

합격 강의

빈출 태그 묵시적 · 명시적 순서 제어

01 묵시적 순서 제어 VS 명시적 순서 제어 23년 9월, 21년 5월, 18년 3월/4월, 17년 5월, 15년 9월, ···

묵시적(Implicit) 순서 제어	명시적(Explicit) 순서 제어
• 프로그래머가 제어를 명시하지 않으면 해당 언어에서 정의한 순서에 따라 제어함 • 일반 언어에서 순서를 명시적으로 제어하는 문장이 없으면 문장 나열 순서대로 제어 • 수식에서 괄호가 없으면 연산자 우선순위에 의해서 수식이 계산됨	• 해당 언어에서 각 문장이나 연산의 순서를 프로그래머가 직접 변경 • GOTO 문이나 반복문을 사용해서 문장의 실행 순서를 변경 • 수식의 괄호를 사용해서 연산의 순서를 변경

이론을 확인하는 기출문제

01 순서 제어 구조에서 묵시적인 방법에 해당하는 것은?

① 반복문을 사용하는 방법
② GOTO 문을 사용하는 방법
③ 연산자의 우선순위에 따른 수식 계산
④ 연산자의 순서를 프로그래머가 변경하는 방법

묵시적 순서 제어 : 비의도적 순서 제어. 프로그래머가 제어를 명시하지 않으면
해당 언어에서 정의한 순서에 따라 제어함

오답 피하기

①, ②, ④와 같이 프로그래머에 의한 의도적인 순서의 제어는 명시적 순서 제어임

02 다음 문장의 괄호 안 내용으로 가장 적합한 것은?

> 프로그래머가 직접 제어를 표현하지 않았을 경우 그 언어에서 미리 정해진 순서에 의해 제어가 이루어지는 것을 (   ) 순서 제어라고 한다.

① 명시적   ② 묵시적
③ 구조적   ④ 수학적

• 묵시적 순서 제어
  프로그래머가 제어를 명시하지 않으면 해당 언어에서 정의한 순서에 따라 제어함
• 명시적 순서 제어
  프로그래머가 직접 제어를 명시하여 순서를 제어하는 것

03 명시적 순서 제어에 해당되지 않는 것은?

① 해당 언어에서 각 문장이나 연산의 순서를 프로그래머가 직접 변경
② GOTO 문이나 반복문을 사용해서 문장의 실행 순서를 변경
③ 수식의 괄호를 사용해서 연산의 순서를 변경
④ 수식에서 연산자 우선순위에 의한 수식 계산

명시적 순서 제어
• 해당 언어에서 각 문장이나 연산의 순서를 프로그래머가 직접 명시함
• GOTO 문이나 반복문을 사용해서 문장의 실행 순서를 바꿈
• 수식의 괄호를 사용해서 연산의 순서를 바꿈

정답 01 ③ 02 ② 03 ④

수식에서의 순서 제어

▶ 합격 강의

출제빈도 (상) 중 하
반복학습 [1] [2] [3]

빈출 태그 단항연산자 • 이항연산자 • 중위표기법 • 표기법 전환

---

01 식(Expression)

1) 연산자 20년 6월/8월, 15년 5월, 10년 9월, 09년 5월, 08년 5월, 06년 3월/5월

미리 정의된 것을 쓰거나 사용자가 정의하여 사용한다.

단항 연산자	이항 연산자
• 하나의 피연산자를 갖는 것 • NOT, COMPLEMENT, ~(비트단위 연산자 : 1의 보수)	• 두 개의 피연산자를 갖는 것 • AND, XOR, OR

2) 피연산자

상수, 변수, 함수 호출 등이 올 수 있다.

02 수식 구문(Syntax)의 표현

1) 표기법 비교 19년 3월, 17년 3월/5월, 16년 5월, 15년 5월, 14년 9월, 11년 6월, 09년 3월, 08년 5월, 07년 8월, 06년 8월, …

연산자와 피연산자의 위치에 따라 전위(Prefix), 중위(Infix), 후위(Postfix) 표기법
으로 구분한다.

구분	전위(Preifx)	중위(Infix)	후위(Postfix)
정의	연산자를 피연산자 앞에 표기하는 방법	연산자를 피연산자 사이에 표기하는 방법	연산자를 피연산자 뒤에 표기하는 방법
표기 예	+AB	A + B	AB+
특징	피연산자의 개수에 무관하게 모든 수식은 하나의 전위 표기법으로 표현 가능	일반적으로 많이 사용되는 표기법으로 이항(Binary) 연산에 적합한 표현	스택을 이용하여 수식의 값을 계산하는 데 매우 간편함

2) 중위 표기법을 후위 표기법으로 변경하는 방법 20년 8월, 18년 4월/9월, 14년 5월, 11년 6월/8월, …

$$A + B * C - D$$

- 먼저 계산할 연산자부터 괄호로 둘러쌈 → ((A + (B * C)) − D)
- 연산자를 가장 가까운 괄호 안의 맨 뒤로 이동함 → ((A (B C *) +) D −)
- 둘러싼 괄호를 모두 제거하면 후위 표기법이 됨 → ABC* + D−

🕐 암기 TIP

- 단항 연산자 vs 이항 연산자 → 둘을 구분할 수 있는지를 묻는 문제가 빈출됩니다. 연산자 종류를 정확히 외워 두도록 하세요. 'AND, XOR, OR 외엔 단항 연산자'라고 외우면 쉽습니다.
- 주의 : 연산자를 연산기호로 피연산자를 오퍼랜드로 나타내는 경우도 있으니 표기는 달라도 동일한 의미로 받아들이면 쉽게 해결할 수 있습니다.

🎯 기적의 TIP

- 구문 표기법은 매회 출제될 정도로 중요합니다.
- 연산자와 피연산자의 위치를 잘 구별하고 가장 일반적으로 이항 연산에 적합한 것은 중위(Infix) 표기법임을 꼭 기억하세요.

🎯 기적의 TIP

- 최근에는 단순히 전위, 중위, 후위 표기법의 위치만을 묻는 문제 뿐 아니라 중위를 후위나 전위 표기법으로, 전위나 후위를 중위 표기법으로 전환하는 문제가 출제됩니다.
- 전환방법은 3단계로 공식화되어 있으므로 직접 문제를 통해 풀어 보도록 하세요(이론을 확인하는 기출문제 참고).

01 이항 연산에 해당하는 것은?

① ROTATE
② AND
③ SHIFT
④ NOT

이항 연산자
• 두 개의 피연산자를 가짐 **데** 연산자1 AND 연산자2
• 종류 : AND, OR, XOR

오답 피하기
• ①, ③, ④는 단항 연산자
• 단항 연산자 : 한 개의 피연산자를 가짐 **데** NOT 연산자1
• NOT, COMPLEMENT, SHIFT, MOVE 등이 단항 연산자에 속함

02 다음 중 이항(Binary) 연산으로만 나열된 것은?

① NOT, AND, EX-OR
② COMPLEMENT, AND, OR
③ AND, OR, EX-OR
④ MOVE, EX-OR, OR

오답 피하기
① NOT, ② COMPLEMENT, ④ MOVE는 단항 연산자임

03 다음 중 단항(Unary) 연산에 해당하는 것은?

① AND
② OR
③ Complement
④ XOR

단항 연산자 : 한 개의 피연산자를 갖는 연산자. NOT, COMPLEMENT, SHIFT, MOVE

오답 피하기
①, ②, ④ 모두 두 개의 피연산자를 갖는 이항 연산자임

04 두 개의 피연산자를 취하는 이항(Binary) 연산자 표현에 적합하며 연산기호가 두 피연산자 사이에 놓이는 표기법은?

① 전위
② 후위
③ 복합
④ 중위

중위 표기법(Infix Notation)
• 피연산자들 사이에 연산자를 표기
• 산술연산, 논리연산, 비교연산 등에 주로 사용
• 이항 연산자에 적합한 표기법

오답 피하기
• 전위표기법(Prefix Notation) : 피연산자(Operand)의 앞에 연산자(Operator)를 표기
• 후위 표기법(Post Notation) : 피연산자들의 뒤에 연산자를 표기

05 수학적 수식이 "A + B"로 표현된 표기법은?

① PREFIX
② INFIX
③ SUFFIX
④ POSTFIX

• 'A'와 'B'는 피연산자(Operand)이고 '+'는 연산자 (Operator)임
• 연산자를 피연산자 사이에 표기하는 것은 중위법(INFIX)임

06 일반적으로 사용되는 프로그래밍 언어의 표기법은?

① infix
② prefix
③ postfix
④ suffix

가장 일반적인 수식 표기법은 피연산자 사이에 연산자를 사용하는 방법인 Infix 방식으로 이항 연산에 적합한 표기법임

07 수식 "+AB-CA"에 사용된 표기법은?

① Prefix 표기법
② Postfix 표기법
③ Infix 표기법
④ Outfix 표기법

피연산자 앞에 연산기호를 쓰는 것은 Prefix 표기법임

정답 01 ② 02 ③ 03 ③ 04 ④ 05 ② 06 ① 07 ①

08 수식에서 구문의 표현법 중 피연산자를 먼저 표기하고 연산자를 나중에 표기하는 방법은?

① Prefix Notation

② Infix Notation

③ Postfix Notaion

④ Best Notation

- 전위(Prefix), 중위(Infix), 후위(Postfix)는 연산자의 위치에 따라 구분됨
- 연산자를 나중에 표기 = 후위

오답 피하기

- ① Prefix Notation : 연산자를 피연산자 앞에 표기
- ② Infix Notation : 연산자를 피연산자 사이에 표기
- ④ Best Notation란 표기법은 없음

09 중위 표기의 수식 "A*(B-C)"를 전위 표기로 나타낸 것은?

① *A-BC

② ABC-*

③ A*BC-

④ AB-C*

전위 표기법(Prefix Notation)
연산자를 먼저 표기하고 피연산자를 나중에 표기하는 방법

1단계	계산할 연산자부터 괄호로 둘러쌈	(A*(B-C))
2단계	연산자를 가장 가까운 괄호 안의 맨 앞으로 이동함	(A-(BC))
3단계	둘러싼 괄호를 모두 제거함	A-BC

10 다음 중위표기의 수식 "A*(B-C)"를 후위 표기로 나타낸 것은?

① ABC*-

② ABC-*

③ A*BC-

④ AB-C*

후위 표기법(Postfix Notation)
피연산자를 먼저 표기하고 연산자를 나중에 표기하는 방법

1단계	계산할 연산자부터 괄호로 둘러쌈	(A*(B-C))
2단계	연산자를 가장 가까운 괄호 안의 맨 뒤로 이동함	(A(BC-)*)
3단계	둘러싼 괄호를 모두 제거함	ABC-*

11 중위 표기법(Infix Notation)으로 표현된 산술식 "X=A+C/D"를 전위 표기법(Prefix Notation)으로 옳게 나타낸 것은?

① =X+A/CD

② =+/XACD

③ /CD+A=X

④ XACD/+=

전위 표기법(Prefix Notation)
연산자를 먼저 표기하고 피연산자를 나중에 표기하는 방법

1단계	계산할 연산자부터 괄호로 둘러쌈	(X=(A+(C/D)))
2단계	연산자를 가장 가까운 괄호 안의 맨 앞으로 이동함	(=X(+A(/CD)))
3단계	둘러싼 괄호를 모두 제거함	=X+A/CD

12 다음 후위식(Postfix)을 중위식(Infix)으로 옳게 표현한 것은?

> A D K * -

① D-(A*K)

② (A-D)*K

③ A-(D*K)

④ (A*D)-K

중위 표기법(Postfix Notation)
피연산자 사이에 연산자를 사이에 표기하는 방법

1단계	계산할 연산자부터 괄호로 둘러쌈	(A(DK*)-)
2단계	연산자를 가장 가까운 괄호 안의 연산자 사이로 이동함	(A-(D*K))
3단계	불필요한 괄호를 제거함	A-(D*K)

정답 08 ③ 09 ① 10 ② 11 ① 12 ③

문장 간의 순서 제어

▶ 합격 강의

빈출태그 순차 · 선택 · 반복 실행

기본적으로 프로그램의 문장 실행 순서는 순차적이다.
그러나 필요에 따라서 문장을 반복해서 실행하거나 필요치 않은 문장, 실행을 하지
않고 넘어가야 하는 경우 등은 제어문을 통해 실행할 수 있다.

01 순서 제어 방법 16년 10월

GOTO 문	문장 간의 실행 순서를 명시적으로 변경할 수 있다.
순차 실행 (Composition)	각 문장들은 순서대로 작성되며, 프로그램 실행 시 각 문장은 하나씩 순차적으로 실행된다.
선택 실행(Alternation)	두 가지 수행 경로에 있는 일련의 문장 중에서 조건에 따라 하나가 선택되어 실행된다.
반복 실행(Iteration)	일련의 문장들이 조건에 따라 수행되지 않거나, 조건에 만족할 때까지 반복 수행된다.

02 GOTO 문

1) GOTO 문의 특징

- GOTO 문은 문장 실행순서를 임의의 위치로 변경할 수 있다.
- GOTO 문은 레이블이 붙여진 문장으로 제어가 이동되는 무조건 분기문이다.
- GOTO 문은 블록개념이 없는 저급의 제어구조이다.

2) GOTO 문장의 장단점

❶ 스파게티 로직
(Spaghetti Logic)
GOTO 문과 같이 비구조적인 프로그래밍 기법을 너무 많이 사용하게 되면 문장 순서와 프로그램 실행 순서가 복잡하게 엉켜 가독성이 떨어지는데 마치 그 복잡함이 스파게티 면 엉키는 것과 유사하다는 의미에서 차용된 표현

장점	단점
• FORTRAN 문장의 기본 제어구조로서 가장 많이 사용됨 • 작은 프로그램에서 사용하기 쉽고 간단함 • 어셈블리 언어에 익숙한 프로그래머에게 친숙함 • 이론적으로 모든 제어 구조를 표현할 수 있음 • 직접 하드웨어에 구현할 수 있어 실행이 효율적임	• 스파게티 로직❶ • 프로그램의 작성이 비구조적임 • 계층적인 프로그램 작성을 어렵게 함 • 많이 사용할 경우 프로그램을 이해하기 어려움 • 디버깅(Debugging)이 어려움 • 프로그램의 유지 보수가 어려움

03 구조화된 프로그래밍 ^{24년 5월/7월}

1) 구조적 프로그래밍의 개요 ^{22년 3월, 16년 3월, 11년 3월/8월, 10년 5월, 09년 3월/5월, 08년 8월, 07년 3월/5월}

- GOTO 문을 사용하지 않고 순서, 선택, 반복의 3가지 논리구조를 사용하는 기법이다.
- 구조적 프로그램의 기본 구조 : 순차, 반복, 선택
- 하나의 입력과 출력을 갖는 구조로, 블록 구조를 갖는 모듈화 프로그램이다.

2) 구조적 프로그래밍의 특성

- 프로그램의 가독성이 좋음
- 프로그램의 개발 및 유지 보수가 용이
- 프로그램에 대한 신뢰성 향상
- 프로그래밍에 대한 규칙 제공
- 프로그래밍에 투자되는 노력과 시간이 감소

기적의 TIP

구조화된 프로그래밍에서 GOTO 문을 사용하지 않는 이유
- 60~70년대 GOTO 문의 경우 실행순서가 일치 하지 않기 때문에 가독성이 떨어지고, 유지보수가 어려워진다.
- 반면 순차, 선택, 반복 제어 구조는 가독성이 좋고 정확성을 입증하기 쉽다.

개념 체크

1 구조적 프로그래밍은 GOTO 문을 사용하지 않고 순서, ( ), 반복의 3가지 논리 구조를 사용하는 기법으로, 프로그램의 개발 및 유지 보수가 용이한 편이다.

1 선택

이론을 확인하는 기출문제

01 구조화된 프로그래밍(Structured Programming)의 기본 구조에 해당되지 <u>않는</u> 것은?

① 순차 구조(Sequence Structure)
② 선택 구조(Selection Structure)
③ 분기 구조(Branch Structure)
④ 반복 구조(Iteration Structure)

구조화된 프로그래밍에서는 순차적, 선택적, 반복적 순서 제어 구조를 사용함. GOTO 문과 같은 분기구조나 그물 구조는 구조화 프로그램의 기본 제어구조가 아님

02 구조화된(Structured) 순서 제어문과 가장 거리가 <u>먼</u> 것은?

① IF 문
② GOTO 문
③ CASE 문
④ SWITCH 문

구조화된 순서 제어문은 GOTO 문을 사용하지 않음

[정답] 01 ③ 02 ②

제어문

▶ 합격 강의

빈출 태그 조건문 · 반복문

01 조건문(Conditional Statements)

1) 단일 if 문

- 단일 선택문
- 조건식은 불 수식(Boolean Expression)이라 하며 참과 거짓 중 하나를 값으로 한다.
- if 문은 조건식이 참이면 문장 1을 수행하고 거짓이면 if 문장 바로 다음에 있는 문장을 수행한다.

형식	순서도(Flow Chart)
if (조건식) 문장1;	

2) else-if 문

- 다중 선택문
- 조건이 여러 개이고 실행될 문장이 각 조건에 따라 나뉘어 있을 때 else if를 사용한다.
- 수식들을 순차적으로 평가하면서 만일 어느 하나의 수식이 참이 되면 그때 해당하는 명령문이 실행되고 다중 if 문을 벗어난다.
- 다중 if 문은 Boolean 값을 계산하기 위해 불필요한 if 문을 사용하게 되는 문제점이 발생하기 쉽고 가독성이 다소 떨어지는 단점이 있다.

형식	순서도(Flow Chart)

if (조건식1)
문장1;
else
......
else if(조건식 n-1)
문장 n-1;
else
문장 n	

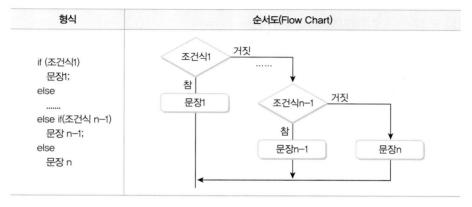

✅ 개념 체크

1 조건이 여러 개이고 실행될
문장이 각 조건에 따라 나뉘
어 있는 다중 선택문일 때
(　　　)를 사용한다.

1 else-if

3) switch 문

- 다중 택일문 형식
- 다중 if 문 대신 사용함으로써 다중 if의 문제점을 보완할 수 있다.

```
switch(조건){
        case 값1 : 수행할 문장;
                break;
        case 값2 : 수행할 문장;
                break;
        case 값3 : 수행할 문장;
                break;
        ..........
        default : 수행할 문장;
        }
```

- 마지막 부분의 default는 조건에 만족하는 값이 없을 때 수행되고 default는 사용하지 않아도 된다.
- 특정 case 문을 수행하고 switch 문을 벗어나기 위해 break 문을 이용한다.

02 반복문 16년 10월, 10년 3월, 06년 8월

1) while 문

- 조건식의 값이 참이면 문장을 실행하고, 다시 조건식을 검사해서 거짓이 나올 때까지 문장의 수행을 반복한다.
- 조건식의 값이 처음부터 거짓이면 문장은 for 문에서와 마찬가지로 한 번도 수행되지 않는다. ➡ for 문과의 공통점
- for 문의 경우 반복 횟수를 알고 있어야 하는 반면, while 문은 반복 횟수를 모를 경우에 사용한다. ➡ for 문과의 차이점

형식	순서도(Flow Chart)

while (조건식)
{
    문장 1;
    ......
    문장 n;
}
	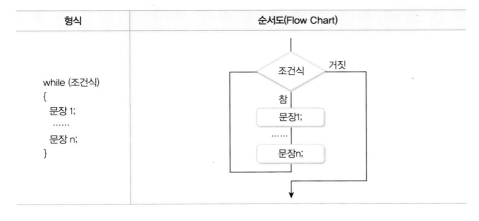

2) do~while 문

• 문장을 일단 실행하고 나서 조건을 검사하여 반복 수행한다.

• 최소한 한 번은 문장을 실행하게 된다.

• do-while 문은 일단 문장을 실행하고 나서 조건식을 검사한다는 점만 빼면 while 문과 동일하다.

형식	순서도(Flow Chart)

do {
　문 장 1;
　……
　문 장 n-1;
　}
while (조건식);
　문 장 n;
	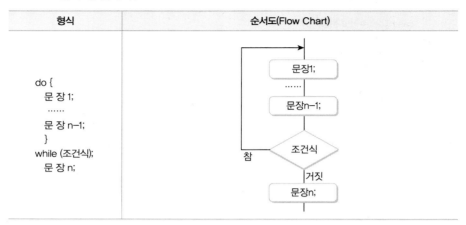

3) for 문

for(초기식; 조건식; 증감식)

• 반복 변수를 이용한 반복문이다.

• for 문은 문장을 일정한 횟수만큼 반복적으로 수행시키고자 할 때 사용한다.

• for 문에서 초기식은 한 번 수행된다.

• for 문에서는 초기식, 조건식, 증감식 모두 생략 가능하다.

• for 문에서 반복 수행할 문장이 두 문장 이상이면 if 문과 마찬가지로 '{ }'를 사용하여 블록화해야 한다.

• for 문이 수행되는 과정

　① for 문의 초기식에서 변수를 초기화 → 딱 한 번 수행된다.

　② 조건식으로 가서 조건이 참인지 확인한다.

　③ 조건이 참이면 for 문 안의 문장을 실행시킨다.

　④ 증감식으로 가서 변수를 증가(또는 감소)시킨다.

　⑤ 조건식으로 가서 조건이 참인지 확인한다.

　⑥ 조건이 참이면 ②, ③ 과정 반복한다.

　⑦ 조건이 참인 동안 반복하고 조건이 거짓이 되면 for 문 블록을 빠져나온다.

(B) 기적의 TIP

프로그래밍 언어의 반복문

C	for, while, do ~while
Visual Basic	for, while, do
PASCAL	for, while, repeat
COBOL	PERFORM

형식	순서도(Flow Chart)

for(초기식; 조건식; 증감식;)
{
    문장1;
    ......
    문장n;
}
	초기식;
	
	거짓 ← 조건식 → 반복
	참 ↓
	문장1;
	......
	증감식;

✔ 개념 체크

1 반복 변수를 이용한 반복
문인 'for 문'에 대해 옳은
것은 O, 옳지 않은 것은 X
표시하세요.
㉠ for 문은 무제한으로 반
복 수행시키고자 할 때 사용
한다. (O, X)
㉡ 초기식에서 변수를 초기
화하는 것은 딱 한번 수행
된다. (O, X)
㉢ for 문에서는 초기식, 조
건식, 증감식 모두 생략 가
능하다. (O, X)

1 ㉠ ×, ㉡ ○, ㉢ ○

01 다음 프로그램 언어의 문장구조 중 성격이 다른 하나는?

① while(expression) statement;

② for(expression-1;expression-2;expression-3) statement;

③ if(expression) statement-1; else statement-2;

④ do {statement;} while(expression);

반복문 : While, For, Do~While 모두 조건에 따라 문장을 반복수행하는 반복문의 종류임

오답 피하기

if~else : 반복문이 아니라 선택문으로 조건식의 참, 거짓에 따라 해당 명령문을 실행함

02 일반적 프로그램 언어에서 다중 택일문에 해당하지 **않는** 것은?

① 계산형 GOTO 문

② CASE 문

③ SWITCH 문

④ FOR 문

④ FOR 문은 택일문이 아니라 반복문에 해당함

03 COBOL 언어의 PERFORM 문, C 언어의 FOR 문에 해당되는 것은?

① 반복문

② 종료문

③ 입출력문

④ 선언문

COBOL 언어의 PERFORM문을 모른다고 해도 C의 FOR 문이 반복문임을 알고 있다면 쉽게 해결할 수 있는 문제임

04 순서 제어에서 두 가지의 수행 경로에 있는 일련의 문장들 중 하나가 선택되어 수행되는 구조는?

① 합성

② 선택

③ 반복

④ 무한

조건을 제시하고 두 개 이상의 문장 중 조건에 맞는 것을 선택하는 것이 '선택문'임. if 문을 생각하면 쉬운데,

[if(컴퓨터 점수≥80, "합격", "불합격"]

위 if 문을 분석하면 '만약 컴퓨터 점수가 80점 이상이면 "합격"을 선택하고, 아니면 "불합격"을 선택하라'는 의미임

05 일련의 문장을 결합시켜 프로그램에서 한 단위로 취급하기 위해 사용하는 제어문은?

① 조건문

② 반복문

③ 복합문

④ 선택문

복합문 : 구조적 순서 제어문 중 하나로 순차적으로 문장을 실행시킴

예 begin~end

정답 01 ③ 02 ④ 03 ① 04 ② 05 ③

출제빈도 (상) 중 하
반복학습 [1] [2] [3]

빈출 태그 스택 · 큐 · 코루틴 · 활성 레코드 · 매크로 · 부작용 · 별명

▶ 합격 강의

01 부프로그램 개요

부프로그램이란 주프로그램 또는 다른 부프로그램에 의해서 사용되는 하나의 독립된 단위 프로그램으로 일련의 실행을 단순화하기 위해 프로그래밍 언어에서 제공하는 메커니즘이다.

1) 부프로그램의 특징 22년 3월

- 프로그램 내에서 처음에 실행이 시작되지 않는 보조적인 루틴이다.
- 반환 주소의 저장과 조회를 위해 스택(Stack)이라는 자료구조를 활용한다.
- 일반적으로 함수와 프로시저(Procedure)로 구분된다.
- 함수와 프로시저의 구분 : 반환값의 수에 따라 구분된다.
  - 함수 : 일련의 실행을 마친 뒤 반환하는 값이 하나인 경우
  - 프로시저 : 일련의 실행을 마친 뒤 반환하는 값이 2개 이상인 경우

2) 부프로그램 사용의 장점 16년 10월, 04년 7월, 03년 5월, 99년 6월

- 프로그램의 크기가 작아져 기억장소의 낭비를 방지한다.
  (주의 : 다만, 프로그램의 크기는 작아지지만, 부프로그램이 호출될 때마다 생성되어야 하므로 프로그램 자체의 실행 속도는 느려짐)
- 프로그램의 재사용 : 한 번 작성한 부프로그램은 여러 프로그램에서 공동으로 사용한다.
- 프로그램의 이해와 유지보수가 용이하다.

3) 부프로그램 선언 시 명시 사항

- 부프로그램의 이름
- 부프로그램의 인자의 수와 각 인자의 유형
- 반환되는 값의 수와 유형
- 부프로그램에서 수행하는 기능

▼ **두 정수의 평균을 구하는 부프로그램의 선언**

```
function avr(x, y : integer): integer;
① avr              → 함수의 이름
② (x, y : integer) → 인자의 수(2개) 와 유형(정수)
③ integer;         → 반환값의 수(1개)와 유형(정수)
```

자료구조

① 스택(Stack)
- 원소의 삽입(Push)과 삭제(Pop) 연산이 한쪽 끝(Top)에서만 발생하도록 제한되어 있는 특별한 구조
- 후입 선출(LIFO : Last-In-First-Out)리스트 : 스택에 마지막으로 입력된 원소가 제일 먼저 출력
- 활용 : 주프로그램과 호출된 서브루틴 사이의 복귀 주소를 저장하기 위함

② 큐(Queue)
- 순차 리스트의 특수한 형태로서, 원소의 삽입은 뒤(Rear)에서 삭제는 앞(Front)에서 이루어지는 자료 구조
- 선입 선출(FIFO : First-In-First-Out)리스트는 제일 먼저 출력된 원소가 우선적으로 출력

✓ **개념 체크**

1 부프로그램을 선언할 때 부프로그램의 (   ), 인자의 수와 그 유형, (   )되는 값의 수와 유형, 수행하는 기능 등이 필요하다.

1 이름, 반환

02 부프로그램의 실행 및 구현

1) 코루틴(Coroutine) 11년 3월, 08년 3월, 00년 3월

- 부프로그램의 수행이 완전히 종료되기 전에 호출할 수 있는 부프로그램이다.
- 코루틴이 호출되면 일부분만을 수행하고 제어를 반환할 수 있고, 다시 호출될 때 제어가 반환된 곳에서 수행이 다시 시작된다.
- 두 모듈이 서로 호출하는 형태로 대등하게 관계를 가지며 실행된다.

2) 서브루틴(Subroutine)

- 부프로그램의 수행이 완전히 종료된 후에 호출한 프로그램으로 제어를 반환하는 부프로그램이다.

3) 단순 부프로그램 호출/반환 구조

- 호출된 부프로그램은 다시 다른 부프로그램을 호출할 수 있다.
- 호출된 부프로그램 실행 종료 후 호출한 프로그램으로 제어를 반환한다.
- 호출한 프로그램은 부프로그램을 호출한 위치의 다음 문장에서 실행을 재개한다.

4) 부프로그램 되부름(재귀적 호출)

- 서브 프로그램 A는 자기 자신 A를 호출할 수 있다.
- A가 호출한 부프로그램 B에서도 A를 호출할 수 있다.
- 부프로그램의 첫 번째 활성화 레코드가 존재하는 동안 두 번째 활성 레코드가 생성될 수 있다.

03 활성 레코드(Activation Record)

1) 개요

- 생성/소멸시기 : 프로그램의 메인 루틴(Main Routine)이 실행 중 서브 루틴(Sub Routine)을 호출할 때 생성, 종료되어 반환될 때 소멸한다.
- 단위 활성화와의 지역변수에 관련된 자료들과 단위 프로그램(Subroutine, Block 등) 실행에 필요한 정보들을 가지고 있다.
    ── 프로그램의 선언/실행 단위구성
- 단위 프로그램이 활성화될 때마다 새로 생성되기 때문에 코드부와 활성 레코드의 바인딩이 동적으로 이루어진다.
- 호출한 활성화의 반환주소, 매개변수 등 활성 레코드의 내용들은 가변적이다.
    ── 실행 시간에 한 단위 프로그램이 표현된 상태

단위 활성화 구성
① 코드부(Code Segment) : 프로그램 명령어들로 구성, 크기/내용 불변, 실행코드 포함
② 활성 레코드(Activation Record) : 지역 변수 및 그 외 프로그램 수행에 필요한 정보, 내용/크기 가변

2) 활성 레코드 안에 들어가는 정보 04년 3월, 00년 10월

- 지역 변수(Local Variable)
- 매개 변수(Parameter)
- 복귀 주소(Return Address)

04 매크로(Macro)

- Open Subprogram이라 한다.
- 자주 반복되는 일련의 명령을 하나의 블록으로 묶어 이름을 부여하고, 사용할 곳에 지정한 이름만 적어 수행하는 방법이다.
- 번역되기 전 매크로 처리기(Macro Processor)에 의해 확장되기 때문에 실행이 빠르나 메모리 사용량은 많다.

구분	매크로(Macro)	부프로그램(Sub Program)
차이점	• 컴파일 전에 매크로 프로세서에 의해 확장이 일어남 • 실행이 빠름 • 메모리 사용량이 많음	• 컴파일 후 실행 시에 Call/Return에 의해 실행이 이루어짐 • 실행이 상대적으로 느림 • 메모리 사용량이 상대적으로 적음
공통점	반복되는 작업을 독립시켜 하나의 모듈로 작성하여 놓은 것	

05 프로그래밍 언어의 유해한 요소 09년 5월, 06년 5월, 04년 5월, 03년 3월, 01년 9월, 00년 7월, …

1) 부작용(Side Effect)

- 전역 변수를 액세스하거나 변경, 또는 문장에 나타나지 않은 변수의 값을 변경시키는 일을 부작용이라 한다.
- 참조에 의한 전달(Call By Reference)과 이름에 의한 전달(Call By Name)에서 발생한다.
- 전역 변수의 단점을 보완하기 위해서 매개 변수 전달 기법을 사용한다.

2) 별명(Aliasing) 24년 3월, 17년 3월, 06년 3월

- 하나의 기억장소(객체)에 서로 다른 두 이름이 바인딩될 때 발생한다.
- 자료 객체는 생존기간 중 여러 별명을 가질 수 있다.
- 별명은 프로그램 실행시간에 좋지 못한 부작용(Side Effect)을 발생시킬 수 있다.
- 일반적으로 별명은 프로그램의 이해를 매우 어렵게 한다.
- 자료 객체가 여러 가지 별명을 갖는 경우 프로그램의 무결점 검증이 어려워진다.
- 같은 참조 환경에서 다른 이름으로 같은 자료 객체를 참조할 수 있는 언어의 경우, 프로그래머에게 심각한 어려움을 줄 수 있다.

매개변수 전달 방식
- Call by Value : 주프로그램에서 부프로그램을 호출하여 실행할 때 변수의 값을 전달
- Call by Name : 주프로그램에서 부프로그램으로 변수 자체가 전달
- Call by Reference : 실 매개 변수의 값이 아니라 실 매개 변수의 주소를 전달

프로그램 간의 자료 전달 방법
- 전역 변수 사용
- 매개 변수 사용

전역 변수 사용 시 문제점
- 프로그램을 이해하기가 상대적으로 어려움
- 모든 프로그램 모듈에서 전역 변수로의 접근이 가능하기 때문에 값 변경이 가능함
- 부작용으로 발생된 오류를 발견하거나 수정하기 어려움

🔔 **암기 TIP**

별명과 부작용의 의미를 정확히 구분하세요.
- 부작용 : 대상이 아닌 변수의 값을 변경시키는 것
- 별명 : 하나의 객체에 서로 다른 두 이름이 바인딩되는 것

01 프로그램을 구성하는 함수에서 전역 변수를 사용하여 함수의 결과를 반환하는 경우, 함수에 전달되는 입력 파라미터의 값이 같아도 전역변수의 상태에 따라 함수에서 반환되는 값이 달라질 수 있는 현상을 무엇이라 하는가?

① Reference
② Side Effect
③ Aliasing
④ Recursive

프로그램언어의 유해한 요소 중 부작용(Side Effect)에 대한 설명

02 자료 객체의 별명(Alias)에 관한 설명으로 옳지 <u>않은</u> 것은?

① 자료 객체는 생존기간 중 여러 가지 별명을 가질 수 있다.
② 일반적으로 별명은 프로그램의 이해를 어렵게 한다.
③ 자료 객체가 여러 가지 별명을 갖는 경우 프로그램의 무결점 검증이 쉬워진다.
④ 같은 참조 환경에서 다른 이름으로 같은 자료 객체를 참조할 수 있는 언어의 경우, 프로그래머에게 심각한 어려움을 줄 수 있다.

• 프로그래밍 언어의 유해한 요소 중 하나인 별명(Alias)은 프로그램의 무결점 검증을 어렵게 함
• 별명(Alias) : 하나의 객체에 동시에 서로 다른 두 이름이 바인딩되어 있을 때 발생

03 부작용 현상(Side Effect)에 대한 설명으로 옳은 것은?

① 실행 시간 단축의 효과를 말한다.
② 시분할 체제에서만 발생한다.
③ 연산의 결과를 예상할 수 없을 정도로 다른 변수의 값이 변하는 경우를 의미한다.
④ 함수형 언어에서도 부작용 현상이 발생한다.

부작용 현상(Side Effect)
프로그램을 구성하는 함수에서 전역 변수를 사용하여 함수의 결과를 반환하는 경우, 함수에 전달되는 입력 파라미터의 값이 같아도 전역변수의 상태에 따라 함수에서 반환되는 값이 달라질 수 있는 현상

04 서브루틴 호출(Subroutine-Call) 형태를 처리하는 데 복귀 주소를 저장하고 조회하는 용도에 적합한 자료 구조는?

① 데크
② 큐
③ 스택
④ 연결리스트

스택 : LIFO(Last-In-First-Out), 입구와 출구가 서로 같은 구조
스택의 후입 선출(LIFO) 기능은 무제한의 서브루틴 중첩이 가능하여 자기 호출(Recursive Call)을 구현할 때 사용됨
• 데크(Deque : Double Ended QUEue)
  – 스택과 큐의 동작 방식을 복합한 방식으로 수행되는 선형 구조
  – 리스트의 양쪽 끝에서 삽입과 삭제가 가능함
• 큐 : 2개의 포인터를 사용하여 한쪽 끝에서 자료를 삽입하고, 반대쪽 끝에서 자료를 삭제하는 선입 선출(FIFO;First In First Out) 방식의 자료 구조

05 요소의 선택과 삭제는 한쪽에서, 삽입은 다른 쪽으로 일어나도록 제한하는 것은?

① 큐
② 스택
③ 트리
④ 방향그래프

큐 : FIFO(First In First Out), 입구와 출구가 서로 다른 구조로 자료가 입구 쪽에서 삽입되고 출구쪽에서 선택 삭제되는 구조

06 프로그램에서 자신을 호출한 프로그램의 매개 변수값을 공유하는 형태의 호출방법은?

① Call by Value
② Call by Reference
③ Call by Name
④ Call by Pointer

07 다음 중 부프로그램의 장점이 아닌 것은?

① 프로그램의 크기가 줄어든다.
② 프로그램의 처리 속도를 줄일 수 있다.
③ 프로그램을 관리하기가 편리하다.
④ 프로그램 수정이 용이하다.

08 부프로그램과 매크로에 관한 설명이 아닌 것은?

① 부프로그램을 사용하면 수행 속도가 상대적으로 느리다.
② 매크로를 사용하면 일반적으로 프로그램의 크기가 커진다.
③ 부프로그램을 사용하면 프로그램의 크기를 상대적으로 줄일 수 있다.
④ 매크로를 사용하면 전체 프로그램을 모듈러하게 사용할 수 있다.

09 부프로그램 선언할 때 필요한 사항이 아닌 것은?

① 부프로그램의 이름
② 부프로그램의 존재
③ 부프로그램의 인자
④ 부프로그램의 위치

10 프로그램의 메인 루틴 수행 시에 서브루틴을 호출할 때는 활성 레코드(Activation Record)가 만들어진다. 이때 이 활성 레코드 안에 들어가는 정보가 아닌 것은?

① 파라미터
② 국부 변수
③ 실행코드
④ 복귀 주소

11 다음 설명과 가장 밀접한 관계가 있는 것은?

> • 부프로그램의 수행이 완전히 종료되기 전에 호출할 수 있는 부프로그램
> • 호출하는 모듈과 호출된 모듈이 서로 실행 제어권을 주고받으면서 대등한 관계를 가지며 작업을 수행
> • 호출되면 일부분만 수행하고 제어를 반환할 수 있고 다시 호출될 때 제어가 반환된 곳에서 수행을 다시 시작

① 모니터
② 워킹 셋
③ 코루틴
④ 페이지

오답 피하기

• ① 모니터(Monitor) : 다중 프로그래밍에서 상호 배제 문제와 동기화를 지원하는 프로그램 모듈
• ② 워킹 셋(Working Set) : Process가 특정시간 자주 참조하는 페이지들의 집합체
• ④ 페이지(page) : 데이터가 주기억장치로 들어오고 나갈 때 보조 기억장치로 한 번에 옮길 수 있는 고정된 크기의 데이터 단위

12 두 모듈이 같이 실행되면서 서로 호출하는 형태를 무엇이라 하는가?

① 라이브러리
② 코루틴
③ 부프로그램
④ 함수

코루틴(Coroutine)
• 부프로그램의 수행이 완전히 종료되기 전에 호출할 수 있는 부프로그램
• 코루틴이 호출되면 일부분만을 수행하고 제어를 반환할 수 있고, 다시 호출될 때 제어가 반환된 곳에서 수행이 다시 시작됨
• 두 모듈이 서로 호출하는 형태로 대등하게 관계를 가지며 실행함

13 C 언어의 활성화 레코드(Activation Record)에 포함되는 사항이 아닌 것은?

① 해당 함수(Function)의 지역 변수
② 반환 주소(Return Address)
③ 정적 링크(Static Link)
④ 전역 변수(Global Variable)

전역 변수는 프로그램이 로드되어 종료될 때까지 활성화되어 있는 변수이기 때문에 호출될 때마다 새로이 생성되는 활성 레코드의 내용이라 할 수 없음

14 다음 중 활성 레코드(Active Record)를 구성하는 요소가 아닌 것은?

① 지역 변수(Local Variable)
② 매개 변수(Parameter)
③ 전역 변수(Global Variable)
④ 반환 주소(Return Address)

전역 변수는 프로그램이 로드되어 종료될 때까지 활성화되어 있는 변수이기 때문에 호출될 때마다 새로이 생성되는 활성 레코드의 내용이라 할 수 없음

CHAPTER 06

운영체제

학습 방향

로더의 기능, 운영체제의 역할, 성능 평가 항목, 제어 프로그램과 처리 프로그램의 구분, SVC인터럽트, 교착상태 발생의 필요충분조건, 프로세스의 정의, PCB의 포함 내용, 스케줄링 기법, 주기억장치 배치전략, LRU를 중심으로 한 페이지 교체 알고리즘 등을 중심으로 공부하세요.

출제빈도

SECTION 01	중 ▬▬▬▬▬▬	22%
SECTION 02	중 ▬▬▬▬▬▬	22%
SECTION 03	중 ▬▬▬▬▬▬▬	24%
SECTION 04	상 ▬▬▬▬▬▬▬▬	28%
SECTION 05	하 ▬	4%

시스템 프로그램

▶ 합격 강의

빈출 태그 응용 소프트웨어 • 로더의 기능 • 링커 • 적재

01 컴퓨터의 구성

1) 하드웨어(Hardware)

• 컴퓨터 시스템을 구성하는 기계적인 장치로서 물리적인 측면을 담당한다.
• 중앙처리장치(CPU), 기억장치, 입출력장치 등으로 구성된다.

2) 소프트웨어(Software) 07년 8월, 06년 8월

소프트웨어는 컴퓨터나 관련 장치들을 동작시키는 데 사용되는 다양한 종류의 프로
그램을 부르는 일반적인 용어이다.
• 시스템 소프트웨어(System Program) : 운영체제, 컴파일러, 유틸리티 프로그램
등 컴퓨터 시스템 관리에 필요한 소프트웨어이다.
• 응용 소프트웨어(Application Program) : 특정한 작업을 수행할 수 있도록 사용
자가 개발한 프로그램이다.

3) 펌웨어

• 대단히 빠른 제어 메모리에서 수행되는 마이크로프로그램이다.
• ROM에 고정되어 있기 때문에 하드웨어와 소프트웨어의 중간 형태로 인식된다.
• 소프트웨어 기능을 펌웨어로 바꾸는 것은 쉽지 않으나 일단 펌웨어로 바뀌면 속도
가 빨라진다.
• 빈번히 동작하는 운영체제의 핵심부분을 펌웨어로 구현함으로써 시스템 성능을 향
상시킬 수 있다.

02 시스템 소프트웨어의 종류

- 컴퓨터를 효율적으로 운영할 수 있도록 하는 다양한 기능을 지원하는 프로그램이다.
- 사용자는 시스템 프로그램을 이용하여 복잡한 컴퓨터 내부의 처리과정을 모르더라도 용이하게 응용프로그램을 작성 또는 실행할 수 있다.
- 대표적인 시스템 프로그램으로는 운영체제가 있고, 이 외에 어셈블러(Assembler), 매크로(Macro Processor), 링커(Linker), 로더(Loader) 등이 포함된다.

1) 어셈블러(Assembler)

- 어셈블리 언어로 작성된 원시 프로그램을 기계어로 번역하여 목적 프로그램을 생성하는 언어 번역 프로그램이다.
- 하위 수준 언어(Low Level Language)인 어셈블리 언어를 번역하는 프로그램으로 상위수준의 언어(High Level Language)를 번역해 주는 컴파일러와 구분된다.
- 일반적으로 원시 프로그램을 두 번 읽어서 처리하는 2-패스(pass)로 구성된다.
  - pass1 : 기호 정의와 그 주소를 처리하여 기호 테이블을 작성
  - pass2 : pass1에서 얻어진 정보를 이용하여 목적 코드를 생성

2) 매크로(Macro) 17년 3월

- 프로그램 작성 시 반복되는 일련의 명령어들을 하나의 명령으로 만들어 실행시키는 방법이다.
- 어셈블리 프로그래밍 시 하나의 문장이나 컴퓨터 명령어를 여러 개의 명령문으로 확장하는 방법을 정의한다.
- 매크로 문장은 매크로 이름과 매개변수 정보를 포함한다.

장점	단점
• 반복적인 코딩을 줄일 수 있음 • 프로그램이 명료해짐	• 매크로를 확장하는 시간이 요구됨 • 일반적으로 프로그램의 크기가 커짐

3) 로더(Loader)

- 기계어로 번역된 목적프로그램을 실행하기 위해 주기억장치로 적재(Load)하는 시스템 프로그램이다.
- 로더의 기능과 순서 20년 8월, 19년 3월/4월, 17년 3월/5월, 14년 3월/9월, 11년 6월, 10년 9월, 10년 3월, 08년 7월, …

① 할당(Allocation)	프로그램을 주기억장치의 빈 공간에 할당
② 연결(Link)	기호로 표시된 주소를 실제 주소값으로 변환
③ 재배치(Relocation)	종속적인 모든 주소를 할당된 주기억장치 주소와 일치하도록 재배치
④ 적재(Load)	명령어와 자료, 프로그램을 기억장치에 물리적으로 배치

🅑 기적의 TIP

- 로더의 4대 기능을 정확히 알아 두세요. 특히 연결(Link)과 적재(Load)를 중심으로 공부하세요.
- 각 기능과 주체 또한 매치시킬 수 있어야 합니다.

로더의 4대 기능-행위 주체
- 할당(Allocation) – 프로그래머
- 연결(Linking) – 프로그래머
- 재배치(Relocation) – 어셈블러
- 적재(Loading) – 로더

4) 링커(Linker) ^{13년 9월, 10년 5월}

- 로더의 4대 기능 중 연결(Link) 기능만을 담당하는 프로그램이다.
- 서브프로그램과 주프로그램을 연결해 주는 프로그램이다.
- 다른 곳에서 작성된 프로그램 루틴이나 컴파일 또는 어셈블된 루틴 등을 모아서 실행 가능한 하나의 루틴으로 연결해 준다.

5) 시스템 유틸리티(System Utility)

시스템의 전체적인 기능과 각종 설정, 보안 기능 설정 및 최적화 기능을 제공하는 다양한 시스템 자원의 유틸리티를 의미한다.

이론을 확인하는 기출문제

01 시스템 프로그램과 거리가 먼 것은?

① 컴파일러　　　　② 로더
③ 통신제어 프로그램　　④ 그래픽 프로그램

시스템 프로그램의 종류
1. 어셈블러(Assembler)　　2. 매크로 프로세서(Macro Processor)
3. 로더(Loader)　　　　4. 링커(Linker)
5. 통신제어 프로그램(유틸리티)

오답 피하기
그래픽 프로그램은 응용 프로그램의 한 종류임

02 재배치 형태의 기계어로 된 프로그램을 묶어서 로드 모듈로 만드는 것은?

① Tracer　　　　② Interpreter
③ Loader　　　　④ Linkage Editor

링키지 에디터(Linkage editor) : 목적 프로그램에 대해 로드 모듈을 생성

오답 피하기
- 인터프리터(Interpreter) : 목적프로그램을 생성하지 않고 필요시마다 기계어로 번역하는 번역기의 한 종류
- 로더(Loader) : 로드 모듈을 수행하기 위해 메모리에 적재시킴

03 기계어로 번역된 목적 프로그램을 실행하기 위해 주기억장치로 적재하는 것은?

① 어셈블러　　　　② 매크로 프로세서
③ 컴파일러　　　　④ 로더

로더(Loader) : 로드 모듈을 수행하기 위해 메모리(주기억장치)에 적재시킴

오답 피하기
- 어셈블러(Assembler) : 어셈블리어를 기계어로 번역하는 번역기
- 매크로 프로세서(Macro Processor) : 원시 프로그램의 매크로 호출 부분에 매크로(Macro) 프로그램을 삽입하여 확장된 원시 프로그램을 만드는 시스템 소프트웨어
- 컴파일러(Compiler) : 고급언어를 기계어로 번역하는 번역기

04 로더(Loader)의 기능이 아닌 것은?

① 번역(Compiling)　　② 링킹(Linking)
③ 할당(Allocation)　　④ 재배치(Relocation)

로더의 기능
할당(Allocation), 연결(Link), 재배치(Relocation), 적재(Load)

오답 피하기
번역(Compiling)은 컴파일러, 인터프리터와 같은 번역기의 역할임

05 절대로더에서 기능과 그 행위 주체의 연결이 옳지 않은 것은?

① 할당 – 프로그래머　　② 연결 – 로더
③ 재배치 – 어셈블러　　④ 적재 – 로더

로더의 4대 기능 – 행위 주체
① 할당(Allocation) – 프로그래머
② 연결(Linking) – 프로그래머
③ 재배치(Relocation) – 어셈블러
④ 적재(Loading) – 로더

정답 01 ④ 02 ④ 03 ④ 04 ① 05 ②

▶ 합격 강의

01 운영체제(Operating System) 개요 17년 5월, 16년 5월

1) 운영체제의 정의

컴퓨터 시스템 자원을 효율적으로 관리하고, 사용자에게 최대한의 편리성을 제공하며 컴퓨터와 사용자 간의 인터페이스를 담당하는 시스템 프로그램이다.

자원 관리자 (Resource Manager)	작업을 처리하기 위해서 필요한 CPU, 기억장치, 입출력 장치 등의 자원을 할당 관리해 주는 역할 수행
제어 프로그램 (Control Program)	다양한 입출력 장치와 사용자 프로그램을 통제하여 오류와 컴퓨터의 부적절한 사용을 방지하는 역할 수행
사용자와 컴퓨터 간의 인터페이스	사용자가 컴퓨터 시스템을 보다 쉽게 사용할 수 있는 환경을 제공하는 역할 수행

> 🅱 기적의 TIP
>
> 운영체제는 시스템 프로그램으로 하드웨어가 아니라 소프트웨어의 개념임을 주의하세요.

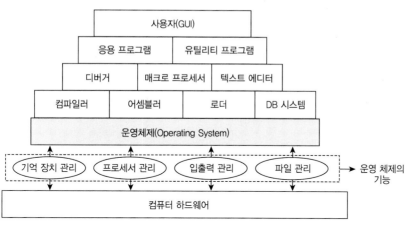

▲ 컴퓨터 구성 요소 중 운영체제의 위치와 기능

2) 운영체제의 목적

• 주요 목적은 편리한 사용자 인터페이스(User Interface) 제공에 있다.
• 부수적 목적은 시스템 성능(Performance) 향상에 있다.

> 개념 체크
>
> 1 운영체제의 기능으로 옳지 않은 것을 골라 보세요.
> (   )
> ㉠ 기억장치 관리
> ㉡ 저작권 보호 관리
> ㉢ 프로세서 관리
> ㉣ 입출력 관리
>
> 1 ㉡

운영체제의 목적 중 성능평
가 항목을 정확히 이해하자.
특히 응답시간의 단축을 묻
는 문제가 빈도 있게 출제되
고 있다. 응답시간이 짧을수
록 운영체제의 성능이 좋다
고 평가됨을 다시 한번 기억
하자!

암기 TIP

▼ **성능 평가 기준** 24년 7월, 23년 9월, 22년 3월/5월, 20년 8월, 19년 9월, 18년 3월, 15년 5월, 14년 9월, 11년 3월/8월, 10년 5월, …

응답 시간(Turn around Time) 단축	• 사용자가 컴퓨터에 어떤 일의 처리를 지시한 후 결과를 얻을 때까지의 시간 • 응답 시간이 짧을수록 좋음
처리 능력(Throughput) 향상	• 단위 시간 내에 최대한 많은 양의 일을 처리할 수 있게 하는 것 • 한 번에 처리할 수 있는 데이터의 양이 클수록 좋음
신뢰도(Reliability) 향상	시스템이 얼마만큼 고장 없이 주어진 기능을 정확하게 수행하는가를 의미
사용 가능도(Availability) 향상	시스템 자원이 요구하는 총 시간에 대해 실제 시스템 자원의 사용 가능한 시간

3) 운영체제의 기능 11년 3월/6월

• 자원의 효율적 관리
• 응용 프로그램의 실행 제어
• 작업의 연속적인 처리를 위한 스케줄 관리
• 사용자와 컴퓨터 간의 인터페이스❶ 제공
• 메모리 상태와 운영관리
• 하드웨어, 주변장치 관리
• 프로그램이나 데이터 저장, 액세스, 제어에 필요한 파일관리
• 프로그램 수행을 제어하는 프로세스 관리
• 여러 사용자 간의 자원 공유
• 입출력 보조역할
• 컴퓨터 시스템의 에러 처리

❶ **인터페이스(Interface)**
컴퓨터 시스템에서 2가지 이상의
구성 요소들 사이의 경계나 그 경
계에서 공통적으로 사용되는 장치,
또는 이 경계 장치를 통해 데이터
를 주고받는 기능. 통역사의 역할
로 이해하면 쉽다.

4) 운영체제가 관리하는 자원

• 프로세서(Processor) 관리
• 기억장치(Memory Device) 관리
• 입출력장치(I/O Device) 관리
• 파일(File) 관리

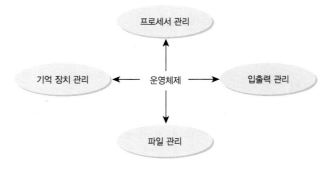

개념 체크

1 운영체제의 성능을 평가하
기 위한 척도 중 '신뢰도 향
상'은 작업을 의뢰한 시간부
터 처리가 완료된 시간까지
의 응답 시간이 짧을수록 좋
은 것을 말한다. (O, X)

1 ×

5) 운영체제의 운영 방식 24년 5월, 21년 3월/9월

일괄 처리 시스템 (Batch Processing System)	처리할 작업을 일정시간 또는 일정량을 모아서 한꺼번에 처리하는 방식
실시간 시스템 (Real Time System)	• 데이터가 발생되는 즉시 처리해 주는 시스템 • 공장제어, 비행기 제어 시스템, 은행의 온라인 업무 등 즉시 응답을 요하는 곳에 사용 • 일괄 처리 시스템의 반대 개념
다중 프로그래밍 시스템 (Multi Programming System)	• 하나의 컴퓨터에 두 개 이상의 프로그램을 적재시켜 처리하는 방식 • CPU의 유휴시간을 감소시킬 수 있음
시분할 시스템 (Time Sharing System)	• CPU 스케줄링 기법 + 다중 프로그래밍 기법 • 하나의 시스템을 여러 명의 사용자가 시간을 분할하여 동시에 작업 • 주어진 시간 동안 사용자가 터미널을 통해서 직접 컴퓨터와 접촉하여 대화식으로 작동
분산 시스템 (Distributed System)	• 분산된 여러 대의 컴퓨터에 여러 작업들을 지리적, 기능적으로 분산시킨 후 해당되는 곳에서 데이터를 생성 및 처리할 수 있도록 한 시스템 • 분산 시스템의 목적 : 자원의 공유, 계산 속도의 증가, 신뢰성 향상
병렬 처리 시스템 (Parallel Processing System)	서로 연결된 두 개 이상의 처리기에서 둘 이상의 프로세스를 동시에 수행함으로써 연산속도를 높이는 처리 방식

02 운영체제의 구성 24년 3월/5월, 19년 9월, 17년 5월, 23년 9월, 09년 5월, 08년 3월/5월/8월, 07년 3월/5월/8월, …

• 컴퓨터 시스템 전체의 운영 효율의 최대화를 목표로 통합된 운영체제는 보는 관점에 따라 다양한 형태의 구성으로 분류된다.
• 일반적으로 수행하는 기능에 따라 크게 제어 프로그램과 처리 프로그램으로 나눌 수 있다.

✓ 개념 체크

1 CPU 스케줄링 기법에 (　) 프로그래밍 기법을 합친 것으로 하나의 시스템을 여러 명의 사용자가 시간을 분할하여 동시에 작업 가능한 운영 방식을 (　) 시스템이라고 한다.

1 다중, 시분할

1) 제어 프로그램

시스템 전체의 동작 상태를 감시, 감독하고 자원들을 관리하는 프로그램이다.

감시 프로그램 (Supervisor Program)	• 제어 프로그램의 중추적인 역할 • 처리 프로그램의 실행과정과 시스템 전체의 동작 상태를 감시하는 역할
작업 관리 프로그램 (Job Management Program)	• 어떤 작업이 실행된 뒤 다음에 실행할 작업을 선택하거나 작업의 시작, 종료, 실행, 일시 정지 등과 같은 운영체제의 작업 스케줄러 역할 • 작업의 연속처리를 위한 스케줄이나 입출력 장치를 사용할 작업에 대하여 입출력 장치의 배당 역할
데이터 관리 프로그램 (Data Management Program)	• 컴퓨터 시스템에서 사용되는 다양한 종류의 파일과 자료가 표준적인 방법으로 처리될 수 있도록 관리 • 주기억장치와 보조 기억장치 사이의 자료전송이나 보조 기억장치에 저장되어 있는 자료의 갱신과 유지 담당 • 입·출력 시 오류 처리

2) 처리 프로그램(Processing Program)

제어 프로그램의 감독하에 특정한 문제를 해결하기 위해 데이터 처리를 담당하는 프로그램이다.

언어 번역 프로그램 (Language Translator Program)	특정 언어로 작성된 프로그램을 동등한 다른 프로그램으로 변경해 주는 프로그램
서비스 프로그램 (Service Program)	• 사용자가 컴퓨터를 좀 더 쉽게 사용할 수 있도록 사용 빈도수가 높은 프로그램을 시스템 제공자가 미리 작성하여 사용자에게 제공해 주는 프로그램 • 시스템 서비스 프로그램과 사용자 프로그램 등이 있음
문제 처리 프로그램 (Problem Processing Program)	• 사용자 자신이 업무상 필요에 따라 작성한 프로그램 • 응용 프로그램이라고도 함 • 자주 사용하는 프로그램은 시스템 라이브러리에 저장했다가 필요할 때 불러와 사용

이론을 확인하는 기출문제

01 운영체제에서 처리 프로그램(Processing Program)에 해당하지 <u>않는</u> 것은?

① 슈퍼바이저 프로그램
② 컴파일러
③ 인터프리터
④ 서비스 프로그램

• 운영체제를 수행 기능적 면에서 제어 프로그램과 처리 프로그램으로 구분.제어 프로그램은 큰 기능으로 처리 프로그램은 구체적인 세부기능을 담당한다고 생각하면 그 구분이 쉬움
• 제어 프로그램(Control Program)
  – 감시 프로그램(Supervisor Program)
  – 작업 관리 프로그램(Job Management Program)
  – 데이터 관리 프로그램(Data Management Program)
• 처리 프로그램(Processing Program)
  – 언어 번역 프로그램(Language Translator Program)
  – 서비스/유틸리티 프로그램(Service/Utilit Program)
  – 문제 처리 프로그램(Problem Processing Program)

정답 01 ①

02 운영체제에서 제어 프로그램(Control Program)에 해당하는 것은?

① 언어 번역(Language Translator) 프로그램
② 서비스(Service) 프로그램
③ 자료 관리(Data Management) 프로그램
④ 사용자(User) 프로그램

제어 프로그램(Control Program)
- 감시 프로그램(Supervisor Program)
- 작업 관리프로그램(Job Management Program)
- 데이터 관리 프로그램(Data Management Program)

03 운영체제의 제어 프로그램 중 다음 설명에 해당하는 것은?

> 작업의 연속 처리를 위한 스케줄 및 시스템 자원 할당의 기능을 수행한다.

① 서비스 프로그램
② 감시 프로그램
③ 데이터 관리 프로그램
④ 작업 제어 프로그램

- 지문은 ④ 작업 관리(제어) 프로그램에 관한 설명
- 제어 프로그램과 처리 프로그램을 구분할 수 있느냐를 묻는 문제가 주로 출제됨

오답 피하기
① : 서비스 프로그램은 '제어 프로그램'이 아니라 '처리 프로그램'에 속함

04 운영체제의 성능 평가 항목으로 거리가 먼 것은?

① 처리 능력(Throughput)
② 비용(Cost)
③ 사용가능도(Availability)
④ 반환시간(Turn-around time)

운영체제의 성능 평가 항목
- 처리 능력(Throughput) 향상
- 사용가능도(Availability) 향상
- 반환시간(Turn-around time)의 단축
- 신뢰도 향상

오답 피하기
비용 요소는 성능과 무관함

05 운영체제의 목적이 아닌 것은?

① 처리량 향상
② 신뢰성 향상
③ 사용가능도 향상
④ 반환시간 증가

운영체제는 컴퓨터와 사용자 간의 인터페이스 역할(사용자의 비서 역할이라 생각하면 쉬움)을 하는 것임. 그러므로 운영체제의 궁극적인 목적은 운영체제 능력의 향상으로 사용자의 편의를 최대화해 주는 것임. 처리량 향상, 신뢰성 향상, 사용가능도 향상 등을 통해 사용자의 편의를 도모할 수 있음

오답 피하기
반환시간은 응답시간이라고 하며 사용자가 명령어를 input하고 나서 컴퓨터가 output을 내기까지의 시간임. 그러므로 응답시간이 짧아질수록 사용자 편의성을 도모할 수 있고 운영체제의 성능도 좋다고 볼 수 있음

06 운영체제의 역할로써 적합하지 않은 것은?

① 사용자와 컴퓨터 시스템 간의 인터페이스를 제공한다.
② 입·출력 역할을 제공한다.
③ 컴퓨터 시스템의 오류 처리를 담당한다.
④ 고급 언어를 기계어로 바꾸는 역할을 한다.

운영체제의 역할
- 자원의 효율적 관리
- 응용 프로그램의 실행제어
- 사용자 인터페이스 제공
- 입출력 보조역할
- 프로세스 관리
- 컴퓨터 시스템의 에러 처리

오답 피하기
④는 컴파일러나 인터프리터와 같은 번역기들의 역할임

07 운영체제에 대한 설명으로 옳지 않은 것은?

① 사용자와 시스템 간의 인터페이스로서 동작하는 하드웨어 장치이다.
② 프로세서, 기억장치, 입출력 장치, 파일 및 정보 등의 자원을 관리한다.
③ 시스템의 오류를 검사하고 복구한다.
④ 다중 사용자와 다중 응용 프로그램 환경에서 자원의 현재 상태를 파악하고, 자원분배를 위한 스케줄링을 담당한다.

운영체제는 컴퓨터 시스템 자원을 효율적으로 관리하고 컴퓨터와 사용자 간의 인터페이스를 담당해 주는 시스템 소프트웨어임

정답 02 ③ 03 ④ 04 ② 05 ④ 06 ④ 07 ①

프로세스 관리

▶ 합격 강의

01 프로세스(Process)의 정의 22년 3월, 15년 9월, 14년 5월, 11년 3월, 10년 9월/3월, 08년 3월, 07년 3월

프로세스란 특정한 기능을 수행하는 단위 프로그램으로 프로세서(Processor)에 의해 처리된다.
• 실행(Running) 중인 프로그램
• 프로세서가 할당된 개체(Entity)
• 프로세서가 활동(Live) 중인 것
• 디스패치가 가능한 단위
• 비동기적인 행위(Asynchronous Activity)를 일으키는 단위
• 운영체제가 관리하는 실행 단위

02 프로세스의 상태 24년 7월

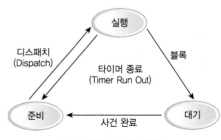

▲ 프로세스의 상태 전이도

1) 준비(Ready) 상태

디스패치 : Job 스케줄러에 의해 Job을 선정하여 프로세스를 조성하고 CPU를 사용할 수 있도록 실행 상태로 전이하는 처리 과정이다.

2) 실행(Run) 상태

• 프로세스가 프로세서를 차지하고 있어 실행 중인 상태이다.
• 타이머 런 아웃(Timer Run Out) : 특정 프로세스가 CPU를 독점하는 것을 방지하기 위해 할당된 시간 내에 작업이 끝나지 않으면 타이머 인터럽트를 발생시켜 운영체제로 하여금 프로세서를 회수하게 하여 해당 프로세스는 준비 상태로 전이된다.

✓ 개념 체크

1 프로세스를 정의한 것으로
옳은 것은 O, 옳지 않은 것
은 X 표시하세요.
㉠ 프로세서가 할당된 개체
(O, X)
㉡ 디스패치가 가능한 단위
(O, X)
㉢ 프로세서가 중단된 것
(O, X)
㉣ 동기적인 행위를 일으키
는 단위 (O, X)

1 ㉠ ○, ㉡ ○, ㉢ ×, ㉣ ×

3) 대기(Waiting) 상태

프로세스가 어떤 사건이 일어나기를 기다리는 상태이다.

03 프로세스 제어 블록(PCB : Process Control Block)

1) 정의

운영체제가 프로세스에 대한 중요한 정보를 저장해 놓은 자료 구조이다.

2) PCB의 내용 07년 3월

- 프로세스 이름
- 프로세스 우선순위
- 프로세스의 현재 상태
- 프로세스의 부모/자식에 대한 정보
- 프로세스가 위치한 주기억 장소의 영역
- 프로그램 카운터
- CPU 레지스터
- 할당된 자원의 정보

04 인터럽트(Interrupt) 22년 9월, 20년 6월

1) 개념

- 컴퓨터 시스템에서 발생하는 예외적인 사건을 운영체제에 의해 적절히 처리하기 위한 기법이다.
- 인터럽트가 발생하게 되면 인터럽트 처리 루틴을 먼저 수행한 후 원래의 프로그램으로 복귀한다.

2) 처리 과정

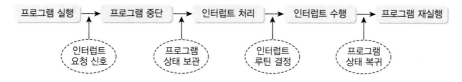

✓ 개념 체크

1 컴퓨터 시스템에서 발생하는 예외적인 사건을 운영체제에 의해 적절히 처리하기 위한 기법은 인터럽트이다. (O, X)

2 인터럽트를 처리하기 위하여 '프로그램 실행– 프로그램 (   ) – 인터럽트 (   ) – 인터럽트 수행 – 프로그램 재실행'의 과정을 거치게 된다.

1 ○, 2 중단, 처리

3) 인터럽트의 종류 06년 3월/5월/8월

슈퍼바이저 호출 (SVC : SuperVisor Call)	• 소프트웨어 인터럽트 • 사용자 프로그램 명령어에 의해 발생 • 입출력 수행, 기억장치 할당, 오퍼레이터와의 대화 등을 위해 발생
입출력(I/O) 인터럽트	• 입출력 요구가 완료되었을 때 입출력 장치가 인터럽트를 발생시킴 • 프로세서에게 채널이나 입출력 기기의 상태 변화를 알려 줌
외부(External) 인터럽트	• 외부장치에 의해 발생 • 타이머에서 일정시간이 다한 경우, 오퍼레이터가 콘솔에서 인터럽트 키(INT)를 누른 경우, 다중 처리 시스템에서 프로세서로부터 신호가 왔을 경우 발생
재시작(Restart) 인터럽트	• 콘솔에서 재시작 버튼을 누를 때 발생 • 다중처리시스템에서 다른 프로세서가 재시작 신호를 보낼 때 발생
프로그램 검사(Program Check) 인터럽트	• 내부 인터럽트 • 프로그램상의 지정법이나 명령법 오류 시 발생
기계 검사(Machine Check) 인터럽트	기계적인 장애나 에러 시 발생

05 스케줄링(Scheduling)

1) 정의

• 컴퓨터 시스템의 모든 자원의 성능을 높이기 위해 그 사용 순서를 결정하기 위한 정책이다.
• 구체적으로는 각 프로세스들의 작업수행을 위해 프로세서를 할당할 때 운영체제가 어떤 프로세서를 어느 프로세스에게 할당할 것인지에 대한 방법과 순서를 결정하여 자원의 효율적 이용을 도모한다.

2) 스케줄러

프로세스 스케줄러 (단기 스케줄러)	대기 상태에 있는 프로세스들 중 어느 프로세스가 프로세서를 차지하도록 할 것인가를 결정하고 빈번히 수행됨
작업 스케줄러 (장기 스케줄러)	• 어떤 작업이 시스템 내의 자원을 이용할 수 있도록 할 것인지를 결정함 • IO 위주의 작업과 프로세스 위주의 작업을 잘 혼합하여 전체적인 시스템 성능을 높임

3) 스케줄링 기법 19년 3월

파싱 기법	선점형 스케줄링	비선점형 스케줄링
개요	1개의 프로세스가 CPU를 점유하고 있을 때 다른 프로세스가 CPU를 빼앗을 수 있는 스케줄링 기법	1개의 프로세스가 CPU를 점유하고 있을 때 그 프로세스의 작업이 완료되기 전까지는 다른 프로세스가 CPU를 점유할 수 없는 스케줄링 기법
특징	• 빠른 응답시간을 요구하는 대화식 시분할 시스템에 유용함 • 많은 오버헤드(Overhead)를 초래 • 우선순위가 높은 프로세스가 먼저 수행할 때 유용 • 응답시간의 예측이 어려움	• 모든 프로세서들에 대한 요구를 공정하게 처리 • 짧은 작업이 긴 작업이 끝날 때까지 기다리는 경우가 발생할 수 있음 • 응답시간의 예측이 용이함
종류	Round Robin, SRT, MFQ	FIFO(FCFS), SJF, HRN, 기한부(DeadLine)

4) 스케줄링 알고리즘 22년 3월, 20년 8월, 18년 4월, 17년 3월, 16년 3월, 14년 5월, 13년 9월, 11년 8월, 10년 9월, 09년 5월/8월, …

① 비선점형

- FIFO(First In First Out) 스케줄링
  - 가장 간단한 스케줄링 기법이다.
  - 프로세스들은 대기 큐에 도착한 순서대로 적재되어 차례로 CPU를 할당받는다.
  - 대화식 시스템에는 부적절하다.
  - 중요하지 않은 작업이 중요한 작업을 오래 기다리게 할 수 있다.

▲ 대기 큐

- SJF(Shortest Job First) 스케줄링 18년 4월
  - 처리해야 할 작업의 시간이 가장 적은 프로세서가 가장 먼저 CPU를 할당받는다.
  - 작업들이 시스템을 통과할 때 최소 평균대기 시간을 제공한다.
- 기한부(DeadLine) 스케줄링
  - 특정 작업들은 정해진 시간에 꼭 끝나도록 하는 방식이다.
  - 제한된 시간 내에 작업이 완료되면 가치가 매우 높지만, 그렇지 않은 경우 가치가 거의 없다.
- HRN(Highest Response-ratio Next) 스케줄링 24년 7월, 20년 3월/8월
  - Brinch Hansen이 SJF 스케줄링 기법의 약점을 보완한 스케줄링 기법이다.
  - 긴 작업과 짧은 작업의 지나친 불평등을 보완한다.
  - **각 작업의 우선순위 계산**

$$우선순위 = \frac{대기한\ 시간 + 서비스\ 받을\ 시간}{서비스\ 받을\ 시간}$$

  - 서비스 받을 시간이 분모에 있으므로 짧은 작업의 우선순위가 높아진다.

② 선점형

- RR(Round Robin) 스케줄링 24년 3월, 23년 3월
  - 시분할 시스템을 위해 고안된 방식으로, FCFS 알고리즘을 선점 형태로 변형한 기법이다.
  - 프로세스는 FIFO 형태로 대기 큐에 적재되지만 주어진 할당 시간 안에 작업을 마쳐야 하며, 할당시간을 소비하고도 작업이 끝나지 않은 프로세스는 다시 대기 큐에 맨 뒤로 돌아간다.
  - 시간 할당량이 크면 FIFO 방식과 같아진다.
  - 시스템이 사용자에게 적합한 응답시간을 제공해 주어야 하는 대화식 시분할 시스템에 적합하다.

 기적의 TIP

Aging
우선순위가 낮은 프로세스에 대한 기아현상을 방지하는 데 사용하는 기법

✓ 개념 체크

1 비선점형 스케줄링 기법은 시분할 시스템을 위해 고안된 방식으로, 시간 할당량이 크면 FIFO 방식과 같아진다. (O, X)

1 ×

- SRT(Shortest Remaining Time) 스케줄링 _{22년 9월, 21년 9월}
  - SJF 스케줄링 기법의 변형이다.
  - 새로 도착한 프로세스를 비롯하여 대기 큐에 남아 있는 프로세스의 작업이 완료되기까지 수행시간 추정치가 가장 적은 프로세스에게 CPU를 할당하는 기법이다.
  - 대기시간은 짧아지나 SJF 스케줄링 기법보다 많은 오버헤드가 발생한다.
- MFQ(Mutilevel Feedback Queue : 다단계 피드백 큐)
  - 다양한 특성의 작업이 혼합된 경우 유용한 스케줄링 방법이다.
  - 새로운 프로세스는 그 특성에 따라 각각 대기 큐로 들어가게 되면, 실행 형태에 따라 다른 대기 큐로 이동한다.
  - 짧은 작업에 우선권을 준다.

06 교착상태(DeadLock)

1) 정의

교착상태란 동일한 자원을 공유하고 있는 둘 이상의 프로세스들이 다른 프로세서가 차지하고 있는 자원을 서로 무한정 기다리고 있어 프로세스의 진행이 중지된 상태를 의미한다.

2) 교착상태 발생 조건 23년 5월, 19년 9월, 18년 3월/4월, 09년 5월/8월, 08년 5월, 07년 8월

상호 배제 조건 (Mutual Exclusion)	• 프로세스들이 그들이 필요로 하는 자원에 대해 배타적인 통제권을 요구하는 것 • 한 프로세스가 사용 중이면 다른 프로세스는 반드시 기다려야 함
점유와 대기 조건 (Hold and Wait)	프로세스가 적어도 하나 이상의 자원을 할당받은 상태로 다른 프로세스의 자원이 해제되기를 기다리는 경우
비선점 조건 (Non-Preemption)	프로세스가 점유한 자원은 사용이 끝날 때까지 해제할 수 없는 경우
환형 대기 조건 (Circular Wait : 순환대기)	프로세스의 환형 사슬이 존재해서 이를 구성하는 각 프로세스는 사슬 내의 다음에 있는 프로세스가 요구하는 하나 또는 그 이상의 자원을 갖고 있는 경우

3) 교착상태의 해결책

교착상태의 예방	• 교착 상태 발생 조건 4가지 중 하나를 부정함으로써 교착 상태를 해결하는 방법 • 상호 배제 조건의 부정, 점유와 대기 조건의 부정, 비선점 조건의 부정, 환형대기 조건의 부정
교착상태의 회피	• 교착상태의 발생 가능성을 조사하여 미리 회피 • 해결책 : Dijkstra의 은행원 알고리즘이 대표적임
교착상태의 발견	자원할당 그래프의 소거를 이용하여 교착상태가 존재하는가를 검사
교착상태의 회복	• 프로세스의 종료 : 교착상태가 제거될 때까지 하나 이상의 교착상태 프로세스들을 강제적으로 종료시킴 • 자원의 회수 : 교착상태가 없어질 때까지 프로세스로부터 자원을 강제적으로 회수하여 다른 프로세스에게 자원을 제공하는 방법

01 프로세스의 정의로 옳지 않은 것은?

① PCB를 가진 프로그램
② 프로세서가 할당되는 실체
③ 프로시저가 활동 중인 것
④ 동기적 행위를 일으키는 주체

프로세스의 정의 : 프로세스란 특정한 기능을 수행하는 단위 프로그램으로 프로세서(Processor)에 의해 처리됨
• 실행(Running) 중인 프로그램
• 프로세서가 할당되는 개체(Enterty)
• 운영체제가 관리하는 실행 단위
• 디스패치(Dispatch)가 가능한 단위

오답 피하기
④ 프로세스는 비동기적인 행위(Asynchronous Activity)를 일으키는 단위임

02 교착상태 발생의 필요충분조건이 아닌 것은?

① 상호 배제 조건
② 선점 조건
③ 점유 및 대기 조건
④ 환형 대기 조건

교착상태 발생의 필요충분조건
• 상호배제(Mutual Exclusion) : 프로세스들이 그들이 필요로 하는 자원에 대해 배타적인 통제권을 요구하는 것, 한 프로세스가 사용 중이면 다른 프로세스는 반드시 기다려야 함
• 점유와 대기(Hold & Wait) : 프로세스가 적어도 하나 이상의 자원을 할당받은 상태로 다른 프로세스의 자원이 해제되기를 기다리는 경우
• 비선점(Non-Preemption) : 프로세스가 점유한 자원은 사용이 끝날 때까지 해제할 수 없는 경우
• 환형 대기(Circular Wait) : 프로세스의 환형 사슬이 존재해서 이를 구성하는 각 프로세스는 사슬 내의 다음에 있는 프로세스가 요구하는 하나 또는 그 이상의 자원을 갖고 있는 경우

오답 피하기
• 교착상태 발생의 필요충분조건 문제 시 비선점 조건을 선점 조건이란 오답으로 지문에 제시함
• [정(점)환 비상]을 기억해 두면 혼동하지 않고 답을 쉽게 구할 수 있음

03 교착상태의 해결 방안 중 은행원 알고리즘과 관계되는 것은?

① 예방
② 발견
③ 회피
④ 회복

• 4가지 교착상태 해결 방안 : 예방, 발견, 회피, 회복
• 회피 : 교착상태의 발생 가능성을 조사하여 미리 회피, 교착상태 회피 알고리즘으로는 Dijkstra의 은행원 알고리즘이 대표적임

04 인터럽트 종류 중 프로그래머에 의해 발생하는 인터럽트로서 보통 입출력 수행, 기억장치의 할당 및 오퍼레이터와의 대화 등의 작업 시 발행하는 것은?

① 입출력 인터럽트
② 외부 인터럽트
③ 기계 검사 인터럽트
④ SVC 인터럽트

SVC 인터럽트(SuperVisor Call Interrupt)
• 소프트웨어 인터럽트
• 사용자 프로그램 명령어에 의해 발생
• 입출력 수행, 기억장치 할당, 오퍼레이터와의 대화 등을 위해 발생

05 PCB의 내용이 아닌 것은?

① 할당되지 않은 주변 자원의 정보
② 프로세스 이름 및 고유 식별자
③ 프로세스 우선순위
④ 프로세스의 현재 상태

• 프로세스 제어 블록(PCB : Process Control Block) : 운영체제가 프로세스에 대한 중요한 정보를 저장해 놓은 자료구조
• PCB의 내용 : 프로세스 이름, 프로세스 우선순위, 프로세스의 현재 상태, 프로세스의 부모/자식에 대한 정보, 프로세스가 위치한 주기억 장소의 영역, 프로그램 카운터, CPU 레지스터, 할당된 자원의 정보

오답 피하기
① PCB는 '할당되지 않은 자원의 정보'가 아니라 [할당된 자원의 정보]를 포함하고 있음

06 선점형 스케줄링 방식에 해당하는 것은?

① FIFO
② SJF
③ Round-Robin
④ HRN

선점형 스케줄링 기법
• 1개의 프로세스가 CPU를 점유하고 있을 때 다른 프로세스가 CPU를 빼앗을 수 있는 스케줄링 기법
• 종류 : Round-Robin, SRT, MFQ

오답 피하기
① FIFO, ② SJF, ④ HRN은 모두 1개의 프로세스가 CPU를 점유하고 있을 때 다른 프로세스가 CPU를 빼앗을 수 없는 비선점형 스케줄링 기법에 해당함

정답 01 ④ 02 ② 03 ③ 04 ④ 05 ① 06 ③

07 CPU에 채널이나 입, 출력 기기의 변화를 알리거나 데이터의 I/O종료, 오류 발생 시 발생하는 인터럽트는?

① 입/출력 인터럽트
② SVC 인터럽트
③ 외부 인터럽트
④ 프로그램 검사 인터럽트

입/출력 인터럽트
• 입출력 요구가 완료되었을 때 입출력 장치가 인터럽트를 발생시킴
• 프로세서에게 채널이나 입출력 기기의 상태 변화를 알려 줌

08 HRN 스케줄링 기법에서 우선순위를 구하는 방법은?

① 대기시간/서비스 받을 시간
② 서비스를 받을 시간/대기 시간
③ 서비스를 받을 시간/(대기시간 + 서비스를 받을 시간)
④ (대기시간 + 서비스를 받을 시간)/서비스를 받을 시간

HRN(Highest Response-ratio Next) 스케줄링 : 긴 작업과 짧은 작업의 지나친 불평등을 보완한 기법(서비스 받을 시간이 분모에 있으므로 짧은 작업의 우선순위가 높아짐)

09 준비상태 큐에서 기다리고 있는 프로세스들 중 실행 시간이 가장 짧은 프로세스에게 먼저 CPU를 할당하는 스케줄링 기법은?

① HRN
② FCFS
③ SJF
④ ROUND ROBIN

SJF 스케줄링은 처리해야 할 작업의 시간이 가장 적은 프로세스가 가장 먼저 CPU를 할당받음

10 HRN(Highest Response ratio Next) 방식으로 스케줄링 할 경우, 입력된 작업이 다음과 같을 때 가장 먼저 처리되는 작업은?

작업	대기 시간	서비스 시간
A	5	5
B	10	6
C	15	7
D	20	8

① A
② B
③ C
④ D

• HRN(Highest Response-ratio Next) 스케줄링
• 각 작업의 우선순위 계산

$$우선순위 = \frac{대기한 시간 + 서비스 받을 시간}{서비스 받을 시간}$$

작업	우선순위	
A	10/5 = 2	4순위
B	16/6 = 2.67	3순위
C	22/7 = 3.15	2순위
D	28/8 = 3.5	1순위

SECTION 04 기억장치 관리

출제빈도 (상) 중 하
반복학습 ① ② ③

빈출 태그 주기억장치 배치전략(최초, 최적, 최악) • 페이징 기법 • LRU 페이지 교체 알고리즘 • 지역성 • 워킹셋

합격 강의

01 기억장치 계층 구조(Memory Hierarchy)

- 컴퓨터에서 사용되는 메모리는 계층화되어 있어 우선시되는 프로그램이나 데이터 들은 CPU와 가깝게 위치하고 고속의 메모리에 배치한다.
- 기억장치의 속도나 비용에 따라 계층적으로 분류한다.
- 계층이 높을수록 가격은 비싸고 속도는 빨라진다.

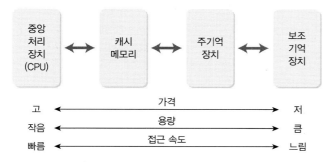

1) 중앙처리장치(CPU : Central Processing Unit)

컴퓨터 시스템의 핵심적인 장치로 명령을 해석하고 실행하는 부분이다.

광의	연산장치, 제어장치, 각종 카운터 및 레지스터, 주기억장치 인터페이스 등으로 구성
협의	연산장치와 제어장치, 레지스터로 구성

2) 제어장치(Control Unit) 22년 9월, 16년 3월

- 주기억장치로부터 프로그램 명령어를 하나씩 꺼내어 해석하고 처리한다.
- 입출력을 제어하고 주기억장치와 연산장치 사이에 경로를 결정한다.

▼ 제어장치의 구성

프로그램 카운터(PC : Program Counter)	다음에 수행될 명령어의 주소를 기억하는 레지스터
명령어 레지스터(Instruction Register)	수행 중인 명령의 내용을 기억하는 레지스터
명령어 해독기(Instruction Decorder)	현재 수행해야 할 명령을 해독한 후 수행 가능한 여러 제어 신호를 발생시킴
번지 해독기(Address Decorder)	명령어 레지스터가 보낸 주소를 해독한 후 저장되어 있는 데이터를 메모리로 보냄
부호기(Encorder)	명령 해독기에 의해 해독된 내용을 신호로 변화하여 각 장치에 전송
메모리 주소 레지스터 (MAR : Memory Address Register)	실행 시 필요한 프로그램이나 데이터가 저장되어 있는 주기억장치의 주소를 기억
메모리 버퍼 레지스터	메모리 주소 레지스터(MAR)의 내용을 기억

✓ 개념 체크

1 제어장치의 구성으로 옳은 것은 O, 옳지 않은 것은 X 표시하세요.
   ⊙ 프로그램 카운터 (O, X)
   ⓒ 활성 레코드 (O, X)
   ⓒ 명령어 해독기 (O, X)
   ⓔ 메모리 주소 레지스터(O, X)

   1 ⊙ O, ⓒ X, ⓒ O, ⓔ O

3) 연산장치(ALU : Arithmetic and Logic Unit)

제어장치의 신호에 따라 명령어를 수행하고 레지스터를 이용하여 연산을 수행한다.

▼ 연산의 종류

산술 연산	덧셈, 뺄셈, 곱셈, 나눗셈 등
논리 연산	논리곱, 논리합, 부정 등
관계 연산	크다, 작다, 같다 등

▼ 연산장치의 구성

누산기(AC : Accumulator)	산술 연산 및 논리 연산의 결과를 일시적으로 기억하는 레지스터
가산기(Adder)	데이터 레지스터에 보관된 값과 누산기의 값을 더하여 결과를 누산기에 보냄
보수기(Complementary)	뺄셈을 할 때 사용되는 보수를 만들어 주는 논리회로
기억 레지스터(Storage Register)	주기억장치에 보내는 데이터를 일시적으로 기억하는 레지스터
데이터 레지스터(Data Register)	연산에 사용할 데이터를 일시적으로 기억하는 레지스터
어드레스 레지스터(Address Register)	기억장치 내의 주소를 기억하는 레지스터
상태 레지스터(Status Register)	연산 실행 결과의 양수와 음수, 자리올림(Carry)❶과 오버플로(Overflow)❷, 인터럽트 금지와 해제 상황 등의 상태를 기억
인덱스 레지스터(Index Register)	주소를 변경하기 위해 사용되는 레지스터

플립플롭(Flip Flop)
1비트의 정보를 기억할 수 있는 기억 회로로 다른 값이 주어지기 전까지는 0이나 1의 두 가지 상태 중 어느 한 상태를 출력함
❶ 자리올림(Carry)
기억장소의 자릿수를 초과
❷ 오버플로(Overflow)
기억장소의 용량을 초과

02 주기억장치 관리 전략

메모리를 효과적으로 사용하기 위한 정책을 의미한다.

1) 인출(Fetch) 전략 – When

주기억장치에 넣을 프로그램이나 데이터를 보조기억장치에서 주기억장치로 옮길 것인가를 결정하는 전략이다.

요구 반입 전략(Demand-Fetch)	실행 중인 프로세스에 의해 호출된 자료만 주기억장치로 옮기는 방법
예상 반입 전략(Anticipatory)	프로세스가 사용할 자료를 미리 예측하여 호출 가능성이 있는 부분을 미리 주기억장치로 옮기는 방법

2) 배치(Placement) 전략 – Where _{24년 5월/7월, 23년 3월, 22년 3월, 20년 8월, 19년 9월, 19년 3월/4월, …}

인출전략에 의해 새로 반입된 프로그램을 주기억장치 내의 어디에 위치시킬 것인가를 결정하는 전략이다.

최초 적합 전략(First-fit)	입력된 프로그램을 수용할 수 있는 공간 중 가장 먼저 발견된 공간에 할당하는 방법
최적 적합 전략(Best-fit)	입력된 프로그램을 수용할 수 있는 공간 중 가장 작은 공간을 할당하는 방법
최악 적합 전략(Worst-fit)	입력된 프로그램을 수용할 수 있는 공간 중 가장 큰 공간에 할당하는 방법

🕐 **암기 TIP**

최초, 최적, 최악, 세 가지 배치 전략의 의미를 정확히 구분할 수 있어야 합니다.

이 세 가지 외엔 다른 배치 전략은 없습니다. 예를 들어 Large-fit, Small-fit, Last-fit 등의 배치전략은 없음을 꼭 기억하세요!(배치 전략의 종류인지 아닌지를 묻는 문제도 종종 출제됩니다.)

예 그림과 같은 공간에 20K의 작업 배치

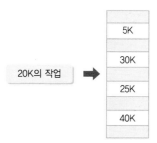

배치 전략	할당 공간
First-Fit	30K
Best-Fit	25K
Worst-Fit	40K

3) 교체(Replacement) 전략 – What

새로 주기억장치에 배치되어야 할 프로그램이 들어갈 장소를 마련하기 위해 어떤 프로그램과 데이터를 제거할 것인가를 결정하는 전략이다.

03 가상기억장치

1) 가상기억장치의 개념 18년 3월

- 프로세스의 일부분만을 주기억장치에 적재한 후 필요한 부분을 디스크와 주기억장치 사이에서 교체해 가면서 실행하여 사용자가 주기억장치의 용량에 구애받지 않고 보다 큰 메모리(가상기억장치)를 사용할 수 있는 공간을 제공하는 것이다.
- 프로세스의 논리공간에서 사용된 주소를 가상주소라고 하며, 가상주소를 메모리 내의 실 주소로 변환하기 위한 주소 사상기구를 사용한다.
- 페이징이나 세그먼팅 기법을 기반으로 한다.

04 가상기억장치 구현 방법

1) 페이징 기법

- 기억 장소를 일정한 크기로 분할해서 사용하는 방법이다.
- 가상주소 공간 내의 페이지들이 주기억장치의 어느 페이지 프레임에 사상(Mapping)되었는가를 알기 위해 페이지 사상표(PMT : Page Mapping Table) 또는 연관 사상표(AMT : Associative Mapping Table)를 이용한다.

직접 사상 (Direct Mapping)	• 페이지 사상표의 페이지 번호와 변위를 실제 주소로 변환하는 방법 • 가상 기억장치를 구성하는 모든 페이지가 페이지 사상표에 있는 경우에 사용
연관 사상 (Associative Mapping)	연관 기억장치에 페이지 사상표❶를 집어 넣고 사용하는 방법
연관/직접 사상	• 연관 사상과 직접 사상을 혼용해서 저렴한 비용으로 연관 사상의 장점을 살릴 수 있는 절충 방법 • 최근 참조된 페이지는 연관 사상표에 보관하고 나머지는 페이지 사상표를 이용하는 방법

페이지의 크기가 작을수록	페이지의 크기가 클수록
• 페이지 테이블의 크기가 커진다. • 보다 적절한 작업세트를 유지할 수 있다.	• 내부 단편화의 증가로 인해 기억 공간의 낭비가 커진다. • 참조되는 정보와 무관한 정보들이 많이 적재된다.

2) 세그먼테이션 기법

사용자 주소공간을 일정한 크기로 나눔으로써 페이지 상호 간의 결합도는 높지만 결속도는 낮아지게 되는 페이지❶와 달리 결속도를 높이기 위해 사용자 주소공간을 논리적인 단위로 나눈 세그먼트❷를 이용하는 기법이다.

3) 페이지 교체 알고리즘(Page Replacement Method) 20년 6월, 19년 3월, 18년 3월, 17년 3월/5월, …

- 프로그램들은 주기억장치에 있어야만 실행이 가능한데 필요한 프로그램이 주기억장치에 없을 때 페이지 폴트(Page fault)가 발생하였다고 하며 디스크 안의 해당 페이지나 세그먼트를 주기억장치로 로드시켜야 한다.
- 주기억장치에 빈 공간이 있을 때는 해당 페이지나 세그먼트를 해당 위치에 배치하고 빈 공간이 없을 때는 가장 불필요한 블록을 디스크로 이동시켜야 하는데 이와 같은 작업을 페이지 교체(Page Replacement)라 하며 페이지 교체 알고리즘에 의해 구현된다.
- 페이지 교체 알고리즘을 잘못 수행하면 페이지 폴트가 빈번히 발생하는 스래싱(Thrashing) 현상을 초래하여 CPU의 효율이 저하되므로 효과적인 페이지 재배치를 위해 다음과 같은 다양한 기법들이 사용되고 있다.

기법	의미
무작위 페이지 교체 (Random Page Replacement)	• 무작위로 교체할 페이지 선택 • 모든 프로세스의 교체 가능성이 동일해지므로 오버헤드가 적음
최적화 (Principle of Optimality)	• 교체된 이후로도 가장 오랫동안 사용되지 않을 페이지를 선택 • 미래 예측이 불가능하므로 최적화 기법은 현실적으로 실현 가능성이 적음
FIFO (First-In First-Out)	• 주기억장치 가장 먼저 들어간 페이지를 교체 • 구현하기 쉽고 간단함
LRU (Least Recently Used)	• 가장 오랫동안 사용되지 않은 페이지를 교체할 페이지로 선택 • 각 페이지의 사용기간을 기억해야 하므로 오버헤드가 큼
NUR (Not Used Recently)	• 최근에 사용하지 않은 페이지는 나중에도 사용하지 않을 가능성이 높기 때문에 최근에 사용되지 않은 페이지를 교체할 페이지로 선택 • LRU 기법과 유사하고 실제로 자주 쓰이는 기법
LFU (Least Frequently Used)	페이지별로 사용 횟수를 기록하여 사용빈도가 가장 적은 페이지를 교체할 페이지로 선택

❶ 페이지(Page)
데이터가 주기억장치로 들어오고 나가는 스와핑(swapping)이 일어날 때 보조기억장치로 한번에 옮길 수 있는 고정된 크기의 데이터 단위

❷ 세그먼트(Segment)
페이지와 달리 크기가 가변적인 데이터 단위

🅑 기적의 TIP

최근 페이지 교체 알고리즘에 관한 문제가 증가하고 있습니다. 특히 NUR와 LRU는 정확히 외워 두세요.

4) 페이지 부재 ^{24년 5월, 11년 3월}

- 프로그램들은 주기억장치에 있어야만 실행이 가능하다. 필요한 프로그램이 주기억 장치에 없을 경우 페이지 부재(Page Fault)가 발생하였다고 하며 디스크 안의 해당 페이지나 세그먼트를 주기억장치로 로드시켜야 한다.
- 선입선출(FIFO) 교체 알고리즘을 사용하고 참조하는 페이지는 번호가 다음과 같다. 할당된 페이지 프레임의 수가 4개이고 이들 페이지 프레임은 모두 비어 있다고 가정할 경우 몇 번의 페이지 부재가 발생하는지 알아보자.

[참조 페이지 번호 : 0 1 2 3 0 1 4 0 1 2 3 4]

*F는 페이지 부재(Fault) 표시

참조페이지	0	1	2	3	0	1	4	0	1	2	3	4
프레임1	0	0	0	0	0	0	4	4	4	4	3	3
프레임2		1	1	1	1	1	1	0	0	0	0	4
프레임3			2	2	2	2	2	2	1	1	1	1
프레임4				3	3	3	3	3	3	2	2	2
페이지부재	① F	②F	③F	④F	⑤	⑥	⑦F	⑧F	⑨F	⑩F	⑪F	⑫F

- 위의 표에서 나타난 것처럼 페이지 부재는 10번 발생한다.
- FIFO를 사용하였기 때문에 가장 먼저 참조되었던 페이지부터 교체된다.

〈FIFO 알고리즘〉

① 0페이지 참조 : 프레임에 0페이지가 없으므로 (페이지 부재1) 0페이지를 가져온다.

② 1페이지 참조 : 프레임에 1페이지가 없으므로 (페이지 부재2) 1페이지를 가져온다.

③ 2페이지 참조 : 프레임에 2페이지가 없으므로 (페이지 부재3) 2페이지를 가져온다.

④ 3페이지 참조 : 프레임에 3페이지가 없으므로 (페이지 부재4) 3페이지를 가져온다.

⑤ 0페이지 참조 : 프레임에 0페이지가 있으므로 다음 페이지를 참조한다.

⑥ 1페이지 참조 : 프레임에 1페이지가 있으므로 다음 페이지를 참조한다.

⑦ 4페이지 참조 : 프레임에 4페이지가 없으므로 (페이지 부재5) 4페이지를 가져온다.
(빈 페이지 프레임이 없으므로 FIFO 교체 전략에 의해 가장 먼저 들어온 0페이지를 4페이지로 교체한다.)

⑧ 0페이지 참조 : 프레임에 0페이지가 없으므로 (페이지 부재6) 0페이지를 가져온다.
(빈 페이지 프레임이 없으므로 FIFO 교체 전략에 의해 가장 먼저 들어온 1페이지를 0페이지로 교체한다.)

⑨ 1페이지 참조 : 프레임에 1페이지가 없으므로 (페이지 부재7) 1페이지를 가져온다.
(빈 페이지 프레임이 없으므로 FIFO 교체 전략에 의해 가장 먼저 들어온 2페이지를 1페이지로 교체한다.)

⑩ 2페이지 참조 : 프레임에 2페이지가 없으므로 (페이지 부재8) 2페이지를 가져온다.
(빈 페이지 프레임이 없으므로 FIFO 교체 전략에 의해 가장 먼저 들어온 3페이지를 2페이지로 교체한다.)

⑪ 3페이지 참조 : 프레임에 3페이지가 없으므로 (페이지 부재9) 3페이지를 가져온다.
(빈 페이지 프레임이 없으므로 FIFO 교체 전략에 의해 가장 먼저 들어온 4페이지를 3페이지로 교체한다.)

개념 체크

1 프로그램들은 주기억장치에 있어야만 실행이 가능한데, 필요한 프로그램이 주기억장치에 없을 경우 (   )가 발생하였다고 하며 디스크 안의 해당 페이지나 세그먼트를 주기억장치로 로드시켜야 한다.

1 페이지 부재

⑫ 4페이지 참조 : 프레임에 4페이지가 없으므로 (페이지 부재10) 0페이지를 가져온다. (빈 페이지 프레임이 없으므로 FIFO 교체 전략에 의해 가장 먼저 들어온 0페이지를 4페이지로 교체한다.)

5) 지역성(Locality) 20년 6월, 10년 9월

- 각 프로세스들은 기억장치 내의 정보를 균등하게 액세스하는 것이 아니라 특정 순간에 특정 부분을 대상으로 참조한다는 것을 의미한다.
- 시간적 지역성과 공간적 지역성으로 구분된다.

구분	시간적 지역성(Temporal Locality)	공간적 지역성(Spatial Locality)
의미	최근에 참조된 기억장소가 가까운 미래에도 계속 참조될 가능성이 높음	어떤 기억 장소가 참조되면 그 근처의 기억 장소가 계속 참조될 가능성이 높음
종류	• 순환(Looping) • 서브루틴(Subroutine) • 스택(Stack) • 누산(Counting)과 집계(Totaling)	• 배열(Array Traversal) • 순차적 코드의 실행(Sequential Code Execution) • 변수의 선언 부분

6) 워킹 셋(Working Set) 21년 5월, 20년 6월, 15년 3월/5월, 11년 8월, 09년 3월/8월

실행 중인 프로세스가 일정 시간 동안 자주 참조하는 페이지들의 집합을 의미한다.

7) 스래싱(Thrashing) 24년 5월, 22년5월, 20년 3월/6월/8월, 19년 4월, 15년 9월

- 작업 수행과정 중 너무 자주 페이지 교환이 일어나는 경우를 말하는 것으로 해당 프로세스가 프로그램 수행에 소요되는 시간보다 페이지 교환에 소요되는 시간이 더 커지는 현상을 의미한다.
- 다중 프로그래밍의 정도가 커질수록 스래싱 현상이 많이 일어나게 되고 CPU의 이용률이 급격히 감소하게 된다.

05 디스크 관리

1) 디스크 구조

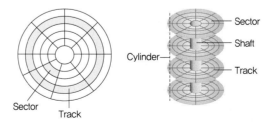

트랙(Track)	디스크의 회전축을 중심으로 데이터가 기록되는 동심원
섹터(Sector)	하나의 트랙을 여러 개로 분할한 블록
FAT(File Allocation Table)	사용자가 해당 블록의 포인터(위치정보)를 실수로 지워지게 하는 것을 예방하고 블록 접근을 빠르게 하기 위하여 포인터를 모아 놓은 곳
디렉터리(Directory)	디스크에 저장된 파일의 기본적인 정보(파일명, 파일속성, 작성날짜, 작성시간, 파일위치, 파일의 크기)를 수록하는 공간

2) 디스크 접근 시간

탐색 시간(Seek Time)	디스크상의 원하는 테이블을 액세스하기 위해 트랙 또는 실린더에 헤드를 위치시키는 데 걸리는 시간
회전 지연 시간(Latency Time, Rotational Delay, RPM 지연 시간)	지정된 트랙에 위치한 헤드가 원하는 섹터에 도달하는 데 걸리는 시간
전송 시간(Transmission Time)	데이터가 디스크로부터 주기억장치로 이동하는 데 걸리는 시간

3) 디스크 스케줄링의 종류

FCFS(First Come First Served)	• 가장 간단한 스케줄링 기법 • 대기 큐에 들어온 순서대로 서비스하는 기법 • 디스크의 부하가 적을 때 유리하고 디스크의 부하가 커지면 응답시간이 길어짐
SSTF(Shortest Seek Time First)	• 현재의 헤드 위치에서 가장 가까운 입출력 요청을 먼저 서비스함 • 가운데 트렉이 안쪽이나 바깥쪽보다 서비스 받을 확률이 높음 • FCFS보다 처리량이 많고 평균 응답시간이 짧음 • 응답시간의 편차가 크기 때문에 대화형 시스템에는 부적합함
SCAN	• SSTF의 문제점인 응답시간의 편차를 개선한 기법 • 대부분의 디스크 스케줄링 전략의 기본이 됨 • 진행 방향상의 가장 짧은 거리에 있는 요청을 먼저 서비스함 • 진행 방향으로 끝까지 진행
C-SCAN	• SCAN의 단점인 안쪽과 바깥쪽의 차별을 모두 없애기 위한 방법 • 항상 바깥쪽에서 안쪽으로 움직이면서 서비스함 • 안쪽 방향으로 끝까지 진행함 • 응답시간의 편차가 매우 작음 • 부하가 많은 경우에는 C-SCAN기법이 가장 좋은 결과를 가짐

🅑 기적의 TIP

디스크 스케줄링의 전략과 목적
• 처리량의 최대화
• 응답시간의 최소화
• 응답시간 편차의 최소화

✅ 개념 체크

1 데이터가 디스크로부터 주기억장치로 이동하는 데 걸리는 시간을 (　　) 시간이라고 한다.

1 전송

〈예시〉

디스크 입출력 요청 대기 큐에 다음과 같은 순서로 기억되어 있다. 현재 헤드가 53에 있을 때, 이들 모두를 처리하기 위한 총 이동거리는 얼마인가?
(좌표상에서 직접 스케줄링 방법별로 이동해 가며 계산해 보자!)

대기 큐 : 98, 183, 37, 122, 14, 124, 65, 67

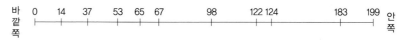

① FCFS(FIFO) 방식 : 총 이동거리 640

이동순서	53	→	98	→	183	→	37	→	122	→	14	→	124	→	65	→	67
총 이동거리		45	+	85	+	146	+	85	+	108	+	110	+	59	+	2		

② SSTF 방식 : 총 이동거리 236

이동순서	53	→	65	→	67	→	37	→	14	→	98	→	122	→	124	→	183
총 이동거리		12	+	2	+	30	+	23	+	84	+	24	+	2	+	59		

③ SCAN 방식 : 총 이동거리 236

이동순서	53	→	37	→	14	→	0	→	65	→	67	→	98	→	122	→	124	→	183
총 이동거리		16	+	23	+	14	+	65	+	2	+	31	+	24	+	2	+	59		

④ C-SAN 방식 : 총 이동거리 382

0.6	53	→	65	→	67	→	98	→	122	→	124	→	183	→	199	→	0	→	14	→	37
총 이동거리		12	+	2	+	31	+	24	+	2	+	59	+	16	+	199	+	14	+	23	

01 주기억장치의 부족한 용량을 해결하기 위하여 보조기억장치를 주기억장치처럼 사용하는 기법은?

① 인터프리터 기법
② 가상 기법
③ 컴파일러 기법
④ 오버레이 기법

• 가상 기법 : 사용자로 하여금 주기억장치의 용량보다 훨씬 큰 가상공간을 쓸 수 있게 하는 기억 장소 관리 방법
• 오버레이 기법 : 하나의 프로그램을 몇 개의 영역으로 분할하여 보조기억장치에 수용하고, 처리의 흐름에 필요한 영역을 주기억장치에 순차적으로 불러내어 실행하는 방식

02 프로세스가 일정 시간 동안 자주 참조하는 페이지들의 집합을 무엇이라고 하는가?

① Working Set
② Locality
③ Thrashing
④ Monitor

• Working set : Process가 특정 시간 자주 참조하는 페이지들의 집합체
• Locality
  – 시간적 지역성 : 최근에 참조된 기억 장소가 참조될 가능성이 높음을 의미
  – 공간적 지역성 : 참조된 기억장소 근처의 기억장소가 참조될 가능성이 높음을 의미
• Thrashing : 빈번한 페이지의 부재로 인해 CPU가 프로그램 실행보다는 페이지 대체에 많은 시간을 소모하는 현상
• Monitor
  – 독립적 병행 프로세스 간 상호배제와 동기화를 지원해 주는 기법
  – 공유데이터와 이 데이터를 처리하는 프로시저의 집합

03 모듈화된 기억장치의 주소를 한 개의 기억장치에만 집중시키지 않고 여러 기억장치의 모듈에 분산시켜서 처리 능력을 향상시키는 방법은?

① 인터페이스(Interface)
② 인터리빙(Interleaving)
③ 인터럽트(Interrupt)
④ 중첩(Interpolation)

인터리빙 : 주기억장치를 구성할 때 한 기억장치 모듈 내의 연속적인 기억장치 소자들에 연속적으로 주소를 붙이지 않고, 일정한 수의 배수만큼 거리를 두고 배정하는 방법

04 시간 구역성(Temporal Locality)의 예가 <u>아닌</u> 것은?

① 순환(Looping)
② 부프로그램(Subprogram)
③ 배열 순례(Array Traversal)
④ 스택(Stack)

지역성(= 구역성 : Locality)
• 시간 지역성
  – 먼저 참조된 기억장소의 일부 부분이 그 후에도 계속 참조될 가능성이 높은 것을 의미함
  – 예 순환, 부프로그램, 스택, 카운팅, 집계에 사용되는 변수들
• 공간 지역성
  – 어느 기억 장소가 참조되면 그 기억 장소 부근이 계속 참조될 가능성이 높은 것을 의미함
  – 예 배열 탐색, 순차적 코드의 실행

정답 01 ② 02 ① 03 ② 04 ③

05 주기억장치 배치 전략 중 입력된 프로그램을 수용할 수 있는 공간 중 가장 큰 공백에 할당하는 전략은?

① First-Fit

② Best-Fit

③ Worst-Fit

④ Large-Fit

주기억장치 배치 전략

최초 적합 전략 (First-Fit)	입력된 프로그램을 수용할 수 있는 공간 중 가장 먼저 발견된 공간에 할당하는 방법
최적 적합 전략 (Best-Fit)	입력된 프로그램을 수용할 수 있는 공간 중 가장 작은 공간에 할당하는 방법
최악 적합 전략 (Worst-Fit)	입력된 프로그램을 수용할 수 있는 공간 중 가장 큰 공간에 할당하는 방법

오답 피하기
- ④ Large-Fit이란 배치전략은 없음
- 동일한 문제에서 오답지문으로, Small-fit, Last-fit 등을 제시하는 경우도 있음
- 최초(First-Fit), 최적(Best-Fit), 최악(Worst-Fit) 배치 전략을 정확히 기억하고 있으면 쉽게 해결할 수 있음

06 주기억장치의 배치 전략 종류에 해당하지 <u>않는</u> 것은?

① First-Fit

② Last-Fit

③ Best-Fit

④ Worst-Fit

주기억장치 배치 전략은 최초(First-Fit), 최적(Best-Fit), 최악(Worst-Fit) 세 가지가 있으며, 그 외는 오답임

07 주기억장치에서 가장 오랫동안 사용되지 않은 페이지를 교체할 페이지로 선택하는 교체 알고리즘은?

① OPT

② LFU

③ FIFO

④ LRU

LRU(Least Recently Used) : 현 시점에서 가장 오랫동안 사용되지 않은 페이지를 교체할 페이지로 선택하는 기법, 계수기나 스택을 두어 각 페이지의 사용 기간을 기억해야 하므로 오버헤드가 크다는 단점이 있음

오답 피하기
- LFU(Least Frequently Used) : 페이지별로 사용 횟수를 기록하여 사용빈도가 가장 적은 페이지를 교체할 페이지로 선택하는 기법
- FIFO(First in First Out) : 주기억장치에 가장 먼저 들어간 페이지를 교체, 구현하기 쉽고 간단함

08 기억장치 관리 기법 중 각 페이지당 두 개의 하드웨어 비트를 두어서 가장 최근에 사용하지 않은 페이지를 교체하는 기법은?

① FIFO

② OPT

③ LRU

④ NUR

NUR(Not Used Recently) : 최근에 사용되지 않은 페이지를 교체할 페이지로 선택

오답 피하기
- ① FIFO(First In First Out) : 주기억장치에 가장 먼저 들어간 페이지를 교체
- ② OPT(principle of OPTimality) : 교체된 이후로도 가장 오랫동안 사용되지 않을 페이지를 선택
- ③ LRU(Least Recently Used) : 가장 오랫동안 사용되지 않은 페이지를 교체할 페이지로 선택

09 준비상태 큐에서 기다리고 있는 프로세스들 중에서 실행시간이 가장 짧은 프로세스에게 먼저 CPU를 할당하는 스케줄링 기법은?

① ROUND ROBIN
② SJF
③ HRN
④ SRT

SJF(Shortest Job First) : 처리해야 할 작업의 시간이 가장 적은 프로세서가 먼저 CPU를 할당받음

오답 피하기

• RR(Round-Robin) : 주어진 할당 시간 안에 작업을 마쳐야 하고 할당시간이 지나서도 끝나지 않은 작업이 있을 경우 다시 대기 큐로 들어감
• HRN : 긴 작업과 짧은 작업의 지나친 불평등을 보완함
• SRT(Shortest Remaining Time) : 가장 짧은 시간이 소요되는 프로세스를 먼저 수행

10 다음 그림과 같은 기억장소에서 15K를 요구하는 프로그램이 16K 공백의 작업 공간에 배치될 경우, 사용된 기억장치 배치 전략은?

운영체제
사용 중인 공간
30K 공백
사용 중인 공간
16K 공백
사용 중인 공간
50K 공백
사용 중인 공간

① First Fit Strategy
② Worst Fit Strategy
③ Best Fit Strategy
④ Big Fit Strategy

배치(Placement) 전략

• 최초 적합(First Fit) : 입력되는 작업의 순서에 따라 주기억장치 첫 번째 기억 공간부터 할당
• 최적 적합(Best Fit) : 입력되는 작업의 크기에 맞는 주기억장치를 찾아 할당
• 최악 적합(Worst Fit) : 입력되는 작업의 크기에 맞지 않고 낭비가 가장 심한 공간을 찾아 할당

오답 피하기

두 번째 공간이 16K로 입력을 요구하는 프로그램의 크기 15K와 가장 가까워 최적 적합에 해당

11 페이징 시스템에서 페이지의 크기에 관한 설명으로 옳지 않은 것은?

① 페이지의 크기가 작을수록 페이지 테이블의 크기가 커진다.
② 페이지의 크기가 클수록 내부 단편화가 감소한다.
③ 페이지의 크기가 클수록 참조되는 정보와 무관한 정보들이 많이 적재된다.
④ 페이지의 크기가 작을수록 보다 적절한 작업세트를 유지할 수 있다.

운영체제

• 페이지 크기가 작을 경우, 페이지 사상표의 공간은 더 많이 요구된다(기억해야 할 페이지가 많아지므로).
• 페이지 크기가 클 경우 페이지 사상표 공간은 줄어들게 되며 디스크와 기억장치 간에 대량의 바이트 단위로 페이지가 이동하기 때문에 디스크 접근 시간 부담이 감소되어 페이지 이동 효율이 좋아진다.
• 페이지의 크기가 커지면 내부 단편화의 증가로 인해 기억 공간의 낭비가 커진다.

12 4개의 페이지를 수용하는 주기억장치가 현재 완전히 비어 있으며, 어떤 프로세스가 다음과 같이 페이지 번호를 요청한다고 가정할 경우 페이지 정책으로 LFU(Least Frequently Used) 기법을 사용한다면 페이지 부재가 몇 번 발생하는가?

요청 페이지 번호 순서 : 1, 2, 3, 4, 1, 2, 5, 1, 2

① 3　　　　　　② 4
③ 5　　　　　　④ 6

• LFU(Least Frequently Used) 알고리즘 : 사용된 회수(참조 횟수)가 가장 적은 페이지부터 교체하는 방법
• 페이지 부재 : 수행에 필요한 내용(페이지)이 주기억장치에 존재하지 않을 경우를 말하는 것

요청페이지	1	2	3	4	1	2	5	1	2
❶	1	1	1	1	1₂	1₂	1₂	1₃	1₃
❷		2	2	2	2₂	2₂	2₂	2₂	2₃
❸			3	3	3	3	5	5	5
❹				4	4	4	4	4	4
부재여부(*)	*	*	*	*			*		

01 UNIX 개요

1) 역사

- 1969년 AT & T의 Bell(벨) 연구소에서 개발했다.
- 캘리포니아 버클리 대학에서 또 다른 UNIX 시스템을 개발했다.
- 벨 연구소에서 개발한 UNIX는 SYSTEM V로 발전하였고, 버클리 대학에서 개발한 UNIX는 BSD UNIX로 발전하였다.
- 두 개의 UNIX 버전이 하나로 통합되고 있는 추세이다.

2) 특징

- C 언어로 작성되어 사용과 수정이 쉽고 확장성이 좋다.
- 대화식 운영체제이다.
- 시분할 방식을 이용하여 여러 개의 프로세스를 동시에 실행할 수 있는 다중 작업(Multi-Tasking), 다중 사용자(Multi-User) 환경을 제공한다.
- 파일을 효과적으로 관리할 수 있는 계층적 파일 시스템이다.
- 단순하고 강력한 명령어를 제공한다.
- 시스템 프로그램이 공개되어 있어 시스템 변경이 용이하고 하드웨어에 구애받지 않는다.

02 UNIX의 내부구조 19년 3월

1) 커널(Kernel) 23년 5월/9월, 20년 6월

커널(Kernel)
운영체제의 핵심 부분으로 부팅 후 메모리에 상주하며, 사용자 및 실행 프로그램들을 위해 자주 사용되는 기능을 담당하는 곳으로 관리자, 제어 프로그램, 핵과 같은 개념

- 항상 주기억장치에 상주하여 시스템 자원을 관리하는 운영체제의 핵심 부분이다.
- 대부분이 C언어로 개발되어(90%의 C언어와 10%의 어셈블리어로 이루어짐) 이식성과 확장성이 뛰어나다.
- 기능 : 프로세스 관리, 입출력 관리, 파일 관리, 프로세스 간의 통신, 기억장치 관리

2) 셸(Shell)

- 일종의 명령어 해석기(Interpreter)이다.
- 커널과는 달리 주기억장치에 상주하지 않고 보조기억장치에서 교체(Swap)가 가능하다.

- UNIX(시스템)와 상용자 간의 인터페이스 역할을 담당한다.
- DOS의 COMMAND.COM과 같은 역할이다.

3) 유틸리티(Utility)

- 각종 언어에 필요한 소프트웨어를 제공한다.
- 문서 편집기, 컴파일러, 정렬(SORT) 기능을 제공한다.

03 UNIX 명령어 24년 5월, 23년 5월, 20년 6월, 17년 5월

사용자를 위한 명령어

명령어	DOS의 유사 명령	기능
ls	dir	파일 목록의 이름 출력
pwd	–	현재 작업 중인 디렉토리 경로를 보여 줌
cp	copy	파일 복사
mv	move	파일 이동
rm	del	파일 삭제
cd	cd	디렉토리 이동
mkdir	md	디렉토리 생성
rmdir	rd	디렉토리 삭제
cat	type	파일 내용을 출력
chmod	attrib	파일이나 디렉토리에 대한 접근 허가 모드를 변경
date	date	시스템의 날짜와 시간을 보여 줌
who	–	현재 유닉스를 사용하는 사람들을 알려 줌
write	–	현재 접속해 있는 다른 유저와 대화, 메시지 전송 시 사용

✔ 개념 체크

1 UNIX 명령어와 그 기능으로 옳은 것은 O, 옳지 않은 것은 X 표시하세요.
　㉠ ls – 파일 복사 (O, X)
　㉡ mv – 파일 이동 (O, X)
　㉢ date – 시스템의 날짜와 시간을 보여 줌 (O, X)
　㉣ cat – 디렉토리 생성 (O, X)

1 ㉠ X, ㉡ O, ㉢ O, ㉣ X

PART

04

정보통신개론

CHAPTER 03 정보 전송 기술과 CHAPTER 05 정보 통신망에서 많은 문제가
출제되고 있습니다. PART 04는 다른 과목에 비해 기출문제의 출제비율이 조금
낮은 편입니다. 과목의 성격상 워낙 광범위한 내용을 다루다 보니 그만큼 새롭게
선보이는 문제들이 많은 경향을 보입니다. 그러나 PART 04는 분명 필수적으로
반복되는 기출문제 유형이 60% 이상이므로 빈출문제의 내용을 중심으로 보다
정확히 이해하고 학습하는 것이 중요합니다.

CHAPTER 01

정보통신 개요

정보통신의 개념, 정보의 개념, 정보통신 시스템의 특징, 최초의 데이터 통신(SAGE), 최초의 상업용 데이터 통신(SABRE), 데이터 전송계의 종류와 기능, 데이터 전송 경로, DCE의 종류 등을 중심으로 공부하세요.

출제빈도

SECTION 01	하	17%
SECTION 02	하	10%
SECTION 03	상	60%
SECTION 04	하	13%

▶ 합격 강의

01 정보통신의 의미 04년 5월, 02년 9월, 01년 3월

> 정보통신 = 정보 전송기술 + 정보 처리기술

- 정보통신(Information Communication)은 컴퓨터와 통신 기술의 결합에 의해 통신처리기능과 정보처리기능을 하는 통신 개념이다.
  - 가공 처리된 문자, 음성, 영상 등과 같은 일련의 정보를 통신 수단(유, 무선)을 통해 주고받는 행위
  - 자원의 공유와 신속 · 정확한 정보의 전달을 목적으로 하는 통신 기술
  - 정보의 재가공성, 정보의 최종 수요지로 이동하는 현상

02 정보통신의 3요소

정보원(Source)	정보를 입력받아 전송하는 곳
전송 매체 (Transmission Media)	• 정보원과 정보 수신원을 연결하는 매체 • 통신회선
정보 수신원(Destination)	전송된 정보를 수신하는 곳

기적의 TIP

통신의 개념
- 사람들 사이의 의사소통이나 정보를 교환하는 것
- 한 지점에서 다른 지점까지 정보를 보다 투명하고 빠르게 전송하는 것
- 단 · 양방향성

데이터 통신에 대한 정의
ITU-T에서는 데이터 통신을 정보를 기계로 처리하거나 처리한 정보를 저장하는 것이라고 정의

SAN(Storage Area Network)
서로 다른 종류의 데이터 저장장치를 한 데이터 서버에 연결하여, 총괄적으로 관리해주는 네트워크를 의미

기적의 TIP

컴퓨터에서 정보는 명령과 데이터로 구분합니다.
- 데이터는 다시 비수치적 데이터와 수치적 데이터로 구분
- 비수치적 데이터는 문자의 해석, 편집, 분류와 문헌 정보의 검색, 고수준 프로그래밍 언어의 번역 등에서 사용

➕ 더 알기 TIP

정보통신의 3요소에 대해 정확하게 기억하세요.
우리 주위에 있는 우편망이나 전화망들을 살펴보면 쉽게 3요소를 이해하고 외울 수 있습니다.
우편망을 예를 들어 보면,
A가 B에게 편지를 보내는 것도 통신의 3요소가 갖추어져야 가능합니다.
- A가 편지를 쓰고 우체통에 넣는다. – 정보원
- A의 편지를 우편시스템에서 분류하여 우체부아저씨가 B의 우체통까지 배송한다. – 전송 매체
- B가 자신의 우편함에서 A의 편지를 받는다. – 정보 수신원
이처럼 일상에서 접하는 모든 통신은 정보원 수신원이라는 양단 단말이 필요하고 그 양 단말 사이에 데이터를 전송할 수 있는 시스템, 즉 전송매체가 필수 요소가 되는 것입니다.

- 자료(Data)와 정보(Information)를 구분하는 문제가 가끔씩 출제됩니다.
  ① 자료(Data) : 관찰이나 측정을 통해 얻어진 단순한 사실이나 결과값
  ② 정보(Information) : 특정한 시점에 나에게 유의미한 형태로 자료를 가공한 것
     – 정보는 사람에 따라 중요도가 다를 수 있습니다.
     – 정보는 시간이 지남에 따라 효력이 감소합니다.
- 자료(Data) → 정보(Information) → 지식(Knowledge) → 지능(Intelligent)으로 진화합니다.

03 정보통신 시스템의 특징 15년 3월, 07년 8월

- 고속 · 고품질의 통신서비스를 제공한다.
- 통신 회선을 효율적으로 이용한다.
- 에러 제어 방식을 사용하여 시스템의 신뢰도가 높다.
- 기술의 발달에 따라 점점 대용량화 광대역화되고 있다.
- 분산 처리가 가능하다.
- 데이터의 공용화가 가능함에 따라 보안기술에 대한 필요성이 더 커진다.

04 정보통신 서비스의 형태 16년 3월

5가지 형태의 정보 통신, 즉 음성 통신, 데이터 통신, 화상(이미지) 통신, 영상 통신, 멀티미디어 통신을 총칭한다.

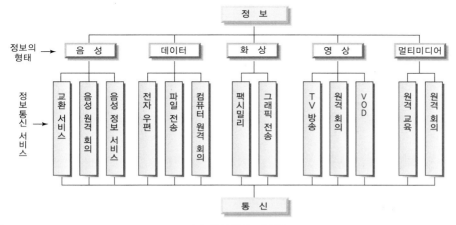

▲ 정보통신 서비스의 종류

01 다음 중 정보통신의 의미를 가장 폭넓게 표현한 것은?

① 컴퓨터와 통신 회선의 결합으로 전송 기능에 통신 처리 기능이 추가된 데이터 통신
② 컴퓨터와 통신 기술이 결합된 것으로 정보처리가 가능한 컴퓨터 통신
③ 정보통신망을 이용한 체계적인 정보의 전송을 위한 통신
④ 컴퓨터와 통신 기술의 결합에 의해 통신 처리 기능과 정보처리 기능은 물론 정보의 변환, 저장 과정이 추가된 형태의 통신

정보통신이란 음성 통신, 데이터 통신, 화상 통신, 영상 통신, 멀티미디어 통신의 총칭으로서 정보의 생산자와 소비자 간의 이동 현상, 정보의 생산과 생산된 정보의 재가공, 그리고 최종 수요자의 이동 현상

오답 피하기

①, ②, ③ 모두 정보통신에 대한 설명이다. 그러나 가장 포괄적이고 광범위하게 설명한 것은 ④임

02 다음 중 (　　)에 알맞은 내용은 무엇인가?

> ITU-T에서는 데이터 통신을 정보를 기계로 (　　)하거나 처리한 정보를 (　　)하는 것이라고 정의하였다.

① 처리, 전송　　② 처리, 기억
③ 전송, 기억　　④ 제어, 통신

데이터 통신에 대한 ITU-T의 정의 : 정보를 기계로 처리하거나, 처리한 정보를 전송하는 것(정보의 처리와 전송이라는 두 가지 개념을 꼭 기억하자!)
• ITU-T란? ITU(국제전기연합)의 산하기구로 통신방식과 시스템의 표준화를 위한 기관임

03 정보통신 시스템의 특징에 대한 설명 중 **틀린** 것은?

① 통신 회선을 효율적으로 이용가능하다.
② 에러 제어 방식을 사용하여 시스템의 신뢰도가 높다.
③ 협대역 전송에 사용한다.
④ 고품질의 통신 서비스를 제공한다.

• 정보통신 시스템은 협대역 전송에만 국한되어 있지 않음
• 기술의 발달로 인해 정보통신은 점점 더 광대역화되고 있는 추세임

04 다음 중 정보에 대하여 가장 적합하게 설명한 것은?

① 인간 또는 기계가 감지할 수 있도록 숫자, 문자, 기호 등으로 형식화한 것이다.
② 멀리 떨어져 있는 입·출력 장치와 컴퓨터가 서로 주고받는 것이다.
③ 여러 가지 데이터를 처리한 후, 특정 목적 수행을 위하여 체계화한 것이다.
④ 기계와 기계 사이에 전달되는 일체의 기호이다.

정보의 개념
• 여러가지 데이터를 처리한 후, 특정 목적 수행을 위하여 체계화한 것
• 컴퓨터에서 정보는 명령과 데이터로 구분함

05 정보의 특성을 설명한 것 중 거리가 **먼** 것은?

① 정보는 가공되지 않은 데이터로부터 얻어진다.
② 정보는 일정한 시간이 흐르면 효력이 감소한다.
③ 연속적인 정보 활동과 축적으로 정보 가치가 줄어든다.
④ 정보는 사람에 따라 중요도가 달라질 수 있다.

연속적인 정보 활동과 축적으로 정보 가치는 증가함

06 정보통신이 발달하게 된 주 원인이 **아닌** 것은?

① 통신 기술의 발전
② 정보량의 증대
③ 인구의 증가
④ 컴퓨터의 개발

인구의 증가는 정보통신의 직접적인 발달 원인이라 할 수 없음

정답 01 ④ 02 ① 03 ③ 04 ③ 05 ③ 06 ③

▶ 합격 강의

빈출 태그 최초의 데이터 통신(SAGE) · 최초의 상업용 데이터 통신(SABRE)

01 정보시스템의 주요 발달 과정 08년 3월, 02년 3월

기술	내용
SAGE	• 1958, 미 공군에서 개발한 반자동 방공 시스템 • 세계 최초의 데이터 통신 • Semi−Automatic Ground Environment
SABRE	• 1961, 미 항공사에서 도입한 항공기 좌석 예약 시스템 • 세계 최초의 상업용 데이터 통신 • Semi−Automatic Business Research Environment
ARPANET	• 1969, 미 국방성을 중심으로 각 대학 및 연구 기관을 연결한 컴퓨터망 • 인터넷의 기초가 된 네트워크로 최초의 패킷 교환망 • Advance Research Project Agency NETwork
ALOHA	• 최초의 라디오 패킷망 • 최초의 무선 패킷 교환 시스템 • Addictive Links On−Line Area

🕐 암기 TIP

정보시스템의 발달과정
• SAGE : 최초의 데이터 통신
• SABRE : 최초의 상업용 데이터 통신

둘을 혼동하지 말고 꼭 기억합니다.
→ SABRE의 B가 Business (상업)의 약자임을 기억하면 됩니다.

02 정보통신 기술의 발달 과정

정보통신 시스템의 발전은 컴퓨터 기술과 데이터 전송 기술의 결합된 형태로 나타난다.

> 정보 통신 = 전기통신(정보 전송기술) + 컴퓨터(정보 처리 기술)

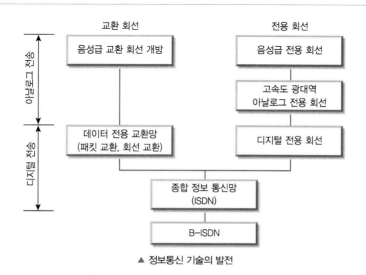
▲ 정보통신 기술의 발전

📒 기적의 TIP

정보통신의 역사
• Morse : 1844, 워싱턴과 볼티모어 간 전신, 전기통신(Morse 부호)
• Bell : 1876, 전화 발명, 최초의 음성 통신
• Hertz : 1888, 전자파 발견
• Marconi : 1901, 전자파를 이용하여 Morse 부호를 무선으로 전송
• 미국 KDKA 라디오 방송국 개국 : 1920, 종전의 일 대 일 통신 형태가 일 대 다 통신 형태로 바뀌게 되어 방송(Broadcast)이라는 용어 탄생

03 정보통신 기술의 분류

정보통신 기술은 일반적으로 통신 기술과 컴퓨터 기술의 두 부분으로 이루어진다.

▲ 정보통신 기술의 분류

이론을 확인하는 기출문제

01 다음 중 미국의 군사용 방공 시스템으로 사용된 최초의 데이터 통신 시스템은?

① ARPA
② CTSS
③ SABRE
④ SAGE

SAGE : 미국 공군이 개발한 세계 최초의 데이터 통신 시스템

02 다음 중 정보통신의 발달에 큰 기여를 하였던 미국 항공 회사의 좌석 예약 시스템은?

① SAGE
② ODYSSEY
③ SABRE
④ ALOHA

SABRE : 항공기 좌석 예약 시스템

오답 피하기
• SAGE : 1958년 반자동 방공 시스템. 세계 최초의 데이터 통신
• ALOHA : 실험용 무선 패킷 교환망

03 다음 설명 중 **틀린** 것은?

① IBM의 SNA는 컴퓨터 간 접속을 용이하게 한 체계화된 네트워크 방식이다.
② 본격적인 데이터 통신의 시초는 미국의 반자동 방공 시스템(SAGE)이다.
③ 온라인 시스템의 대량 보급으로 정보통신을 위한 표준화의 필요성이 줄어들었다.
④ 데이터 전송은 컴퓨터에 의해 처리된 정보의 전송이라 할 수 있다.

온라인 시스템의 대량 보급으로 인해 다기종의 시스템 간에 통신을 위한 표준화의 필요성이 더 강조되었음

04 다음 중 서로 관련성이 **먼** 것은?

① ENIAC – 최초의 컴퓨터
② SAGE – 상업용 정보통신 시스템
③ SABRE – 항공기 좌석 예약
④ ALOHA – 실험용 무선 패킷 교환망

• SAGE : 1958년 반자동 방공 시스템. 세계 최초의 데이터 통신
• SABRE : 1961년 미 항공사에서 도입한 좌석 예약제 시스템. 최초의 상업용 시스템

정답 01 ④ 02 ③ 03 ③ 04 ②

정보통신 시스템의 구성

▶ 합격 강의

빈출 태그 데이터 전송계 • 데이터 처리계 • 데이터 전송 경로

01 정보통신 시스템의 구성 요소

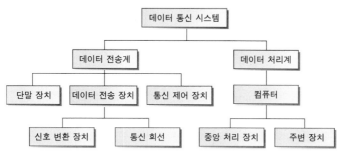

▲ 정보통신 시스템의 구성 요소

🅑 **기적의 TIP**

이번 섹션에서는 정보통신 시스템의 구성 요소들의 큰 개념을 정리합니다.
각 구성 요소에 대한 자세한 내용은 [Chapter 2 정보통신 기기]에서 다룹니다.

1) 데이터 전송계 : 정보의 이동을 담당 23년 3월, 22년 9월, 17년 3월, 13년 6월, 11년 6월, 10년 3월, 07년 8월, …

단말 장치 (DTE)	• 데이터 통신 시스템과 사용자의 접속점에 위치하여 데이터를 입·출력하는 장치 • 정보의 입력 및 출력, 저장 등의 기능을 수행함 • Date Terminal Equipment
신호 변환 장치(DCE)	• 데이터를 통신회선에 적합한 신호로 변경하거나 신호를 단말이나 컴퓨터에 적합한 데이터로 변경하는 장치 • 전화기, 변복조기(MODEM), DSU, 코덱 • Date Circuit-terminal Equipment
통신 회선	• 변환된 신호가 실제로 전송되는 이동 통로(또는 통신망) • 유선(유도)매체 : 트위스트 페어, 동축케이블, 광섬유 케이블 • 무선매체 : 라디오파, 지상마이크로파, 위성 마이크로파
통신 제어 장치(CCU)	• 통신 회선과 중앙 처리 장치를 연결 • 기능 : 전송제어, 회선제어(감시), 동기 및 오류제어, 전기적 결합 • Communication Control Unit

🕐 **암기 TIP**

데이터 전송계와 처리계를 구분할 수 있는지를 묻는 문제가 빈출됩니다.
전송계와 처리계는 확실히 구분할 수 있도록 공부합니다.
[데이터 처리계 = 컴퓨터]임을 기억하면 쉽게 구분할 수 있습니다.

• 변조기(Modulator) : 아날로그 시그널링을 위해서 아날로그나 디지털 데이터를 일정한 주파수를 가진 반송파에 싣는 장치
• 복조기(Demodulator) : 변조에 쓰인 주파수와 같은 반송파를 가하여 신호파를 얻는 장치

2) 데이터 처리계 : 정보의 처리, 보관 등의 기능 수행

중앙 처리 장치 (CPU)	• 컴퓨터 시스템의 핵심 장치 • 단말기에서 보낸 데이터를 실제로 처리하는 기능
주변 장치	보조 기억장치, 입출력 장치 등

🅑 **기적의 TIP**

데이터 전송 경로를 묻는 문제가 출제되었습니다. 그림〈정보통신 시스템의 구성〉을 잘 보면 전송경로가 보입니다.

DTE – DCE – 전송매체 – DCE – CCU ── 컴퓨터
　　　(데이터 전송계)　　　　　　　(데이터 처리계)

📌 터미널(DTE) – 모뎀(DCE) – 통신채널(전송매체) – 모뎀(DCE) – 통신제어장치(CCU) – 컴퓨터

✅ **개념 체크**

1 정보통신 시스템의 구성 요소 중 CCU는 공통신호 장치를 의미한다. (O, X)

1 ✕

FEP(Front End Processor : 전처리기)
- 통신제어장치(CCU)의 일종
- 통신 회선 및 단말 장치 제어, 메시지 조립과 분해, 전송메시지 검사, 오류 검출 등의 기능을 수행합니다.
- 통신제어 장치는 이 같은 기능을 수행함으로써 컴퓨터의 부담을 줄여 주게 됩니다.

▼ **정보통신 시스템의 구성** 06년 3월, 00년 7월

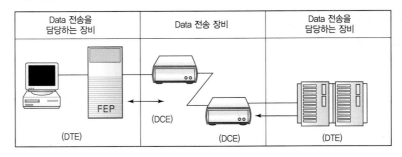

이론을 확인하는 기출문제

01 정보 전송 시스템만으로 이루어진 것은?
① 데이터 단말 장치, 입출력 장치, 통신 제어 장치
② 중앙 처리 장치, 기억장치, 입출력 장치
③ 데이터 단말 장치, 데이터 전송 회선, 통신 제어 장치
④ 데이터 전송 회선, 통신 제어 장치, 중앙 처리 장치

- 데이터 전송계
  - 정보의 이동을 담당
  - 단말 장치, 신호 변환 장치, 통신 회선, 통신 제어 장치
- 데이터 처리계
  - 정보의 가공, 처리, 보관 등의 기능 수행
  - 중앙 처리 장치, 주변 장치(보조 기억장치, 입출력 장치)
  - 데이터 처리계는 컴퓨터라고 생각하면 이해하기 쉽다.

02 정보통신 System의 구성 요소 중 정보 전송계 요소에 맞지 않는 것은?
① 신호 변환 장치
② 전송 회선
③ 중앙 처리 장치
④ 통신 제어 장치

- 정보통신 시스템에서 중앙 처리 장치는 데이터 처리계에 해당함
- 중앙 처리 장치는 컴퓨터의 핵심이며, 컴퓨터하면 데이터 처리임

오답 피하기
① 신호변환 장치(DCE), ② 전송회선, ④ 통신제어 장치(CCU)는 데이터 전송계에 속함

03 다음 중 정보통신 시스템의 데이터 전송계에 속하지 않는 것은?
① 검색장치
② 전송회선
③ 단말 장치
④ 통신제어장치

- 검색은 컴퓨터의 기능
- 컴퓨터라고 하면 [데이터 처리계]가 바로 떠올라야 함

오답 피하기
- 데이터 전송계 : 정보의 이동을 담당
  - 단말 장치
  - 데이터 전송 장치
  - 통신제어장치

04 다음 중 데이터 통신시스템의 구성에서 데이터 전송계에 해당하지 않는 것은?
① 단말 장치(DTE)
② 데이터 전송회선
③ 통신제어장치
④ 데이터 처리장치

- 정보통신 시스템은 데이터 전송계와 데이터 처리계로 구성됨.
- 데이터 전송계 : 정보의 이동을 담당
  - 단말 장치
  - 데이터 전송장치
  - 통신제어장치

오답 피하기
- 데이터 처리 장치(컴퓨터)는 데이터 처리계에 해당됨

정답 01 ③ 02 ③ 03 ① 04 ④

05 정보통신 시스템의 기본적인 구성에서 이용자와 정보통신 시스템과의 접점에서 데이터의 입·출력을 담당하는 것은?

① 단말 장치
② 정보처리 시스템
③ 데이터 전송회선
④ 변복조 장치

DTE(Data Terminal Equipment : 데이터 단말 장치)에 관한 설명임

오답 피하기

정보통신 시스템의 기본 구성은 양단말(DTE), 양단말 사이에 데이터가 오가는 통신회선(전송매체), 통신을 제어해 주는 통신 제어장치(CCU), 양 단말에 알맞은 신호로 변환해 주는 신호 변환 장치(DCE) 등이 있음
③은 전송매체, ④는 신호변환장치(DCE)에 해당함

06 정보통신 시스템에서 통신 제어 장치의 기능이 <u>아닌</u> 것은?

① 회선의 감시
② 가상 단말
③ 에러의 검출 및 제어
④ 전송 및 접속제어

• 통신 제어 장치(CCU : Communication Control Unit) : 데이터 전송회선과 주 컴퓨터를 연결하는 장치
• 통신 제어 장치의 기능
  1. 전송 제어 기능 : 다중 접속 제어, 교환 접속 제어, 통신 방식 제어, 경로설정 등
  2. 동기 및 오류 제어 기능 : 동기 제어, 오류 제어, 흐름 제어, 응답 제어 등
  3. 기타 기능 : 기밀보호, 제어정보 식별, 관리기능

07 정보통신 시스템의 구성 요소에 대한 설명으로 옳지 <u>않은</u> 것은?

① CCU는 통신 제어 장치이다.
② MODEM은 변복조 장치이다.
③ DTE는 데이터 에러 감시 장치이다.
④ DCE는 데이터 회선 종단 장치이다.

DTE(Data Terminal Equipment) : 데이터 단말 장치

오답 피하기

데이터 에러 감시, 검출, 제어는 통신제어 장치(CCU)의 기능임

08 정보통신 시스템의 구성 기기인 모뎀(MODEM)은 어느 장치에 해당하는가?

① 데이터 단말 장치
② 신호 변환 장치
③ 통신회선 장치
④ 정보처리장치

신호 변환 장치(DCE : Data Circuit Equipment)
• 전송회선의 양 끝에 위치하여 데이터 회선 종단장치(DCE : Date Circuit-Terminal Equipment)라고도 함
• 컴퓨터나 시스템 단말 장치의 데이터를 통신회선에 적합한 신호로 변경
• 통신 회선의 신호를 컴퓨터나 시스템 단말 장치에 적합한 형태로 변경하는 신호 변환 기능 수행
• MODEM, CODEC, DSU 등이 있음

09 다음 중 데이터 회선 종단 장치 또는 이와 관련 <u>없는</u> 것은?

① DCE
② DTE
③ MODEM
④ DSU

• DTE(Data Terminal Equipment) : 데이터 수신 장치나 송신 장치 또는 송수신 장치로서 동작하며, 데이터 통신 제어 기능을 갖추고 있는 단말 장치나 주 컴퓨터를 총칭하는 용어로 데이터 송수신 또는 처리를 하는 데이터 회선 종단 장치와 구별되는 장치
• 즉 DTE는 Terminal이라고 생각할 수 있음. 양끝의 물리적인 단말 장치인 DCE(Data Circuit-terminating Equipment)는 정보가 실제로 전송되는 것이 전송매체임. 그 전송매체의 양단에서 단말 장치인 DTE와의 원활한 통신을 도와주는 역할을 한다고 생각하면 됨

• Modem, CODEC, DSU : 신호변환 장치로 통신을 DCE(회선종단장치)처럼 DTE와 통신회선 사이에 데이터와 신호의 변환을 통해 원활한 데이터 통신을 돕는 장치

10 다음 중 데이터 전송 경로가 올바른 것은?

① 터미널 – 통신 채널 – 모뎀 – 통신제어장치 – 모뎀 – 컴퓨터

② 터미널 – 모뎀 – 통신채널 – 모뎀 – 통신제어장치 – 컴퓨터

③ 터미널 – 모뎀 – 통신제어장치 – 모뎀 – 통신채널 – 컴퓨터

④ 터미널 – 통신제어장치 – 모뎀 – 통신제어장치 – 모뎀 컴퓨터

터미널 – 모뎀 – 통신채널 – 모뎀 – 통신제어장치 – 컴퓨터

DTE – DCE – 전송매체 – DCE – CCU	– 컴퓨터
(데이터 전송계)	(데이터 처리계)

11 다음 그림은 정보통신 시스템의 기본 구성을 나타낸다. A, B, C, D에 해당하는 것은?

[A] – [B] – [데이터 전송로] – [C] – [D]

① A : DTE, B : DTE, C : DCE, D : DCE

② A : DCE, B : DTE, C : DTE, D : DCE

③ A : ACE, B : DCE, C : DTE, D : DTE

④ A : DTE, B : DCE, C : DCE, D : DTE

그림 〈정보통신 시스템의 구성〉이 떠올라야 함
잘 기억이 안 난다면 다시 한번 확인하고 풀어 보도록 해야 함

12 정보통신 시스템의 구성 요소에 해당하는 용어가 잘못 표기된 것은?

① DTE : 데이터 단말 장치

② CCU : 공통 신호 장치

③ DCE : 데이터 회선 종단 장치

④ MODEM : 변복조 장치

CCU : Communication Control Unit, 통신 제어 장치

13 통신 소프트웨어의 세 가지 기본 구성 요소로 옳은 것은?

① 데이터 송수신, 통신 하드웨어 제어, 이용자 인터페이스 제어

② 데이터 입출력 제어, 데이터 처리, 데이터 분배

③ 네트워크 제어, 전송 부호 관리, 이용자 인터페이스 제어

④ 데이터 입출력 제어, 데이터 전송 제어, 통신 회선 제어

통신 소프트웨어의 세 가지 기본 구성 요소 : 데이터 송수신, 통신 하드웨어 제어, 이용자 인터페이스 제어

▶ 합격 강의

01 정보통신 시스템의 발전

오프라인에서 온라인으로, 일괄처리에서 실시간 처리로 발전해 왔다.

02 정보통신 시스템의 처리 형태 22년 4월, 15년 9월

1) 실시간(Real Time) 처리

- 은행의 창구 업무와 같이 단말 장치를 이용하여 고객으로부터 처리 요구가 있을 때 즉시 처리해 주는 방식이다.
- 좌석 예약업무, 은행업무, 조회업무 등이 실시간 처리에 해당된다.

2) 시분할(Time Sharing) 처리

- 컴퓨터의 처리 능력을 일정 시간 단위로 분할하여 여러 프로세스들의 정해진 시간 (Time Slice) 동안 작업을 번갈아 처리함으로써 컴퓨터 자원의 공용을 가능하게 하는 방식이다.
- 컴퓨터의 처리 능력이 향상됨에 따라 가능해진 방법이다.
- 교대시간이 짧아 각각의 사용자는 마치 독점하여 컴퓨터를 사용하는 것처럼 느끼게 된다.

3) 일괄(Batch) 처리

- 처리할 데이터를 일정 양, 혹은 일정 기간 동안 모아서 한꺼번에 전달하여 처리하는 방식이다.
- 급여 관리, 성적관리 등이 일괄처리에 해당된다.

4) 온라인 처리 vs 오프라인 처리 06년 5월/8월

온라인(On-Line) 처리	오프-라인(Off-Line) 처리
• 데이터 발생 현장에 설치된 단말 장치와 원격지에 설치된 컴퓨터가 통신 회선을 통해 직접 연결된 형태이다. • 직접 연결되기 때문에 데이터 송・수신시 사람이나 기록매체가 필요 없다.	• 단말 장치와 컴퓨터가 통신 회선으로 직접 연결되어 있지 않은 형태이다. • 정보의 운반을 사람이 직접 수행한다. • 단말 장치와 컴퓨터 사이에 데이터를 보관할 기록 매체가 필요하다.

🅕 기적의 TIP

온라인 처리와 오프라인 처리의 차이점을 잘 이해하기 위해서 [사진 인화하기] 예를 생각합니다.
– 온라인 처리 : 온라인에서 사진 인화 요청 시 내 컴퓨터(단말기)에서 사진인화 서비스 사이트의 서버로 사진파일을 바로 업로드 시키면 됩니다.
– 오프라인 처리 : 동네 사진관에 가서 사진 인화 서비스를 받으려면 내 컴퓨터에 있는 사진 파일들을 기록매체(USB나 CD) 등에 저장하여 내가 직접 사진관으로 이동해야 합니다.
이제 차이점이 명확히 이해되었죠?

03 정보통신 시스템의 이용 형태

데이터 수집	원격 검침, 판매 시점 관리 등
조회 응답	컴퓨터 시스템의 자료를 조사하여 해당 정보를 제공하는 정보검색 시스템 등
메시지 교환	회선 교환, 축적 교환
거래 처리	은행 창구 업무, 좌석 예약 실무 등
원격 작업 입력	원격지의 작업을 위한 프로그램과 데이터 동시 수행
컴퓨터 네트워크	분산 처리 기능, 분산 데이터베이스 기능

✓ 개념 체크

1 정보통신 시스템을 통해 원격 검침, 판매 시점 관리 등 (   )이 가능하다.

1 데이터 수집

이론을 확인하는 기출문제

01 다음 중 정보통신 시스템의 회선 구성 또는 처리 방식에 해당되지 <u>않는</u> 것은?

① 온라인(On-Line) 방식
② 트래픽(Traffic) 방식
③ 일괄(Batch) 처리 방식
④ 실시간(Real time) 처리 방식

정보통신 시스템의 처리 방식
– 실시간 처리(Real Time)
– 시분할 처리(Time Sharing)
– 일괄 처리(Batch)
– 온라인 처리(On-Line)

02 데이터 발생 현장에 설치된 단말기가 원격지에 설치된 컴퓨터와 통신 회선을 통해 직접 연결된 형태는?

① 일괄 처리 라인
② 오프라인
③ 온라인
④ 데이터베이스라인

• 온라인 처리 방식을 의미
• 온라인 처리방식은 원격지 실시간 데이터 통신을 위한 직접 연결 형태

오답 피하기

오프라인 : 단말기와 컴퓨터가 통신회선으로 연결되어 있지 않은 형태

03 다음 중 온라인(On-Line) 시스템과 관련 <u>없는</u> 것은?

① 실시간 (Real-Time)처리에 이용된다.
② 데이터의 전송과 처리 과정에 사람이 개입되지 않는다.
③ 정보 전송 장치와 정보 처리 장치 사이에 자기 테이프 등의 기록 매체를 경유한다.
④ 데이터지의 단말기가 원격지에 설치된 컴퓨터와 통신 회선을 통해 연결된다.

• 온라인 시스템의 처리 방식은 데이터가 전송될 때마다 즉시(실시간) 처리하는 방식으로 정보 전송 장치와 정보 처리 장치에서 경유하지 않음
• ①, ②, ④ 모두 온라인 시스템의 특징에 관한 설명임

오답 피하기

③처럼 데이터 전송 장치와 처리 장치 사이에 기록매체를 이용해야 하는 처리 방식은 오프라인 방식임

정답 01 ② 02 ③ 03 ③

CHAPTER

정보통신 기기

학습 방향

DTE-DCE 인터페이스, 교환기의 정의, 커넥션 신호선, 코덱, 모뎀의 기능, DSU, 광 케이블의 물리적인 특성들, 장점과 단점, 클래딩, 통신 제어 장치의 정의와 기능, 접속 장비들의 기능 등을 중심으로 공부하세요.

출제빈도

SECTION 01	중	15%
SECTION 02	하	5%
SECTION 03	상	40%
SECTION 04	상	25%
SECTION 05	하	7%
SECTION 06	하	8%

단말 장치

▶ 합격 강의

빈출 태그 단말 장치 기능 • 입 · 출력기능 • 저장 기능 • DTE–DCE 접속 규격 • 커넥션 신호선

01 단말 장치(DTE : Data Terminal Equipment)의 정의

- 디지털 데이터의 송수신 과정에서 최종적으로 데이터를 전송하는 기능을 수행하는 장치이다.
- 초기 단말기 형태는 저속 단말기의 형태였으나, 현재는 자체 처리 능력을 지닌 지능형(Intelligent) 단말기로 발전해 가고 있다.
- 데이터 통신 시스템과 사용자 간에 위치하여 데이터의 입력과 출력을 담당한다.

02 단말 장치의 기능과 구성 16년 5월

1) 단말 장치의 3대 기능 14년 3월, 13년 9월

입 · 출력 기능	• 외부로부터 데이터를 받아들이고, 역으로 데이터 통신 시스템에서 처리한 결과를 외부에 출력하는 기능 • 입력 장치로는 키보드, 출력 장치로는 모니터, 프린터 등이 있음
전송 제어 기능	장비 간의 정확한 데이터 송수신을 행하기 위한 전송 제어 절차를 수행하는 기능으로, 송수신 제어 기능과 입 · 출력 제어 기능, 오류 제어 기능을 수행
기억 기능	송수신 정보의 일시적 저장 또는 정보의 국부 처리 기능

2) 단말기의 구성

단말기는 크게 입 · 출력 장치부와 전송 제어부로 구성된다.

입 · 출력 장치부	우리가 사용하는 자료를 컴퓨터가 다루는 신호로 변환하는 입력 장치와 컴퓨터가 처리한 결과를 우리가 인식할 수 있도록 변환하는 출력 장치로 구성
전송 제어 장치부	• 회선 접속부 : 단말기와 통신 회선을 물리적으로 연결해 주는 부분 • 회선(오류) 제어부 : 회선 접속부의 물리적 접속으로 들어온 데이터의 조립과 분해, 데이터의 버퍼링 기능, 오류제어 등 전송 제어를 행하는 부분 • 입 · 출력 제어부 : 입 · 출력 장치의 직접적인 제어를 행하는 부분

✓ 개념 체크

1 정보통신 시스템의 기본적인 구성 중 이용자와 정보통신 시스템과의 접점에서 데이터의 입 · 출력을 담당하는 것은 (   )이다.

2 DTE는 목적지 주소 정보를 기반으로 목적지까지의 경로를 설정하여 전달하는 기능을 수행한다. (O, X)

1 단말 장치, 2 ×

03 단말 장치의 분류

1) 일반적 분류

• 범용 단말 장치

표시 장치	주로 CRT(음극선관)를 사용하며, 최근에는 액정 디스플레이(LCD)도 사용
광학 인식 장치	MICR(마그네틱 잉크 문자 판독기), OCR(광학 문자 판독기), OMR(광학 마크 판독기) 등
인쇄 장치	과거에는 충격식(Impact) 프린터가 주로 사용되었으나, 현재는 잉크젯이나 레이저급의 인쇄 품질이 좋은 비충격식(Non-Impact) 프린터를 많이 사용
천공 장치	종이 카드, 종이 테이프 등에 구멍을 뚫어 정보를 기억시키는 장치
자기 기억장치	자기(Magnetic)적 성질을 띤 자기 테이프, 자기 디스크 장치 등
그래픽 단말기	그래픽 처리를 위한 디지타이저(Digitizer)나 스캐너(Scanner) 같은 특수 입력 장치 등
마이크로그래픽 단말기	마이크로필름과 같이 문자 정보를 비롯한 도형, 그림, 그래프 등을 작은 면적에 대량으로 저장하여 보관과 검색이 편리하도록 한 장치

• 전용 단말 장치

은행	온라인 실시간 처리 시스템으로, 은행의 창구에서 사용되는 단말기와 자동화 코너에서 사용되는 현금 자동거래 단말 장치 및 온라인 뱅킹, PC 뱅킹 등에서 사용
의료 정보용	병원의 의료와 관련된 사무 처리, 진료, 연구 등에 사용
증권 주가용	증권 회사에서 기업의 주가나 거래에 대한 정보를 표시하는 데 사용
생산 관리용	공장 등의 공정 관리나 재고 관리, 생산 관리의 즉시 처리용으로 사용
POS	슈퍼마켓이나 백화점 등에서 바코드나 라이트 펜 등을 이용하여 상품의 재고, 판매, 금액의 합산 등에 사용
교통용	대중교통의 승차권이나 정기권 등의 발생 업무에 사용
교육용	학생들의 학습과 교육에 사용

• 복합 단말 장치

지능(Intelligent)	프로그램이 내장되어 있어 데이터의 입·출력 및 간단한 데이터 처리 능력을 가진 단말 장치로 간단한 계산, 프로그램 개발 등이 가능하고 호스트 컴퓨터와 연결되지 않은 독자적인 컴퓨터로도 사용 가능
원격 일괄 (Remote Batch) 처리	주로 원격지의 일괄 처리에 사용되는 장치로 고속 회선으로 연결되어야 하며 고속 프린터를 갖춤

2) 프로그램 내장 유무에 따른 분류

지능형(Intelligent)	프로그램이 내장되어 있어서 단독으로 일정 수준의 업무 처리가 가능한 단말 장치
비지능형 (Non-Intelligent)	• 더미(Dummy) 단말 장치 • 기억 기능이 없으므로 프로그램이 내장되어 있지 않고 모든 처리를 컴퓨터와 중앙 처리 장치에 의존

3) 입·출력 여부에 따른 분류

입력 전용	데이터의 입력만을 위한 단말 장치로 MICR, OCR, OMR, 종이 테이프 판독 장치 등
출력 전용	중앙 처리 장치 등으로부터 데이터나 명령 등을 수신하여 화면 또는 프린터의 용지 위에 출력해 주는 장치

✓ 개념 체크

1 단말 장치를 일반적으로 분류하였을 때 '전용 단말 장치'에 해당하는 것을 모두 고르세요. (   )
㉠ 표시 장치
㉡ 의료 정보용
㉢ 교통용
㉣ 그래픽 단말기
㉤ 은행

1 ㉡, ㉢, ㉤

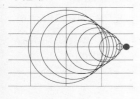
04 단말 장치 사이의 접속 규격

1) DTE와 DCE 사이의 접속 규격 13년 9월, 10년 5월, 07년 3월

• 데이터 단말 장치(DTE)와 데이터 회선 종단 장치(DCE) 사이의 전기적 접속 규격을 위해서 세계 표준 관련 기구들이 표준안을 제정하였다.
  – 기계적(물리적), 전기적, 논리적 조건을 정의한다.
  – OSI 참조 모델이 최하위계층인 물리계층과 관계된다.

기계적 특성	접속 핀의 크기, 개수 등 물리적인 특성
전기적 특성	전압 등에 관련된 특성
기능적 특성	각 핀의 기능에 대한 특성
절차적 특성	신호 전송 절차에 대한 특성

2) 접속 규격 표준안 23년 5월, 22년 3월/9월, 19년 9월, 17년 3월, 15년 3월, 14년 9월

V 시리즈	• 공중 전화 교환망(PSTN)을 통한 DTE/DCE 접속 규격 • V.24 : 기능적, 절차적 조건에 대한 규정 • V.28 : 전기적 조건에 대한 규정	ITU-T
X 시리즈	• 공중 데이터 교환망(PSDN)을 통한 DTE/DCE 접속 규격 • X.20 : 비동기식 전송을 위한 DTE/DCE 접속 규격 • X.21 : 동기식 전송을 위한 DTE/DCE 접속 규격 • X.25 : 패킷 전송을 위한 DTE/DCE 접속 규격	
RS-232C	• 공중 전화 교환망(PSTN)을 통한 DTE/DCE 접속 규격	EIA

3) DTE와 MODEM 사이의 접속 규격

• 데이터 단말 장치(DTE)와 변복조기(MODEM) 사이의 표준화를 위해서 정해 놓은 규격이다.
• 미국 전자 공업 협회인 EIA에서 정의한 RS-232C, 국제 전기 통신 협회의 표준 센터인 ITU-T(CCITT)에서 권고한 V.24 등의 규격이다.
• RS-232C 케이블은 25핀이며, 이 핀 중 2번 핀과 3번 핀은 DTE와 DCE 사이의 송신과 수신을 담당한다.

4) 커넥션의 신호선 00년 10월

• 데이터를 보내고 받기 위한 과정

DTR ➡ DSR ➡ RTS ➡ CTS ➡ DCD ➡ TXD ➡ RXD

• 신호선에 대한 설명

신호선	핀 No.	내용
DTR(Data Terminal Ready)	20번	컴퓨터 또는 터미널이 모뎀에게 자신이 송수신 가능한 상태임을 알리는 신호선
DSR(Data Set Ready)	6번	모뎀이 컴퓨터 또는 터미널에게 자신이 송수신 가능한 상태임을 알려 주는 신호선
RTS(Ready To Send)	4번	컴퓨터와 같은 DTE 장치가 모뎀과 같은 DCE 장치에게 데이터를 보내기 위해서 준비를 요청하는 신호선
CTS(Clear To Send)	5번	모뎀과 같은 DCE 장치가 컴퓨터와 같은 DTE 장치에게 전송할 데이터를 받을 준비가 됐음을 나타내는 신호선
DCD(Data Carrier Detect)	8번	모뎀이 상대편 모뎀과 전화선 등을 통해서 접속이 완료되었을 때, 상대편 모뎀이 캐리어신호를 보내오면 이 신호를 검출하였음을 컴퓨터 또는 터미널에 알려 주는 신호선
TXD(Transmit Data)	2번	DTE가 원격지로 정보를 보낼 때 데이터를 DCE에게 보내는 신호선
RXD(Receive Data)	3번	DTE가 원격지에서 수신한 데이터를 DCE로부터 입력받는 신호선

✔ 개념 체크

1 단말 장치 사이의 접속 규격 표준안 중에서 전화망을 통한 아날로그 데이터 전송을 규정한 것은 V 시리즈이고, 디지털 데이터 전송을 규정한 것은 X 시리즈이다. (O, X)

1 ○

이론을 확인하는 기출문제

01 터미널을 기능상으로 구분하였을 경우 해당하지 않는 것은?

① Dumb 터미널
② Intelligent 터미널
③ Smart 터미널
④ Remote 터미널

Remote 터미널 : 멀리 떨어진 곳에서 통신 회선이나 전화선을 이용하여 중앙의 컴퓨터를 이용하기 위한 입·출력 장치. 따라서 Remote 터미널은 기능상의 구분보다는 구성 형태상의 구분으로 파악해야 함

오답 피하기

• Dumb 터미널 : 입·출력 기능만으로 구성된 터미널
• Intelligent 터미널 : 마이크로 프로세서와 기억장치를 갖추고 입력 데이터의 타당성 검사나 출력 데이터의 편집 등 독자적인 기능을 수행하는 터미널
• Smart 터미널 : 마이크로 프로세서와 RAM을 내장하여 자체적으로 입·출력 정보를 처리하고 표시할 수 있는 기능을 가진 터미널

02 DTE/DCE 접속 규격에서 DCD(Data Carrier Detect)의 기능 설명으로 옳은 것은?

① DCE가 선로 쪽으로부터 감지할 수 있는 크기의 신호를 수신하고 있음을 DTE에게 통보
② Data를 전송할 목적으로 DTE에서 DCE로 이송
③ DCE가 송신할 준비의 완료 여부를 DTE에게 통보
④ DTE가 정상적인 동작 상태에 있음을 DCE에게 통보

---

① : RS-232C의 8번 핀의 기능

오답 피하기

• ② : TXD(Transmit Data)
• ③ : DSR(Data Set Ready)
• ④ : DTR(Data Terminal Ready)

정답 01 ④ 02 ①

03 다음 중 DTE-DCE 인터페이스에 속하지 않는 것은?

① 전기적 특성   ② 기계적 특성
③ 기능적 특성   ④ 통신적 특성

- DTE-DCE 인터페이스 : 데이터 통신망의 가입자 회선 말단부에 놓인 데이터 회선 종단 장치(DCE)와 데이터 단말 장치(DTE) 사이의 경계 또는 경계 조건의 규정
  - 기계적 특성 : 연결하는 데이터선이나 제어선의 종류 등에 관한 물리적 조건
  - 전기적 특성 : 각각의 선상에서의 전기적 조건
  - 기능적 특성 : 교환망 제어를 위한 DTE와 교환기 사이의 신호 방식을 포함한 DTE 수용상 일체의 접속 조건

04 DTE와 DCE를 접속할 때 고려하여야 할 특성으로 적합하지 않은 것은?

① 전기적 특성
② 기계적 특성
③ 기능적 특성
④ 통신적 특성

위의 문제와 동일한 문제! 질문이 조금 바뀌어 출제되었을 뿐 질문의 핵심은 'DTE와 DCE 간의 접속'으로 동일함

05 정보 통신망에서 변복조 장치를 단말기에 접속할 때 사용하는 표준안은?

① CSMA/CD 방식
② TCP/IP 방식
③ RS-232C 방식
④ 10 BASE T 방식

- 데이터 단말 장치(DTE)와 변복조기(MODEM) 사이의 표준화를 위해서 정해 놓은 규격
  - 미국 전자 공업 협회인 EIA에서 정의한 RS-232C
  - 국제 전기 통신 협회의 표준 센터인 ITU-T(CCITT)에서 권고한 V.24
- RS-232C : 컴퓨터들과 관련 장치들 간에 비교적 느린 속도의 직렬 데이터 통신을 하기 위한 물리적 연결과 프로토콜에 관해 기술하고 있는 표준

오답 피하기
- CSMA/CD : 이더넷의 전송 프로토콜로서 IEEE 802.3 표준에 규격화되어 있음
- TCP/IP : 인터넷의 기본적인 통신 프로토콜로서 Intranet이나 Extranet과 같은 사설 망에서도 사용됨
- 10 BASE T : 값이 싸고 설치가 용이한 전화 회선을 사용하는 네트워크에 관한 표준

06 다음 중 단말기에 속하지 않는 것은?

① TDX-10
② PDA
③ 전화기
④ 휴대폰

정보통신의 개념
휴대폰, PDA, 전화기, 모니터, 프린터 등이 단말기에 속함

오답 피하기
TDX-10 : 국내에서 개발한 대형 디지털 전자교환기

07 다음 중 DTE와 DTE 간에 RS-232C에 의한 직접 접속(Null Modem) 시 필요하지 않은 것은?

① GND
② TxD
③ RxD
④ RTS

RTS(Ready To Send) : 컴퓨터와 같은 DTE 장치가 모뎀 또는 프린터와 같은 DCE 장치에게 데이터를 받을 준비가 됐음을 나타내는 신호선

오답 피하기
Null Modem : 모뎀없이 DTE와 DTE간 직접 연결을 하는 것을 Null-Modem 접속이라고 하며, 이러한 접속에서는 RxD, TxD, GND 을 기본으로 연결해야 함
- ① GND (GrouND) : 접지, 전기 회로에서 기준 전위와의 전위차가 0v인 것을 일컫는 말로 전원 전압의 기준 신호선
- ② TxD(Transmit Data) : 비동기식 직렬 통신 장치가 외부 장치로 정보를 보낼 때 직렬 통신데이터가 나오는 신호선
- ③ RxD(Received Data) : 외부 장치에서 들어오는 직렬 통신 데이터를 입력받는 신호선

정답 03 ④ 04 ④ 05 ③ 06 ① 07 ④

▶ 합격 강의

01 교환기기의 정의 06년 8월

- 교환은 원하는 통신 상대방을 선택하기 위한 기술이다.
- 목적지 주소 정보를 기반으로 목적지까지의 경로를 설정하여 전달하는 기능을 수행한다.
- 수많은 통신 가입자들이 상호 원하는 통신 상대방을 결정해야 하는 상황에서 교환 기술은 이제 통신 시스템의 중추적인 역할을 담당한다.
- 전용 회선 사용 시 그 고장에 대비한 예비 회선으로서의 역할도 수행하게 되며 이러한 교환 회선의 이용에 필요한 장비로는 자동 응답기, 자동 호출기가 있다.

02 교환기기의 종류

자동 응답기(Automatic Answering Unit)	자동 호출기(Automatic Calling Unit)
• 카드로 만들어져 보통 변복조기 안에 내장되어 있다. • 터미널 이용자의 호출을 컴퓨터 측에 접속해 준다. • 전화의 호출 신호를 감지하여 이를 사람의 조작 없이 호출 측의 터미널이 컴퓨터와 연결되어 데이터 전송을 시작할 수 있도록 해 주며, 사용이 끝난 후에는 전화 회선을 정상 상태로 환원해 주는 역할을 한다.	• 컴퓨터나 터미널이 다른 컴퓨터나 터미널과 교환 회선을 통해 데이터 전송을 원할 때 상대방을 호출하여 연결하는 방법으로, 수동식 다이얼링에 의한 호출 방법과 자동식 다이얼링에 의한 호출 방법이 있다. • 자동식 다이얼링에 의한 호출을 행하기 위해서는 자동 호출기(ACU)가 있어야 한다. • 기본 기능은 사람 대신 필요한 컴퓨터나 터미널을 자동으로 다이얼링하여 호출하는 것이다.

사물인터넷(IOT)
사물에 센서를 부착해 실시간으로 데이터를 인터넷으로 주고받는 기술이나 환경을 일컫는다. 기존의 유선통신을 기반으로 한 인터넷이나 모바일 인터넷보다 진화된 단계로 인터넷에 연결된 기기가 사람의 개입 없이 알아서 정보를 주고받아 처리한다. 사물이 인간에 의존하지 않고 통신을 주고받는 점에서 기존의 유비쿼터스나 M2M(Machine to Machine : 사물지능통신)과 비슷하기도 하지만, 통신장비와 사람과의 통신을 주목적으로 하는 M2M의 개념을 인터넷으로 확장하여 사물은 물론이고 현실과 가상세계의 모든 정보와 상호작용하는 개념으로 진화한 단계라고 할 수 있다.

이론을 확인하는 기출문제

01 다음 정보통신 시스템의 구성 요소 중 목적지 주소 정보를 기반으로 목적지까지의 경로를 설정하여 전달하는 기능을 수행하는 것은?

① 단말 장치
② 변복조 장치
③ 교환 장치
④ 다중화/역다중화 장치

교환 장치에 대한 설명임

오답 피하기
- ① 단말 장치 : 사용자와 시스템이 최종적으로 접하는 장치로 입·출력, 기억 기능을 담당함
- ② 변복조 장치 : 신호 변환장치 모뎀의 주 기능으로 통신회선과 단말사이에 신호변환 역할
- ④ 다중화/역다중화 : 효율적이고 경제적인 전송을 위해 채널을 효과적으로 이용하기 위한 방법

정답 01 ③

전송기기

▶합격 강의

빈출 태그 DSU · 코덱 · 모뎀 · 광케이블의 특징

전송기기는 DTE 간에 정보를 송 · 수신하기 위한 연결 전송 구간을 구성하는 요소로서, 신호 변환기와 통신 회선으로 구성된다.

01 신호 변환기(Signal Converter)

변조(Modulation)
디지털 신호를 아날로그 신호로 변환하는 과정

복조(Demodulation)
아날로그 신호를 디지털 신호로 변환하는 과정

- 단말 장치나 컴퓨터의 데이터를 통신 회선에 맞는 신호로 변경하거나, 통신회선의 신호를 단말 장치나 컴퓨터에 맞는 데이터 형으로 변경하는 기능을 담당한다.
- 전송 회선의 양 끝에 위치한다고 하여 데이터 회선 종단 장치(DCE : Date Circuit_ Terminal Equipment)라고도 한다.
- 아날로그 회선을 사용할 때에는 변복조기(모뎀)가 이용되며, 디지털 회선을 사용할 때에는 디지털 서비스 유닛(DSU : Digital Service Unit)이 이용된다.
- 변조와 복조의 기능이 있다.

🕐 암기 TIP

- 우리가 실제 전화를 할 때 우리의 음성이 어디를 통해서 나가는지를 생각해 보면 쉽게 알 수 있습니다.
  – 송화기를 통해서 내 음성이 전기 신호로 변환되어야 전화선을 타고 상대방 수화기에 도착할 수 있습니다.
  – 또 이 전기신호는 상대방 수화기를 통해 음성으로 바뀌어야 상대방이 내 음성을 듣게 됩니다.

전화기의 구성

- 송화기 : 음성을 전기신호로 변환
- 수화기 : 전기신호를 다시 음성으로 변환
- 다이얼 : 착신 가입자의 번호를 교환기에 알려 줌
- 훅 스위치 : 수화기를 들면 신호상태와 통화상태를 자동으로 전환해 주는 역할을 함

1) DCE 종류 24년 5월, 23년 5월, 20년 8월, 15년 5월, 11년 6월/8월, 07년 5월, 06년 3월/5월/8월, 02년 9월

모뎀 (MODEM, 변복조기)	컴퓨터에서 나가는 디지털 신호를 전화 회선을 통해 보낼 수 있도록 아날로그 신호로 바꾸고(변조), 들어오는 아날로그 신호를 디지털 신호로 바꾸어 주는(복조) 신호 변환 장치
전화기	음성신호를 전기 신호로 변환하여 전송하고, 전기신호를 다시 음성으로 변환하여 음성통신을 하는 장치
디지털 서비스 유닛 (DSU : Digital Service Unit)	• 디지털 데이터를 원래 전송에 적합한 디지털 신호로 변환하여 디지털 전송로를 통해 전송하는 회선 종단 장치 • 모뎀처럼 아날로그 방식으로 전송하는 것이 아니라 디지털 방식으로 전송하는 장비 • 회로의 구성이 간단하고 경제적이며, 고속 전송이 가능 • 송신 측에서부터 수신 측까지 전부 디지털 전송
음향 결합기 (Acoustic Coupler)	• 단말 장치와 전화기를 연결하기 위한 모뎀의 일종으로, 전화기의 송수화기를 음향 결합기에 결합시켜서 디지털 신호를 아날로그 신호로 변환한 후 전송하는 장치 • 비동기 전송인 주파수 편이 변조(FSK) 방식을 사용하므로 2선식에서 전이중 전송이 가능 • 전화기 마이크의 물리적 특성 때문에 고속 전송에는 부적합하고 최근에는 사용되지 않음
코덱 (CODEC : Coder/Decorder)	• 아날로그 데이터를 디지털 통신회선에 적합한 디지털 신호로 변환 • 디지털 신호를 단말기나 컴퓨터에 적합한 아날로그 데이터로 변환 • PCM 방식을 이용하여 데이터를 변환함

▼ 주요 신호 변환 형태

신호 변환 장치	신호 변환 형태	통신 회선 형태
MODEM	디지털 데이터 ↔ 아날로그 신호	아날로그 회선
CODEC	아날로그 데이터 ↔ 디지털 신호	디지털 회선
DSU	디지털 데이터 ↔ 디지털 신호	디지털 회선

기적의 TIP

신호 변환 장치의 종류를 아는지 묻는 문제가 출제되었습니다.
〈출제유형〉
유형 1. 다음 중 신호 변환 장치가 아닌 것은?
유형 2. 다음 중 DCE와 관련이 없는 것은?
둘 다 신호 변환 장치(DCE)가 아닌 것을 고르는 문제입니다.

02 통신 회선

- 컴퓨터나 시스템 단말 장치에 입력된 데이터가 실제로 전송되는 물리적인 전송로이다.
- 유선매체와 무선매체의 통신회선으로 구분된다.

유선 매체	꼬임선(트위스티드 페어), 동축 케이블, 광섬유 케이블
무선 매체	지상 마이크로파, 위성 마이크로파, 라디오파

▼ 유선매체의 전송 특성 비교

전송 매체	총 데이터 전송률	대역폭	리피터 설치 간격
꼬임선(트위스티드 페어)	4Mbps	250KHz	2~10km
동축 케이블	500Mbps	350KHz	1~10km
광섬유 케이블	2Gbps	2GHz	10~100km

암기 TIP

DSU(Digital Service Unit)을 묻는 문제가 나오면 한 가지만 꼭 기억합니다.
[디-디-디(DDD)] 디지털 데이터를 디지털 신호로 변환하여 디지털 전송로로 보냅니다.

① 꼬임선(트위스티드 페어 : Twisted-Pair) 22년 9월, 16년 3월

물리적 특성	나선 형태의 절연된 두 개의 구리선이 상호 전기적 간섭 현상을 줄이기 위해 서로 감겨 있는 형태의 케이블
응용	• 다른 전송 매체에 비해 저가 • 시공이 쉽기 때문에 가정용 전화기와 개인용 컴퓨터 연결에 사용
특성	• 다른 전송 매체에 비해 대역폭이 넓지 못함 • 고속 전송도 비교적 제한적

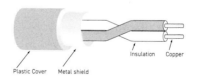

▲ 트위스티드 페어

② 동축 케이블 11년 6월

물리적 특성	물리적 특성 동일한 동심축을 외부의 전류로부터 보호하기 위해서 플라스틱 절연체를 씌우고 그 위에 그물모양의 구리망을 두름
응용	• 광대역 아날로그나 고속 디지털 전송에 사용됨 • 최근에는 광섬유로 대체되고 있음
특성	• 트위스티드 페어에 비해 우수한 주사수 • 동축케이블은 비평형 케이블이고 꼬임선(트위스티드 페어)에 비해 혼선과 방해를 훨씬 덜 받음

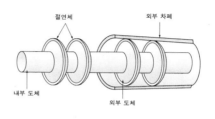

▲ 동축 케이블

개념 체크

1 아날로그 데이터를 전송하기 위해 디지털 형태로 변환하고, 디지털 형태를 원래의 아날로그 데이터로 변환시킬 수 있는 장비를 ( )이라고 한다.

2 유선매체의 통신회선으로 전송할 때, 꼬임선을 이용하기 위해 리피터 설치 간격을 1~10km로 유지해야 한다. (O, X)

1 코덱, 2 ×

③ 광섬유 케이블(Optical Fiber Cable) 23년 3월, 22년 3월, 20년 6월, 19년 3월, 18년 3월, 17년 5월, 16년 10월, …

물리적 특성	코어❶와 클래딩❷, 코팅 부분으로 구성되며, 빛 신호가 코어를 따라 이동하면서 클래딩에 반사되는 과정을 반복하여 데이터를 전송하는 케이블	
응용	장거리 트렁크, 시외 교환 트렁크, 가입자 루프, 근거리 통신망에 응용됨	
특성	장점	• 전반사의 원리를 이용하여 데이터를 전송함 • 유선 매체 중 가장 빠른 속도와 높은 주파수 대역폭을 갖고 있음 • 대역폭이 넓고 데이터 전송율이 높음 • 가늘고 가벼워 설치가 쉬움 • 보안성이 뛰어남 • 대용량, 장거리 전송이 가능함 • 전기적으로 무유도성, 무누화성임 • 간섭이 없음
	단점	• 가격이 비쌈 • 멀티드롭(접속 및 확장)이 어려움(주의 : 멀티드롭이 어렵긴 하지만 불가능한 것은 아님)

🕐 암기 TIP

• 광섬유 케이블에 관한 문제 중 특히 특징을 묻는 문제가 많이 출제됩니다.
• 문제 풀이의 핵심은 [단점]! 당연히 수많은 장점들을 외우는 것보다 딱 두 개의 단점을 외우는 게 편하겠죠? 광섬유는 모든 점에서 다른 유선매체들보다 뛰어납니다. 단지 두 가지 '비싸다'와 '멀티드롭(분기)이 어렵다'는 것! 그러므로 이 두 가지 단점 외에 다른 점을 부정적으로 표현한 지문은 오답일 가능성이 높음을 기억합니다.

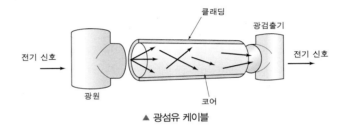

▲ 광섬유 케이블

➕ 더 알기 TIP

광섬유의 굴절률 및 전파 모드

단일 모드 (SMF : Single Mode Fiber)	코어를 직진하는 전파 모드의 수가 하나뿐인 광섬유로, 광통신의 중계용으로 많이 사용되며 초광대역 전송이 가능하고 코어의 직경이 작음(3~5[μm])
계단형 다중 모드 (SIMMF : Step Index Multi ModeFiber)	클래딩과 코어의 굴절률이 계단형으로 변화하고 전송 대역폭이 좁음
언덕형 다중 모드 (GIMMF : Graded Index MMF)	코어의 굴절률이 중심에서 가장 크고 주변으로 진행해 감에 따라 완만하게 저하되며, 계단형에 비해 전송 대역폭을 개선한 광섬유
삼각형 다중 모드 (TIMMF : Triangular Index MMF)	계단형 다중 모드와 언덕형 다중 모드의 장점을 더함

🅑 기적의 TIP

클래드(Clad)
광섬유 케이블의 기본 동작 원리는 전반사이며 클래드(Clad)가 광케이블의 전반사 현상을 발생시키는 장비로 광신호를 코어 부근으로 반사시켜 코어 내부로 빛을 모아주는 역할을 한다.

④ 광통신의 3요소

발광기(LD : Laser Diode)	전기 에너지를 광 에너지로 변환하는 송신 측의 요소
수광기(PD : Photo Diode)	광 에너지를 원래의 전기 에너지로 복원하는 수신 측의 요소
광섬유 케이블	석영을 사용한 전송 매체로, 광 에너지를 전송

01 다음 중 광통신 시스템에서 광 검출기로 적합한 것은?

① LD(Laser Diode)
② LED(Light Emitting Diode)
③ ZD(Zener Diode)
④ APD(Avalanche Photo Diode)

• PD(Photo Diode) : 빛에 조사(照射)되면 광전류를 발생시키는 반도체 다이오드, 공핍층 광 다이오드와 애벌란시 광 다이오드(APD)의 2가지로 나뉨
• APD(Avalanche Photo Diode) : 광섬유 전송 시스템의 수동 소자로서 가장 많이 사용됨
• LD(Laser Diode) : 순방향 반도체 접합을 능동 매질로 사용하여 레이저를 발생시키는 다이오드 LED(Light Emitting Diode)빛을 내는 반도체
 – 특징 : 낮은 전력소비(백열등의 1/6), 긴 수명(백열등의 8배), 친환경적 특성(수은 등 유해물질 미함유)
 – 사용 분야 : 각종 LCD의 광원, 조명등, 자동차 등 다양한 분야

02 디지털 교환망에 데이터 회선을 구성하여 디지털 신호 전송 시에 사용하는 DCE는?

① MODEM
② DSU
③ DTE
④ Remote Processor

디지털 회선에서 디지털 데이터를 디지털 신호로 변환하는 것은 DSU임
(다–다–D로 기억하자 : 디지털 회선–디지털 신호–DSU)

오답 피하기
• ① MODEM : 아날로그 회선에서 디지털데이터와 아날로그 신호교환을 하는 DCE(신호 변환 장치)
• ② DTE : 데이터의 입 · 출력을 담당하는 단말 장치로 DCE의 종류가 아님

03 다음 중 신호와 전송 방식 그리고 이를 위해 사용되는 신호 변환 장비에 대한 연결이 옳지 않은 것은?

① 아날로그 신호 – 디지털 전송 – 코덱(Codec)
② 디지털 신호 – 아날로그 전송 – 모뎀(Modem)
③ 디지털 신호 – 디지털 전송 – CSU
④ 아날로그 전송 – 아날로그 전송 – DSU

[다–다–D] 디지털 신호 – 디지털 전송 – DSU

04 정보 통신 시스템의 통신 회선 종단에 위치한 신호변환 장치 중 디지털 전송로에서 단극성 신호를 쌍극성 신호로 변환이 가능한 장치는?

① 지능 모뎀
② 음향 결합기
③ 코덱
④ 디지털 서비스 유니트

DSU(Digital Service Unit)
• LAN(근거리 통신망)에 사용되는 통신 기술로부터 나온 디지털 데이터 프레임을 WAN(광역 통신망)에 보낼 수 있도록 적절한 프레임으로 변환하는 외장형 모뎀 크기의 하드웨어
• DTE로서 컴퓨터와 CSU 사이에서 모뎀과 같은 인터페이스를 제공함

05 다음 중 모뎀의 기능과 관련이 없는 것은?

① 변조와 복조 기능
② 펄스를 전송 신호로 변환
③ 언어 번역 및 인식
④ Data 통신 및 속도 제어

모뎀의 기능 : 변 · 복조 기능, 자동 응답 기능, 반복 호출 기능, 속도 조절 기능
모뎀은 통신을 위한 인터페이스이므로 언어 번역이나 인식 기능과는 관련이 없음

정답 01 ④ 02 ② 03 ④ 04 ④ 05 ③

06 아날로그 신호를 디지털 전송 회선으로 전송하기 위해 디지털 형태로 변환시키고, 또한 디지털 형태를 원래의 아날로그 신호로 복구시키는 장치는?

① 모뎀
② 코덱
③ 멀티플렉서
④ 집중화기

모뎀, 코덱 모두 신호 변환 장치(DCE)이나 그 기능이 다소간 차이가 있다.
- **모뎀(변·복조기)**
  - 아날로그 회선으로 전송
  - 변조 : 컴퓨터에서 나가는 디지털 데이터를 전화회선을 통해 보낼 수 있도록 아날로그 신호로 바꿈
  - 복조 : 들어오는 아날로그 신호를 디지털 데이터로 바꿈

오답 피하기
- 멀티플렉서 : 하나의 물리적 전송 매체를 여러 개의 논리적 통신 채널이 공유할 수 있도록 해 주는 기기
- 집중화기 : 저속의 장치들이 속도가 빠른 하나의 혼선을 공유하여 사용할 수 있도록 해 주는 기기

07 다음 중 정보통신망에서 트렁크라인(T1, E1)을 직접 수용할 수 있는 것은?

① DSU
② CCU
③ MODEM
④ CSU

- CSU(Channel Sevice Unit) : 트렁크라인(T1, E1)을 직접 수용할 수 있는 장비
- 트렁크 방식 : 각각의 채널들을 먹스라는 집중 장비가 모아서 하나의 대용량 전송로를 통하여 한꺼번에 전송하는 방식

오답 피하기
- DSU(Digital Service Unit) : 디지털 데이터를 원래 전송에 적합한 디지털 신호로 변환하여 디지털 전송로를 통해 전송하는 회선 종단 장치
- CCU(Communication Control Unit) : 온라인 데이터 통신 시스템에서 주 컴퓨터에 접속되어 주 컴퓨터와 단말 간 또는 다른 주 컴퓨터 간에 통신 제어 기능을 수행하는 장치
- MODEM : 컴퓨터 디지털 데이터를 아날로그 신호로 바꾸어 전화선을 통하여 송신하며, 수신할 때는 아날로그 신호를 디지털 신호로 변환함

08 다음 중 광섬유 케이블의 일반적인 특징이 <u>아닌</u> 것은?

① 광대역성이다.
② 저손실성이다.
③ 전자기적 유도를 받지 않는다.
④ 전력선과 같이 포설할 수 없다.

광섬유 케이블의 특징
- 잡음이나 누화가 적음
- 광대역 전송이 가능
- 전송속도가 빠르고 전송손실이 적음

09 LAN을 구성하는 매체로서 광섬유 케이블의 일반적인 특성에 대한 설명으로 <u>틀린</u> 것은?

① 광대역, 저손실 및 잡음에 강하다.
② 동축 케이블에 비해 감쇠현상이 크다.
③ 성형 및 링형의 형태에서도 사용이 가능하다.
④ 전자기적인 전파의 간섭이 없다.

- 광 케이블(Optical cable) : 동축 케이블에 비해 감쇠량이 적으며, 다른 전송매체에 비해 가격이 비싸고 멀티드롭이 어려움
- 광케이블은 일단 모든면에서 다른 전송매체보다 우수하다고 생각하면 됨. 그러므로 수많은 장점을 외우려 하지 말고 두 개의 단점만 기억하자!

오답 피하기
①, ③, ④ 모두 광케이블 전송매체의 장점

10 다음 중 광케이블의 설명으로 <u>틀린</u> 것은?

① 동축케이블보다 더 넓은 대역폭을 지원한다.
② 전송 속도가 UTP 케이블보다 빠르다.
③ 전자기적 잡음에 약하다.
④ 동축케이블에 비해 전송 손실이 적다.

광섬유의 단점
- 비쌈
- 멀티드롭(분기나 접속)이 힘듦
그러므로 전자기적 잡음에 약하다는 단점은 광케이블의 특성이 아님

11 다음 중 전송회선의 특성과 거리가 먼 것은?

① 동축케이블은 평형케이블보다 대역폭이 넓으며, 고속의 데이터 전송이 가능하다.
② 평형케이블은 동축케이블보다 혼선, 감쇄, 전송 지연이 적다.
③ 광섬유케이블은 온도변화에 안정적이며 신뢰성이 높다.
④ 동축케이블은 초고주파대의 전송로에 적합하다.

• 평형 케이블은 꼬임선(트위스티드 페어)이라 이해하면 쉬움
• 동축 케이블은 비평형 케이블이고 꼬임선에 비해 혼선과 방해를 훨씬 덜 받음

12 다음 중 광섬유 케이블에서 전파모드 또는 굴절률 분포에 따른 분류가 아닌 것은?

① 복합모드
② 계단형 다중 모드
③ 단일 모드
④ 언덕형 다중모드

광케이블의 전파모드
• 단일모드(Single Mode)
• 다중 모드 계단형 굴절(Multimode Stepped Index)
• 다중 모드 언덕형 굴절(Multimode Graded Index)
* 각 모드별 자세한 내용은 본문을 참조

13 다음 중 광섬유 케이블의 기본 원리는?

① 산란
② 흡수
③ 전반사
④ 분산

광섬유 케이블 : 유리와 플라스틱을 주원료로 만든 것으로 빛의 반사 원리를 이용하여 전송

14 다음 중 광섬유에서 발생하는 손실이 아닌 것은?

① 접속 손실
② 레일리 분산 손실
③ 마이크로 벤딩 손실
④ 흡수 손실

광섬유의 단파장에서 주로 발생하는 손실은 레일리 분산 손실이 아니라 레일리 산란 손실임

15 다음 중 광섬유 케이블에서 클래드(Clad)의 주 역할은?

① 광 신호를 반사시키는 역할
② 광 신호를 증폭시키는 역할
③ 광 신호를 저장시키는 역할
④ 광 신호를 입력시키는 역할

클래딩(Cladding)
코어를 싸고 있는 부분으로, 코어를 통과하는 빛이 코어 내부에서 진행될 수 있도록 모아 주는 반사층의 역할을 담당함

16 다음 중 CATV 분배망 등에 사용되며 데이터 전송률이 500Mbps 정도까지 가능한 전송매체는?

① 2선식 개방선로
② 꼬임선
③ 동축 케이블
④ 광섬유

전송 매체	총 데이터 전송률
꼬임선(트위스티드 페어)	4Mbps
동축 케이블	500Mbps
광섬유 케이블	2Gbps

17 다음 중 LAN의 전송 매체로 대역폭이 가장 큰 것은?

① 나선 케이블
② 동축 케이블
③ 광섬유 케이블
④ UTP 케이블

현재까지 LAN 전송매체로서는 광섬유케이블의 대역폭이 가장 큼
• 광섬유 케이블 : GHz(105Hz) 단위의 큰 대역폭
• 나선 케이블 : MHz(104Hz) 단위의 대역폭
• 동축 케이블 : kHz(103Hz) 단위의 대역폭, 나선형 케이블보다는 높음

정답 11 ② 12 ① 13 ③ 14 ② 15 ① 16 ③ 17 ③

통신 제어 장치

▶ 합격 강의

빈출 태그 통신 제어 장치의 기능・통신 처리 기능・동기 제어・흐름 제어・회선 감시・속도 및 프로토콜 변환

01 통신 제어 장치의 기능 13년 6월, 10년 3월/5월, 07년 8월, 01년 6월

> **기적의 TIP**
>
> 통신 제어 장치의 기능에 대한 문제가 출제됩니다.
> • 데이터 입・출력, 기억, 데이터 처리는 '단말 장치(DTE)'의 기능
> • 신호변환은 '신호 변환 장치(DCE)'의 기능
> • 그 외의 전송관련 제어 기능은 모두 '통신 제어 장치(CCU)'의 기능이라고 정리해 놓으면 쉽게 해결할 수 있습니다.

• 데이터 전송 회선과 컴퓨터 사이에 위치하여 둘을 연결한다.
• 데이터 처리계인 컴퓨터가 데이터 처리를 잘 수행할 수 있도록 컴퓨터를 대신해 데이터 전송에 관한 전반적인 제어 기능을 담당한다.

전송 제어	다중 접속 제어, 교환 접속 제어, 통신 방식 제어, 경로 설정
동기 및 오류 제어	동기 제어, 오류 제어, 흐름 제어, 응답 제어
기타 제어	기밀 보호, 제어 정보 식별

02 통신 제어 장치의 종류

CCU(Communication Control Unit : 통신 제어 장치)	기본 기능을 수행(문자/블록 조합)함
CCP(Communication Control Processing : 통신 제어 처리 장치)	문자와 메시지의 조립 기능을 수행함
FEP(Front End Processor : 전처리 장치)	• 메시지의 조립과 처리를 담당함 • 여러 통신로를 중앙 컴퓨터에 연결하여 터미널이 송신 상태에 있는지 또는 수신 상태에 있는지 조사함 • 에러의 검출과 수정을 수행함

03 버퍼링 방식에 따른 분류

비트 < 문자 < 블록 < 메시지(일반적 크기 순)

> **버퍼링(Buffering)**
> CPU와 입・출력 장치와의 속도 차이를 줄이기 위해 중간에 저장 공간을 두고 데이터를 임시로 저장하는 방법

방식	기능	버퍼 크기	컴퓨터 부담
비트 버퍼방식	비트단위의 처리만 수행	작다 ↕ 크다	크다 ↕ 작다
문자 버퍼방식	수신된 비트들을 문자로 조립하고, 문자를 다시 비트로 분해하는 기능 수행		
블록 버퍼방식	수신된 문자들을 블록 단위로 조립, 분해하는 기능 수행		
메시지 버퍼방식	수신된 블록들을 메시지 단위로 조립, 분해하는 기능 수행		

01 다음 중 통신 제어 장치(CCU)의 설명으로 옳은 것은?

① 통신 제어 장치는 전송로와 신호 변환기 사이에 있다.
② 처리된 데이터를 전송회선을 통해 보내기 알맞은 모양으로 변환한다.
③ 데이터의 신호를 판독하고 정보를 처리한다.
④ 통신회선의 전송 속도와 중앙 처리 장치의 처리속도와의 차이를 제어한다.

통신 제어 장치는 컴퓨터를 대신해 데이터 전송에 관련된 전반적인 제어 기능을 담당하므로, ④와 같이 효율적 전송을 위해 속도차를 제어하는 전송제어 기능을 담당함

오답 피하기

통신 제어 장치는 신호 변환기(DCE)와 컴퓨터(통신처리장치) 사이에 위치해 있음

02 다음 중 통신 제어 장치의 역할은?

① 데이터 전송의 특성을 변조시킨다.
② 통신 회선을 통하여 송수신되는 자료를 제어하고 감시한다.
③ 수신 신호에서 아이 패턴을 복조한다.
④ 통신 회선을 거쳐 온 전송 신호를 데이터로 변환시킨다.

통신 제어 장치는 온라인 데이터 통신 시스템에서 호스트 컴퓨터에 접속되어 호스트 컴퓨터와 단말기 간 또는 다른 호스트 컴퓨터 간에 통신 제어 기능을 수행하는 장치로, 이 장치는 통신 회선의 전송 속도와 중앙 처리 장치의 처리 속도 사이에서 조정을 수행하며, 데이터를 송수신하고 전송 오류를 검사하여 흐름을 제어함

03 다음 중 정보통신 시스템에서 통신 처리 기능과 가장 밀접한 것은?

① 각종 정보 처리 기능
② 속도 및 프로토콜 변환 기능
③ 변·복조 및 다중화 기능
④ 통신망의 효율적인 관리 기능

통신 처리 기능은 속도, 프로토콜, 포맷 등의 교환이나 변환 등 두 기기 사이의 통신상에서 일어날 수 있는 과정에 관한 것들임

04 정보통신에서 통신 처리의 설명 중 가장 적합한 것은?

① 기계 대 기계의 통신에서 일어날 수 있는 과정으로 속도 변환, 프로토콜 변환, 포맷교환 등을 말한다.
② 문자, 도형, 화상 등의 인식과 변환이다.
③ 전송 효율화를 위한 교환이나 다중화 기능이다.
④ 데이터로부터 목적하는 정보를 창출하고 이를 가공하며, 보관하는 일이다.

통신 처리는 속도, 프로토콜, 포맷들의 교환이나 변환 등 두 기기 간의 통신에서 일어날 수 있는 과정임

05 정보통신 시스템의 서비스 중 통신 처리 기능을 가장 적합하게 설명한 것은?

① 전자 우편, 통신망 관리 체계의 기능
② 속도, 프로토콜 및 미디어 변환 기능
③ 각종 연산 처리, 데이터베이스 갱신 및 검색기능
④ 전송 회선, 교환 및 다중화 기능

통신 처리 기능은 데이터 전송에 필요한 통신 제어를 하는 것으로, 즉 통신 속도 제어, 전송에 쓰이는 프로토콜 및 변·복조 기능을 말함

06 데이터 전송 기기에서 통신 제어 장치의 주요한 기능이 아닌 것은?

① 통신 방식 제어
② 다중 접속 제어
③ 단말 제어
④ 전송 제어

데이터 전송 기기에서 통신 제어 장치의 주요 기능은 통신 방식 제어, 다중 접속 제어, 전송 제어임

정답 01 ④ 02 ② 03 ② 04 ① 05 ② 06 ③

07 다음 중 통신 제어 장치의 기능에 해당하지 <u>않는</u> 것은?

① 문자의 조립 및 분해
② 전송 제어
③ 오류 검출
④ 통신 신호의 변환

....

통신 신호의 변환은 데이터 전송 장치 하위의 신호 변환 장치의 기능

08 통신 제어 장치의 기능 중에서 송신과 수신을 동일한 타이밍으로 동작시키기 위한 기능은?

① 오류제어
② 흐름제어
③ 동기제어
④ 응답제어

....

동기제어 : 송신과 수신을 동일한 타이밍으로 동작시키기 위한 기능

오답 피하기

• 오류제어 : 전송 중에 발생 가능한 오류들을 검출하고 복원하는 기능
• 흐름제어 : 수신하는 개체에서 발송지에서 오는 데이터의 양이나 속도를 제한하는 기능

09 다음 통신 제어 장치에서 경제적으로 다소 비싸나 컴퓨터에 걸리는 부하가 가장 적은 방식은?

① 비트 버퍼(Bit Buffer) 방식
② 블록 버퍼(Block Buffer) 방식
③ 캐릭터 버퍼(Character Buffer) 방식
④ 메시지 버퍼(Message Buffer) 방식

....

컴퓨터에 걸리는 부하의 크기
– 비트 버퍼 > 문자(캐릭터) 버퍼 > 블록 버퍼 > 메시지 버퍼
– 메시지 버퍼 방식은 메시지를 저장할 메모리 공간이 가장 많이 필요하며 가장 고가임. 그러나 컴퓨터 자체의 부담(부하)은 가장 적음

10 전산망 기기가 타인의 전산망 기기와 접속되는 경우에 그 설치와 보전에 관한 책임의 한계를 명확하게 구분하기 위한 것을 무엇이라 하는가?

① 구분점
② 한계점
③ 분계점
④ 경계점

....

전산망 기술 기준에 관한 규칙 7조 1항에 의하면 전산망 기기가 타인의 전산망 기기와 접속되는 경우에 그 설치와 보전에 관한 책임의 한계를 명확히 하기 위해 분계점을 설치해야 한다고 언급되어 있음

다중화기(MUX : Multiplexer)

▶ 합격 강의

빈출 태그 대역폭 • 주파수 다중화 • 시분할 다중화 • 다채널 단일회선

다중화기란 몇 개의 저속 터미널이 하나의 통신 회선을 통하여 저속 채널의 결합된 형태의 신호를 전송하고, 이를 수신 측에서 다시 몇 개의 터미널의 신호로 분리하여 컴퓨터에 입ㆍ출력할 수 있도록 하는 것이다.

01 다중화기의 특징

- 데이터 전송의 효율을 목적으로 한다.
- 각 저속 단말기의 속도 합과 고속 채널의 속도 합이 동일하다.
- 입력과 출력의 대역폭이 동일하다.
- 규칙적인 데이터의 전송에 적합하다.

02 다중화기의 종류 22년 3월, 19년 3월

1) 주파수 분할 다중화기(FDM : Frequency Division Multiplexer)

- 하나의 물리적 통신 채널을 여러 주파수 채널로 나누어 사용하는 다중화 방식이다.
- 저속의 데이터를 각기 다른 주파수로 변조하여 통신 선로에 내보내는 방식이다.
- 전송되는 각 신호의 반송 주파수는 동시에 전송된다. ⎯ 신호를 운반하기 위한 주파수
- 전송하려는 신호의 필요 대역폭보다 전송 매체의 유효 대역폭이 클 때 사용한다.
- 반송 주파수는 각 신호의 대역폭이 겹치지 않도록 충분히 분리되어야 한다.
- 전송매체를 지나는 신호는 아날로그 신호이다.

2) 시분할 다중화기(TDM : Time Division Multiplexer) 16년 3월

여러 회선들의 음성 정보(아날로그 신호)를 아주 작은 시간으로 나누어서 일정 순서 대로 배정하고 주기적으로 고속의 한 전송로로 내보내 주는 방식이다.

> **대역폭(Bandwidth)**
> 주파수의 변화 범위
> 제일 높은 주파수와 제일 낮은 주파수의 차이를 의미한다.

> ✔ **개념 체크**
>
> 1 하나의 물리적 통신 채널을 여러 주파수 채널로 나누어 사용하는 다중화 방식으로 전송하려는 신호의 필요 대역폭보다 전송 매체의 유효 대역폭이 클 때 사용하는 방식을 ( ) 다중화기라고 한다.
>
> 1 주파수 분할

3) 특징 비교 24년 5월, 14년 9월, 11년 3월/6월/8월

주파수 분할 다중화기	시분할 다중화기
• 주파수 분할 다중화 자체가 변복조의 역할을 하므로 별도의 변복조기가 필요 없다. • 멀티포인트 전송에도 이용이 가능하다. • 저속도(1,200bps 이하) 아날로그 전송에 적합하며, 비동기 전송에 이용한다. • 각 채널 간의 완충 지역으로 보호 대역(Guard Band)을 주어야 하므로 대역폭의 낭비가 발생한다. • 시분할 다중화기(TDM)에 비해 비교적 구조가 간단하고 가격이 저렴하다.	• 디지털 전송에 적합(아날로그 신호를 디지털 신호로 변환할 때 PCM 방식을 사용)하다. • 각 채널이 고속 채널을 점유하고 있는 것으로 보이나 실제로는 배정된 시간만 사용한다. • 비트 삽입식의 동기 다중화와 문자 삽입식의 비동기 다중화가 모두 가능하다. • 고속 전송이 가능하며 포인트 투 포인트 방식에 주로 이용된다.

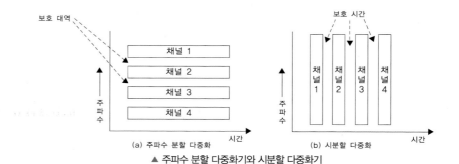

▲ 주파수 분할 다중화기와 시분할 다중화기

4) 그 외의 다중화기

지능 다중화기 **(Intelligent Multiplexer)**	• 데이터 통신에서 여러 채널의 데이터를 하나의 전송 매체로 보낼 수 있게 하는 다중화 장치이다. • 실제 보낼 데이터가 있는 회선에만 동적으로 전송을 허용하여 전송 효율을 높인다.
광대역 다중화기(Group Band Multiplexer)	• 광대역 데이터 통신을 위해 설계된 다중화기이다. • 여러 가지 다른 속도의 동기식 데이터들을 하나로 묶어 광대역 전송 매체를 통해 광대역 전송을 하는 동기 방식의 시분할 다중화기이다. • 통신이 요구되는 두 지역의 컴퓨터 센터 간의 연결에 이용한다.
역 다중화기 **(Demultiplexer)**	• 두 개의 음성 대역폭을 이용하여 광대역을 얻을 수 있는 통신 속도를 이용하는 다중화기이다. • 하나의 신호를 2개의 저속 신호로 나누어서 전송하는 장치이다. • 하나의 채널이 고장나더라도 1/2의 속도로 계속적인 운영이 가능하다.

03 집중화기(Concentrator)

저속의 장치들이 속도가 빠른 하나의 회선을 공유하여 사용할 수 있도록 해 주는 기기이다.

1) 집중화기의 특징 14년 3월

- 통신량이 많을 경우 적절한 운영이 가능하다.
- 다중화기보다 복잡한 많은 기능을 수행하며 주로 동기식에 사용한다.
- 시스템의 구조가 복잡하고 이용률이 낮거나 불규칙한 전송에 적합하다.
- DTE의 회선 수의 합은 집중 통신 회선 수보다 크거나 같다.
- 입력과 출력의 대역폭이 다르다.

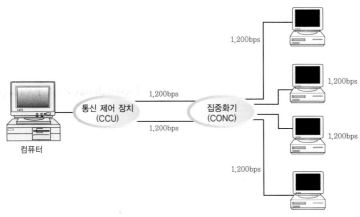

▲ 집중화기

2) 집중화기의 종류

전단위 처리기(FEP : Front End Processor)	• 메인 프레임의 통신 제어를 위해 설계된 전용 컴퓨터이다. • 저속의 입·출력 처리를 고려하지 않고 본래의 계산 기능 외에 데이터의 변환, 오류 제어, 폴링, 수정, 고장 소프트기능(Failsoft Function), 대기 행렬(Queue-ing), 메시지 전환 등의 기능을 맡아 처리한다.
선로 공동 이용기 (Line Sharing Unit)	• 통신량이 적고, 중앙 컴퓨터와 단말기 사이의 거리가 먼 단말 장치에서 사용한다. • 복수의 단말기 가까이 설치한 후 여러 단말 회선을 모은 다음 적은 수의 중계 회선으로 중앙 컴퓨터와 결합한다.
모뎀 공동 이용기 (Modem Sharing Unit)	• 하나의 모뎀을 다수의 단말기가 공유할 수 있게 하는 장치이다. • 멀리 떨어진 곳에 다수의 단말기가 필요한 경우 모뎀과 선로의 수를 줄일 수 있어서 효율적이다.
포트 공동 이용기 (Port Sharing Unit)	하나의 포트를 중앙 컴퓨터와 모뎀 사이에 설치된 여러 대의 단말기가 공동으로 이용하게 하는 장치이다.

01 다음 중 몇 개의 신호 채널들을 결합해서 하나의 물리적 통신회선을 통하여 전송하는 장치는?

① 라우터
② 리피터
③ 다중화기
④ 변복조기

다채널 단일회선 : 다중화기의 핵심임

오답 피하기
• ① 라우터 : 두 개의 서로 다른 형태의 네트워크를 연결하는 접속 장비
• ② 리피터 : 전송신호의 재생 및 중계장비
• ④ 변·복조기 : 통신회선과 단말기 사이의 적합한 신호변환 기능을 담당하는 장비

02 다음 중 두 개의 채널 사이에 보호 대역(Guard Band)을 사용하여 인접한 채널 간의 간섭을 막는 다중화 방식은?

① 시분할 다중화 방식
② 주파수 분할 다중화 방식
③ 코드 분할 다중화 방식
④ 공간 분할 다중화 방식

주파수 분할 다중화 방식(FDM)
• 주파수 분할 방식의 다중화기를 이용하여 하나의 주파수 대역폭을 다수의 작은 대역폭으로 분할하여 다수의 저속 장비를 동시에 이용하는 방법
• 아날로그 회선에서 사용하며 가드밴드(Guard Band : 채널 간 완충지역)를 주어야 하므로 대역폭의 낭비가 심함

오답 피하기
• 시분할 다중화 방식(TDM) : 시간을 나누어서, 나뉜 시간 단위(Time Slice)를 여러 이용자에게 할당하여 사용하는 방식
• 코드 분할 다중화방식(CDM) : 통신 시스템에서 부호를 분리시켜 하나의 연결선을 통해 여러 신호를 전송하는 방식

03 다중화 기법 중 주파수 분할 다중화(FDM) 방식에서 보호 대역(Guard Band)이 필요한 이유는?

① 인접한 채널 사이의 간섭을 방지하기 위해서
② 주파수 대역폭을 조정하기 위해서
③ 넓은 주파수 대역에 적은 채널을 사용하기 위해서
④ 신호의 세기를 적게 하기 위해서

전체 주파수을 사용자별로 나누어 배정하고 상호 간의 간섭을 방지하기 위해 보호대역(Guard Band)을 이용함. 그래서 대역폭의 낭비가 심하다는 단점이 있음

04 다음 중 통계적 다중화 장치에 해당하지 <u>않는</u> 것은?

① 실제로 보낼 데이터가 있는 터미널에만 동적인 방식으로 각 부채널에 타임 슬롯을 할당하는 방법이다.
② 마이크로프로세서의 이용으로 타임 슬롯의 배정이 가능하여 지능형 다중화 장치라고도 한다.
③ 상대적으로 느린 단말기가 고속의 데이터 전송로를 통해 데이터를 주고받을 때 선로를 최대한 활용하도록 하는 방식이다.
④ 각각의 입력 회선을 N개의 출력선으로 집중화하는 장치이다.

④는 저속의 장치들이 속도가 빠른 하나의 회선을 공유하여 사용할 수 있도록 해 주는 기기인 집중화 장치(Concentration)에 관한 설명임

오답 피하기
• MUX(Multiplexing) : 하나의 전송회선에 다수의 이용자가 데이터를 분할하여 다수의 단말기에 동시에 보낼 수 있도록 처리해 주는 장치
• ①, ②, ③은 다중장치의 특징으로 다시 한번 읽어 보고 정리해 둘 것!!

출제빈도 상 중 (하)
반복학습 [1] [2] [3]

[빈출 태그] 브리지 • 게이트웨이

▶ 합격 강의

01 접속 장비의 종류

1) 허브(Hub)

- LAN에서 수신한 모든 정보를 모든 포트로 전달하거나 반복해 주는 리피터의 역할을 수행한다.
- 네트워크 확장이 쉽지만, 네트워크에 불필요한 트래픽이 발생할 수 있다.

2) 브리지(Bridge)

- 서로 독립적으로 동작하는 두 개의 근거리 통신망(LAN)을 연결하는 통신장비로, 패킷을 적절히 중계하고 필터링하는 장치이다.
- 리피터와는 다르게 브리지는 완전한 프레임을 처리한다.
- 브리지는 프레임의 손상 여부(브리지가 리피터보다 많이 사용되는 이유)를 검사한다.

3) 스위치(Switch)

- 네트워크 트래픽의 흐름을 통제하기 위해 각 패킷에 있는 주소 정보를 사용한다.
- 수신되는 패킷을 확인하여 해당 포트에 연결된 장비를 인식한 후 패킷을 적절한 포트에 보낸다.
- 포트에서 받은 정보를 해당 목적지 주소를 가진 장비로만 보내기 때문에 불필요한 트래픽을 줄여 준다.

4) 라우터(Router) 24년 5월, 20년 8월

- 동일한 전송 프로토콜을 사용하는 분리된 네트워크를 연결하는 장치로, 네트워크 계층 간을 서로 연결한다.
- 브리지가 가지는 기능에 추가하여 라우팅 테이블에 따라 다른 네트워크 또는 자신의 네트워크 내의 전송 경로를 결정한다.
- 관리 방침에 따라 라우팅 방식이 결정되며, 전체 네트워크의 성능에 영향을 미친다.
- 해당 알고리즘에 따라 자동으로 경로가 결정된다.
- 네트워크 형상에 구애받지 않으므로 대규모 네트워크 구성이 용이하다.
- 초기 환경 설정이 어렵다.
- 특정 프로토콜이나 하위 프로토콜 지원이 불가능하고 복잡하므로 가격이 비싸다.

(B) 기적의 TIP

브리지(Bridge) VS 게이트웨이(Gateway)
- LAN을 연결한다는 점은 동일합니다.
- 차이점 : 브리지는 동일한 프로토콜의 LAN 사이의 연결이고, 게이트웨이는 서로 다른 프로토콜을 사용하는 망과 LAN 사이의 연결입니다.

(B) 기적의 TIP

허브와 스위치
- 허브와 스위치는 PC, 프린터 및 다른 장비들을 연결한다는 점에서 같지만, 허브는 네트워크 트래픽을 보내는 방식이 스위치와는 다릅니다.
- 허브는 네트워크를 확장시키는 역할을 하고 스위치는 네트워크를 작게 나누어 정체가 되는 구역을 줄여 주는 역할을 합니다.

5) 리피터(Repeater)

- 근거리 통신망(LAN)의 전송 매체상에 흐르는 신호를 정형, 증폭, 중계하는 장치이다.
- SO의 OSI 참조 모델의 물리 계층(Physical Layer)에서 동작하는 장비이다.
- 인접한 2개 이상의 데이터 네트워크 간 신호를 전송하며, 신호(Signal)를 재생(Regeneration)하고 복사(Replication)하는 장비이다.

6) 게이트웨이(Gateway)

- 서로 다른 구조를 갖는 네트워크로 들어가는 입구 역할을 하는 네트워크 포인트이다.
- 라우팅의 관점에서 보면, 인터넷은 많은 게이트웨이 노드와 호스트 노드로 구성된 네트워크라 할 수 있는데, 네트워크 사용자의 컴퓨터와 웹 페이지와 같은 콘텐츠를 제공하는 컴퓨터가 바로 호스트 노드이며, 일반 회사의 네트워크 내에서 트래픽을 통제하는 컴퓨터나 ISP의 컴퓨터가 게이트웨이 노드이다.

✅ 개념 체크

1 동일한 전송 프로토콜을 사용하는 분리된 네트워크를 연결하는 장치로, 해당 알고리즘에 따라 자동으로 경로가 결정되는 접속 장비는 '리피터'이다. (O, X)

1 ×

이론을 확인하는 기출문제

01 브리지(Bridge)에 대한 설명 중 <u>틀린</u> 것은?

① LAN과 LAN을 연결한다.
② 프로토콜이 다른 LAN을 확장할 때 사용한다.
③ Data의 움직임을 제어함으로써 내부와 외부 간 LAN의 정보량과 트래픽 양을 조절하는 기능이 있다.
④ 데이터 링크 계층에서 작동한다.

- 브리지(Bridge) : 동일한 LAN 프로토콜을 사용하는 두 개의 LAN을 연결하는 데 사용되는 장치로, 이는 전송되고 있는 패킷을 목적지까지 전달하기 위해 필요한 패킷만을 주소를 통해 필터링하는 주소 필터(Address Filter)의 역할을 수행함
- 프로토콜이 다른 LAN을 확장할 때는 게이트웨이(Gateway)를 사용함

02 다음 데이터 통신 용어의 설명 중 <u>잘못된</u> 것은?

① Repeater – 신호의 감쇠 현상을 복원해 주는 장치이다.
② Modem – 신호의 변복조 장치를 말한다.
③ bps – 초당 전송 비트 수를 뜻한다.
④ baud – 초당 전송 바이트 수를 뜻한다.

baud는 초당 전송되는 신호 변화 수를 의미함

03 다음 중 다른 프로토콜을 사용하는 망과 LAN을 연결할 때 사용되는 것은?

① Adapter
② Repeater
③ Gateway
④ Bridge

- Gateway : 서로 다른 구조를 갖는 네트워크로 들어가는 입구 역할을 하는 네트워크 장비
- 동일 프로토콜의 LAN 연결은 Bridge이고, 다른 프로토콜의 LAN 연결은 Gateway임을 꼭 구별하자!!

오답 피하기

- Adapter : 컴퓨터끼리 통신하는 데 쓰이는 네트워크 장비, 랜 카드라고도 하고 네트워크 어댑터, 네트워크 인터페이스 카드(NIC), 이더넷 카드라고도 함
- Repeater : 근거리 통신망(LAN)에의 전송 신호를 증폭, 중계해 주는 네트워크 장비
- Bridge : 동일한 LAN 프로토콜을 사용하는 두 개의 LAN을 연결하는 통신 장비

정답 01 ② 02 ④ 03 ③

CHAPTER 03

정보 전송 기술

학습 방향

주파수 대역, VHF, 음성주파수, 디지털 변조, 아날로그 변조, ASK, FSK, PSK, PCM, 변조과정, bps, baud, 전송속도, 변조속도, 위상, 섀논의 법칙, 통신 용량, 동기식/비동기식의 특징, 반이중 통신방식, 회선 경쟁방식, 전송제어 절차, 전송제어문자, 비트 위주 프로토콜, 문자 위주 프로토콜, HDLC, 프레임 구조, HDLC 전송모드, CRC, 다항식 코드, 패리티비트, 해밍 코드, 상승부호, 전진에러수정방식, Go-N-Back ARQ 등을 중심으로 공부하세요.

출제빈도

SECTION 01	하	5%
SECTION 02	중	18%
SECTION 03	상	25%
SECTION 04	중	9%
SECTION 05	상	23%
SECTION 06	중	20%

▶ 합격 강의

01 아날로그 신호

▲ 음성 정보의 아날로그 신호 표현

- 연속적인 진폭 값을 갖는 아날로그 신호로 전송 매체를 통해 상대방에게 전달할 수 있다.
- 음성 정보는 아날로그 신호로 표현되고, 소리의 고저와 음폭에 의해 서로 다른 소리로 구별된다.
- 소리의 고저가 음향 정보의 주파수에 해당되고 음폭은 주기에 해당한다.
- 음향 정보 소리의 고저가 주파수의 높낮이로, 진폭은 전압의 크기로 표현한다.
- 감쇠 현상 때문에 원거리 전송 시에는 증폭기가 필요하다.
- 일반적으로 가청 주파수 : 20Hz~20KHz
- 전화 통신에서 사용되는 음성 대역 : 300Hz~3,400Hz
- 일반적으로 음성 신호의 대역폭은 3,400Hz가 아닌 4KHz를 취하고 있는데, 이는 전송 채널상에서 대역을 나눌 때 인접 채널과의 간섭을 방지하기 위한 보호 대역(Guard Band)을 포함하기 때문이다.

기적의 TIP

정보의 전송
정보를 원격지까지 전송하기 위해 모든 정보는 정보통신 장비가 다룰 수 있는 전기 신호 혹은 광 신호 형태로 바꾸어 전달해야 한다.

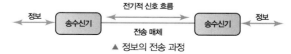
▲ 정보의 전송 과정

신호의 형태
- 정현파(Sine Wave) : 음성, 화상, 영상 등은 전기 신호로 변환했을 때 아날로그 신호 형태이다.
- 구형파(Square Wave) : 디지털 신호 형태이다.

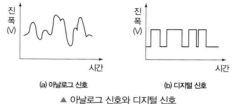

(a) 아날로그 신호   (b) 디지털 신호
▲ 아날로그 신호와 디지털 신호

✔ 개념 체크

1 전화 통신에서 사용되는 음성 대역은 (　　)Hz~(　　)Hz이다.

2 음성, 화상, 영상 등을 전기 신호로 변환했을 때 나타나는 아날로그 신호 형태는 '정현파'이다. (O, X)

1 300, 3400, 2 o

1) 아날로그 신호의 구성 요소

진폭(Amplitude)	아날로그 형태의 신호에서 신호 값이 가장 큰 것과 가장 작은 것의 차이 값으로 단위는 볼트(Volt)를 사용
주파수 (Frequency)	아날로그 형태의 신호에서 기본 신호가 1초 동안 몇 회 반복되는가 하는 횟수로 단위는 헤르츠(Hz)를 사용
위상(Phase)	아날로그 형태의 신호에서 두 신호 간의 시작 시간 차이를 나타내며 단위는 도(°)를 사용

2) 데이터별 주파수 08년 7월/3월

음성	300~3,400Hz
HF(High Frequence)	3~30Hz
VHF(Very High Frequence)	30~300Hz
UHF(Ultra High Frequence)	300~3,000Hz
SHF(Super High Frequence)	3,000~30,000Hz

- 고주파 : 고속전송에 사용, 전송거리가 짧다.
- 저주파 : 저속전속에 사용, 전송거리가 길다.

3) 주파수 스펙트럼과 대역폭

주파수 스펙트럼	어떤 신호에 포함되어 있는 주파수의 범위
대역폭	어떤 주파수의 범위, 즉 스펙트럼의 폭이며 그 범위의 상한 주파수에서 하한 주파수 값의 차이로 구함

4) 전송 신호 세력의 측정 단위 16년 10월

┌── 절대 단위가 아니고 상대 단위

- 통신에서 신호의 세기를 나타내는 단위로 데시벨(dB)이 사용되며 이것은 두 개 신호(P1, P2)의 세기비를 대수적으로 나타내는 상대적인 단위이다.

$$dB = 10 \log_{10} \frac{P_1}{P_2}$$

- 두 전류의 세기가 I1, I2 이고 두 전압의 세기가 V1, V2일 경우, 전력 대신 전압이나 전류의 비를 나타낼 수 있다.

$$dB(전류) = 20 \log_{10} \frac{I_1}{I_2} \qquad dB(전압) = 20 \log_{10} \frac{V_1}{V_2}$$

 개념 체크

1 아날로그 형태의 신호에서 기본 신호가 1초 동안 몇 회 반복되는지 횟수를 나타내는 주파수의 단위는 (   )이다.

1 헤르츠(Hz)

02 디지털 신호

- 데이터 정보와 이미지 정보는 일반적으로 0과 1로 구성된 디지털 신호로 표현된다.
- 문자나 숫자와 같은 데이터 정보는 단말기에 의해 2진 정보로 생성된다.
- 컴퓨터나 데이터 관련 장비에 의해 두 가지 레벨의 전압 중 하나에 각각 0이나 1이 할당된다.
- 일정 시간 동안 해당 레벨의 전압을 내보냄으로써 2진 정보를 전송로를 통해 전달한다.
- 아날로그 신호보다 감쇠 현상에 취약하며, 장거리 전송을 위해 중계기(Repeater)가 필요하다.

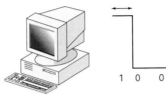 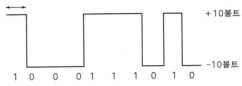

▲ 데이터 정보의 디지털 신호 표현

이론을 확인하는 기출문제

01 다음 중 공중 전화의 통신망에서 음성 신호가 갖는 주파수 대역은?

① 3~30Hz
② 300~3,400Hz
③ 300~3,000Hz
④ 3,000~30,000Hz

데이터별 주파수
- 음성 : 300~3,400Hz
- HF(High Frequence) : 3~30Hz
- VHF(Very High Frequence) : 30~300Hz
- UHF(Ultra High Frequence) : 300~3,000Hz
- SHF(Super High Frequence) : 3,000~30,000Hz

02 다음 중 전파의 VHF 대역으로 옳은 것은?

① 3,000~30,000Hz
② 3~30Hz
③ 300~3,000Hz
④ 30~300Hz

1번 문제 해설 참조

정답 01 ② 02 ④

SECTION 02

정보의 전송 형태와 방법

▶ 합격 강의

출제빈도 상 (중) 하
반복학습 [1] [2] [3]

빈출 태그 디지털 변조 • 아날로그 변조 • ASK • FSK • PSK • PCM 변조과정

아날로그 데이터나 디지털 데이터는 전송을 위해서 적절한 신호로 부호화되어야 한다.

01 정보 전송 형태

1) 디지털 데이터의 아날로그 부호화(MODEM에 이용) 19년 9월, 18년 3월, 17년 3월, 15년 3월/9월

디지털 데이터는 반송 신호의 세 가지 특성(진폭, 주파수, 위상) 중 하나를 변조시키거나, 이들을 적절히 결합하여 변조시키는 방법에 의해 부호화된다.

진폭 편이 변조 (ASK : Amplitude Shift Keying)	0과 1을 반송파의 진폭만 변화시켜 표현하는 방법
주파수 편이 변조 (FSK : Frequency Shift Keying)	0과 1을 서로 다른 주파수를 갖는 반송파로 변화시켜 표현하는 방법
위상 편이 변조 (PSK : Phase Shift Keying)	0과 1을 서로 다른 위상을 갖는 반송파로 변화시켜 표현하는 방법

2) 디지털 데이터의 디지털 부호화(DSU에 이용)

2진수를 나타내는 두 개의 다른 전압을 사용하여 부호화된다.

NRZL(NonReturn-to-Zero-Level) 부호화	PC와 외부 모뎀 사이 또는 단말기와 컴퓨터 사이와 같이 매우 짧은 연결에 사용
NRZI 부호화	저속(64Kbps) ISDN 연결에 사용
Manchester, Differential manchester 부호화	LAN에서 주로 사용

3) 아날로그 데이터의 아날로그 부호화(전화, 방송에 이용)

아날로그 데이터를 같은 대역폭을 갖는 아날로그 신호로 직접 바꾸거나 다른 주파수대를 사용하는 새로운 아날로그 신호를 만들기 위하여 반송파를 변조한다.

진폭 변조 (AM : Amplitude Modulation)	반송 신호의 진폭은 변조 신호 패턴과 함께 변함
주파수 변조 (FM : Frequency Modulation)	각각 반송 신호의 주파수 변조
위상 변조(PM : Phase Modulation)	각각 반송 신호의 위상 변조

QAM(직교 진폭 변조)
ASK와 PSK를 결합한 방식으로 진폭과 위상을 동시에 변조하는 방식

QoS(Quality of Service, 통신 서비스 품질)
데이터를 목적지까지 빠르게, 일정한 속도로, 신뢰성 있게 보내기 위해 대역폭, 우선순위 등 네트워크 자원을 할당해 주어진 네트워크 자원에 각종 응용프로그램의 송신 수요를 지능적으로 맞춰 주는 여러 가지 기술을 총칭하는 용어다.

🅱 기적의 TIP

'디지털 변조 VS 아날로그 변조' 구분을 명확히 합니다.
• 디지털 변조 : ASK, FSK, PSK, QAM
• 아날로그 변조 : AM, FM, PM

4) 아날로그 데이터의 디지털 부호화 _{22년 3월, 18년 4월, 17년 5월}

공중 통신망과 사설 교환기의 발전으로 전송과 교환을 디지털 방식으로 하게 됨에 따라 음성 데이터를 디지털 형태로 표현할 필요가 발생한다.

펄스 코드 변조 (PCM : Pulse Code Modulation)	• 신호의 가장 높은 주파수보다 2배 이상 높은 비율로 일정한 시간의 간격을 두고 표본을 추출하면 추출된 표본은 원래의 모든 정보를 포함한다는 표본화 이론(Sampling Theory)을 기초로 함 • 표본화(Sampling), 양자화(Quantization), 부호화(Encoding)의 과정 수행
코덱 (CODEC : COder/ DECoder)	• 아날로그 형태를 디지털 신호로 변환하거나(Coder) 다시 아날로그로 환원하는(Decoder) 장치다. • 펄스부호변조(PCM) 방식을 이용하여 데이터를 변환한다. 아날로그 신호를 디지털로 변환하여 전송하고 수신단에서 다시 복원한다. 모뎀은 디지털 신호를 아날로그로 변조하여 전송하고 수신단에서 다시 디지털로 복조한다.

02 전송 방법

▼ 정보 전송의 4가지 경우

정보의 형태	전송의 형태	신호 변환기	비고
아날로그 형태의 정보 (음성, 영상 등)	아날로그 전송	전화기	일반 전화의 경우
	디지털 전송	코덱(전화기)	디지털 전화기
		PCM(전화국)	
디지털 형태의 정보 (데이터)	아날로그 전송	모뎀(MODEM)	교환 회선, 전용 회선
	디지털 전송	디지털 서비스 유닛(DSU)	채널 서비스 유닛(CSU)

03 아날로그 전송

1) 아날로그 전송의 특징

• 아날로그나 디지털 형태의 정보들은 전송 매체를 통해 전달될 때 전자파의 형태, 즉 신호 형태로 전송한다.
• 정보 전송의 형태는 아날로그 정보를 아날로그 신호와 디지털 신호로 각각 전송하는 경우와 디지털 정보를 아날로그 신호와 디지털 신호 각각으로 전송하는 경우 등 모두 4가지 조합이 가능하다.

2) 모뎀(MODEM)

• 모뎀이란 MOdulator와 DEModulator가 합성된 용어로, 디지털 정보를 아날로그 신호로 변환하는 변조 기능과 반대로 아날로그 신호에서 다시 원래의 디지털 정보를 추출해 내는 복조 기능을 갖는 신호 변환 기기이다.

✓ 개념 체크

1 펄스 코드 변조의 송신 측 변조 과정을 순서대로 바르게 나열하면 (　　)-양자화-(　　)이다.

1 표본화, 부호화

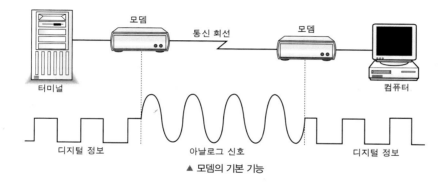

디지털 정보   아날로그 신호   디지털 정보

▲ 모뎀의 기본 기능

3) 디지털 변조 24년 3월, 23년 3월/9월, 22년 3월/5월, 10년 5월, 09년 3월/5월/8월

일반적으로 디지털 정보를 아날로그 신호로 변환하는 변조 방법에는 진폭 편이 변조, 주파수 편이 변조, 위상 편이 변조 등 3가지 방법이 있다.

진폭 편이 변조 (ASK : Amplitude Shift Keying)	데이터 신호의 전압 변화에 따라 반송파의 진폭을 변하게 하는 방식
주파수 편이 변조 (FSK : Frequency Shift Keying)	두 개의 2진 값에 서로 다른 주파수를 적용하는 방식
위상 편이 변조 (PSK : Phase Shift Keying)	반송파로 사용하는 정현파의 위상에 정보를 싣는 변조 방식

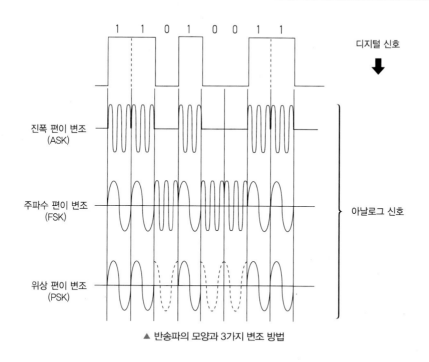

▲ 반송파의 모양과 3가지 변조 방법

🅑 기적의 TIP

디지털 편이 변조 방식의 종류를 특징별로 구분할 수 있어야 한다.
- ASK : 진폭(Amplitude)
- FSK : 주파수(Frequency)
- PSK : 위상(Phase)

QPSK(Quadra Phase Shift Keying, QAM)
- 하나의 부호로 1비트를 전송하는 2진 위상 편이 변조(BPSK)와는 달리 하나의 부호로 2비트를 전송하는 방식으로, 4위상 편이 변조(QPSK)라고 한다. 4위상 편이 변조파는 2위상 편이 변조파와 같은 주파수 대역폭에서 2배의 정보를 전송할 수 있음
- 위성 방송에서 음성 신호의 전송이나 위성 통신에 널리 사용되고 있음

PSK 특징 · 반송파간 위상차
$\dfrac{2\pi}{M}$
- 레벨변동 적고 에러 우수
- 반송바의 위상을 각각 다르게 하여 디지털 데이터를 전송하는 방식
- M진 PSK에서 M은 2^n을 의미한다. 8진 = 2^3
- 2진, 4진, 8진 등의 종류가 있다.
- 2진 PSK 180˚
- 4진 PSK 90˚
- 8진 PSK 45˚
- π = 180˚
- 180 / 45 = 4

04 디지털 전송

1) 디지털 전송의 특징
디지털 정보를 아날로그 신호로 변환하는 것과 마찬가지로 음성 정보와 같은 아날로그 정보를 디지털 신호로 변환하여 전송할 수도 있는데, 이러한 디지털 신호로서의 전송 형태를 말한다.

2) 코덱(CODEC)

- 아날로그 형태인 음성 정보를 디지털 신호로 변환하고, 또한 디지털 신호로부터 다시 원래의 음성 정보를 복원해 내는 기기이다.
- 디지털 신호로 변환된 정보는 그 상태로 처리될 수도 있으며, 또 다시 모뎀을 거쳐 아날로그 신호로 변환된 다음 아날로그 통신망을 통해 전송되기도 하는데, 새로운 아날로그 신호는 원래의 음성 정보와는 달리 2진 형태인 디지털 신호의 의미를 그대로 포함하여 전송되기 때문에 원래의 아날로그 음성 신호와는 그 모양이 다르다.

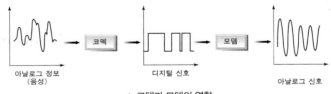

아날로그 정보 (음성) → 코덱 → 디지털 신호 → 모뎀 → 아날로그 신호

▲ 코덱과 모뎀의 역할

3) 디지털 전송 방식의 장점

항목	내용
저가격화	LSI, VLSI로 이어지는 기술의 진보로 아날로그에 비해 가격이 저렴함
데이터 무결성의 보장	중계기에 의해 전송 매체상의 잡음이나 손상이 제거되므로, 장거리 전송이나 저품질 전송로상에서도 데이터의 무결성이 보장됨
전송량의 이용 확대	아날로그 전송 방식에 비해 더욱 저렴하고 용이하게 넓은 대역의 전송로를 구축할 수 있음
데이터 안전성 증대	디지털 신호 변환에 의해 아날로그나 디지털 정보의 암호화를 쉽게 구현할 수 있음
정보의 통합	음성, 영상, 데이터 정보 등 모든 형태의 정보를 통합 수용 가능

05 디지털 전송 방식

1) 펄스 코드 변조(PCM) 방식

① PCM(Pulse Code Modulation)의 특징

- 음성 정보를 디지털 신호로 변환하는 데 가장 널리 사용되는 방식이다.
- 표본 추출 이론에 기초하여 변조하는 방법으로, 아날로그 신호를 디지털 펄스로 변환하여 전송하고 수신 측에서 이를 다시 본래의 아날로그 신호로 환원시킨다.
- 누화, 잡음, 진폭의 변동에 강하고 전송 레벨에 변동이 없으나, 점유 주파수 대역폭이 크다는 단점이 있다.
- 시분할 다중화(TDM) 방식에 사용한다.

② PCM 변조 과정 24년 3월/5월/7월, 22년 9월, 23년 3월, 20년 6월/8월, 19년 3월/4월, 16년 5월, 15년 3월/9월, 14년 3월, …

아날로그 데이터 → 표본화 → 양자화 → 부호화 → 복호화 → 여과 → 아날로그 데이터

표본화(Sampling)	연속적인 정보를 일정 시간 간격, 즉 샘플로 나누어 각 샘플마다 진폭 값 부여
양자화(Quantization)	샘플링에 의해 얻어진 진폭 값을 평준화하는 과정으로, 아날로그 양을 디지털 양으로 변환시키기 위해 계단 모양의 근사치로 만드는 과정
부호화(Encoding)	양자화된 값을 디지털 신호로 변환하는 단계로, 각 값에 2진수 값을 할당
복호화(Decoding)	디지털 신호를 펄스 신호로 복원
필터링(Filtering)	원래의 아날로그 신호로 변환

▼ 펄스 코드 변조 과정

아날로그 펄스 변조	• 펄스 진폭 변조(PAM : Pulse Amplitude Modulation) : 직사각형 펄스의 진폭을 신호에 대응하여 변화시킴 • 펄스 폭 변조(PWM : Pulse Width Modulation) : 펄스의 폭을 변화시킴 • 펄스 위치 변조(PPM : Pulse Position Modulation) : 펄스의 위치를 변화시킴 • 펄스 주파수 변조(PFM : Pulse Frequency Modulation) : 펄스의 반복 주파수를 변화시킴
디지털 펄스 변조	• 펄스 수 변조(PNM : Pulse Number Modulation) : 신호에 대응하여 직사각형 펄스의 수를 증감시킴 • 펄스 코드 변조(PCM : Pulse Code Modulation) : 신호에 대응하여 펄스열의 부호를 변화시킴

– 양자화 과정 : 아날로그 신호의 진폭을 계단 모양으로 양자화

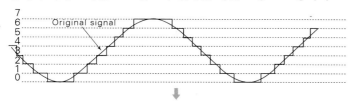

– 부호화 과정 : 이때 얻어진 진폭 값을 2진수로 표현

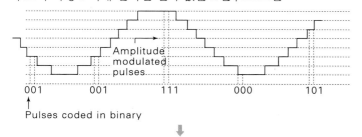

Pulses coded in binary

– 복호화 과정 : 2진수를 펄스로 표현

Information from other signals can be sent between the samples

⏱ 암기 TIP

PCM 방식에서는 두 가지를 정확히 알고 넘어갑니다.
1. PCM 방식의 단점 : 점유 주파수 대역폭이 큼
2. PCM 변조 과정 : 표본화 – 양자화 – 부호화
(외우는 방법 : 표 양 부모는 PCM에 대해 잘 알고 있다.)

나이퀴스트 샘플링 법칙

• 한정된 대역의 주파수를 갖는 함수의 경우 적절한 샘플링 간격을 취하면 샘플링 과정에서 정보의 유실 없이 완전하게 재생될 수 있다는 이론으로 샤논 정리, 카디날 정리 또는 나이퀴스트 정리라고도 함
• 신호를 샘플링한 다음 다시 원신호를 재생하려면 샘플링 주파수가 원신호 주파수의 2배 이상이 되어야 함

ⓑ 기적의 TIP

사람의 음성을 PCM 전송하는 경우 전송 속도는 64 kbps임

✓ 개념 체크

1 펄스 코드 변조 과정 중 '아날로그 펄스 변조'에 해당하는 것을 모두 골라보세요.
( )
㉠ 펄스 수 변조(PNM)
㉡ 펄스 코드 변조(PCM)
㉢ 펄스 진폭 변조(PAM)
㉣ 펄스 폭 변조(PWM)

1 ㉢, ㉣

2) 전송 담당 기기

디지털 정보를 디지털 전송로를 이용하여 고속으로 전송할 수 있는 회선 종단 장치는 디지털 서비스 유닛(Digital Service Unit)이다.

이론을 확인하는 기출문제

01 다음 중 디지털 변조 방식이 <u>아닌</u> 것은?

① PCM
② FM
③ DM
④ PSK

FM은 아날로그 변조 방식

02 디지털 변·복조에 사용되는 방식이 <u>아닌</u> 것은?

① 동이 편이방식
② 진폭 편이 방식
③ 주파수 편이 방식
④ 위상 편이 방식

디지털 변조 방식
• 진폭 편이 방식(ASK)
• 주파수 편이 방식(FSK)
• 위상 편이 방식(PSK)
• 직교 진폭 변조(QAM)

03 디지털 데이터를 아날로그 신호로 변환하는 과정에서 두 개의 2진 값이 서로 다른 두 개의 주파수로 구분되는 변조 방식은?

① ASK
② FSK
③ PSK
④ QPSK

FSK : 주파수 편이 변조, 두 개의 2진 값에 서로 다른 주파수를 적용하는 방식으로 저속으로 잡음이나 진폭 변동에 강함

오답 피하기

주파수 하면 FSK, 진폭 하면 ASK, 위상 하면 PSK가 떠올라야 함

04 다음 중 잡음에 가장 민감한 것은?

① ASK
② PCM
③ PSK
④ DPSK

ASK(진폭 편이 변조) : 데이터 신호의 전압 변화에 따라 반송파의 진폭을 변하게 하는 비동기적 변조방식으로 잡음이나 진폭 변동에 약함

오답 피하기

② PCM : 아날로그 데이터를 디지털 신호로 변환하는 방식으로 누화, 잡음, 진폭의 변동에 강함

05 다음 중 반송파의 진폭과 위상을 동시에 변조하는 방식은?

① PWM
② FSK
③ PSK
④ QAM

QAM(Quadrature Amplitude Modulation) : 진폭 위상 편이 변조방식, ASK(진폭편이변조) 방식과 PSK(위상편이변조) 방식을 결합한 방식

오답 피하기

• FSK(Frequency Shift Keying) : 주파수 편이 변조, 두 개의 2진 값에 서로 다른 주파수를 적용하는 방식
• PSK(Phase Shift Keying) : 위상 편이 변조, 반송파로 사용하는 정현파의 위상에 정보를 싣는 변조 방식

정답 01 ② 02 ① 03 ② 04 ① 05 ④

06 다음 중 디지털 정보에 따라 반송파의 주파수를 변화시키는 변조 방식은?

① ASK   ② FSK

③ PSK   ④ PCM

FSK(Frequency Shift Keying) : 주파수 편이 변조, 두 개의 2진 값에 서로 다른 주파수를 적용하는 방식

오답 피하기

• ASK(진폭 편이 변조) : 데이터 신호의 전압 변화에 따라 반송파의 진폭을 변하게 하는 비동기적 변조 방식으로 잡음이나 진폭 변동에 약함
• PSK(Phase Shift Keying) : 위상 편이 변조. 반송파로 사용하는 정현파의 위상에 정보를 싣는 변조 방식
• PCM : 아날로그 데이터를 디지털 신호로 변환하는 방식으로 누화, 잡음, 진폭의 변동에 강함

07 고속 데이터 전송에 이용되며, 주로 9,600[bps]의 속도에서 운용되는 변조 방식은?

① ASK(진폭 편이 변조)
② FSK(주파수 편이 변조)
③ APK(진폭 위상 변조)
④ QAM(직교 진폭 변조)

직교 진폭 변조는 신호를 변조할 때 위상과 진폭을 동시에 변조시켜 주로 9,600bps의 속도에서 운용되는 고속 변조기임

08 다음 중 베이스 밴드(Base Band) 방식의 변조에 해당되는 것은?

① 주파수편이 변조(FSK)
② 위상편이 변조(PSK)
③ 펄스코드 변조(PCM)
④ 진폭편이 변조(ASK)

정보 전송 기술

• 펄스 부호 변조(PCM : Pulse Code Modulation) : 신호의 가장 높은 주파수보다 2배 이상 높은 비율로 일정시간의 간격을 두고 표본을 추출하면 추출된 표본은 원래의 모든 정보를 포함함
  아날로그 데이터 → 코덱 → 디지털 신호
• PCM 과정을 통한 디지털 신호로의 표현 방식이라는 점에서 베이스밴드 방식과 유사함

오답 피하기

①, ②, ④는 디지털 변조로 디지털 데이터를 모뎀을 통해 아날로그 신호로 바꿈

09 송신 측 펄스부호변조(PCM) 과정을 순서대로 나열한 것은?

① 부호화 → 양자화 → 표본화
② 양자화 → 표본화 → 부호화
③ 표본화 → 양자화 → 부호화
④ 표본화 → 부호화 → 양자화

정보전송기술

• PCM(Pulse Code Modulation) : 아날로그 데이터를 디지털 전송 형태로 변복조시키는 방식. 누화, 잡음, 진폭의 변종에 강함
• PCM 진행 순서
  입력신호→표본화→양자화→부호화→복호화(표 양 부모님은 PCM 과정을 잘 아신다! 기억나죠?)

10 다음 중 나이퀴스트(Nyquist) Sampling Theorem 과 관련 있는 것은?

① 표본화   ② 양자화

③ 부호화   ④ 복호화

나이퀴스트 샘플링 법칙(Nyquist Sampling Theorem) : 표본화에 이론으로 한정된 대역의 주파수를 갖는 함수의 경우 적절한 샘플링 간격을 취하면 샘플링 과정에서 아무런 정보의 유실 없이 완전하게 재생될 수 있다는 이론으로 샤논 정리, 카디날 정리 또는 나이퀴스트 정리라고도 함

전송 속도와 채널 용량

빈출 태그 bps · baud · 전송 속도 · 변조 속도 · 위상 · 샤논의 법칙 · 통신 용량

▶ 합격 강의

🅑 기적의 TIP

데이터 신호 속도(bps)와 변조속도(baud)를 구하는 문제가 자주 출제됩니다.
의미의 이해를 바탕으로 공식을 정확하게 꼭 외우고 있어야 합니다.
• 변조 시 상태 변화 수를 알아야 답을 구할 수 있습니다.
– 모노비트(Monobit) = 1bit
– 디비트(Dibit) = 2bit
– 트리비트(Tribit) = 3bit
– 쿼드비트(Quardbit) = 4bit

① 신호 속도 24년 3월/5월/9월, 23년 3월/5월/9월, 19년 9월, 17년 5월, 11년 3월, 10년 5월

• 디지털 정보의 신호 속도는 크게 bps(Bit Per Second)와 보(baud)로 나타낸다.

bps	• 매 초당 전송되는 비트의 수를 나타내는 것으로 어떤 신호가 2,400bps라 함은 1초에 2,400개의 비트가 전송됨을 의미한다. • 데이터 신호 속도(bps) = 변조 속도(baud) × 변조 시 상태 변화 수
baud	• 매 초당 몇 개의 신호 변화가 있었는지 혹은 매 초당 몇 개의 다른 상태 변화가 있었는지를 나타내는 신호 속도의 단위이다. • 변조 속도(데이터 신호 속도(bps) ÷ 변조 시 상태 변화 수

• 한 비트가 하나의 신호를 표현하는 단위로 쓰이는 경우에는 bps나 baud 속도는 동일하지만 그림과 같이 2비트나 3비트가 모여서 하나의 신호를 나타내는 경우에 있어서 baud 속도는 bps의 1/2, 1/3이 된다.

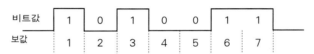

(a) 1개의 비트가 한 신호 단위인 경우(bps=baud)

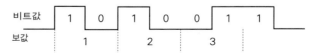

(b) 2개의 비트가 한 신호 단위인 경우(bps/2=baud) : dibit

(c) 3개의 비트가 한 신호 단위인 경우(bps/3=baud) : tribit

▲ bps와 baud의 관계

✅ 개념 체크

1 동기식 전송 방식의 특징으로 옳은 것은 O, 옳지 않은 것은 X 표시하세요.
㉠ 한 묶음으로 구성된 문자 사이에 휴지 간격이 존재한다. (O, X)
㉡ 비동기식 전송에 비해 훨씬 고속의 데이터 전송이 가능하다. (O, X)
㉢ 동기 문자나 플래그 등을 사용하여 송수신 측 간의 데이터 블록을 수식해야 하기 때문에 터미널에는 반드시 버퍼 장치가 요구된다. (O, X)

1 ㉠ X, ㉡ O, ㉢ O

② 부호 효율과 전송 효율

1) 부호 효율(Code Efficiency)

전체 비트 중 정보를 나타내는 비트가 차지하는 비율

- 부호 효율(EC) = $\dfrac{\text{정보 비트 수}}{\text{전체 비트 수}} = \dfrac{Bit_I}{Bit_T}$

2) 전송 효율(Transmission Efficiency)

전체 펄스 중 정보를 나타내는 펄스가 차지하는 비율

- 전송 효율(ET) = $\dfrac{\text{정보 펄스의 수}}{\text{전체 펄스의 수}} = \dfrac{Pulse_I}{Pulse_T}$

3) 전송 시스템의 전체 효율

전체 효율(ES) = 부호 효율(EC) × 전송 효율(ET)

03 채널 용량

- 채널 용량은 사용된 전송 매체가 단위시간당 최대로 수용할 수 있는 통신 정보량을 의미한다.
- 채널을 통해 보내지는 데이터 양은 그 채널의 대역폭에 비례한다.
- 전송로상에서의 에러 가능성이 전혀 없다고 가정할 때 주어진 데이터 양만큼의 정보를 전달하기 위해서는 [대역폭 × 시간]이 필요하다.
- 대역폭이 크면 시간이 그만큼 적게 걸리고, 대역폭이 작으면 시간이 더 많이 걸린다.

1) 샤논(Shannon)의 법칙 24년 3월/9월, 23년 5월, 19년 3월, 18년 3월, 17년 3월, 5년 3월, 14년 9월, 11년 3월, …

샤논(Shannon)에 의해 정의되었으며, 이 식을 통해 어떤 채널의 정보 전송 능력을 나타낼 수 있다.

$$C = W\log_2(1 + \frac{S}{N})[\text{bps}]$$

W : 대역폭   N : 잡음 세력   S : 신호 세력   C : 통신 용량   단위 : bps

- 대역폭과 신호 세력이 높을수록, 잡음 세력이 낮을수록 채널 용량은 좋다.
- 이식을 통해 잡음이 없는 이상적인 채널인 경우 신호 대 잡음비가 무한대가 되어 전송률을 무한대로 높일 수 있고 대역폭을 무한대로 하여도 전송률을 무한대로 높일 수 있다는 사실을 알 수 있다.
- 예 신호 대 잡음비가 20데시벨, 즉 잡음이 신호의 1/100인 어떤 전송 채널이 있고 대역폭이 2,600Hz일 경우

  $C = 2,600\log_2(1 + 1/100) = 17,301[\text{bps}]$

  따라서, 최대 전송 용량은 약 17,300[bps]

기적의 TIP

채널의 통신용량을 늘리기 위한 방법을 묻는 문제가 출제됩니다.
샤논의 법칙을 수학적으로 이해하면 쉽게 해결할 수 있습니다.

$C = W\log_2(1 + \frac{S}{N})[\text{bps}]$

C(채널용량)를 크게 하기 위해선
① W(대역폭)을 크게 하거나
② S(신호세기)를 크게 하거나
③ N(잡음)을 작게 한다.

01 변조 속도는 어떻게 구하는가?

① 데이터 신호 속도/변조 시 상태 변화 수
② 변조 시 상태 변화 수/데이터 신호 속도
③ 데이터 전송 속도/변조 시 상태 변화 수
④ 변조 시 상태 변화 수/데이터 전송 속도

변조 속도는 신호의 전송 속도를 나타내는 척도의 하나로, 1초 동안에 변조되는 신호 요소의 수를 나타냄

02 8위상 변복조를 사용하는 모뎀의 데이터 신호 속도가 4,800[bps]일 때 변조 속도는 몇 보[baud]인가?

① 600
② 1,600
③ 2,400
④ 4,800

8위상 변복조를 사용하는 모뎀은 3비트의 조합이 가능함
따라서 4,800[bps] ÷ 3 = 1,600[baud]

03 8진 PSK는 한 번에 몇 개의 신호 비트[bit]를 전송할 수 있는가?

① 2
② 3
③ 4
④ 8

• 8진 PSK : 8(2^3)개의 서로 다른 데이터를 보낸다는 의미로, 상태 변화 수 bit가 3이 됨
• 마찬가지로 4진 PSK는 4(2^2)의 상태 변화 수 bit가 2가 되고 16진 PSK는 16(2^4)으로 상태 변화 수 bit가 4가 됨

04 9,600[bps]의 비트열(Bit Stream)을 16진 PSK로 변조하여 전송하면 변조 속도는?

① 2,400[baud]
② 3,200[baud]
③ 9,600[baud]
④ 76,800[baud]

정보 전송 기술
• 전송 속도
　– 전송 속도를 변조 속도로 계산 = 비트열 ÷ 변조 시 상태 변화 수
　– '16진 PSK로 변조'란 16개의 서로 다른 데이터를 보낸다는 의미로, 상태 변화 수 bits는 4가 됨
　– ,9600(비트열) ÷ 4(상태변화 수) = 2,400[baud]
• 문제 조금씩 값만 바뀌어 출제됨
만약 문제가 '8진 PSK로 변조'란 8개의 서로 다른 데이터를 보낸다는 의미로, 상태 변화 수 bits는 3이 되어 9,600(비트열)÷3(상태 변화 수) = 3,200[baud]이 됨

05 1,600[baud]의 변조 속도로 4진 PSK 변조된 데이터 전송 속도는 몇 [bps]인가?

① 800
② 1,600
③ 3,200
④ 6,400

앞의 문제의 역방향의 문제로, 앞의 문제가 전송 속도로 변조 속도를 구했다면, 이 문제는 역으로 변조 속도로 전송 속도를 구하는 문제임
bps(전송 속도) = 변조 속도[baud]×상태 변화 수 = 1,600[baud]×2 = 3,200[bps]

06 데이터 전송에서 변조 속도가 1,600[baud]이고 트리비트(tribit)를 사용한다면 전송 속도[bps]는 얼마인가?

① 1,600
② 3,200
③ 4,800
④ 6,400

트리비트(tribit)는 3배의 속도
∴ 1,600×3 = 4,800bps

07 9,600[bps]의 전송 속도를 갖는 모뎀이 4개의 위상을 갖는 QPSK로 변조될 때 변조 속도는?

① 4,800[baud]
② 2,400[baud]
③ 1,200[baud]
④ 600[baud]

4개의 위상을 갖는 QPSK는 전송 속도가 모뎀보다 2배임
9,600[bps]×2 = 19,200[bps]이므로 19,200/4 = 4,800[baud]

08 위상 변조를 하는 동기식 변복조기의 변조 속도가 4,800[baud]이고 디비트(Dibit)를 사용한다면 전송 속도는?

① 1,200[bps]
② 2,400[bps]
③ 4,800[bps]
④ 9,600[bps]

• 변조 속도 : 전송 속도× 상태 변화 수
∴ 4,800 × 2 = 9,600[bps]
　– 4위상 변조 : 2bit 조합(Dibit), 2배로 속도 향상
　– 8위상 변조 : 3bit 조합(Tribit), 3배로 속도 향상
　– 16위상 변조 : 4bit 조합(Quadbit), 4배로 속도 향상

정답 01 ① 02 ② 03 ② 04 ① 05 ③ 06 ③ 07 ① 08 ④

09 시작 비트 1개, 정지 비트 1개, 패리티 비트 1개를 포함하는 아스키(ASCII) 코드를 1,200[bps]의 전송속도로 보낼 때 1초에 전송되는 문자 수는?

① 109　　　　　② 120
③ 133　　　　　④ 150

아스키 코드는 한 문자가 7비트로 구성되는데 시작 비트, 정지 비트, 패리티 비트를 포함해 총 10비트이므로 1초당 120개의 문자가 전송됨

10 보(baud) 속도가 1,200[baud]일 때 쿼드비트(Quadbit)를 사용하는 경우 몇 [bps]인가?

① 1,200[bps]
② 2,400[bps]
③ 3,600[bps]
④ 4,800[bps]

쿼드 비트는 4비트가 하나의 단위이므로 4배의 값이 bps를 나타냄

11 다음 중 PCM 방식에서 음성신호의 표본화 주파수가 8[khz]인 경우 표본화 주기[μs]는?

① 125　　　　　② 250
③ 500　　　　　④ 1,000

• 표본화 주기
= 주파수÷전송 속도
= 8000[hz]÷64[Kbps]
= 125[μs]
• 사람의 음성을 PCM 전송하는 경우 전송 속도는 64Kbps

12 PCM 전송 방식에서 신호의 최대 주파수가 1,000[Hz]일 때 표본화 주기[μs]로 적합한 것은?

① 500　　　　　② 800
③ 1,000　　　　④ 2,000

• 샘플링 이론(표본화 이론 : Nyquist 주파수) : 신호의 가장 높은 주파수 보다 2배 이상 높은 비율로 일정한 시간의 간격을 두고 표본을 추출하면 추출된 표본은 원래의 모든 정보를 포함한다는 이론
• 표본화 이론에 따라 신호의 최대 주파수가 1,000Hz일 경우, 표본화 주기 = 1,000[Hz]/2 = 500[μs]가 됨

13 대역폭(W)이 3[kHz], 신호전력(S)과 잡음 전력(N)의 비가 S/N=15일 때 통신 채널 용량은 몇 [bps]인가?

① 8,000
② 10,000
③ 12,000
④ 16,000

통신용량을 구하기 위해 샤논의 정리 C = Wlog$_2$(1+S/N)을 이용하면
3,000log$_2$(1+15) = 3,000log$_2$2^4 = 3,000×4 = 12,000bps(3kHz = 3,000Hz)

14 통신 회선의 전송 용량을 증가시키기 위한 방법으로 적합하지 <u>못한</u> 것은?

① 신호 세력을 높인다.
② 잡음 세력을 줄인다.
③ 데이터 오류를 줄인다.
④ 주파수 대역폭을 증가시킨다.

채널의 전송 용량을 결정하는 식은 Wlog2(1+S/N)임. 여기서 W는 주파수 대역폭, S는 신호 세력, N은 잡음이므로 ①, ②, ④의 설명은 적합하며, ③은 통신 회선의 전송 용량과는 무관함

15 통신로 용량 C는 사용할 수 있는 대역폭 W와 그 채널의 S/N 비에 의해 결정된다고 한다. 통신로 용량을 나타내는 식으로 옳은 것은?

① C = Wlog(1+S/N)
② C = Wlog(10+S/N)
③ C = Wlog$_2$(1+S/N)
④ C = Wlog$_2$(1+N/S)

채널 용량(샤논의 정리)
C = Wlog$_2$(1+S/N)
(C : 채널용량, W : 대역폭, S : 신호채널, N : 잡음 세력)

정보 전송 방식

▶ 합격 강의

빈출 태그 bps・baud・전송 속도・변조 속도・위상・샤논의 법칙・통신 용량

01 직렬/병렬 전송 방식 15년 3월

직렬 전송(Serial Transmission) 방식	• 하나의 문자를 구성하는 각 비트들이 하나의 전송 선로를 통하여 순차적으로 전송 • 통신 설치 비용이 저렴하고 원거리 전송에 적합한 반면, 전송 속도가 느림 • 대부분의 데이터 통신에 이용
병렬 전송(Parallel Transmission) 방식	• 한 문자를 구성하는 각 비트들이 각각의 전송 선로를 통하여 동시에 전송 • 하나의 문자가 8비트로 구성되어 있다면 병렬 전송에 필요한 전송선은 최소 8개가 있어야 함 • 전송 속도가 빠르고 송수신기가 복잡하지 않은 반면, 전송 거리에 따라 전송로의 비용이 증가 • 일반적으로 컴퓨터와 주변 기기 간의 통신에 주로 이용

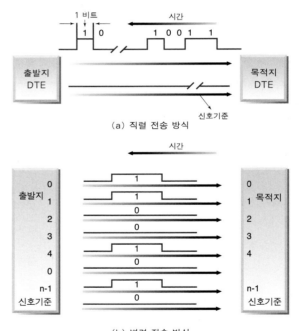

(a) 직렬 전송 방식

(b) 병렬 전송 방식

▲ 직렬 전송 방식과 병렬 전송 방식

02 동기식/비동기식 전송 방식 _{19년 9월, 15년 3월, 14년 3월/9월, 11년 6월, 02년 3월, 01년 6월}

- 송수신자 간에 문자를 전달하는 데 각 문자의 시작과 끝이 정확하게 정의되어 있지 않으면 송신자가 보낸 문자는 수신자가 정확하게 인식할 수 없다.
- 송수신자 사이에는 문자를 전송하는 정확한 방법이 사전에 정의되어야 하고, 비동기식 방식과 동기식 방식이 있다.

동기식 전송 방식	<ul><li>한 문자 단위가 아니라 여러 문자를 수용하는 데이터 블록 단위로 전송하는 방식이다.</li><li>양측에 설치된 모뎀이나 다중화기 등과 같은 기기에 의해 타이밍이 공급되며, 동기 문자나 플래그 등을 사용하여 송수신 측 간의 데이터 블록을 수신해야 하기 때문에 터미널에는 반드시 버퍼 장치가 요구되며 보통 2,000bps 이상의 전송 속도에서 사용된다.</li><li>일반적으로 상당히 큰 데이터 블록의 경우에는 동기식 전송 방식이 비동기식 전송 방식보다 전송 효율에 있어서도 더 좋은 성능을 갖게 됨에 따라 정보통신에 사용되는 대부분의 통신 프로토콜에서는 동기식 전송 방식을 이용하고 있다.</li><li>동기식 전송 방식은 문자 지향형과 비트 지향형으로 나누어지는데, 최근에는 대부분 비트 지향형 동기식 전송을 채택하고 있다.</li><li>HDLC, SDLC 등은 비트 지향형 동기식 전송 프로토콜의 전형적인 예이다.</li></ul>
비동기식 전송 방식	<ul><li>보통 한 문자 단위와 같이 매우 작은 비트 블록의 앞과 뒤에 각각 스타트 비트와 스톱 비트를 삽입하여 비트 블록의 동기화를 취해 주는 방식이다.</li><li>스타트-스톱전송이라고 불리기도 하는데, 5비트에서 8비트까지의 한문자 단위마다 전후에 문자의 시작과 끝을 알리는 스타트 비트와 스톱 비트를 두고, 매 문자 단위로 전송한다.</li><li>일반적으로 비동기식 전송 방식은 단순하고 저렴하나, 각 문자당 스타트 비트와 스톱 비트의 오버헤드를 요구하므로 전송 효율이 매우 떨어져서 보통 낮은 전송 속도에서 이용한다.</li><li>각 문자 사이에는 유휴 시간이 있을 수 있으며, 주파수 편이 변조(FSK) 방식이 사용된다.</li></ul>

전송 방식
- 동기식 전송 방식은 데이터 블록단위로 전송
- 비동기식 전송 방식은 스타트-스톱을 삽입하여 전송

03 통신 방식 _{16년 3월/10월, 15년 3월, 13년 8월, 09년 3월, 02년 9월}

1) 단방향 통신(Simplex)

송신자와 수신자가 고정되어 있으며, 항상 한 방향으로만 데이터를 전송하고 2선식으로 구성되어 있다.
예 TV, 라디오 방송

2) 양방향 통신(Half/Full Duplex) _{23년 5월, 21년 5월, 20년 8월, 18년 3월, 17년 5월}

반이중 방식 (Half-Duplex)	양쪽의 교신자가 양방향으로 전송하나, 어느 순간에는 한 방향으로만 전송이 일어나 동시에 양방향으로 전송하는 것은 불가능 예 무전기, 모뎀을 이용한 데이터 통신
전이중 방식 (Full-Duplex)	통신을 하는 각각의 상대방이 독립적으로 동시에 양방향으로 데이터 전송을 수행하도록 구성 예 전화기, 전용선을 이용한 데이터 통신

균별 2선식
한 쌍의 케이블로 상행/하행 양신호를 보내기 위해 이들을 고·저 두 주파수 채널로 나누어 전송함

04 회선 접속 방식

통신 상대방을 상호 연결하기 위한 데이터 통로, 즉 회선의 접속 형태로는 점 대 점 (Point-to-Point) 방식, 다중점(Mutipoint) 방식, 교환 방식 등이 있다.

1) 점 대 점 접속(Point-to-Point)

데이터를 송수신하는 2개의 단말 또는 컴퓨터를 전용 회선으로 항상 접속하여 두는 방식으로, 송수신하는 데이터의 양이 많을 경우에 적합하다.

▲ 점 대 점 접속

2) 다중점 접속(MultiPoint)

하나의 회선에 여러 단말을 접속하는 방식으로, 멀티드롭(Multidrop) 방식이라고도 하며 각 단말에서 송수신하는 데이터의 양이 적을 때 효과적이다.

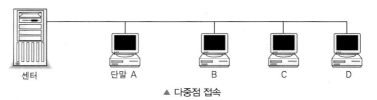

▲ 다중점 접속

3) 교환 방식

• 교환기를 통하여 연결된 여러 단말에 대해 데이터 송수신을 행하는 방식으로 우리 가 많이 이용하는 전화망을 통한 데이터 전송이 교환 방식이다.
• 통신 상대를 자유로이 선택할 수는 있으나 데이터를 전송하기 전에 교환기로 상대 방을 접속하기 위한 절차가 요구된다.
• 전송할 데이터 양이 적고 여러 단말기에 서로 접속해야 할 경우가 많을 때 적합한 방식이다.

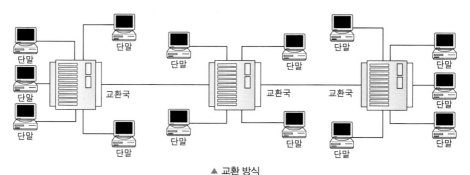

▲ 교환 방식

✅ 개념 체크

1 포인트 투 포인트 방식은 송 수신하는 데이터의 양이 적 을 때 멀티 포인트 방식보다 효과적으로 사용 가능하다. (O, X)

1 ×

05 회선 제어 방식

회선 제어 방식이란 하나의 통신회선을 공유하는 다수의 단말 장치들이 데이터 전송 시 충돌없이 효율적으로 회선을 이용하게 하기 위해 만든 규칙을 의미한다.

1) 경쟁 방식 00년 10월

- 경쟁 방식이란 말 그대로 우선권이 따로 없이 회선을 점유하기 위해 동일한 조건에서 서로 경쟁하는 방식으로 송신요청을 먼저 한 쪽이 송신권을 얻게 된다.
- 특징
  - 데이터를 전송하고자 하는 모든 단말기들이 대등한 관계에 있는 포인트 투 포인트(Point-to-Point) 방식에서 주로 사용한다.
  - 일단 데이터링크가 설정되면 정보 전송이 종료될 때까지는 독점적으로 정보전송을 하게 된다.
  - 경쟁방식을 사용하는 대표적인 시스템으로 ALOHA가 있다.

2) 폴링/셀렉션 방식 17년 5월, 14년 5월

- 폴링/셀렉션 방식은 송 · 수신제어권이 모두 주 컴퓨터에 있는 방식이다.
- 특징 : 둘 다 트래픽이 많은 멀티드롭(Multi-Drop) 방식으로 연결된 회선에서 주로 사용한다.

▼ 폴링/셀렉션 각 방식의 특징

폴링(Polling)	• 주 컴퓨터가 단말기에게 전송할 데이터가 있는지를 물어 단말기가 전송할 데이터가 있다고 하면 주컴퓨터로의 전송을 허가하는 방식 • 단말기에서 주컴퓨터로 보낼 데이터가 있는 경우
셀렉션(Selection)	• 주 컴퓨터가 단말기로 전송할 데이터가 있는 경우 해당 단말기가 받을 준비가 되었는지를 묻고, 준비가 되어 있다는 응답이 오면 주 컴퓨터에서 단말기로 데이터를 전송하는 방식 • 주 컴퓨터에서 단말기로 보낼 데이터가 있는 경우

✔ 개념 체크

1 데이터 통신에서 컴퓨터가 단말기에게 전송할 데이터의 유무를 묻는 것은 (   )이고, 주 컴퓨터에서 특정한 단말기로 데이터를 전송할 때 사용하는 것은 (   )이다.

1 폴링, 셀렉션

01 동기식 전송 방식의 특징과 관계 <u>없는</u> 것은?

① 전송 속도가 빠르다.
② 단말기는 반드시 버퍼 기억장치를 설정하여야 한다.
③ 송수신의 동기를 유지하기 위하여 동기 문자가 사용된다.
④ 항상 한 묶음으로 구성된 문자 사이의 휴지 간격이 존재한다.

동기식 전송 방식은 한 문자 단위가 아니라 여러 문자를 수용하는 데이터 블록 단위로 전송하는 방식이며, 비동기식 전송은 보통 한 문자 단위와 같이 매우 작은 비트 블록의 앞과 뒤에 각각 스타트 비트와 스톱 비트를 삽입하여 비트 블록의 동기화를 취해 주는 방식. 전송되는 문자 사이에 휴지 간격이 존재하는 것은 비동기식 전송 방식의 특징임

02 양방향으로 데이터 전송이 가능하나, 한 순간에는 한 쪽 방향으로만 전송이 이루어지는 방식은?

① 단방향 방식
② 반이중 방식
③ 양방향 방식
④ 전이중 방식

반이중 방식(Half-Duplex) : 무전기처럼 양쪽의 교신자가 양방향으로 전송하나, 어느 순간에는 한 방향으로만 전송이 일어나 동시에 양방향으로 전송하는 것은 불가능한 방식

오답 피하기
• 단방향 통신(Simplex) : TV, 라디오 방송처럼 항상 한 방향으로만 데이터를 전송하는 방식
• 전이중 방식(Full-Duplex) : 전화기처럼 통신을 하는 각각의 상대방이 독립적으로 동시에 양방향으로 데이터 전송할 수 있는 방식

03 분리된 두 장치 간에 교대로 데이터를 교환하는 통신 방식을 무엇이라 하는가?

① 단방향 통신 방식
② 전이중 통신 방식
③ 반이중 통신 방식
④ 포인트 투 포인트 방식

반이중 통신 방식은 서로 연결된 두 장치 모두 데이터를 송·수신할 수 있으나, 두 장치에서 동시에 송·수신하는 것은 불가능한 통신 방식

04 데이터 전송을 하고자 하는 모든 단말 장치가 서로 대등한 입장에 있으며, 주 통신국과 종속 통신국이 따로 없고 데이터 링크 설정이 데이터 링크를 설정하고자 하는 단말 장치가 주국이 되어 시행하는 데이터 링크의 설정 방법은?

① 폴링/셀렉팅 방식
② 회선 경쟁 방식
③ 슬라이딩 윈도우 방식
④ 회선 연결 방식

회선 경쟁 방식은 회선 제어 형태 중 가장 간단한 방식으로 알려져 있음. 이 방식에서 터미널들은 회선의 액세스를 위하여 서로 경쟁하며 멀티 포인트 회선에서 회선 경쟁 선택 제어를 하게 됨. 마치 여러 회선이 한 분기점에서 분리되어 나간 전화와 마찬가지임
• Point-to-Point 회선에 사용
• 송신 측이 전송할 메시지가 있으면 사용 가능한 회선이 나올 때까지 대기
• ALOHA 방식이 대표적

05 동기식 전송 방식의 설명으로 <u>잘못된</u> 것은?

① 비트 동기 방식과 블록 동기 방식이 있다.
② 전송 속도가 일반적으로 1,200[bps]를 넘지 않는 저속 전송에 사용된다.
③ 실제 데이터 전송 중에 동기 문자를 전송한다.
④ 동기 문자(또는 일정 비트)는 송수신 측의 동기가 목적이다.

동기식 전송 방식은 일반적으로 2,000bps 이상의 전송 속도에서 사용되고, 저속 전송은 비동기식 방식에서 사용됨

06 다음 중 비동기식 전송 방식에 대한 설명으로 <u>틀린</u> 것은?

① 각 전송 문자 사이에는 휴지기간이 존재한다.
② 송·수신 장치의 동기 형태는 비트 동기 방식이다.
③ 전송 속도가 주로 저속에서 운용된다.
④ 각 전송 문자의 앞뒤에 시작 및 정리 비트를 삽입한다.

• 비동기 전송 방식은 한 문자 단위의 스타트 비트와 스톱비트를 삽입하여 비트 블록의 동기화를 취하는 방법
• 비트 동기 방식은 동기식 전송에 사용되는 방법

정답 01 ④ 02 ② 03 ③ 04 ② 05 ② 06 ②

SECTION

05 전송 제어 방식

출제빈도 ⑤ 중 하
반복학습 1 2 3

▶ 합격 강의

빈출태그 전송 제어 절차 • 전송 제어 문자 • 비트 위주 프로토콜 • 문자 위주 프로토콜 • HDLC • 프레임 구조 • HDLC 전송 모드

01 전송 제어의 개념

- 전송 제어(Transmission Control)란 데이터의 원활한 전송을 위해 입 · 출력제어, 회선제어, 오류제어, 동기제어, 흐름제어 등의 기능을 수행하는 것이다.
- OSI 7 참조 모델의 하위계층인 2계층 데이터 링크 계층의 기능이다.

02 전송 제어 절차 15년 3월, 11년 6월, 01년 3월

```
통신회선 연결  →  링크 설정  →  데이터 전송  →  링크 해제  →  통신 회선 해제
 (물리적 연결)      (논리적 연결)                      (논리적 해제)      (물리적 해제)
```

데이터 통신 회선의 접속	통신회선과 단말기를 물리적으로 연결하는 단계
데이터 링크의 설정	연결된 물리적 통신회선 상에서 송 · 수신 측 간의 논리적 경로(데이터 링크)를 설정하는 단계
정보 메시지 전송	설정된 데이터 링크를 통해 데이터를 전송하는 단계
데이터 링크 종결	송 · 수신 측 간의 논리적 연결 경로를 해제하는 단계
데이터 통신 회선의 절단	통신회선과 단말기 사이의 물리적 연결을 해제하는 단계

> **🅱 기적의 TIP**
>
> 전송 제어 절차 5단계는 꼭 외우고 있어야 합니다.
> 우선 물리적인 선이 연결되어야 논리적인 선이 연결되고 그 다음에 데이터가 전송됩니다.
> 해제 순서는 역으로 논리, 물리 순임을 기억합니다.

03 전송 제어 문자 24년 3월, 22년 9월, 16년 3월/10월, 15년 5월, 11년 8월, 09년 3월, 08년 5월/7월

전송제어 문자란 링크나 에러제어를 위해 전송하는 특정 문자를 의미한다.

▼ 주요 전송 문자

SYN(SYNchronous idle)	문자 동기
SOH(Start On Heading)	헤딩의 시작
STX(Start of TeXt)	본문의 시작
ETX(End of TeXt)	본문의 종료
ETB(End of Transmission Block)	블록의 종료
EOT(End Of Transmission)	전송 종료 및 데이터 링크의 해제
ENQ(ENQuiry)	송신을 받을 준비가 되었는지를 확인(상대방의 응답 요구)
DLE(Data Link Escape)	제어 문자 앞에 삽입하여 이들 문자들이 유효한 제어문자임을 표시
ACK(ACKnowledge)	수신된 메시지에 대한 긍정 응답 신호
NAK(Negative AcKnowledge)	수신된 메시지에 대한 부정 응답 신호

> **✅ 개념 체크**
>
> 1 전송 제어 문자와 그 의미가 바르게 연결된 것을 모두 골라 보세요. (   )
> ㉠ ENQ : 상대국에 데이터 링크의 설정 및 응답을 요구하는 전송 제어 문자
> ㉡ STX : 문자 동기를 나타내는 전송 제어 문자
> ㉢ SYN : 본문의 시작을 알리는 전송 제어 문자
> ㉣ ETB : 전송해야 할 블록의 끝을 알리는 문자
>
> 1 ㉠, ㉣

04 데이터 링크 제어 프로토콜 16년 10월

데이터 링크 제어 프로토콜이란 전송 제어 프로토콜이라고도 하며 전송 제어에 사용되는 프로토콜을 의미한다.

1) BSC(Binary Synchronous Control) – 문자 위주의 프로토콜

문자 위주 전송 프로토콜로서 기본적으로 메인 프레임 네트워크에 사용되는 동기식 통신의 한 형태이다.

- Binary라는 단어는 데이터가 바이너리화된다는 것을 의미한다.
- Synchronous 부분은 데이터 전송이 시작되기 전에 송신자와 수신자 모두가 동기화되어야만 한다는 것을 의미한다.
- 특수 문자(SOH, STX, ETX, EOT 등)를 사용하여 정보 메시지의 처음과 끝, 실제 데이터의 처음과 끝을 표현하여 전송한다.
- 대부분의 문자 방식 프로토콜은 제어 필드를 갖고 있으며, 제어 필드는 프레임 내의 임의의 위치에 존재한다.
- 특정 문자 코드에 따라서 제어 필드의 해석이 달라지므로 코드에 의존한다.
- Point-to-Point 통신과 Multi-Point 통신에 주로 이용한다.
- 특정 문자들을 전송 제어용으로 선택하고 이러한 문자를 전송하여 링크, 에러 제어를 수행한다.
- 오류 제어 및 흐름 제어를 위해 Stop & Wait ARQ 방식을 사용한다.
- 반이중 전송만 지원한다.

2) HDLC 프로토콜 22년 4월, 19년 9월, 16년 5월, 11년 8월, 10년 3월, 08년 5월, 02년 3월

- 데이터 통신의 OSI 7계층 모델의 제2계층인 데이터 링크 계층에서 사용되는 프로토콜이다.
- X.25 패킷 스위칭 네트워크 내에서 사용한다.
- 프레임이라고 불리는 데이터 단위로 이루어지며, 프레임은 네트워크를 통해 송신되고, 도착지에서는 성공적으로 도착하였는지를 검증한다.
- 데이터 프레임 내에 데이터 흐름을 제어하고 에러를 보정할 수 있도록 하기 위한 정보를 끼워 넣는다.
- 비트 방식 프로토콜의 제어 필드는 일반적으로 프레임 내의 고정된 위치에 존재한다.
- 제어 정보를 각 비트의 위치에서 유도하기 때문에 코드 종류와는 상관없이 투명하게 동작한다.
- 특수한 플래그 문자가 메시지의 처음과 끝에 위치하도록 하고 비트 메시지를 구성하여 전송한다.
- 제어 비트를 각 비트의 위치에서 유도 : 코드 종류와 무관하게 투명하게 동작한다.
- ISO에서 공표하여 현재 세계적으로 널리 사용되는 표준이다.
- Go back N ARQ 방식을 사용한다.

- bit 위주의 프로토콜 : HDLC(High-level Data Link Control) 프로토콜이 대표적이고 SDLC, LAP, LAPB, LAPD, LAPX 등이 있다.

3) 프레임의 구조 24년 3월/5월, 23년 9월, 20년 6월/8월, 19년 3월/4월, 18년 3월/4월, 17년 3월/5월, 15년 3월, 13년 9월, …

⇦ 전송방향

(개시 플래그) 플래그 시퀀스	주소 필드	제어 필드	정보 필드	프레임 검사 시퀀스	(종결 플래그) 플래그 시퀀스
Flag	Address	Control	Information	FCS	Flag
01111110 8bit	8bit	8bit	전송 데이터 가변 길이(임의 bit)	16bit	01111110 8bit

▲ 프레임

① 플래그(Flag)
- 시작과 종료를 표시한다.
- 고유의 비트 패턴으로 제한 : 01111110
- 링크에 연결된 모든 스테이션은 프레임의 시작을 동기화하기 위해 플래그를 계속 검사한다.
- 시작 플래그와 종료 플래그 사이에 플래그와 동일한 패턴이 표현되는 것을 방지하기 위해 데이터 투명성에 의해 프레임 내에서는 자유로운 비트열 구성이 가능하다.
- 플래그 사이가 32비트 미만인 프레임은 무효 프레임으로 수신 측에서는 이 프레임을 무시한다.

② 주소부(Address)
- 프레임을 수신하거나 송신하는 부스테이션을 식별하는 데 사용한다.
- 명령을 받는 2차 스테이션의 주소나 응답을 보낸 2차 스테이션의 주소를 표시한다.
- 명령 프레임의 경우는 수신국의 주소이며, 응답 프레임의 경우는 송신국의 주소이다.
- 비트 표준으로 128가지 주소를 표시하며, 부족한 경우에는 확장 표시를 사용하여 임의의 8비트 길이로 확장이 가능하다.

③ 제어부(Control) 18년 4월
- 1차 스테이션 또는 복합 스테이션이 주소 부분에서 지정하는 2차 스테이션 또는 복합 스테이션에 대해 동작을 지시하거나, 2차 스테이션 또는 복합 스테이션이 지시에 대한 응답 정보를 전송할 때 사용한다.

정보(I : Information) 프레임	프레임을 제어하거나 감시하지 않고 순수하게 정보만을 전송하는 프레임
감시(S : Supervisor) 프레임	정보 전송 프레임을 감시 · 감독하는 프레임으로 오류, 흐름제어를 담당하는 프레임
비번호제(U : Unnumbered) 프레임	두 컴퓨터 간의 통신을 위한 초기 설정 및 링크 확립 해제 등의 명령이 있는 프레임

④ 정보부(Information)
사용자 사이에서 교환되는 정보 메시지와 제어 정보가 들어 있는 부분으로, 비트열 및 비트 수의 제한이 없고 정보부의 길이와 구성에 제한이 없으며 송수신 간에 합의한다.

⑤ 프레임 검사 순서(FCS : Frame Check Sequence)

- 주소부, 제어부, 정보부의 내용이 오류가 없이 상대 측에 정확히 전송되는가를 확인하기 위해 오류 검출용의 다항식을 사용한다.
- 오류 검출에는 16비트의 CRC(Cyclic Redundancy Check) 부호를 사용한다.
- FCS의 생성 다항식은 $G(X) = X^{16} + X^{12} + X^5 + 1$이다.

4) HDLC의 전송 모드 24년 7월, 23년 5월, 22년 4월, 19년 3월, 18년 4월, 16년 5월

데이터 전송모드는 제어부의 U 프레임에서 설정한다.

정규 응답 모드 NRM(Normal Response Mode)	보조국은 전송하기 전에 주국에서 허가를 받아야 하며 응답 프레임이 데이터를 포함한다.
비동기 응답 모드 ARM(Asynchronous Response Mode)	보조국은 주국에서 명시적인 허가를 수신하지 않고도 전송을 개시하는 것이 허가되며 데이터 전송을 위한 절차가 필요 없다.
비동기 균형 모드 ABM(Asynchronous Balanced Mode)	혼합형 스테이션을 사용하며 주국으로부터 송신 허가를 받지 않은 채 전송이 가능하다.

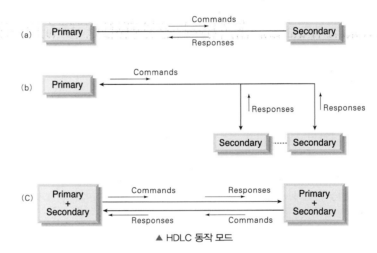

▲ HDLC 동작 모드

5) HDLC의 국의 종류

- 주국 : 채널상의 종속국에 명령 프레임을 전송하고 종속국들에서 응답을 수신한다.
- 보조국 : 주국에서 수신된 명령에 대해 응답한다.
- 복합국 : 다른 복합국과 한 개의 세션을 유지한다.

기적의 TIP

HDLC 전송 모드 종류를 묻는 문제가 출제되었습니다. HDLC 전송 모드(동작 모드) 세 가지를 정확히 외웁니다.

✔ 개념 체크

1 HDLC 데이터 전송 모드에는 세 가지가 있는데, 그 중 혼합형 스테이션을 사용하며 주국으로부터 송신 허가를 받지 않은 채 전송하려면 '비동기 균형 모드'로 동작해야 한다. (O, X)

1 ○

6) HDLC 유사 프로토콜

SDLC (Synchronous Data Link Control)	• HDLC의 IBM 버전, 비평형 일반 응답 모드를 사용한다. • HDLC의 변형된 형식을 사용한다. • 명령과 응답은 루프 토폴로지를 제공하며, 루프 또는 원형 폴링 동작 수행을 제공한다.
LAP(Link Access Procedure)	비평형 구성 형식상에서 HDLC SARM 명령에 기초한다.
LAPB (Link Access Procedure, Balanced)	• HDLC 명령/응답 목록의 부분 집합으로 X.25를 지원한다. • 확장된 순서화를 제공한다.
LAPD (Link Access Procedure, D channel)	ISDN의 데이터 링크 제어에 사용한다.
LAPX(LAPB eXtended)	• 터미널 기반 시스템과 텔레텍스(Teletex) 표준에서 사용한다. • HDLC를 반이중 통신 방식(Half Duplex)

B 기적의 TIP

HDLC 유사 프로토콜(bit 방식)의 내용을 모두 외울 필요는 없습니다.
그러나 bit 위주 프로토콜의 종류인지 아닌지 정도는 구분할 수 있어야 합니다.

이론을 확인하는 기출문제

01 시스템이 갖추어야 할 제어 기능과 방식을 총칭하여 무엇이라 하는가?

① 흐름 제어   ② 에러 제어
③ 전송 제어   ④ 동기 제어

기계와 기계 간에 타이밍을 맞추어서 질서 있고 정확하게 데이터를 주고받을 수 있게 하기 위해 어떠한 방법으로 데이터를 전송해야 하는가를 결정하여 실행할 필요가 있음. 데이터 통신에서 이러한 역할을 수행하는 것을 전송 제어라고 함

02 호출하는 데이터 신호가 DTE/DCE 인터페이스 사이의 교환 순서로 가장 올바른 것은?

① 호 요청 – 선택 신호 – 선택 시작 – 호 진행 시작 – 연결 – 데이터 준비
② 호 요청 – 선택 시작 – 선택 신호 – 호 진행 시작 – 연결 – 데이터 준비
③ 호 요청 – 호 수락 준비 – 입력호 선택 – 신호 연결 – 호 진행 시작 – 데이터 준비
④ 호 요청 – 호 수락 준비 – 데이터 준비 – 신호 연결 – 호 진행 시작 – 데이터 연결

DTE/DCE 인터페이스 사이의 교환 순서
호 요청 – 선택 신호 – 선택 시작 – 호 진행 시작 – 연결 – 데이터 준비

03 다음 중 데이터 전송 제어 절차로 올바른 것은?

① 회선 연결 → 링크 설정 → 데이터 전송 → 링크 해제 → 회선 해제
② 회선 연결 → 데이터 전송 → 링크 설정 → 회선 해제 → 링크 해제
③ 링크 설정 → 회선 연결 → 데이터 전송 → 회선 해제 → 링크 해제
④ 링크 설정 → 데이터 전송 → 회선 연결 → 링크 해제 → 회선 해제

데이터를 전송하기 위해서 우선 회선 연결을 하고 링크 설정을 한 다음 보낼 데이터를 전송하고 링크 해제를 한 후 회선 해제를 함

04 다음 전송 제어 문자 중 본문의 시작을 알리는 것은?

① ETX   ② STX
③ DLE   ④ NAK

전송제어 문자란 링크나 에러제어를 위해 전송하는 특정 문자를 의미한다.
STX(Start of TeXt) : 본문의 개시 및 정보 메시지 헤더의 종료를 표시

오답 피하기

ETX(End of TeXt) : 본문의 종료
DLE(Data Link Escape) : 제어 문자 앞에 삽입하여 이들 문자들이 유효한 제어 문자임을 표시
NAK(Negative AcKnowledge) : 수신된 메시지에 대한 부정 응답 신호

[정답] 01 ③ 02 ① 03 ① 04 ②

05 다음 전송 제어 문자 중 상대국에 응답을 요구하는 것은?

① ETB
② ENQ
③ DLE
④ ACK

ENQ(ENQuiry) : 상대국에 응답을 요구함

오답 피하기

- ① ETB(End of Transmission Block) : 블록의 종료
- ③ DLE(Data Link Escape) : 제어 문자 앞에 삽입하여 이들 문자들이 유효한 제어 문자임을 표시
- ④ ACK(ACKnowledge) : 수신된 메시지에 대한 긍정 응답 신호

---

06 다음 전송 제어 문자에 대한 설명으로 옳지 <u>않은</u> 것은?

① STX : Start of TeXt
② DLE : Data Link Escape
③ SOH : Synchronous Of Heading
④ ETB : End of Transmission Block

SOH(Start Of Heading) : 헤딩의 시작을 알리는 전송 제어 문자

---

07 HDLC(High level Data Link Control) 프로토콜에 대한 설명으로 옳지 <u>않은</u> 것은?

① 흐름 및 오류 제어를 위한 방식으로 ARQ를 사용할 수 있다.
② 링크는 점 대 점, 다중점 및 루프 형태로 구성할 수 있다.
③ 특정 문자 코드에 따라서 필드의 해석이 달라지므로 코드에 의존성을 갖는다.
④ 단방향, 반이중, 전이중 방식의 통신 방식을 제공한다.

HDLC와 같은 비트 방식 프로토콜의 제어 필드는 일반적으로 프레임 내의 고정된 위치에 존재하고, 제어 정보를 각 비트의 위치에서 유도하기 때문에 코드 종류와는 상관없이 투명하게 동작함

---

08 다음 중 HDLC 프레임을 구성하는 필드가 <u>아닌</u> 것은?

① FCS 필드
② Flag 필드
③ Control 필드
④ Link 필드

(시작)플래그(Flag) → 주소부(Address) → 제어부(Control) → 정보부(Information) → 프레임 검사 순서(FCS : Frame Check Sequence) → (종결)플래그(Flag)
- 구성 필드를 구별할 수 있어야 하고 구성필드의 순서도 외우고 있어야 함

---

09 HDLC(High-Level Data Link Control) 프로토콜에 대한 설명으로 옳지 <u>않은</u> 것은?

① 동작모드에는 정규 응답모드 및 비동기식 응답모드 등이 있다.
② 링크는 점 대 점 및 멀티 포인트 형태로 구성할 수 있다.
③ 프레임의 구조 중 FCS는 8bit로 구성된다.
④ 반이중 및 전이중의 통신 방식이 가능하다.

프레임 검사 순서(FCS : Frame Check Sequence)
- 주소부, 제어부, 정보부의 내용이 오류가 없이 상대 측에 정확히 전송되는가를 확인하기 위해 오류 검출용의 다항식을 사용함
- 오류 검출에는 16비트의 CRC(Cyclic Redundancy Check) 부호를 사용함

---

10 HDLC 프레임 구조 내 제어부에서 회선의 설정, 유지 및 종결을 담당하는 것은?

① 감독 프레임(Supervisory Frame)
② 무번호 프레임(Unnumbered Frame)
③ 정보 프레임(Information Frame)
④ 동기 프레임(Synchronize Frame)

HDLC프레임의 종류
- 무번호 프레임(Unnumbered Frame) : 주로 링크 제어용(회선의 설정, 유지, 종결)으로 사용. 5개의 비트를 갖고 있어 25(32)개의 명령과 응답을 가짐

오답 피하기

- 정보 프레임(Information Frame) : 사용자 데이터 전송 및 수신 확인을 위해 쓰임
- 감시 프레임(Supervisory Frame) : 수신확인, 전송 요청 등의 제어용으로 사용

정답 | 05 ② 06 ③ 07 ③ 08 ④ 09 ③ 10 ②

11 다음 중 HDLC의 데이터 전달모드가 <u>아닌</u> 것은?

① 표준 균형모드
② 정규 응답모드
③ 비동기식 균형모드
④ 비동기식 응답모드

- HDLC(High-level Data Link Control procedure)
  – 1970년대 후반 국제표준화기구(ISO)에서 표준화한 대표적인 데이터 통신 전송 제어 절차
- HDLC 전송모드
  – 정상 응답모드(NRM : Normal Response Mode)
  – 비동기식 응답모드(ARM : Asynchronous Response Mode)
  – 비동기식 균형모드(ABM : Asynchronous Balanced Mode)

12 HDLC Frame의 구조 순서로 옳은 것은?(단, A : Add ress, F : Flag, C : Control, I : Information, FCS : Frame Check Sequence)

① I - C - A - F - FCS - F
② C - F - I - FCS - A - F
③ F - A - C - I - FCS - F
④ F - FCS - A - C - I-F

프레임 구조를 정확히 외우고 있어야 함
플래그(F) - 주소부(A) - 제어부(C) - 정보부(I) - 프레임 검사 순서(FCS) - 플래그(F)

13 ISO에서 표준안으로 발표한 비트 동기 방식의 프로토콜은?

① HDLC
② BSC
③ DDCMP
④ TCP/IP

HDLC : 대표적인 비트 동기 방식의 프로토콜

오답 피하기

- ② BSC : 문자 위주 전송 프로토콜로 기본적으로 메인 프레임 네트워크에 사용되는 동기식 통신의 한 형태
- ③ DDCMP : 바이트 방식 전송제어 프로토콜
- ④ TCP/IP : 인터넷 표준 프로토콜

14 대표적인 문자 위주 프로토콜로 BSC(Binary Syn-chronous Control)가 있다. BSC의 특징으로 적합하지 <u>않은</u> 것은?

① 전이중 전송만 지원한다.
② 에러 제어와 흐름 제어를 위해서 정지-대기 방식을 사용한다.
③ 점 대 점(Point to Point) 링크뿐만 아니라 멀티포인트 링크에서도 사용될 수 있다.
④ 주로 동기 전송을 사용하나 비동기 전송 방식을 사용하기도 한다.

문자 위주 전송 프로토콜(BSC)은 반이중 통신(Half Duplex) 방식만 지원함

에러 제어 방식

▶ 합격 강의

빈출 태그 | 핵심포인트 CRC・다항식 코드・패리티 비트・해밍 코드・상승 부호・전진 에러 수정 방식・충격성 잡음・Go–N–Back ARQ

① 에러 발생(전송 장애) 원인 16년 5월

- 실제 전송 매체를 통해 데이터가 전달될 때 '갑'이라는 송신자가 보낸 원래의 데이터와 '을'이라는 수신자가 받은 데이터는 전송 장애가 발생하여 내용이 달라질 수 있다.
- 아날로그 정보인 경우에는 신호의 질이 저하된다고 하며, 디지털 정보인 경우에는 0과 1이 바뀌는 비트 에러가 발생한다.

감쇠 (Attenuation)	데이터를 전송 매체를 통해 원격지로 전송하고자 할 때, 전자적 신호의 세기가 거리가 멀어질수록 점차적으로 약해지는 현상이다.
	감쇠 현상은 높은 주파수에서 더 심하며 이것이 왜곡을 초래한다. • 아날로그 신호 : 고주파일수록 감쇠가 커진다.(증폭기를 사용하여 신호를 회복) • 디지털 신호 : 신호 감쇠의 불균형이 적다(리피터로 비트 정보 복원).
왜곡 (Distortion)	주파수 성분들의 특성에 의해 원래 신호가 다른 형태로 일그러지는 현상이다.
	• 감쇠 왜곡(Attenuation Distortion) : 아날로그 신호의 경우 주의해야 하며 주파수에 따라 다르고 신호는 주파수로 구성되기 때문에 수신된 신호는 강도가 약해지고 왜곡이 발생하는데, 이를 완화하기 위해 회선의 전기적인 특성을 변화시키는 로딩(Loading) 코일을 전화선에 이용한다. • 지연 왜곡(Delay Distortion) : 전송 매체에서 발생하는 현상으로, 동기 맞춤 등에 의해 보상한다. • 하모닉 왜곡(Harmonic Distortion) : 신호의 감쇠가 신호의 진폭에 따라 달라지는 잡음이다. • 주파수 왜곡(Frequency Distortion) : 전송 채널에 보내지는 원 신호의 주파수가 변형되는 현상이다.
잡음 (Noise)	전송로 상에서 전송 신호에 유입되는 불필요한 신호이다.
	• 열 잡음 : 전송 매체의 저항에 의한 열의 영향 때문에 발생한다(= White Noise). • 누화(Cross Talk) : 인접 선로의 상호 간섭에 의해 발생한다. • 충격성 잡음(Impulse Noise) : 선로의 접점 불량, 기계적 진동 등에 의해서 순간적으로 발생한다. • 상호 변조 잡음 : 동일 전송 매체를 공유하는 서로 다른 주파수를 갖는 신호 사이에 발생한다.

② 에러 검출 기법 19년 3월/9월, 16년 5월/10월, 15년 3월, 11년 3월, 10년 3월, 09년 5월/8월, 08년 5월/7월, 02년 3월, …

✓ 개념 체크

1 선로의 접점 불량, 기계적 진동 등에 의해서 순간적으로 발생하는 잡음은 (　　　)이다.

1 충격성 잡음

- 수신된 정보 내에 에러가 포함되어 있는지의 여부를 검사하기 위해서는 미리 송신 측에서 보내고자 하는 원래의 정보 이외에 별도로 잉여분의 데이터를 추가한다.
- 수신 측에서는 이 잉여 데이터를 검사함으로써 에러 검출이 가능하다.
- 가장 널리 사용되고 있는 에러 검출 기법으로는 패리티 검사와 블록 합 검사, 순환 잉여도 검사가 있다.

패리티 검사 (Parity Check)	• 한 블록의 데이터 끝에 패리티 비트(Parity Bit)를 추가하는 것으로, 가장 간단한 에러 검출 기법 • 비트 길이의 ASCII 데이터의 끝에 한 비트를 추가하여 8비트로 데이터를 전송 • 패리티 비트 값은 8비트의 문자 정보 내의 '1'의 개수가 짝수(우수 패리티 : Even Parity) 또는 홀수(기수 패리티 : Odd Parity) 개가 되도록 조정하는 과정에서 결정됨 • 일반적으로는 짝수 패리티는 비동기식 전송에, 홀수 패리티는 동기식 전송에 주로 사용됨 – 장점 : 구성이 간단함 – 단점 : 오류 검출만 가능하며 에러가 짝수 개 발생하게 되면 에러 검출이 불가능
블록 합 검사(BSC : Block Sum Check)	• 각 문자당 패리티 체크 비트와 전송 프레임의 모든 문자들에 대한 패리티 문자를 함께 전송하는 방식 • 패리티 검사의 단점을 보완
순환 잉여도 검사 (CRC : Cyclic Redundancy Check)	• 다항식 코드❶를 사용하여 오류를 검출하는 방식 • 가장 널리 사용되는 에러 검출 기법 • 에러 검출 코드인 FCS(Frame Check Sequence)를 정보에 추가하여 전송 • FCS는 프레임 내의 에러를 검출하기 위한 비트열로 송신 시 임의의 알고리즘에 의해 계산되어 정보 프레임과 함께 전송 • 수신 측에서는 수신된 전체 데이터 가운데 정보 프레임만을 대상으로 송신 측과 동일한 알고리즘에 의해 FCS를 계산한 다음, 이 값이 수신된 FCS 값과 동일하면 전송 중에 에러가 발생되지 않은 것으로, 동일하지 않으면 전송 에러가 발생한 것으로 판단

기적의 TIP

〈패리티 비트 부여하기〉

전송데이터 :

0	1	0	1	1	0	0

① 짝수 패리티 방식 :

0	1	0	1	1	0	0	1

→ 1의 개수를 짝수로!
　주로 비동기식 전송에 사용

② 홀수 패리티 방식 :

0	1	0	1	1	0	0	0

→ 1의 개수를 홀수로!
　주로 동기식 전송에 사용

❶ 다항식 코드
순환 잉여도 검사(CRC)를 위해 미리 정해진 다항식을 적용하여 얻어진 코드로 12bit, 16bit, 32bit 다항식이 사용됨

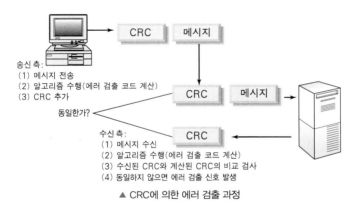

송신 측:
(1) 메시지 전송
(2) 알고리즘 수행(에러 검출 코드 계산)
(3) CRC 추가

동일한가?

수신 측:
(1) 메시지 수신
(2) 알고리즘 수행(에러 검출 코드 계산)
(3) 수신된 CRC와 계산된 CRC의 비교 검사
(4) 동일하지 않으면 에러 검출 신호 발생

▲ CRC에 의한 에러 검출 과정

03 에러 정정 기법

1) 자동 재전송 방식(ARQ : Automatic Repeat reQuest) 24년 3월/5월/7월, 23년 3월/9월, …

에러 검출 후에 송신 측에게 에러가 발생한 데이터 블록을 다시 전송해 주도록 요청함으로써 에러를 정정한다.

개념 체크

1 집단 에러에 대해 신뢰성 있는 에러 검출을 하기 위해 다항식 코드를 사용하여 오류를 검출하는 방식을 블록 합 검사라고 하며, 문자 단위로 데이터가 전송될 때 사용되는 검출 기법이다. (O, X)

1 ×

정지 대기 (Stop-and-Wait) ARQ	• 가장 단순한 형태의 ARQ 방식 • 송신 측은 한 블록을 전송한 다음 수신 측에서 에러발생 검출에 의해 역채널을 통해서 (ACK : 정상 수신, NAK : 에러 발생) 신호를 보내올 때까지 기다리는 방식 • 송신 측이 NAK 신호를 받게 되면 앞서 송신하였던 블록을 재전송하고, ACK 신호를 받으면 다음 블록의 송신을 진행하게 됨
연속적 ARQ	Stop-and-Wait ARQ가 갖는 오버헤드를 줄이기 위해 한 블록씩이 아니라 연속적으로 데이터 블록을 전송하는 방식 • Go-back-N 방식 : 에러가 발생한 블록 이후의 모든 블록을 재전송하는 방식 • 선택적(Selective) ARQ : 수신된 블록들을 모아 원래의 순서대로 재조립해야 하므로 더 복잡한 논리회로와 더 큰 수신 측 버퍼가 요구되는 단점이 있음
적응적(Adaptive) ARQ	• 채널 효율을 최대로 하기 위해서 블록의 길이를 채널의 상태에 따라 동적으로 변경하는 ARQ 방식 • 앞의 다른 ARQ 방식에 비해 효율을 높일 수 있음 • 제어 회로가 매우 복잡하므로 현재 거의 사용되지 않고 있음

🅑 기적의 TIP

크게 두 가지만 꼭 짚고 넘어갑니다.
1. 오류의 검출까지만 담당하는 것 vs 오류의 정정까지 담당하는 것
   ① 검출만 : 패리티 검사, 블록합 검사, 순환 잉여도검사(CRC)
   ② 정정까지 : FCE, 상승 코드, 해밍 코드
2. 전진 에러 수정방식(FEC) 2가지
   ① 상승코드
   ② 해밍 코드

2) 전진 에러 수정(FEC : Forward Error Correction) 방식 11년 8월, 08년 7월, 02년 5월, 00년 5월, …

• 에러의 검출과 수정을 동시에 수행하는 방식이다.
• 해밍 코드, 상승 부호 코드 등이 있다.
• 장점 : ARQ에 비해 역채널이 불필요하고 연속적인 데이터 흐름이 가능하다.
• 단점 : 에러의 검출과 수정을 동시에 수행하기 위한 오버헤드가 크다.
• 효율을 저하시키며, 기기와 코딩이 복잡하여 현재는 널리 사용되지 않고 있다.

상승 코드 (Convolution Code)	• 비블록형 부호로서, 블록형 부호보다 디코딩이 용이하므로 자기 정정 에러제어 방식에 많이 이용 • 정보 비트와 패리티 비트가 채널 상에서 섞인 형태로 전송되는 것으로, 하나 이전의 전송 데이터 블록에 해당되는 주기 동안은 여러 가지 정보비트에 모듈로 2연산을 함으로써 패리티 비트를 계산해 냄 • 자기 정정 에러 효율은 높으나, Encoding이나 Decoding에 의한 하드웨어가 복잡하며, 단가가 높음
해밍 코드 (Hamming Code)	• 수신 측에서 오류가 발생한 비트를 직접 검출하고 수정까지 하는 방식 • 오류 검출부터 수정까지 스스로 한다고 하여 자기 정정 부호라고도 함

3) 순환 중복 검사(CRC : Cyclic Redundancy Check)

• 집단 오류에 대한 신뢰성 있는 오류 검출을 위해 다항식 코드를 이용하여 에러 검사를 하는 방식이다.
• 프레임 단위로 오류 검출을 위한 코드를 계산하여 프레임 끝에 부착하는데 이를 "FCS"라 한다.
• 동기식 전송에 주로 사용된다.
• 생성 다항식은 CRC-16, CRC-32 등이 있다.
• 수신단에서 CRC 부호로 에러를 검출한다.
• 여러 비트에서 발생하는 집단성 에러도 검출이 가능하여 신뢰성이 우수하다.

✅ 개념 체크

1 전진 에러 수정(Forward Error Correction) 방식에서 사용하는 검출 방식은 (   ) 코드와 (   ) 코드이다.

1 상승, 해밍

이론을 확인하는 기출문제

01 다음 중 선로의 접점 불량, 기계적 진동 등에 의해서 순간적으로 발생되는 잡음은?

① Shot Noise
② Impulse Noise
③ Thermal Noise
④ Jitter Noise

Impulse Noise(충격성 잡음) : 주로 기계적인 충격에 의해 발생되며 전송 시스템에서 순간적으로 일어나는 높은 진폭의 잡음

오답 피하기

• ③ Thermal Noise : 열잡음
• ④ Jitter Noise : 흐트러짐 잡음

02 다음 중 데이터 전송의 오류 검출 방식이 <u>아닌</u> 것은?

① 패리티(Parity) 검사
② 블록합 검사
③ 순환 잉여검사(CRC)
④ 바이폴라(Bipolar) 검사

오류 검출 방식으로 바이폴라 검사라는 방식은 없음

03 오류를 제어할 때 수신 측에서 오류 검출의 정정 기능을 갖는 부호는?

① Hamming Code
② Parity Code
③ BCD Code
④ EBCDIC Code

Hamming Code(해밍 코드)
• 수신 측에서 오류가 발생한 비트를 직접 검출하고 수정까지 하는 방식
• 오류 검출부터 수정까지 스스로 한다고 하여 자기 정정 부호라고도 함

오답 피하기

② Parity Code : 오류의 검출만 할 뿐 정정 기능이 없음

04 다음 중 정보 전송 시 오류 검출 방법이 <u>아닌</u> 것은?

① 블록 합 검사(Block Sum Check)
② 순환 잉여 검사(Cyclic Redundancy Check)
③ 프레임 검사(Frame Check)
④ 패리티 비트 검사(Parity Bit Check)

---

①, ②, ④ 모두 에러 검출 기법에 해당함
그 외 해밍 코드, 체크섬 등의 방식이 있음

05 홀수 패리티가 부가된 7비트 ASCII 코드 D(1000001)의 송신 데이터는?

① 100 0010
② 010 0001
③ 1000 0011
④ 1100 0010

패리티 검사는 한 블록의 데이터 끝에 한 비트를 추가하는 가장 간단한 에러 검출 기법으로, 홀수 패리티 방식은 데이터에 포함된 1의 전체 개수가 홀수가 되게 하는 방식으로 100 0001 → 1000 0011이 됨

06 데이터 전송에서 1차원 Parity에 대한 설명으로 적합한 것은?

① 수신된 데이터에서 전송 오류를 무시한다.
② 수신된 데이터에서 전송 오류의 검출을 행한다.
③ 수신된 데이터에서 전송 오류의 정정을 행한다.
④ 수신된 데이터에서 전송 오류의 검출과 정정을 행한다.

1차원 패리티 : 데이터 전송 시 수신된 데이터에서 전송 오류의 검출

오답 피하기

패리티 검사는 전송오류는 검출하나 정정하진 못함

07 다음 중 통신 채널의 효율적 이용을 위해 사용되는 데이터 압축 방식이 <u>아닌</u> 것은?

① 허프만(Huffman) 압축 기법
② LZW(Lempel−Ziv−Welch) 압축 기법
③ MPEG(Motion Picture Experts Group) 기법
④ 해밍(Hamming) 코드 압축 기법

해밍 코드는 Forward Error Correction 기법 중의 하나로, 데이터 송수신 중에 발생하는 에러를 검출 및 정정하는 기법임
동작 원리는 원래의 데이터들을 이용하여 연산한 결과를 덧붙여 수신 측에서 오류를 검출하여 해당 오류 비트를 정정할 수 있게 함

08 전진 에러 수정에서 에러 검출 방식은 어떤 것인가?

① BCD   ② Gray
③ Excess−3   ④ 상승 코드

전진 에러 수정(FEC) 방식 : 에러의 검출과 수정을 동시에 수행하는 방식으로 해밍 코드, 상승 부호 코드 등을 사용함

09 다음 중 전진 오류 수정 방식(FEC)에 관한 설명으로 옳은 것은?

① 정확한 데이터를 수신하면 ACK를 보낸다.
② 오류 제어에 따른 역채널이 필요하다.
③ 추가되는 비트 수가 적으므로 경제적이다.
④ 연속적인 데이터 전송이 가능하다.

전진 에러 수정 방식
• 데이터 비트 외에 추가적인 오류검출 제어 비트를 보내므로 전송 효율은 떨어짐
• ARQ 방식과는 달리 역채널을 이용하지 않음

10 순환 중복 검사 방식에 관한 설명으로 <u>틀린</u> 것은?

① 문자 단위로 데이터가 전송될 때, 에러를 검출하는 방식이다.
② 생성 다항식은 CRC−16, CRC−32 등이 있다.
③ 수신단에서 CRC 부호로 에러를 검출한다.
④ 여러 비트에서 발생하는 집단성 에러도 검출이 가능하여 신뢰성이 우수하다.

순환 중복 검사 방식(CRC : Cyclic Redundancy Check)
• 송신 데이터를 생성 다항식과 정해진 수에 의해 CRC 부호로 만들어 전송하고, 수신단에서는 CRC 부호로 오류를 검출하고 정정하는 방식
• 여러 비트에서 발생하는 집단 에러 검출도 가능하여 신뢰성이 우수함

오답 피하기

순환 중복 검사 방식(CRC : Cyclic Redundancy Check)은 블록단위로 데이터가 전송될 때 오류를 검출하고 정정할 수 있는 방식

11 다음 중 데이터 전송 시 발생하는 오류 검출을 위한 방법으로 다항식 코드를 사용하여 검사하는 방법은?

① 순환 중복 검사(CRC)
② 수직 중복 검사(VRC)
③ 세로 중복 검사(LRC)
④ 검사합(Checksum)

순환 잉여 검사(CRC)
• 블록마다 검사용 코드를 부가시켜 전송하는 방식으로 데이터의 연속 전송 시에 집단 오류 검출을 위해 사용함
• 다항식 코드를 사용하여 에러의 검출하고 에러검사 방법 중 가장 우수한 방식

12 다음 중 연속적 ARQ 에 해당하는 것은?

① Stop and Wait ARQ
② Go−Back−N ARQ
③ Adaptive ARQ
④ CRC ARQ

연속적 ARQ 방식 : 정지 대기 ARQ에서의 수신 측의 응답을 기다려야 하는 단점을 보완하기 위해 데이터 블록을 연속적으로 송신하는 방식으로 Go−Back−ARQ와 선택적 재전송 ARQ가 있음

오답 피하기
• ① Stop and Wait ARQ : 송신 측에서 한 개의 블록을 전송한 후 수신 측에서 에러의 발생을 점검하고 ACK나 NAK 신호를 보낼 때까지 기다리는 가장 단순한 방식
• ③ Adaptive ARQ : 전송 효율을 높이기 위해 블록의 길이를 동적으로 변경시키는 전송 방식
• ④ CRC ARQ : CRC ARQ는 없음. 다만 CRC는 순환 잉여 검사 방법으로 다항식 코드를 사용하여 에러를 검출하는 방법

CHAPTER 04

통신 프로토콜

학습 방향

통신 규약, 프로토콜의 기본 구성 요소(구문, 의미, 타이밍), 프로토콜의 기능, ITU-T, X 시리즈, 공중 데이터망, V시리즈, 공중 전화망, 망간 접속, DTE/DCE 인터페이스 규정, RS-232C, IEEE 802, OSI 계층 구조, 각 계층별 기능과 특징, 표준안 제정 기구 등을 중심으로 공부하세요.

출제빈도

SECTION 01	중	27%
SECTION 02	상	38%
SECTION 03	상	35%

프로토콜

▶ 합격 강의

빈출 태그 통신 규약 • 프로토콜의 기본 구성 요소(구문, 의미, 타이밍) • 프로토콜의 기능

01 프로토콜(Protocol)의 정의 20년 6월, 19년 9월

- 통신에서의 '통신 규약'이라는 의미이다.
- 통신 시스템상의 개체(Entity) 간에 정확하고 효율적인 정보 전송을 위한 모든 규약의 집합이다.

02 프로토콜의 기본적 구성 요소 24년 3월/7월, 23년 5월, 18년 3월/4월, 16년 10월, 15년 5월, …

> 🅑 **기적의 TIP**
>
> 프로토콜이 구성 요소를 묻는 문제가 자주 출제됩니다.

구문(Syntax)	데이터의 형식이나 부호화(Coding) 및 신호 레벨(Signal Level) 등을 규정
의미(Semantics)	각 비트의 의미를 나타내며 해당 패턴의 해석과 해석에 따른 전송의 조정이나 오류 제어를 위한 제어 정보에 대한 규정
타이밍(Timing)	접속되어 있는 개체(Entity) 간의 통신 속도의 조정이나 메시지의 순서 제어 등을 규정

03 프로토콜의 기능 14년 9월, 03년 3월, 01년 6월

단편화 (Fragmentation)	• 응용 개체가 데이터를 메시지 단위나 연속적인 스트림 형태로 보내면, 낮은 계층에서는 이 데이터를 같은 크기의 작은 블록으로 분할하는 작업 • 단편화의 이유 　– 통신망에서 수신할 수 있는 데이터의 크기가 제한되어 있기 때문 　– 프로토콜 데이터 단위(PDU)의 크기가 작아야 오류 제어가 편리하고, 작은 버퍼의 사용이 가능 　– 전송 설비를 공유할 때 적은 시간으로 공정하게 접근할 수 있기 때문
재합성 (Reassembly)	단편화의 반대 과정으로, 어떤 계층에서 단편화하여 보낸 데이터를 상대방의 대등한(Peer) 계층에서 받아 결합하는 기능
캡슐화 (Encapsulation)	• 데이터에 제어 정보를 첨가하는 과정 • 제어 정보는 주소(Address), 오류 검출 코드(CRC), 프로토콜 제어 등이 있음
연결 제어 (Connection Control)	• 한 개체(Entity)에서 다른 개체로 데이터를 전송하는 기능 • 과정 : 연결 확립 – 데이터 전송 – 연결 해제
흐름 제어 (Flow Control)	전송된 데이터를 수신하는 개체가 근원지로부터 송신되는 데이터의 전송량이나 전송 속도를 제한하는 기능
오류 제어 (Error Control)	전송 중에 발생 가능한 오류들을 검출하고 복원하는 기능
동기화 (Synchronization)	• 두 개의 프로토콜 개체가 동시에 명확히 정의된 상태, 즉 초기화 상태, 검사점 상태, 종료 상태를 의미 • 시작 순간의 체크 포인터의 기능, 통신 종료의 수행과 같이 두 개체가 같은 상태를 유지하는 것을 의미

> ✓ **개념 체크**
>
> 1 프로토콜의 기본 구성 요소로는 (　　), 의미, 타이밍이 있으며 통신 시스템상의 개체 간에 정확하고 효율적인 정보 전송을 위한 모든 규약의 집합을 말한다.
>
> 1 구문

순서 결정 (Sequencing)	• 프로토콜 데이터 단위(PDU)가 전송되는 순서를 명시하는 기능으로, 연결 중심의 데이터 전송에만 사용 • 순서 결정의 목적 : 전송 중에 발생할 수 있는 데이터 손실 파악, 흐름 제어, 오류 제어 등 • 순서 제어(Sequencing Control) : 송신 측이 보내는 데이터 단위 순서대로 수신 측에 전달 • 주소 결정(Addressing) : 주소를 기재하여 데이터가 정확하게 전달 • 다중화(Multiplexing) : 여러 개의 회선을 하나의 통신로로 변환시켜 동시에 사용 • 전송 서비스(Transmission Service) : 통신 개체에게 별도의 부가 서비스 제공

04 프로토콜의 3가지 전송 방식

문자 전송 방식	특수 문자(SOH, STX, ETX, EOT 등)를 사용하여 정보 메시지의 처음과 끝, 실제 데이터의 처음과 끝을 표현하여 전송하는 방식
바이트 전송 방식	헤더의 처음을 표시하는 특수 문자와 메시지부를 구성하는 문자 개수, 메시지의 수신 상태를 표시하는 제어 정보와 블록 체크를 포함시켜 전송하는 방식
비트 전송 방식	특수한 비트 패턴인 플래그 문자를 메시지의 처음과 끝에 위치하도록 하고 비트 메시지를 구성하여 전송하는 방식

✓ 개념 체크

1 프로토콜의 전송 방식 중 특정한 플래그를 메시지의 처음과 끝에 포함시켜 전송하는 것을 바이트 전송 방식이라고 한다. (O, X)

1 ×

이론을 확인하는 기출문제

01 다음 중 통신 프로토콜에 대한 설명으로 옳은 것은?

① 시스템 간 정확하고 효율적인 정보 전송을 위한 일련의 절차나 규범이다.
② 아날로그 신호를 디지털 신호로 변환하는 방법이다.
③ 자체적으로 오류를 정정하는 오류제어 방식이다.
④ 통신 회선 및 채널 등의 정보를 운반하는 매체를 모델화한 것이다.

통신 프로토콜 : 서로 다른 시스템 간에 정보 교환을 정확하고 원활하게 하기 위한 표준화된 통신 규약

02 다음 중 통신 프로토콜의 계층화에 대한 장점이 아닌 것은?

① 전체적인 오버헤드(Over Head)가 증가한다.
② 모듈화에 의한 전체 설계가 용이하다.
③ 이기종 간 호환성 유지가 비교적 쉽다.
④ 한 계층을 수정할 때 다른 계층에 영향을 주지 않는다.

• ① 오버헤드의 증가는 어디에서도 장점이라 볼 수 없는 특징임 프로토콜 계층화를 몰라도 답으로 고를 수 있는 문제였음!!
• **프로토콜 계층화의 목적**
  – 복잡한 네트워크를 보다 논리적으로 이해하기 쉽게 부분으로 나눔
  – 네트워크 기능 간의 표준화된 인터페이스를 제공함
  – 네트워크의 표준 언어를 제공함
  – 네트워크 조직에서 일어나는 변경 사항을 예측하고 제어하는 수단을 제공함

03 동기식 전송 방식 중 비트 지향성(Bit Oriented)방식의 프로토콜이 아닌 것은?

① HDLC
② ADCCP
③ BSC
④ SDLC

프로토콜 전송 방식
• 문자(Character) 방식 : BSC 프로토콜
• 바이트(Byte) 방식 : DDCM 프로토콜
• 비트(Bit) 방식 : SDLC, HDLC프로토콜이 대표적이며, LAP, LAPB, ADCCP 등도 포함

[정답] 01 ① 02 ① 03 ③

04 통신 프로토콜(Protocol)의 기본 요소에 해당되지 않는 것은?

① 포맷(Format)   ② 구문(Syntax)
③ 의미(Semantics)   ④ 타이밍(Timing)

통신 프로토콜의 기본 구성 요소
구문(Syntax), 의미(Semantics), 타이밍(Timing)

05 다음 중 두 개체 간의 통신 속도를 조정하거나 메시지의 전송 순서에 대한 특성을 가리키는 프로토콜의 기본 요소는?

① 구문(Syntax)   ② 의미(Semantics)
③ 타이밍(Timing)   ④ 패킷(Packet)

타이밍(Timing) : 접속되어 있는 개체(Entity) 간의 통신 속도의 조정이나 메시지의 순서 제어 등을 규정함

오답 피하기
• 우선 프로토콜의 기본 3요소는 구문, 의미, 타이밍이므로 ④ 패킷은 고려대상이 아님
• 구문(Syntax) : 데이터의 형식이나 부호화 및 신호 레벨 등을 규정함
• 의미(Semantics) : 전송의 조정이나 오류제어를 위한 제어 정보 등을 규정함

06 다음 중 전송 제어와 오류 관리를 위한 제어 정보를 포함하는 프로토콜의 기본적 요소는?

① Syntax   ② Semantic
③ Timing   ④ Synchronize

의미(Semantic) : 개체 사이의 협조 항목과 에러 제어 항목으로 구성

07 프로토콜의 일반적인 기능 중 캡슐화(Encapsulation)할 때 제어 정보에 포함되지 않는 것은?

① 연결 제어(Connection Control)
② 프로토콜 제어(Protocol Control)
③ 에러 검출 코드(Error Detecting Code)
④ 주소(Address)

캡슐화 : 데이터에 제어 정보를 첨가하는 과정으로, 제어 정보는 주소(Address), 오류 검출 코드(CRC), 프로토콜 제어 등

08 정보통신을 위해 한 시스템이 다른 시스템과 통신을 원활하게 수행할 수 있도록 해 주는 통신 규약은?

① 인터페이스
② 통신 소프트웨어
③ 통신 프로토콜
④ 통신 처리

통신 프로토콜은 통신을 원하는 두 개체 간에 무엇을, 어떻게, 언제 통신할 것인가를 서로 약속한 규약임

09 통신 프로토콜의 기능과 그 기법을 서로 잘못 연결한 것은?

① 에러 제어 – ARQ
② 순서화 – 폴링/셀렉션
③ 흐름 제어 – Sliding Window
④ 동기 방식 – 비동기식/동기식 전송

폴링/셀렉션은 주로 데이터를 전송 가능한지 알아보는 데 사용하는 기법

10 프로토콜 전송 방식 중 특정한 플래그를 메시지의 처음과 끝에 포함시켜 전송하는 방식은?

① 비트 방식
② 문자 방식
③ 바이트 방식
④ 워드 방식

비트 방식 : 전송 데이터의 처음과 끝에 동기 문자를 포함시켜 전송

오답 피하기
• ② 문자 방식 : BSC 프로토콜이 있으며, 전송 제어 문자를 데이터 프레임의 시작과 끝에 삽입하여 전송하는 방식
• ③ 바이트 방식 : DDCM 프로토콜이 있으며 데이터 프레임의 헤더에 전송 데이터 프레임의 문자 개수, 메시지 수신 상태 등의 제어 정보를 삽입하여 전송하는 방식

SECTION 02 — OSI 7계층 참조 모델

출제빈도 (상) 중 하
반복학습 1 2 3

빈출 태그 OSI 계층 구조 · 각 계층별 기능과 특징

01 OSI 참조 모델

1) 정의

- Open System Interconnection의 약자로, 개방형 시스템의 상호 접속을 위한 참조 모델이다.
- ISO(International Organization for Standardization : 국제 표준화 기구)에서 1977년 이기종 컴퓨터 통신을 위한 구조 개발에 의해 탄생된 규정이다.
- 서로 다른 컴퓨터나 정보통신 시스템들 간의 연결 및 원활한 정보 교환을 위한 표준화된 절차이다.
- 통신 기능을 7개의 계층으로 분류하고 각 계층의 기능에 적합한 표준화된 서비스 정의와 프로토콜의 규정이다.

2) OSI 참조 모델의 목적

- 시스템 간의 통신을 위한 표준을 제공한다.
- 시스템 간의 통신을 방해하는 기술적인 문제들을 제거한다.
- 단일 시스템의 내부 동작을 기술해야 하는 노력을 제거한다.

02 OSI 7계층 구조

23년 5월, 20년 6월, 19년 9월, 18년 3월, 17년 3월/5월, 16년 3월/10월, 15년 3월/5월, 14년 5월/9월, …

1) 물리 계층(Physical Layer)

규격화되지 않은 비트 전송을 위한 물리적 전송 매체의 기능을 정의한다.

- 물리적인 전송매체의 기능 : 기계적, 전기적, 기능적, 절차적 기능 규정
- 물리 계층 인터페이스의 예 : EIA-232D(RS-232C)나 V.24, X.24 같은 표준들

2) 데이터 링크 계층(Data Link Layer) 24년 5월/7월, 18년 4월, 17년 5월

물리 계층에서 사용되는 전송 매체를 사용하여 이웃한 통신 기기 사이(Node to Node)의 연결 및 데이터 전송 기능과 관리를 규정한다.

- 데이터 동기 제공
- 송수신 DTE 간의 안전한 데이터 송수신 보장

> 기적의 TIP
>
> OSI 네트워크 계층화의 구성 요소에서 서비스 기본(Primitive, 프리미티브) 순서 [요구→지시→응답→확인]

> 기적의 TIP
>
> - 프로토콜 계층화(Protocol Layering)
> 프로토콜들이 개별 단계에 따라 순차적으로 수행되고 종료되면서 다음 단계로 진행되는 특성
> - 프로토콜 계층화의 장점
> ① 모듈화에 의한 전체 설계가 용이함
> ② 다른 기종 간 호환성 유지가 쉬움
> ③ 한 계층 수정 시 다른 계층에 영향을 미치지 않음

Layer 2 스위치
- OSI 2계층(Data Link)까지의 기능을 한다.
- MAC(Media AccessConrol) 주소를 읽어 스위칭을 한다.
- Address learning(프레임의 출발지 맥주소가 맥 테이블에 없으면 300초 동안 저장한다)
- Flooding(프레임의 목적지 맥주소가 없을 시 브로드캐스팅을 통해 확인)
- Fowarding(프레임의 목적지 맥주소가 있을 때 해당 포트로만 프레임을 전달)
- Filtering(프레임의 목적지 맥주소가 테이블에 있을 경우 해당 주소가 아닌 곳에는 전달하지 않는 역할)

- 프레임 형식, 순서 및 전송
- 채널 제어 및 접속 방식
- 에러 검출 및 정정 : ARQ
- 흐름 제어
- HDLC 프로토콜

3) 네트워크 계층(Network Layer)

두 네트워크를 연결하는 데 필요한 데이터 교환 기능의 제공 및 관리를 규정한다.
- 시스템 접속 장비 관리
- 패킷 관리
- 네트워크 연결 관리 및 네트워크 어드레싱
- 경로 배정(Routing)
- 데이터그램 또는 가상 회선 개설
- 송신지로부터 수신지까지 패킷 전달

4) 전송 계층(Transport Layer)

다른 네트워크들의 종점 간(End to End)에 신뢰성이 있고 투명한 데이터 전송을 기본적으로 제공하고 오류의 복원과 흐름 제어를 담당한다.
- 종점 간(End to End) 인식
- 흐름 제어
- 다중화(Multiplexing)와 역다중화(Demultiplexing)
- 네트워크 서비스 정도에 따라 최적화 결정
- 에러 체크 및 정정

5) 세션 계층(Session Layer)

사용자와 전송 계층 간의 인터페이스로, 종점들 간의 기본적 연결 서비스에 기능을 부가하여 실체가 특성에 맞게 데이터를 교환할 수 있는 연결 서비스를 제공하고 제어 기능을 수행한다.
- 연결 설정, 유지 및 종료
- 대화 관리 : 단방향, 반이중, 전이중
- 메시지 전송과 수신(데이터 동기화 및 관리)
- 강제 종료 및 재개 시
- 일반 및 속달 데이터 전송

6) 표현 계층(Presentation Layer) 24년 7월, 18년 4월

데이터 구문(Syntax) 네트워크 내에서 인식이 가능한 표준 형식으로 재구성하는 기능을 수행하고, 응용 계층으로부터 데이터 형식(문자, 정수 등)을 받아서 자신의 대등 계층과 표현 형식(ASCII 코드 등)에 관해 협상을 한다.

✅ 개념 체크

1 통신망의 접속, 중계 기능, 폭주 제어, 경로 설정 등을 수행하는 계층은 전송 계층 이다. (O, X)

2 암호화, 압축, 형식 처리, 코드 변환, 문맥 관리 등의 기능을 수행하는 계층은 (   ) 계층이다.

1 ×, 2 표현

- 여러 종류의 구문표(Teletype, ASCII, Videotex 등)로 구성
- 데이터 재구성
- 코드 변환
- 구문 검색
- 압축
- 암호화

7) 응용 계층(Application Layer) ^{18년 3월}

OSI 환경의 사용자에게 특정한 서비스를 제공하는 기능을 수행하는 계층으로, 정보 처리를 수행하는 응용 프로그램과 인터페이스와의 통신을 수행하기 위한 기본적인 응용 기능을 한다.
- 사용자가 다양한 응용 프로그램을 이용
- 데이터베이스, 전자 사서함 등
- 표준 서비스로 X.400과 FTAM이 있음

✔ 개념 체크

1 응용 계층이란 OSI 환경의 사용자에게 특정한 서비스를 제공하는 기능을 수행하는 계층으로, 정보 처리를 수행하는 (   )과 (   )와의 통신을 수행하기 위한 기본적인 응용 기능을 한다.

1 응용 프로그램, 인터페이스

이론을 확인하는 기출문제

01 OSI-7 계층 중에서 암호화, 데이터 압축, 코드변환 등의 기능을 수행하는 계층은?

① 트랜스포트 계층(Transport Layer)
② 응용 계층(Application Layer)
③ 세션 계층(Session Layer)
④ 프리젠테이션 계층(Presentation Layer)

프리젠테이션 계층(Presentation Layer) : 보안을 위한 암호화와 해독 및 데이터 압축을 주로 지원함

오답 피하기
- 트랜스포트 계층(Transport Layer) : 종단 간 투명하고 신뢰성 있는 데이터 전송, 흐름제어, 에러체크 및 정정
- 응용 계층(Application Layer) : 사용자가 다양한 응용 프로그램을 이용, 데이터베이스, 전자사서함
- 세션 계층(Session Layer) : 연결 설정, 유지 및 종료

02 다음 중 표현 계층에 대한 기능으로 틀린 것은?

① 암호화   ② 경로 선택
③ 코드 변환   ④ 문맥 관리

- ② 경로 선택은 네트워크계층에서 수행함
- 표현계층에서는 인코딩/디코딩, 암호화/복호화, 압축/압축해제 등의 기능을 수행함

03 OSI-7 계층 참조 모델에서 프로세스 간에 대한 연결을 확립, 관리, 단절시키는 수단을 제공하는 계층은?

① Application Layer
② Session Layer
③ Transport Layer
④ Network Layer

세션 계층 : 응용 프로세스 간의 송신권 및 동기 제어

오답 피하기
- ① Application Layer : 응용계층. 응용계층 프로그램과 네트워크 간을 연결하여 응용프로세스 간의 정보 교환, 전자 사서함, 파일 전송 등의 기능을 제공
- ③ Transport Layer : 송수신 시스템 간의 오류 수정과 흐름 제어를 통해 논리적 안정과 균일한 서비스 제공
- ④ Network Layer : 송신 노드에서 수신 노드로 패킷을 전달하는 기능

정답 01 ④ 02 ② 03 ②

04 데이터 링크(Data-Link) 계층의 프로토콜이 <u>아닌</u> 것은?

① HDLC(High-Level Date Link Control)
② ADCCP(Advanced Data Communication Control)
③ LAP-B(Link Access Procedure Balanced)
④ FTP(File Transfer Protocol)

FTP는 Telnet, Http 등과 함께 대표적인 응용계층(Application Layer) 프로토콜임

05 OSI-7 참조 모델 중 데이터 링크 계층의 주요 기능이 <u>아닌</u> 것은?

① 데이터 링크 연결의 설정과 해제
② 프레임의 순서 제어
③ 오류제어
④ 경로선택 및 다중화

데이터 링크 계층(Data Link Layer)의 기능
• 데이터 동기 제공
• 송수신 DTE 간의 안전한 데이터 송수신 보장
• 프레임 형식, 순서 및 전송
• 채널 제어 및 접속방식

오답 피하기
④ '다중화'는 전송 계층(Transport Layer)의 기능

06 OSI(Open System Interconnection) 7계층에서 다음 설명에 맞는 계층은?

> 인접한 두 개의 통신 시스템 간에 신뢰성 있는 효율적인 데이터를 전송할 수 있도록 한다. 전송과정에서는 데이터 오류의 검출 및 회복과 흐름 제어를 조절하여 링크의 효율성을 향상시킨다.

① 물리 계층
② 데이터 링크 계층
③ 응용 계층
④ 표현 계층

데이터 링크 계층 : 물리 계층에서 상용되는 전송 매체를 이용하여 이웃한 통신 기기 사이의 연결 및 데이터 전송 기능과 관리를 규정함. 또한 데이터 동기 제공, 송수신 DTE 간의 안전한 송수신 보장, 에러 검출 및 흐름제어 등의 기능을 담당함

07 다음 중 OSI 네트워크 계층화의 구성 요소에서 서비스 프리미티브(Primitive)에 해당하는 것은?

① 요구, 지시, 응답, 확인
② 접속, 요구, 확인, 응답
③ 요구, 접속, 해제, 전송
④ 접속, 확인, 응답, 해제

계층 간 통신을 위한 서비스 프리미티브
• 요구 : 서비스 이용자가 기능을 호출하는 프리미티브
• 지시 : 서비스 제공자가 기능을 호출하기 위해 또는 서비스 접근점에서 기능이 호출되었음을 지시하기 위해서 사용되는 프리미티브
• 응답 : 서비스 이용자가 지시에 의하여 이미 호출된 기능을 완료시키기 위해서 사용되는 프리미티브
• 확인 : 서비스 제공자가 요구에 의하여 이미 호출된 기능을 완료시키기 위해서 사용되는 프리미티브

08 다음 중 OSI-7 참조 모델에서 중계기능, 경로 설정 등을 주로 수행하는 계층은?

① 네트워크 계층
② 응용 계층
③ 데이터링크 계층
④ 표현 계층

네트워크 계층 : 정보 교환 및 중계 기능

오답 피하기
• 응용 계층 : 응용 프로그램과 네트워크 간을 연결하여 응용 프로세스 간의 정보 교환, 전자 사서함, 파일 전송 등
• 세션 계층 : 응용 프로세스 간의 정보 교환, 파일 전송, 전자 사서함 등
• 표현 계층 : 정보의 형식 설정, 암호 해독화, 부호 교환 등
• 데이터 링크 계층 : 동기화, 오류 검출 및 정정, 흐름제어, 네트워크 실체(Entity) 간의 논리적 통신 회선 설정 및 데이터 전송 제어

09 다음 중 OSI-7계층에서 종점 간(End to End)에 신뢰성 있고 투명한 데이터 전송의 역할을 주로 하는 계층은?

① 물리 계층
② 트랜스포트 계층
③ 세션 계층
④ 응용 계층

트랜스포트 계층(Transport Layer)
• 종단 간 투명하고 신뢰성 있는 데이터 전송
• 종점 간 인식
• 흐름제어, 에러체크 및 정정

정답 04 ④ 05 ④ 06 ② 07 ① 08 ① 09 ②

10 OSI 프로토콜에서 데이터링크 계층에 대한 설명으로 틀린 것은?

① 프레임 단위의 전송을 규정
② OSI-7 계층의 제 2계층에 해당
③ 통신망의 접속, 다중화 등에 관한 기능
④ 전송 데이터의 흐름제어 및 오류제어

데이터 링크 계층(Data Link Layer)의 기능
• 데이터동기 제공
• 송수신 DTE 간의 안전한 데이터 송수신 보장
• 프레임 형식, 순서 및 전송
• 채널 제어 및 접속방식
• 에러검출 및 정정 : ARQ
• 흐름제어
• HDLC 프로토콜

오답 피하기
③의 '다중화' 등에 관한 기능은 전송 계층(Transfer layer)의 기능

---

11 OSI 7계층의 상위층부터 하위층까지 옳게 나열한 것은?

> A. Application Layer
> B. Session Layer
> C. Presentation Layer
> D. Transport Layer
> E. Physical Layer
> F. Data link Layer
> G. Network Layer

① A – B – C – D – E – F – G
② E – F – G – D – B – C – A
③ G – B – C – D – E – F – A
④ A – C – B – D – G – F – E

OSI [상위층 → 하위층] 순서
응용 – 표현 – 세션 – 전송 – 네트워크 – 데이터 링크 – 물리

12 ISO에서 규정한 LAN의 프로토콜 중 논리 링크 제어 및 매체 액세스 제어를 담당하고 있는 계층은 OSI 개방 시스템의 어느 계층에 속하는가?

① 프레젠테이션 계층
② 세션 계층
③ 데이터 링크 계층
④ 네트워크 계층

OSI 7계층 중 데이터 링크 계층은 물리 계층에서 사용되는 전송 매체를 사용하여 이웃한 통신 기기 사이의 연결 및 데이터 전송 기능과 관리를 규정하고, 데이터 동기 제공, 송수신 DTE 간의 안전한 송수신 보장, 에러 검출 및 흐름 제어 등의 기능을 담당함
데이터 링크 계층 : 신뢰성 있고 효율적인 정보를 전송하는 역할을 담당

오답 피하기
• ① 프레젠테이션 계층 : 정보의 형식 설정, 암호 해독화, 부호 교환 등
• ② 세션 계층 : 사용자와 전송 계층 간의 인터페이스로, 송 · 수신 간의 연결 서비스를 제공
• ④ 네트워크 계층 : 상위 계층과의 연결을 설정, 유지, 해제하는 역할을 담당함

▶ 합격 강의

빈출 태그 ITU-T • X 시리즈 • 공중 데이터망 • V 시리즈 • 공중 전화망 • 망 간 접속 • DTE/DCE 인터페이스 규정 • RS-232C • IEEE 802

01 표준안 제정 기구 15년 3월, 10년 3월, 09년 5월, 08년 5월, 04년 3월, 02년 5월, 00년 7월

1) ISO(International Organization for Standardization)

• 1946년에 창설된 국제적인 표준 기관
• 이 기관에서 제정된 OSI(Open System Interconnection)는 표준 개방형 통신 망에 대한 제반 사항 규정

2) ITU-T(International Telecommunication Union-Telecommunication Standardization Sector) 16년 5월

• 구 CCITT(Consultative Committee for International Telegraph and Telephone)가 개편된 국제 전기 통신 연합인 ITU의 산하 기관으로, 1956년에 창설
• 전화 전송, 전화 교환, 신호 방법 등에 관한 권고안을 제정하며, V 시리즈와 X 시 리즈 표준 규정이 있다.
• V 시리즈 : 아날로그 통신에서 사용되는 인터페이스를 위한 권고안
• X 시리즈 : 데이터 통신에서 사용되는 인터페이스를 위한 권고안

3) ANSI(American National Standard Institute)

• 1969년에 설립된 미국의 표준안 제정 기관으로, 컴퓨터에 관한 대표적 표준인 ASCII 제정
• NSI 표준안은 대부분 IEEE와 EIA와 같은 관계 그룹과 함께 만들어진다.

4) EIA(Electronics Industries Association)

• 1924년에 창설되었으며, 통신 조건의 표준화를 위해 만들어진 전자 제품 생산업자 들의 모임
• RS-232 접속 규격과 이를 보완하기 위한 RS-449 접속 규격을 제정

5) NIST(National Institute for Standard and Technology)

• 1988년까지 NBS(National Bureau of Standards)로 불리었다.
• 데이터 암호 알고리즘으로 가장 널리 사용되는 DES(Data Encryption Standard) 표준 규격 제정

✓ 개념 체크

1 ITU-T에 의해 개발된 표준 으로서, 아날로그 통신에서 사용되는 인터페이스를 위 해 제정된 시리즈는 ( ) 시 리즈이다. (O, X)

2 정보통신 관련 표준안을 제 정한 기구가 아닌 것을 찾아 골라보세요. ( )
㉠ IMO
㉡ ISO
㉢ IETF
㉣ EIA

1 ✕, 2 ㉠

6) IETF(Internet Engineering Task Force)

- 인터넷의 운영, 관리 및 기술적인 쟁점 등을 해결
- 망 설계자, 관리자, 연구자, 망 사업자 등으로 구성된 국제적으로 개방된 공동체
- RFC(Request For Comments)의 실제 출판 담당

7) NIC(Network Information Center)

- IANA에서 결정된 사항을 구체적으로 운영하고 관리하는 기구
- 인터넷 자원을 보다 효율적으로 사용할 수 있도록 지원하는 기능 및 IP 주소와 도메인 이름을 관리
- IP 주소 할당, 네트워크와 도메인 이름 등록 등의 일을 체계적으로 수행하기 위해서 국가별, 대륙별로 분산 운영

8) RFC(Request For Comments) ^{15년 9월}

- IETF(Internet Engineering Task Force)에서 발표하는 인터넷 기술과 관련된 공문서 간행물로, 인터넷 연구와 개발 공동체의 작업 문서
- 주로 통신 프로토콜, 인터넷 서비스 등에 대해서 다루고 있으며, 제출된 문서가 인정되면 특정한 번호가 붙은 RFC 문서로 공고
- 인터넷 기술 관련 내용이며, 전자 우편을 통하거나 직접 특정 호스트에 접속하여 FTP로 다운로드할 수 있다.

02 V 시리즈

- 기존 전화망(PSTN)을 이용한 데이터 전송용으로 수행하는 경우의 터미널 인터페이스
- 모뎀 인터페이스

번호	내용
V.24	DTE/DCE 간 상호 접속 규격
V.28	불평형 복류 인터체인지 회로의 전기적 특성
V.42	에러 교정에 관한 사항

03 X 시리즈 ^{22년 3월, 19년 3월, 16년 10월, 15년 9월, 14년 5월, 11년 8월}

디지털 데이터(PSDN)를 전송하기 위해 개발된 인터페이스

번호	내용
X.3	공중 데이터 네트워크에서 피킷 분해, 조립 장치
X.20	공중 데이터 네트워크에서 비동기 전송을 위한 DTE/DCE의 접속 규격
X.21	공중 데이터 네트워크에서 동기식 전송을 위한 DTE/DCE 사이의 접속 규격
X.25	공중 데이터 네트워크에서 패킷형 터미널을 위한 DTE/DCE 사이의 접속 규격
X.75	공중 데이터 네트워크 상호 간의 접속을 위한 프로토콜(망 간 접속 규격)

✓ 개념 체크

1 디지털 데이터(PSDN)를 전송하기 위해 개발된 인터페이스인 X 시리즈 중에서 공중 데이터 네트워크에서 동기식 전송을 위한 DTE/DCE 사이의 접속 규격을 (   )이라고 한다.

1 X.21

04 RS-232C _{15년 9월, 11년 6월/8월}

- ITU-T의 V.24와 같은 내용으로 단말 장치와 모뎀을 연결한다.
- DTE/DCE 사이의 2진 직렬 데이터, 제어 신호 및 타이밍 신호 전송을 위한 규격이다.
- EIA가 정의한 표준이다.
- 데이터 단말 장치(DTE)와 데이터 회선 종단 장치(DCE) 사이의 전기적, 기계적 인터페이스이다.
  → 즉, 컴퓨터(DTE)가 모뎀 같은 다른 직렬장치(DCE)들과 데이터 통신을 하기 위한 인터페이스이다.

무선통신 기술
- WPAN(Wireless Personal Area Network) : IEEE 802.15 규격의 범주에 속하며, 10m 이내의 거리에서 무선 서비스를 제공하기 위한 무선 개인 통신망. UWB, ZigBee, 블루투스 기술 등이 활용됨
- WLAN(Wireless LAN) : 무선랜
- Li-Fi(Visible Light Communication, 가시광 무선통신) : 발광다이오드(LED)가 방출하는 전파를 이용해 데이터를 주고 받는 가시광 무선통신, 조명이 있는 곳이면 어디에서나 사용이 가능하며 인체에 무해하고 저렴하다.

05 IEEE 802 표준 규격 _{24년 3월/5월, 23년 5월/9월, 22년 3월, 20년 8월, 16년 10월}

번호	내용
802.1	전체의 구성, OSI 참조 모델과의 관계, 통신망 관리
802.2	논리 링크 제어 계층
802.3	CSMA/CD 방식의 매체 액세스 제어 계층
802.4	토큰 버스 방식의 매체 액세스 제어 계층
802.5	토큰 링 방식이 매체 액세스 제어 계층
802.6	MAN
802.7	광대역 LAN
802.8	광섬유 LAN
802.9	종합 음성 데이터 네트워크(Integrated voice and data network)
802.10	보안
802.11	무선 네트워크

✓ 개념 체크

1 IEEE 802 표준 규격의 종류와 그 특징으로 바르게 연결된 것은 O, 바르지 않은 것은 X 표시하세요.
ⓐ 802.1 - 전체의 구성, OSI 참조 모델과의 관계, 통신망 관리 (O, X)
ⓑ 802.3 - CSMA/CD 방식의 매체 액세서 제어 계층 (O, X)
ⓒ 802.7 - 토큰 버스 방식의 매체 액세스 제어 계층 (O, X)

1 ⓐ O, ⓑ O, ⓒ X

01 다음 중 통신의 표준화를 통하여 얻을 수 있는 장점과 거리가 먼 것은?

① 통신하려고 하는 각기 다른 회사나 집단을 만족시킨다.
② 하드웨어와 소프트웨어의 형태는 정형화되어 호환성이 떨어진다.
③ 통신시스템 간에 인터페이스를 만족시킨다.
④ 사용자가 제품을 구입하는 데 융통성을 제공한다.

오답 피하기
표준화의 가장 큰 목적이자 장점은 호환성을 극대화하여 소프트웨어나 하드웨어의 재활용이 용이해진다는 점임

02 ITU-T 권고 시리즈의 의미가 잘못 연결된 것은?

① I 시리즈 : ISDN의 표준화
② X 시리즈 : 사설 데이터망을 통한 데이터전송
③ V 시리즈 : 공중전화망을 통한 데이터 전송
④ T 시리즈 : 텔레마틱 서비스를 위한 프로토콜

X 시리즈 : 데이터 통신(PSDN)에서 사용되는 인터페이스를 위한 권고안

오답 피하기
V 시리즈 : 공중전화망(PSTN)에서 사용되는 인터페이스를 위한 권고안

03 ITU-T에 의해 개발된 표준으로 공중 데이터망을 통한 데이터의 전송을 규정한 시리즈는?

① Q
② V
③ X
④ Z

X 시리즈 : 데이터망과 개방 시스템 통신

오답 피하기
① Q 시리즈 : 스위칭과 신호
② V 시리즈 : 전화망상에서의 데이터 통신
④ Z 시리즈 : 프로그램 언어

04 다음 중 ITU-T 권고안에서 X 시리즈의 내용은?

① PSTN을 이용한 데이터 전송에 관한 사항
② 축적 프로그램 제어식 교환의 프로그램에 관한 사항
③ 공중 데이터 통신망(PSDN)을 이용한 데이터 전송에 관한 사항
④ 전신 데이터의 전송 및 교환에 관한 사항

X 시리즈 : 데이터 통신에서 사용되는 인터페이스를 위한 권고안

오답 피하기
③의 공중전화망(PSTN)에서 사용되는 인터페이스를 위한 권고안은 V 시리즈

05 모뎀을 단말기에 접속할 때 적용하는 표준안(ITU-T V.24)은 어떤 내용인가?

① RS-232C 인터페이스 방식이다.
② 조보식 국제 표준 전송 속도를 나타낸다.
③ 주파수 분할 다중화 방식을 말한다.
④ 루프식 네트워크 구성 방법이다.

V.24 : 모뎀과 DTE(Date Terminal Equipment) 간에 2진 직렬 데이터 전송을 하기 위한 동작을 규정한 것으로, 공중 전화망을 통한 데이터 전송에 필요한 모뎀과 컴퓨터를 연결시켜 주는 표준 인터페이스로 RS-232C를 사용함

06 공중 패킷 교환망은 ITU-T의 X.25를 적용하여, DTE와 DCE 간의 인터페이스를 규정하고 있다. X.25에서 사용하는 레벨 2의 프로토콜은?

① SDLC
② LAP-B
③ CSMA/CD
④ BISYNC

• 레벨 2(2계층) : OSI 7계층의 데이터 링크 계층이며, 이 계층에서 사용하는 프로토콜은 HDLC, ADCCP, LAP-B 등이 있음
• LAP-B(평형 링크 접근 프로토콜) : X.25 표준의 일부로서 패킷 교환망에 장비를 연결할 때 사용

07 ITU-T X 시리즈 권고안 중 공중 데이터 네트워크에서 동기식 전송을 위한 DTE와 DCE 사이의 접속 규격은?

① X.20   ② X.21
③ X.400   ④ X.500

X.21 : 공중 데이터 네트워크에서 동기식 전송을 위한 DTE와 DCE의 접속 규격에 대한 권고안

오답 피하기

X.20 : 공중 데이터 네트워크에서 비동기식 전송을 위한 DTE와 DCE의 접속 규격에 대한 권고안

08 공중 데이터 통신망에서 패킷의 분해, 조립(PAD)과 관련된 국제 표준화 기구의 권고안은?

① X.3   ② X.28
③ X.29   ④ X.32

오답 피하기

• X.28 : 동일 국내의 PDN에 연결하기 위한 DTE/DCE 접속 기준
• X.29 : 패킷형 DTE와 PAD 사이에 제어 정보 및 데이터 교환에 대한 절차
• X.32 : 공중 전화망을 이용한 네트워크 프로토콜인 X.25로 연결하기 위한 ITU-T 표준

09 패킷 교환망과 패킷 교환망의 연결을 망 간 접속이라고 한다. 망 간 접속을 위한 프로토콜을 규정하고 있는 권고안은?

① X.25   ② X.28
③ X.75   ④ X.121

X.75 : 망 간 접속을 위한 프로토콜을 규정하고 있는 권고안

10 다음 중 DTE/DCE 접속 규격이 아닌 것은?

① RS-232C   ② V.24
③ X.75   ④ X.21

X.75 : 패킷 교환방식에 의한 공중 데이터 교환망에서 각국 간의 프로토콜에 의한 ITU-T의 권고이며, 교환 접속에 필요한 제어 정보의 형식이나 제어 절차를 규정하고 있음

11 다음 중 RS-232C 인터페이스는 몇 개의 핀(PIN)으로 구성되는가?

① 15   ② 20
③ 25   ④ 30

RS-232C 인터페이스는 25개의 핀을 가지고 있음

12 다음 중 IEEE 관련 MAN의 표준안으로 DQDB에 관한 것은?

① IEEE 802.1   ② IEEE 802.3
③ IEEE 802.6   ④ IEEE 802.8

DQDB(Distributed Queue Dual Bus) : 도시권 통신망에 사용되는 IEEE 802.6 규격인 QPSX(Queued Packet Synchronous Exchange)의 제어 접속에 사용되는 프로토콜

13 인터넷 통신망들을 관리하고 기술을 지원하는 표준화 기구 중 변화하는 망 환경에 따라 새로운 기술을 제시하고 인터넷 표준안을 제정하기 위한 기술 위원회는?

① IESG(Internet Engineering Group)
② IAB(Internet Activites Board)
③ ISO(International Standard Organization)
④ IETF(International Engineering Task Force)

인터넷 표준 제정기구 : IETF(International Engineering Task Force)

14 다음 중 정보통신 관련 국제 표준 기구가 아닌 것은?

① IMO   ② ISO
③ ITU   ④ IEC

• IMO(International Maritime Organization) : 해운에 관한 모든 사항에 대한 국제 협력을 목적으로 UN에 설치된 국제 해상 기구
• ISO(International Organization for Standardization) : 핵에너지, 데이터 처리, 경제 분야 등 광범위한 분야에 걸쳐 현재 약 500여 개 이상의 표준안 제정 기관
• ITU-T(International Telecommunication Union Telecommunication Standardization Sector) : 구 CCITT(Consultative Committee for International Telegraph and Telephone)로 국제 전기 통신 연합
• IEC(International Electronical Commission) : 통신, 비디오 카메라, 전기 회선, 통신 프로토콜, 광 케이블 등을 포함한 주제를 다루는 표준 기관

정답 07 ② 08 ① 09 ③ 10 ③ 11 ③ 12 ③ 13 ④ 14 ①

CHAPTER 05

정보 통신망

SECTION 01	상	32%
SECTION 02	중	24%
SECTION 03	하	7%
SECTION 04	상	27%
SECTION 05	하	3%
SECTION 06	하	7%

▶ 합격 강의

교환 통신망은 상호 연결된 스테이션들의 모임으로 구성되며, 송신지에서 수신지로 데이터를 전송하는 역할을 한다.

01 회선 교환(Circuit Switching) 방식 24년 9월, 21년 9월, 20년 8월, 18년 4월, 16년 3월, 09년 8월, …

- 컴퓨터와 터미널 간에 통신 회선을 고정적으로 할당하여 데이터를 교환하는 방식이다.
- 통신을 원하는 두 스테이션 사이에 통신을 할 수 있는 전용 통신 경로가 미리 제공되는 경우로, 전용 통신 경로는 각 노드를 지속적으로 연결한 링크로 구성된다.
- 정보량이 많을 때나 파일 전송 등의 긴 메시지를 전송할 때 적합하다.
- 음성 전화 시스템, 센서(Sensor), 원격 측정 입력 등 연속적인 흐름을 유지해야 하는 데이터 교환에 적합하다.
- 통신 과정

호(Link) 연결 → 데이터 전송 → 호(Link) 해제

장점	• 통신 회선을 고정적으로 할당(Point-to-Point) • 통신 시간, 거리가 비용의 주요 기준이 되며 통신량에는 무관 • 실시간 대화용으로 응용이 가능 • 대규모 트래픽 처리가 가능 • 안정적인 대역폭 확보로 지속적인 데이터 전송에 적합
단점	• 단시간 전송인 경우에 비교적 고가임 • 접속에 긴 시간이 소요되며 코드 변환이 불가능 • 데이터를 전송하지 않을 때에도 회선이 점유되므로 네트워크 자원이 낭비 • 다른 사람들과 동시에 통신하고자 하는 경우에 회선 공유가 불가능하여 회선의 이용 효율이 저하됨

02 패킷 교환(Packet Switching) 방식 20년 8월, 19년 4월/9월, 16년 3월, 15년 3월/5월, …

- 패킷 형태로 만들어진 일정 길이 데이터를 전송하는 방식이다.
- 송신 측 패킷 교환기에 기억시켰다가 수신 측 주소에 따라 적당한 통신 경로를 선택하여 수신 측 패킷 교환기에 전송한다(축적형 전송방식).
- 패킷 교환망은 OSI 참조 모델 하위계층 중 3계층 네트워크 계층에 해당한다.
- 패킷형 터미널을 위한 DTE와 DCE 사이의 접속 규정은 X.25이다.
- 패킷 교환망 간의 접속을 위한 프로토콜은 X.75이다.

기적의 TIP

회선 교환 방식의 특징을 정확히 알고 있어야 합니다. 특히 고정된 대역폭 전송 방식이고, 일단 연결되고 나면 전송지연 없이 고정속도의 데이터 전송이 가능해 대용량 데이터의 실시간 처리에 적합하다는 점을 기억하세요.

기적의 TIP

회선 교환 방식과 패킷 교환 방식의 특징을 비교하여 묻는 문제가 빈출됩니다. 특징을 다음과 같이 키워드로 정리해 놓으면 쉽게 구분할 수 있습니다.
- 회선 교환 방식 : 속도 및 코드 변환 불가, 고정대역폭, 실시간처리, 대용량 데이터 처리
- 패킷 교환 방식 : 경로변경 가능, 오류수정, 속도조절, 짧은 메시지 처리

1) 패킷 교환 방식의 장단점 14년 5월, 11년 3월, 09년 3월, 01년 6월

장점	• 회선 이용 효율의 극대화(하나의 통신 회선을 다수의 사용자가 공유할 수 있으므로) • 전송량 제어와 전송 속도 변환 • 장애 발생 시 다른 경로로 변경하여 데이터를 전송함 • 각종 VAN 제공이 용이하며, 각종 부가 서비스 제공 • 패킷에 대한 우선순위 부여 가능
단점	• 대량의 데이터 전송 시 전송 지연이 있음 • 패킷 단위로 헤더를 추가하기 때문에 패킷별 오버헤드 발생 • 정보를 소프트웨어로 처리하므로 프로세서(Processor) 성능에 따라 전송 시간이 크게 제한됨

2) 패킷 교환 방식의 종류 24년 3월/5월/7월, 22년 9월, 20년 6월, 19년 3월/4월, 18년 3월, 16년 10월

패킷 교환 방식은 축적형 교환 방식이며 가상회선 방식과 데이터그램 방식이 있다.

	가상 회선(Virtual Circuit) 방식	데이터그램(Datagram) 방식
개념	노드 사이에 일단 접속을 설정(논리적인 전송로)한 후에 그 접속 경로를 따라 패킷을 순서적으로 전송하는 방식	접속 경로를 설정하지 않고 개개의 패킷들을 순서에 상관없이 독립적으로 전송하는 방식으로, 짧은 메시지의 일시적인 전송에 적합
장점	매 패킷당 경비가 최소화되며, 많은 양을 연속으로 보낼 경우에 적합하며, 모든 패킷은 같은 경로로 전송되므로 경로 설정이 필요 없음	네트워크 내의 노드나 링크가 파괴되거나 상실되면 다른 경로를 이용하여 전송하는 등 네트워크 상황에 따라 적절한 경로로 전송되므로 융통성이 좋음
단점	네트워크 내의 노드나 링크가 파괴되거나 상실되면 경로의 복구가 불가능하며, 노드 지연 발생	패킷이 송신된 순서와 다르게 도착할 수 있으므로 이에 대한 대처가 필요

3) X.25와 X.75 20년 8월, 18년 9월, 17년 5월/9월

X.25의 개념	• X.25는 DTE를 PSPDN에 접속할 때 따라야 할 규정을 정의한 국제적으로 협의된 네트워크 접근 프로토콜 • X.25의 목적은 DTE가 네트워크 노드(PSE : Packet Switching Element)와 접속될 수 있도록 해 주는 프로토콜 • 비패킷형 단말기들이 패킷 교환망에 접속하기 위해서는 PAD(Packet Assembly/Disassembly)라는 하드웨어 및 소프트웨어가 필요하며 이는 데이터를 패킷으로 조립하고 분해해 주는 기능을 함. • OSI 7계층 참조 모델 중 Physical Layer, Data Link Layer, Network Layer까지를 규정
X.75의 개념	패킷 교환망과 패킷 교환망의 연결, 즉, 망 간 접속을 위한 프로토콜을 규정하고 있는 권고안

4) 패킷 교환망의 주요 기능

논리 채널	송·수신 측 단말기 사이에 가상회선을 설정하는 기능
경로 선택 제어(Routing)	출발지에서 목적지까지 이용 가능한 경로를 검색 후 가장 효율적인 경로를 선택하는 기능
트래픽 제어	패킷의 흐름이나 양을 조절하는 기능
오류 제어	오류를 검출·정정하는 기능

- 경로설정(Routiong) 방식

고정(Fixed) 경로 배정 방식	네트워크 관리자가 패킷의 경로를 결정하는 방식
적응(Adaptive) 경로 배정 방식	네트워크의 상태 정보를 기반으로 항상 최적의 경로를 선택하는 방식
플러딩(Flooding) 방식	송수신 측 간에 존재하는 모든 경로로 전송하는 방식
랜덤(Random) 방식	하나의 링크를 임의로 결정하여 전송하는 방식

- 트래픽 제어(Traffic Control) 방식 10년 5월, 08년 3월, 07년 3월/5월

흐름 제어 (Flow Control)	• 수신기 버퍼의 오버플로(Overflow)를 예방하기 위해 프레임의 전송률을 조정하는 것 • 원활한 흐름을 위해 송수신 측 간에 전송되는 패킷의 흐름 및 속도를 규제함
혼잡 제어 (Congestion Control)	네트워크 내에 패킷의 유입이 과도하게 증가하여 대기 지연이 너무 높아져 트래픽이 붕괴되지 않도록 네트워크 측면에서 패킷의 흐름을 제어하는 것
교착 상태 방지 (Deadlock Avoidance)	패킷의 교착 상태가 발생하지 않도록 하는 것

03 메시지 교환(Message Switching) 방식 18년 3월

- 교환기가 송신 측의 메시지를 받아서 수신 측에 보내는 방식으로, 전송하는 메시지 길이의 제약 없이 전송하는 방식이다.
- 회선 교환 방식의 제약 조건을 해결하기 위해 고안된 방식으로, 메시지 데이터의 논리적 단위를 교환하는 것이며, 디지털 교환에 적절한 방법이다.
- 전보, 전자 우편, 컴퓨터 파일, 트랜잭션(Transaction)의 문의와 응답 등이 해당된다.

장점	• 메시지를 축적시켰다가 전송(Store-and-Forward)하고, 하나의 채널을 여러 메시지가 공유할 수 있어 통신 회선의 효율적인 이용이 가능 • 오류 제어, 코드 변환, 우선순위 제어 등의 통신 처리 실행이 가능 • 여러 지점을 동시에 선택하여 전송하는 방송 통신 기능 • 우선순위 전송이나 코드 변환, 방송이나 다목적지 전송이 가능
단점	• 메시지의 길이가 일정하지 않음 • 응답 시간이 느리고 대화형으로 응용이 불가능 • 전송 지연 시간이 매우 큼 • 실시간 처리에 부적합

01 다음 중 정보의 전달 체계를 무엇이라 하는가?

① 단말 장치   ② 교환 장치
③ 정보 통신망   ④ 통신 제어망

상호 연결된 스테이션끼리 송신지에서 수신지로 데이터 및 정보를 전송하는 역할을 하는 네트워크 구조를 정보 통신망이라고 함

02 통신망(Network)을 구축하여 얻을 수 있는 장점이 아닌 것은?

① 하드웨어 및 소프트웨어 자원의 공용화
② 배치(Batch) 처리 및 보안성 유지 간편
③ 부하의 분산 및 효율성 향상
④ 데이터베이스 공용 및 시차의 활용

통신망 구축을 통해 정보와 자원의 공유로 업무의 효율성은 극대화되지만 공유화와 네트워크에 따른 보안성은 위험해짐. 그러므로 통신망 구축의 전제로 보안성의 확보가 중시됨

03 다음 중 정보통신의 교환 방식이 아닌 것은?

① 패킷 교환 방식   ② 회선 교환 방식
③ 직접 교환 방식   ④ 메시지 교환 방식

정보통신 교환망
• 공중 전화 교환망   • 메시지 교환망
• 회선 교환망   • 패킷 교환망

04 다음 교환 방식 중 축적 교환 방식이 아닌 것은?

① 메시지 교환 방식
② 회선 교환 방식
③ 데이터그램 패킷 교환 방식
④ 가상 회선 패킷 교환 방식

• 데이터 교환 방식을 크게 회선교환 방식과 축적교환 방식으로 나눌 수 있음
• 회선 교환 방식 : 통신 회선을 고정적으로 할당하기 때문에 실시간으로 데이터 전송이 이루어지는 방식

축적 교환 방식
• 패킷 교환 방식 : 패킷 교환기에 전송 데이터를 기억(축적)시켰다가 송신하는 방법
• 메시지 교환 방식 : 교환기가 메시지를 받아서 기억시켰다가 송신하는 방법

05 패킷 교환 방식에 해당되지 않는 것은?

① 패킷을 일단 메모리에 축적하고 수신처에 따라 적당한 경로를 선택해서 전송한다.
② 우선순위가 허용된다.
③ 통신량이 많아지면 몇 개의 호가 거절될 수도 있다.
④ 데이터 전송률 변환이 가능하다.

패킷 교환 방식은 Store-and-Forward(축적) 방식으로 우선순위가 허용되며, 패킷마다 데이터 전송률 변환이 가능함

오답 피하기
• ③은 회선 교환 방식에 해당함
• 호를 설정하고 데이터를 전송하고 호를 해제하는 것은 회선 교환 방식에 해당함
• 회선 교환 방식의 경우 일단 호가 설정되고 나면 일정 속도의 데이터 전송을 보장받지만 통신량이 많아지면 아예 호가 거절될 수도 있음

06 다음 중 패킷(Packet)을 가장 잘 설명한 것은?

① 회선 교환 방식에 주로 사용되며, 주 스테이션 사이에 통신을 할 수 있는 경로가 제공되는 경우를 말한다.
② 전송 혹은 다중화의 목적으로 메시지를 정해진 크기의 비트 수로 나눈 다음 정해진 형식에 맞추어 만들어진 데이터의 블록이다.
③ 버스형 망, 환형 망, 성형 망, 망형 망 등의 어떤 망 구조에서도 편리하게 사용할 수 있는 데이터 교환 방식에 가장 적합한 전송 회선이다.
④ 경로 변경 방식에 따라 교환기, 통신 회선 등의 장애가 발생할 경우에도 대체 경로를 선택할 수 있지만 네트워크의 신뢰성은 매우 낮다.

패킷(Packet)
• 1024~2048bit의 짧은 길이의 데이터 블록 단위
• 데이터와 호 제어 신호가 포함된 2진수, 즉 비트 그룹을 말하는데, 특히 패킷 교환 방식에서 데이터를 전송할 때에는 패킷이라는 기본 전송 단위로 데이터를 분해하여 전송한 후, 다시 원래의 데이터로 재조립하여 처리함

07 패킷 교환망의 주요 기능과 관계 없는 것은?

① 오류 제어
② 전용선
③ 트래픽 제어
④ 논리 채널

패킷 교환망의 주요 기능
• 논리 채널
• 경로 선택 제어
• 트래픽 제어
• 오류 제어

오답 피하기

전용선은 교환망과는 반대적인 개념으로 말 그대로 전용해서 사용하는 망이고 교환망은 반대로 전용할 수 없는 망으로 교환방식을 활용해 이용함

08 다음 중 패킷 교환망에 흐르는 패킷 수를 적절히 조절하여 전체 시스템의 안정성을 기하고 서비스의 품질 저하를 방지하는 기능은?

① Look up
② Polling
③ Flow Control
④ Closed Connection

통신 프로토콜
흐름제어(Flow Control) : 수신하는 개체에서 발송지에서 오는 데이터의 양이나 속도를 제한하는 기능

09 수신기 버퍼의 오버플로(Overflow)를 예방하기 위한 것으로 데이터 프레임의 전송률을 조정하는 것을 무엇이라고 하는가?

① 흐름 제어
② 접속 제어
③ 오류 제어
④ 비트 제어

흐름 제어(Flow Control) : 트래픽 제어 방식 중 오버플로를 예방하고 원활한 흐름을 위해 송수신 측 간에 전송되는 패킷의 흐름 및 속도를 규제하는 방식

오답 피하기

트래픽 제어방식으로 흐름제어, 혼잡제어, 교착상태 방지 기법이 있음

10 다음 중 망자원의 효율적인 이용을 목적으로 사용되는 트래픽 제어 기술에 속하지 않는 것은?

① Flow Control
② Congestion Control
③ Deadlock Avoidance
④ Routing

패킷 교환망의 트래픽 제어방식
• 흐름 제어(Flow Control) : 원활한 흐름을 위해 송수신 측 간에 전송되는 패킷의 흐름 및 속도를 규제하는 것
• 혼잡 제어(Congestion Control) : 네트워크 내에 패킷의 유입이 과도하게 증가하여 대기 지연이 너무 높아져 트래픽이 붕괴되지 않도록 네트워크 측면에서 패킷의 흐름을 제어하는 것
• 교착 상태 방지(Deadlock Avoidance) : 패킷의 교착 상태가 발생하지 않도록 하는 것

오답 피하기

라우팅(Routing) : 통신망상에서, 각 메시지를 목적지까지 보낼 때 전송 가능한 여러 경로 중 한 가지 경로를 설정해 주는 과정

11 패킷 교환망에서 각 노드에서 들어온 패킷을 다른 모든 링크로 복사하여 전송하는 형태는?

① 고정 경로 배정(Fixed Routiong)
② 플러딩(Flooding)
③ 임의 경로 배정(Random Routing)
④ 적응 경로 배정(Adapptive Routing)

플러딩(Flooding) 방식 : 송 · 수신 측 간에 존재하는 모든 경로로 전송하는 방식으로 Flooding이 '홍수', '범람'이란 뜻이다. 뜻처럼 패킷들을 모든 다른 링크로 복사 전송한다고 생각하면 쉽게 기억할 수 있다.

오답 피하기

그 외 경로 설정 방식들
• 고정(Fixed) 경로 배정 방식 : 네트워크 관리자가 패킷의 경로를 결정하는 방식
• 적응(Adaptive) 경로 배정 방식 : 네트워크의 상태 정보를 기반으로 항상 최적의 경로를 선택하는 방식
• 랜덤(Random) 방식 : 하나의 링크를 임의로 결정하여 전송하는 방식

12 데이터그램(Datagram) 패킷 교환방식에 대한 설명으로 틀린 것은?

① 수신은 송신된 순서대로 패킷이 도착한다.
② 속도 및 코드 변환이 가능하다.
③ 각 패킷은 오버헤드 비트가 필요하다.
④ 대역폭 설정에 융통성이 있다.

데이터그램(Datagram) 방식
• 접속 경로를 설정하지 않고 개개의 패킷들을 순서에 상관없이 독립적으로 전송하는 방식
• 짧은 메시지의 일시적인 전송에 적합

오답 피하기

패킷이 송신된 순서와 다르게 도착할 수 있으므로 이에 대한 대처가 필요함

13 데이터 교환 방식 중 데이터를 패킷 단위로 전송하는 것은?

① 회선 교환
② 메시지 교환
③ 패킷 교환
④ 축적 교환

패킷 교환 : 패킷(Packet)이라는 블록 단위의 데이터를 전송하는 방식

오답 피하기

- 회선 교환 : 컴퓨터와 터미널 간의 통신 회선을 고정적으로 할당하여 데이터를 교환하는 방식
- 메시지 교환 : 회선 교환 방식의 제약 조건을 해결하기 위해 고안된 방식. 교환기가 송신 측의 메시지를 받아서 수신 측에 보내는 방식으로 전송하는 메시지 길이의 제약 없이 전송하는 방식

14 다음 중 패킷 교환 방식에 관한 설명으로 <u>틀린</u> 것은?

① 메시지 단위로 전송한다.
② 축적 교환 방식의 일종이다.
③ 속도와 코드가 다른 시스템 간에도 통신이 가능하다.
④ 장애 발생 시 대체 경로 선택이 가능하다.

패킷 교환망은 패킷(Packet)이라고 불리는 블록의 데이터를 전송하는 방식으로, 컴퓨터 메모리의 데이터 전송 명령이므로 소프트웨어적 교환에 해당되고, 전송 오류의 정정이 가능함

오답 피하기

- 패킷 교환망 : 패킷 단위 전송
- 메시지 교환망 : 메시지 단위로 분할 전송

15 패킷 교환망의 특징으로 가장 옳지 <u>않은</u> 것은?

① 장애 발생 시 대체 경로 선택 불가능
② 프로토콜 및 속도 변환 가능
③ 대량의 데이터 전송 시 전송 지연이 발생될 수 있음
④ 표준화된 프로토콜 적용

장애 발생 시 대체 경로 선택이 가능한 것은 패킷 교환망의 대표적인 특징임. 대체 경로 선택이나 속도변환에 어려움이 있는 것은 회선 교환망임

16 다음 중 패킷 교환망에 대한 설명으로 <u>틀린</u> 것은?

① 축적 전송기능에 의해 패킷 다중 전송이 가능하다.
② 부호가 다른 단말 장치 사이의 통신이 가능하다.
③ 처리 속도가 다른 단말 장치 사이의 통신이 가능하다.
④ 대량의 데이터 전송 시 전송 지연이 아주 적다.

패킷 교환망은 대량의 데이터 전송 시 전송 지연이 발생할 수 있다는 단점이 있고, 전송 지연 없는 대량 데이터 전송 시에는 회선 교환망이 더 적합함

17 다음 중 패킷 교환 방식과 거리가 <u>먼</u> 것은?

① 메시지 축적 후 전송을 기본으로 한다.
② 전송 속도와 코드 변환이 가능하다.
③ 동적인 대역폭의 할당이 가능하다.
④ 데이터그램 방식과 가상회선 방식이 있다.

결국은 16번 문제와 동일한 문제라고 볼 수 있음. 같은 축적 교환 방식의 종류인 메시지 교환 방식과 패킷 교환 방식의 차이점을 알고 있는지를 묻는 문제임

- 패킷은 패킷 단위, 메시지 교환망은 메시지 단위임

18 패킷 교환에서 가상 회선 방식에 대한 설명으로 옳지 <u>않은</u> 것은?

① 패킷들은 전달될 때까지 저장되기도 한다.
② 대역폭 설정이 고정적이다.
③ 속도 및 코드 변환이 가능하다.
④ 모든 패킷은 설정된 경로에 따라 전송된다.

가상 회선 방식

- 송 · 수신국 사이에 논리적 연결이 설정됨
- 정보 전송 전에 제어 패킷에 의해 경로가 설정됨
- 패킷의 발생 순서대로 전송됨
- 패킷의 송신순서와 수신순서는 동일함

오답 피하기

② : 고정적인 대역폭이 보장되는 것은 '회선 교환방식'임

19 다음 중 가상 회선(Virtual Circuit)의 서비스 유형은?

① 비접속형 통신 서비스
② 메시지 교환 통신 서비스
③ 연결 지향형 통신 서비스
④ 회선 교환 통신 서비스

• 가상 회선 방식 : 단말기 상호 간의 논리적인 가상 통신 회선을 미리 정하여 송·수신자 사이의 연결을 확립한 후 설정된 경로를 따라 패킷들을 순서대로 운반하는 방식
• 가상 회선 방식 통신 과정 : [호 연결(가상 회선의 연결) → 패킷 전송(데이터 전송) → 호 해제(가상 회선 해제)]
호의 연결 후 연결된 호를 통해 데이터가 전송되므로 연결 지향형 통신 서비스라고 함

20 다음 중 교환 방식에 관한 설명으로 틀린 것은?

① 회선 교환 방식은 회선에 융통성이 요구되거나 메시지가 짧은 경우에 적합하다.
② 데이터그램 패킷 교환 방식은 부하가 적거나 간헐적인 통신의 경우에 적합하다.
③ 패킷 교환 방식은 코드 및 속도 변환이 가능하다.
④ 가상 회선 패킷 교환 방식은 패킷 도착 순서가 고정적이다.

회선 교환 방식
• 교환기를 통해 통신 회선을 설정하여 직접 데이터를 교환하는 통신망으로 다른 교환망에 비해 회선의 사용효율이 떨어지고 회선의 낭비가 발생할 수 있음
• 연속 전송이 가능하므로 대량의 정보를 지속적으로 송수신할 수 있는 전송에 적합함

[오답 피하기]
융통성 있고 짧은 메시지 전송은 패킷 교환 방식이 더 적합함

21 다음 중 회선 교환 방식에 대한 설명으로 틀린 것은?

① 속도나 코드 변환이 용이하다.
② 점 대 점 방식의 네트워크 구조를 갖는다.
③ 패킷 교환 방식에 비해 접속에는 다소 시간이 소요되나 전송 지연은 거의 없다.
④ 고정적인 대역폭을 갖는다.

• 회선 교환 방식은 접속 전용회선처럼 고정대역폭으로 일정한 전송 속도를 유지하게 됨. 이런 특성 때문에 실시간 전송에 적합함
• 회선 교환 방식의 단점으로는 오류제어, 속도나 코드 변환이 어렵다는 것이 있음

[오답 피하기]
속도나 코드 변환, 유동적 대역폭하면 패킷 교환망이 연상되어야 함

22 패킷 교환망과 패킷 교환망의 연결을 망 간 접속이라 한다. 망 간 접속을 위한 프로토콜을 규정하고 있는 권고안은?

① X.25
② X.28
③ X.75
④ X.121

X.75 : 패킷 교환망 간의 접속 규정

[오답 피하기]
• X.25 : 패킷형 터미널을 위한 DTE와 DCE 간 패킷을 상호 교환하는 방법을 규정함
• X.28 : Non X.25 터미널과 PAD 간의 접속을 규정함

LAN

▶ 합격 강의

빈출 태그 토폴로지 • CSMA/CD • 이더넷 • 사설망 • IEEE 802 표준 • 매체 액세스 방법

01 LAN의 개요와 특징 20년 8월, 15년 9월, 14년 5월/9월

1) LAN의 개요 18년 4월

- 근거리 통신망(LAN : Local Area Network)은 제한된 일정 지역 내에 설치된 통신망으로, 약 10Km 이내의 거리에서 100Mbps 이내의 고속 데이터 전송이 수행되는 시스템이다.
- 구내나 동일 건물 내에서 프로그램, 파일 또는 주변 장치들을 공유할 수 있는 컴퓨터 통신망이다.
- CO-LAN : 대학, 병원 및 연구소 등 근거리 통신망이 필요하면서도 여건이 안 되는 기관 간에 인근 전화국의 데이터 교환망과 기존 통신망을 연동시켜 구성하는 통신망이다.

2) LAN의 특징 07년 5월, 06년 5월, 04년 9월

- 단일 건물 내에 설치되고, 패킷 지연이 최소화된다.
- 경로 설정이 불필요하고, 확장성과 재배치가 용이하다.
- 광대역 전송 매체의 사용으로 인하여 고속 통신이 가능하다.
- 낮은 오류율에 의한 신뢰성 있는 정보 전송이 가능하다.
- 네트워크 내의 모든 정보 기기와 통신이 가능하다.

3) LAN의 효과

- 정보 자원의 공유
- 정보의 실시간 처리, 정보 자원의 일관성
- 정보처리 시스템의 비용 절감
- 통합된 사무자동화 구축
- 이기종 간의 통신

4) LAN의 표준

- LAN 표준안은 IEEE 802 위원회에 의해 추진되었다.
- OSI 참조 모델의 하위 계층인 물리 계층(1계층)과 데이터링크 계층(2계층)을 대상으로 한다.

IEEE(Institute of Electrical and Electronics Engineers)
전기전자공학 기술자들의 협회. 미국국립표준협회. ANSI(American National Standards Institute)에 의하여 인증되어 전기 전자, 컴퓨터 등의 공학분야 관련 표준을 개발하는 임무를 맡고 있는 전문기관이다.

• IEEE 802의 주요 표준 규격

IEEE 802.1	전체 구성, 통신망 관리에 관한 규약, OSI 참조 모델과의 관계
IEEE 802.2	LLC(논리 링크 제어) 계층에 관한 규약
IEEE 802.3	CSMA/CD 방식 매체접근 제어 계층에 관한 규약
IEEE 802.4	토큰버스 방식 매체접근 제어 계층에 관한 규약
IEEE 802.5	토큰 링 방식 매체접근 제어 계층에 관한 규약
IEEE 802.6	MAN(대도시망)에 관한 규약
IEEE 802.11	무선랜(LAN)에 관한 규약

02 LAN의 분류

1) 토폴로지❶에 의한 분류 23년 5월, 22년 3월, 20년 8월, 19년 9월, 18년 3월/4월, 17년 5월, 16년 10월, 15년 9월, 11년 6월, 07년 5월, …

통신망의 모양에 따라 계층형(트리형), 버스형, 성형(스타형), 원형(링형), 망형(그물, 메시형)으로 나눌 수 있다.

① 계층형(Tree) 18년 3월

특징	제어와 오류 해결을 중앙의 한 지점(최상위 계층)에서 수행
장점	제어가 간단하여 관리 및 확장이 용이하고 분산 처리 시스템이 가능
단점	중앙 지점에서 병목 현상 발생이 가능

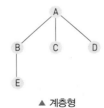
▲ 계층형

② 버스형(Bus)

특징	• 버스 구조의 LAN • 이더넷(Ethernet)이 대표적인 형태
장점	관리가 용이하고 새로운 노드 삽입(설치)이 용이
단점	통신 채널이 단 한 개여서 고장 시 네트워크 전체가 동작을 하지 않으므로 잉여 채널이 필요

▲ 버스형

③ 성형(Star)

특징	계층형과 비슷하지만 분산 처리능력에 제한이 있음
장점	노드의 추가 및 증설과 고장 발견이 용이함
단점	잠재적 병목성을 가지며 중앙 지역 고장에 취약함

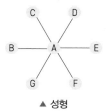

▲ 성형

④ 원형(Ring)

특징	• 데이터는 한 방향으로만 흐르고, 정해진 순간 한 개의 스테이션만 수신 • 트래픽이 일정한 시스템에 적합
장점	비용이 적게 들고 병목 현상이 적음
단점	• 통신망의 재구성이나 변경(노드의 추가와 변경)이 어려움 • 고장 시 전체 시스템에 영향을 미침

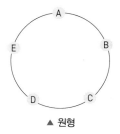

▲ 원형

⑤ 망형(Mesh)

특징	• 모든 단말기와 단말기들을 통신회선으로 연결시킨 형태 • 통신 회선의 총 길이가 가장 김
장점	가장 융통성이 크고, 병목과 고장에 면역성이 있음

▲ 망형

🅑 기적의 TIP

• 망형 연결 시 필요한 회선수
$$= \frac{n(n-1)}{2}(n = 구간의 개수)$$
• 각 장치당 포트 수 = n−1
예
① A~E 5개의 망을 연결 시 필요한 회선 수는
$$\frac{5(5-1)}{2} = \frac{20}{2} = 10개$$
② 필요한 포트 수는
5 − 1 = 4개

2) 전송 매체에 의한 분류

트위스티드 페어 와이어 (Twisted-Pair Wire) LAN	비교적 저속, 저가격 전송 매체
베이스밴드 동축 케이블 (Baseband Coaxial Cable) LAN	디지털 신호를 변조하지 않고 전송
브로드밴드 동축 케이블 (Broadband Coaxial Cable) LAN	모뎀을 이용하여 아날로그 신호를 전송
광섬유 케이블 (Optical Fiber Cable) LAN	• 고속 전송이 가능하며, 잡음의 영향이 적고, 높은 대역폭(수십 GHz), 경량성, 비유전성 등 뛰어난 특성을 가진 매우 가늘고 유연성 있는 전송 매체 • LAN의 전송 매체로 가장 좋음

3) 매체 접근 방법에 의한 분류 20년 6월, 18년 4월, 15년 9월, 11년 6월, 09년 8월, 07년 3월/8월, 06년 5월/8월, 01년 9월, …

<table>
<tr><td>

🅑 기적의 TIP

매체 접근 방식 중 CSMA/CD방식을 묻는 문제가 자주 출제됩니다.
다음의 의미와 과정을 정확히 이해하면 쉽게 해결할 수 있습니다.
• CSMA/CD(Carrier Sense Multiple Access/Collision Detection)
① CS(Carrier Sense) - 현재 통신 회선이 사용 중인지 여부를 확인한 뒤
② MA(Multiple Access) - 통신 회선이 비어 있으면 누구든 바로 데이터를 송신하고(동등한 액세스 권한)
③ CD(Collision Detection) - 송신 중 충돌이 있는지 여부를 확인합니다.
→ 만약 충돌이 발생하면 송신을 중단하고 다른 모든 스테이션에 충돌사실을 전달하고 일정시간이 지난 후(충돌 확률을 줄이기 위해) 다시 송신합니다.
(주의 : 충돌 후 바로 재송신이 아니라 일정시간 후 재송신합니다.)

</td></tr>
</table>

CSMA/CD(Carrier Sense Multiple Access/Collision Detection)	• 이더넷(ETHERNET)에서 채택한 제어 방식 • 데이터의 충돌을 막기 위해 송신 데이터가 없을 때에만 데이터를 송신하고, 다른 장비가 송신 중일 때에는 송신을 중단하며, 일정 시간 간격을 두고 대기하였다가 순서에 따라 다시 송신하는 방식 • 버스형 또는 성형 토폴로지 근거리 통신망에 이용되고 있는 방식 • 충돌이 발생하면 즉시 검출하여 데이터 프레임의 송신을 중단하고, 일정 시간 동안 대기한 다음 데이터 프레임을 재송신하는 방식 • IEEE 802.3 프로토콜 표준에 근거함
토큰 패싱 버스	• 통신 회선에 대한 제어 신호가 논리적으로 형성된 링(Ring)상의 각 노드 간을 옮겨 가면서 데이터를 전송하는 방식 • 물리적으로 버스형 또는 트리형 토폴로지이며 논리적으로는 링 형태 • 가변 길이의 데이터 프레임 전송이 가능 • 하드웨어 장비가 복잡하고 평균 대기 시간이 높음 • IEEE 802.4 표준
토큰 패싱 링	• 트위스티드 페어 동축 케이블과 광섬유가 전송 매체로 이용됨 • IEEE 802.5 표준
CSMA/CA(Carrier Sense Multiple Access/Collision Avoidance)	• 무선 LAN에서 일반적으로 사용되는 MAC(매체 접근 제어) 알고리즘 • CSMA/CD와는 달리 네트워크의 케이블에 데이터의 전송이 없는 경우라도 충돌을 대비하여 확인을 위한 신호를 전송하고, 확인 신호가 충돌 없이 전송된 것을 확인하면 이어서 데이터를 보내는 방식 • 네트워크의 사용 빈도가 높아져서 네트워크가 복잡해지면 충돌 방지의 신호가 흐르는 속도가 매우 느려지며 이에 따라 데이터의 전송도 많이 지연됨

4) 전송 방식에 의한 분류

베이스 밴드	디지털 신호 정보를 직접 전송하는 방식으로, 비교적 쉽게 통신이 가능하며 경제적임
브로드 밴드	• 통신 경로를 여러 개의 주파수 대역으로 나누어 쓰는 방식 • 데이터 이외의 영상, 음성 등에 대한 전송도 가능 • 기본적으로 주파수 분할 다중화 방식을 이용

01 다음 중 LAN에 대한 설명으로 옳지 않은 것은?

① 광대역 전송 매체의 사용으로 고속 통신이 가능하다.
② 매우 낮은 오류율을 가지며, 방송 형태의 이용이 가능하다.
③ LAN의 구성은 주로 공중망으로 이루어진다.
④ 근거리 상호 통신을 지원하고 워크스테이션 간을 연결하는 데 사용한다.

• LAN : 고속 통신(10Mbps~10Gbps)이 가능하고 매우 낮은 전송 오류를 가지며, 주로 사설망으로 구성됨
• 공중망으로 이루어진 것은 WAN의 형태

02 LAN의 특성에 대한 설명 중 틀린 것은?

① 음성, 데이터, 화상정보를 전송할 수 있다.
② LAN 프로토콜은 OSI 참조 모델의 상위층에 해당한다.
③ 전송 방식으로 베이스밴드와 브로드밴드 방식이 있다.
④ 광 케이블 및 동축 케이블도 사용가능하다.

LAN 프로토콜은 이기종 간의 통신을 위해 하위 2계층의 역할을 수행함

03 다음 중 LAN 활용 목적과 관계가 가장 적은 것은?

① 공장 자동화에 있어 근거리 내 CAD/CAM 등 각종 정보 공유
② 본사의 주컴퓨터와 원격 지점 간의 정보의 교류
③ 사무실 내의 전자 우편, 문서 처리 및 분배
④ 단일 건물의 연구소 내 고속 프린터의 공유

원격 지점 간 통신에는 WAN(Wide Area Network)이 이용됨

오답 피하기

LAN : Local Area Network란 의미에서 보듯 지문 ①, ③, ④처럼 10km 이내의 근거리 통신망임

04 LAN을 분류할 때 네트워크 위상(Topology)에 따른 것이 아닌 것은?

① Bus 형
② Star 형
③ Packet 형
④ Ring 형

LAN을 토폴로지(토폴로지란 쉽게 '모양'이라고 이해하면 됨)를 기준으로 분류하면 버스형, 링형(원 모양), 성형(별 모양), 망형(그물 모양)으로 나눌 수 있음

05 통신망의 형태란 통신망 내에 위치한 여러 장치들 사이의 연결 모양을 지칭하는데, 다음 중 대표적인 통신망 형태가 아닌 것은?

① 스타형(Star)
② 링형(Ring)
③ 사각형(Square)
④ 버스형(Bus)

대표적인 통신망 토폴로지 : 계층형, 버스형, 스타형, 링형, 그물형

06 다음 중 링형 LAN에 대한 설명으로 거리가 먼 것은?

① 트래픽이 일정한 시스템에 적합하다.
② 노드의 추가와 변경이 비교적 어렵다.
③ 고장 시 전체 시스템에 영향을 미친다.
④ 이더넷(Ethernet)이 대표적인 형태이다.

대표적인 이더넷의 형태 LAN은 버스형

정답 01 ③ 02 ② 03 ② 04 ③ 05 ③ 06 ④

07 LAN의 채널 액세스 제어 방식인 CSMA/CD에 대한 설명 내용으로 잘못된 것은?

① 채널로 송출된 패킷은 모든 제어기에서 수신가 능하다.
② 각 제어기는 액세스 제어에 관하여 반송파 검출 및 충돌 검출만 필요하다.
③ 제어기가 상위 계층으로부터 패킷을 받고 나서 전송을 완료할 때까지의 시간은 확률적으로 변화한다.
④ 모든 제어기는 차등의 액세스 권리를 갖는다.

• CSMA/CD 방식은 모든 제어기가 동등한 액세스 권리를 갖도록 함
• MA(Multiple Access) : 통신 회선이 비어 있으면 누구든 데이터를 송신할 수 있음(동등한 액세스 권한)

08 LAN의 채널 매체 액세스 제어 방식 중 CSMA/CD에 대한 설명으로 틀린 것은?

① IEEE 802.3 프로토콜 표준에 근거한다.
② 다른 전송 데이터가 감지되면 계속 선로 상태를 살펴서 선로가 휴지 상태가 될 때 즉시 전송한다.
③ 전송 도중 충돌이 감지되면 즉시 전송을 멈추고 다른 스테이션에 충돌을 알리는 재밍신호를 전송한다.
④ 재밍신호를 전송한 후에 즉시 데이터 재전송을 시작한다.

CSMA/CD : 재밍신호를 전송한 후에 즉시 데이터를 재전송을 하지 않고 충돌에 대한 확률을 줄이기 위하여 백오프(Back-Off) 알고리즘에 의해 랜덤하게 대기한 후 재전송을 시작함

09 LAN에서 사용되는 매체 액세스 제어 기법과 관련이 없는 것은?

① TOKEN-BUS   ② CDMA
③ CSMA/CD   ④ TOKEN-RING

LAN은 매체 접근 방식에 따라 토큰링, 토큰버스, CSMA/CD 방식으로 분류함

오답 피하기

CDMA(코드분할 다원 접속 방식) : 미국 퀄컴사가 개발한 디지털 이동 통신 방식

10 LAN의 액세스 방식 중 이더넷(Ethernet)에서 채택한 제어 방식은?

① 랜덤(Random) 방식
② CSMA/CD 방식
③ 토큰 패싱(Token Passing) 방식
④ 토큰 링크(Token Link) 방식

• LAN의 액세스 방식은 CSMA/CD 방식, 토큰 패싱링 방식, 토큰 패싱 버스 방식 있음
• CSMA/CD 방식 : 이더넷에서 채택한 방식으로 데이터의 충돌을 막기 위해 송신 데이터가 없을 때에만 데이터를 송신하고, 다른 장비가 송신 중일 때에는 송신을 중단하며, 일정 시간 간격을 두고 대기하였다가 순서에 따라 다시 송신하는 방식

오답 피하기

• ③ 토큰 패싱(Token Passing) 방식 : 통신 회선에 대한 제어 신호가 논리적으로 형성된 링상의 각 노드 간을 옮겨 가면서 데이터를 전송하는 방식
• ④ 토큰 링크(Token Link) 방식 : 링형 토폴로지 통신망에서 통신 회선에 대한 제어 신호가 각 노드 간을 순차적으로 옮겨 가면서 데이터를 전송하는 방식

11 LAN의 전송 매체로 가장 좋은 것은?

① 무장하 케이블
② 차폐 나선
③ 동축케이블
④ 광섬유 케이블

고속 전송이 가능하며, 잡음의 영향이 적고, 높은 대역폭(수십 GHz), 경량성, 비유전성 등 뛰어난 특성을 가진 매우 가늘고 유연성 있는 전송 매체

정답 07 ④ 08 ④ 09 ② 10 ② 11 ④

VAN/암호화

빈출 태그 사설망 • VAN의 기능

01 VAN(Value Added Network)의 개요와 특징

- 통신 회선을 기간 통신 사업자로부터 임차하여 시설망을 구축하고 이를 이용, 축적해 놓은 정보를 유통시키는 부가 가치 통신망이다.
- 공중 통신 회선에 교환 설비, 컴퓨터 및 단말기 등을 접속시켜 새로운 부가 기능을 제공하는 통신망이다.
- 불특정 다수를 대상으로 한 서비스로, 각종 데이터를 교환하는 통신 기능 및 회선의 접속, 각종 제어 절차 등의 데이터를 전송할 때의 통신 절차를 변환하는 프로토콜 변환 기능이 있다.

02 VAN의 기능 22년 3월, 19년 9월, 15년 3월

기본	기존 공중 통신망과 결합하여 다양한 통신 서비스 제공이 가능한 VAN 형태
통신 처리	통신 처리에 관계되는 프로토콜 변환, 속도 변환, 코드 변환, 데이터 형식 변환, 통신 매체 변환 등을 수행하는 VAN
정보 처리	각종 컴퓨터 서비스, 데이터베이스 구축, 정보 검색 서비스, 소프트웨어 개발 등을 수행하는 VAN
정보 축적	컴퓨터를 이용한 정보의 축적 전송 기능에 의해 전자 사서함 등을 제공하는 VAN

03 VAN의 응용 분야

- 광역 유통 관리
- 유통 및 금융업
- 전자 사서함과 데이터베이스

04 VAN의 4계층

정보 처리층 〉 통신 처리층 〉 네트워크층 〉 기본 통신층

✓ 개념 체크

1 정보 제공 시 통신 회선을 기간 통신 사업자로부터 임차하여 사설망을 구축하고 이를 이용, 축적해놓은 정보를 유통시키는 정보 통신 서비스망은 ( )이다.

2 VAN의 통신 처리 계층에서는 데이터베이스 구축, 정보 검색 서비스, 소프트웨어 개발 등을 수행한다. (O, X)

1 VAN(부가 가치 통신망), 2 ×

05 암호화 기법

1) 비밀키(Private Key) 암호화 기법(대칭키)

- 암호키 = 복호키
- 대표 방식 : DES(Data Encryption Standard)이며 블록 암호의 일종으로 평문을 64비트로 나눠 56비트의 키를 사용한 알고리즘 방법이다.

2) 공개키(Publicy) 암호화 기법(비 대칭키)

- 암호키 ≠ 복호키
- 대표 방식 : RSA(Rivest Shamir Adleman)

3) 전자우편에 관한 암호화 기법 _{19년 3월}

- PGP : 전자우편을 다른 사람이 받아 볼 수 없도록 암호화하고 복호화하는 대표적인 기법
- PEM : 전자우편을 엽서가 아닌 밀봉된 봉투에 넣어서 보낸다는 개념으로 IETE에서 인터넷 초안으로 채택한 기법이다.

✓ 개념 체크

1 전자우편에 관한 암호화 기법 중 밀봉된 봉투에 넣어서 보낸다는 개념으로, IETE에서 인터넷 초안으로 채택한 기법을 PEM이라고 한다. (O, X)

1 ○

이론을 확인하는 기출문제

01 통신회선을 기간 통신 사업자로부터 임차하여 망을 구축하고 이를 이용하여 축적된 정보를 서비스하는 것은?

① LAN   ② MAN
③ VAN   ④ WAN

VAN(부가가치 통신망) : 기간 통신 사업자의 회선을 임차하여 부가가치를 부여한 음성이나 데이터 변조를 제공하여 주는 서비스망

오답 피하기

LAN(근거리 통신망) < MAN(대도시 통신망) < WAN(광대역 통신망)
LAN, MAN, WAN은 지역 규모의 기준으로 나눈 통신망의 종류

02 공중 통신에 교환 설비, 컴퓨터 및 단말기 등을 접속시켜 새로운 부가 기능을 제공하는 통신망은?

① LAN   ② VAN
③ ISDN   ④ WAN

부가 가치 통신망(VAN)
불특정 다수를 대상으로 한 서비스로, 각종 데이터를 교환하는 통신 기능 및 회선의 접속, 각종 제어 절차 등의 데이터를 전송할 때의 통신 절차를 변환하는 프로토콜 변환 기능

03 데이터 통신 서비스의 지역 범위에 따라 구분되는 통신망의 종류가 <u>아닌</u> 것은?

① LAN   ② WAN
③ VAN   ④ MAN

VAN(Value Added Network) : 부가 가치 통신망은 정보 제공 시 통신 회선을 기간 통신 사업자로부터 임차하여 사설망을 구축하고 이를 이용하여 축적해 놓은 정보를 유통시키는 정보통신 서비스의 한 종류로 지역 범위에 따른 분류에 포함되지 않음

오답 피하기

네트워크의 지역 범위에 따라 분류
LAN(근거리 통신망) < MAN(대도시 통신망) < WAN(광역 통신망)

정답 01 ③ 02 ② 03 ③

▶ 합격 강의

01 ISDN(Intergrated Service Digital Network) 16년 10월, 14년 9월, 03년 8월, …

- 음성을 비롯하여 화상 및 데이터 서비스를 통합하여 제공할 수 있는 종합 정보 통신망이다.
- 원 신호의 신호 대역폭에 따라 협대역 ISDN(N-ISDN)과 광대역 ISDN(B-ISDN)으로 구분할 수 있다.
- 기존의 회선 교환망이나 패킷 교환망도 이용 가능하다.
- 서비스 기능은 하위 계층인 베어러 서비스와 상위 계층인 텔레 서비스를 모두 포함한다.

1) ISDN의 서비스 체계 16년 10월, 10년 3월, 06년 8월, 02년 3월, 03년 5월

텔레커뮤니케이션 서비스(Telecommunication Service) : ISDN이 제공하는 서비스를 총칭하는 것으로, 베어러 서비스, 텔레 서비스, 부가 서비스가 포함된다.

베어러 서비스 (Bearer Service)	• 기본적인 전송 위주의 통신 서비스 • OSI 참조 모델의 하위 계층(1~3계층) 기능만을 제공하는 서비스 • 투과성 정보 전송과 교환 기능을 제공
텔레 서비스 (Tele Service)	• 베어러 서비스를 기본으로 한 응용 위주의 서비스 • 통신망, 터미널 등에서 이용되는 고도의 기능을 부가하여 제공 • OSI 참조 모델의 상위 계층의 특성으로 규정하며, 사용자 측에서 본 통신 서비스
부가 서비스 (Supplementary Service)	• 베어러 서비스와 텔레 서비스 이외의 사용자 편의를 위한 서비스 • 대표적인 서비스 : 발신 신호 표시, 착신 신호 표시, 다중 접속 설정 등

▼ OSI 참조 모델 계층과 서비스 종류

구분	베어러 서비스	텔레 서비스
OSI 참조 모델 계층	하위계층(1~3계층)	상위계층(4~7계층)
서비스 종류	• 기본적인 전송 위주의 통신 서비스 • 회선 교환, 패킷 교환, 프레임 중계	• 사용자 측 중심의 응용 서비스 • G4 FAX, TV 화상회의, 비디오텍스

2) ISDN의 채널 구조

종류	속도	채널
A채널	4KHz	아날로그 채널
B채널	64Kbps	디지털 채널
C채널	8 or 16Kbps	
D채널	64 or 16Kbp	제어 채널
H_0채널	384Kbps	Hybrid 채널

B 기적의 TIP

- 베어러 서비스와 텔레 서비스에 관한 문제가 많이 출제됩니다.
- 출제내용은 두 가지로 정리할 수 있습니다.
  1. OSI 참조 모델 계층과 연결할 수 있는가?
  2. 서비스의 종류를 구별할 수 있는가?

채널(Channel)
정보나 제어 신호를 운반하기 위한 통신로를 의미하며 사용목적에 따라 정보 채널과 신호 채널로 나눌 수 있다.

기적의 TIP

채널별 속도와 용도에 관한 문제가 자주 출제됩니다. 특히 B채널은 '사용자 정보를 전달하는 채널' D채널은 '저속 전송'임을 꼭 기억합니다.

▼ ISDN의 주요 채널 속도와 용도 22년 3월, 09년 3월, 06년 3월, 03년 8월, 02년 5월

채널		전송 속도(Kbps)	용도
B		64	• 디지털 정보용 채널 • 사용자 정보를 전달하는 채널 • 기본적인 이용자 채널 • PCM 부호화된 디지털 신호를 전송하는 데 이용 • 회선 및 패킷 교환의 전용선
D		16 64	• 디지털 신호용 채널 • 회선 교환 방식을 위한 신호 정보를 전송 • 16Kbps 이하의 저속 패킷 교환 방식에 의한 사용자 정보 전송에 사용 • 공통선 신호용 채널을 위해 사용 • 패킷 교환이나 신호를 기다리지 않는 저속 원격 계측에도 사용
H	H_0	384	• B채널을 통해 제공하는 모든 방식의 정보 전송을 보다 고속으로 제공 • 고속 팩시밀리나 화상 회의 등 고속의 사용자 정보를 전송
	H_{11}	1,536	
	H_{12}	1,920	

(*B : Bearer Channel   *D : Data Channel   *H : Hybrid Channel)

- 기본 속도 인터페이스 BRI : Basic Rate Interface
  - ISDN 입자 루프(사용자와 중앙국, 단말국까지) : 2B+D
  - 2개의 B채널과 1개의 D채널로 조합 = 2B + D = 2×64Kbps + 16Kbps
  - 물리적인 속도 속도) = 2B + D + 오버헤드 = 2×64Kbps + 16Kbps + 48 = 192Kbps

3) ISDN 장비

NT(Network Terminal)	• NT1 : 사용자의 장비와 전화 회사의 회선을 물리적으로 접속해 주는 장비 • NT2 : PBX 또는 스위칭 허브 장비들과 같이 스위칭, 다중화 또는 ISDN 집중화를 담당하는 장비
TA(Terminal Adapter)	비 ISDN 장비로부터 ISDN 형식으로 신호를 변경해 ISDN 네트워크에 접속시키는 장비
TE(Terminal Equipment)	• TE1 : ISDN 접속 기능을 가진 단말기(ISDN 전화기) • TE2 : ISDN 접속 기능이 없는 단말기(아날로그 전화기)
LE(Local Exchange)	• ISDN 교환 기능 • 사용자 측과 네트워크 측 사이의 신호

4) ISDN 인터페이스

U 인터페이스	사용자의 구내로 들어오는 전화 회사의 로컬 교환국 및 장거리 교환국의 2선식 인터페이스
S 인터페이스	NT에서 TE1(ISDN 터미널 장비) 또는 TA(터미널 어댑터)로 들어오는 4선식 회선 또는 8선식 회선의 인터페이스
T 인터페이스	사용자의 NT2 장비와 전화 회사의 회선이 종단되는 NT1을 포함하는 4선식 회선 또는 8선식 회선의 인터페이스
R 인터페이스	ISDN TA와 TE2(비 ISDN 장비) 간의 시리얼이나 RS-232, EIA-232E 등을 통한 인터페이스

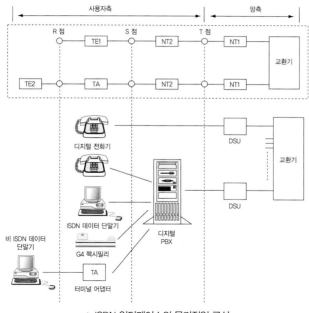

▲ ISDN 인터페이스의 물리적인 구성

02 B-ISDN(Broadband-ISDN, 광대역 ISDN)

1) 개념

광대역 전송 · 교환방식을 통해 영상 회의, 화면 전송 등과 같이 연속성의 실시간 또는 군집 데이터 신호를 넓은 대역에 걸쳐 광대역으로 실현하기 위한 광대역 ISDN이다.

2) 목적

- 광대역 서비스들에 대한 수요의 증가를 해결하기 위해 제시된 방안이다.
- 각종 광대역 서비스와 분배성 서비스를 통합하여 제공한다.
- 협대역 ISDN(N-ISDN) 서비스와 광대역 ISDN 서비스를 동시에 제공할 수 있도록 디지털망을 구축한다.

3) 특징

- 광대역 서비스 데이터들의 특성과 분포를 수용위한 수단으로 비동기식 전달 모드(ATM)를 사용한다.
- 다양한 속도(수십 bps에서 수백 Mbps)와 넓은 사용 시간 분포를 갖고 있다.
- 망의 운용, 보수, 제어 등과 같은 제어능력이 우수하다.

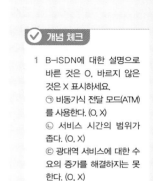

✔ 개념 체크

1 B-ISDN에 대한 설명으로 바른 것은 O, 바르지 않은 것은 X 표시하세요.
㉠ 비동기식 전달 모드(ATM)를 사용한다. (O, X)
㉡ 서비스 시간의 범위가 좁다. (O, X)
㉢ 광대역 서비스에 대한 수요의 증가를 해결하지는 못한다. (O, X)

1 ㉠ O, ㉡ X, ㉢ X

03 ATM(Asynchronous Transfer Mode) 24년 3월/7월, 23년 5월, 19년 4월, 15년 5월, …

- B-ISDN의 핵심적 기술이다.
- Cell(셀) 교환 기법을 통해 데이터를 동일한 크기(53byte)의 Cell로 잘라서 ATM Cell을 전달하기 위한 방법이다.
- 가상 경로(VP : Virtual Path)와 가상 채널(VC : Virtual Channel)을 설정하는 연결성 통신 방식이다.

✓ 개념 체크

1 ATM 교환기에서 처리되는 셀의 크기는 (   ) Byte로, 5Byte의 헤더와 48Byte의 사용자 정보로 구성된다.

1 53

구분	N-ISDN	B-ISDN
신호 형태	디지털 망	디지털 망
통합 대상	음성, 데이터, 화상(협대역 신호)	음성, 데이터, 영상(광대역 신호)
교환망	패킷 교환 방식	ATM 교환 방식
전송 매체	동축 케이블	광 케이블
교환 단위	패킷, 프레임	셀
서비스 종류	전화, 팩시밀리 등	• 1,544[Mbps] 이상의 고속데이터 및 영상 서비스 • 영상 전화, 영상 회의 등

이론을 확인하는 기출문제

01 다음 중 ISDN(Integrated Services Digital Network)에 관한 설명으로 옳지 않은 것은?

① 음성, 화상, 데이터 등 별개의 통신망으로 서비스되고 있는 것을 하나의 디지털 통신망에 통합 처리하려는 목적에서 발전되고 있다.
② 기존의 회선 교환망이나 패킷 교환망도 이용가능하다.
③ 서비스 기능은 하위 계층인 베어러 서비스와 상위 계층인 텔레 서비스를 모두 포함한다.
④ 공중 전기 통신망인 PSTN과 PSDN에서 제공하는 통신 서비스는 제외된다.

ISDN은 공중 전기 통신망인 PSTN과 PSDN에서 제공하는 통신 서비스를 하나의 디지털 통신망에서 통합 처리함

02 다음 중 ISDN 채널의 종류와 전송 속도와의 관계를 나타낸 것으로 옳지 않은 것은?

① B채널 : 64Kbps
② H_0채널 : 384Kbps
③ D채널 : 128Kbps
④ H_{11}채널 : 1536Kbps

D채널의 전송 속도는 BRI에서는 16Kbps, PRI에서는 64Kbps임

03 ISDN 채널에서 D채널의 용도는?

① 음성 채널
② 사용자 서비스를 위한 채널
③ 서비스 제어를 위한 채널과 저속의 패킷 전송 채널
④ 예비 채널

D채널 : 이용자와 네트워크 사이의 제어 정보를 교환하는 채널로서 회선 교환 제어신호나 사용자의 패킷 정보를 저속(16Kbps 또는 64Kbps)의 디지털 데이터로 전송하고자 할 때 이용함

정답 01 ④ 02 ③ 03 ③

04 종합정보통신망(ISDN)의 채널 중 64[Kbps]의 속도로 사용자 정보를 전달하기 위해 사용되는 채널은?

① A 채널 　　　　② B 채널
③ C 채널 　　　　④ H 채널

ISDN의 B채널은 사용자 정보 채널로서 1개의 음성 통화, 64Kbps의 데이터 또는 1개의 음성 통화와 저속 데이터를 복합적으로 전송할 수 있음

오답 피하기

A채널	4KHz
C채널	8 or 16Kbps
H_0채널	384Kbps

05 다음 중 ISDN 채널 구조에서 기본 인터페이스의 비트율은 몇 [Kbps]인가?

① 64 　　　　② 144
③ 162 　　　　④ 192

ISDN의 기본 속도 인터페이스(BRI : Basic Rate Interface)는 기본 액세스 채널 구조인 2B + D(64Kbps의 정보 채널인 B채널 2개와 16Kbps의 신호채널인 D채널에 따라 2×64 + 16 = 144Kbps이지만 감시 및 제어용의 정보를 부가한 오버헤드(Over Head)를 합치면 192Kbps의 bit rate 전송 신호를 만들게 됨

06 다음 중 ISDN에서 고속의 사용자 정보 전송을 위한 채널로 384[Kbps]의 전송 속도를 갖는 것은?

① B Channel 　　　　② D Channel
③ H_0 Channel 　　　　④ H_{12} Channel

채널		전송 속도	설명
B		64	• 기본적인 이용자 채널 • PCM 부호화된 디지털 신호를 전송하는 데 이용 • 회선 및 패킷 교환의 전용선
D		16 64	• 이용자와 네트워크 사이의 제어 정보를 교환하는 채널 • 회선 교환 제어 신호나 사용자의 패킷 정보를 저속의 디지털 데이터로 전송하고자 할 때 이용
H	H_0	384	• B채널을 통해 제공하는 모든 방식의 정보 전송보다 고속으로 제공 • 고속 팩시밀리나 화상 회의 등 고속의 사용자 정보를 전송
	H_{11}	1,536	
	H_{12}	1,920	

07 ISDN에서 제공하는 베어러 서비스에 해당되는 것은?

① G4 FAX
② TV 화상회의텍스
③ 비디오텍스
④ 회선 교환

베어러 서비스(Bearer Service)
• OSI 하위 계층(1~3계층)에 해당됨
• 전송 위주의 통신서비스로 정보전달을 목적으로 함
• 회선 교환, 패킷 교환, 프레임 중계, 반영구

오답 피하기

①, ②, ③은 응용 위주의 서비스로 OSI 참조 모델의 상위계층의 특성으로 규정하며 사용자 측에서 본 서비스인 텔레 서비스에 해당함

08 다음 중 ISDN의 통신 서비스 중 베어러 서비스에 해당되는 것은?

① 계층 1에서 계층 3까지 전송 서비스
② 계층 4에서 계층 7까지 전송 서비스
③ 계층 1에서 계층 7까지 전송 서비스
④ 계층 2에서 계층 5까지 전송 서비스

• 베어러 서비스는 전송 위주의 통신서비스로 OSI 참조 모델의 하위 계층 기능만을 담당함
• OSI 참조 모델 : 4장에서 공부한 "물데네(하위 계층) + 전세표응(상위 계층)" 다시 한번 확인하자!

하위 계층	1. 물리 계층 2. 데이터링크 계층 3. 네트워크 계층
상위 계층	4. 전송 계층 5. 세션 계층 6. 표현 계층 7. 응용 계층

09 다음 ISDN 서비스 중 실제로 단말을 조작하고 통신하는 이용자 측에서 본 서비스는?

① 텔레 서비스
② 베어러 서비스
③ 부가 서비스
④ D채널 비접속 서비스

• 텔레 서비스 : 응용 위주의 서비스로 OSI 참조 모델의 상위계층의 특성으로 규정하며 사용자 측에서 본 서비스
• 베어러 서비스 : 기본적인 전송 위주의 통신 서비스로 OSI참조 모델의 하위 계층의 특성으로 규정
• 부가 서비스 : 발신 신호 표시나 착신 신호 표시와 같은 사용자 편의를 위한 서비스
• D채널 비접속 서비스 : 회선 교환 방식을 위한 신호 정보를 전송하며, 공통선 신호용 채널을 위해 사용

10 광대역 종합정보통신망(B-ISDN)과 거리가 먼 것은?

① ATM 방식　　　　② 회선 교환 방식
③ 광전송 기술　　　④ 쌍방향 서비스

광대역 정보통신망(B-ISDN : Broadband-ISDN)
• ATM(Asynchronous Transfer Mode)는 B-ISDN의 핵심 기술
• 협대역 정보통신망(N-ISDN)보다 넓은 대역으로 속도가 더 높음

오답 피하기

교환망 : ATM 교환 방식

---

11 광대역 종합정보통신망(B-ISDN)과 관련이 없는 것은?

① ATM 방식
② 64Kbps 이하의 전송 서비스
③ 광전송 기술
④ 멀티미디어 서비스

광대역 종합정보통신망(B-ISDN : Broadband-ISDN)
• 협대역 정보통신망(N-ISDN)보다 넓은 대역폭으로 속도가 더 높음
• 64Kbps를 기본으로 한 ISDN 통신망 이상의 전송 서비스를 제공함

---

12 다음 중 광대역 종합 정보통신망의 실현 방안으로 적합한 통신 방식은?

① WAN　　　　　② ATM
③ ADSL　　　　　④ N-ISDN

ATM은 광대역 종합 정보통신망(B-ISDN)의 핵심 기술로 회선 교환 방식과 패킷 교환 방식 다중화 기술임

---

13 다음 중 정보통신 시스템의 ATM에 대한 설명으로 틀린 것은?

① 48Byte의 페이로드(Payload)를 갖는다.
② 5Byte의 헤더를 갖는다.
③ 멀티미디어 서비스에 적합하다.
④ 동기식 전달모드로 고속데이터 전송에 사용된다.

ATM : 모든 종류의 응용 트래픽을 셀(Cell)이라고 하는 53옥텟[5옥텟(헤더) + 48옥텟(정보)]의 고정된 패킷에 담아 전송

오답 피하기

ATM(Asynchronous Transfer Mode) : 비동기식 전달모드

---

14 다음 중 광대역 통신망 ATM 셀(Cell)의 구성으로 옳은 것은?

① 헤더 5옥테드(Octet)와 페이로드(Payload) 53옥테드
② 헤더 4옥테드(Octet)와 페이로드(Payload) 53옥테드
③ 헤더 5옥테드(Octet)와 페이로드(Payload) 48옥테드
④ 헤더 4옥테드(Octet)와 페이로드(Payload) 48옥테드

ATM(Asynchronous Transfer Mode) : 비동기식 전달 모드
• 모든 종류의 응용 트래픽을 셀(Cell)이라고 하는 53옥텟의 고정된 패킷에 담아 전송
• 5옥텟(헤더) + 48옥텟(정보)

---

15 ATM셀의 헤더 길이는 몇 byte인가?

① 2　　　　　　② 5
③ 8　　　　　　④ 10

ATM(Asynchronous Transfer Mode) 구성
5옥텟(헤더) + 48옥텟(정보)

---

16 비동기 전송 모드(ATM)에 관한 설명으로 적합하지 않은 것은?

① ATM은 B-ISDN의 핵심기술이다.
② Header는 5Byte, Payload는 48Byte이다.
③ 정보는 셀(Cell) 단위로 나누어 전송한다.
④ 저속 메시지 통신망에 적합하다.

ATM(Asynchronous Transfer Mode : 비동기 전송 모드)
• 한 개의 회선을 여러 개의 논리 회선(채널)으로 분할하여 동시에 통신을 하는 다중화 방식의 하나
• 각 채널의 데이터는 ATM Cell이라는 고정된 크기의 형태로 나누어 전송
• ATM의 Cell 크기 = 53Byte = 5Byte(Header) + 48Byte(이용자 데이터)

오답 피하기

B-ISDN은 광통신망을 기반으로 하여 디지털 방식으로 음성 신호를 변환하며, 저속에서 초고속에 이르는 다양한 전송 속도를 얻기 위해 ATM 방식이란 핵심 기술을 사용함

정답 10 ② 11 ② 12 ② 13 ④ 14 ③ 15 ② 16 ④

01 ADSL(Asymmetric Digital Subscriber Line)

- 비대칭형 디지털 가입자 회선망
- 가정과 회사에 설치되어 있는 전화 회선을 통해 넓은 대역폭으로 디지털 정보를 전송하기 위한 기술로, 대부분의 채널을 사용자 측으로 내려받는 데(Download) 사용하고 사용자로부터 받는 정보(Upload)는 아주 적게 할당하는 비대칭형 구조

02 위성 통신망

- 위성통신(Satellite Transmission) : 지상에서 쏘아올린 마이크로 주파수를 통신위성을 통해 변환 증폭한 후 다른 주파수로 지상에 송신하는 방식
- 위성통신에서 사용하는 주파수 대역 : 3~30GHz의 극초단파
- 통신위성의 위치 : 지구 적도면 상공 약 35,800km 정도 높이 정지 궤도상에 위치한다.

1) 특징

- 대역폭이 넓어서 고속의 대용량 통신을 지원한다.
- 오류율이 적고 통신 비용이 저렴하다.
- 데이터 전송 전에 통신 위성을 통해야 하므로 전송 지연시간이 길다.
- 기상현상에 의해 신호 감쇠현상이 일어날 수 있다.

▼ **위성통신의 회선 할당 방식** 17년 3월

고정 할당 방식(PAMA)	고정된 주파수 또는 시간 Slot을 특별한 변경이 없는 한 한 쌍의 지구국에 항상 할당해 주는 접속 방식. 고정 방식
임의 할당 방식(RAMA)	전송정보가 발생한 즉시 임의 Slot으로 송신하는 방식. 경쟁 방식
접속 요구 할당 방식(DAMA)	사용하지 않는 slot을 비워둠으로써 호 접속 요구가 발생할 때만 회선을 할당하는 방식. 예약 방식

🅱 기적의 TIP

HDSL(High-bit-rate DSL)
- 광대역 디지털 전송을 위해 사용됨
- 양방향 대역폭의 크기가 같아서 최대 전송 속도는 ADSL보다 낮음

FTTH(Fiber To The Home)
- 광섬유를 집안까지 연결한다는 뜻
- 고품질의 광대역 통신서비스 기술로 한 줄의 광섬유로 전화, 팩스, 데이터, TV 데이터까지 전송가능.

VDSL(Very High Data DSL)
- 비교적 가까운 거리에서 더 빠른 속도를 보장함
- 기존의 전화선을 이용해서 가입자 측 전송 속도로 13~52Mbps를 갖는 가입자 회선

SDSL(Symmetric DSL)
- 전 이중 회선을 통해 양방향 전송
- 1.544Mbps~2.048Mbps의 속도

이론을 확인하는 기출문제

01 다음 중 정지 위성의 궤도 위치는 지구 적도 상공 몇 [km] 정도인가?

① 500   ② 660   ③ 14,000   ④ 36,000

정지위성은 적도 상공 약 35,860km에 위치함
정지궤도는 방송위성을 포함한 인공위성 운용 시 가장 큰 이점이 있는 궤도로 위도는 0°임

정답 01 ④

이동 통신망

빈출 태그 · 셀 · 주파수 재사용 · 핸드오프(핸드오버) · 로밍 · CDMA

이동 통신이란 무선 매체와 이동성을 기반으로 하여 사용자들이 시간과 장소, 대상에 제한 없이 정보를 송 · 수신할 수 있는 통신 시스템이다.

01 셀룰러 시스템

1) 개요

- 서비스 지역을 셀이라는 여러 개의 지역으로 나눈 다음 각 셀마다 하나의 기지국을 설치하여 인접 셀 간에 상호 간섭을 받지 않도록 하면서 동시에 일정 거리 떨어진 셀 간에는 동일 주파수를 사용하는 방식의 이동 통신 시스템이다.
- 서비스 지역의 제한과 가입자 수용 용량의 한계를 극복하기 위하여 제안된 개념이다.
- 서비스 지역을 여러 개의 작은 구역, 즉 셀(Cell)로 나누어서 서로 충분히 멀리 떨어진 두 셀에서 동일한 주파수 대역을 사용함으로써 공간적으로 주파수를 재사용할 수 있도록 하였다.
- 공간적으로 분포하는 채널 수를 증가시켜 충분한 가입자를 확보할 수 있도록 하는 이동 통신 방식이다.

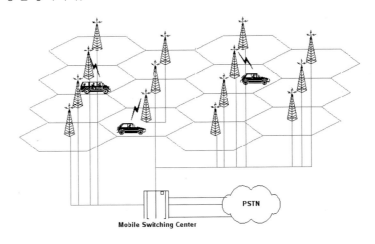

LTE(Long Term Evolution)
WCDMA와 CDMA2000의 3세대 통신과 4세대 이동통신 4G의 중간에 해당하는 기술이라 하여 3.9 세대라고도 하며, 채널 대역폭은 1.25~20MHz, 29HMz 대역폭을 기준으로 하향 링크의 최대 전송 속도는 100Mbps, 상향 링크의 최대 전송 속도는 50Mbps이다.

HSDPA(High Speed Downlink Packet Access)
고속 하향 패킷접속을 통해 3세대 이동통신 기술인 W-CDMA나 CDMA보다 훨씬 빠른 속도로 데이터를 주고받을 수 있는 3.5세대 이동 통신 방식이다.

✔ 개념 체크

1 셀룰러 시스템은 서비스 지역을 셀로 나누어서 각 셀마다 하나의 기지국을 설치하여 인접 셀 간에 상호 간섭을 받지 않도록 하고, 일정한 거리를 두고 같은 주파수를 재사용할 수 있게 해 주는 통신 방식으로 (   ) 지역의 제한과 (   ) 수용 용량의 한계를 극복하기 위해 제안된 개념이다.

1 서비스, 가입자

2) 셀(Cell)의 개념

하나의 무선 기지국에 의한 서비스 지역을 말하며, 여러 개의 셀이 모여서 하나의 시스템인 서비스 지역을 구성한다.

▲ 셀의 구성

3) 셀룰러 시스템의 특징

① 주파수 재사용(Frequency Reuse)

가입자 용량을 극대화하기 위하여 같은 주파수를 다른 셀에서 사용하는 것을 말하며, 주파수 재사용 거리는 지형특성, 안테나 높이, 전송 출력 등에 좌우된다.

② 셀 분할 기법(Cell Splitting)

• 가입자 용량을 극대화하기 위한 한 방법이나 셀을 너무 세분화하면 다른 문제가 발생한다.
• 셀 분할의 종류로는 영구 분할과 동적 분할이 있다.
• 현재 사용하는 셀은 기본적인 셀과 매크로 셀, 마이크로 셀 등이 있다.

③ 핸드오프(Hand-Off)/핸드오버(Hand-Over) 22년 9월, 21년 3월, 19년 3월, 18년 3월, 11년 6월, 13월, …

통화 중인 가입자가 현재의 기지국 서비스 지역을 벗어나 새로운 기지국 서비스 지역으로 진입할 때 통화의 단절 없이 계속 통화가 될 수 있게 하는 기능이다.

소프트 핸드오프 (Soft Hand-Off)	통화 중 단말이 기지국 간 이동을 해도 신호가 끊어지기 전에 다른 기지국의 신호를 잡아 통화에 이상 없이 지원해 주는 방식이다.
소프터 핸드오프 (Softer Hand-Off)	기지국 간 신호가 겹치는 구간에서는 두 개의 기지국 신호를 모두 수신하는 방식으로 좀 더 안정적인 핸드오프를 지원한다.
하드 핸드오프 (Hard Hand-Off)	통화 중 단절이 발생하면 기지국 간 핸드 오프 성공률이 상대적으로 저하된다.

④ 로밍(Roaming) 08년 5월

이동전화 가입자가 자신의 각종 정보가 저장된 홈 교환국을 벗어나 타 교환국에 있어도 이동전화 서비스를 받을 수 있는 것을 의미하며, 국가 간의 로밍(Global Roaming)도 가능하다.

4) 셀룰러 시스템의 구성 및 기능

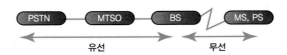

- PSTN(Public Switching Telephone Network) : 일반적인 전화 교환국에 설치된 교환기
- MTSO(Mobile Telephone Switching Office) : 이동 전화 교환국
  - 가입자 자료, 시스템 및 서비스 지역 구성 관련 데이터 관리
  - 과금 및 통계 데이터 관리
  - 데이터 교신 기능(PSTN과 BS)
  - 시스템 운용 자료 수집 및 조정 제어 기능
  - 통화로 관리
- BS(Base Station) : 기지국
  - 유 · 무선의 신호 변환
  - 단말기로부터의 수신 신호 세기 측정
- MS(Mobile Station) : 이동국
- PS(Personal Station)

IMT-2000
지상이나 위성에서 음성, 고속 데이터, 영상 등의 멀티미디어 서비스를 제공하고, 글로벌 로밍 서비스를 제공하는 유무선 통합 차세대 통신서비스이다.

다이버시티(Diversity)
무선통신 환경에서 Fading 영향을 줄여 주기 위해서 전기장 세기, S/N 비가 다른 여러 개의 수신 신호를 합성하여 단일 신호 출력을 얻는 수신방식이다.

다이버시티 방식
- 공간 다이버시티 : 수신 측에 두 개 이상의 안테나를 설치했을 때 이들 안테나에서 동시에 다중경로 페이딩이 발생하지 않는다는 원리를 이용해 페이딩을 방지하는 방식
- 시간 다이버시티 : 신호의 열화를 줄이기 위해 송신 측에서 시간 간격을 두고 동일 신호를 여러 번 송신하면 수신 측에서 신호를 다시 합성하여 전송품질을 얻기 위한 방식

02 PCS 시스템

- PCS(Personal Communication Services)는 일반 가입자가 휴대 단말기를 이용해 언제, 어디서나, 누구와도 통신할 수 있도록 하는 고도의 개인 휴대 서비스로서, 기존의 이동전화보다 한 단계 진화된 형태의 이동 통신 서비스이다.
- 이동 전화의 발전을 보면 결국은 IMT-2000으로 귀결될 것으로 예상되므로 디지털 이동 전화나 PCS는 모두 중간 기술에 해당된다고 볼 수 있다.
- 세계의 PCS 운용 현황 : 현재의 상태에서 채용되는 접속 방식은 CDMA를 많이 사용하고 있는 상태이다.

03 이동 통신망의 다중 접속 방식 23년 3월, 20년 6월, 17년 3월, 11년 3월, 08년 7월

FDMA (Frequency Division Muliple Access)	• 주파수 분할 다중 접속 방식 • 주파수 대역을 일정 간격으로 나누어 다수의 사용자가 각각 주어진 주파수 대역에서 채널을 설정하는 방식
TDMA(Time Division Multiple Access)	시분할 다중 접속 방식
CDMA(Code Division Multiple Access)	• 코드 분할 다중 접속 방식 • FDMA와 TDMA의 혼합 방식 • 다수의 사용자가 시간과 주파수를 공유하는 방식

01 통화 중에 이동전화가 한 셀에서 다른 셀로 이동할 때, 자동으로 다른 셀의 통화 채널로 전환해 줌으로써 통화가 지속되게 하는 기능은?

① 핸드오프
② 핸드쉐이크
③ 셀의 분할
④ 페이딩

핸드오프/핸드오버(Hand Off/ Hand Over)
통화 중인 가입자가 현재의 기지국 서비스 지역을 벗어나 새로운 기지국 서비스 지역으로 진입할 때 통화의 단절 없이 계속 통화할 수 있도록 하는 기능

02 다음 중 이동 통신에서 절체 방식에 따른 핸드오버의 종류가 아닌 것은?

① Hard 핸드오버
② Soft 핸드오버
③ System 핸드오버
④ Softer 핸드오버

핸드오버
통화 중인 가입자가 현재의 기지국 서비스 지역을 벗어나 새로운 기지국 서비스 지역으로 진입할 때 통화의 단절없이 계속 통화가 될 수 있게 하는 기능으로, 핸드오프라고도 함

오답 피하기
• 시스템 핸드오버는 없다.
• 핸드오프(핸드오버)의 종류
 – 소프트 핸드오프(Soft Hand-Off) : 통화 중 단말이 기지국 간 이동을 해도 신호가 끊어지기 전에 다른 기지국의 신호를 잡아 통화에 이상 없이 지원해 주는 방식
 – 소프터 핸드오프(Softer Hand-Off) : 기지국 간 신호가 겹치는 구간에서는 두 개의 기지국 신호를 모두 수신하는 방식으로 좀 더 안정적인 핸드오프를 지원함
 – 하드 핸드오프(Hard Hand-Off) : 통화 중 단절이 발생하면 기지국 간 핸드오프 성공률이 상대적으로 저하됨

03 이동통신 단말 사용자가 가입 등록한 사업자의 서비스 지역이 아닌 다른 사업자의 서비스 지역에서도 정상적인 서비스를 가능하게 해 주는 것은?

① Hand-off
② Roaming
③ Cell
④ Base station

로밍(Roaming) : 이동전화 가입자가 자신의 각종 정보가 저장된 홈 교환국을 벗어나 타 교환국에 있어도 이동전화 서비스를 받을 수 있는 것

오답 피하기
핸드오프(Hand-Off)와 자칫 혼동될 수 있음
로밍은 이동통신 서비스 자체를 다른 서비스 지역에서도 받을 수 있도록 하는 것이고 핸드오프는 통화 중인 현재의 기지국 서비스 지역을 벗어나 새로운 기지국 서비스 지역으로 진입할 때 통화의 단절이 없도록 해 주는 기능임

04 셀룰러 시스템의 주요 구성이 아닌 것은?

① 이동국(MS)
② 기지국(BS)
③ 이동전화 교환국(MTSO)
④ 사설교환기(PBX)

셀룰러 시스템의 구성

오답 피하기
④ 사설교환기(PBX : Private Branch eXchange] : 기업 내부나 구내의 전화, 팩스 등 내부 통신 서비스를 제공하는 구내 교환기

정답 01 ① 02 ③ 03 ② 04 ④

05 이동 통신 시스템에서 이용하는 CDMA는?

① 셀룰러 이동전화 시스템의 기지국을 말한다.
② PCS를 이용하는 부가 가치 통신망이다.
③ 코드 분할 다원 접속 방식이다.
④ 디지털 영상 정보통신 방식이다.

CDMA(Code Division Multiple Access) : 미국 퀄컴사가 개발한 디지털 이동 통신 방식으로, 코드분할 다중 접속 방식이라고 함

06 이동 통신에서 전파의 세기는 거리가 멀어질수록 점점 약해지므로, 일정 거리 이상 떨어진 두 셀에서는 서로 간의 간섭이 적어 동일한 주파수 채널을 다시 사용하는 것을 무엇이라 하는가?

① 위치 등록
② 다이버시티
③ 셀통합
④ 주파수 재사용

셀룰러 시스템 : 서비스 지역을 여러 개의 작은 구역, 즉 셀(Cell)로 나누어서 서로 충분히 멀리 떨어진 두 셀에서 동일한 주파수 대역을 사용함으로써 공간적으로 주파수를 재사용할 수 있도록 함

07 지능망의 구조는 지능망 서비스의 제공을 쉽게 하기 위하여 3개의 계층을 갖는다. 다음 중 아닌 것은?

① 전달망 계층
② 단국망 계층
③ 신호망 계층
④ 서비스망 계층

• 전달망 계층 : SSP를 중심으로 음성이나 데이터와 같은 통신 정보를 실제로 교환, 전송
• 신호망 계층 : STP 중심으로 지능망 요소 사이의 제어 신호를 전달
• 서비스망 계층 : SCP 중심으로 전달층에서 발생하는 지능망 서비스에 대한 요구를 제어, 관리함

정답 05 ③ 06 ④ 07 ②

CHAPTER 06

인터넷과 뉴미디어

 학습 방향

서브네팅, TCP/IP 프로토콜과 OSI 프로토콜 계층 연결, IP 주소 클래스의 크기, 뉴미디어의 특징, 뉴미디어의 분류, CATV의 구성 요소, 비디오텍스의 특징, MPEG, JPEG에 대하여 공부하세요.

출제빈도

SECTION 01	중	40%
SECTION 02	중	40%
SECTION 03	하	20%

인터넷

▶ 합격 강의

출제빈도 상 ㊥ 하
반복학습 ① ② ③

빈출 태그 서브네팅 • TCP(전송 계층) • IP(네트워크 계층) • 인터넷 주소 클래스

인트라넷(Intranet)
TCP/IP를 기반으로 인터넷의 기술을 응용한 기업 내 전용 컴퓨터 네트워크

익스트라넷(Extranet)
자기 회사와 관련 있는 납품 업체나 고객 업체들과의 원활한 통신을 위해 인트라넷의 이용 범위를 관련 기업체 간으로 확대한 네트워크

Cashing(캐싱)
요청 빈도가 높은 웹 콘텐츠를 사용자와 근접한 로컬 서버에 저장시키는 방법을 말하며, 일반적으로 개인 컴퓨터에서는 자주 사용하는 사이트의 자료를 따로 저장하고 있다가 사용자가 다시 그 자료에 접근하면 인터넷에 접속하지 않고 미리 저장한 자료를 활용해 빠르게 보여 주는 기능

01 인터넷 개요

• International + Network : 인터넷(Internet)이란 TCP/IP 프로토콜을 기반으로 한 전 세계 컴퓨터를 연결한 광범위한 네트워크를 의미한다.
• Inter + Network : 네트워크와 네트워크의 연결이라고도 한다.

1) 인터넷의 특징

• 1969 미국방성의 군사적 목적 프로젝트 ARPANET으로 시작했다.
• 인터넷에 연결된 모든 컴퓨터는 고유의 주소인 IP를 갖는다.
• 시간과 공간의 제약이 없이 통신이 가능하다.

2) 인터넷 서비스의 종류

• www(world wide web)
• P2P
• FTP
• 유즈넷(USENET)
• 텔넷(Telnet)
• 인터넷 채팅(IRC)

02 인터넷 주소 체계

인터넷 주소는 컴퓨터가 이해하기 쉬운 IP(숫자형 주소)와 사람이 이해하기 쉬운 도메인(문자형 주소) 2가지가 있다.

➤ 도메인 주소(문자형)
```
C:\Users\박현미>ping www.youngjin.com

Ping www.youngjin.com [222.235.64.78] 32바이트 데이터 사용:
```
➤ IP 주소(숫자형)

✔ **개념 체크**

1 TCP/IP 프로토콜을 기반으로 한 전 세계 컴퓨터를 연결한 광범위한 네트워크로 시간과 공간의 제약이 없이 통신이 가능하고 고유의 주소인 IP를 가지는 것을 (   )이라고 한다.

1 인터넷

1) IP Address : 숫자형 주소 ㉘ 222.235.64.78 24년 7월, 23년 3월/9월, 20년 6월

• TCP/IP 프로토콜에서 사용하는 주소 체계를 IP 주소 혹은 인터넷 주소라고 한다.
• 인터넷에 연결된 각각의 컴퓨터들에게 할당된 고유 번호이다.

- IPv4 : 8bit씩 4부분, 총 32비트로 구성된 주소 체계
- IP 주소 = 네트워크 주소 + 호스트 주소

클래스 구분	네트워크 주소+호스트 주소				특징
A 클래스	1개 네트워크 + 3개 호스트				• 국가 및 대형 통신망
	8bit	8bit	8bit	8bit	• 호스트를 가장 많이 할당할 수 있음 • 호스트 수 : $2^8 \times 2^8 \times 2^8 = 2^{24}$
B 클래스	2개 네트워크 + 2개 호스트				• 중대형 통신망 • 호스트 수 : $2^8 \times 2^8 = 2^{16}$
C 클래스	3개 네트워크 + 1개 호스트				• 소규모 통신망 • 호스트 수 : $2^8 = 256$
D 클래스	멀티캐스트용				
E 클래스	실험용				

🅱 기적의 TIP

클래스에 따라 네트워크 범위와 호스트 범위가 달라짐을 알고 있어야 하고 특히 A 클래스의 경우 네트워크의 수는 적으나 각 네트워크가 많은 호스트를 가지고 있음을 기억합니다.

2) 서브네팅(Subnetting) 23년 9월

- 한정된 IP 주소를 효율적으로 이용하기 위한 방법이다.
- 어떤 기관에서 배정받은 하나의 네트워크 주소를 다시 여러 개의 작은 네트워크로 나누어 사용하는 방식이다.

3) Domain Address : 문자형 주소 ⓔ www.youngjin.com

- 숫자로 구성된 IP 주소는 외우기 어렵기 때문에 IP 주소에 문자로 구성된 주소를 부여한 것이다.
  - ⓔ 223.130.195.95라는 실제 컴퓨터가 이해하는 IP 주소에 www.naver.com이라는 주소를 부여
- 웹 브라우저의 주소표시줄에 223.130.195.95이라는 IP 주소를 입력하거나 www.naver.com이라고 도메인 주소를 입력해도 동일한 페이지가 열린다.
- 인터넷상에서 사용되는 도메인은 전 세계적으로 고유해야 하므로 공통적으로 정해진 체계가 있으며 임의 변경, 생성이 불가능하다.
- 루트(Root)라 불리는 도메인 밑에 역트리(Inverted Tree) 구조로 계층적으로 구성된다.

4) DNS(Domain Name System)

- 도메인 이름을 IP 주소로 변환하는 기능이다.

DNS 서버
(IP 주소로 변환)

도메인 입력
www.youngjin.com

222.235.64.78

🅱 기적의 TIP

IPv6(IP version 6) : 인터넷 주소의 고갈을 대비하고 기존 IPv4의 단점을 보완하기 위해 개발된 차세대 인터넷 주소 체계. IP 주소의 길이를 총 32bit에서 16bit씩 8부분 총 128bit로 바꾼 확장된 주소 체계

IPv4 → IPv6 전환 전략의 종류
- 듀얼 스택(Dual Stack) : 하나의 시스템(호스트 또는 라우터)에서 IPv4와 IPv6 프로토콜을 동시에 개별적으로 처리하는 기술이다.
- 터널링(Tunneling) : 전송하고자 하는 프로토콜의 정보가 다른 프로토콜 패킷 내에 캡슐화하여 전송되는 방식이다.
- 변환(Translation) : IPv6 패킷 헤더를 IPv4 패킷헤더로 변경하거나 그 반대로 변환하는 방식이다.

URL(Uniform Resource Locator)
www상에 존재하는 모든 페이지를 고유하게 표시하는 주소 표기법
표기순서 – [프로토콜://도메인네임/디렉토리명/파일명]

🕐 암기 TIP

OSI 7 Layer 모델과 대응시킨 TCP, IP의 계층 문제는 자주 출제되는 문제 유형입니다. TCP는 전송 계층 IP는 네트워크 계층임을 꼭 기억합니다.

4계층	전송층 (Transport Layer)	TCP
3계층	네트워크층 (Network Layer)	IP

TCP가 IP보다 상위 계층임을 꼭 기억합니다. 쉽게 암기하기 위해서 TT로 기억합니다.

🅱 기적의 TIP

Link State Routing Protocol은 목적지에 대한 경로 및 해당 경로의 Cost에 대한 정보를 인접한 라우터에 의존하지 않고 수집된 정보를 바탕으로 자신이 경로 및 Cost를 판단하는 Routing Protocol입니다.

🅱 기적의 TIP

TCP와 UDP 비교
TCP는 UDP에 비해 뛰어난 신뢰성을 갖지만 양단 간 접속을 유지해야 하고, 초기 접속 시 TCP 간 설정 시간 소비가 크므로 멀티미디어 전송에는 주로 UDP가 사용됩니다.

ARP(Address Resolution Protocol)
IP Address를 물리적 하드웨어 주소(MAC Address)로 변환하는 프로토콜

OSPF(Open Shortest Path First protocol)
링크 상태 라우팅 프로토콜로 IP 패킷에서 프로토콜 번호 89번을 사용하여 안정되고 다양한 기능으로 가장 많이 사용되는 IGP

RARP
호스트의 물리 주소를 통하여 논리 주소인 IP주소를 얻어 오기 위해 사용되는 프로토콜

03 TCP/IP <small>23년 3월/5월, 17년 5월, 15년 3월</small>

1) TCP/IP 개념

- TCP : 종단 간에 신뢰성 있는 데이터 전송 서비스를 제공하는 프로토콜
- IP : 사용자의 데이터를 패킷 형태로 전송하기 위한 프로토콜

2) TCP/IP의 계층별 프로토콜 <small>20년 8월, 19년 3월, 17년 3월</small>

OSI 7 Layer 모델과 대응시킨 TCP/IP 계층별 프로토콜 구조는 다음과 같다.

[OSI 7 Layer]	[TCP/IP]	[층별 프로토콜]
7. 응용층	응용층	SMTP, TELNET, FTP, DNS 등
6. 프레젠테이션층		
5. 세션층		
4. 전송계층	전송계층	TCP, UDP
3. 네트워크층	네트워크층	IP, ARP, RARP, ICMP
2. 데이터링크층	네트워크 인터페이스층	이더넷, FDDI
1. 물리층		

3) 기본 TCP/IP 프로토콜 <small>24년 7월, 20년 8월, 19년 3월/9월, 11년 8월</small>

Telnet	원격지에서 시스템에 로그인하기 위한 프로토콜	응용 계층
SMTP	Simple Mail Transfer Protocol. 여러 사용자 간에 전자 메일을 전송하기 위한 프로토콜	
FTP	File Transfer Protocol. 여러 시스템 간에 파일을 전송하기 위한 프로토콜	
TCP	• 종단 간의 연결을 설정한 후 데이터를 전송하는 접속형(Connection-Oriented) 프로토콜 • 종단 간 신뢰성 있는 데이터 전송 서비스 • 데이터를 스트림 방식으로 전송 • 패킷 다중화, 오류 제어, 흐름 제어, 순서 제어 기능 등	전송 계층
UDP	User Datagram Protocol. 종단 간의 연결을 설정하지 않고 데이터를 전송하는 비접속형 전송서비스	
IP	Internet Protocol. 사용자 데이터를 담은 패킷을 패킷 내에 포함된 수조의 목적지로 경로 설정 및 전달	네트워크 계층
ICMP	• 인터넷 제어 메시지 프로토콜로 TCP/IP 계층의 인터넷 계층에 해당 • 운영체제의 오류를 전송받는 데 주로 쓰이며, 인터넷 프로토콜에 의존하여 작업을 수행	

🅱 기적의 TIP

- 계층별 TCP/IP 프로토콜 정리

응용 계층(Application Layer)	FTP, SMTP, TELNET, SNMP, HTTP
전송 계층(Transport Layer)	TCP, UDP
네트워크 계층(Network Layer)	IP, ARP, RARP, ICMP

'다음 중 계층 프로토콜이 아닌 것은?' 형태의 문제가 출제될 가능성이 있으므로 각 계층별 프로토콜을 구분할 수 있을 정도로 익혀 둡니다.

01 다음 중 인터넷 관련 사항으로 옳지 않은 것은?

① TCP/IP는 TCP 프로토콜과 IP 프로토콜의 결합적 의미로서 TCP가 IP보다 상위층에 존재한다.
② TCP/IP는 계층형 구조를 가지고 있다.
③ TCP는 OSI 참조 모델의 네트워크 계층에 대응되고, IP는 트랜스포트 계층에 대응된다.
④ ICMP는 Internet Control Message Protocol을 뜻한다.

TCP와 IP는 OSI 7 Layer상에서 다음과 같이 대응됨

4계층	Transport Layer	TCP
3계층	Network Layer	IP

02 IP 주소의 수는 한정되어 있으므로 어떤 기관에서 배정받은 하나의 네트워크 주소를 다시 여러 개의 작은 네트워크로 나누어 사용하는 방식을 무엇이라 하는가?

① Subnetting
② IP Address
③ SLIP
④ MAC

Subnetting : Class IP Address를 효율적으로 활용할 수 있고 LAN의 트래픽을 줄일 수 있음

오답 피하기
• ② IP Address : 숫자로 된 인터넷 주소
• ③ SLIP : TCP/IP 네트워크에 접속할 수 있게 해 주는 데이터 링크 프로토콜
• ④ MAC : 매체 접근 제어

03 인터넷 프로토콜 TCP/IP에서 IP는 OSI 7계층 중 어느 계층에 가장 가까운가?

① 응용 계층
② 전송 계층
③ 네트워크 계층
④ 데이터링크 계층

TCP는 전송 계층(Transport layer-TT를 기억하자), IP는 네트워크 계층(Network Layer)

04 TCP/IP 상에서 운용되는 응용 프로토콜이 아닌 것은?

① FTP
② Telnet
③ SMTP
④ SNA

SNA(Systems Network Architecture) : IBM이 메인프레임과 터미널을 연결시키기 위해 고안한 것으로 TCP/IP 이전의 프로토콜

05 IP 프로토콜(IP : Internet Protocol)은 OSI 계층 중 어느 계층에 해당하는가?

① 데이터링크 계층
② 네트워크 계층
③ 트랜스포트 계층
④ 세션 계층

IP는 대표적인 네트워크 계층 프로토콜임

정답 01 ③ 02 ① 03 ③ 04 ④ 05 ②

06 다음 중 IP 주소 형식 중에서 호스트를 가장 많이 할당할 수 있는 인터넷 주소 클래스는?

① 클래스 A
② 클래스 B
③ 클래스 C
④ 클래스 D

클래스별 호스트 수
A 클래스 : $2^8*2^8*2^8 = 2^{24} = 16,777,216$개
B 클래스 : $2^8*2^8 = 2^{16} = 65,536$개
C 클래스 : $2^8 = 256$개

07 다음 중 파일을 다른 시스템으로 전송할 때 주로 이용되는 프로토콜은?

① Telnet
② SNMP
③ FTP
④ DNS

FTP(File Transfer Protocol) : 두 컴퓨터 간의 파일 전송을 위한 인터넷 표준 프로토콜로 FTP 클라이언트를 써서 상대방 컴퓨터에 접속, 파일을 보내고 받는 일을 수행함

오답 피하기
• Telnet : 멀리 있는 컴퓨터를 자신의 컴퓨터처럼 사용할 수 있는 시스템(원격 접속)
• SNMP(Simple Network Management Protocol) : 네트워크 관리 및 네트워크 장치와 그 동작을 감시, 관리하는 프로토콜
• DNS(Domain Name System) : 도메인 네임(Domain Name)을 컴퓨터가 인식할 수 있는 IP 주소(IP Address)로 변환해 주는 컴퓨터 체계

08 다음 인터넷 응용 서비스 중에서 가상 터미널(VT)기능을 갖는 것은?

① FTP
② Gopher
③ Telnet
④ WWW

텔넷(Telnet)
• 응용 계층의 서비스
• 멀리 떨어져 있는 컴퓨터에 접속하여 자신의 컴퓨터처럼 사용할 수 있도록 해 주는 서비스
• 프로그램을 실행 등 시스템 관리 작업을 위한 가상 터미널(Virtual Terminal) 기능을 수행함

정답 06 ① 07 ③ 08 ③

뉴미디어(New Media)

▶ 합격 강의

출제빈도 상 ⓒ 하
반복학습 ① ② ③

빈출 태그 쌍방향성 • 다채널성 • 광역성 • 비디오텍스 • 텔레텍스트 • CATV 구성 요소

01 뉴미디어의 개요

1) 뉴미디어의 의미

뉴미디어란 뉴(New : 새로운) + 미디어(Media : 매체)의 합성어로 TV, 전화 등의 기존 미디어에 고도로 발달된 전자 통신 기술이 결합된 새롭고 다양해진 매체를 의미한다.

2) 뉴미디어의 특징 22년 3월, 16년 10월

- 정보전송의 대용량화 및 고속화
- 네크워크화에 따른 지역별 광역화
- 시간적인 제약을 벗어난 비동기성
- 특정 다수를 대상으로 한다.
- 분산적이고 다채널적인 형태와 기능
- 일방적 정보의 전달이 아닌 쌍방향 대화형

> **암기 TIP**
>
> 뉴미디어의 정의는 꼭 알고 있어야 하고, 특징 중 다음의 세 가지는 꼭 기억합니다.
> ① 쌍방향 대화형
> ② 특정 다수를 대상
> ③ 광역화

3) 뉴미디어의 분류 18년 4월

방송계(유선계)	CATV, CCTV, LAN, VAN, ISDN, VRS, 비디오텍스, 텔레텍스
통신계(무선계)	텔레텍스트, HDTV, 팩시밀리
패키지계	비디오 디스크, 디지털 오디오 디스크

02 대표적인 뉴미디어

1) CATV(CAble TeleVision : 유선 방송) 15년 5월

- 고감도의 안테나로 수신한 양질의 방송 텔레비전 신호를 동축 케이블 등의 광대역 전송로를 이용하여 각 가정의 수신기에 분배하는 통신 방식이다.
- 초기에는 텔레비전 방송 수신이 곤란한 지역의 난시청 해결 대책으로 생겼으나 최근에는 채널을 확보하고 자체 프로그램 제작 방송이나 컴퓨터와의 접속으로 다양한 정보 제공 서비스를 가능하게 한다.

> **개념 체크**
>
> 1 다음 뉴미디어 중 패키지계 뉴미디어에 해당하는 것을 골라보세요. ( )
> ㉠ CATV
> ㉡ 비디오 디스크
> ㉢ HDTV
> ㉣ 팩시밀리
>
> 1 ㉡

기적의 TIP

CATV 시스템의 주요 구성 요소 3가지를 묻는 문제가 출제되었습니다.
구성 요소의 역할을 이해하면 쉽게 3가지 요소를 외울수 있습니다.

암기 TIP

비디오텍스에서는 두 가지를 꼭 기억합니다.
1. 쌍방향 서비스
2. 텔레비전과 전화망을 이용한 정보 서비스

비디오텍스 방식 22년 5월/9월
• 알파 포토그래픽 방식
  – 문자와 그림 정보를 미리 도트 형태로 단말 장치에 전송하는 비디오텍스 방식이다.
  – 팩스와 같은 원리로 문자 및 그림 정보를 점(dot)의 형태로 분해하여 단말 장치에 전송한다. 도형을 자유로이 표현하고, 한자와 같은 문자 및 그림을 정밀하게 표시할 수 있다. 정보 송신량이 많아져 전송 시간 및 화면 구성 시간이 길어지는 단점이 있다.
• 알파 지오메트릭 방식
  – 그래픽 정보는 모자이크의 조합이 아니라 점, 선, 호, 원, 다각형과 같은 기하학 요소의 조합으로 표시한다. 모자이크 방식보다 정교한 화상을 제공하지만 수신 단말에 지능적(intelligent) 기능이 필요하므로 단말기의 가격이 비싸다.
• 알파 모자이크 방식
  – 문자 정보를 부호화하여 전송하고 점(dot)의 형태로 변환하여 문자를 표현한다.
  – 도형 정보는 모자이크 패턴의 조합으로 표현하며, 이것을 단말기에 전송하면 수신 단말기에서는 모자이크 패턴으로 환원하여 그림을 표시한다.

• CATV 시스템의 주요 구성 요소

헤드앤드 (Head–End)	• Cable Head + Antenna End • 시스템 전체를 제어하고 신호를 송출하기 위한 모든 설비	송출계
전송 장치	• 전송로(동축 케이블이나 광섬유 케이블) • 헤드엔드에서 송출된 모든 신호를 각 가입자의 단말기까지 전송하기 위한 통로	전송계
가입자 단말 장치	가입자 측에서 정보를 수신하기 위한 장비. 분배기나 컨버터	가입자계

2) 비디오텍스(Videotex) 15년 9월, 06년 3월, 05년 3월, 04년 5월, 02년 8월

• 화상 정보가 축적되어 있는 데이터베이스로부터 TV 수상기와 전화망을 이용하여 사용자가 원하는 각종 정보 검색은 물론, 예약 업무, 홈쇼핑, 홈뱅킹 등 다양한 서비스를 제공하는 유선 통신 뉴미디어(전화 + 데이터 뱅크 + TV 수상기)이다.
• 대화형 쌍방향 서비스의 특징이 있는 미디어로 정보를 즉시 제공받을 수 있다.
• 일반 가정의 TV 수신기를 정보 센터의 컴퓨터와 결합하여 이용자의 요구에 대응하는 문자, 도형 등의 화상 정보로 TV 화면상에 제공한다.

03 기타 뉴미디어

텔레텍스(Teletex)	• Telex+통신기능 • 워드프로세서 등의 사무실용 텍스트 편집기에 통신 기능을 부가시켜 문서를 교환하는 시스템
텔레텍스트(Teletext)	• 문자 다중 방송 • 방송 시스템+데이터 뱅크+TV 수상기 • 단방향 시스템으로 텔레비전 전파의 지극히 짧은 간격을 이용하여 문자 정보를 전달하는 방식 ⑩ 일기예보, 프로그램 안내, 교통방송 등의 자막
텔레매틱스(Telematics)	• Telecomunication(통신) + Informatics(정보과학) • 운송수단(항공, 선박, 차량 등)의 이동 중에 정보가 제공되는 무선 데이터 서비스
HDTV (High Definition TV : 고품위 TV)	기존의 TV 해상도를 향상시킨 고화상 텔레비전으로, 주사선이 일반 TV보다 2배 이상(주사선 수 : 1,050~1,125) ⑩ 위성 TV 방송, TV회의 등
팩시밀리(FAX : Facsimile)	전화 회선을 이용하여 송신 측에서 문자, 도표, 사진 등의 정지 화면을 화소로 분해하여 전기적 신호로 바꾸어 전송하면, 수신 측에서는 원화를 재생하는 방식
화상 회의 시스템 (VCS : Video Conference System)	지역적으로 멀리 떨어진 사람들끼리 TV나 모니터 화면에 비친 화상 및 음향 등을 통하여 회의를 진행할 수 있도록 만든 시스템
자동 교육 시스템 (CAI : Computer Adied Instruction)	컴퓨터를 이용한 자동 교육 시스템으로 컴퓨터를 이용하여 많은 사람들을 가르치면서 동시에 개인의 적성이나 이해력에 적합한 개별 교육을 실시하는 프로그램 학습

01 다음 중 CATV 시스템의 주요 구성 요소가 <u>아닌</u> 것은?

① 헤드엔드(Head End)
② 교환 장치
③ 전송 장치
④ 가입자 단말 장치

CATV 구성
• 송출계 : 헤드엔드 등의 송출설비를 설치
• 전송계 : 케이블 및 중계 증폭기 등
• 가입자계 : 분배기 및 컨버터 등의 옥내 설비

02 다음 중 뉴미디어의 분류에 속하지 <u>않은</u> 것은?

① 방송계
② 통신계
③ 패키지계
④ 정보계

기술, 접근 방법에 따른 뉴미디어의 분류
• 방송계 뉴미디어
• 통신계 뉴미디어
• 패키지계 뉴미디어
• 무선계 뉴미디어

03 다음 중 뉴미디어의 특징과 가장 거리가 <u>먼</u> 것은?

① 단방향성
② 네트워크화
③ 분산적
④ 특정 다수자

뉴미디어의 가장 큰 특징 중 하나는 쌍방향 서비스가 가능하다는 점임

04 다음 중 뉴미디어의 특징과 거리가 <u>먼</u> 것은?

① 정보교환의 고속화와 대용량화
② 다채널성
③ 단방향성
④ 정보 형태의 다양화

• 뉴미디어의 대표적인 특징 중 하나가 대화형 쌍방향성임을 잊지 말자.
• 뉴미디어의 특징
  – 다수의 주파수가 분할된 신호의 분리 및 혼합이 가능
  – 네트워크화에 따른 지역별 광역화
  – 특정 다수자가 대상임
  – 분산적이고 다양한 형태 및 기능

오답 피하기
뉴미디어 특징 중 하나가 쌍방향 서비스 기능

05 다음 중 쌍방향 통신의 뉴미디어에 해당하는 것은?

① Radio
② Videotex
③ Teletext
④ CCTV

비디오텍스(Videotex) : 대화형 쌍방향 서비스의 특징이 있는 미디어로 정보를 즉시 제공받음

06 텔레매틱스(Telematics) 서비스에 대한 설명으로 <u>틀린</u> 것은?

① 비디오텍스는 화상 정보를 DB에 축적한 후, 상호 대화 형식으로 가입자에게 필요한 정보를 제공한다.
② 텔레텍스트는 이동전화를 이용하여 상호 대화 형식으로 문자 등의 정보를 제공한다.
③ 텔레텍스는 이용자가 직접 문서의 내용을 편집, 수정, 검색, 저장을 할 수 있다.
④ 전자 우편은 메시지나 문서를 컴퓨터 등에 의해 수신 측에 배달하는 서비스를 말한다.

• 텔레텍스트(Teletext) : 뉴스 등의 자막서비스
• 뉴스, 날씨, 주식 같은 정보를 문자정보로 주파수의 빈틈을 이용하여 디지털 부호화 형태로 뉴스를 전송하는 방식으로 문자 다중 방송 서비스라고 함

정답 01 ② 02 ④ 03 ① 04 ③ 05 ② 06 ②

▶ 합격 강의

빈출 태그 표준화 · JPEG · MPEG

01 멀티미디어 개요

1) 멀티미디어의 의미

- 멀티미디어(Multimedia)란 멀티(Multi : 여러가지) + 미디어(Media : 매체)의 합성어로 여러 가지 다양한 매체를 컴퓨터와 연결하여 사용하는 복합매체를 뜻한다.
- 기본 요소 : 문자, 그래픽, 사운드, 애니메이션, 동영상

— 이미지 프레임을 연속적으로 보여 주어, 보는 사람으로 하여금 움직이는 느낌을 가지게 하는 기법

2) 멀티미디어의 특징

디지털화(Digitalization)	여러 다양한 형태의 자료들을 모두 디지털 형식으로 변화하여 처리함
쌍방향성(Interactive)	일방적 정보전달이 아닌 정보 제공자와 사용자 간의 대화형 정보전달
비선형성(Non-Linear)	정보를 순차적으로 처리하는 것이 아니라 사용자의 선택에 따라 다양한 시점과 방향으로 처리함
정보의 통합성(Integration)	둘 이상의 매체(문자, 그래픽, 사운드, 애니메이션, 동영상)를 통합하여 처리함

02 멀티미디어 표준 20년 8월, 14년 3월, 11년 3월, 08년 7월

JPEG(Joint Photographer's Experts Groups)	사진 등의 정지화상 압축 기술의 표준
MPEG(Moving Pictures Experts Group)	동영상 압축 기술의 표준
MHEG(Multimedia and Hypermedia information coding Expert Group)	멀티미디어 데이터의 시 · 공간의 동기화, 서로 다른 기종에서 상호 교환 가능한 최종 저장 형태로 코딩을 정의한 표준

01 다음 중 멀티미디어의 표준화에 해당되지 <u>않는</u> 것은?

① JPEG

② MPEG

③ MHS

④ MHEG

....

MHS(Message Handling System)
- 메시지 처리 시스템
- 이용자가 컴퓨터를 통해 보내고 싶은 정보를 축적, 전송하고 이용자의 요구조 건에 따라서 수신 측에 보내는 축적 전송형의 새로운 메시지 통신서비스
- 전자 사서함 서비스(Electronic Mail Service)라고도 함

오답 피하기

①, ②, ④는 모두 멀티미디어 표준규격임
- ① JPEG(Joint Photographic Expert Group) : 정지영상 압축을 위한 국제 표준 규격
- ② MPEG(Moving Picture Expert Group) : 동영상 압축을 위한 국제 표준 규격
- ④ MHEG(Multimedia and Hypermedia coding Expert Group) : 멀티미디 어데이터의 시 공간 동기화, 서로 다른 기종에서 상호 교환이 가능한 최종 저 장형태로 코딩을 정의한 표준

02 멀티미디어의 표준화와 관련하여 MPEG는 무엇을 의미하는가?

① 음성 압축 표준

② 팩시밀리 압축 표준

③ 동영상 압축 표준

④ 문자 메시지 압축 표준

....

MPEG : Moving Picture Expert Group. 동영상을 압축하고 코드로 표현하는 방법

03 멀티미디어 표준화방식에서 동화상 압축 표준화에 해 당되는 것은?

① JPEG

② MPEG

③ MP3

④ HTTP

....

- JPEG(Joint Photographer's Experts Groups) : 사진 등의 정지화상 압축 기술의 표준
- MPEG(Moving Pictures Experts Group) : 동영상 압축 기술의 표준

오답 피하기

HTTP(Hyper Text Transfer Protocol) : 웹페이지 전송을 위한 인터넷 표준 프 로토콜

정답 01 ③ 02 ③ 03 ②

INDEX (1권)

자격증은
이기적

모두들 당신이 해낼 수 없다고 여기는
무언가를 해내는 것은
인생의 커다란 기쁨이다.

월터 게이저트(Walter Gagehot)

이렇게
기막힌
적중률

사무자동화산업기사
필기 기본서

2권 · 기출공략집

"이" 한 권으로 합격의 "기적"을 경험하세요!

YoungJin.com Y.
영진닷컴

차례

대표 기출 90선

최신 기출문제

최신 기출문제 정답 & 해설

구매 인증 PDF

CBT 기출문제
01~03회 PDF

사무자동화산업기사 필기
핵심요약 PDF

※ **참여 방법** : '이기적 스터디 카페' 검색 → 이기적 스터디 카페(cafe.naver.com/yjbooks) 접속 → '구매 인증 PDF 증정' 게시판 → 구매 인증 → 메일로 자료 받기

기출공략집

1과목 사무자동화시스템

참고 파트01-챕터01-섹션01

01 | 사무자동화 배경

- 경제적 요인 : 산업구조의 변화(농업 및 공업 사회 → 정보화 사회), 경영환경의 변화, 사무 부문의 비용 증가, 소품종 대량 생산에서 다품종 소량 생산으로의 변화
- 사회적 요인 : 노동 인구의 고령화 및 여성화, 고학력화에 따른 인건비 증가
- 기술적 요인 : H/W, S/W 및 통신 기술 등의 발전
- 고객 요구의 다양화 : 빠르고 정확한 서비스 요구, 시간의 단축 및 온라인화 필요
- 정보량의 증대 : 기업 환경의 변화로 방대한 정보의 효율적 관리와 분석 필요

다음 중 사무자동화의 배경요인 및 필요성이 아닌 것은?

① 고생산성과 고설비 투자
② 문서 작성비 및 보관비 상승
③ 컴퓨터 기술과 통신기술의 발전
④ 고학력 노동자의 증가와 사무관리의 질적인 효율성 필요

참고 파트01-챕터01-섹션01

02 | 사무자동화시스템

- 자동화시스템의 종류
  - OA(Office Automation, 사무자동화)
  - FA(Factory Automation, 공장자동화)
  - HA(Home Automation, 가정자동화)
  - SA(Sales Automation, 점포자동화)
  - MA(Management Automation, 관리자동화)
  - AA(Accounting Automation, 회계자동화)
- 사무자동화의 ABCD
  - A : Automated Office(자동화 사무실)
  - B : Business Machine(사무기기)
  - C : Communication System(통신 시스템)
  - D : Data Processing System(자료 처리 시스템)

다음 설명에 적합한 자동화 시스템은?

"기계 제조공정 자동화로 수치제어기계와 산업용 로봇에 의한 제어로서 다품종 소량 생산이 가능하게 되었다."

① HA – Home Automation
② OA – Office Automation
③ FA – Factory Automation
④ BA – Building Automation

03 | 사무자동화(시스템) 목적

- 욕구의 다양화에 대처
- 처리의 신속화와 정확화
- 처리의 투명화
- 사무 생산성의 향상
- 효과적인 정보관리
- 사무처리 시간의 단축
- 작업 환경의 쾌적화
- 최적 시스템 구축, 조직 경쟁력 강화, 인간성과 창조성 향상
- 비전문가라도 사용할 수 있는 시스템 구축
- 사무 처리의 질적 향상(신속 · 정확한 의사 결정, 사람 및 조직 활성화, 서비스 품질 향상)
- 사무 처리의 비용 절감(인력, 시간, 자원)

※ 궁극적 목적은 사무 부분의 지적 생산성 향상에 있고, 이를 위해 사무부분의 질적 향상과 비용 절감이 선행되어야 함

다음 중 사무자동화 시스템의 목적과 가장 거리가 먼 것은?

① 욕구의 다양화에 대처
② 처리의 신속화와 정확화
③ 처리의 투명화
④ 비정형적 업무의 자동화

04 | 사무자동화 접근 방법

- 전사적 접근 방식 : 사무자동화 대상이 되는 모든 시스템, 전 업무, 전 계층에 걸쳐 추진되는 방식으로 가장 이상적이나 검토에서 운영까지 많은 시간이 소요됨
- 부분(문) 전개 접근 방식 : 전시 효과가 크고 수행이 쉬운 부서(기획, 인사, 관리 등)를 우선적으로 선정하여 추진하는 방식으로 시행착오를 감소시킬 수 있음
- 공통 과제형 접근 방식 : 각 부분의 공통 과제를 대상으로 추진하는 방식으로 효율성이 크나 과제선정이 어려움
- 기기 도입형 접근 방식 : 사무자동화 기기를 시험적으로 도입하여 이해도를 높이고 단계적으로 적용 분야를 넓혀 가는 방식으로 기기 두려움은 없앨 수 있으나 기기 선정이 어려움
- 계층별 접근 방식 : 직위에 따라 사무자동화를 적용하는 방식으로 신속한 의사결정, 신뢰성이 높음
- 업무별 접근 방식 : 업무 개선이 우선적으로 필요한 분야부터 시작하여 업무의 흐름에 따라 추구해 나가는 방식

사무자동화(OA)의 접근 방법의 유형에 속하지 않는 것은?

① 부분 전개 접근 방식
② 업무별 접근 방식
③ 사원별 접근 방식
④ 계층별 접근 방식

05 | 사무자동화 추진

- 사무자동화 추진의 선결 과제
  사무환경 정비, 사무관리제도 개혁, 조직 및 체제의 재정비, 정보시스템의 구축
- 사무자동화 추진 단계
  환경 분석 → 요구 분석 → 목표 설정 → 계획 수립 → 계획 추진 → 운영 및 결과 분석 → 평가 → 피드백

다음의 보기에서 사무자동화의 추진 단계를 올바르게 나열한 것은?

① 환경 분석
② 운영 및 결과 분석
③ 계획 수립
④ 평가
⑤ 목표 설정

① ① → ② → ③ → ⑤ → ④
② ① → ③ → ② → ⑤ → ④
③ ① → ⑤ → ③ → ② → ④
④ ① → ⑤ → ② → ③ → ④

06 | 사무자동화 수행 방식

- 상향식 접근 방식(Bottom-Up Approach)
  기업의 최하위 단위부터 자동화하여 그 효과를 점차 증대시키는 방식으로 기존 조직의 거부감 없이 자연스럽게 활용 가능하지만, 실효성이 적음
- 하향식 접근 방식(Top-Down Approach)
  전체 조직을 총괄 분석하여 경영자가 요구하는 최적의 시스템을 구축할 수 있는 방식으로 실효성이 크고 단기간 구축이 가능하나 기존 조직의 반발이 크고 초기에 많은 투자가 필요함
- 전사적 접근 방식(Enterprise Approach)
  상 · 하향식의 문제점을 분석하여 구조화시킨 방식으로, 두 가지 방식을 융합하여 최적 시스템을 구축함

다음 사무자동화 수행 방식 중 하향식 접근 방식에 관한 것은?

① 단기간에 구축할 수 있으며 최고 경영자가 요구하는 최적의 시스템을 구축한다.
② 기존 조직의 거부감이 상대적으로 적어 자연스럽게 도입된 기기의 활용이 가능하다.
③ 사무자동화 도입을 조직의 하부 단위 업무로부터 점차 상층부로 확대 실시한다.
④ 사무 개선으로 시작하는 예가 많으며 단계적으로 고도의 자동화 수준으로 확대해 간다.

참고 파트01-챕터01-섹션03

07 | 생산성 평가 기준

- 효율성(Efficiency)
  시스템에 유입되는 투입량과 산출량의 양적 비율
- 유효성(Effectiveness)
  사무업무에 있어서 산출물의 질적 개념. 목표에 맞는 일을 했느냐에 여부로 산출물의 정확성, 신속성, 확실성, 품질의 향상 등을 의미하며 조직 구성원의 행동적 측면과 많은 관련이 있음
- 창조성(인간성)
  사무실의 환경 향상. 직장의 활성화 등을 의미
- 사무실 생산성
  동일한 산출량을 위해 더 적은 비용이나 시간의 투입을 의미

다음 중 사무부문의 생산성 평가 기준으로 옳지 <u>않은</u> 것은?

① 신속성

② 유효성

③ 창조성

④ 생산성

참고 파트01-챕터02-섹션01

08 | 단위

- 처리 속도의 단위(늦음 → 빠름)
  ms(milli second) = 10^{-3} → μs(micro second) = 10^{-6} →
  ns(nano second) = 10^{-9} → ps(pico second) = 10^{-12} →
  fs(femto second) = 10^{-15} → as(atto second) = 10^{-18}
- 기억 용량의 단위(작음 → 큼)
  Byte(8Bit : 2^3) → KB(1,024Byte : 2^{10}) → MB(1,024KB : 2^{20})
  → GB(1,024MB : 2^{30}) → TB(1,024GB : 2^{40}) → PB(1,024TB
  : 2^{50})

기억용량을 나타내는 단위로 바이트(Byte)를 사용한다. 단위의 표현이 올바른 것은?

① 1[KByte] = 1000[Byte]

② 1[MByte] = 1024[KByte]

③ 1[Byte] = 1000[KByte]

④ 1[GByte] = 1024[KByte]

참고 파트01-챕터02-섹션03

09 | 정보 처리 시스템

- 발전 과정 : 비집중(단일/개별) 처리 시스템 → 집중 처리 시스템 → 분산 처리 시스템
- 분산 처리 시스템
  - 지역적으로 떨어져 있는 둘 이상의 프로세서를 이용하여 조직 내의 자료를 처리하는 시스템으로, 설치 시 비용이 많이 드나 장기적으로 볼 때 비용 절감의 효과가 있음
  - 장점 : 각 부문의 관리자의 책임감이 높아지고, 조직전체의 융통성이 커지며, 유연성ㆍ신뢰성ㆍ확장성이 우수, 연산 속도를 향상시키고, 자원의 공유와 통제가 용이함
  - 단점 : 설치 시 초기 비용이 많이 들고, 각 지역에 데이터가 분산되므로 시스템 통제가 용이하지 않음
- 집중 처리 시스템
  - 고성능 컴퓨터를 중앙에 두고 각 지역 및 기능을 네트워크로 집중하여 한 곳에서 처리하는 시스템
  - 장점 : 전사적 관리와 효율적 집중 제어가 가능
  - 단점 : 중앙의 전산 요원이 업무 개발을 전담하므로 S/W 개발의 저생산성 문제가 발생, 컴퓨터 장애 시 문제, 중앙 컴퓨터의 과부하, 새로운 업무 개발 추가 시 많은 비용이 필요

컴퓨터시스템이 중앙 집중 형태의 시스템에서 분산 처리 시스템의 형태로 발전한 이유는 여러 가지 장점이 있기 때문이다. 분산 처리 시스템의 장점에 속하지 <u>않는</u> 것은?

① 자원 공유(Resource Sharing)

② 연산 속도 향상(Computation Speed-Up)

③ 신뢰성(Reliability)

④ 창조성(Creation)

정답 07 ① 08 ② 09 ④

10 | CPU 주요 구성 요소

- 연산 장치(ALU) 구성 : 누산기(Accumulator), 가산기(Adder), 보수기(Complementer), 데이터 레지스터, 상태 레지스터
- 누산기(ACC : Accumulator) : 산술 및 논리 연산의 결과를 일시적으로 보관하고 있는 레지스터
- 가산기(Adder) : 컴퓨터의 중앙처리장치(CPU)에서 두 개의 숫자에 대한 덧셈을 수행하는 장치(논리회로)
- 제어 장치 구성 : 프로그램 계수기(프로그램 카운터 : Program Counter), 명령어 해독기(Instruction Decoder), 명령어 레지스터, 주소 레지스터
- 프로그램 카운터(PC : Program Counter) : 다음에 수행할 명령어의 번지를 기억하는 레지스터로 LC, IC라고도 함
- 레지스터(Register) : 중앙처리장치 내에 2진 정보를 저장하기 위한 기억소자들의 임시 기억장소. 번지(MAR), 기억(MBR), 명령(IR), 범용(GPR), 인덱스(XR), 베이스(BR), 상태 레지스터들이 있음

다음 중 누산기(Accumulator)의 설명으로 가장 적합한 것은?

① 자료를 이동시키거나 자료의 입·출력을 제어하는 레지스터
② 연산 명령의 순서를 기억하고 있는 주기억 장치의 레지스터
③ 산술 및 논리연산의 결과를 일시적으로 기억하는 레지스터
④ 명령어 처리에 필요한 실제 데이터가 들어 있는 기억 장소를 구하는 레지스터

11 | 메모리

- 캐시 메모리(Cache Memory) : 중앙처리장치(CPU)와 주기억 장치 사이에 위치하여 컴퓨터 처리 속도를 향상시키는 고속의 소용량 메모리
- 버퍼 메모리(Buffer Memory) : 두 장치 간 속도 차이를 해결하기 위해 중간에 사용하는 메모리로 이 메모리에 데이터를 임시로 저장하여 조금씩 전송
- 가상 기억 장치(Virtual Memory) : 사용자가 보조 기억 장치(디스크)의 용량에 해당하는 커다란 기억 장치를 갖고 있는 것처럼 생각하고 프로그램을 수행할 수 있는 개념으로 메모리 공간의 확대에 목적을 둠
- 연관 메모리(Associative Memory) : 기억 장치에 저장되어 있는 항목을 찾는 데 번지를 사용하는 것이 아니라 기억된 정보의 일부분을 사용하여 접근하는 기억 장치로, 주소화 기억 장치(CAM)라고도 하며 병렬 탐색이 가능하므로 검색 속도가 빠름

다음 중 컴퓨터의 성능을 높이기 위하여 명령어의 처리 속도를 CPU와 같도록 할 목적으로 기억 장치와 CPU 사이에 사용하는 것은?

① Virtual Memory
② DMA
③ Associate Memory
④ Cache Memory

참고 파트01-챕터02-섹션02

12 | 소프트웨어 기술

- 운영체제의 구성
  - 제어 프로그램 : 감시 프로그램, 작업 관리 프로그램, 데이터 관리 프로그램
  - 처리 프로그램 : 언어 번역 프로그램, 서비스 프로그램, 문제처리 프로그램
- 운영체제의 성능 평가 항목
  - 처리 능력, 반환 시간, 사용 가능도

다음 중 운영체제에 대한 설명으로 옳지 않은 것은?

① 사용자와 시스템 간의 인터페이스로서 동작하는 하드웨어 장치이다.

② 프로세서, 기억장치, 입·출력장치, 파일 및 정보 등의 지원을 관리한다.

③ 시스템의 오류를 검사하고 복구한다.

④ 다중 사용자와 다중 응용 프로그램 환경하에서 자원의 현재 상태를 파악하고, 자원 분배를 위한 스케줄링을 담당한다.

참고 파트01-챕터02-섹션03

13 | 인텔리전트 빌딩

- 정의 : 빌딩 전체가 디지털 교환기를 중심으로 네트워크 기능을 갖추고, 정보 통신 기능, 정보 처리 기능 등 최적의 통신 수단을 제공하며, 에너지 절감, 인력 감소 및 능률 향상, 실내 환경의 쾌적성 등의 최적의 사무실 환경을 제공
- 특징 : 인텔리전트 빌딩은 전자 통신 시스템에 의한 정보의 신속하고 정확한 전송기능과 광범위한 정보 입수 기능을 제공하므로 개방형 사무처리가 가능
- 기능 : 정보통신 기능, 사무자동화 기능, 빌딩 관리 기능, 환경 관리 기능, 보안 기능, 정보처리 기능으로 구성

다음 인텔리전트 빌딩에 관한 내용 중 옳지 않은 것은?

① 최대의 목표는 인간의 능력을 최대로 발휘할 수 있는 이상적인 환경의 창조에 있다.

② 정보통신시스템, 사무자동화시스템, 빌딩관리시스템, 환경관리시스템, 보안시스템 등으로 구성된다.

③ 개방시스템으로 구성된 개인이나 개별 사무와 기업 등의 사무처리가 폐쇄시스템으로 변환된다.

④ 사무 생산성의 향상, 사무작업의 노동생활 향상을 가져올 수 있다.

정답 12 ① 13 ③

14 | 광 디스크/WORM 디스크

- 광 디스크(Optical Disk)
  - 레이저를 매체 표면에 쏘아 미세한 기록 및 재생을 하는 광 기록 기술로 이루어짐
  - 기록이 안정적이고 대용량으로 영화, 음악, 애니메이션 등 동화상 정보 저장에 이용하며, 중요한 데이터를 백업할 때 많이 사용함
  - 데이터의 안정성과 신뢰성이 우수하며, 데이터의 영구 보존이 가능
  - CD-ROM, CD-R, DVD, 블루레이 등이 있음
- WORM(Write Once, Read Many) 디스크
  - 데이터의 영구적인 기록을 위해서 고출력 레이저를 사용하여 기록하는 방식으로 레이저빔을 이용하여 디스크 표면에 작은 홈을 만들어 영구적인 흔적을 남기는 방식
  - 정부기관이나 대기업 등의 조직에서 기록의 장기 보관 목적으로 오랜 기간 사용되고 있음
- CAV 등각 속도(Constant Angular Velocity) 광 디스크 검색 방식
  - 언제나 회전 속도가 일정해 스핀들 모터에 무리가 없으며 한 바퀴 도는 동안 최외각에서 읽어들이는 데이터양이 최내각에서 읽어 들이는 것보다 2.5배 많고 디스크 저장 공간이 비효율적으로 사용됨. 속도가 가변적이고 최대 속도만 표기함
- CLV 등선 속도(Constant Linear Velocity) 광 디스크 검색 방식
  - CD 안쪽과 바깥쪽의 원주 길이에서 2.5배 차이로 인해 재생할 때 rpm이 유동적으로 바뀌며 데이터를 읽어들이는 속도가 언제나 일정함

안전이나 법적인 이유로 한번 기록된 후에는 변경해서는 안 될 자료, 즉 은행이나 중개소의 거래내역 등을 보관하기 위한 것으로 가장 적당한 것은?

① CD-ROM
② WORM 디스크
③ 소거 광디스크
④ 플로피 디스켓

15 | 마이크로필름

- 방식 : 광학을 사용하는 저장 방식으로 초미립자·고해상도 필름인 마이크로필름(Microfilm)에 문서, 도면 등 각종 기록물을 고도로 축소 촬영하여 저장함
- 특징 : 고밀도 대용량 기록이 가능, 대량 복사 및 고속 인쇄 가능, 비용이 저렴하고 장기 보존이 가능, 기록 품질이 좋아 기록 내용을 확대하면 그대로 재현됨
- 구성 장치 : 출력 장치는 COM이며, 검색 장치는 CAR, 입력 장치는 CIM

컴퓨터의 출력 정보를 마이크로 이미지 촬영기를 이용하여 온-라인 및 마이크로필름으로부터 오프-라인으로 촬영현상을 처리하는 시스템은?

① COM
② CAR
③ MICR
④ CAM

16 | 데이터베이스

- 데이터베이스(Database)의 개념
  - 자료의 집중화를 통해 중복된 자료를 최소화시킴으로써 다양한 응용 분야를 효과적으로 컴퓨터에서 지원할 수 있도록 체계적으로 구성된 자료의 집합
  - 특정한 목적의 응용을 위해 자료를 저장하고 운영할 수 있도록 모아 둔 집합체
  - 데이터베이스를 구축하는 목적은 통합되지 않은 데이터들을 체계적으로 정리하여, 데이터의 중복성을 최소화, 데이터의 공유, 데이터의 일관성 유지, 데이터의 보안 보장 등을 통하여 전체적인 업무의 표준화와 효율을 극대화시키는 데 있음
- 데이터베이스의 특징
  - 데이터의 독립성 : 데이터의 물리적, 논리적 독립성을 유지함
  - 데이터의 무결성 : 데이터를 올바르게 유지함
  - 데이터의 일관성 : 데이터 중복을 최소화하여 자료의 일치를 기함
  - 데이터의 보안성 : 데이터 보안을 유지하여 데이터의 손실을 방지함
  - 데이터의 공유 : 데이터를 공동으로 이용함

다음 중 데이터베이스의 설명으로 틀린 것은?

① 파일 파손 시 백업과 복구가 쉽다.
② 데이터의 중복을 최소화하여 기억 공간을 절약할 수 있다.
③ 여러 사용자가 정보를 공유하므로 표준화하여 효율적인 자료 관리가 가능하다.
④ 다수의 사용자들이 서로 다른 목적으로 데이터를 공유하는 것이 가능하다.

17 | 데이터베이스 관리 시스템(DBMS)

- 특징 : 데이터 중복의 최소화, 데이터의 공용성 유지, 데이터의 무결성 유지, 데이터의 보안성 보장, 표준화
- 필수 기능 : 정의 기능, 조작 기능, 제어 기능(데이터 무결성 유지, 보안과 권한 검사, 병행 수행 제어)
- 스키마
  - 데이터베이스에 관한 전반적인 기술
  - 데이터베이스를 구성하는 자료 객체, 이들의 성질, 이들 간의 관계, 자료의 조작 및 이들 자료 값들이 갖는 제약조건에 관한 정의를 총칭
- 스키마의 3단계
  - 외부 스키마(External Schema) : 사용자 입장에서 본 데이터베이스의 논리적인 구조를 기술
  - 개념 스키마(Conceptual Schema) : 범기관적, 조직체의 입장에서 본 데이터베이스의 전체 논리적인 구조를 기술
  - 내부 스키마(Internal Schema) : 저장장치의 측면에서 본 데이터베이스의 전체 물리적인 구조를 기술
- 데이터베이스의 종류
  - 계층형 데이터베이스 : 각 레코드가 트리구조로 된 데이터베이스
  - 망형 데이터베이스 : 서로 관계된 레코드들이 그물처럼 얽혀 있는 구조로 된 데이터베이스
  - 관계형 데이터베이스 : 행과 열로 구성된 2차원 조직으로 된 데이터베이스
  - 객체지향형 데이터베이스 : 객체지향 개념을 도입한 데이터베이스

데이터베이스 관리 시스템의 기능과 맞지 않는 것은?

① 데이터베이스 내의 자료관계를 설정한다.
② 자료의 보안을 담당하지 않아도 된다.
③ 자료의 회복(Recovery) 능력을 갖추고 있다.
④ 질의어(Query Language) 능력을 갖추고 있다.

18 | 전자상거래

- 정의 : 가상 공간을 기반으로 수행되는 재화나 서비스 및 정보를 대상으로 하여 가치교환을 이끄는 행위와 이를 지원하는 모든 상거래 활동들을 포함하는 일련의 거래 형태
- 전자거래 및 광속거래(CALS)를 포함하며, 때에 따라서는 전자계약(EC), 전자문서교환(EDI) 등으로도 표현
- 특징 : 상호 간 이익의 극대화, 시간적 제약을 극복, 마케팅 촉진 기회 도모, 양방향성 의사소통 등이 가능해야 함

경영 또는 역경매를 통해서 판매자보다 소비자가 시장에서의 교섭력을 가지는 전자상거래는?

① B2B
② C2C
③ B2C
④ B2G

19 | 압축 형식

- 멀티미디어 압축 기술
  - GIF(Graphic Interchange Format) : 이미지의 전송을 빠르게 하기 위하여 압축 저장하는 방식으로 저장할 수 있는 이미지가 256색상으로 제한되어 있음
  - PNG(Portable Network Graphics) : 비손실 그래픽 파일 포맷의 하나로 GIF 포맷의 문제점을 개선하기 위해 고안됨
  - JPEG(Joint Photographic Experts Group) : 정지화상 압축에 대한 ISO 국제 표준안
  - MPEG(Moving Picture Experts Group) : 동화상 압축에 대한 ISO 국제 표준안
  - MPEG 표준화 분류

MPEG1	• 최대 1.5Mbps 속도로 저장 가능 • VTR수준의 품질제공, CD/CD-i/FMV
MPEG2	MPEG1을 개선함. 디지털 TV방송, DVD 등
MPEG4	• 멀티미디어 통신을 전제로 개발 • 매초 64Kbps, 19.2Kbps의 저속 전송으로 동화상을 구현해 유선망, 무선망에 사용
MPEG7	동영상 데이터 검색과 전자상거래 등에 적합하도록 개발된 차세대 동영상 압축 재생기술
MPEG21	MPEG1과 MPEG2, MPEG4 등 MPEG 관련 기술을 통합하여 디지털 콘텐츠의 제작 및 유통, 보안 등의 모든 과정을 관리할 수 있게 하는 기술
MPEG-A	멀티미디어 애플리케이션 포맷(MAF)을 위한 표준
MPEG-B	시스템 표준 분류를 위한 MPEG 표준
MPEG-C	비디오 표준 분류를 위한 MPEG 표준
MPEG-D	오디오 표준 분류를 위한 MPEG 표준(사실상 MPEG 서라운드(MPEG Surround) 표준에 해당함)
MPEG-E	멀티미디어 미들웨어를 위한 표준

양방향 멀티미디어를 구현할 수 있는 화상통신을 위한 동영상 압축 기술로 64kbps급의 초저속, 고압축률 실현을 목적으로 하고 있는 것은?

① MPEG1
② MPEG2
③ MPEG4
④ MPEG21

정답 18 ② 19 ③

참고 파트01-챕터01-섹션03

20 | 의사 결정 지원 시스템

- 의사 결정 지원 시스템의 정의(DSS : Decision Support System)
  의사 결정에 필요한 정보를 데이터베이스로부터 검색하여 필요한 분석을 행하고 보기 쉬운 형태로 편집·출력해 주는 시스템
- 의사 결정 지원 시스템의 특징
  - 초기 시스템은 주로 반구조적, 비구조적 문제를 해결하기 위해 사용됨
  - 전통적인 데이터 처리와 경영과학의 계량적 분석기법을 통합하여 사용됨
  - 의사결정자가 신속하고 다양하게 문제를 해결할 수 있는 정보시스템 환경을 제공함
- 데이터 웨어하우스의 정의 및 특징
  - 업무를 처리하는 시스템을 온라인 트랜잭션 시스템(OLTP : OnLine Transaction Processing)이라고 함. OLTP에 의해 구축된 정보를 기업의 업무적인 요구에 따라 다양한 관점으로 분석하여 보여 주는 시스템을 말함
  - 필요한 데이터를 추출하여 기업 경영 분석 자료와 의사결정에 도움을 주기 위한 시스템
  - 주제지향적이며, 시간에 따라 변화함. 또한 항존적인 특징이 있음
- 데이터 마이닝 : 대량의 자료에서 유용한 정보를 찾아내어 그 데이터 사이의 연관 관계를 분석해 미래에 대한 예측을 가능하게 하는 것
- 데이터 마트 : 비용과 시간적으로 많은 시간이 드는 데이터웨어하우스를 작은 크기로 구축하는 것

의사 결정 지원을 위한 주제지향적이고 통합적이며, 시계열적(Historical)이고 비휘발적인 데이터의 집합을 무엇이라고 하는가?

① OLTP
② Middleware
③ Data Warehouse
④ Groupware

참고 파트02-챕터01-섹션01

21 | 사무의 본질

- 관리에 필요한 정보를 만드는 '작업'이라 함
- 모든 관리나 경영활동을 하려면 의사결정은 필수적이며, 이것을 과학적으로 하기 위해서는 과학적 정보가 필요하게 됨. 정보를 효과적으로 생산하고 처리하는 일이 사무의 역할임
- 사무를 위한 통상적인 작업
  - 기록(Writing : 인쇄 포함)
  - 계산(Computing)
  - 회의·면담(Interviewing)
  - 의사소통(Communicating : 운반 포함)
  - 분류·정리(Classifying and Filing)

다음 중 사무를 위한 작업이 아닌 것은?

① 기록(Writing)
② 의사소통(Communication)
③ 접근(Access)
④ 분류 및 정리(Classifying and Filling)

참고 파트02-챕터01-섹션01

22 | 관리의 정의 및 기능

- 정의 : 관리는 조직이 공통의 목표를 달성할 수 있도록 계획을 세우고 이를 달성하기 위해 인간, 기계, 재료, 방법 등을 조정하는 모든 활동
- 기본적인 관리 기능 : 관리의 순환 구조 (계획화 – 조직화 – 통제화)
- 계획화(Planning) : 일정한 목적을 달성하기 위해서 장래에 대한 전망 또는 예측을 하고, 그 방향으로 나아가기 위한 기본 지침과 방법의 대강을 설정하는 것
- 조직화(Organizing) : 계획이 실현될 수 있도록 직무를 명확화하고, 이들 직무를 유기적으로 결합하여 직무 상호 간의 전체적 관련을 객관적으로 규정함과 아울러 기타 필요한 재원 등을 투입하면서 통합적으로 추진해 나가는 것
- 통제화(Controlling) : 계획에 준한 기준을 설정하고 실제 활동에서 나타나는 결과와 비교하여 활동을 구제하고, 필요한 수정을 가하는 것

사무관리는 조직의 관리자에 의하여 3가지 기능으로 분류하는데, 다음 중 기본적인 관리 기능이 아닌 것은?

① 운영화(Operating)
② 계획화(Planning)
③ 조직화(Organizing)
④ 통제화(Controlling)

참고 파트02-챕터01-섹션02

23 | 사무관리의 기능

- 연결 기능(Linking Function : 결합 기능)
- 관리 기능(Management Function : 보조 기능)
- 정보 처리 기능(Information Function)

사무의 기능에 대한 설명으로 가장 거리가 먼 것은?

① 경영활동의 보조 기능
② 정보처리 기능
③ 신속한 업무처리 기능
④ 조직체의 각 활동을 결합하는 기능

오답 피하기

문제의 ①은 사무의 관리 기능(Management Function : 보조 기능)으로, ②는 정보처리 기능(Information Function)으로, ④는 연결 기능(Linking Function : 결합 기능)으로 볼 수 있습니다. ③의 업무처리 기능이나 유사 출제 문제에서 제시된 경영 및 행정활동의 '목적 기능' 등은 사무관리의 기능으로 보기 힘듭니다.

참고 파트02-챕터01-섹션02

24 | 정보관리

- 범위 : 정보계획, 정보통제, 정보처리, 정보보관 및 제공에 이르는 광범위한 활동 범위
- 사무관리와 정보관리의 차이 : 사무관리와 정보관리는 모두 사무 활동을 그 대상으로 하지만 정보관리는 의사 결정에 필요한 광범위한 정보를 대상으로 하는 데 반해, 사무관리는 정보관리 내의 지정된 정보처리 및 통제 기능만을 담당

다음 중 정보관리의 기능과 가장 거리가 먼 것은?

① 정보의 계획
② 정보의 처리
③ 정보의 조정
④ 정보의 보관

참고 파트02-챕터01-섹션02

25 | 현대 사무관리

- 현대 사무관리는 과거의 전통적 관리법에서 벗어나 과학적 사무관리(Scientific Office Management)를 지향하고 있기 때문에 과학적 사무관리라고도 함
- 3S : 표준화(Standardization), 간소화(Simplification), 전문화(Specialization)

다음 중 과학적 사무관리가 추구하는 3S가 아닌 것은?

① 표준화(Standardization)
② 신속화(Speed)
③ 간소화(Simplification)
④ 전문화(Specialization)

정답 22 ① 23 ③ 24 ③ 25 ②

26 | 사무조직

- 사무조직화의 원칙
  - 목적의 원칙 : 조직의 목적을 분명히 해야 함
  - 기능화의 원칙 : 조직 구성원의 능력이나 사정 등을 고려하지 않고 해야 할 일을 중심으로 조직을 구성해야 함
  - 명령 일원화의 원칙 : 조직원은 한사람의 상사에게 명령을 받아야 함
  - 책임/권한의 원칙 : 각 계층에 할당된 책임을 명확히 하기 위해 권한을 위임함
  - 권한 위임의 원칙 : 실행 권한을 가능한 한 실시계층에 가깝게 위임해야 함
  - 전문화의 원칙 : 구성원은 전문된 활동 분야를 담당케 하는 것이 바람직함
  - 통솔 범위의 원칙 : 일정 관리자가 감독할 수 있는 직원의 수와 조직의 수는 일정한 통솔 범위 안에 들도록 함
    통솔 범위 결정요인에는 감독자 능력과 근무시간의 한계, 업무의 성질, 직원들의 능력, 조직의 전통, 조직의 규모, 지리적 조건 등이 있음
- 사무조직의 형태
  1) 라인(Line) 조직
     - 상위자로부터 하위자까지 명령이 수직으로 전달되는 사무조직 형태
     - 직선 조직 또는 군대식 조직이라고도 함
  2) 스탭(Staff) 조직
     - 모든 업무가 기능별 담당자에 의해 전문적으로 수행되며, 기능식 조직이라고도 함
     - 각 조직원은 부서의 상사가 아닌 진행 중인 업무에 따라 각각 다른 감독관의 통제를 받음
     - 전문적 지식을 바탕으로 관리하는 경우 유리함
  3) 사무의 분산화
     - 부서별로 사무관리자를 두는 조직 형태
     - 장 · 단점

장점	• 환경 변화에 신속하게 대응할 수 있음 • 사무의 중요도에 따라 순조롭게 처리할 수 있음 • 작업 시간, 거리, 운반 등의 간격을 줄일 수 있음 • 사무작업자의 사기 저하를 방지할 수 있음
단점	• 사무원 관리가 어려움 • 사무량 측정이 어려움 • 전문성이 떨어짐 • 사무기기를 중복으로 보유하게 됨

다음 중 조직의 일반 원칙으로 적절하지 않은 것은?

① 조직원은 한 사람의 상사에게 명령을 받아야 한다.
② 구성원은 전문된 활동 분야를 담당하게 하는 것이 바람직하다.
③ 각 계층에 할당된 책임을 명확히 하기 위해 권한을 위임한다.
④ 원활한 의사소통을 위해 조직계층을 넓게 확충하여야 한다.

27 | 사무 계획화

- 정의 : 기업 경영상에 필요한 사무관리의 목표를 정하고 그것을 효과적으로 수행할 수 있도록 하며 조직이 추구해야 할 목표의 설정, 목표 달성을 위한 자원의 규명 및 필요한 제반 활동의 결정 등을 포함함
- 사무관리 계획의 필요성
  - 관리의 다른 부분에 대하여 경제적 · 효과적인 방법으로 서비스를 제공
  - 사무관리 부서에 종사하고 있는 모든 구성원들이 각자 자기의 직책이 무엇인가를 정확히 알 수 있도록 사무 기능을 조직화하기 위함
  - 관리 전반을 담당하는 고위 관리자에게 과학적으로 조직화된 사무관리 부서가 어떻게 조직 전체를 위해 봉사하는가를 알리기 위함

다음 중 사무관리 조직의 계획화의 필요성을 나열한 것이 아닌 것은?

① 관리의 다른 부분에 대하여 경제적 · 효과적인 방법으로 서비스를 제공하기 위하여
② 사무관리 부서에 종사하고 있는 모든 구성원들이 각자 자기의 직책이 무엇인가를 정확히 알 수 있도록 사무 기능을 조직화하기 위해
③ 관리 전반을 담당하는 고위 관리자에게 과학적으로 조직화된 사무관리 부서가 어떻게 조직 전체를 위해 봉사하는가를 알리기 위해
④ 조직 내의 모든 부서에서 각자가 하는 사무 작업에 대해 해당 부서의 관리자가 행하는 결정에 의사결정자로서의 영향력을 행사하기 위해

정답 26 ① 27 ④

참고 파트02-챕터02-섹션02

28 | 사무 통제

- 사무 통제
  사무집행이 당초 계획한 대로 행해지고 있는가의 여부를 확인하고, 계획과 실시간의 차이를 시정하는 관리 활동
- 사무 통제를 위한 관리 도구
  - 일정표, 절차도표, 전달판, 간트차트, PERT, 자동독촉제도, 티클러 시스템, 목표관리(MBO) 등이 있음
  - 목표관리(MBO : Management By Objectives)는 상사와 부하가 상호 합의하에 특정 시점까지의 구체적이고 측정 가능한 목표를 설정하고, 그 실행계획을 수립하여 목표 달성을 위해 공동으로 노력함으로써 조직 전체의 목표를 달성하도록 관리해 나가는 과정을 의미
  - PERT(Program Evaluation and Review Technique) : 하나의 시간 계획을 작성할 때 사용하는 것으로 관리자에게 완성될 프로젝트에 관한 요구시간을 정확하게 추정할 수 있도록 하는 사무계획 수립 기법

다음 중 조사 · 검사 · 조회 혹은 평가 등의 방법으로써, 무질서하게 행해지는 산발적인 체크 정도이거나 혹은 일정한 룰에 기초한 표본 조사인 사무 통제 방법은?

① 집중화
② 감사
③ 예산
④ 절차

참고 파트02-챕터03-섹션01

29 | 자료관리

- 자료의 수집 방법 : 납본, 구입, 교환, 과제부여에 의한 방법이 있음
- 한국 십진분류법(KDC : Korean Decimal Classification)
  - 듀이 십진분류법(DDC)의 주류를 바탕으로 한국 실정에 맞게 변형한 자료 분류법
  - 모든 지식 분류를 10가지의 주류(主類 : Section)로 분류하여 총류는 0, 철학은 1, 종교는 2, 사회과학은 3, 순수과학은 4, 기술과학은 5, 예술 6, 언어는 7, 문학 8, 역사 9로 시작함

자료의 십진분류 방법 중에서 우리나라의 일반 자료의 분류에 많이 사용되는 분류법은?

① DDC
② UDC
③ NDC
④ KDC

참고 파트02-챕터04-섹션01

30 | 사무관리규정 시행령

- 용지의 색깔
  - 문서에 쓰이는 용지의 색깔은 특별한 사유가 있는 경우를 제외하고는 흰색으로 함
- 용지의 여백
  - 위쪽과 좌 · 우측 20mm, 아래쪽 10mm, 머리말 · 꼬리말 0mm로 하되, 필요한 경우 프린터로 출력 가능한 범위에서 확대하거나 축소할 수 있음
- 글자의 색깔
  - 문서에 쓰이는 글자의 색깔은 검은색 또는 푸른색으로 함
  - 단, 도표의 작성이나 수정 또는 주의환기 등 특별한 표시가 필요한 때에는 다른 색깔로 할 수 있음
- 서식용지의 지질 및 단위당 중량을 결정하는 참작할 사항
  - 사용목적, 보존기간 및 보존방법, 기재방법, 복사방법 및 복사매수, 사용빈도

감열기록방식의 모사전송기로 수신한 당해 문서는 복사하여 접수하여야 한다. 이러한 경우에 해당하는 문서 기준은?

① 보존기간이 1년 이상인 문서
② 보존기간이 3년 이상인 문서
③ 보존기간이 5년 이상인 문서
④ 보존기간이 10년 이상인 문서

정답 28 ② 29 ④ 30 ②

참고 파트02-챕터02-섹션03

31 | 사무환경 조건

- 사무실 배치 원칙
  - 연락이 많은 부·과는 거리적으로 가깝게 배치하여 작업의 편리를 도모
  - 직선적 배치로 작업 경로 단순화, 시간 단축의 효과
  - 방문객의 접촉 기회가 많은 부서는 입구 근처에 배치
  - 관리자의 개인실은 가능한 감소시키고 공동의 응접실이나 회의실 활용을 도모
  - 장래 확장에 대비하여 탄력성 있는 공간 확보
- 집무 환경
  - 중요 요소 : 실내조명, 색채조절, 소음에 대한 방음시설, 온도, 습도의 공기조절 등
  - 실내조명 : 일반 사무실(500Lux), 정밀 작업(300~750Lux), 초정밀 작업(750Lux 이상)
  - 소음 : 일반 사무실 50~55데시벨(dB), 소음의 단위가 폰(Phone)으로 출제되기도 함
  - 온도와 습도 : 일반 사무실 실내 표준 온도 20~24℃ 습도는 50~70%, 전산시스템 보호 허용 온도 16~18℃
  - 방음설비 : 철근 콘크리트벽 20cm 이상

사무환경의 배치에 관한 것으로 가장 적합한 것은?

① 광선은 우측 어깨로부터 받을 수 있도록 배치한다.
② 관리자, 감독자는 가능한 부하직원의 전면에 위치시키도록 한다.
③ 방문객의 접촉 기회가 많은 부서는 입구와 거리가 먼 자리에 배치한다.
④ 작업자가 빈번히 사용하는 사무용구나 비품은 가능한 집무자 곁에 배치한다.

참고 파트02-챕터04-섹션02

32 | 문서처리의 기본 원칙

- 즉일처리의 원칙 : 문서는 내용에 따라 그 처리기간이나 방법이 다를 수 있으나 그날로 처리하는 것이 바람직함
- 책임처리의 원칙 : 문서는 여러 단계를 거쳐서 처리되므로 정해진 사무분장에 따라 각자의 직무 범위 내에서 책임을 가지고 관계규정에 따라 신속·정확하게 처리해야 함
- 법령적합의 원칙 : 문서는 법령의 규정에 따라 일정한 형식 및 요건을 갖추어야 함은 물론 권한 있는 자에 의해서 작성·처리되어야 함
- 전자처리의 원칙 : 문서의 모든 절차가 전자문서 시스템으로 처리되도록 해야 함

문서처리의 기본적인 원칙에 해당되지 않는 것은?

① 법령적합의 원칙
② 책임처리의 원칙
③ 즉일처리의 원칙
④ 보수주의 원칙

참고 파트02-챕터03-섹션02

33 | 저작권의 보호

- 저작재산권은 이 관에 특별한 규정이 있는 경우를 제외하고는 저작자가 생존하는 동안과 사망한 후 70년간 존속함
- 공동저작물의 저작재산권은 맨 마지막으로 사망한 저작자가 사망한 후 70년간 존속함

프로그램의 저작권은 어느 때부터 발생하는가?

① 프로그램이 사용된 때
② 프로그램이 창작된 때
③ 프로그램이 등록된 때
④ 프로그램이 활용된 때

정답 31 ④ 32 ④ 33 ②

참고 파트02-챕터04-섹션01

34 | 사무작업의 간소화

- 정의
  사무 간소화는 불필요한 작업을 제거하고, 남은 작업들을 최선의 순서에 의해 재배열하고, 작업자가 올바른 방법을 적용하도록 하기 위해 모든 종류의 작업을 체계적으로 분석하는 것
- 사무량 측정 방법
  - 시간 연구법(스톱워치)
  - 주관적 판단법(경험적 측정법, 청취법)
  - 실적 기록법 : CMU(Clerical Minute per Unit) 방법
  - 워크 샘플링법(WS : Work Sampling)
  - 표준시간 자료법

사무량 측정을 위한 적합한 대상이 아닌 것은?

① 업무의 구성이 동일한 사무
② 사무량이 적은 잡다한 사무
③ 일상적으로 일정한 처리방법으로 반복되는 사무
④ 상당기간 처리방법이 균일하여 변동이 별로 없는 사무

참고 파트02-챕터04-섹션02

35 | EDI

- 정의
  - EDI(Electronic Data Interchange : 전자 데이터 교환)는 거래 상대방 간에 상호 합의된 메시지를 컴퓨터 간에 상호 교환함으로써 거래 업무에 따르는 문서 처리 업무를 자동화하는 것
  - 다른 기업 간에 수주, 발주, 수송, 결제 등 상업 거래를 위한 자료를 데이터 통신 회선을 통해 표준화된 포맷(Format)과 규약에 따라 컴퓨터 간에 온라인으로 전달하는 것
- 구성 요소
  - 표준(Standard) : 양식표준과 통신표준으로 구분
  - 소프트웨어 : 데이터 변환 SW, 통신 SW, 형식 변환 SW, 연계 SW
  - 하드웨어, 네트워크
- 구분 : 일괄처리 방식, 즉시응답 방식, 대화형 방식

EDI를 구성하고 있는 기본 요소와 가장 거리가 먼 것은?

① 하드웨어   ② 네트워크
③ EDI 소프트웨어   ④ 데이터베이스

참고 파트02-챕터04-섹션02

36 | 전자문서 관리와 운용

- 전자문서
  컴퓨터 등 정보처리 능력을 가진 장치에 의하여 전자적인 형태로 작성되어 송·수신 또는 저장된 문서 형식의 자료로서 표준화된 것
- 전자문서에 대한 송신 시기
  - 행정 기관에 송신한 전자문서는 당해 전자문서의 송신 시점이 컴퓨터에 의하여 전자적으로 기록된 때에 그 송신자가 발송한 것으로 봄
  - 전자문서는 작성자 외의 자 또는 작성자의 대리인 외의 자가 관리하는 컴퓨터에 입력된 때에 송신된 것으로 봄

"컴퓨터 등 정보처리 능력을 가진 장치에 의하여 전자적인 형태로 작성되어 송·수신 또는 저장된 문서 형식의 자료로서 표준화된 것"을 의미하는 것은?

① 공문서
② 전자문서
③ 프로그램
④ 프로토콜

참고 파트02-챕터02-섹션02

37 | 사무 표준화의 목적

- 직원들을 더욱 철저하게 감독, 통제할 수 있고 용어나 개념상의 통일을 기함
- 공동 이해 촉진과 직원의 생산성 향상 및 통제의 강화로 낭비를 줄임
- 직원들의 사기가 높아지며 직원들을 능력별로 활용하기에 유리함

사무관리에 있어서 표준화의 목적으로 옳지 않은 것은?

① 사무종사자의 근로의욕을 높이고 능률을 증진시킬 수 있다.
② 사무에 대한 효과적인 감독 및 통제를 할 수 있다.
③ 사무업무의 용어나 개념상의 통일을 기할 수 있다.
④ 표준화된 내규로 사무종사자의 권한을 강화시킨다.

정답 34 ② 35 ④ 36 ② 37 ④

3과목 프로그래밍 일반

참고 파트03-챕터01-섹션01

38 | 저급 언어/고급 언어

- 저급 언어 : 기계어와 어셈블리어가 저급 언어에 속함
  * 기계어(Machine Language)의 특징
  - 0과 1의 2진수만 사용하여 명령어와 데이터를 나타내는 기계 중심 언어
  - 컴퓨터가 직접 이해할 수 있어 실행 속도가 매우 빠름
  - 호환성 없고, 전문적인 지식이 없으면 이해하기 힘들고, 수정, 보완, 변경이 힘듦
- 고급 언어
  - 사람 중심의 언어이므로 프로그램 작성이 용이함
  - 상이한 기계에서 별다른 수정 없이 실행 가능함
  - 실행하기 위해서 기계어로 번역하는 과정이 필요함

기계어에 대한 설명으로 옳지 않은 것은?

① 컴퓨터가 직접 이해할 수 있는 언어이다.
② 기종마다 기계어가 다르므로 언어의 호환성은 없다.
③ 0과 1의 2진수 형태로 표현되며 수행시간이 빠르다.
④ 프로그램 작성이 용이하다.

오답 피하기

기계어는 사람이 이해하기 어렵고 작성도 어렵다는 점을 꼭 기억하자!

참고 파트03-챕터01-섹션02

39 | 언어별 이용 분야

- 고급언어의 종류별 용도

FORTRAN	과학 기술계산용	BASIC	범용성 언어
COBOL	사무처리용	LISP	인공지능
PASCAL	교육용	SNOBOL	스트림 연산
Ada	군사용, 대량자료처리	C	시스템 프로그래밍용
ALGOL	수치계산, 논리연산용	JAVA	객체지향 언어

다음 중 시스템 프로그래밍에 가장 적당한 언어는?

① BASIC
② C
③ COBOL
④ FORTRAN

참고 파트03-챕터02-섹션02

40 | 컴파일러/인터프리터

- 컴파일러 : 원시 프로그램을 받아들여 목적 프로그램을 생성
- 인터프리터 : 고급 언어로 작성된 원시 코드 명령문들을 한 번에 한 줄씩 읽어 들여서 실행
- 컴파일러와 인터프리터의 비교
  - 컴파일러와 인터프리터의 가장 큰 차이점 : 목적 프로그램의 생성 여부
    (컴파일러 – 목적 프로그램 생성/인터프리터–목적 프로그램 생성하지 않음)
  - 컴파일형 언어는 실행의 효율성을 중시하고, 인터프리터형 언어는 사용자의 융통성을 강조함

컴파일형 언어	FORTRAN, C/C++, Ada, COBOL, PASCAL, PL/I 등
인터프리터형 언어	BASIC, LISP, APL, Prolog, Perl 등

Interpreter 기법에 의해 프로그램을 수행하는 언어는 무엇인가?

① BASIC
② C
③ PASCAL
④ PL/I

오답 피하기

②, ③, ④ 모두 컴파일 기법 언어

참고 파트03-챕터02-섹션02

41 | 번역 과정

- 프로그래밍 언어의 일반적 번역 순서
  원시 프로그램 – (컴파일러) – 목적 프로그램 – (링커) – 로드 모듈 – (로더) – 실행

프로그램 수행 순으로 옳게 나열된 것은?

㉠ 원시 프로그램(Source Program)
㉡ 로더(Loader)
㉢ 목적 프로그램(Object Program)
㉣ 컴파일러(Compiler)

① ㉢-㉣-㉠-㉡
② ㉠-㉣-㉢-㉡
③ ㉣-㉠-㉢-㉡
④ ㉣-㉠-㉡-㉢

정답 38 ④ 39 ② 40 ① 41 ②

참고 파트03-챕터02-섹션03

42 | 바인딩

- 바인딩 : 프로그램 내에서 식별자(Identifier)와 그 대상을 관련 짓는 것. 예를 들면 변수에 값을 연결하는 것처럼 2개의 정보를 묶는다는 의미에서 바인딩(Binding)이라고 함
- 바인딩 시간 : 프로그램에서 변수들이 갖는 속성이 완전히 결정되는 시간/이름에 속성이 연결되는 시간을 의미함

동적 바인딩(실행시간 바인딩)	정적 바인딩(번역시간 바인딩)
• 프로그램 호출시간 • 모듈 기동시간 • 실행 시간 중 객체 사용시점	• 언어 정의 시간 • 언어 구현 시간 • 언어 번역 시간 • 링크 시간

동적 바인딩(Dynamic Binding)이 이루어지는 시간이 아닌 것은?

① 프로그램 호출 시간
② 모듈의 기동 시간
③ 실행시간 중 객체 사용시점
④ 번역 시간

오답 피하기

④ 번역 시간은 정적 바인딩에 속함

참고 파트03-챕터02-섹션01

43 | 디버거

- 디버거(Debugger) : 번역된 프로그램의 실행 오류를 찾기 위한 프로그램
- 디버깅(Debugging) : 컴퓨터 프로그램에서 잘못된 부분을 찾아서 수정하거나 에러를 피하는 처리 과정을 의미함

프로그램의 오류 수정 작업을 위하여 사용되는 소프트웨어를 무엇이라 하는가?

① Linker
② Array
③ Loader
④ Debugger

오답 피하기

- 링커(Linker) : 목적 프로그램에 대해 로드모듈(실행 가능한 프로그램) 생성
- 배열(Array) : 동일한 자료형들의 연속된 기억 공간
- 로더(Loader) : 로드 모듈을 수행하기 위해 메모리에 적재시켜 주는 기능을 수행

참고 파트03-챕터03-섹션03

44 | 어휘 분석-토큰

- 어휘 분석
  - 소스 프로그램의 문자열(Stream)을 프로그램 구성의 기본 요소(토큰)로 구분함
  - 일명 스캐너라 불리는 어휘 분석에 의해 이루어짐
  - 어휘 분석의 결과물로 토큰이 생성됨
  - 토큰 : 문법적 의미를 갖는 최소 단위

어휘 분석(Lexical Analysis) 단계에서 주로 하는 일은?

① 구문분석
② 파싱
③ 기억장소 할당
④ 토큰 생성

오답 피하기

② 파싱은 구문 분석을 의미하며 구문분석의 결과로 파스트리가 생성됨
파싱 : 작성된 프로그램이 프로그래밍 언어의 문법에 맞게 작성되었는지를 체크하는 과정. 구문분석과정

참고 파트03-챕터03-섹션01

45 | 구문 분석-파스 트리

- 파스 트리(Parse Tree)
  - 구문 분석기가 처리한 문장에 대해 그 문장의 구조를 트리 형식으로 표현한 것
  - 작성된 표현식이 BNF의 정의에 의해 바르게 작성되었는지를 확인하기 위해 만드는 트리
  - 주어진 표현식에 대한 파스 트리가 존재한다면, 그 표현식은 BNF에 의해 작성될 수 있음을 의미함
  - 문법의 시작 기호로부터 적합한 생성 규칙을 적용할 때마다 가지치기가 이루어짐
  - 파스 트리의 터미널 노드는 단말 기호들이 됨

고급 언어로 작성된 프로그램을 구문 분석하여 그 문장의 구조를 트리로 표현한 것으로 루트, 중간, 단말 노드로 구성되는 트리는?

① 구문 트리
② 파스 트리
③ 어휘 트리
④ 문법 트리

정답 42 ④ 43 ④ 44 ④ 45 ②

참고 파트03-챕터03-섹션01

46 | BNF 기호

- BNF(Backus-Naur Form) : 프로그래밍 언어의 구문을 표현할 때 일반적으로 많이 사용되는 표기법
- BNF에 사용되는 기호

BNF 심볼	의미
::=	정의
|	선택(택일)
〈 〉	Non-terminal 기호 : BNF로 다시 정의될 대상
문자열, 예약어	Terminal 기호 : 더 이상 정의가 불필요한 기호

다음 중 Backus-Naur Form 표기에서 정의를 의미하는 기호는?

① #

② ==

③ =

④ ::=

참고 파트03-챕터05-섹션02

47 | 이항 연산/단항 연산

- 이항 연산 : 두 개의 피연산자를 갖는 연산 / AND, OR, XOR
- 단항 연산 : 한 개의 피연산자를 갖는 연산 / COMPLEMENT, NOT, MOVE

다음 중 이항(Binary) 연산으로만 나열된 것은?

① NOT, AND, XOR

② COMPLEMENT, AND, OR

③ AND, OR, XOR

④ MOVE, XOR, OR

오답 피하기

① NOT, ② COMPLEMENT, ④ MOVE는 단항 연산자

참고 파트03-챕터04-섹션01

48 | 변수와 상수

- 변수 : 기억장치의 한 장소를 추상화한 것
  - 프로그램이 동작하는 동안 수시로 변할 수 있음
  - 변수의 유형은 컴파일 시간에 정해지면 그 후엔 일반적으로 변할 수 없음
- 상수 : 프로그램이 동작하는 동안 값이 바뀌지 않는 공간을 의미함

프로그래밍 언어에서 수명 시간 동안 고정된 하나의 값과 이름을 가진 자료로서 프로그램이 동작하는 동안 값이 절대로 바뀌지 않는 것을 의미하는 것은?

① 상수   ② 변수

③ 예약어   ④ 주석

참고 파트03-챕터03-섹션01

49 | 구문 요소-주석

- 주석(Comment)
  - 프로그램의 판독성을 향상시킴
  - 대부분의 프로그래밍 언어는 형식은 달라도 주석을 허용함
  - 프로그램의 문서화의 중요한 부분임

언어의 구문 요소 중 주석(Comment)에 대한 설명으로 옳지 않은 것은?

① 프로그램의 판독성을 향상시킨다.

② 대부분의 프로그래밍 언어는 형식은 달라도 주석을 허용한다.

③ 프로그램이 동작하는 동안 값이 절대로 바뀌지 않는 공간을 의미한다.

④ 프로그램 문서화의 중요한 부분이다.

오답 피하기

③ 프로그램이 동작하는 동안 값이 절대로 바뀌지 않는 공간은 '상수'임

정답 46 ④ 47 ③ 48 ① 49 ③

참고 파트03-챕터03-섹션01

50 | 예약어의 특징

- 예약어 : 프로그래머가 변수 이름이나 다른 목적으로 사용할 수 없는 핵심어(Keyword)
  - 예약어 사용의 장점 : 프로그램 판독성이 증가함. 또한 컴파일러 작성이 용이함
  - 예약어 사용의 단점 : 새로운 예약어 추가에 의해 기존 프로그램에서 예약어와 동일한 변수명이 생길 경우 기존 프로그램을 수정해야 함

다음 중 예약어에 대한 설명으로 옳지 않은 것은?

① 프로그램 판독성을 감소시킨다.
② 프로그래머가 변수 이름으로 사용할 수 없다.
③ 프로그램의 신뢰성을 향상시킨다.
④ 번역 과정에서 속도를 높여 준다.

오답 피하기

①의 경우 프로그램의 판독성을 향상시킨다는 예약어 사용의 장점을 알고 있다면 쉽게 고를 수 있는 지문임

참고 파트03-챕터04-섹션04

51 | C 언어의 기억 클래스

- C 언어의 기억 클래스
  - 컴퓨터 내에서 데이터를 보전하는 장소는 메모리와 중앙처리장치의 레지스터인데 어느 것에 기억되는가를 결정해 주는 역할을 하는 것이 기억 클래스임
  - C 언어에서 저장 클래스를 명시하지 않은 변수는 기본적으로 자동변수(Auto)로 간주됨
  - 기억 클래스의 종류

자동 변수(Auto)	Auto 데이터형 변수 형식
레지스터 변수(Register)	Register 데이터형 변수 형식
정적 변수(Static)	Static 데이터형 변수 형식
외부 변수(Extern)	Extern 데이터형 변수 형식

C 언어에서 사용하는 기억 클래스의 종류가 아닌 것은?

① 자동 변수
② 내부 변수
③ 레지스터 변수
④ 정적 변수

참고 파트03-챕터04-섹션04

52 | C 언어의 데이터형

- C 언어의 데이터형 : char, short, int, long, float, double

char	문자데이터	1 byte
int	부호 있는 정수	2 bytes
float	실수	4 bytes
double	배 정도의 실수	8 bytes

C 언어에서 사용되는 데이터형이 아닌 것은?

① long
② integer
③ double
④ float

오답 피하기

C 언어에서는 정수형 변수를 integer가 아닌 int로 표시함

참고 파트03-챕터05-섹션02

53 | 중위 표기법

- 연산자 위치에 따른 표기법

전위(Prefix)	연산자가 피연산자 앞에 위치	+AB
중위(Infix)	연산자가 피연산자 사이에 위치 가장 일반적으로 많이 사용되는 표기법	A+B
후위(Postfix)	연산자가 피연산자 뒤에 위치	AB+

수식 표기법 중 연산 기호는 두 피연산자 사이에 표현되고 산술, 연산, 논리연산, 비교 연산들에 주로 사용되며, 이항 연산자에 적합한 표기법은?

① 최후(Last fix) 표기법
② 전위(Prefix) 표기법
③ 중위(Infix) 표기법
④ 후위(Postfix) 표기법

오답 피하기

수식 표기법에는 전위, 중위, 후위 표기법이 있음. ① 최후 표기법은 아예 없음

정답 50 ① 51 ② 52 ② 53 ③

참고 파트03-챕터05-섹션02

54 | 수식구문 표기법

- 중위 표기법을 후위 표기법(Postfix Notation)으로 전환 방법

1단계	계산할 연산자부터 괄호로 둘러쌈	(A*(B-C))
2단계	연산자를 가장 가까운 괄호 안의 맨 뒤로 이동함	(A(BC-)*)
3단계	둘러싼 괄호를 모두 제거함	ABC-*

다음 중위 표기의 수식 "A*(B-C)"를 후위 표기로 나타낸 것은?

① ABC*-
② ABC-*
③ A*BC-
④ AB-C*

참고 파트03-챕터05-섹션03

55 | 구조화된 프로그래밍

- 구조화된 프로그래밍
  - 반복, 선택, 순차 구조를 사용함
  - 분기구조나 기타 구조적 프로그래밍을 방해하는 제어구조는 사용하지 않음

구조화 프로그래밍(Structured Programming)의 기본 제어 구조가 아닌 것은?

① 반복 구조(Iteration Structure)
② 선택 구조(Selection Structure)
③ 그물 구조(Network Structure)
④ 순차 구조(Sequence Structure)

참고 파트03-챕터04-섹션04

56 | C 언어의 관계 연산자

- C 언어 관계 연산자

기호	형식	의미
〈	A 〈 B	A가 B보다 작다
〈 =	A 〈 = B	A가 B보다 작거나 같다
〉	A 〉 B	A가 B보다 크다
〉=	A 〉= B	A가 B보다 크거나 같다
==	A == B	A가 B와 같다
!=	A != B	A가 B와 같지 않다

C 언어에서 사용되는 관계 연산자 중 "A와 B가 같지 않다"의 의미를 갖는 것은?

① A = 〉 B
② A ! = B
③ A 〈 = B
④ A & B

오답 피하기

① => 와 같은 연산자는 없음. >= 가 맞는 표현
④ & : 포인터 조작 연산자로 변수나 배열의 주소를 나타냄

참고 파트03-챕터04-섹션06

57 | 이스케이프 시퀀스

- 확장 문자(Escape-Sequence)

\b	백스페이스(backspace) – 문자를 출력하고 뒤로 한 칸 이동
\t	수평 탭(horizontal tab) – 일정 간격만큼 수평 이동
\n	뉴 라인(new line) – 커서를 다음 줄 앞으로 이동
\r	캐리지 리턴(carriage return) – 현재 줄의 첫 컬럼으로 이동
\0	널 문자(null character) – 종단문자 표현

C 언어에서 사용되는 이스케이프 시퀀스(Escape-Sequence)와 그 의미의 연결이 옳지 않은 것은?

① \n : new line
② \b : null character
③ \t : tab
④ \r : carriage return

오답 피하기

② \b는 back space를 의미함

정답 54 ② 55 ③ 56 ② 57 ②

참고 파트03-챕터05-섹션05

58 | 부작용

- 부작용(Side Effect)
  - 전역 변수를 액세스하거나 변경 또는 문장에 나타나지 않은 변수의 값을 변경하는 일
  - 연산의 결과로 인해 다른 변수의 값이 예상할 수 없을 정도로 변하는 경우

프로그램을 구성하는 함수에서 전역 변수를 사용하여 함수의 결과를 반환하는 경우, 함수에 전달되는 입력 파라미터의 값이 같아도 전역 변수의 상태에 따라 함수에서 반환되는 값이 달라질 수 있는 현상을 무엇이라 하는가?

① Reference
② Side Effect
③ Monitor
④ Recursive

참고 파트03-챕터04-섹션05

59 | 객체 지향 언어

- 기본 구성 요소
  - 객체(Object) : 클래스를 통해 만들어지는 실질적인 변수
  - 메소드(Method) : 객체에서 속성값을 처리하는 동작 부분. 함수
  - 메시지(Message) : 객체 지향 언어에서 객체와 클래스가 정보를 교환하기 위한 통신명령
  - 클래스 : 객체 지향 언어에서 하나 이상의 유사한 객체들을 묶어서 하나의 공통된 특성으로 표현한 것
- 특징
  - 상속(Inheritance) : 부모 클래스의 모든 속성을 하위 클래스가 그대로 물려받는 것
  - 추상화(Abstraction) : 객체들의 필요한 사항(중요한 특성)은 가시화시키고, 불필요한 사항은 은폐시키는 작업

객체 지향 언어(Object-oriented Program ming Language)에서 하나 이상의 유사한 객체(Object)들을 묶어서 하나의 공통된 특성으로 표현한 것을 무엇이라 하는가?

① 클래스(Class)
② 행위(Behavior)
③ 사건(Event)
④ 메시지(Message)

참고 파트03-챕터05-섹션01

60 | 순서 제어

- 묵시적 순서 제어
  - 해당 언어에서 정의한 순서에 따라 제어함
  - 문장 나열 순서에 따라 순서를 제어함
  - 연산자 우선순위 순서에 따라 순서를 제어함
- 명시적 순서 제어
  - 프로그래머가 직접 순서 변경
  - goto문, 반복문 등을 이용한 실행순서 변경
  - 수식의 괄호를 사용한 연산순서의 변경

순서 제어 구조에서 묵시적인 방법에 해당하는 것은?

① 반복문을 사용하는 방법
② GOTO문을 사용하는 방법
③ 연산자의 우선순위에 따른 수식 계산
④ 연산자의 순서를 프로그래머가 변경하는 방법

오답 피하기
①, ②, ④의 경우 모두 의도적으로 순서를 제어하는 명시적 순서임

참고 파트03-챕터06-섹션04

61 | 페이지 교체 알고리즘

- 페이지 교체 알고리즘 : 주기억장치에 빈 공간이 없을 때 가장 불필요한 블록을 디스크로 이동시켜야 하는데 이와 같은 작업을 페이지 교체라고 하고 어떤 페이지를 교체할지를 결정하는 방식을 페이지 교체 알고리즘이라고 함
  - LRU(Least Recently Used) : 가장 오랫동안 사용되지 않은 페이지를 교체시키는 방법임
  - FIFO(First-In First-Out) : 주기억장치에 가장 먼저 들어간 페이지를 교체, 구현하기 쉽고 간단함
  - LFU(Least Frequently Used) : 페이지별로 사용 횟수를 기록하여 사용빈도가 가장 적은 페이지를 교체할 페이지로 선택함
  - NUR(Not Used Recently) : 최근에 사용하지 않은 페이지 교체하는 방법. 페이지 당 참조 비트와 변형 비트 두 개의 정보 비트를 이용하여 교체함

현시점에서 가장 오랫동안 사용되지 않은 페이지를 교체하는 페이지 교체 알고리즘은?

① LRU
② LFU
③ OPT
④ FIFO

정답 58 ② 59 ① 60 ③ 61 ①

참고 파트03-챕터06-섹션03

62 | 스케줄링 기법

- 스케줄링 : 컴퓨터 시스템의 모든 자원의 성능을 높이기 위해 그 사용순서를 결정하기 위한 정책
- 스케줄링 기법
  - HRN(Highest Response-ratio Next) 스케줄링 : Brinch Hansen이 SJF 스케줄링 기법의 약점을 보완한 스케줄링 기법

$$우선순위 = \frac{대기한 \ 시간 + 서비스 \ 받을 \ 시간}{서비스 \ 받을 \ 시간}$$

  - SJF(Shortest Job First) 스케줄링 : 처리해야 할 작업시간이 가장 짧은 프로세스 순으로 CPU을 할당하는 스케줄링 기법

준비상태 큐에서 기다리고 있는 프로세스들 중에서 실행 시간이 가장 짧은 프로세스에게 먼저 CPU를 할당하는 스케줄링 기법은?

① ROUND ROBIN
② SJF
③ HRN
④ SRT

오답 피하기

① ROUND ROBIN : 각 프로세스들은 할당시간 동안 작업을 마쳐야 하고, 미처 작업이 끝나지 않은 프로세스들은 다시 대기큐의 맨뒤로 돌아가서 순서를 기다림
④ SRT : SJF스케줄링에 선점형 기법을 적용한 기법으로 짧은 작업이 CUP를 점유 중일지라도 대기큐에 그보다 더 짧은 작업이 들어오면 CPU를 대기큐에 있는 더 짧은 작업에게로 넘겨야 함
SJF와 SRT는 유사한 개념의 스케줄링 기법이나 SJF는 비선점형 방식이고, SRT는 이를 변형한 선점형 방식의 스케줄링 기법

참고 파트03-챕터06-섹션02

63 | 운영체제의 구성

- 운영체제는 수행하는 기능에 따라 크게 제어 프로그램과 처리 프로그램으로 나눌 수 있음

제어 프로그램	처리 프로그램
시스템 전체의 동작 상태를 감시, 감독하고 자원들을 관리하는 프로그램	제어 프로그램의 감독 하에 특정한 문제를 해결하기 위해 데이터 처리를 담당하는 프로그램
- 감시 프로그램 (Supervisor Program) - 작업 관리 프로그램 (Job Management Program) - 데이터 관리 프로그램 (Data Management Program)	- 언어번역 프로그램 (Language Translator Program) - 서비스 프로그램 (Service Program) - 문제 처리 프로그램 (Problem Processing Program)

운영체제를 수행 기능에 따라 제어 프로그램과 처리 프로그램으로 구분할 경우 처리 프로그램에 해당하는 것은?

① 감시 프로그램
② 작업 제어 프로그램
③ 자료 관리 프로그램
④ 언어 번역 프로그램

참고 파트03-챕터06-섹션02

64 | 운영체제 성능 평가

- 운영체제의 성능 평가 항목

반환(응답)시간 (Turnaround Time) 단축	사용자가 컴퓨터에 어떤 일의 처리를 지시한 후 결과를 얻을 때까지의 시간, 응답시간이 짧을수록 좋음
처리능력 (Throughput) 향상	단위 시간 내에 최대한 많은 양의 일을 처리할 수 있게 하는 것, 한 번에 처리할 수 있는 데이터의 양이 많을수록 좋음
신뢰도 (Reliability) 향상	시스템이 얼마만큼 고장 없이 주어진 기능을 정확하게 수행하는가를 의미함
사용가능도 (Availability) 향상	시스템 자원이 요구하는 총 시간에 대해 실제 시스템 자원의 사용 가능한 시간

운영체제의 성능 평가 항목으로 거리가 먼 것은?

① 비용
② 처리 능력
③ 반환 시간
④ 사용 가능도

정답 62 ② 63 ④ 64 ①

참고 파트03-챕터06-섹션01

65 | 링커의 기능

- 링커(Linker)
  - 재배치 형태의 기계어로 된 프로그램을 묶어서 로드모듈을 생성
  - 목적 프로그램과 내장 함수들을 하나로 모아 컴퓨터에서 실행 가능하도록 프로그램을 생성

번역 프로그램에 의해 번역된 여러 개의 목적 프로그램과 프로그램에서 사용되는 내장 함수들을 하나로 모아서 실행 가능하도록 프로그램을 생성하는 기능을 하는 것은?

① 로더
② 링커
③ 디버거
④ 인터프리터

참고 파트03-챕터06-섹션01

66 | 로더의 기능과 순서

기능	의미	주체
할당 (Allocation)	실행 프로그램을 실행시키기 위해 기억장치 내에 옮겨 놓을 공간을 확보하는 기능	프로그래머
연결(Link)	기호로 표시된 주소를 실제 주소값으로 변환	프로그래머
재배치 (Relocation)	종속적인 모든 주소를 할당된 주기억장치 주소와 일치하도록 재배치	어셈블러
적재(Load)	명령어와 자료, 프로그램을 기억장치에 물리적으로 배치	로더

로더의 기능이 <u>아닌</u> 것은?

① 번역(Compiling)
② 링킹(Linking)
③ 할당(Allocation)
④ 재배치(Relocation)

오답 피하기

① 번역(Compiling)은 로더의 기능이 아니라 번역기의 기능임

참고 파트03-챕터06-섹션04

67 | 주기억장치 배치 전략

- 주기억장치 배치 전략 : 프로그램을 주기억장치 내의 어디에 위치시킬 것인가를 결정하는 전략
  - 최초 적합 전략(First-Fit) : 입력된 프로그램을 수용할 수 있는 공간 중 가장 먼저 발견된 공간에 할당
  - 최적 적합 전략(Best-Fit) : 입력된 프로그램을 수용할 수 있는 공간 중 가장 작은 공간에 할당
  - 최악 적합 전략(Worst-Fit) : 입력된 프로그램을 수용할 수 있는 공간 중 가장 큰 공간에 할당

주기억장치 배치 전략 중 입력된 프로그램을 수용할 수 있는 공간 중 가장 큰 공간에 할당하는 전략은?

① First-Fit
② Best-Fit
③ Worst-Fit
④ Large-Fit

오답 피하기

④ Large-Fit이라는 주기억장치 배치 전략은 없음

4과목 정보통신개론

참고 파트04-챕터05-섹션02

68 | 매체 분류

- LAN 매체 접근 방식에 따른 분류
  - CSMA/CD
  - TONKEN-RING(토큰 링)
  - TOKEN-BUS(토큰 버스)
- CSMA/CD의 특징
  - 데이터의 충돌을 막기 위해 다른 전송 데이터가 감지되면 계속 선로 상태를 살펴서 선로가 휴지상태가 될 때 전송하는 방식
  - IEEE 802.3 프로토콜 표준에 근거

LAN에서 사용되는 매체 액세스 제어 기법과 관련 없는 것은?

① TOKEN-BUS
② CDMA
③ CSMA/CD
④ TOKEN-RING

오답 피하기

② CDMA(부호 분할 다원 접속 방식) : 미국의 퀄컴사가 개발한 디지털 이동통신 방식으로 무선전화 송수신 기술 중 하나

정답 65 ② 66 ① 67 ③ 68 ②

참고 파트04-챕터03-섹션05

69 | HDLC 프레임의 구성

- 구성 순서
  (시작) 플래그(Flag) → 주소부(Address) → 제어부(Control)
  → 정보부(Information) → 프레임 검사 순서(FCS : Frame
  Check Sequence) → (종결) 플래그(Flag)

다음 중 HDLC 프레임을 구성하는 필드가 아닌 것은?

① FCS 필드
② Flag 필드
③ Control 필드
④ Link 필드

오답 피하기

Link 필드는 HDLC 프레임의 구성 필드에 해당하지 않음

참고 파트04-챕터03-섹션05

70 | HDLC 프로토콜

- HDLC 프로토콜은 OSI 7계층 중 데이터 링크 계층에서 사용
  되는 전송 프로토콜로, 비트 지향형 동기식 전송 방식
- HDLC 동작 모드 : 정규 응답 모드(NRM), 비동기 균형 모드
  (ABM), 비동기 응답 모드(ARM)
- HDLC 프로토콜의 기본 기능
  ① bit 방식의 프로토콜
  ② 단방향, 반이중, 전이중 모두 사용 가능
  ③ Go-Back-N ARQ 에러 제어 방식
  ④ 데이터링크 형식은 Point-to-Point, Multi-Point 모두 가능

HDLC(High-level Data Link Control)에 대한 설명 중 옳지 않은 것은?

① 비트 지향형의 프로토콜이다.
② 제어부의 확장이 가능하다.
③ 데이터링크 계층의 프로토콜이다.
④ 통신방식으로 전이중 방식이 불가능하다.

오답 피하기

④ 비트 지향형 프로토콜인 HDLC(High-level Data Link Control)은 반이중
또는 전이중 방식이 가능함

참고 파트04-챕터03-섹션02

71 | PCM 변조 과정

- PCM(Pulse Code Modulation)은 아날로그 데이터를 디지털
  전송 형태로 변복조시키는 방식으로 누화, 잡음, 진폭의 변종
  에 강함
- PCM 진행순서
  표본화(Sampling) → 양자화(Quantizing) → 부호화(Encoding)

다음 중 PCM(Pulse Code Modulation) 방식의 구성 절차로 옳은 것은?

① 양자화 → 부호화 → 표본화 → 복호화
② 표본화 → 양자화 → 부호화 → 복호화
③ 표본화 → 부호화 → 양자화 → 복호화
④ 양자화 → 표본화 → 복호화 → 부호화

참고 파트04-챕터03-섹션03

72 | 통신 속도(bps) 계산

- 변조 속도(Baud)를 전송 속도(bps)로 계산할 때는 변조 시 상
  태 변화 수 bit를 곱하여 계산함
  - 4위상 변조(2비트 조합 : Dibit) : 2배 속도로 향상
  - 8위상 변조(3비트 조합 : Tribit) : 3배 속도로 향상
  - 16위상 변조(4비트 조합 : Quadbit) : 4배 속도로 향상

진폭 변조를 사용하는 변조기의 변조 속도가 1,200 [Baud]이고, 디비트(Dibit)를 사용한다면 통신 속도 [bps]는?

① 1,200   ② 2,400
③ 4,800   ④ 9,600

오답 피하기

Dibit이므로 속도가 2배로 증가됨
∴ 1,200baud × 2bit = 2,400bps

정답 69 ④ 70 ④ 71 ② 72 ②

참고 파트04-챕터03-섹션03

73 | 변조 속도(baud) 계산

- 전송 속도를 변조 속도로 계산할 때는 변조 시 상태 변화 수 bit를 나누어 계산함
- 변조 속도가 8진이란 8(2³)개의 서로 다른 데이터를 보낸다는 의미로, 3Bit로 표현됨

9,600[bps]의 비트열(Bit Stream)을 8진 PSK로 변조하여 전송하면 변조 속도는?

① 1,200[baud]
② 3,200[baud]
③ 9,600[baud]
④ 76,800[baud]

오답 피하기

9,600bps / 3 = 3,200baud

참고 파트04-챕터03-섹션02

74 | 변조 방식

- 디지털 데이터의 아날로그 부호화(MODEM)
  디지털 데이터는 반송신호의 진폭, 주파수, 위상 중 하나를 변조시키거나, 이를 적절히 결합하여 변조시키는 방법에 의해 부호화됨
  - ASK(진폭 편이 변조) : 데이터 신호의 전압 변화에 따라 반송파의 진폭을 변하게 하는 비동기 변조 방식으로 잡음이나 진폭 변동에 아주 민감함
  - PSK(위상 편이 변조) : 반송파로 사용하는 정현파의 위상에 정보를 싣는 변조 방식
  - FSK(주파수 편이 변조) : 두 개의 2진 값에 서로 다른 주파수를 적용하는 방식. 저속으로 잡음이나 진폭 변동에 강함
  - QAM(직교 진폭 변조) : 반송파의 진폭과 위상을 상호 변환하여 신호를 전송함으로써 4위상 2진폭으로 한번에 3비트 전송이 가능한 변조 방식으로 고속(9,600bps) 전송

다음 중 반송파의 진폭과 위상을 동시에 변조하는 방식은?

① ASK
② PSK
③ FSK
④ QAM

참고 파트04-챕터02-섹션03

75 | 광(섬유) 케이블

- 광섬유(Optical Cable) 케이블의 특징
  - 전력 유도나 전자 유동에 영향을 받지 않으므로 잡음이나 누화가 없음
  - 광대역 전송이 가능하여 다중화에 유리하고 전로의 수를 줄일 수 있음
  - 광파를 이용하므로 전송 속도가 빠르고 전송 손실이 적음
  - 온도 변화에 안정적이며 신뢰성이 높고 에러 발생률이 적음
  - 항공기나 군사 시설, 컴퓨터의 배선, 근거리 통신망 등에 이용함
  - 가볍고 강도가 약해서 설치 및 취급이 용이한 편임
- 단점 : 다른 전송매체에 비해 가격이 비싸고 멀티 드롭 접속이 어려움

다음 중 광섬유 케이블의 설명으로 틀린 것은?

① 동축 케이블보다 더 넓은 대역폭을 지원한다.
② 전송 속도가 UTP 케이블보다 빠르다.
③ 전자기적 잡음에 약하다.
④ 동축 케이블에 비해 전송손실이 적다.

참고 파트04-챕터04-섹션01

76 | 프로토콜의 기본 요소

- 프로토콜 : 통신 규약이라는 의미로 두 통신 시스템상의 개체 간에 정확하고 효율적인 정보 전송을 위한 모든 규약의 집합
- 프로토콜의 기본 요소
  - 구문(Syntax) : 데이터 형식, 신호 레벨, 부호화(coding) 등을 규정
  - 의미(Semantics) : 보다 효율적이고 정확한 송수신을 위해 실체(엔티티) 간의 조정, 에러 관리를 위한 제어 정보를 규정
  - 타이밍(Timing) : 실체(엔티티) 간의 통신 속도 및 메시지 순서의 제어 등을 규정

다음 중 프로토콜의 기본적인 구성 요소가 아닌 것은?

① 처리(Process)
② 구문(Syntax)
③ 의미(Semantics)
④ 타이밍(Timing)

정답 73 ② 74 ④ 75 ③ 76 ①

참고 파트04-챕터01-섹션03

77 | 정보통신 시스템

- 데이터 전송계 : 정보의 이동을 담당하는 장치
  - 단말 장치(DTE) : 정보의 입력 및 수신
  - 신호 변환 장치(DCE) : 변복조기(MODEM) 또는 DSU
  - 통신 회선 : 변환된 신호의 이동 통로 또는 통신망
  - 통신 제어 장치(CCU) : 통신 회선과 중앙 처리 장치를 연결하여 데이터 처리를 제어
- 데이터 처리계 : 정보의 가공, 처리, 보관 등의 기능을 수행
  - 중앙 처리 장치(CPU) : 컴퓨터 시스템의 핵심 장치
  - 주변 장치 : 보조 기억 장치, 입출력 장치 등

정보통신 시스템의 구성 요소에 대한 설명으로 옳지 않은 것은?

① CCU는 통신 제어 장치이다.
② MODEM은 변복조 장치이다.
③ DTE는 데이터 에러 감시 장치이다.
④ DCE는 데이터 회선 종단 장치이다.

오답 피하기

③ DTE는 정보의 입력 및 수신기능을 담당하는 단말장치임

참고 파트04-챕터05-섹션04

78 | ISDN의 채널

채널		전송 속도	설명
B		64Kbps	• 기본적인 이용자 채널로서 PCM 부호화된 디지털 신호를 전송하는 데 이용되며 회선 및 패킷교환의 전용선 • ISDN의 채널 중 사용자 정보를 전달하기 위해 사용되는 채널
D		16 또는 64Kbps	• 이용자와 네트워크 사이의 제어 정보를 교환하는 채널 • 회선교환 제어 신호나 사용자의 패킷 정보를 저속의 디지털 데이터로 전송하고자 할 때 이용
H	H_0	384Kbps	• B 채널을 통해 제공하는 모든 방식의 정보 전송을 보다 고속으로 제공 • 고속 팩시밀리나 화상 회의 등 고속의 사용자 정보를 전송
	H_{11}	1,536Kbps	
	H_{12}	1,920Kbps	

다음 중 ISDN에서 고속의 사용자 정보 전송을 위한 채널로 384[Kbps]의 전송속도를 갖는 것은?

① B channel
② D channel
③ H_0 channel
④ H_{12} channel

참고 파트04-챕터05-섹션04

79 | B-ISDN

B-ISDN(광대역 종합정보통신망)은 영상 회의, 화면 전송 등과 같이 연속성의 실시간 또는 군집 데이터 신호를 넓은 대역에 걸쳐 광대역으로 실현하기 위한 목적으로 만들어졌고, 핵심 기술로 ATM(비동기식 전달 모드) 통신 방식을 사용함

- ISDN의 비교

항목	N-ISDN(협대역 ISDN)	B-ISDN(광대역 ISDN)
신호형태	디지털 망	디지털 망
통합 대상	음성, 데이터, 화상 (협대역 신호)	음성, 데이터, 영상 (광대역 신호)
교환망	패킷 교환 방식	ATM 교환 방식
전송 매체	동축 케이블	광 케이블
교환 단위	패킷, 프레임	셀(Cell)
서비스 종류	전화, 팩시밀리 등	영상 전화, 영상 회의 등
속도	B, D, H 채널에 따라 지정	다양한 속도(수십 bps에서 수백 Mbps) 제공

광대역 종합정보통신망(B-ISDN)과 관련 없는 것은?

① ATM(Asynchronous Transfer Mode) 방식
② 64[Kbps] 또는 1,544[Kbps] 이하의 패킷 교환
③ 광전송 등 초고속 전송기술이 필요
④ 1,544[Mbps] 이상의 고속데이터 및 영상서비스

참고 파트04-챕터04-섹션02

80 | OSI 참조 모델

- OSI 계층 구조
① 하위층
  - 1계층 : 물리 계층(Physical Layer) : 물리적 전송 매체의 기능을 정의(기계적, 전기적, 기능적, 절차적인 규정)
  - 2계층 : 데이터 링크 계층(Data Link Layer) : 오류의 검출 및 복구, 프레임의 순서 제어, 데이터링크 접속의 설정 및 해제
  - 3계층 : 네트워크 계층(Network Layer) : 송신 노드에서 수신 노드로 패킷을 안전하게 전송하기 위해, 경로선택(Routing)과 교환
② 상위층
  - 4계층 : 전송 계층(Transport Layer) : 송수신 시스템 간의 오류 수정과 흐름 제어를 통해 논리적 안정과 균일한 서비스 제공
  - 5계층 : 세션 계층(Session Layer) : 프로세스 간에 대한 연결을 확립, 관리, 단절시키는 수단을 제공
  - 6계층 : 표현 계층(Presentation Layer) : 정보의 형식 설정과 코드의 변환, 암호화, 압축 등의 기능을 수행하는 계층
  - 7계층 : 응용 계층(Application Layer) : 응용프로그램과 네트워크 간을 연결하여 응용 프로세스 간의 정보 교환, 전자사서함, 파일 전송 등의 기능을 제공

다음 중 OSI 참조 모델에서 중계 기능, 경로설정 등을 주로 수행하는 계층은?

① 네트워크 계층
② 응용계층
③ 데이터링크 계층
④ 표현 계층

오답 피하기

① 네트워크 계층 : 정보 교환 및 중계 기능

참고 파트04-챕터06-섹션01

81 | TCP/IP 프로토콜

- TCP/IP 의미
  - TCP 프로토콜과 IP 프로토콜의 결합적 의미
  - TCP가 IP보다 상위층에 존재
  - 인터넷 기본 프로토콜

IP	네트워크 계층	인터넷에서의 데이터 전송을 제어하는 프로토콜
TCP	전송 계층	- 패킷을 목적지까지 전송하는 프로토콜 - 데이터 전달의 신뢰성을 위해 연결형 방식을 사용

다음 중 인터넷 관련 사항으로 옳지 않은 것은?

① TCP/IP는 TCP 프로토콜과 IP 프로토콜의 결합적 의미로서 TCP가 IP보다 상위층에 존재한다.
② TCP/IP는 계층형 구조를 가지고 있다.
③ TCP는 OSI 참조 모델의 네트워크 계층에 대응되고, IP는 트랜스포트 계층에 대응된다.
④ ICMP는 Internet Control Message Protocol을 뜻한다.

오답 피하기

③ TCP는 전송계층에, IP는 네트워크 계층에 대응됨
④ ICMP(Internet Control Message Protocol) : 인터넷 제어 메시지 프로토콜로 통신 중 발생하는 오류처리, 전송경로 변경 등을 위한 제어 메시지를 관리함

참고 파트04-챕터05-섹션01

82 | 패킷 교환망

- 패킷 교환망의 기능
  - 논리 채널 : 단말기 상호 간의 논리적인 가상의 통신회선을 설정
  - 경로 배경 : 근원지와 목적지를 가상으로 연결하는 여러 노드들의 연결 순서를 지정
  - 트래픽 제어 : 네트워크 트래픽의 양을 효율적이고 안정되게 공정한 성능을 갖기 위한 조절
  - 오류제어 : 네트워크 내에서 유실되는 패킷을 검출할 수 있는 기능을 제공

패킷 교환망의 특징으로 가장 옳지 않은 것은?

① 장애 발생 시 대체 경로 선택 불가능
② 프로토콜 및 속도 변환 가능
③ 대량의 데이터 전송 시 전송 지연이 발생될 수 있음
④ 표준화된 프로토콜 적용

정답 80 ① 81 ③ 82 ①

참고 파트04-챕터03-섹션04

83 | 비동기 전송 방식

- 비동기 전송 방식의 특징
  - 스타트-스톱 방식이라고 하며 스타트 비트에 의해 한 문자 단위로 동기가 이루어짐
  - 각 문자는 일정치 않은 시간의 휴지 기간이 있음
  - 한 문자씩(Character bit)을 송수신하는 방식
  - 각 문자는 앞쪽에 스타트 비트(start bit)와 뒤쪽에 1개 또는 2개의 스톱 비트(Stop bit)를 가짐
  - 송신 측과 수신 측이 항상 동기를 맞출 필요가 없음
  - 전송 속도가 보통 1,200bps(또는 1,800bps)를 넘지 않는 경우에 사용하며, 주로 단거리에 사용함

다음 중 비동기식 전송 방식에 대한 설명으로 틀린 것은?

① 각 문자 전송 사이에는 휴지 기간이 존재한다.
② 송·수신 장치의 동기 형태는 비트 동기 방식이다.
③ 전송 속도가 주로 저속에서 운용된다.
④ 각 문자 전송의 앞뒤에 시작 및 정지 비트를 삽입한다.

오답 피하기

② 비트 방식이 아닌 문자 방식

참고 파트04-챕터04-섹션03

84 | ITU-T 권고안 시리즈

X-시리즈	PSDN(공중 데이터 교환망)을 통한 데이터 전송을 규정
V-시리즈	PSTN(공중 전화 교환망)을 통한 데이터 전송을 규정

다음 중 데이터 전송에서 ITU-T로 권고하는 X시리즈란 무엇인가?

① 동화상 압축을 위한 프로토콜
② PSTN을 이용하는 데이터 전송
③ PSDN을 이용하는 데이터 전송
④ 이동전화 단말용 통신 프로토콜

참고 파트04-챕터06-섹션03

85 | 멀티미디어 표준

- MPEG(Moving Picture Experts Group) : 동영상을 압축하고 코드로 표현하는 국제 표준 규격
- JPEG(Joint Photographic Experts Group) : 정지 영상 압축을 위한 국제 표준 규격
- MHEG(Multimedia and Hypermedia information coding Expert Group) : 멀티미디어 데이터의 시·공간의 동기화, 서로 다른 기종에서 상호 교환 가능한 최종 저장 형태로 코딩을 정의한 표준

다음 중 멀티미디어의 표준화에 해당되지 않는 것은?

① JPEG
② MPEG
③ MHS
④ MHEG

오답 피하기

③ MHS(Message Handling System : 메시지 처리 시스템) : 이용자가 컴퓨터를 통해 보내고 싶은 정보를 축적, 전송하고 이용자의 요구 조건에 따라서 수신 측에 보내는 축적 전송형의 새로운 메시지 통신 서비스이며 전자 사서함 서비스(Electronic Mail Service)라고도 함

정답 83 ② 84 ③ 85 ③

참고 파트04-챕터05-섹션01

86 | 정보 교환 방식

- 회선 교환 방식(Circuit Switching)
  - 컴퓨터와 터미널 간에 통신 회선을 고정적으로 할당(Point-to-Point)하여 데이터를 교환하는 방식
  - 정보량이 많을 때나 파일 전송 등의 긴 메시지 전송 시 적합함
- 패킷 교환 방식(Packet Switching)
  - 데이터를 패킷(Packet)이라고 불리는 일정 길이의 전송 단위로 송신 측 패킷 교환기에 기억시켰다가 수신 측 주소에 따라 적당한 통신 경로를 선택하여 수신 측 패킷 교환기에 전송하는 방식
  - 패킷에 대한 우선순위 부여 가능
- 메시지 교환 방식(Message Switching)
  - 교환기가 송신 측의 메시지를 받아서 수신 측에 보내는 방식으로, 전송하는 메시지 길이의 제약 없이 전송하는 방식
  - 전송 지연 시간이 매우 커서 실시간 처리에 부적합함

다음 중 교환 방식에 관한 설명으로 틀린 것은?

① 회선 교환 방식은 회선에 융통성이 요구되거나 메시지가 짧은 경우에 적합하다.
② 데이터그램 패킷 교환 방식은 부하가 적거나 간헐적인 통신의 경우에 적합하다.
③ 패킷 교환 방식은 코드 및 속도 변환이 가능하다.
④ 가상 회선 패킷 교환 방식은 패킷 도착순서가 고정적이다.

참고 파트04-챕터05-섹션06

87 | 핸드 오프/핸드 오버

- 통화 중인 가입자가 현재의 기지국 서비스 지역을 벗어나 새로운 기지국 서비스 지역으로 진입할 때 통화의 단절 없이 계속 통화할 수 있도록 하는 기능

Hard 핸드 오버	현재 통화 중인 채널을 끊고 곧바로 다른 채널로 연결
Soft 핸드 오버	인접한 2개의 채널을 동시에 운영하며, 종국에는 1개 채널을 서서히 끊음
Softer 핸드 오버	사용 중인 채널 중에서 양호한 채널로 연결

통화 중에 이동전화가 한 셀에서 다른 셀로 이동할 때, 자동으로 다른 셀의 통화 채널로 전환해 줌으로써 통화가 지속되게 하는 기능은?

① 셀의 분할
② 핸드쉐이크
③ 핸드 오프
④ 페이딩

참고 파트04-챕터03-섹션06

88 | 에러 검출 방식 CRC

- 순환 잉여도 검사(CRC : Cyclic Redundancy Check)
  - 블록 단위로 데이터가 전송될 때 오류를 검출하고 정정할 수 있는 방식임
  - 주로 동기전송에서 사용되는 에러 검출 방법
  - 송신 데이터를 생성 다항식과 정해진 수에 의해 CRC 부호로 만들어 전송하고, 수신단에서는 CRC 부호로 오류를 검출하고 정정하는 방식
  - 여러 비트에서 발생하는 집단 에러 검출도 가능하여 신뢰성이 우수함

순환 잉여도 검사 방식에 관한 설명으로 틀린 것은?

① 문자 단위로 데이터가 전송될 때, 에러를 검출하는 방식이다.
② 생성다항식은 CRC-16, CRC-32 등이 있다.
③ 수신단에서 CRC 부호로 에러를 검출한다.
④ 여러 비트에서 발생하는 집단성 에러도 검출이 가능하여 신뢰성이 우수하다.

오답 피하기

① CRC는 문자 단위가 아니라, 블록 단위로 데이터가 전송될 때 에러를 검출하는 방식임

정답 86 ① 87 ③ 88 ①

참고 파트04-챕터05-섹션04

89 | 비동기 전송모드 ATM

- ATM(Asynchronous Transfer Mode : 비동기식 전송모드)의 특징
  - 한 개의 회선을 여러 개의 논리 회선(채널)으로 분할해서 동시에 통신을 하는 다중화 방식의 하나
  - 각 채널의 데이터는 ATM Cell이라는 고정된 크기의 형태로 나누어 전송함
  - ATM 셀의 크기는 53옥텟[5옥텟(헤더) + 48옥텟(정보)]로 구성됨
  - 셀은 속도, 프레임, 물리적 장치에 따라 독립적으로 결정되기 때문에 확장성이 좋음
  - 회선을 많이 점유하지 않으면서 서비스 품질을 보다 쉽게 보장함
  - 고정 길이 셀을 이용하면 셀 프로세싱이 하드웨어 안에서 이루어지기 때문에 전송 지연이 줄어들어 고속 전송이 가능함

비동기식 모드(ATM)에 관한 설명으로 적합하지 않은 것은?

① ATM은 B-ISDN의 핵심 기술이다.

② Header는 5Byte, Payload는 48Byte이다.

③ 정보는 셀(Cell) 단위로 나누어 전송된다.

④ 저속 메시지 통신망에 적합하다.

참고 파트04-챕터06-섹션02

90 | 뉴미디어

- 뉴미디어
  - 기존의 미디어에 고도로 발달된 전자 통신 기술이 결합된 매체이며, 상호 간 정보를 송수신할 수 있는 상호작용 및 쌍방향 통신이 가능
- 뉴미디어의 분류

방송계(유선계)	CATV, CCTV,LAN, VAN, ISDN, VRS, 비디오텍스, 텔레텍스
통신계(무선계)	텔레텍스트, HDTV, 팩시밀리
패키지계	비디오 디스크, 디지털 오디오

다음 중 뉴미디어의 특징이라고 볼 수 없는 것은?

① 대용량 및 고속성

② 상호작용성 및 비동기성

③ 네트워크화에 따른 지역별 협역화

④ 쌍방향성 및 탈대중화

오답 피하기

③ 네트워크화에 따른 지역별 협역화가 아니라 '광역화'임

정답 89 ④ 90 ③

2024년 최신 기출문제 01회

풀이 시간 _____ 분   내 점수 _____점

시험 시간	합격 점수	문항수
120분	60점	총 80개

1과목 사무자동화시스템

참고 파트04-챕터06-섹션02

01 다음 중 CATV 시스템의 주요 구성요소가 아닌 것은?

① 헤드엔드
② 교환장치
③ 전송장치
④ 가입자 단말장치

참고 파트01-챕터04-섹션02

02 무선인터넷 모바일 상거래의 특징과 관계없는 것은?

① 이동성이 있어 사용하기에 편리하다.
② 시간과 공간의 제약을 탈피하여 필요한 정보를 얻을 수 있는 편리성이 있다.
③ 개인화된 맞춤서비스가 가능하다.
④ 대용량의 마케팅 광고 등과 같은 컨텐츠 정보를 다양한 통신 네트워크에서 이용한 상거래이다.

참고 파트04-챕터02-섹션03

03 광섬유 케이블에 대한 설명으로 틀린 것은?

① 동축 케이블보다 더 넓은 대역폭을 지원한다.
② 전송속도가 UTP 케이블보다 빠르다.
③ 동축 케이블에 비해 전자기적 잡음에 약하다.
④ 동축 케이블에 비해 전송손실이 적다.

참고 파트01-챕터01-섹션02

04 사무자동화를 추진하는 방법론 중 전사적 접근 방식의 장점이 아닌 것은?

① 계획의 성공에 따라 매우 큰 효과를 얻을 수 있다.
② 큰 규모의 조직에 적합하다.
③ 시스템 도입의 낭비를 줄일 수 있다.
④ 시간, 인력, 비용의 문제를 제외하면 매우 이상적인 방식이다.

참고 파트01-챕터01-섹션03

05 기업에서 원 재료의 생산·유통 등 모든 공급망 단계를 최적화하여 수요자가 원하는 제품을 적시, 적소에 제공하는 개념으로 옳은 것은?

① CRM
② SCM
③ ERP
④ MIS

참고 파트01-챕터02-섹션02

06 E-mail과 관련된 프로토콜이 아닌 것은?

① POP3
② FTP
③ SMTP
④ IMAP

참고 파트01-챕터02-섹션02

07 Windows 시스템 상에서 일본어, 중국어 등 문자수가 많은 언어로 입력하기 위해 필요한 소프트웨어는?

① OLE
② OCX
③ IME
④ Active X

참고 파트01-챕터01-섹션01

08 사무자동화의 목표가 아닌 것은?

① 생산성 증대
② 업무 효율 증대
③ 기업의 이윤 증대
④ 최신 기기의 시험

참고 파트01-챕터04-섹션01

09 데이터베이스에 저장된 자료의 삽입, 삭제, 수정 등의 데이터 조작을 위해 사용되는 개념으로 옳은 것은?

① DD
② DCL
③ DDL
④ DML

참고 파트01-챕터02-섹션01

10 다음 중 SRAM에 대한 설명으로 옳지 않은 것은?

① 읽고 쓰기가 가능한 메모리이다.
② SRAM이 DRAM보다 구조가 간단하다.
③ SRAM은 Refresh 작업이 없기 때문에 DRAM 보다 처리속도가 빠르다.
④ 전원이 공급되는 한 지속적으로 기록된 자료가 유지된다.

참고 파트01-챕터01-섹션03

11 데이터에 대한 데이터로 정의되며, 기능적인 측면에서 데이터에 대한 구조화된 데이터로 정의되는 것은?

① 시맨틱 데이터
② 멀티미디어 데이터
③ 메타 데이터
④ 흐름 데이터

참고 파트02-챕터02-섹션01

12 사무조직의 형태 중 스탭 조직에 대한 특징이 아닌 것은?

① 전문화 결여에 대한 사항을 개선한 것이다.
② 모든 일은 기능 담당의 전문가에 의해 기능별로 수행된다.
③ 권한이 집중되어 의견일치가 쉽다.
④ 작업의 표준화가 쉽다.

참고 파트01-챕터03-섹션03

13 순차접근방식의 보조 기억매체는?

① Flash Memory
② LTO
③ Hard Disk
④ SSD

참고 파트01-챕터01-섹션01

14 사무자동화의 목적으로 옳지 않은 것은?

① 사무처리의 비용 절감
② 사무 부문의 생산성 향상
③ 사무처리의 질적 향상
④ 사무원의 건강증진

참고 파트01-챕터02-섹션03

15 인터넷을 전용선처럼 사용할 수 있도록 특수 통신체계와 암호화 기법을 제공하는 서비스로 기업 본사와 지사 또는 지사 간에 전용망을 설치한 것과 같은 효과를 거둘 수 있는 것은?

① Anti-virus
② Firewall
③ IDS
④ VPN

참고 파트01-챕터04-섹션01

16 관계형 데이터베이스에서 기본 키(Prime Key)가 가져야 할 성질은?

① 공유성
② 중복성
③ 식별성
④ 연결성

참고 파트02-챕터01-섹션01

17 다음 중 사무관리의 일반적인 순환구조로서 가장 적절한 것은?

① 계획화 – 보고화 – 조직화
② 계획화 – 조직화 – 통제화
③ 계획화 – 통제화 – 보고화
④ 조직화 – 통제화 – 보고화

참고 파트02-챕터04-섹션02

18 EDI에 관한 특징으로 옳지 않은 것은?

① 거래 쌍방의 자주성과 독립성이 보장된다.
② 독립된 데이터베이스를 가진다.
③ 구조화되지 않은 데이터를 전송할 수 있다.
④ 서류 없는 거래(Paperless Trade)가 가능하다.

참고 파트01-챕터01-섹션03

19 데이터웨어하우징에서 수집되고 분석된 자료를 사용자에게 제공하기 위해 분류 및 가공되는 요소 기술은?

① 데이터 추출
② 데이터 저장
③ 데이터 마이닝
④ 데이터 엑세스

참고 파트02-챕터02-섹션03

20 사무실의 물리적 보안을 위한 장치 또는 기술이 아닌 것은?

① 지문인식기   ② 안티바이러스

③ 폐쇄회로텔레비전   ④ 디지털 도어록

2과목 사무경영관리개론

참고 파트02-챕터03-섹션03

21 전자문서 등 기록물을 관리하는 기관 중 영구기록물 관리 기관에 포함되지 않는 것은?

① 국립기록물보관기관

② 중앙기록물관리기관

③ 헌법기관기록물관리기관

④ 대통령기록관

참고 파트02-챕터04-섹션02

22 문서보존의 일반 원칙과 가장 관계없는 것은?

① 보존할 문서는 가능한 한 줄인다.

② 규정에 따라 보존 문서의 정리 및 폐기를 주기적으로 수행한다.

③ 문서보존규정을 제정하고 이를 준수한다.

④ 훼손되어 활용이 불가능한 문서도 영구보존해야 한다.

참고 파트02-챕터04-섹션02

23 일반적인 비공개 기록물의 공개원칙 기준으로 옳은 것은?

① 생산연도 발생 후 10년이 경과하면 공개

② 생산연도 발생 후 30년이 경과하면 공개

③ 생산연도 종료 후 10년이 경과하면 공개

④ 생산연도 종료 후 30년이 경과하면 공개

참고 파트02-챕터02-섹션02

24 사무작업의 정확도를 향상시키기 위한 표준으로 작업 단위의 수가 아닌 보통 %로 표시하는 사무표준의 종류는?

① 양 표준   ② 질 표준

③ 양 및 질 표준   ④ 정책 표준

참고 파트02-챕터02-섹션01

25 다음이 설명하는 원칙은?

> 사무조직은 비합리적 사람 중심이 아니라 목적 달성을 위해 해야 할 업무 중심의 조직이 마련되어야 한다.

① 위양의 원칙

② 통솔범위의 원칙

③ 전문화의 원칙

④ 기능화의 원칙

참고 파트01-챕터02-섹션03

26 다음 중 집중처리시스템의 특징에 가장 적합한 것은?

① 확장성이 우수하다.

② 전사적 관리가 용이하다.

③ 시스템 전체의 신뢰성이 높다.

④ 조직 요구에 대한 대응이 용이하다.

참고 파트01-챕터04-섹션02

27 정보통신망에서 개인정보의 안전성 확보에 필요한 기술적 조치에 해당하지 않는 것은?

① 개인정보에 대한 접근 권한을 확인하기 위한 식별 및 인증조치

② 권한 없는 접근을 차단하기 위한 암호화

③ 접속 기록의 위조 및 변조 방지를 위한 조치

④ 개인정보 관리자의 의무와 책임을 규정한 내부 지침 수립

참고 파트02-챕터01-섹션01

28 계획을 세우고 이를 달성하기 위하여 인간, 기계, 자료, 방법 등을 조정하는 모든 활동은?

① 조직   ② 관리

③ 행동   ④ 통제

참고 파트02-챕터02-섹션03

29 산업안전보건기준에 관한 규칙에 의거 소음의 작업 측정 결과 청력보존프로그램을 수립, 시행해야 할 기준으로 옳은 것은?

① 소음 수준이 50데시벨을 초과하는 사업장
② 소음 수준이 70데시벨을 초과하는 사업장
③ 소음 수준이 90데시벨을 초과하는 사업장
④ 소음 수준이 100데시벨을 초과하는 사업장

참고 파트01-챕터01-섹션03

30 경영 정보 시스템의 기능에 대한 설명으로 옳지 않은 것은?

① 컴퓨터를 이용한 사무업무의 신속한 처리를 위한 시스템이다.
② 프로그램이, 가능한 정형적인 의사결정을 하는 시스템이다.
③ PC, 팩스, 워드, 통신장치 등을 이용하여 의사소통을 담당하는 시스템이다.
④ 컴퓨터 등의 정보기술뿐만 아니라 인적자원도 포함하는 인간-기계 시스템이다.

참고 파트02-챕터01-섹션03

31 경영전략에 따른 의사결정에 대한 안소프(Ansoff)의 주장과 관계없는 것은?

① 의사결정에는 상품의 시장선택이 포함된다.
② 의사결정에는 경쟁상의 이점이 포함된다.
③ 의사결정에는 성장 벡터가 포함된다.
④ 의사결정에는 환경변화 정보가 포함된다.

참고 파트02-챕터01-섹션02

32 다음 중 사무관리의 기능을 정의한 내용으로 옳은 것은?

① 조직의 효율성 제고를 위해 장례를 예측하는 기능
② 경영 내부의 여러 기능과 활동을 효과적으로 달성 하기 위한 조정, 지휘, 통제에 관한 기능
③ 사무와 생산에 관련된 기능을 모아 통합처리하는 기능
④ 인적자원관리에 관한 업무를 주로 담당하는 기능

참고 파트02-챕터03-섹션01

33 법정업무의 효율적 운영에 관한 규정에서 감열기록 방식의 팩스로 수신한 문서는 복사하여 접수하여야 한다. 이러한 문서의 보존 기간은?

① 보존 기간이 1년 이상인 문서
② 보존 기간이 3년 이상인 문서
③ 보존 기간이 5년 이상인 문서
④ 보존 기간이 10년 이상인 문서

참고 파트02-챕터04-섹션01

34 사무개선의 목표로 옳지 않은 것은?

① 용이성　　　　② 신속성
③ 다양성　　　　④ 경제성

참고 파트02-챕터02-섹션03

35 다음 중 사무실 배치 원칙과 가장 거리가 먼 것은?

① 대실주의(큰방주의)는 사무실 배치에 있어서 가능한 독방을 늘린다.
② 사무의 성격이 유사한 부서는 가깝게 배치한다.
③ 내부 및 외부 민원 업무 등 대중과 관계가 많은 부서는 가급적 입구 근처에 배치한다.
④ 장래확장에 대비하여 탄력성 있는 공간을 확보한다.

참고 파트01-챕터04-섹션02

36 정보유출 등 침해사고를 방지하기 위한 대책으로 옳지 않은 것은?

① 정보시스템의 악의적인 외부 침입을 1차적으로 차단하기 위한 방화벽을 설치한다.
② 침입탐지시스템 및 침입방지시스템을 이용하여 인바운드(Inbound) 패킷을 모니터링하고 의심되는 패킷은 차단한다.
③ 무선네트워크의 전파 도달 범위를 조절하여 건물 외부에서 접속이 불가능하도록 한다.
④ 비밀정보는 복호화가 불가능하도록 강력한 암호화 알고리즘을 적용하여 암호화한다.

참고 파트02-챕터03-섹션01

37 듀이의 십진 분류법에서 "문학"이 의미하는 세자리 코드는?

① 100 ② 300
③ 800 ④ 900

참고 파트02-챕터02-섹션01

38 사무계획을 특성에 따라 분류할 때, 계획의 순응 능력에 따른 분류는?

① 구조 계획과 과정 계획
② 장기 계획과 단기 계획
③ 고정 계획과 신축 계획
④ 표준 계획과 개별 설정 계획

참고 파트02-챕터03-섹션03

39 정부에서 국가기관 등의 국가정보화 추진과 관련된 정책의 개발과 건강한 정보문화 조성 및 정보격차 해소 등을 지원하기 위하여 설립한 기구는?

① 한국정보보호센터
② 한국정보화진흥원
③ 국가전산망진흥협회
④ 한국소프트웨어산업협회

참고 파트02-챕터02-섹션02

40 다음 중 Tickler System, Come Up System이 속하는 사무 관리의 관리 수단 체계는?

① 사무 조직
② 사무 조정
③ 사무 통제
④ 사무 계획

3과목 프로그래밍 일반

참고 파트03-챕터06-섹션03

41 세마포어(Semaphore)에 대한 설명으로 옳지 않은 것은?

① 세마포어에 대한 연산은 처리중에 인터럽트 되어야 한다.
② E.J.Dijkstra가 제안한 방법이다.
③ P조작은 프로세스를 대기시키는 Wait 동작이다.
④ V조작은 대기 중인 프로세스를 깨우는 신호를 보내는 Signal 동작이다.

참고 파트03-챕터03-섹션02

42 아래의 정규 문법으로 생성되는 문장은?

정규 문법 G : 1. S → aS | aB
2. C → a | aC
3. B → bC

① aaab ② abc
③ abaa ④ baba

참고 파트03-챕터05-섹션01

43 프로그램 수행 시 묵시적(Implicit) 순서 제어 구조에 속하는 것은?

① 수식의 괄호를 사용하여 연산 순서 조절
② 반복문을 사용하는 순서 제어
③ GOTO문으로 실행 순서 변경
④ 수식에서 괄호가 없으면 연산 우선순위에 의해 계산

참고 파트03-챕터06-섹션04

44 세그먼테이션의 설명으로 틀린 것은?

① 프로그래머가 메모리를 세그먼트들의 조합으로 볼 수 있게 해준다.
② 세그먼테이션은 내부, 외부 단편화가 있다.
③ 세그먼테이션은 동적으로 결정되는 서로 다른 크기의 세그먼트들로 구성된다.
④ 세그먼테이션에 대한 메모리 참조는 (세그먼트 번호, 오프셋) 주소 형식으로 이루어진다.

참고 파트03-챕터03-섹션03

45 소스코드 정적 분석(Static Analysis)에 대한 설명으로 옳지 않은 것은?

① 소스 코드를 실행시키지 않고 분석한다.
② 코드에 있는 오류나 잠재적인 오류를 찾아내기 위한 활동이다.
③ 하드웨어적인 방법으로만 코드 분석이 가능하다.
④ 자료 흐름이나 논리 흐름을 분석하여 비정상적인 패턴을 찾을 수 있다.

참고 파트03-챕터04-섹션04

46 Java에서 하위클래스에서 상위클래스를 참조하기 위해 사용하는 명령어는?

① extends   ② static
③ super   ④ method

참고 파트03-챕터06-섹션04

47 페이지 교체 알고리즘 중 현시점에서 가장 오랫동안 사용하지 않은 페이지를 교체하는 기법은?

① SCR   ② FIFO
③ LFU   ④ LRU

참고 파트03-챕터04-섹션04

48 C 언어에서 사용하는 기억클래스에 해당하지 않는 것은?

① Dynamic
② Auto
③ Static
④ Register

참고 파트03-챕터05-섹션02

49 중위 표기법(Infix notation)으로 표현된 산술식 "X=A+C/D"를 전위 표기법(Prefix notation)으로 옳게 나타낸 것은?

① =X+A/CD
② =+/XACD
③ /CD+A=X
④ XACD/+=

참고 파트03-챕터06-섹션03

50 HRN(Highest Response-ratio Next) 방식으로 스케줄링 할 경우, 입력된 작업이 다음과 같을 때 가장 먼저 처리되는 작업은?

작업	대기 시간	서비스 시간
A	5	1
B	10	6
C	15	7
D	20	8

① A
② B
③ C
④ D

참고 파트03-챕터06-섹션03

51 선점형 스케줄링 방식에 해당하는 것은?

① FIFO
② SJF
③ Round-Robin
④ HRN

참고 파트03-챕터04-섹션04

52 다음 C 코드 결과로 나타날 수 있는 값은?

```
void main() {
    ink k;
    k = 1;
    while(k<60)
    {
        if(k%4==0)
            printf("%d\n", k-2);
        k++;
    }
}
```

① 0   ② 8
③ 24   ④ 30

참고 파트03-챕터04-섹션05

53 다음은 무엇에 대한 설명인가?

"매개변소의 개수 및 데이터형(Data type)에 따라 수행하는 행위가 다른 동일한 이름의 메소드를 여러 개 정의할 수 있다."

① Identity
② Information hiding
③ Polymorphism
④ Object

참고 파트03-챕터06-섹션01

54 로더(Loader)의 기능이 아닌 것은?

① 번역(Compiling)
② 링킹(Linking)
③ 할당(Allocation)
④ 재배치(Relocation)

참고 파트03-챕터02-섹션02

55 원시프로그램을 컴파일러가 수행되고 있는 컴퓨터의 기계어로 번역하는 것이 아니라, 다른 기종에 맞는 기계어로 번역하는 것은?

① Cross Compiler
② Preprocessor
③ Linker
④ Debugger

참고 파트03-챕터03-섹션01

56 프로그램이 동작하는 동안 변화되는 값을 기억하는 것은?

① 변수
② 상수
③ 주석
④ 디버거

참고 파트03-챕터04-섹션04

57 다음 C 프로그램의 결과값은?

```
#include <stdio.h>
#include <string.h>
int main()
{
    printf("%d", strlen("Hello World"));
    return 0;
}
```

① 9
② 10
③ 11
④ 12

참고 파트03-챕터05-섹션05

58 하나의 자료객체에 동시에 서로 다른 두 이름이 바인딩 되어 있는 것은?

① 부작용(Side effect)
② 현수참조(Dangling reference)
③ 별명(Alias)
④ 가비지(Garbage)

참고 파트03-챕터03-섹션02

59 어휘 분석의 주된 역할은 원시 프로그램을 하나의 긴 스트링으로 보고 문자 단위로 스캐닝하여 문법적으로 의미 있는 일련의 문자들로 분할해 내는 것이다. 이때, 분할된 문법적인 단위를 무엇이라고 하는가?

① Token
② Parser
③ BNF
④ Pattern

참고 파트02-챕터03-섹션02

60 프로그램 저작권자의 권리에 해당하지 않는 것은?

① 공표권
② 성명표시권
③ 동일성 유지권
④ 프로그램 코드 역 분석권

참고 파트04-챕터06-섹션01

61 IPv6의 특징으로 옳지 않은 것은?

① IPv6의 주소의 길이는 256비트이다.
② 암호화와 인증 옵션 기능을 제공한다.
③ 프로토콜의 확장을 허용하도록 설계되었다.
④ 흐름 레이블(Flow Lable)이라는 항목이 추가되었다.

참고 파트04-챕터03-섹션05

62 전송 효율을 최대한 높이려고 데이터 블록의 길이를 동적으로 변경시켜 전송하는 ARQ 방식은?

① Adaptive ARQ
② Stop-And-Wait ARQ
③ Selective ARQ
④ Go-back-N ARQ

참고 파트01-챕터02-섹션03

63 TCP/IP(Transmission Control Protocol/Internet Protocol)상에서 네트워크 설정을 할 때, TCP/IP 등록 정보에 해당하지 않은 것은?

① 도메인 네임(Domain Name)
② IP Address
③ 게이트웨이(Gateway)
④ URL(Uniform Resource Locator)

참고 파트04-챕터03-섹션03

64 샤논의 이론을 적용하여 채널의 대역폭(W)이 3.1 [KHz] 이고, 채널의 출력 S/N이 100일 경우 채널의 통신용량(C)은 약 몇 (bps)인가?

① 20,640
② 20,740
③ 20,840
④ 20,940

참고 파트04-챕터03-섹션02

65 반송파로 사용되는 정현파의 진폭에 정보를 싣는 변조 방식은?

① ASK
② FSK
③ PSK
④ WDPCM

참고 파트04-챕터03-섹션02

66 16상 위상변조의 변조 속도가 1,200(baud)인 경우 데이터 전송 속도(bps)는?

① 1,200
② 2,400
③ 4,800
④ 9,600

참고 파트04-챕터03-섹션05

67 HDLC 프레임 구조에 포함되지 않는 것은?

① 플래그(Flag) 필드
② 제어(Control) 필드
③ 주소(Address) 필드
④ 시작(Start) 필드

참고 파트04-챕터05-섹션05

68 위성통신에서 호 접속 요구가 발생할 때만 회선을 할당하는 방식은?

① 고정 할당 방식
② 임의 할당 방식
③ 접속 요구 할당 방식
④ 주파수 할당 방식

참고 파트04-챕터02-섹션01

69 데이터 터미널과 데이터 통신기기의 접속 규격에 해당하는 것은?

① V.21
② V.23
③ V.24
④ V.26

참고 파트04-챕터04-섹션02

70 OSI 7계층 모델에서 기계적, 전기적, 절차적 특성을 정의한 계층은?

① 전송 계층
② 데이터링크 계층
③ 물리 계층
④ 표현 계층

참고 파트04-챕터02-섹션05

71 다음 글이 설명하고 있는 것은?

> 효율적인 전송을 위해 넓은 대역폭을 가진 하나의 전송 링크를 통하여 여러 신호를 동시에 실어 보내는 기술

① 집중화
② 암호화
③ 복호화
④ 다중화

참고 파트04-챕터02-섹션04

72 프로토콜 구성 요소에 해당하지 않는 것은?

① 구문(Syntax)
② 의미(Semantics)
③ 파라미터(Parameter)
④ 순서(Timing)

참고 파트04-챕터04-섹션03

73 IEEE 802.15 규격의 범주에 속하며 사용자를 주심으로 작은 지역에서 주로 블루투스 헤드셋, 스마트워치 등과 같은 개인화 장치들을 연결시키는 무선통신 규격은?

① WPAN
② VPN
③ WAN
④ WLAN

참고 파트04-챕터06-섹션01

74 라우팅(Routing) 프로토콜이 아닌 것은?

① BGP
② OSPF
③ SMTP
④ RIP

참고 파트04-챕터05-섹션04

75 다음 중 초고속통신망의 ATM에 대한 설명으로 틀린 것은?

① 48바이트의 페이로드(Payload)를 갖고 있다.
② 5바이트의 헤더를 갖고 있다.
③ 멀티미디어 서비스에 적합하다.
④ 동기식 전달모드로 고속데이터 전송에 사용된다.

참고 파트04-챕터05-섹션06

76 다중접속 방식이 아닌 것은?

① FDMA
② TDMA
③ CDMA
④ XDMA

참고 파트04-챕터01-섹션04

77 회선교환 방식에 비해 메시지 교환 방식의 장점으로 틀린 것은?

① 송신 측과 수신 측이 동시에 운영 상태에 있을 필요가 없다.
② 1개의 메시지를 여러 단말 장치로 복사하여 보낼 수 있다.
③ 한 노드에 전송대기 상태에 있는 메시지가 많다면 우선순위가 높은 메시지를 먼저 전송할 수 있다.
④ 회선의 효율성이 매우 낮다.

참고 파트01-챕터02-섹션03

78 203.230.7.110/29의 IP 주소 범위에 포함되어 있는 네트워크 및 브로드 캐스트 주소는?

① 203.230.7.102 / 203.230.7.111
② 203.230.7.103 / 203.230.7.254
③ 203.230.7.104 / 203.230.7.111
④ 203.230.7.105 / 203.230.7.254

참고 파트04-챕터04-섹션02

79 OSI 7계층 모델에서 기계적, 전기적, 절차적 특성을 정의한 계층은?

① 전송 계층
② 데이터링크 계층
③ 물리 계층
④ 표현 계층

참고 파트04-챕터03-섹션05

80 부정적 응답에 해당하는 전송제어 문자는?

① NAK(Negative AcKnowledge)
② ACK(ACKnowledge)
③ EOT(End of Transmission)
④ SOH(Start of Heading)

빠른 정답 확인 QR
스마트폰으로 QR을 찍으면 정답표가 오픈됩니다.
기출문제를 편리하게 채점할 수 있습니다.

2024년 최신 기출문제 02회

풀이 시간 _____ 분   내 점수 _____ 점

시험 시간	합격 점수	문항수
120분	60점	총 80개

1과목 **사무자동화시스템**

참고 파트01-챕터02-섹션01

01 컴퓨터의 핵심 부품인 중앙처리장치 중 제어장치의 구성 요소가 아닌 것은?

① 명령 레지스터
② 프로그램 카운터
③ 메모리 주소 레지스터
④ 데이터 레지스터

참고 파트01-챕터01-섹션02

02 사무자동화 추진에 있어서 요구분석 시 중점적으로 분석해야 할 사항과 가장 거리가 먼 것은?

① 안전요소   ② 인적요소
③ 처리요소   ④ 관리요소

참고 파트01-챕터02-섹션02

03 컴퓨터 시스템의 운영체제(O/S)에서 제어 프로그램(Control Programs)의 주된 기능으로 가장 거리가 먼 것은?

① Job Management
② Accounting Management
③ Data Management
④ Resource Management

참고 파트01-챕터04-섹션02

04 다음 설명에 가장 부합하는 것은?

> • 기업 경영에 필요한 모든 자원의 흐름을 언제든지 정확히 추출하여 기업에서 소요되는 자원의 효율적인 배치와 평가를 목적으로 한다.
> • 전 부문에 걸쳐있는 경영자원을 최적화된 방법으로 통합하는 통합정보시스템이라 할 수 있다.

① ERP   ② MIS
③ EDI   ④ CRM

참고 파트02-챕터02-섹션03

05 사무자동화의 배경 요인 중 사회적 요인과 가장 거리가 먼 것은?

① 정보화 사회의 출현으로 사무실에서 처리해야 할 정보의 양이 증가하였다.
② 단순 노동보다는 지적 노동이 부각화되었다.
③ 생산 부문의 합리화, 자동화에 부응하여 오피스에 대한 관심의 증가로 인해 기업구조가 변화하였다.
④ 이미지, 소리, 그래픽과 같은 멀티미디어 기술의 등장으로 다양한 형태의 정보처리가 가능하게 되었다.

참고 파트01-챕터01-섹션02

06 사무자동화 수행 방식 중 하향식(Top-Down) 접근 방식의 특징에 해당하는 것은?

① 경영자가 요구하는 최적의 시스템을 구축할 수 있는 방식이다.
② 기업의 최하위 단위부터 자동화하여 그 효과를 점차 증대시키는 방식이다.
③ 점진적인 사무자동화의 추진으로 기본 조직에 거부 반응이 최소화된다.
④ 시행착오가 빈번하여 전체적인 추진 시행에 어려움이 크다.

참고 파트01-챕터04-섹션02

07 전자우편 보안을 위해 사용되는 PGP에서 제공하지 않는 기능은?

① 부인 방지   ② 기밀성
③ 무결성   ④ 인증

참고 파트01-챕터03-섹션01

08 다음 중 컴퓨터 및 전산기기의 보호 및 유지관리를 위한 장비에 해당하지 않는 것은?

① AVR   ② AGP
③ UPS   ④ CVCF

참고 파트03-챕터06-섹션04

09 다음 중 중앙처리장치 내에 존재하는 레지스터가 아닌 것은?

① Program Counter
② Instruction Register
③ Accumulator
④ Multiplexer

참고 파트03-챕터06-섹션04

10 다음 중 프로그램 카운터(PC)에 대한·설명으로 옳은 것은?

① 곱셈과 나눗셈 명령어를 위한 누산기로 사용된다.
② 다음에 인출할 명령어의 메모리 주소를 가지고 있다.
③ 고속 메모리 전송명령을 위해 사용된다.
④ CPU의 동작을 제어하는 플래그를 가지고 있다.

참고 파트01-챕터01-섹션01

11 다음 중 사무자동화의 기본 구성 요소가 아닌 것은?

① 철학   ② 장비
③ 제도   ④ 행동과학

참고 파트01-챕터02-섹션01

12 다음 중 입력 장치에 해당하지 않는 것은?

① 스캐너   ② 디지타이저
③ 플로터   ④ 라이트 펜

참고 파트01-챕터02-섹션02

13 다음 글이 설명하고 있는 시스템은?

> • 다수의 단말이 통신회선을 이용하여 동일한 컴퓨터를 동시에 이용할 수 있게 하는 시스템이다.
> • 미국 MIT 대학에서 개발되어 실시간 대화형 처리 및 CPU의 활용도를 높이는 역할을 한다.

① 멀티태스킹 시스템
② 시분할 시스템
③ 시스템 제너레이션 시스템
④ 데이터베이스 관리 시스템

참고 파트04-챕터05-섹션02

14 계층구조가 아닌 단순한 표(Table)를 이용하여 데이터 상호관계를 정의하는 DB(Data Base) 구조는?

① 관계형 데이터베이스
② 사용자 데이터베이스
③ 링형 데이터베이스
④ 망형 데이터베이스

참고 파트04-챕터06-섹션03

15 멀티미디어 압축 기술에 해당하지 않는 파일 형식은?

① GIF   ② PNG   ③ MPEG   ④ DXF

참고 파트01-챕터02-섹션02

16 어떤 응용 프로그램을 사용하는지에 관계없이 데이터베이스를 자유롭게 사용하기 위하여 만든 응용 프로그램의 표준 방법을 의미하는 것은?

① GUI   ② ODBC
③ interface   ④ O/S

참고 파트01-챕터04-섹션01

17 DBMS의 관리자로 DB 설계와 행정 감독 및 분석에 대한 책임이 있는 사람은?

① DBMS 응용 프로그래머
② DBMS 사용자
③ 데이터베이스 관리자
④ 정보보안 관리자

참고 파트01-챕터01-섹션02

18 사무자동화 추진의 선결 과제로 적합하지 않은 것은?

① 추진 목표의 설정
② 한계선의 설정
③ 벤치마킹 실시
④ 전사적 캠페인의 실시

참고 파트01-챕터04-섹션01
19 데이터베이스 설계 과정에서 응용 프로그램이 프로그래밍 되는 단계로 가장 적절한 것은?

① 개념 설계 단계
② 구축 단계
③ 논리 설계 단계
④ 물리 설계 단계

참고 파트01-챕터03-섹션02
20 전자우편시스템에서 전자메일을 송신하는데 사용되는 프로토콜은?

① HTTP
② POP3
③ SMTP
④ TELNET

2과목 사무경영관리개론

참고 파트02-챕터02-섹션03
21 산업안전보건기준에 관한 규칙상 안정하게 통행할 수 있는 통로의 조명 기준은?

① 75럭스 이상
② 100럭스 이상
③ 300럭스 이상
④ 500럭스 이상

참고 파트02-챕터03-섹션01
22 자료의 열람 및 폐기에 관한 설명으로 옳지 않은 것은?

① 공개할 경우 사회 및 경제 질서 유지에 혼란이 초래될 우려가 있는 자료는 열람을 제한한다.
② 개인의 기밀에 속하는 사항으로 당사자에게 불이익을 줄 우려가 있는 경우 열람을 제한한다.
③ 심한 훼손으로 더 이상 활용이 곤란하게 된 자료는 자료관리 기관의 장이 폐기할 수 있다.
④ 3본 이상의 복사본을 소장하고 있는 자료로서 열람 빈도가 낮아 복사본을 소장할 필요가 없게 된 자료는 자료관리 기관의 장이 폐기할 수 있다.

참고 파트02-챕터02-섹션01
23 사무분석의 기법 중 사무공정 분석에 관한 내용이 아닌 것은?

① 사무흐름의 표준화
② 사무서식의 분석 및 개선
③ 결재권한의 합리화
④ 사무작업시간의 적정화

참고 파트02-챕터04-섹션01
24 사무작업의 측정법과 관계없는 것은?

① 스톱 워치법
② 워크 샘플링법
③ 표준시간 자료법
④ 추상적 측정법

참고 파트01-챕터04-섹션02
25 "코를 킁킁거리다"는 뜻으로 도청 공격을 의미하는 용어로 옳은 것은?

① 스푸핑
② Dos
③ 스니핑
④ XSS

참고 파트01-챕터04-섹션03
26 그룹웨어(Groupware)에 대한 설명으로 가장 거리가 먼 것은?

① 협동작업을 지원하기 위해 컴퓨터 기술을 이용하는 시스템의 통칭이다.
② 컴퓨터 지원 협동작업을 가능하게 하는 하드웨어 및 소프트웨어 시스템이다.
③ 클라이언트를 사용자 단말기로 하고 서버를 호스트 컴퓨터로 하는 네트워크 시스템이다.
④ 사람 간의 프로세스의 생산성과 기능성을 증진하는 컴퓨터로 중재되는 시스템이다.

참고 파트02-챕터02-섹션02
27 계획의 집행을 잘못하였거나 계획 집행상 예상하지 못한 변화가 생긴 경우 이에 적용 가능한 통제원칙은?

① 표준의 원칙
② 탄력적 통제원칙
③ 중요항목 통제원칙
④ 활동의 원칙

참고 파트02-챕터04-섹션01
28 사무분담 조사법에서 근무시간 중 일정한 시간을 한정시킨 다음 계속하여 조사하는 발췌 검사식 방법은?

① 연속관찰법
② 계속관찰법
③ 면접청취법
④ 기록진행법

참고 파트02-챕터04-섹션02
29 공공기록물 관리와 관련한 법률상 다음 (   ) 안에 알맞은 것은?

> 중앙기록물관리기관의 장은 기록물이 효율적이고 통일적으로 관리·활용될 수 있도록 기록물 관리의 (   )를 위한 정책을 수립하여 시행하여야 한다.

① 표준화   ② 분업화
③ 간소화   ④ 전문화

참고 파트01-챕터04-섹션01
30 자료 관리를 위한 일반적인 데이터베이스 시스템과는 다르게 빅데이터는 분석이 난해한 대규모의 데이터를 의미한다. 빅데이터의 3가지 특징인 3V와 가장 거리가 먼 것은?

① Vacant
② Variety
③ Velocity
④ Volume

참고 파트02-챕터04-섹션02
31 상급기관이 하급기관에 대하여 장기간에 걸쳐 그 권한의 행사를 지시하기 위하여 발하는 명령은?

① 지시
② 훈령
③ 예규
④ 고시

참고 파트02-챕터04-섹션01
32 각 부서가 서식의 취급을 둘러싸고 어떤 관계에 놓여 있는가를 파악하고 책임 범위를 명확히 하는 데 목적이 있는 연구 기법은?

① 인간절차도표
② 서식절차도표
③ 서식경로도표
④ 작업도표

참고 파트02-챕터01-섹션03
33 경영전략에 따른 의사결정에 대한 안소프(Ansoff)의 주장과 관계없는 것은?

① 의사결정에는 상품의 시장선택이 포함된다.
② 의사결정에는 경쟁상의 이점이 포함된다.
③ 의사결정에는 성장 벡터가 포함된다.
④ 의사결정에는 환경변화 정보가 포함된다.

참고 파트02-챕터04-섹션01
34 표준작업시간을 정할 때 여유율에 포함되지 않는 것은?

① 신체 여유
② 용달 여유
③ 피로 여유
④ 작업 여유

참고 파트02-챕터04-섹션02

35 행정업무의 운영 및 혁신에 관한 규정상 각종 증명 발급에 관한 문서의 발급번호의 형식으로 옳은 것은?

① 단말번호~출력연월일
② 단말번호_출력연월일
③ 단말번호=출력연월일
④ 단말번호-출력연월일

참고 파트02-챕터02-섹션01

36 사무 조직의 형태 중 라인조직(Line organization) 의 장점이 아닌 것은?

① 단순하고 이해하기 쉽다.
② 결정과 집행이 쉽다.
③ 전문가 양성이 용이하다.
④ 책임 소재가 명확하다.

참고 파트02-챕터03-섹션03

37 생체 인증 방식과 가장 거리가 먼 것은?

① 암호인식
② 홍채인식
③ 지문인식
④ 정맥인식

참고 파트02-챕터01-섹션01

38 경영과 사무의 관계를 잘못 서술한 것은?

① 판매전표를 작성하는 경우 이는 사무이며, 동시에 경영의 판매활동을 처리하는 것이다.
② 경영의 목적은 사무에 있고, 사무활동은 작업적 측면과 기능적 측면으로 분류할 수 있다.
③ 사무의 간소화, 표준화, 기계화는 동시에 경영활동의 간소화, 표준화, 기계화를 성취하는 것이다.
④ 사무기능도 경영기능과 같이 생산사무, 재무사무, 인사사무, 판매사무 등으로 나눌 수 있다.

참고 파트02-챕터02-섹션01

39 사무작업의 분산화 목적과 가장 거리가 먼 것은?

① 작업 시간, 거리, 운반 등의 간격을 줄일 수 있다.
② 사무 작업자의 사기 저하를 방지할 수 있다.
③ 사무의 중요도에 따라 순조롭게 처리할 수 있다.
④ 사무원 관리가 용이하다.

참고 파트02-챕터04-섹션02

40 행정업무의 운영 및 혁신에 관한 규정 중 행정기관이 일정한 사항을 일반인에게 알리기 위한 문서에 해당하는 것은?

① 공고문서
② 민원문서
③ 법규문서
④ 지시문서

3과목 **프로그래밍 일반**

참고 파트03-챕터04-섹션04

41 C 언어의 특징으로 옳지 않은 것은?

① 기호 코드(Mnemonic Code)라고도 한다.
② 이식성이 뛰어나 컴퓨터 기종에 관계없이 프로그램을 작성할 수 있다.
③ UNIX 운영체제를 구성하는 시스템 프로그램이다.
④ 포인터에 의한 번지 연산 등 다양한 연산 기능을 가진다.

참고 파트03-챕터04-섹션04

42 C 언어에서 버퍼에 남아 있는 불필요한 데이터를 삭제해주는 함수는?

① gets()
② fflush()
③ fwrite()
④ printf()

참고 파트03-챕터06-섹션03

43 교착상태의 발생 조건이 아닌 것은?

① 상호 배제
② 환형 대기
③ 선점
④ 점유와 대기

참고 파트03-챕터04-섹션04

44 단항 연산으로만 나열된 것은?

① OR, COMPLEMENT, MOVE
② COMPLEMENT, MOVE, AND
③ NOT, COMPLEMENT, XOR
④ NOT, COMPLEMENT, MOVE

참고 파트03-챕터03-섹션01

45 BNF 표기법 중 "반복"을 의미하는 것은?

① 〈 〉　　　　② |
③ ::=　　　　④ { }

참고 파트03-챕터04-섹션05

46 객체 지향 언어에서 공통된 속성과 연산(행위)을 갖는 객체의 집합으로, 객체의 일반적인 타입을 의미하는 것은?

① 추상화
② 인스턴스
③ 메시지
④ 클래스

참고 파트03-챕터03-섹션01

47 Parse Tree에 대한 설명으로 가장 거리가 먼 것은?

① 작성된 표현식이 BNF의 정의에 의해 바르게 작성되었는지를 확인하기 위해 만드는 트리이다.
② 주어진 표현식에 대한 파스트리가 존재한다면, 그 표현식은 BNF에 의해 작성될 수 없음을 의미한다.
③ 문법의 시작 기호로부터 적합한 생성 규칙을 적용할 때마다 가지치기가 이루어진다.
④ 파스트리의 터미널 노드는 단말 기호들이 된다.

참고 파트03-챕터05-섹션03

48 구조적 프로그램의 기본 구조가 아닌 것은?

① 순차 구조
② 반복 구조
③ 일괄 구조
④ 선택 구조

참고 파트03-챕터05-섹션02

49 중위표기의 수식 "A*(B-C)"를 후위 표기로 나타낸 것은?

① ABC*−
② ABC−*
③ A*BC−
④ AB−C*

참고 파트03-챕터02-섹션02

50 일반적인 컴파일러 기반 프로그래밍 언어로 작성한 프로그램의 수행 순서를 옳게 나열한 것은?

① 링커
② 원시 프로그램
③ 로더
④ 컴파일러
⑤ 목적 프로그램

① ② → ④ → ⑤ → ① → ③
② ⑤ → ④ → ② → ① → ③
③ ② → ③ → ④ → ① → ⑤
④ ④ → ① → ③ → ② → ⑤

참고 파트03-챕터04-섹션03

51 C 언어의 포인트 형(Pointer Type)에 대한 설명으로 틀린 것은?

① 포인터 변수는 기억장소의 번지를 기억하는 동적변수이다.
② 포인터는 가리키는 자료형이 일치할 때 대입하는 규칙이 있다.
③ 보통 변수의 번지를 참조하려면 번지 연산자 #을 변수 앞에 쓴다.
④ 실행 문에서 간접연산자 *를 사용하여 포인터변수가 지시하고 있는 내용을 참조한다.

참고 파트03-챕터04-섹션04

52 C 언어의 변환 문자 형식 중 인수를 16진수 정수로 변환하는 것은?

① %d
② %x
③ %c
④ %f

참고 파트03-챕터06-섹션05

53 UNIX 명령어에서 현재 작업 중인 디렉터리 경로를 보여주는 명령어는?

① dir
② cat
③ pwd
④ write

참고 파트03-챕터06-섹션04

54 다음 그림과 같은 기억장소에서 16K를 요구하는 프로그램이 두 번째 공백인 16K의 작업 공간에 배치되는 기억장치배치의 전략은?

운영체제
사용중
30K
사용중
16K
사용중
50K
사용중

① First Fit
② Worst Fit
③ Best Fit
④ Second Fit

참고 파트03-챕터02-섹션02

55 실행 가능한 목적 파일을 통합해서 실행하기 위해 메인 메모리에 적재하는 기능을 하는 것은?

① 링커
② 로더
③ 컴파일러
④ 프리프로세서

참고 파트03-챕터06-섹션04

56 시간 구역성과 관련이 없는 것은?

① 순환(Loop)
② 배열 순회(Array traversal)
③ 부 프로그램(Sub program)
④ 집계(Totaling)

참고 파트03-챕터06-섹션04

57 4개의 페이지를 수용하는 주기억장치가 현재 완전히 비어 있으며, 어떤 프로세스가 다음과 같이 페이지 번호를 요청한다고 가정할 경우 페이지 정책으로 LFU(Least Frequency Used) 기법을 사용할 때 페이지 부재가 몇 번 발생하는가?

> 요청페이지 번호 순서 : 1,2,3,4,1,2,5,1,2

① 3
② 4
③ 5
④ 6

참고 파트03-챕터06-섹션04

58 가상기억장치 관리에서 너무 자주 페이지 교체가 일어나서 시스템의 심각한 성능 저하를 초래하는 현상은?

① Locality
② Segmentation
③ Thrashing
④ Working set

참고 파트03-챕터04-섹션05

59 객체지향 개념에서 이미 정의되어 있는 상위 클래스(슈퍼 클래스 혹은 부모 클래스)의 메소드를 비롯한 모든 속성을 하위 클래스가 물려받는 것을 무엇이라 하는가?

① Abstraction
② Method
③ Inheritance
④ Message

참고 파트03-챕터05-섹션05

60 C++ 함수 정의 시 아래의 func()처럼 매개 변수를 전달하는 방법은?

```
void main () {
            int a = 3 ;
            func (a) ;
}
void func(int &x) {
            x = 5 ;
}
```

① Call by Value
② Call by Reference
③ Call by Name
④ Call by Position

4과목 정보통신개론

참고 파트04-챕터04-섹션03

61 패킷교환에서 가상회선 방식과 비교하여 데이터그램 방식의 장점으로 틀린 것은?

① 짧은 메시지를 전송할 경우 훨씬 빠르다.
② 모든 패킷이 항상 보내어진 순서대로 도착하고, 패킷의 에러 복구가 가능하다.
③ 망의 혼잡 상황에 따라 적절한 경로로 패킷을 전달할 수 있는 융통성이 크다.
④ 우회 경로로 패킷을 전달할 수 있으므로 신뢰성이 높다.

참고 파트04-챕터03-섹션02

62 원신호를 복원하기 위해서 샘플링 주파수는 샘플링되는 신호의 최고 주파수에 비하여 최소한 몇 배 이상이 되어야 하는가?

① 1
② 2
③ 3
④ 4

참고 파트04-챕터03-섹션05

63 전송 효율을 최대한 높이려고 데이터 블록의 길이를 동적으로 변경시켜 전송하는 ARQ 방식은?

① Adaptive ARQ
② Stop-And-Wait ARQ
③ Selective ARQ
④ Go-back-N ARQ

참고 파트04-챕터04-섹션02

64 OSI 7 계층에서 데이터링크 계층의 기능에 해당하는 것은?

① 코드 변환
② 우편 서비스
③ 네트워크 가상 터미널
④ 오류제어

참고 파트04-챕터06-섹션01

65 TCP 프로토콜에 대한 설명으로 틀린 것은?

① 신뢰성 있는 전송 프로토콜이다.
② 전이중 서비스를 제공한다.
③ 비연결형 프로토콜이다.
④ 스트림 데이터 서비스를 제공한다.

참고 파트04-챕터06-섹션01

66 DNS 서버가 사용하는 TCP 포트 번호는?

① 11
② 26
③ 53
④ 104

참고 파트04-챕터05-섹션01

67 비패킷형 단말기들을 패킷교환망에 접속이 가능하도록 데이터를 패킷으로 조립하고, 수신 측에서는 분해해주는 것은?

① PAD
② X.30
③ Li-Fi
④ NIC

참고 파트04-챕터02-섹션05

68 주파수 분할 다중화(FDM) 방식에서 보호대역(Guard Band)의 역할로 가장 옳은 것은?

① 주파수 대역폭 확장
② 신호의 세기를 증폭
③ 채널 간의 간섭을 제한
④ 많은 채널을 좁은 주파수 대역에 포함

참고 파트04-챕터05-섹션04

69 블록 암호화 알고리즘의 일종으로 대칭키 암호이며, 평문을 64비트로 나누어 56비트 암호키(Key)를 사용하는 것은?

① DES   ② AES
③ ARLA   ④ RC6

참고 파트04-챕터03-섹션03

70 9,600[bps]의 비트열(Bit Stream)을 16진 PSK로 변조하여 전송하면 변조 속도는?

① 2,400[baud]
② 3,200[baud]
③ 9,600[baud]
④ 76,800[baud]

참고 파트04-챕터05-섹션06

71 다중접속 방식이 아닌 것은?

① FDMA   ② TDMA
③ CDMA   ④ XXUMA

참고 파트04-챕터06-섹션01

72 회선 양쪽 시스템이 처리 속도가 다를 때, 데이터양이나 통신 속도를 수신 축이 처리할 수 있는 능력을 넘어서지 않도록 조정하는 기술은?

① 인증 제어
② 흐름 제어
③ 오류 제어
④ 동기화

참고 파트04-챕터02-섹션06

73 다음 중 OSI-7 참조모델의 네트워크 계층까지의 기능을 수행하는 것은?

① 어댑터   ② 브리지
③ 라우터   ④ 리피터

참고 파트04-챕터04-섹션03

74 다음 중 IEEE 관련 MAN의 표준안으로 DQDB에 관한 것은?

① IEEE 802.1
② IEEE 802.3
③ IEEE 802.6
④ IEEE 802.8

참고 파트03-챕터06-섹션01

75 수신단에서 디지털 전송 신호로부터 데이터 비트를 복원하는 장치는?

① Allocation
② Transformer
③ Mesh
④ DEcoder

참고 파트04-챕터03-섹션02

76 아날로그 데이터를 디지털 신호로 변환하는 대표적인 PCM(Pulse Code Modulation) 변조 방식의 과정은?

① 표본화 → 양자화 → 부호화 → 복호화 → 여과
② 표본화 → 여과 → 부호화 → 복호화 → 양자화
③ 표본화 → 부호화 → 양자화 → 복호화 → 여과
④ 표본화 → 여과 → 복호화 → 부호화 → 양자화

참고 파트04-챕터06-섹션01

77 IPv4망에서 IPv6망으로의 천이기법이 아닌 것은?

① Dual Stack
② Tunneling
③ Translation
④ Fragmentation

참고 파트04-챕터06-섹션01

78 데이터를 목적지까지 빠르게, 일정한 속도로, 신뢰성 있게 보내기 위해 대역폭, 우선순위 등 네트워크 자원을 주어진 네트워크 자원에 각종 응용 프로그램의 송신 수요를 지능적으로 맞춰주는 여러 가지 기술을 총칭하는 용어는?

① NTP
② QoS
③ RADIUS
④ SMTP

참고 파트04-챕터03-섹션05

79 HDLC에서 한 프레임(Frame)을 구성하는 요소로 가장 거리가 먼 것은?

① Flag
② Address Field
③ Control Field
④ Start/Stop bit

참고 파트04-챕터03-섹션03

80 신호 대 잡음비가 15이고, 대역폭이 1,200[Hz]라고 하면 통신용량(bps)은?

① 1,200
② 2,400
③ 4,800
④ 9,600

빠른 정답 확인 QR

스마트폰으로 QR을 찍으면 정답표가 오픈됩니다.
기출문제를 편리하게 채점할 수 있습니다.

1과목 사무자동화시스템

참고 파트01-챕터01-섹션01

01 다음 중 사무실의 업무를 기능상 분류했을 때 옳게 분류한 것은?

① 행정 기능, 서비스 기능, 연구 기능
② 단순사무 기능, 관리 기능, 서비스 기능
③ 관리 기능, 연구 기능, 행정 기능
④ 정보 기능, 업무 기능, 행정 기능

참고 파트01-챕터03-섹션02

02 포트번호 143을 사용하고 메시지의 헤더만을 다운로드할 수 있으며 다중 사용자 메일박스와 서버에 기반을 둔 저장 폴더를 만들어 주는 기능을 제공함으로써 스마트폰, 태블릿, 다른 PC 등의 이메일 클라이언트에서도 확인할 수 있는 이메일 프로토콜은?

① POP3   ② SMTP   ③ IMAP   ④ PGP

참고 파트01-챕터04-섹션01

03 데이터베이스 모형 중 다음과 관련 있는 것은?

- 표(Table) 형태로 저장한다.
- 다른 데이터베이스로 변환이 용이하다.
- 간결하고 보기가 편리하다.

① 관계 모형
② 계층 모형
③ 망 모형
④ 트리 모형

참고 파트01-챕터02-섹션01

04 프린터 인쇄 품질(해상도) 단위로 가장 적합한 것은?

① CPS   ② LPM   ③ DPI   ④ PPM

참고 파트02-챕터01-섹션01

05 다음 중 페이욜(H.Fayol)이 주장한 관리의 고유 기능의 활동 범주에 속하지 않는 것은?

① Accounting
② Technical
③ Financial
④ Audit

참고 파트03-챕터06-섹션01

06 중앙처리장치(CPU)의 구성 요소에 해당하지 않는 것은?

① PC
② IR
③ MAR
④ HDD

참고 파트01-챕터02-섹션01

07 다음 중 사용자가 원하는 프로그램을 한번 기억시키면 지울 수 없는 기억소자는?

① PROM
② EEPROM
③ EPROM
④ DRAM

참고 파트01-챕터02-섹션03

08 새로운 제품이나 서비스를 창조해내기 위해 하나의 소스 이상에서 얻은 콘텐츠를 쓰는 웹 사이트 또는 웹 애플리케이션을 의미하는 것은?

① 위키
② 블로그
③ 소셜 태깅
④ 매시업

참고 파트01-챕터02-섹션03

09 인터넷 기반 음성전화 기술로 옳은 것은?

① PTZ
② VDSL
③ CCTV
④ VoIP

참고 파트01-챕터04-섹션02

10 인터넷 사용자의 컴퓨터에 잠입하여 내부 문서, 스프레드시트, 그림(사진)파일 등을 암호화시킨 후 해동 프로그램 또는 방법을 알려주겠다며 금품을 요구하는 악성 프로그램은?

① 랜섬웨어
② 비트라커
③ 크립토그래피
④ 스테가노그래피

참고 파트01-챕터04-섹션01

11 데이터베이스 시스템에서 스키마의 3단계에 해당하지 않는 것은?

① 내부 스키마
② 외부 스키마
③ 전체 스키마
④ 개념 스키마

참고 파트02-챕터02-섹션02

12 사무 표준의 구비 조건으로 틀린 것은?

① 사무 표준은 정확해야 한다.
② 사무 작업내용과 근무조건을 분석하기 전에 만들어야 한다.
③ 주기적으로 재검토하여 수정하여야 한다.
④ 실제 적용에 무리가 없고 당사자인 사무원들이 받아들일 수 있어야 한다.

참고 파트01-챕터04-섹션03

13 다음 중 그룹웨어(Groupware)의 특징으로 옳지 않은 것은?

① 통신망을 이용한다.
② 구성원들 간에 정보를 주고 받으면서 생산성을 높이는 데 주안점을 둔다.
③ 정보를 공유하여 신속한 결정을 내릴 수 있도록 지원한다.
④ 기업과 소비자 간의 판매 서비스 교환에 중점을 둔다.

참고 파트01-챕터01-섹션02

14 사무자동화의 계획적 도입을 5단계 순서로 바르게 나열한 것은?

① 업무분석	② 목표와 방침 설정
③ 추진체제의 확립	④ 효과와 검증 절차
⑤ 업무개선과 OA의 도입	

① ① → ② → ③ → ④ → ⑤
② ② → ③ → ① → ④ → ⑤
③ ① → ② → ③ → ⑤ → ④
④ ② → ① → ③ → ⑤ → ④

참고 파트01-챕터02-섹션03

15 단말기 10대 정도인 소규모 사무실 단위의 사무자동화시스템 구축에 가장 적합한 통신망(네트워크)의 규모는?

① VAN   ② LAN   ③ WAN   ④ MAN

참고 파트02-챕터01-섹션03

16 MIS의 기본 구성 요소와 그 관련 설명이 가장 옳게 짝지어지지 않은 것은?

① 의사결정 Sub System - MIS의 지휘기능에 해당하며, System 설계기능도 포함
② 데이터베이스 Sub System - 체계적으로 축적된 데이터의 집합 기능
③ 프로세스 Sub System - 자료 저장·검색기능
④ 시스템 설계 Sub System - 의사 결정의 이론과 방법에 따라 System 구성

참고 파트01-챕터01-섹션02

17 다음 사무자동화 수행 방식 중 하향식 접근 방식에 관한 것은?

① 단기간에 구축할 수 있으며 최고 경영자가 요구하는 최적의 시스템을 구축한다.
② 기존 조직의 거부감이 상대적으로 적어 자연스럽게 도입된 기기의 활용이 가능하다.
③ 사무자동화 도입을 조직의 하부 단위 업무로부터 점차 상층부로 확대 실시한다.
④ 사무 개선으로 시작하는 예가 많으며 단계적으로 고도의 자동화 수준으로 확대해 간다.

참고 파트02-챕터04-섹션02

18 문서 보존 시 변질 원인인 충해의 방지를 위하여 행하는 일이 아닌 것은?

① 습도 유지
② 온도 유지
③ 방범 실시
④ 소독 실시

참고 파트01-챕터01-섹션01

19 사무자동화의 4대 기본 요소로 올바르게 짝지어진 것은?

① 사무실, 장비, 정보화, 통신
② 철학, 장비, 시스템, 인간
③ 인간, 자료, 자동화, 시스템
④ 경영, 조직, 시스템, 기계

참고 파트01-챕터01-섹션03

20 사무자동화시스템을 평가하는 방법에 속하지 않는 것은?

① 투자 효율 산정법
② 상대적 평가법
③ 정성적 평가법
④ 직무별 비교법

2과목 사무경영관리개론

참고 파트02-챕터01-섹션02

21 MBO(Management by Objectives)의 개념으로 옳은 것은?

① 목표에 의한 관리
② 자료에 의한 관리
③ 경영에 의한 관리
④ 계획에 의한 관리

참고 파트01-챕터01-섹션03

22 사무조직의 집권화에 대한 장점이 아닌 것은?

① 기계 설비의 유휴시간이 감소되어 소요 면적이 감소된다.
② 시간의 경제성을 높이고 작업량의 균일화가 가능하다.
③ 의사결정에 있어서 보다 상세한 정보투입을 가능하게 한다.
④ 휴가 또는 질병에 의한 결근에 대해 적절한 조치를 취할 수 있다.

참고 파트02-챕터04-섹션01

23 길브레스(Gilbreth)의 "동작의 경제원칙"을 가장 잘 나타내고 있는 것은?

① 발로 할 수 있는 일은 오른손을 사용한다.
② 왼손으로 할 수 있는 작업이라도 오른손을 사용한다.
③ 가능한 한 양손이 동시에 작업을 시작하되 끝날 때는 각각 끝나도록 한다.
④ 이 원칙은 생산작업뿐만 아니라 사무작업에서도 응용할 수 있다.

참고 파트02-챕터04-섹션01

24 사무량을 측정하는 방법으로 소요시간을 측정하여 여기서 얻은 수치로써 표준시간을 계정하는 방법은?

① Stop watch 법
② Work sampling 법
③ Standard data 법
④ Predetermined time standard 법

참고 파트01-챕터01-섹션03

25 고객관계관리를 의미하는 용어로 옳은 것은?

① CRM
② SCM
③ ERP
④ POS

참고 파트02-챕터02-섹션02

26 다음 설명의 (ㄱ), (ㄴ)에 가장 적합한 것은?

"전자기록물로 구성되어 있는 기록물철의 (ㄱ)는(은) 해당 전자기록물철의 (ㄴ)(으)로 관리한다."

① (ㄱ) : 색인번호,　(ㄴ) : 등록정보
② (ㄱ) : 색인번호,　(ㄴ) : 생산정보
③ (ㄱ) : 분류번호,　(ㄴ) : 등록정보
④ (ㄱ) : 분류번호,　(ㄴ) : 생산정보

참고 파트02-챕터02-섹션01

27 사무조직의 형태 중 라인 조직의 장점으로 적합하지 않은 것은?

① 전문화의 결여
② 단순하고 이해하기 쉬움
③ 결정과 집행의 신속
④ 책임소재의 명확

참고 파트02-챕터04-섹션02

28 EDI의 효과에 대한 설명 중 가장 거리가 먼 것은?

① 불확실성의 감소
② 고비용, 고능률
③ 오류의 감소
④ 거래시간의 단축

참고 파트02-챕터01-섹션02

29 현대 과학적 사무관리의 추세가 아닌 것은?

① 사무관리의 표준화
② 사무관리의 통제화
③ 사무관리의 간소화
④ 사무관리의 전문화

참고 파트02-챕터04-섹션02

30 기안문에서 발의자와 보고자의 표시가 옳게 짝지어 진 것은?

① 발의자 : ⊙ 보고자 : ★
② 발의자 : ★ 보고자 : ⊙
③ 발의자 : ◎ 보고자 : ●
④ 발의자 : ● 보고자 : ◎

참고 파트02-챕터04-섹션01

31 다음 보기의 조건으로 계산한 CMU법(실적기록법)에 의한 작업 건당 처리시간은?

- 사무원 수 : 5명
- 1일 평균 총처리 건수 : 200건
- 6일간 1인당 평균 근무시간 : 44시간

① 10.8분
② 11.0분
③ 11.2분
④ 12.6분

참고 파트04-챕터05-섹션01

32 다음 중 행정정보 통신망 구축의 효과로 가장 거리가 먼 것은?

① 처리능력 향상
② 프로토콜의 다양성 확보
③ 경제적 효과
④ 신뢰성 향상

참고 파트02-챕터03-섹션01

33 카드, 도면, 대장 등과 같이 주로 사람, 물품 또는 권리관계 등에 관한 사랑의 관리나 확인 등에 수시로 사용되는 기록물은?

① 비치기록물
② 전자기록물
③ 서류기록물
④ 관용기록물

참고 파트01-챕터04-섹션02

34 정보보안의 3요소가 아닌 것은?

① 기밀성　　　　② 구속성
③ 가용성　　　　④ 무결성

참고 파트02-챕터03-섹션01

35 자료의 십진분류법 중에서 우리나라의 일반자료의 분류에 많이 사용되는 분류법은?

① SDC　　② UDC　　③ NDC　　④ KDC

참고 파트02-챕터04-섹션02

36 전자문서의 도달 시기에 대하여 가장 적합하게 설명한 것은?

① 도달 시기에 대한 특별한 규정이 없다.
② 수신자의 컴퓨터 파일에 기록된 때부터 그 수신자에게 전달된 것으로 본다.
③ 전자서명을 작성한 때부터 그 수신자에게 전달된 것으로 본다.
④ 인증기관의 확인을 받은 때부터 그 수신자에게 전달된 것으로 본다.

참고 파트02-챕터03-섹션01

37 사무관리규정에 의하여 서식용지의 지질 및 단위당 중량을 결정할 때, 참작할 사항이 아닌 것은?

① 복사 방법　　　② 기재 방법
③ 사용 목적　　　④ 사용 용도

참고 파트02-챕터03-섹션01

38 자료관리에 대한 설명으로 옳지 않은 것은?

① 자료관리는 수집된 많은 양의 자료에서 필요한 정보를 유효하고 적절하게 얻어낼 수 있어야 한다.
② 자료관리는 자료를 필요로 하는 곳에 신속하게 전달하는 것이다.
③ 자료관리는 자료의 대출, 전시, 복사, 번역서비스, 전달 등의 내용을 모두 포함한다.
④ 자료관리는 자료를 수집, 분류, 정리하고 필요 없는 자료가 폐기되지 않도록 영구히 보관하는 일련의 과정이다.

참고 파트02-챕터02-섹션03

39 사무실 배치의 일반적인 원칙이라고 볼 수 없는 것은?

① 대실주의로 한다.
② 소실 할거주의로 한다.
③ 업무상 관련이 깊은 부서는 가능한 한 가깝게 둔다.
④ 고객이 많은 부서는 입구 근처에 배치한다.

참고 파트02-챕터01-섹션01

40 힉스(B. Hicks)가 정의한 사무작업의 요소와 가장 관계없는 것은?

① 서술 및 면담
② 보고서와 기록의 준비
③ 기록의 준비 및 기록의 보존
④ 서신, 전화보고, 회의명령 등의 의사소통

3과목 프로그래밍 일반

참고 파트03-챕터05-섹션01

41 프로그램 수행 시 묵시적 순서제어의 의미로 옳은 것은?

① 오류에 의해 순서가 바뀌는 것을 묵인하는 것을 의미한다.
② 변수를 사용하지 않고 순서를 제어함을 의미한다.
③ 괄호나 연산자 등의 수식에 따른 순서 제어구조를 허용하지 않음을 의미한다.
④ 문법에 따라 미리 정해진 순서대로 제어가 일어나는 것을 의미한다.

참고 파트03-챕터04-섹션06

42 Java에서 사용하는 접근제어자의 종류가 아닌 것은?

① private　　　　② default
③ public　　　　④ internal

참고 파트03-챕터01-섹션01

43 운영체제에서 두 개 이상의 프로세스가 동시에 접근하여 사용할 수 없는 자원은?

① Cluster Resource
② Critical Resource
③ Exit Resource
④ Input Resource

참고 파트03-챕터05-섹션02

44 Postfix expression "345＋＊"의 계산된 결과는?

① 27
② 35
③ 17
④ 32

참고 파트03-챕터04-섹션03

45 C 언어의 포인터 조작 연산에서 변수 pc에 대입되는 것과 같은 결과를 갖는 것은?

```
char *pc, array1[100];
pc=array1;
```

① pc = &array1[0];
② pc = &array1[2];
③ pc = array1[10];
④ pc = array1[1];

참고 파트03-챕터05-섹션02

46 이항(Binary) 연산자가 아닌 것은?

① XOR
② OR
③ AND
④ COMPLEMENT

참고 파트03-챕터03-섹션01

47 수명 시간 동안 고정된 하나의 값과 이름을 가지며, 프로그램이 동작하는 동안 절대로 값이 변하지 않는 것은?

① 상수
② 변수
③ 포인터
④ 블록

참고 파트03-챕터06-섹션04

48 주기억장치의 사용 가능 공간 리스트가 다음과 같을 때 새로운 13K의 프로세스를 30K 공백에 배치하였다. 이때 사용된 메모리 배치 기법은?

시작수소	크기
1,000	16K
5,000	14K
8,000	5K
11,000	30K

① 최적적합(Best-Fit)
② 최악적합(Worst-Fit)
③ 최초적합(First-Fit)
④ 최후적합(Last-Fit)

참고 파트03-챕터06-섹션03

49 프로세스 상태 전이도의 A에 맞는 항목은?

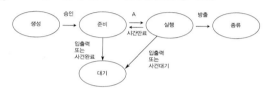

① 인터럽트
② 프로세스
③ 블로킹
④ 디스패치

참고 파트03-챕터03-섹션03

50 프로그램 실행 시 원시 프로그램을 문자 단위로 스캐닝하여 문법적으로 의미 있는 일련의 문자들로 분할해 내는 역할을 하는 것은?

① 구문 분석기
② 어휘 분석기
③ 디버거
④ 선행 처리기

참고 파트03-챕터04-섹션05

51 소프트웨어 설계에서 사용되는 대표적인 추상화 메커니즘이 아닌 것은?

① 프로토콜 추상화
② 자료 추상화
③ 제어 추상화
④ 기능 추상화

참고 파트03-챕터06-섹션05

52 UNIX 파일 시스템에서 파일, 디렉토리, 간접블록을 저장하는 영역의 블록은?

① 부트블록
② 블랙 블록
③ inode리스트
④ 데이터 블록

참고 파트03-챕터04-섹션01

53 C 언어에서 포인터를 사용하여 두 변수 a, b의 값을 교체하는 경우 빈칸에 알맞은 코드는?

```
int a=10, b=20, temp;
int *pa = &a;
int *pb = &b;

temp = *pa;



*pb = temp;
```

① b = &a;
② a = b;
③ *pb = *pa;
④ *pa = *pb;

참고 파트03-챕터04-섹션04

54 C 언어에서 문자형 자료를 나타내는 데이터형은?

① integer
② int
③ char
④ character

참고 파트03-챕터02-섹션01

55 프로그램의 오류 수정 작업을 위해 사용되는 소프트웨어를 무엇이라고 하는가?

① 디버거　　② 링커　　③ 모니터　　④ 매크로

참고 파트03-챕터03-섹션03

56 프로그램 실행 시 원시 프로그램을 문자 단위로 스캐닝하여 문법적으로 의미 있는 일련의 문자들로 분할해 내는 역할을 하는 것은?

① 구문 분석기
② 어휘 분석기
③ 디버거
④ 선행 처리기

참고 파트03-챕터06-섹션02

57 운영체제의 성능 평가 요소로 거리가 먼 것은?

① 반환 시간
② 신뢰도
③ 비용
④ 처리 능력

참고 파트03-챕터04-섹션05

58 객체에서 반복적으로 수행하기 위한 명령문의 집합을 정의한 것은?

① 속성
② 메시지
③ 메소드
④ 추상화

참고 파트03-챕터02-섹션03

59 정적 바인딩 시간에 해당되는 것은?

① 링크 시간
② 모듈 기동시간
③ 프로그램 호출시간
④ 실행 시간 중 객체 사용 시점

참고 파트03-챕터05-섹션03

60 구조적 프로그램의 기본 구조가 아닌 것은?

① 순차 구조
② 반복 구조
③ 일괄 구조
④ 선택 구조

4과목　정보통신개론

참고 파트04-챕터03-섹션02

61 PCM 과정을 순서대로 나열한 것은?

① 부호화 → 양자화 → 표본화
② 양자화 → 표본화 → 부호화
③ 표본화 → 양자화 → 부호화
④ 표본화 → 부호화 → 양자화

참고 파트04-챕터05-섹션01
62 패킷교환 방식의 특징이 아닌 것은?

① 통신 장애 발생 시 대체경로 선택이 가능하다.
② 패킷 형태로 만들어진 데이터를 패킷교환기가 목적지 주소에 따라 통신 경로를 선택해주는 방식이다.
③ 프로토콜 변환이 가능하고 디지털 전송 방식에 사용된다.
④ 데이터 전송 단위는 메시지이고, 교환기가 호출자의 메시지를 받아 축적한 후 피호출자에게 보내주는 방식이다.

참고 파트04-챕터06-섹션01
63 TCP/IP 관련 응용 계층의 프로토콜이 아닌 것은?

① FTP
② TELNET
③ SMTP
④ UDP

참고 파트04-챕터03-섹션03
64 3,600[baud]의 변조 속도를 갖는 전송선로에서 신호 비트가 Tribit이면, 전송 속도[bps]는?

① 3,600
② 7,200
③ 10,800
④ 12,800

참고 파트04-챕터03-섹션05
65 HDLC(High-level Data Link Control)의 링크구성 방식에 따른 동작 모드로 틀린 것은?

① SRM
② ARM
③ NRM
④ ABM

참고 파트04-챕터04-섹션02
66 보안을 위한 암호화(Encryption)와 해독(Decryption) 및 데이터 압축을 지원하는 OSI 계층은?

① 전송 계층
② 세션 계층
③ 표현 계층
④ 물리 계층

참고 파트04-챕터05-섹션04
67 ATM 교환기에서 처리되는 셀의 길이는?

① 24바이트
② 38바이트
③ 53바이트
④ 64바이트

참고 파트04-챕터03-섹션02
68 펄스변조에서 아날로그 정보 신호의 크기에 따라 펄스 반송파의 폭을 변화시키는 변조 방식은?

① PWM
② AM
③ PPM
④ PCM

참고 파트04-챕터03-섹션02
69 DPCM(Differential PCM)에 대한 설명으로 틀린 것은?

① 실제 표본 값과 추정 표본 값과의 차이를 양자화한다.
② 차동 PCM 이라고도 한다.
③ 양자화 시 예측기를 사용한다.
④ 가드밴드의 이용으로 채널의 이용률이 낮아진다.

참고 파트04-챕터03-섹션06
70 데이터통신에서 해밍 코드를 이용하여 에러를 정정하는 방식은?

① 군계수 체크 방식
② 자기정정 부호 방식
③ 패리티 체크 방식
④ 정마크 부호 방식

참고 파트03-챕터05-섹션04

71 IPv4에서 B 클래스의 기본 브로드캐스트 주소는?

① 255.0.0.0
② 255.255.0.0
③ 255.255.255.0
④ 255.255.255.255

참고 파트04-챕터03-섹션02

72 통신 속도가 50보오(baud)인 전송부호의 최단 펄스의 시간 길이는 몇 초인가?

① 1　　　　　　② 0.02
③ 0.5　　　　　④ 5

참고 파트04-챕터06-섹션01

73 OSI 7 계층 참조모델 중 데이터링크 계층의 주요기능에 해당되지 않는 것은?

① 데이터 링크의 설정과 해지
② 경로 설정
③ 오류검출 및 정정
④ 흐름제어

참고 파트04-챕터03-섹션06

74 전송 효율을 최대한 높이려고 데이터 블록의 길이를 동적으로 변경시켜 전송하는 ARQ 방식은?

① Selective Repeat ARQ
② Adaptive ARQ
③ Go-back-N ARQ
④ Stop and Wait ARQ

참고 파트04-챕터05-섹션01

75 회선 교환 방식에 대한 설명으로 옳은 것은?

① 축적 교환 방식이라고도 한다.
② 전송에 실패한 패킷에 대해 재전송 요구가 가능하다.
③ 여러 노드가 동시에 가상회선을 가질 수 있다.
④ 고정적인 대역폭을 갖는다.

참고 파트04-챕터06-섹션01

76 IP주소로 노드의 물리적 주소를 찾을 때, 사용하는 프로토콜은?

① ICMP　　　　② IGMP
③ ARP　　　　　④ RIP

참고 파트04-챕터03-섹션03

77 대역폭 W인 채널을 통해 잡음 N이 섞인 신호 S를 전송할 때, 샤논의 정리에 의한 채널용량(bps) 산출 식은?

① $Wlog_2(1+S/N)$
② $Wlog_e(S+N)$
③ $log_2(W \times N \times S)$
④ $log_e(1+W \times N/S)$

참고 파트04-챕터02-섹션05

78 전송할 데이터가 있는 단말장치에 타임 슬롯을 할당함으로써 전송 효율을 높일 수 있는 방식은?

① 위상 다중화
② 광대역 다중화
③ 통계적 시분할 다중화
④ 주파수 분할 다중화

참고 파트04-챕터04-섹션01

79 통신 프로토콜의 구성 요소에 해당되지 않는 것은?

① 패킷(Packet)　　② 구문(Syntax)
③ 의미(Semantics)　④ 순서(Timing)

참고 파트04-챕터06-섹션01

80 Bellman-Ford 알고리즘을 사용하는 라우팅은?

① 거리 벡터 라우팅
② 링크 상태 라우팅
③ 비트맵 라우팅
④ 벡터 링크 라우팅

빠른 정답 확인 QR

스마트폰으로 QR을 찍으면 정답표가 오픈됩니다.
기출문제를 편리하게 채점할 수 있습니다.

2023년 최신 기출문제 01회

풀이 시간 _____ 분   내 점수 _____ 점

시험 시간	합격 점수	문항수
120분	60점	총 80개

1과목 사무자동화시스템

참고 파트01-챕터03-섹션03

01 순차접근(Sequential Access) 방식의 저장장치로 옳은 것은?

① Flash Memory ② 자기 테이프
③ 윈체스터 디스크 ④ CD-ROM

참고 파트01-챕터04-섹션02

02 인터넷을 통한 전자상거래(EC)의 효과로 옳지 않은 것은?

① 잠재고객의 확보와 물리적 제약 극복
② 소비자의 다양한 정보와 선택의 다양화
③ 완벽한 기밀성과 익명성의 보장
④ 구매자의 비용 절감

참고 파트01-챕터04-섹션02

03 정보보안의 3요소가 아닌 것은?

① 기밀성
② 무결성
③ 가용성
④ 책임성

참고 파트02-챕터01-섹션03

04 MIS의 기본 구성 요소와 그 관련 설명이 가장 옳게 짝지어지지 않은 것은?

① 의사 결정 Sub System - MIS의 지휘기능에 해당하며, System 설계 기능도 포함
② 데이터베이스 Sub System - 체계적으로 축적된 데이터의 집합 기능
③ 프로세스 Sub System - 자료 저장·검색기능
④ 시스템 설계 Sub System - 의사결정의 이론과 방법에 따라 System 구성

참고 파트04-챕터05-섹션04

05 광케이블을 특정 지점까지만 연결하고 구내에는 UTP 또는 동축케이블을 연결하는 것과는 달리 광케이블을 구내의 종단까지 직접 연결하여 기존방식 대비 최대 100배 이상 빠른 서비스를 제공할 수 있는 초고속 인터넷 서비스의 명칭은?

① ADSL
② FTTH
③ WLAN
④ VDSL

참고 파트01-챕터02-섹션03

06 Windows 시스템상에서 일본어, 중국어 등 문자 수가 많은 언어로 입력하기 위해 필요한 소프트웨어는?

① OLE ② OCX
③ IME ④ Active X

참고 파트01-챕터02-섹션01

07 다음 중 출력장치에 해당하지 않는 것은?

① Printer
② Plotter
③ Digitizer
④ CRT

참고 파트01-챕터04-섹션01

08 관계 데이터베이스에서 릴레이션은 참조할 수 없는 외래키 값을 가질 수 없음을 의미하는 제약 조건은?

① 개체 무결성
② 참조 무결성
③ E-R 모델링
④ 해싱

참고 파트01-챕터02-섹션01

09 다음 중 SRAM에 대한 설명으로 옳지 않은 것은?

① 읽고 쓰기가 가능한 메모리이다.

② SRAM이 DRAM보다 구조가 간단하다.

③ SRAM은 refresh 작업이 없기 때문에 DRAM 보다 처리속도가 빠르다.

④ 전원이 공급되는 한 지속적으로 기록된 자료가 유지된다.

참고 파트01-챕터01-섹션03

10 데이터에 대한 데이터로 정의되며, 기능적인 측면에서 데이터에 대한 구조화된 데이터로 정의되는 것은?

① 시맨틱 데이터　　② 멀티미디어 데이터

③ 메타 데이터　　④ 흐름 데이터

참고 파트01-챕터04-섹션01

11 SQL 언어의 데이터 제어어(DCL)가 아닌 것은?

① GRANT

② DROP

③ COMMIT

④ DELETE

참고 파트01-챕터02-섹션01

12 기억기능을 가진 반도체들을 여러 개 묶어서 HDD처럼 사용할 수 있도록 개발된 제품으로 HDD에 비해 액세스 시간이 빠른 저장장치는?

① ODD　　② SATA

③ SSD　　④ SCSI

참고 파트01-챕터02-섹션02

13 다음 중 멀티미디어 저작 도구가 아닌 것은?

① 멀티미디어 툴북

② 솔라리스

③ 오소웨어

④ 디렉터

참고 파트01-챕터02-섹션01

14 다음 중 기억 장치 용량 단위가 가장 작은 것은?

① KB

② MB

③ PB

④ TB

참고 파트02-챕터02-섹션02

15 서류를 처리해야 할 날짜별로 철해 두었다가, 처리해야 할 날짜가 되면 그 서류를 찾아 처리하는 방법은?

① 자동 독촉 제도(Come up System)

② 카드 색인 제도(Tickler System)

③ 보고 제도(Report System)

④ 간트 도표(Gantt Chart)

참고 파트01-챕터01-섹션03

16 다양한 형태의 데이터베이스 자원을 통합 및 가공하여 의사 결정 지원을 목적으로 특별히 설계한 주제 중심의 정보저장소는?

① 데이터 마이닝　　② 데이터 마트

③ OLAP　　④ 데이터 웨어하우징

참고 파트01-챕터04-섹션02

17 다음 중 전자상거래에 관한 특징이 아닌 것은?

① 생산자는 소자본 창업이 가능하다.

② 근로자는 시공간을 초월하여 업무를 수행할 수 있다.

③ 소비자는 상품을 선택할 기회가 적다.

④ 운송비가 절감되고 상품 조사가 용이하다.

참고 파트01-챕터04-섹션02

18 기업에서 원재료의 생산 · 유통 등 모든 공급망 단계를 최적화하여 수요자가 원하는 제품을 적시, 적소에 제공하는 개념으로 옳은 것은?

① CRM　　② SCM

③ ERP　　④ MIS

참고 파트01-챕터04-섹션02

19 지속적인 개선을 달성하기 위해 기업 내부의 활동과 기능, 관리 능력을 외부 기업과의 비교를 통해 평가하고 판단하는 것은?

① Benchmarking   ② CALS
③ EDI   ④ XML

참고 파트02-챕터03-섹션03

20 사무실의 물리적 보안을 위한 장치 또는 기술이 아닌 것은?

① 지문인식기
② 안티바이러스
③ 폐쇄회로 텔레비전
④ 디지털 도어록

2과목 사무경영관리개론

참고 파트02-챕터01-섹션01

21 힉스(Hicks)의 사무업무 내용에 의한 분류가 아닌 것은?

① 기록의 보존
② 정보의 검색과 가공
③ 커뮤니케이션
④ 기록과 보고서의 준비

참고 파트02-챕터01-섹션01

22 현대적(과학적) 사무 관리의 3S에 해당하지 않는 것은?

① Standardization
② Simplification
③ Simulation
④ Specialization

참고 파트02-챕터03-섹션01

23 행정기관에서 사무관리 방법상 필요에 따라 나누는 자료의 종류로 옳은 것은?

① 행정간행물, 행정자료, 일반자료
② 행정간행물, 행정자료, 사무내규자료
③ 행정간행물, 법률고시자료, 일반자료
④ 행정간행물, 회사규정자료, 일반자료

참고 파트02-챕터04-섹션02

24 일반적인 비공개 기록물의 공개원칙 기준으로 옳은 것은?

① 생산연도 발생 후 10년이 경과하면 공개
② 생산연도 발생 후 30년이 경과하면 공개
③ 생산연도 종료 후 10년이 경과하면 공개
④ 생산연도 종료 후 30년이 경과하면 공개

참고 파트02-챕터02-섹션02

25 다음의 내용이 설명하는 사무통제를 위한 관리도구로 맞는 것은?

> 작업량, 시간, 평가 등을 나타내는 간단한 부호를 사용하여 절차계획과 일정계획의 내용을 작업자에게 쉽게 이해시키기 위한 관리 도구

① 절차 도표
② 간트 차트
③ PERT
④ 티클러 시스템

참고 파트02-챕터04-섹션02

26 정보처리능력을 가진 장치에 의하여 전자적인 형태로 작성, 송수신 또는 저장된 문서는?

① 인증서
② 전자문서
③ 전자서명
④ 전자결재

참고 파트02-챕터04-섹션02

27 공공기록물 중 보존기간 종료시까지 관할 기록관 또는 특수 기록관에 보관해야 하는 기록물은?

① 보존기간이 5년 이하인 기록물
② 보존기간이 10년 이하인 기록물
③ 보존기간이 20년 이하인 기록물
④ 보존기간이 30년 이하인 기록물

참고 파트02-챕터02-섹션03

28 다음 중 사무실 배치 원칙과 가장 거리가 먼 것은?

① 대실주의(큰방주의)는 사무실 배치에 있어서 가능한 독방을 늘린다.
② 사무의 성격이 유사한 부서는 가깝게 배치한다.
③ 내부 및 외부 민원 업무 등 대중과 관계가 많은 부서는 가급적 입구 근처에 배치한다.
④ 장래 확장에 대비하여 탄력성 있는 공간을 확보한다.

참고 파트04-챕터06-섹션01

29 단일 송신자와 단일 수신자간의 통신이므로, 단일 인터페이스를 사용하는 IPv6 주소 지정 방식은?

① 애니캐스트
② 유니캐스트
③ 멀티캐스트
④ 브로드캐스트

참고 파트02-챕터02-섹션01

30 다음 중 사무계획화를 가장 옳게 설명한 것은?

① 사무계획화는 기업의 모든 계층에 필요한 것은 아니고 특정한 계층인 경영진에서만 필요로 한 것이다.
② 사무계획화는 기업경영에 필요한 사무관리 목표를 정한 후, 그것을 효과적으로 수행할 수 있도록 하고자 함이다.
③ 사무계획화의 기본 내용은 사무인력을 예측하여 미리 예산을 확정하고자 하는 것이다.
④ 사무계획화의 기본 내용은 정보만을 지속적으로 가공하여 생산하는 것이다.

참고 파트02-챕터04-섹션01

31 사무 간소화 단계에서 사무량 측정 대상으로 옳지 않은 것은?

① 업무의 구성이 동일한 사무
② 사무량이 적은 잡다한 사무
③ 일상적으로 일정한 처리 방법으로 반복되는 사무
④ 내용적으로 처리 방법이 균일하여 변동이 별로 없는 사무

참고 파트02-챕터01-섹션02

32 다음 중 사무관리의 기능을 가장 옳게 정의한 것은?

① 조직의 효율성 제고를 위해 장래를 예측하는 기능
② 경영 내부의 여러 기능과 활동을 효과적으로 달성하기 위한 조정, 지휘, 통제에 관한 기능
③ 사무와 생산에 관련된 기능을 모아 처리하는 기능
④ 인적자원관리에 관한 업무를 주로 담당하는 기능

참고 파트02-챕터04-섹션02

33 행정기관 등에 송신한 전자문서는 언제 송신자가 발송한 것으로 보는가?

① 그 전자문서의 발신 시점이 정보시스템에 의하여 전자적으로 결재된 때
② 그 전자문서의 송신 시점이 정보시스템에 의하여 전자적으로 결재된 때
③ 그 전자문서의 발신 시점이 정보시스템에 의하여 전자적으로 기록된 때
④ 그 전자문서의 송신 시점이 정보시스템에 의하여 전자적으로 기록된 때

참고 파트02-챕터01-섹션02

34 사무개선의 목표로 옳지 않은 것은?

① 용이성
② 신속성
③ 다양성
④ 경제성

참고 파트02-챕터02-섹션03

35 사무실을 너무 세분화하는 것보다는 여러 과를 한 사무실에 배정하여 사용하는 것이 바람직하다고 생각하는 사무실의 배정 방식은?

① 대사무실주의 배치
② 관련 부서의 인근 배치
③ 업무처리 흐름에 따른 직선적 배치
④ 실무자 중심의 사무실 배치

참고 파트01-챕터04-섹션02

36 정보유출 등 침해사고를 방지하기 위한 대책으로 옳지 않은 것은?

① 정보 시스템의 악의적인 외부 침입을 1차적으로 차단하기 위한 방화벽을 설치한다.
② 침입탐지 시스템 및 침입방지시스템을 이용하여 인바운드(Inbound) 패킷을 모니터링하고 의심되는 패킷은 차단한다.
③ 무선네트워크의 전파 도달 범위를 조절하여 건물외부에서 접속이 불가능하도록 한다.
④ 비밀정보는 복호화가 불가능하도록 강력한 암호화 알고리즘을 적용하여 암호화한다.

참고 파트02-챕터04-섹션02

37 행정 효율과 협업 촉진에 관한 규정 19조 문서의 쪽 번호 등 표지 기준에서 다음 빈칸에 알맞은 것은?

> 2장 이상으로 이루어진 문서가 제1호 각 목의 어느 하나에 해당하는 경우에는 제2호 각 목의 구분에 따라 쪽 번호 또는 발급번호를 표시하거나 (   ) 등을 하여야 한다.

① 접수번호
② 쪽 번호
③ 발급번호
④ 간인

참고 파트02-챕터02-섹션01

38 사무계획을 특성에 따라 분류할 때 계획의 순응 능력에 따른 분류는?

① 구조계획과 과정계획
② 장기계획과 단기계획
③ 고정계획과 신축계획
④ 표준계획과 개별설정계획

참고 파트02-챕터02-섹션01

39 사무를 위한 작업의 구성 요소에 해당되지 않는 것은?

① 계산 　　　　　② 분류정리
③ 정보예측 　　　④ 기록 또는 면담

참고 파트02-챕터02-섹션01

40 다음 사무처리 방식에 대한 설명으로 옳은 것은?

① 개별 처리 방식은 다수의 사무원이 자료수집에서 작성까지의 모든 사무 처리를 하는 방식이다.
② 로트 처리 방식은 여럿이 분담하여 사무 처리를 하는 방식으로 각 사무원이 각자 맡은 사무를 처리한다.
③ 유동 작업 방식은 임의로 사무기계 및 사무원을 배치하여 사무 처리를 행하는 방식이다.
④ 자동화 방식은 컴퓨터 및 사무기기를 사용하여 사무를 수동적으로 처리하는 방식이다.

3과목　프로그래밍 일반

참고 파트03-챕터03-섹션03

41 어휘 분석에 대한 다음 설명의 ( ) 안에 들어갈 내용으로 옳은 것은?

> "어휘 분석의 주된 역할은 원시 프로그램을 하나의 긴 스트링으로 보고 원시 프로그램을 문자 단위로 스캐닝하여 문법적으로 의미 있는 일련의 문자들로 분할해 내는 것을 말한다. 이때 분할된 문법적인 단위를 (   )(이)라고 한다."

① 모듈 　　　　　② BNF
③ 오토마타 　　　④ 토큰

참고 파트03-챕터03-섹션04

42 상향식 파싱 기법에 해당하지 않는 것은?

① 파스 트리의 리프, 즉 입력스트링으로부터 위쪽으로 파스 트리를 만들어 가는 방식
② Shift Reduce 파싱이라고도 함
③ 입력 문자열에 대해 루트에서 왼쪽 우선 순으로 트리의 노드를 만들어 감
④ 주어진 스트링의 시작이 심볼로 축약될 수 있으면 올바른 문장이고, 그렇지 않으면 틀린 문장으로 간주하는 방법

참고 파트03-챕터03-섹션01

43 BNF 형식에 맞게 생성된 수는?

〈num〉→〈num〉〈dig〉|〈dig〉
〈dig〉→ 1|3|5|7|9

① 917   ② 985
③ 972   ④ 732

참고 파트03-챕터04-섹션04

44 Java 명령어 중 하위 클래스에서 상위 클래스를 참조하기 위해 사용하는 것은?

① extends   ② static
③ super   ④ method

참고 파트03-챕터03-섹션02

45 (aa|b)*a의 정규 표현으로 만들 수 있는 스트링이 아닌 것은?

① a   ② aaa
③ ba   ④ aba

참고 파트03-챕터04-섹션04

46 반복을 나타내는 구문은?

① $A::=\alpha_1|\alpha_2|\alpha_3$
② $A::=\{\alpha\}$
③ $A::=\alpha$
④ $A::=(\alpha_1|\alpha_2)\beta$

참고 파트03-챕터04-섹션03

47 C언어의 포인트 형(Pointer Type)에 대한 설명으로 틀린 것은?

① 포인터 변수는 기억장소의 번지를 기억하는 동적변수이다.
② 포인터는 가리키는 자료형이 일치할 때 대입하는 규칙이 있다.
③ 보통 변수의 번지를 참조하려면 번지 연산자 #을 변수 앞에 쓴다.
④ 실행문에서 간접연산자 *를 사용하여 포인터 변수가 지시하고 있는 내용 참조한다.

참고 파트03-챕터05-섹션02

48 "A+B*C−D"을 후위(Postfix) 표기법으로 표현한 것은?

① ABC*D−+
② AB+C*D−
③ ABC+*D−
④ ABC*+D−

참고 파트03-챕터06-섹션03

49 다음 중 선점 스케줄링 알고리즘이 아닌 것은?

① RR(Round Robin)
② SRT(Shortest Remaining Time)
③ HRN(Highest Response−ratio Next)
④ MQ(Multi−level Queue)

참고 파트04-챕터03-섹션03

50 C 언어에서 정수가 2byte로 표현되고 "int a[2][3]"로 선정된 배열의 첫 번째 자료가 1000번지에 저장되었다. 이때 a[1][1] 원소가 저장된 주소는?

① 1002   ② 1004
③ 1006   ④ 1008

참고 파트03-챕터04-섹션04

51 다음 C 코드 결과로 나타날 수 있는 값은?

```
void main( ) {
    int k;
    k = 1;
    while(k<60)
    {
        if(k%4==0)
            printf("%d\n", k-2);
        k++;
    }
}
```

① 0   ② 8
③ 24   ④ 30

참고 파트03-챕터05-섹션05

52 다음은 무엇에 대한 설명인가?

> "매개 변수의 개수 및 데이터 형(Data Type)에 따라 수행하는 행위가 다른 동일한 이름의 메소드를 여러 개 정의할 수 있다."

① Identity
② Information Hiding
③ Polymorphism
④ Object

참고 파트03-챕터02-섹션01

53 프로그램이 동작하는 동안 변화되는 값을 기억하는 것은?

① 변수
② 상수
③ 주석
④ 디버거

참고 파트03-챕터06-섹션04

54 다음 그림과 같은 기억장소에서 15K를 요구하는 프로그램이 30K 공백의 작업 공간에 배치될 경우, 사용된 기억장치 배치 전략은?

운영체제
사용 중인 공간
30K 공간
사용 중인 공간
16K 공간
사용 중인 공간
50K 공간
사용 중인 공간

① First Fit Strategy
② Worst Fit Strategy
③ Best Fit Strategy
④ Big Fit Strategy

참고 파트03-챕터03-섹션02

55 아래의 정규 문법으로 생성되는 문장은?

> 정규문법 G : 1. S → aS | aB
> 2. C → a | aC
> 3. B → bC

① aaab   ② abc
③ abaa   ④ baba

참고 파트03-챕터06-섹션02

56 컴퓨터시스템의 운영체제(O/S)에서 제어 프로그램(Control Programs)의 주된 기능으로 가장 거리가 먼 것은?

① Job Management
② Accounting Management
③ Data Management
④ Resource Management

참고 파트03-챕터03-섹션02

57 어휘분석 과정에서 토큰으로 인식되지 않는 것은?

① 예약어
② 식별자
③ 구두점 기호
④ 토큰 사이의 공백문자

참고 파트03-챕터05-섹션02

58 수식 "A+(B*C)"를 Postfix 표기법으로 옳게 나타낸 것은?

① ABC+*
② +A*BC
③ A+B*C
④ ABC*+

참고 파트03-챕터04-섹션01

59 C 언어에서 변수 사용 시 "L-value"에 해당하는 것은?

① 모든 변수명
② 배열 원소의 위치
③ 4와 같은 상수
④ 포인터 자신의 값이 있는 위치

참고 파트03-챕터03-섹션02

60 촘스키가 분류한 문법 중 프로그래밍 언어에서 구문을 분석하는 데 사용하는 것은?

① Type 0
② Type 1
③ Type 2
④ Type 3

4과목 정보통신개론

참고 파트04-챕터06-섹션01

61 E-mail 관련 프로토콜이 아닌 것은?

① IMAP
② POP3
③ SMTP
④ VoIP

참고 파트04-챕터03-섹션05

62 전송 효율을 최대한 높이려고 데이터 블록의 길이를 동적으로 변경시켜 전송하는 ARQ 방식은?

① Adaptive ARQ
② Stop-And-Wait ARQ
③ Selective ARQ
④ Go-back-N ARQ

참고 파트04-챕터06-섹션01

63 TCP/IP 모델에서 인터넷 계층에 해당되는 프로토콜은?

① SMTP
② ICMP
③ SNA
④ FTP

참고 파트04-챕터03-섹션03

64 샤논의 이론을 적용하여 채널의 대역폭(W)이 3.1 [kHz]이고, 채널의 출력 S/N이 100일 경우 채널의 통신용량(C)은 약 몇 bps인가?

① 20,640
② 20,740
③ 20,840
④ 20,940

참고 파트04-챕터04-섹션02

65 L2 스위치의 기본 기능이 아닌 것은?

① Address Learning
② Filtering
③ Forwarding
④ Routing

참고 파트04-챕터02-섹션03

66 아날로그 신호를 디지털 신호로 변환하는 PCM 부호 변조 방식의 일종으로 이전 샘플과 현재 샘플 간의 차이를 계산하여 차분 신호를 생성해서 변조하는 방식은?

① FM
② DM
③ PSK
④ FSK

참고 파트01-챕터03-섹션02

67 전화회선을 이용하지 않는 통신 서비스는?

① FAX
② TELETEXT
③ ARS
④ VIDEOTEX

참고 파트03-챕터04-섹션04

68 IP 주소 체계에서 B클래스의 주소 범위는?

① 0.0.0.0 ~ 127.255.255.255
② 128.0.0.0 ~ 191.255.255.255
③ 192.0.0.0 ~ 223.255.255.255
④ 224.0.0.0 ~ 239.255.255.255

참고 파트04-챕터03-섹션02

69 반송파로 사용되는 정현파의 주파수에 정보를 실어 보내는 디지털 변조 방식은?

① FM
② DM
③ PSK
④ FSK

참고 파트04-챕터02-섹션03

70 광섬유의 구조 손실 중 코어와 클래드 경계면의 불균일로 인하여 발생하는 손실은?

① 다중 모드 손실
② 불균등 손실
③ 코어 손실
④ 마이크로밴딩 손실

참고 파트04-챕터02-섹션03

71 변조의 개념을 옳게 설명한 것은?

① 디지털 신호를 아날로그 신호로 변환하는 것이다.
② 전송된 신호를 저주파 신호 성분과 고주파 신호 성분으로 합하는 것이다.
③ 제3고주파 신호를 변환하는 것이다.
④ 전송하고자 하는 신호를 주어진 통신 채널에 적합하도록 처리하는 과정이다.

참고 파트04-챕터02-섹션03

72 정보통신시스템의 구성 요소에 해당되는 용어가 잘못 표기된 것은?

① DTE : 데이터 단말 장치
② CCU : 공통신호 장치
③ DCE : 데이터 회선종단 장치
④ MODEM : 신호변환 장치

참고 파트04-챕터03-섹션03

73 전송속도가 9,600[bps]인 데이터를 8진 PSK로 변조하여 전송할 때 변조 속도는 몇 [baud]인가?

① 1,600
② 2,400
③ 3,200
④ 4,800

참고 파트04-챕터05-섹션05

74 IEEE802.6으로 공표된 분산형 예약 방식의 프로토콜은?

① FDDI
② DQDB
③ QAM
④ LAN

참고 파트04-챕터06-섹션01

75 라우팅(Routing) 프로토콜이 아닌 것은?

① BGP
② OSPF
③ SMTP
④ RIP

참고 파트04-챕터06-섹션01

76 UDP 프로토콜에 대한 설명으로 틀린 것은?

① 비연결형 전송
② 작은 오버헤드
③ 빠른 전송
④ 신뢰성 있는 데이터 전송 보장

참고 파트04-챕터03-섹션02

77 아날로그 데이터를 디지털 신호로 변환하는 대표적인 PCM(Pulse Code Modulation) 변조 방식의 과정은?

① 표본화 → 양자화 → 부호화 → 복호화
② 표본화 → 부호화 → 복호화 → 양자화
③ 표본화 → 부호화 → 양자화 → 복호화
④ 표본화 → 복호화 → 부호화 → 양자화

참고 파트04-챕터05-섹션06

78 다중접속 방식이 아닌 것은?

① FDMA
② TDMA
③ CDMA
④ XXUMA

참고 파트04-챕터06-섹션01

79 203.230.7.110/29의 IP 주소 범위에 포함되어 있는 네트워크 및 브로드캐스트 주소는?

① 203.230.7.102 / 203.230.7.111
② 203.230.7.103 / 203.230.7.254
③ 203.230.7.104 / 203.230.7.111
④ 203.230.7.105 / 203.230.7.254

참고 파트04-챕터06-섹션01

80 Bellman-Ford 알고리즘을 사용하는 라우팅은?

① 거리 벡터 라우팅
② 링크 상태 라우팅
③ 비트맵 라우팅
④ 벡터 링크 라우팅

빠른 정답 확인 QR
스마트폰으로 QR을 찍으면 정답표가 오픈됩니다.
기출문제를 편리하게 채점할 수 있습니다.

1과목 사무자동화시스템

참고 파트01-챕터01-섹션03

01 재난, 재해, 테러 등 예기치 못한 위기의 발생으로 주요 사무 업무 중단위험이 발생할 경우 최대한 빨리 핵심 업무를 복구하여 기업 경영의 연속성을 유지할 수 있는 경영 기법은?

① BCP(Business Continuity Management)
② CDP(Certificate in Data Processing)
③ GNP(Gross National Product)
④ GDP(Gross Domestic Product)

참고 파트01-챕터04-섹션02

02 다음 중 전자상거래에 관한 특징이 아닌 것은?

① 생산자는 소자본 창업이 가능하다.
② 근로자는 시공간을 초월하여 업무를 수행할 수 있다.
③ 소비자는 상품을 선택할 기회가 적다.
④ 운송비가 절감되고 상품 조사가 용이하다.

참고 파트01-챕터01-섹션03

03 데이터웨어하우징에서 수집되고 분석된 자료를 사용자에게 제공하기 위해 분류 및 가공되는 요소 기술은?

① 데이터 추출
② 데이터 저장
③ 데이터 마이닝
④ 데이터 액세스

참고 파트01-챕터01-섹션03

04 의사결정에 필요한 정보를 데이터베이스로부터 검색하여 필요한 분석을 하고 보기 쉬운 형태로 편집, 출력해 주는 시스템의 개념에 해당하는 용어로 가장 옳은 것은?

① CALS   ② DSS
③ MIS   ④ PERTS

참고 파트01-챕터02-섹션01

05 캐시(Cache)기억장치에 대한 설명으로 옳지 않은 것은?

① 저용량 고속의 반도체 기억장치이다.
② 기억용량이 커질수록 엑세스 시간이 짧아진다.
③ CPU는 캐시에서 수행한 명령과 자료를 얻는다.
④ 프로그램의 수행 시간을 단축하는 데 사용된다.

참고 파트01-챕터01-섹션02

06 사무자동화의 접근 방법으로 가장 거리가 먼 것은?

① 전사적 접근 방식
② 공통과제형 접근 방식
③ 기기도입형 접근 방식
④ 기술통합형 접근 방식

참고 파트01-챕터02-섹션01

07 컴퓨터의 처리 속도 단위 중 피코초(ps)에 해당하는 수치를 10의 지수 승 형태로 가장 올바르게 표현한 것은?

① 10^{-9} ② 10^{-12}
③ 10^{-15} ④ 10^{-18}

참고 파트01-챕터02-섹션01

08 정보의 송수신을 원활하게 하기 위하여 정보를 일시적으로 저장하여 처리 속도의 차를 수정하는 방식은?

① Streaming
② Buffering
③ Caching
④ Mapping

참고 파트03-챕터06-섹션05

09 UNIX 운영체제에서 커널에 대한 설명으로 틀린 것은?

① 컴퓨터가 부팅될 때, 주기억장치에 적재된 후 상주하면서 실행된다.
② 프로세스 관리, 기억장치 관리 등의 기능을 수행한다.
③ 하드웨어를 보호하고 프로그램과 하드웨어 간의 인터페이스 역할을 담당한다.
④ 사용자의 명령어를 인식하여 프로그램을 호출하고 명령을 수행하는 명령어 해석기이다.

참고 파트04-챕터05-섹션06

10 다음 중 인터넷 접속을 위한 유/무선 통신 기술이 아닌 것은?

① FTTH
② HSDPA
③ LTE
④ TTC-95K

참고 파트04-챕터05-섹션05

11 전자기기 등에 네트워크 접속의 기능을 갖추어 거시적으로 사물 간의 네트워크를 구현할 수 있는 기술을 의미하는 용어로 가장 옳은 것은?

① IoT
② FTTH
③ Router
④ VDSL

참고 파트01-챕터02-섹션01

12 충격식에 해당하는 프린터는?

① 도트 매트릭스
② 레이저
③ 열 전사
④ 잉크젯

참고 파트01-챕터02-섹션03

13 TCP/IP(Transmission Control Protocol/Internet Protocol)상에서 네트워크 설정을 할 때 TCP/IP 등록 정보에 해당하지 않은 것은?

① 도메인 네임(Domain Name)
② IP Address
③ 게이트웨이(Gateway)
④ URL(Uniform Resource Locator)

참고 파트02-챕터04-섹션02

14 거래 상대방의 응용 시스템들이 질의와 응답으로 구성된 두 개 이상의 짧은 메시지를 한 번의 접속 상태에서 주고받는 EDI 방식은?

① 참여형 EDI
② 대화형 EDI
③ 일괄 처리형 EDI
④ 즉시 응답형 EDI

참고 파트03-챕터06-섹션03

15 교착상태의 필수 4요소에 해당하지 않는 것은?

① Mutual Exclusion
② Hold and Wait
③ Circular Wait
④ Preemption

참고 파트01-챕터03-섹션03

16 순차접근방식의 보조 기억매체는?

① Flash Memory
② LTO
③ Hard Disk
④ SSD

참고 파트01-챕터04-섹션01

17 데이터베이스 시스템의 트랜잭션의 속성은 ACID로 정의한다. ACID에 각각 해당하는 용어로 옳지 않은 항목은?

① A : Atomicity   ② C : Circumstance
③ I : Isolation   ④ D : Durability

참고 파트01-챕터03-섹션03

18 다음 중 정보의 축소, 확대, 검색이 자유롭고 COM 시스템, CAR 시스템 등에서 사용되는 기억매체는?

① 마이크로필름
② 광디스크
③ 자기테이프
④ 감광지

참고 파트04-챕터05-섹션04

19 사무자동화시스템 구축을 위한 통신기술에서 모바일 이동통신 관련 무선 통신기술이 아닌 것은?

① ADSL
② LTE
③ 3G
④ HSDPA

참고 파트01-챕터01-섹션01

20 다음 중 Zisman의 사무자동화에 대한 정의와 관계 없는 것은?

① 시스템 과학
② 의사 결정
③ 컴퓨터 기술
④ 행동 과학

2과목 사무경영관리개론

참고 파트02-챕터04-섹션02

21 문서의 결재에 관한 설명으로 옳지 않은 것은?

① 결재권자의 서명란에는 서명 날짜를 함께 표시한다.
② 위임 전결하는 경우에는 전결하는 사람의 서명란에 "전결" 표시를 한 후 서명하여야 한다.
③ 대결하는 경우에는 대결하는 사람의 서명란에 "대결" 표시를 하고 서명하여야 한다.
④ 위임 전결사항을 대결하는 경우에는 전결하는 사람의 서명란에 "대결" 표시를 하고 서명하여야 한다.

참고 파트02-챕터03-섹션03

22 정보통신망의 고도화와 안전한 이용 촉진을 위하여 설립한 것은?

① 한국정보보호진흥원
② 한국인터넷진흥원
③ 한국정보통신기술협회
④ 한국소프트웨어진흥원

참고 파트02-챕터04-섹션02

23 다음 괄호 안 내용으로 가장 적합한 것은?

> "행정기관 등에 송신한 전자문서는 그 전자문서의 송신 시점이 정보시스템에 의하여 전자적으로 (   )된 때에 송신자가 발송한 것으로 본다."

① 입력
② 전송
③ 기록
④ 발송

참고 파트02-챕터04-섹션01

24 사무량 측정 방법에서 다음 설명에 가장 부합하는 개념은?

> 기본 동작들에 대한 표준 소요시간을 미리 설정해 놓고, 사무를 구성하는 요소별 표준 소요시간을 더하여 표준시간을 구하는 방법이다.

① CMU
② PTS
③ Stop Watch
④ Work Sampling

참고 파트01-챕터01-섹션03

25 자료 관리를 위한 일반적인 데이터베이스 시스템과는 다르게 빅데이터는 분석이 난해한 대규모의 데이터를 의미한다. 빅데이터의 3가지 특징인 3V와 가장 거리가 먼 것은?

① Vacant
② Variety
③ Velocity
④ Volume

참고 파트02-챕터02-섹션01

26 사무계획을 세울 때 고려해야 할 사항이 아닌 것은?

① 사무 처리 방식의 결정
② 필요 정보의 확정
③ 사무량 예측
④ 사무실 면적

참고 파트02-챕터02-섹션02

27 사무통제의 수단과 가장 거리가 먼 것은?

① Tickler System
② Taylor System
③ Come Up System
④ PERT

참고 파트02-챕터04-섹션01

28 사무분담 조사법에서 근무시간 중 일정한 시간을 한 정시킨 다음 계속하여 조사하는 발췌 검사식 방법은?

① 연속관찰법
② 계속관찰법
③ 면접청취법
④ 기록진행법

참고 파트02-챕터04-섹션01

29 사무 간소화의 대상이 되는 작업과 가장 거리가 먼 것은?

① 사무처리 소요시간이 타 작업과 비교하여 상대적으로 긴 작업
② 사무처리 비용이 타 작업과 비교하여 상대적으로 많이 소요되는 작업
③ 정보의 상호전달, 자료의 배분 등이 잘 안 되는 1회성 작업
④ 업무의 반복, 불평등한 업무량 등으로 불평불만이 제기되는 작업

참고 파트01-챕터04-섹션02

30 다음 중 "코를 킁킁거리다"라는 뜻의 도청 공격을 의미하는 용어로 가장 옳은 것은?

① 스푸핑
② Dos
③ 스니핑
④ XSS

참고 파트02-챕터01-섹션02

31 정보관리를 수행하기 위해 필요한 기본적인 요건을 결정하는 것으로 의사결정자가 요구하는 정보의 확정, 사무량 및 처리 방침을 결정하는 기능은?

① 정보 통제
② 정보 처리
③ 정보 제공
④ 정보 계획

참고 파트02-챕터04-섹션01

32 다음 중 사무 간소화의 목적이라고 볼 수 없는 것은?

① 사무업무에 오류가 없도록 처리하기 위해서
② 사무업무의 인력을 감소시키기 위해서
③ 사무작업을 현재보다 쉽게 처리하기 위해서
④ 사무업무를 신속하게 처리하기 위해서

참고 파트02-챕터02-섹션02

33 다음 중 Tickler System, Come up System이 속하는 사무관리의 관리 수단 체계는?

① 사무 조직
② 사무 조정
③ 사무 통제
④ 사무 계획

참고 파트02-챕터02-섹션03

34 사무관리와 정보관리에 관한 설명 중 옳지 않은 것은?

① 정보관리의 목적은 의사결정에 필요한 정보를 신속, 정확, 용이하게 제공하는 것이다.
② 정보관리와 사무관리는 사무활동을 대상으로 하는 점에서 같으나 관리범위가 사무관리는 넓고 정보 관리는 좁다.
③ 사무관리의 목적 중 하나는 지정된 데이터를 지정된 기일 및 방법으로 작성하는 것이다.
④ 사무관리의 범위는 정보관리 내의 정보 통제기능과 정보 처리기능을 대상으로 한다.

참고 파트02-챕터02-섹션03

35 사무실 배치 목표와 거리가 먼 것은?

① 집무능률의 향상에 이바지될 수 있어야 할 것
② 행정 또는 경영관리의 기능적 수행이 용이하도록 할 것
③ 직원의 노동, 위생조건이 충족되도록 할 것
④ 내 · 외부 환경의 변화에 적응되지 않도록 할 것

참고 파트02-챕터02-섹션01

36 기능식 조직의 장점이 아닌 것은?

① 권한과 책임이 확정되어 있고 명확하다.
② 조직구조는 전문가로 구성되어 있다.
③ 보다 양질의 감독이 가능하다.
④ 교육 훈련이 용이하다.

참고 파트02-챕터02-섹션01

37 사무계획 수립 절차에 속하지 않는 것은?

① 시정조치
② 정보의 수집
③ 최종안의 선택
④ 사무의 목적 및 목표의 명확화

참고 파트02-챕터01-섹션02

38 사무관리의 전문화에 속하지 않는 것은?

① 집단적 전문화
② 기계적 전문화
③ 개인적 전문화
④ 표준적 전문화

참고 파트02-챕터01-섹션02

39 사무관리의 기능에 대한 설명으로 옳은 것은?

① 계획화는 경영활동을 합리적으로 수행하기 위하여 활동목표 및 실시과정에 가장 유리하게 도달할 수 있도록 사후에 결정짓는 것을 말한다.
② 조직화는 직무가 능률적으로 달성될 수 있도록 인적자원의 적재적소 배치, 물적 요소의 명확화, 그리고 이들을 유기적으로 결합하여 직무가 능률적으로 달성될 수 있도록 하는 관리 활동이다.
③ 동기화는 경영조직의 횡적조직과 계층별 조직에 있어서 업무수행에 필요한 이해나 견해가 대립된 제 활동과 노력을 결합하고 동일화해서 조화를 기하는 기능이다.
④ 조정화는 기준과 지시에 따라 실행되고 있는가를 확인 대조하면서 오류를 범하지 않도록 사전에 방지하는 기능이다.

참고 파트02-챕터02-섹션03

40 다음 중 집무환경의 중요한 요소와 가장 거리가 먼 것은?

① 색채 조절
② 소음 조절
③ 시간 조절
④ 공기 조절

3과목 프로그래밍 일반

참고 파트04-챕터06-섹션01

41 Java 언어에서 기본 데이터형을 객체 데이터형으로 바꾸어주는 클래스는?

① abstract
② super
③ final
④ wrapper

참고 파트03-챕터04-섹션04

42 C 언어에서 문자열 출력 시 사용하는 함수는?

① gets( )
② getchar( )
③ puts( )
④ putchar( )

참고 파트03–챕터03–섹션02

43 토큰들의 문법적 오류를 검사하고, 오류가 없으면 파스 트리를 생성하는 컴파일 단계는?

① 어휘 분석단계
② 최적화 단계
③ 중간코드 생성 단계
④ 구문 분석단계

참고 파트03–챕터03–섹션03

44 프로그래밍 언어의 해독 순서로 옳은 것은?

① 링커 → 로더 → 컴파일러
② 컴파일러 → 링커 → 로더
③ 로더 → 컴파일러 → 링커
④ 컴파일러 → 로더 → 링커

참고 파트03–챕터03–섹션01

45 BNF 심볼에서 정의를 나타내는 기호는?

① | ② ::=
③ 〈 〉   ④ →

참고 파트03–챕터04–섹션05

46 메서드 명칭은 동일하지만 매개변수 수와 데이터 타입 및 기능을 다르게 정의하는 개념은?

① 클래스
② 인스턴스
③ 추상화
④ 다형성

참고 파트03–챕터06–섹션01

47 프로그램 실행 시 원시 프로그램을 문자 단위로 스캐닝하여 문법적으로 의미 있는 일련의 문자들로 분할된 단위는?

① 토큰
② 오토마타
③ BNF
④ 모듈

참고 파트03–챕터04–섹션02

48 C 언어에서 정수형 자료 선언 시 사용하는 것은?

① char
② float
③ double
④ int

참고 파트03–챕터02–섹션02

49 컴파일 단계 중 원시 프로그램을 토큰으로 분리하는 단계는?

① 어휘 분석 단계
② 구문 분석 단계
③ 중간코드 생성 단계
④ 최적화 단계

참고 파트03–챕터05–섹션02

50 순서 제어 구조에서 묵시적인 방법에 해당하는 것은?

① 반복문을 사용하는 방법
② GOTO문을 사용하는 방법
③ 연산자의 우선순위에 따른 수식 계산
④ 연산자의 순서를 프로그래머가 변경하는 방법

참고 파트03–챕터03–섹션02

51 Chomsky 문법 중 생성 규칙에 제한이 없는 문법은?

① Type 0
② Type 1
③ Type 2
④ Type 4

참고 파트03–챕터04–섹션06

52 Java 언어에 대한 특징이 아닌 것은?

① 다중 상속을 받을 수 없다.
② 다른 컴퓨터의 환경에 이식이 쉽다.
③ 캡슐화로 구조화할 수 있다.
④ 재사용성이 높다.

참고 파트03-챕터06-섹션05

53 UNIX 명령어에서 현재 작업 중인 디렉터리 경로를 보여 주는 명령어는?

① dir
② cat
③ pwd
④ write

참고 파트03-챕터03-섹션02

54 다음 문장은 몇 개의 토큰으로 분리될 수 있는가?

```
k = 4 + c ;
```

① 3   ② 4
③ 5   ④ 6

참고 파트03-챕터03-섹션03

55 구문 분석기가 올바른 문장에 대해 그 문장의 구조를 트리로 표현한 것으로 루트, 중간, 단말 노드로 구성되는 트리는?

① 파스 트리
② 라운드 트리
③ 시프트 트리
④ 토큰 트리

참고 파트03-챕터04-섹션02

56 C 언어에서 문자형 자료 선언 시 사용하는 것은?

① float
② double
③ char
④ int

참고 파트03-챕터04-섹션04

57 C언어에서 다음 코드의 결과 값은?

```c
#include <stdio.h>
int main() {
    int x = 4, y = 7;
    int resultxy;
    resultxy = x & y;
    printf("%d", resultxy);
    return 0;
}
```

① 0
② 4
③ 7
④ 11

참고 파트03-챕터02-섹션02

58 원시 프로그램을 컴파일러가 수행되고 있는 컴퓨터의 기계어로 번역하는 것이 아니라 다른 기종에 맞는 기계어로 번역하는 것은?

① Cross Compiler
② Preprocessor
③ Linker
④ Debugger

참고 파트03-챕터04-섹션05

59 소프트웨어 설계에서 사용되는 대표적인 추상화 메커니즘이 아닌 것은?

① 구조 추상화
② 자료 추상화
③ 제어 추상화
④ 기능 추상화

참고 파트03-챕터05-섹션05

60 C++ 함수 정의 시 아래의 func( )처럼 매개 변수를 전달하는 방법은?

```
void main( ) {
        int a = 3 ;
        func(a) ;
}
void func(int &x) {
        x = 5 ;
}
```

① Call by Value
② Call by Reference
③ Call by Name
④ Call by Position

4과목 | 정보통신개론

참고 파트04-챕터04-섹션03

61 ITU-T에서 1976년에 패킷 교환망을 위한 표준으로 처음 권고한 프로토콜은?

① X.25 ② I.9577
③ CONP ④ CLNP

참고 파트04-챕터03-섹션02

62 나이퀴스트 채널용량 산출 공식(C)으로 옳은 것은?(단, 잡음이 없는 채널로 가정, S/N : 신호대잡음비, M : 진수, B : 대역폭)

① $C = Blog_2(S/N)(bps)$
② $C = 2Blog_2M(bps)$
③ $C = 2Blog_2(10+S/N)(bps)$
④ $C = Blog_2(M+1)(bps)$

참고 파트04-챕터06-섹션01

63 다음 중 인터넷 서비스와 관련하여 FTP(File Transfer Protocol)에 관한 설명으로 옳지 않은 것은?

① 컴퓨터와 컴퓨터 사이에 파일을 주거나 받을 수 있는 원격 파일 전송 프로토콜이다.
② FTP 프로그램을 이용하여 FTP 서버에 파일을 전송하거나 수신하고, 파일의 삭제 및 이름 바꾸기 등을 할 수 있다.
③ Anonymous FTP는 FTP 서버에 계정이 없는 익명의 사용자도 접속하여 사용할 수 있는 서비스이다.
④ 그림, 동영상, 실행 파일, 압축 파일 등은 ASCII 모드로 전송한다.

참고 파트04-챕터04-섹션02

64 OSI 7 계층에서 데이터링크 계층의 기능에 해당하는 것은?

① 코드 변환
② 우편 서비스
③ 네트워크 가상 터미널
④ 오류 제어

참고 파트04-챕터06-섹션01

65 다음 중 FTP에 대한 설명으로 틀린 것은?

① get : 파일을 다운로드하는 기능이다.
② put : 파일을 업로드하는 기능이다.
③ ls : 파일 목록을 표시하는 기능이다.
④ bin : 텍스트 모드로 파일을 전송한다.

참고 파트04-챕터04-섹션03

66 IEEE 802.15 규격의 범주에 속하며 사용자를 중심으로 작은 지역에서 주로 블루투스 헤드셋, 스마트워치 등과 같은 개인화 장치들을 연결시키는 무선통신 규격은?

① WPAN
② VPN
③ WAN
④ WLAN

참고 파트04-챕터05-섹션04

67 광대역 종합 정보 통신망인 ATM 셀(Cell)의 구조로 옳은 것은?

① Header: 5 옥텟, Payload : 53 옥텟
② Header: 5 옥텟, Payload : 48 옥텟
③ Header: 2 옥텟, Payload : 64 옥텟
④ Header: 6 옥텟, Payload : 52 옥텟

참고 파트04-챕터06-섹션01

68 라우팅(Routing) 프로토콜이 아닌 것은?

① BGP
② OSPF
③ SMTP
④ RIP

참고 파트04-챕터05-섹션02

69 LAN의 네트워크 형태(Technology)에 따른 분류에 속하지 않는 것은?

① 스타형　　　　② 버스형
③ 링형　　　　　④ 교환형

참고 파트04-챕터03-섹션05

70 HDLC(High-level Data Link Control) 동작 모드에 해당하지 않는 것은?

① 정규 응답 모드(NRM)
② 비동기 응답 모드(ARM)
③ 비동기 균형 모드(ABM)
④ 동기 균형 모드(SBM)

참고 파트04-챕터03-섹션03

71 샤논(Shannon)의 정리에 따라 백색 가우스 잡음이 발생되는 통신선로의 용량(C)이 옳게 표시된 것은? (단, W : 대역폭, S/N : 신호대잡음비)

① $C=W\log_2(1+S/N)$
② $C=2W\log_{10}(10+S/N)$
③ $C=W\log_2(S/N)$
④ $C=3W\log_{10}(1+S/N)$

참고 파트04-챕터05-섹션04

72 ATM 셀의 헤더 길이는 몇 [byte] 인가?

① 2
② 5
③ 8
④ 10

참고 파트04-챕터06-섹션01

73 Link State 방식의 라우팅 프로토콜은?

① RIP　　　　② RIP V2
③ IGRP　　　④ OSPF

참고 파트04-챕터04-섹션03

74 다음 중 이기종 단말 간 통신과 호환성 등 모든 네트워크상의 원활한 통신을 위해 최소한의 네트워크 구조를 제공하는 모델로 네트워크 프로토콜 디자인과 통신을 여러 계층으로 나누어 정의한 통신 규약 명칭은?

① ISO 7 계층
② Network 7 계층
③ TCP/IP 7 계층
④ OSI 7 계층

참고 파트04-챕터02-섹션03

75 아날로그 음성 데이터를 디지털 형태로 변환하여 전송하고, 디지털 형태를 원래의 아날로그 음성 데이터로 복원시키는 것은?

① CCU　　　　② DSU
③ CODEC　　　④ DTE

참고 파트04-챕터02-섹션05

76 둘 이상의 서로 다른 네트워크에 접속하여 서로간에 데이터를 주고 받을 수 있도록 경로 선택, 혼잡 제어, 패킷 폐기 기능을 수행하는 것은?

① Hub　　　　② Repeater
③ Router　　　④ Bridge

참고 파트04-챕터03-섹션03

77 변조속도가 1,600(baud)이고, 쿼드비트를 사용하여 전송할 경우 전송속도(bps)는?

① 2,400
② 3,200
③ 4,800
④ 6,400

참고 파트04-챕터03-섹션04

78 데이터 전송의 흐름이 양방향으로 전송이 가능하지만, 동시에 양방향으로 전송할 수 없으므로 정보의 흐름을 전환하여 반드시 한 방향으로만 전송하는 전송 방식은?

① 전이중(Full Duplex) 방식
② 반이중(Half Duplex) 방식
③ 단방향(Simplex) 방식
④ 비동기(Asynchronous) 전송 방식

참고 파트04-챕터05-섹션02

79 LAN의 매체 접근 제어 방식 중 Token Passing 방식에 사용되는 Token의 기능으로 맞는 것은?

① 채널의 사용권
② 노드의 수
③ 전송매체
④ 패킷 전송량

참고 파트04-챕터04-섹션03

80 IEEE 802 시리즈의 표준화 모델이 옳게 짝지어진 것은?

① IEEE 802.2 - 매체접근 제어(MAC)
② IEEE 802.3 - 광섬유 LAN
③ IEEE 802.4 - 토큰 버스(Token Bus)
④ IEEE 802.5 - 논리링크 제어(LLC)

빠른 정답 확인 QR
스마트폰으로 QR을 찍으면 정답표가 오픈됩니다.
기출문제를 편리하게 채점할 수 있습니다.

최신 기출문제
정답 & 해설

2024년 최신 기출문제 01회

01 ②	02 ④	03 ③	04 ②	05 ②
06 ②	07 ③	08 ④	09 ④	10 ②
11 ③	12 ③	13 ③	14 ④	15 ④
16 ③	17 ②	18 ③	19 ③	20 ②
21 ①	22 ④	23 ④	24 ②	25 ④
26 ④	27 ④	28 ②	29 ③	30 ②
31 ④	32 ③	33 ③	34 ③	35 ①
36 ④	37 ③	38 ③	39 ③	40 ③
41 ①	42 ③	43 ④	44 ②	45 ③
46 ③	47 ④	48 ①	49 ①	50 ①
51 ③	52 ④	53 ③	54 ①	55 ①
56 ①	57 ③	58 ③	59 ①	60 ④
61 ①	62 ①	63 ④	64 ①	65 ①
66 ④	67 ④	68 ④	69 ③	70 ③
71 ④	72 ③	73 ①	74 ③	75 ④
76 ④	77 ④	78 ③	79 ①	80 ①

2023년 최신 기출문제 01회

01 ②	02 ③	03 ②	04 ④	05 ②
06 ③	07 ③	08 ②	09 ②	10 ③
11 ④	12 ③	13 ②	14 ①	15 ②
16 ④	17 ③	18 ②	19 ①	20 ②
21 ②	22 ③	23 ①	24 ④	25 ②
26 ②	27 ②	28 ①	29 ③	30 ②
31 ②	32 ②	33 ④	34 ③	35 ①
36 ④	37 ④	38 ③	39 ③	40 ②
41 ②	42 ③	43 ①	44 ③	45 ④
46 ②	47 ③	48 ④	49 ③	50 ④
51 ④	52 ③	53 ①	54 ①	55 ③
56 ②	57 ④	58 ④	59 ③	60 ③
61 ④	62 ①	63 ②	64 ①	65 ④
66 ②	67 ②	68 ②	69 ④	70 ④
71 ④	72 ②	73 ③	74 ②	75 ④
76 ④	57 ①	78 ④	79 ③	80 ①

2024년 최신 기출문제 02회

01 ④	02 ①	03 ②	04 ①	05 ④
06 ①	07 ①	08 ②	09 ④	10 ②
11 ④	12 ③	13 ②	14 ①	15 ④
16 ②	17 ③	18 ③	19 ②	20 ③
21 ①	22 ④	23 ④	24 ④	25 ③
26 ③	27 ②	28 ②	29 ①	30 ①
31 ②	32 ③	33 ④	34 ①	35 ④
36 ③	37 ①	38 ②	39 ④	40 ④
41 ①	42 ②	43 ③	44 ④	45 ④
46 ④	47 ②	48 ③	49 ②	50 ①
51 ③	52 ②	53 ③	54 ③	55 ②
56 ③	57 ③	58 ③	59 ③	60 ②
61 ②	62 ②	63 ①	64 ③	65 ③
66 ③	67 ①	68 ③	69 ①	70 ①
71 ④	72 ②	73 ③	74 ④	75 ④
76 ①	77 ④	78 ②	79 ④	80 ③

2023년 최신 기출문제 02회

01 ①	02 ③	03 ②	04 ②	05 ②
06 ④	07 ②	08 ②	09 ④	10 ④
11 ①	12 ①	13 ④	14 ②	15 ④
16 ③	17 ②	18 ①	19 ①	20 ②
21 ④	22 ②	23 ②	24 ②	25 ①
26 ④	27 ②	28 ②	29 ③	30 ③
31 ④	32 ②	33 ③	34 ②	35 ④
36 ①	37 ①	38 ④	39 ②	40 ③
41 ④	42 ③	43 ④	44 ②	45 ②
46 ④	47 ①	48 ④	49 ①	50 ③
51 ①	52 ①	53 ③	54 ④	55 ①
56 ③	57 ②	58 ①	59 ①	60 ②
61 ①	62 ②	63 ④	64 ④	65 ④
66 ①	67 ②	68 ③	69 ④	70 ④
71 ①	72 ②	73 ④	74 ④	75 ③
76 ③	57 ④	78 ②	79 ①	80 ③

2024년 최신 기출문제 03회

01 ②	02 ③	03 ①	04 ③	05 ④
06 ④	07 ①	08 ④	09 ④	10 ①
11 ③	12 ①	13 ④	14 ②	15 ②
16 ④	17 ①	18 ③	19 ②	20 ④
21 ①	22 ③	23 ④	24 ①	25 ①
26 ③	27 ①	28 ②	29 ②	30 ②
31 ②	32 ②	33 ①	34 ②	35 ③
36 ②	37 ④	38 ④	39 ②	40 ①
41 ④	42 ④	43 ②	44 ①	45 ①
46 ④	47 ①	48 ②	49 ④	50 ②
51 ③	52 ④	53 ④	54 ③	55 ①
56 ②	57 ③	58 ③	59 ①	60 ③
61 ③	62 ④	63 ④	64 ③	65 ①
66 ③	67 ③	68 ①	69 ④	70 ②
71 ③	72 ②	73 ②	74 ②	75 ④
76 ②	77 ①	78 ③	79 ①	80 ①

최신 기출문제 / 정답&해설

2024년 최신 기출문제 01회 　　　　2-34p

01 ②	02 ④	03 ③	04 ②	05 ②
06 ②	07 ③	08 ④	09 ④	10 ②
11 ③	12 ③	13 ②	14 ④	15 ④
16 ③	17 ②	18 ③	19 ③	20 ②
21 ①	22 ④	23 ④	24 ②	25 ④
26 ②	27 ④	28 ②	29 ④	30 ②
31 ④	32 ②	33 ②	34 ③	35 ①
36 ④	37 ③	38 ③	39 ②	40 ③
41 ①	42 ③	43 ④	44 ②	45 ③
46 ③	47 ④	48 ①	49 ①	50 ①
51 ③	52 ③	53 ③	54 ①	55 ①
56 ①	57 ③	58 ③	59 ①	60 ④
61 ①	62 ①	63 ④	64 ①	65 ①
66 ③	67 ④	68 ③	69 ③	70 ③
71 ④	72 ③	73 ①	74 ③	75 ④
76 ④	77 ④	78 ③	79 ③	80 ①

1과목　사무자동화시스템

01 ②

CATV 구성요소
- 센터계 : 헤드엔드, 송출설비
- 전송계 : 케이블 및 중계증폭기
- 단말계 : 가입자 측 단말등 분배기 및 컨버터

02 ④

모바일 광고
대용량의 마케팅 광고 등과 같은 컨텐츠 정보를 다양한 통신 네트워크에서 이용한 상거래이다.

03 ③

광섬유 케이블
- 빛을 이용하여 전기적 유도가 발생하지 않는다. 단점으로는 비용이 많이 들고 곡선 설치와 장치 간 접속이 어려워 기계식 접속자 및 레이저를 이용한 융착 접속이 가능하다.
- 광대역 저손실이고 잡음에 특히 강하다.
- 성형, 링형의 형태에도 사용이 가능하다.

04 ②

전사적 접근 방식의 단점
- 높은 초기 투자 비용
- 복잡한 프로젝트 관리
- 변화 관리 어려움
- 큰 규모의 조직에 적합하지 않음

05 ②

- **SCM(supply chain management, 공급망 관리)**
  기업에서 원재료의 생산·유통 등 모든 공급망 단계를 최적화해 수요자가 원하는 제품을 원하는 시간과 장소에 제공하는 개념이다.
- **CRM(Customer Relationship Management, 고객관계관리)**
  기업이 고객과 관련된 내외부 자료를 분석·통합해 고객 중심 자원을 극대화하고 이를 토대로 고객특성에 맞게 마케팅 활동을 계획·지원·평가하는 과정이다.

06 ②

- **FTP(파일 전송 프로토콜)**
  - 파일의 업로드와 다운로드 서비스를 제공하는 컴퓨터를 FTP 서버라고 한다.
  - 멀리 떨어져 있는 컴퓨터로부터 파일을 전송받거나 전송하는 서비스를 의미한다.
  - FTP는 파일을 전송하는 서비스로 프로그램을 다운로드 받지 않고 실행할 수 없다. 프로그램을 다운로드한 뒤에 실행할 수 있다.
- **전자우편 프로토콜**
  - SMTP(Simple Mail Tranfer Protocol) : 사용자의 컴퓨터에서 작성된 메일을 다른 사람의 계정이 있는 곳으로 전송하는 프로토콜
  - POP3(Post Office Protocol) : 메일 서버에 도착한 E-Mail을 사용자 컴퓨터로 가져오는 메일 서버에서 제공하는 프로토콜
  - IMAP(Internet Messaging Access Protocol) : 로컬 서버에서 프로그램을 이용하여 전자우편을 액세스하기 위한 표준 프로토콜
  - MIME(Multi-purpose Internet Mail Extension) : 웹 브라우저가 지원하지 않는 각종 멀티미디어 파일의 내용을 확인하고, 실행시켜주는 프로토콜

07 ③

IME 모드(입력시스템 모드)
테이블이나 폼에서 텍스트 상자 컨트롤 데이터를 입력하려고 할 때 입력모드를 '한글' 또는 '영숫자반자'와 같은 입력상태로 지정하려고 할 때 사용하는 소프트웨어이다.

08 ④

사무자동화의 목표
- 사무자동화는 인간과 사무자동화 시스템의 융합을 통해 생산성 향상과 창조적 인간능력의 증대를 목표로 한다.
- 최신 기기의 시험은 사무자동화의 목표와 거리가 멀다.

09 ④

데이터베이스 언어(Database Language)
- 데이터 정의어(DDL) : 데이터베이스를 생성하거나 수정을 하기 위해 사용하는 언어이다.
- 데이터 조작어(DML) : 데이터의 삽입, 삭제, 수정 등을 하기 위해 사용하는 언어이다.
- 데이터 제어어(DCL) : 데이터 보안, 데이터 무결성, 데이터 복구 등을 위해 사용하는 언어이다.

10 ②

DRAM과 SRAM의 비교

구분	동적 램(DRAM)	정적 램(SRAM)
구성 소자	콘덴서	플립플롭
재충전 여부	필요	불필요
전력 소모	적음	많음
접근 속도	느림	빠름
집적도(밀도)	높음	낮음
복잡도	단순	복잡
가격	저가	고가
용도	주기억장치	캐시 메모리

11 ③

시스템 카탈로그(System Catalog)
- 시스템 자신이 필요로 하는 여러 가지 객체(기본 테이블, 뷰, 인덱스, 데이터베이스, 패키지, 접근 권한 등)에 관한 정보를 포함하고 있는 시스템 데이터베이스이다.
- 데이터 사전(Data Dictionary)이라고도 한다.
- 메타 데이터(Meta Data)라고도 한다.

12 ③

③은 라인 조직에 대한 특징이다.

스텝(Staff) 관리 대상
업무 담당 전문가 별로 개별적으로 계획 수행되는 형태
- **장점**
  - 전문가 양성이 가능하다.
  - 보다 좋은 감독이 가능하다.
  - Staff의 훈련이 용이하다.
  - 사람을 기준으로 한 작업 형태이다.
  - 작업의 표준화가 가능하다.
- **단점**
  - 조직 관리 권한이 분산된다.
  - 사무 행동이 둔화된다.
  - 의견의 다양화로 의견일치가 어렵다.
  - 서로 책임을 전가할 수 있다.
  - 관리비용이 증가한다.

13 ②

- **LTO(Linear Tape-Open, 개방 선형 테이프)**
  - 고속 데이터 처리와 대용량 형식으로 만들어진 백업용 개방 테이프 시스템이다. Accelis 방식과 Ultrium 방식이 있다.
  - 240MB/S의 속도를 갖는다.
  - 순차 접근 방식의 저장장치이다.
- **SSD(Solid State Drive)**
  반도체를 이용하여 정보를 저장하는 장치이다. 하드디스크드라이브에 비하여 속도가 빠르고 기계적 지연이나 실패율, 발열 · 소음도 적으며, 소형화 · 경량화 할 수 있는 장점이 있다.

14 ④

사무자동화의 목적
- 최적화된 시스템 구축과 사무 부분의 생산성(효율성) 향상
- 조직의 경쟁력 강화와 인간성, 창조성 향상
- 사무처리의 질적 향상
- 고객에 대한 서비스와 품질의 향상
- 사무환경의 개선으로 근무의욕과 사기 향상
- 사무처리의 정확성으로 의사소통이 원활해짐

- 형식이 통일되고 선명도가 좋아지며 이미지가 향상됨
- 업무 만족도 증가와 의사 결정의 신속 · 정확화
- 업무 영역의 확대

15 ④

- **VPN(Virtual Private Network)**
  통신 사업자에게 임대한 공용 인터넷망을 전용선처럼 사용할 수 있도록 특수 통신체계와 암호화 기법을 제공하는 서비스
- **IDS(Intrusion Detection System)**
  정보시스템의 보안을 위협하는 행위가 발생할 경우 이를 감지하여 침입을 차단하는 시스템

16 ③

기본키(Primary Key)
- 릴레이션의 각 레코드를 식별할 수 있는 속성
- 후보키 중에서 대표로 선정된 키
- 널 값을 가질 수 없음(널 값(Null Value) : 공백(Space)이나 0(Zero)과는 다른 의미이며, 아직 알려지지 않거나 모르는 값을 의미함)

17 ②

사무관리의 순환 과정
① 계획화 → ② 조직화 → ③ 통제화

18 ③

EDI(Electronic Data Interchange)
- 거래 상대방 간에 상호 합의된 기업 또는 공공기관 사이에 교환되는 컴퓨터 간의 전자적 수단으로 표준화된 형태와 코드체계 문서로 작성된 거래 정보를 이용하여 교환하는 방식이다.
- EDI의 데이터 형식, 용어, 규약 등의 국제적 표준을 정하는 기구는 ISO이다.
- EDI에 의해 전달되는 데이터는 구조화되어 있고 자체 처리가 가능한 표준 양식이므로 구조화되지 않으면 전송이 불가하다.

19 ③

데이터 마이닝
데이터 웨어하우스에 저장된 데이터에 의미를 부여하여 조직의 의사결정에 도움을 주는 데이터베이스 시스템

20 ②

안티바이러스는 소프트웨어적인 기술에 해당한다.

2과목 | 사무경영관리개론

21 ①

공공기록물 관리에 관한 법률 제3조
영구기록물관리기관이라 함은 [기록물]의 영구보존에 필요한 시설 및 장비와 이를 운영하기 위한 전문 인력을 갖추고 기록물을 영구적으로 관리하는 기관을 말하며, 중앙기록물관리기관 · 헌법기관기록물관리기관 · 지방기록물관리기관 및 대통령기록관으로 구분한다.

22 ④

문서보존의 일반 원칙
• 보존 문서는 가능한 한 줄인다.
• 보존 문서의 정리, 폐기를 자주해야 한다.
• 문서보존규정을 제정하고 이를 준수한다.
• 권위가 없는 문서는 보존 기간을 줄인다.
• 훼손되어 활용이 불가능한 문서는 정리 · 폐기한다.

23 ④

공공기록물 관리에 관한 법률 제8장 제35조 제3항
비공개 기록물은 생산연도 종료 후 30년이 지나면 모두 공개하는 것을 원칙으로 한다. 다만, 제19조 제4항 및 제5항에 따라 이관시기가 30년 이상으로 연장되는 기록물의 경우에는 그러하지 아니하다.

24 ②

사무표준의 종류
• 양(Quantity) 표준 : 일정 기간 내에 생산되는 작업 단위의 수를 말한다.
• 질(Quality) 표준 : 사무 작업의 정확도를 뜻하며, 보통 %로 표시한다.
• 양 및 질 표준 : 한 사무 작업에 양 표준과 질 표준을 함께 사용한다.

25 ④

사무 조직화의 원칙
• 목적의 원칙 : 조직의 목적을 분명히 해야 한다.
• 기능화의 원칙 : 사무조직은 비합리적 사람 중심이 아니라 목적달성을 위해 해야 할 업무 중심의 조직이 마련되어야 한다.
• 명령 일원화의 원칙 : 조직원은 한사람의 상사에게 명령을 받아야 한다.
• 책임/권한의 원칙 : 각 계층에 할당된 책임을 명확히 하기 위해 권한을 위임한다.
• 권한 위임의 원칙 : 실행 권한을 가능한 한 실시 계층에 가깝게 위임해야 한다.
• 전문화의 원칙 : 구성원은 전문화된 활동 분야를 담당케 하는 것이 바람직하다.
• 통솔 범위의 원칙 : 일정 관리자가 감독할 수 있는 직원의 수와 조직의 수는 일정한 통솔 범위 안에 들도록 한다. 통솔 범위 결정요인에는 감독자 능력과 근무시간의 한계, 업무의 성질, 직원들의 능력, 조직의 전통, 조직의 규모, 지리적 조건 등이 있다.

26 ②

집중 처리 시스템의 특징
• 작업처리 결과의 범조직적 통합
• 자료처리 업무의 통제 용이
• 데이터의 전사적 관리 용이
• 대규모 처리에 대한 적응성 우수

27 ④

정보통신망 이용촉진 및 정보보호 등에 관한 법률 시행 규칙 제28조 제1항 및 제67조 제1항에 따른 개인정보의 안전성 확보에 필요한 기술적 조치는 다음 각 호와 같다.
1. 개인정보에 대한 접근 권한을 확인하기 위한 식별 및 인증 조치
2. 개인정보에 대한 권한 없는 접근을 차단하기 위한 암호화와 방화벽 설치 등의 조치
3. 접속기록의 위조 · 변조 방지를 위한 조치
4. 침해사고 방지를 위한 보안프로그램의 설치 및 운영

28 ②

• 사무관리
관리란 자체가 목적이 아니라 하나의 수단으로서 한 조직이 공통의 목표를 달성할 수 있도록 계획을 세우고, 이를 달성하기 위하여 인간, 기계, 재료, 방법 등으로 조정하는 모든 활동을 말한다.

• 페이욜(Fayol, H.)
기업 활동의 본질적 기능은 기술(Technical), 영업(Commercial), 재무(Financial), 보안(Security), 회계(Accounting), 관리(Management)에 있다. 그중 가장 중요한 것은 관리이다.

29 ③

제64조(청력보존프로그램 시행 등) 사업주는 다음 각 호의 1에 해당하는 경우에는 청력보존프로그램을 수립 · 시행하여야 한다.
1. 법 제42조의 규정에 의한 소음의 작업환경 측정 결과 소음수준이 90데시벨을 초과하는 사업장
2. 소음으로 인하여 근로자에게 건강장해가 발생한 사업장

30 ②

경영 정보 시스템(Management Information System)
• 기업 경영에서 의사결정의 유효성을 높이기 위하여, 경영 내외의 관련 정보(전략, 계획, 조정, 관리, 운영 등)를 즉각적, 대량으로 수집 · 전달 · 처리 · 저장 · 이용할 수 있도록 편성한 인간과 컴퓨터와의 결합 시스템을 의미한다.
• MIS의 전문성은 기업의 업무를 분석하고 기업경영을 진단하는 능력이다.
• MIS의 분석과 진단에 의해 기업업무의 정보요구가 정의되어야 하고, 정의된 정보를 효율적으로 처리할 수 있는 시스템을 개발하고 관리하는 특징을 갖고 있다.
• MIS는 창조적이고 지적인 공학적 설계와 관련된 프로그래밍을 통한 업무 전산화를 말한다.

31 ④

• 안소프트(Ansoft)의 경영전략에 따른 의사결정
거시적인 차원에서 전략의 개념을 정립하였다. 경영전략을 변동하는 기업환경 속에서 기업의 유지와 성장을 위해서 환경에 적응 및 대응하기 위한 방향의 설정과 그 수단선택에 관한 의사결정이라고 정의하고 있다.

• 안소프의 의사결정의 분류
  – 전략적 의사결정(Strategic Decision)
  – 관리적 의사결정(Administrative Decision)
  – 업무적 의사결정(Operating Decision)

• 전략 개념을 구성하는 기준
상품/시장 분야, 성장벡터, 경쟁상의 이점, 시너지

32 ②

사무관리의 기본 정의
• 경영 내부의 여러 기능과 활동을 능률적으로 달성하기 위해 정보처리 활동을 효율적이고 합리적으로 수행하기 위한 제반 관리 활동의 총칭이다.
• 사무의 실체를 작업으로 규정하는 것이다.
• 초기연구자는 레핑웰(W.H.Leffingwell)
• 사무소는 공장과 같이 사무라는 서비스를 생산한다.

33 ②

법원사무관리규칙 시행내규 제31조 (문서의 접수)
⑥ 감열기록방식의 모사전송기로 보존기간이 3년 이상인 문서를 수신한 때에는 당해 문서를 복사하여 접수하여야 한다. 이 경우 수신한 문서는 폐기한다.

34 ③

사무관리의 원칙
① 용이성 ② 정확성 ③ 신속성 ④ 경제성
다양성은 사무개선의 목표가 아니라 사무개선 대상이다.

35 ①

대사무실(큰 방)의 이점
- 정의 : 사무실을 너무 세분화하는 것보다는 여러 과를 한 사무실에 배정하여 사용하는 것이 바람직하다고 생각하는 사무실의 배정 방식이다.
- 실내 공간 이용도를 높일 수 있으며 상관의 감독을 쉽게 한다.
- 사무의 흐름을 직선화하는데 편리하며 직원 상호간 친목도를 높인다.
- 과별로 직원 상호간에 행동상의 비교가 이루어져 자율통제가 쉽다.
- 사무실을 너무 세분화하는 것보다는 여러 과를 한 사무실에 배정하여 사용하는 것이 바람직하다고 생각하는 사무실의 배정 방식이다.

36 ④

복호화가 불가능하도록 암호화하면 복호화가 불가능해 비밀정보를 열람할 수 없게 된다.

37 ③

DDC(Dewey Decimal Classification) 도서의 십진 분류법
- 000 Generalities 총류
- 100 Philosophy & psychology 철학 및 심리학
- 200 Religion 종교
- 300 Social sciences 사회 과학
- 400 Language 언어
- 500 Natural sciences 및 mathematics 자연 과학 및 수학
- 600 Technology(Applied sciences) 기술(응용과학)
- 700 The arts 예술
- 800 Literature & rhetoric 문학 & 수사
- 900 Geography & history 지리 및 역사

38 ③

특성에 따른 사무계획의 순응 능력에 따른 분류
고정계획과 신축계획으로 구분된다.

39 ②

한국정보화진흥원
국가기관 등의 국가정보화 추진과 관련된 정책의 개발과 건강한 정보문화 조성 및 정보격차 해소 등을 지원하기 위하여 설립된 공공기관으로서 2009년 5월 22일 한국정보사회진흥원과 한국정보문화진흥원을 통합하여 출범하였다.

40 ③

사무 통제의 종류
- 자동 독촉 제도(Come-up System) : 정해진 시기에 처리해야 할 사무계획을 세운 후, 사무계획에 필요한 서류를 전담직원이 관리하고, 자동으로 독촉하게 하는 제도이다.
- 티클러 시스템(Tickler System) : 색인 카드철(Tickler File)을 이용하여 서류를 관리 후 날짜에 맞춰 서류를 처리한다.
- 간트 차트 : 작업량, 시간, 평가 등을 나타내는 간단한 부호를 사용하여 절차계획과 일정계획의 내용을 작업자에게 쉽게 이해시키기 위한 것으로 유기적인 전후 관계를 나타내지 못하는 단점이 있다.

41 ①

- **세마포어(Semaphore)**
  - 멀티프로그래밍 환경에서 공유 자원에 대한 접근을 제어하는 데 사용되는 동기화 도구이다.
  - E.J.Dijkstra가 제안한 방법이다.
  - 여러 개의 프로세스가 동시에 그 값을 수정하지 못한다.
  - 상호배제의 원리를 보장하는데 사용된다.
  - P조작은 프로세스를 대기시키는 Wait 동작이다.
  - V조작은 대기 중인 프로세스를 깨우는 신호를 보내는 Signal 동작이다.
- **세마포어의 주요 특징**
  - 상호 배제 : 여러 프로세스가 동시에 공유 자원에 접근하지 못하도록 제어한다.
  - 동기화 : 프로세스 간의 동작을 조율하여 올바른 순서로 실행되도록 한다.
  - 원자성 : 세마포어 연산은 한 번에 완료되어야 하며, 중간에 다른 프로세스가 방해해서는 안된다.

42 ③

BNF에서 | 는 택일을 의미한다. 제시된 순서에 따라 정규 문법에 맞춰 경우의 수를 찾아보면 된다.
- **S → aS | aB**
  - S 는 a로 시작하면서 S로 끝나거나 a로 시작하면서 B로 끝난다. 즉 ④번은 b로 시작하므로 답이 될 수 없다.
  - aa, aaa(S재귀) 또는 aBC가 될 수 있다.
- **C → a | aC**
  - C는 a 로 시작하거나 a로 시작해 C로 끝난다.
  - a 또는 aa, aaa(C재귀)가 될 수 있다.
- **B → bC**
  - B는 b로 시작 C로 끝난다.
  - S → aS | aB를 앞의 C, B를 대입해 찾는다.
  - aS → aa, aaa, aaaa가 될 수 있으며 또는 aB → abC → aba 또는 abaa가 될 수 있다.
보기 중 가능한 문법은 abaa이므로 답은 ③이다.

43 ④

묵시적 순서 제어
- 프로그램 언어에서 미리 정해진 순서에 따라서 제어가 일어나는 것을 의미한다.
- 일반 언어에서 순서를 명시적으로 제어하는 문장이 없으면 문장 나열 순서로 제어한다.
- 수식에서 괄호가 없으면 연산자 우선순위에 의해서 수식이 계산된다.

44 ②

세그먼테이션(Segmentation) 기법
- 가상기억장치에 보관된 프로그램을 다양한 크기의 논리적인 단위(Segment)로 나눈 후 주기억장치에 적재시켜 실행시키는 기법이다.
- 매핑을 위해 세그먼트의 위치 정보를 가진 세그먼트 맵 테이블(Seg-ment Map Table)이 필요하다.
- 각 세그먼트는 고유한 이름과 크기를 가진다.
- 기억장치 보호키가 필요하다.
- 프로그래머가 메모리를 세그먼트들의 조합으로 볼 수 있게 해준다.
- 세그먼테이션은 동적으로 결정되는 서로 다른 크기의 세그먼트들로 구성한다.
- 세그먼테이션에 대한 메모리 참조는 (세그먼트번호, 오프셋) 주소 형식으로 이루어진다.
- 내부, 외부 단편화는 페이징 기법에 관한 내용이다.

45 ③

- **소스코드 정적 분석 도구**
  - 소프트웨어를 이용한 코드 분석 기법이다.
  - 소스 코드를 실행시키지 않고 분석한다.
  - 코드에 있는 오류나 잠재적인 오류를 찾아내기 위한 활동이다.
  - 자료 흐름이나 논리 흐름을 분석하여 비정상적인 패턴을 찾을 수 있다.
- **정적 분석 도구 종류**
  pmd, cppcheck, SonarQube, checkstyle, ccm, cobertura 등

46 ③

- **super** : 하위클래스에서 상위클래스를 참조하기 위해 사용하는 명령어
- **extends** : 상위클래스에서 하위클래스로 상속하기 위해 사용하는 명령어

47 ④

페이지 교체 알고리즘
- **FIFO** : 먼저 입력된 페이지를 먼저 교체
- **OPT**(OPTimal replacement) : 가장 오랫동안 사용되지 않을 페이지를 대체하는 방식
- FIFO 방식으로 수행하되 각 작업은 할당 시간동안만 CPU를 사용
- **LRU**(Least Recently Used) : 가장 오랫동안 사용되지 않았던 페이지 교체 방식
- **NUR**(Not Used Recently) : 가장 최근에 사용되지 않은 페이지 교체

48 ①

C 언어의 기억 클래스
- 자동 변수(Automatic Variable)
- 레지스터 변수(Register Variable)
- 정적 변수(Static Variable)
- 외부 변수(Extern Variable)

49 ①

연산자 우선순위를 기준으로 ( ) 로 묶는다.
- X=(A+(C/D)) −〉괄호 앞으로 연산자를 빼준다.
- =X+A/CD
- ABC*+D−

50 ①

- **HRN 스케줄링 기법**
  짧은 작업시간이나 대기시간이 긴 작업은 우선순위가 높아지는 기법
- **HRN의 우선순위 공식**
  - (대기시간+서비스 받을 시간)/서비스 받을 시간
  - 우선순위 값이 큰 것이 우선 처리된다.

작업	대기	서비스	우선순위
A	5	1	(5+1)/1 = 6
B	10	6	(10+6)/6 = 2.67
C	15	7	(15+7)/7 = 3.14
D	20	8	(20+8)/8 = 3.5

51 ③

선점형
- **라운드 로빈** : 시분할 방식을 위해 고안된 방식으로 FIFO 방식으로 수행하되 각 작업은 할당 시간동안만 CPU를 사용한다.
- **SRT**(Shortest Remaining Time) : 남은 처리시간이 가장 짧은 작업을 먼저 수행한다.

비선점형
- **FIFO**(First In First Out) : 가장 먼저 들어온 작업을 가장 먼저 처리한다.
- **SJF**(Shortest Job First) : 처리시간이 가장 짧은 작업부터 먼저 처리한다.
- **HRN**(Highest Response−ratio Next) : 처리시간이 긴 작업의 대기시간이 길어지는 SJF의 단점을 보완한다.

52 ④

변수 k는 1부터 60까지 1씩 증가한다.

```
k = 1;
while(k<60)
~
k++;
```

변수 k가 4의 배수이면 그때 k보다 2 작은 값을 출력한다.

```
if(k%4==0)
    printf("%d\n", k−2);
```

즉 1~60까지 수중에서 4의 배수인 값보다 2작은 값이 출력된다.
(4)2, (8)6, (12)10, (16)14 ~ 32(30), 36(34) ~

53 ③

객체지향 기법의 기본 원칙
- **캡슐화**(Encapsulation) : 데이터와 데이터를 조작하는 연산을 하나로 묶는 것을 의미하며 연관된 데이터와 함수를 함께 묶어 외부와 경계를 만들고 필요한 인터페이스만을 밖으로 드러내는 과정을 의미한다.
- **정보 은닉**(Information Hiding) : 객체가 다른 객체로부터 자신의 자료를 숨기고 자신의 연산만을 통하여 접근을 허용하는 것을 의미하며 캡슐화와 밀접한 관계가 있다.
- **추상화**(Abstraction) : 주어진 문제나 시스템 중에서 중요하고 관계있는 부분만을 분리하여 간결하고 이해하기 쉽게 만드는 작업을 의미한다.
- **상속성**(Inheritance) : 상위 클래스의 속성과 메소드를 하위 클래스가 물려받는 것을 의미하며 클래스와 객체를 재사용할 수 있다.
- **다형성**(Polymorphism) : 많은 상이한 클래스들이 동일한 메소드명을 이용하는 능력을 의미하며 한 메시지가 객체에 따라 다른 방법으로 응답할 수 있는 것을 의미한다.

54 ①

로더의 4대 기능
- **할당**(Allocation) : 주기억장치 안에 빈 공간을 할당한다.
- **연결**(Link) : 목적 모듈들 사이의 기호적 외부 참조를 실제적 주소로 변환한다.
- **재배치**(Relocation) : 종속적인 모든 주소를 할당된 주기억장치 주소와 일치하도록 조정한다.
- **적재**(Load) : 기계 명령어와 자료를 기억 장소에 물리적으로 배치한다.

55 ①

- **프리프로세서(전처리기, Preprocessor)**
  주석(Comment)의 제거, 상수 정의 치환, 매크로 확장 등 컴파일러가 처리하기 전에 먼저 처리하여 확장된 원시 프로그램을 생성
- **크로스 컴파일러(Cross Compiler)**
  번역이 이루어지는 컴퓨터와 번역된 기계어에 이용되는 컴퓨터가 서로 다른 기종의 컴퓨터일 때 사용하는 컴파일러의 한 가지

56 ①

- **변수와 상수**
  - 변수(Variable) : 기억 장치의 한 장소를 추상화한 것, 프로그래머가 프로그램 내에서 정의하고 이름을 줄 수 있는 자료 객체이다.
  - 상수(Constant) : 프로그램이 동작하는 동안 값이 절대로 변하지 않는 값이다.
- **주석(Comment)**
  - 프로그램에 실제 실행되지 않고 프로그래머가 코드의 이해를 돕거나 분석을 위해 써놓은 일종의 프로그램 설명이다.
  - 프로그램 문서화의 중요한 부분으로 추후 유지보수에 유리하다.
  - 대부분의 프로그래밍 언어에서 각각의 주석 형식은 달라도 주석을 허용한다.

57 ③

#include 〈stdio.h〉 #include 〈string.h〉 int main()	• 헤더 파일 정의 • main() 함수 시작

{
  printf("%d", strlen("Hello World"));
  return 0;
}
	• strlen("Hello World") 부분이 호출되어 "Hello World" 문자열의 길이인 11을 반환
	• printf 함수를 사용하여 출력
	• 함수 종료

58 ③

별명(Alias)
- 동일한 데이터 요소나 포인트를 지칭하는 수단으로 사용되는 대체 레이블을 의미한다.
- 하나의 자료객체에 동시에 서로 다른 두 이름이 바인딩 되어있는 것을 의미한다.

59 ①

토큰(Token)
원시 프로그램을 하나의 긴 스트링으로 보고 원시 프로그램을 문자 단위로 스캐닝 하여 문법적으로 의미 있는 일련의 문자들로 분할 내는데 이 때 분할된 문법적인 단위를 말한다.

60 ④

프로그램 저작권의 발생
- 프로그램 저작자는 공표권, 성명 표시권, 프로그램을 복제, 개작, 번역, 배포 및 발행할 권리를 가짐
- 프로그램 저작권은 프로그램이 창작된 때로부터 발생, 어떠한 절차나 형식의 이행을 필요로 하지 않음
- 프로그램 저작권은 그 프로그램이 공표된 다음 연도부터 50년간 존속함
- 프로그램 저작권 심의 및 조정 기구 : 프로그램심의조정위원회
- 프로그램 저작자가 프로그램을 등록하는 대상 : 정보통신부장관

4과목 정보통신개론

61 ①

IPv6(Internet Protocol version 6)
128비트로 구성된 차세대 주소 체계로 128비트(6비트씩 8개)로 구성된다.

62 ①

ARQ 종류
- 정지-대기 ARQ(Stop-And-Wait ARQ) : 송신측에서 1개의 프레임을 전송한 후, 수신측에서 오류의 발생을 점검하여 ACK 또는 NAK를 보내올 때 까지 대기하는 ARQ 방식이다.
- 연속적 ARQ(Continue ARQ) : 정지-대기 ARQ의 단점을 보완하기 위한 방식이다.
  - Go-Back-N ARQ : 다수의 데이터 블록을 송신하고, 수신측으로부터 NAK 신호가 전송되면 NAK 신호를 받은 블록부터 다음의 모든 블록을 재전송하는 방식이다.
  - 선택적 재전송 ARQ(Selective-Repeat ARQ) : NAK신호를 받은 블록만을 재전송하는 방식이다.
- 적응적 ARQ(Adaptive ARQ) : 전송 효율을 높이기 위해서 블록의 길이를 동적(Dynamic) 으로 변경시킬 수 있는 방식이다.

63 ④

네트워크 설정을 할 때 TCP/IP 등록 정보
- 도메인 네임(Domain Name)
- IP Address
- 게이트웨이(Gateway)
- URL(Uniform Resource Locator)은 인터넷 주소 형식을 의미한다. 예 http://dumok.net

64 ①

통신용량 C =B $\log_2$(1+S/N)
- B : 대역폭, S : 신호 전력, N : 잡음
- 3100 $\log_2$ (1+100) → 3100 $\log_2$ 101 → 31000 $\log_2$ 2^6.6582114
- 3100 * 6.6582114 = 20640.45

65 ①

모뎀의 신호 방식(디지털 → 아날로그로 변조)
- ASK : 진폭 편이 변조, 송파로 사용되는 정현파의 진폭에 정보를 싣는 변조 방식
- FSK : 주파수 편이 변조
- PSK : 위상 편이 변조
- QAM : 직교 진폭 변조

66 ③

1,200 baud * 4bit = 4,800 bps

오답 피하기

1비트 신호 단위인 경우(onebit; 2위상) : bps = 1baud
2비트 신호 단위인 경우(dibit; 4위상) : bps = 2baud
3비트 신호 단위인 경우(tribit; 8위상) : bps = 3baud
4비트 신호 단위인 경우(tribit; 16위상) : bps = 4baud

67 ④

HDLC 프레임 구성
- 플래그(Flag) : 프레임의 시작과 끝을 나타내며, 항상 '01111110'을 취한다.
- 주소부(Address Field) : 송 · 수신국을 식별한다.

- 제어부(Control Field) : 프레임 종류를 식별한다.
- 정보부(Information Field) : 실제 정보를 포함한다.

68 ③

위성통신의 회선 할당 방식
- 고정 할당 방식(Pre Assignment Multiple Access, PAMA) : 고정된 주파수 또는 시간 Slot을 특별한 변경이 없는 한 한 쌍의 지구국에 항상 할당해 주는 접속 방식, 고정 방식
- 임의 할당 방식(Random Assignment Multiple Access, RAMA) : 전송 정보가 발생한 즉시 임의 Slot으로 송신하는 경쟁 방식
- 접속 요구 할당 방식(Demand Assignment Multiple Access, DAMA) : 사용하지 않는 Slot을 비워둠으로써 호 접속 요구가 발생할 때만 회선을 할당하는 방식

69 ③

V.24
ITU-T가 규정한 모뎀과 단말 간의 인터페이스 규격으로 모뎀과 단말 간의 인터페이스 신호에 관한 정의를 모은 것으로, RS-232C의 신호 규격과 거의 동일하다.

70 ③

- **물리 계층(Physical Layer)**
  - 전기적, 기능적, 절차적 기능 정의
  - 표준 : RS-232C
- **데이터 링크 계층(Data Link Layer)**
  - 흐름 제어, 에러 제어
  - 표준 : HDLC, LLC, LAPB, LAPD, ADCCP

71 ④

다중화(Mutilplexing)
하나의 주파수 대역폭을 다수의 작은 대역폭으로 분할하여 다수의 저속 장비를 동시에 이용하는 방식으로 주파수 분할 방식과 시분할 방식이 있다.

72 ③

프로토콜의 기본 구성 요소
- 구문(Syntax) : 데이터 형식, 부호화, 신호 레벨 등을 규정
- 의미(Semantic) : 효율적, 정확한 전송을 위한 개체 간의 조정과 에러 제어
- 순서(Timing) : 접속되는 개체 간의 통신 속도의 조정과 메시지의 순서 제어

73 ①

- **WPAN(Wireless Personal Area Network)**
  10m 이내의 거리에서 무선 서비스를 제공하기 위한 무선 개인 통신망. UWB, ZigBee, 블루투스 기술 등이 활용된다.
- **WLAN(Wireless LAN)**
  무선랜이다.

74 ③

- SMTP(Simple Mail Transfer Protocol) : 메일전송 프로토콜
- RIP(Routing Information Protocol) : IP 통신망의 경로 지정 통신 규약의 하나. 경유하는 라우터의 대수(hop의 수량)에 따라 최단 경로를 동적으로 결정하는 거리 벡터 알고리즘을 사용한다.
- OSPF(Open Shortest Path First protocol) : 링크 상태 라우팅 프로토콜로 IP 패킷에서 프로토콜 번호 89번을 사용하여 라우팅 정보를 전송하여 안정되고 다양한 기능으로 가장 많이 사용되는 IGP(Interior Gateway Protocol)이다.

75 ④

ATM : 광대역 종합정보통신망 B-ISDN 을 실현하기 위함
- 48Byte의 페이로드(Payload)를 갖고 있다.
- 5Byte의 헤더를 갖고 있다.
- 정보는 셀 단위로 나누어 전송하며 멀티미디어 서비스에 적합하다.
- 비동기식 전달모드로 고속데이터 전송에 사용된다.
- 1.5(Mbps) 이상 Gbps 급의 통신속도를 제공한다.

76 ④

XDMA(Xing Distributed Media Architecture)
Xing Technology 스트리밍 미디어의 멀티캐스트 전송을 위한 네트워크 구조

77 ④

메시지 교환 방식(Message Switching)
- 하나의 메시지 단위로 저장-전달(Store-and-Forward) 방식에 의해 데이터를 교환하는 방식이다.
- 각 메시지마다 수신 주소를 붙여서 전송하므로 메시지마다 전송 경로가 다르다.
- 네트워크에서 속도나 코드 변환이 가능하다.
- 회선 교환 방식은 하나의 노드만 전용으로 사용하므로 효율성이 떨어지게 되지만 메시지 교환 방식의 경우 하나의 회선을 여러 노드가 공유할 수 있으므로 효율성이 높다.

78 ③

203.230.7.110/29
- 서브넷 마스크를 255.255.255.248로도 표현 가능하다.
- /29는 서브넷을 표현할 때 사용한다. ipv4는 총 32bit이며 4개의 각 블록 8bit를 왼쪽부터 1로 채운 1의 개수이다.

1	1	1	1	1	1	1	1	255 (8bit)
1	1	1	1	1	1	1	1	255 (8bit)
1	1	1	1	1	1	1	1	255 (8bit)
1	1	1	1	1	0	0	0	248 (8bit)

이 네트워크에서는 8개의 IP가 할당되고 첫 번째(네트워크 주소)와 마지막(브로드캐스트 주소)으로 사용되어 6개의 장치만 연결이 가능하다. 서브넷 마스크(and 연산)는 제시된 IP를 2진수로 변환하여 곱한 결과를 이용한다. 마스크의 0 자리는 결국 0이 된다.
110 (0110 1110)
248 (1111 1000)
- -
104 (0110 1000)
- cf. 102(0110 0110), 103(0110 0111), 105(0110 1001)
- 104 ~ 111 까지가 사용 범위가 된다.
간단히 계산하는 방법
마지막 블록의 2진수 변환값이 xxxxx000 인 주소가 네트워크 주소가 된다. → 104(0110 1000)
마지막 블록의 2진수 변환값이 xxxxx111 인 주소가 브로드캐스트 주소가 된다. → 111(0110 1111)

79 ③

- **물리 계층(Physical Layer)**
  - 전기적, 기능적, 절차적 기능 정의
  - 표준 : RS−232C
- **데이터 링크 계층(Data Link Layer)**
  - 흐름 제어, 에러 제어
  - 표준 : HDLC, LLC, LAPB, LAPD, ADCCP

80 ①

전송 제어 문자
- SOH(Start Of Heading) : 헤딩의 개시
- EOT(End Of Transmission) : 전송 종료 및 데이터 링크 해제
- ENQ(ENQuiry) : 상대국에 데이터 링크 설정 및 응답 요구
- DLE(Data Link Escape) : 데이터 투과성을 위해 삽입되며, 전송 제어 문자 앞에 삽입하여 전송 제어 문자임을 알림
- ACK(Acknowledge) : 수신 측에서 송신 측으로 보내는 긍정 응답
- NAK(Negative Acknowledge) : 수신 측에서 송신 측으로 보내는 부정 응답

01 ④	02 ①	03 ②	04 ①	05 ④
06 ①	07 ①	08 ②	09 ④	10 ②
11 ④	12 ③	13 ②	14 ①	15 ④
16 ②	17 ③	18 ③	19 ②	20 ③
21 ①	22 ④	23 ④	24 ④	25 ③
26 ③	27 ②	28 ②	29 ①	30 ①
31 ②	32 ③	33 ④	34 ①	35 ④
36 ③	37 ①	38 ②	39 ④	40 ①
41 ①	42 ②	43 ③	44 ④	45 ④
46 ④	47 ②	48 ③	49 ②	50 ①
51 ③	52 ②	53 ③	54 ①	55 ②
56 ②	57 ③	58 ③	59 ③	60 ②
61 ②	62 ②	63 ①	64 ④	65 ③
66 ③	67 ①	68 ③	69 ①	70 ①
71 ④	72 ③	73 ③	74 ③	75 ④
76 ①	77 ④	78 ②	79 ④	80 ③

1과목 | 사무자동화시스템

01 ④

- **레지스터의 종류 − 제어장치**
  프로그램 카운터, 명령 레지스터, 해독기(Decoder), 부호기(Encoder), 메모리 번지 레지스터, 메모리 버퍼 레지스터
- **레지스터의 종류 − 연산장치**
  누산기, 가산기, 보수기, 데이터레지스터, 프로그램 상태 레지스터

02 ①

사무자동화 추진 시 요구분석 방법
인적요소, 관리요소, 처리요소

03 ②

- **제어 프로그램(Control Program)**
  - 감시 프로그램(Supervisor Program)
  - 작업 제어 프로그램(Job Control Program)
  - 자료 관리 프로그램(Data Management Program)
- **처리 프로그램(Processing Program)**
  - 언어 번역 프로그램(Language Translator Program)
  - 서비스 프로그램(Service Program)
  - 문제 프로그램(Problem Program)

04 ①

ERP(Enterprise Resource Planning)
- 기업 활동을 위해 사용되는 기업 내의 모든 인적 · 물적 자원을 효율적으로 관리하는 것이다.
- 궁극적으로 기업의 경쟁력을 강화시켜 주는 역할을 하는 통합정보시스템이다.
- 구매/생산/판매/회계/인사 등의 업무를 전체적으로 파악할 수 있으며 자원의 활용을 최적화할 수 있다.

05 ④

사회 환경적 요인
- 정보 산업의 급속한 발전과 확대
- 복잡하고 다양한 정보의 생산
- 정보의 효율적인 관리와 배분의 필요성 증대
- 사무실 업무의 표준화 및 합리화의 필요성
- 노동인구의 고령화 및 고학력화
- 생산부문의 합리화, 자동화에 부응한 기업구조의 변화

오답 피하기

④번은 기술적 요인이다.

06 ①

- **하향식 접근 방식(Top-Down Approach)**
  전체 조직을 총괄 분석하여 자동화에 방해되는 제반 요인을 배제하고 경영자가 요구하는 최적의 시스템을 구축할 수 있는 방식이다.
- **상향식 접근 방식(Bottom-Up Approach)**
  – 기업의 최하위 단위부터 자동화하여 그 효과를 점차 증대시키는 방식이다.
  – 업무개선, 기계화, 재편성의 단계를 거쳐 자동화가 수행된다.
  – 점진적인 사무자동화의 추진으로 기존 조직에 거부 반응이 최소화된다.

07 ①

PGP(Pretty Good Privacy)
- 인터넷에서 전달하는 전자우편을 다른 사람이 받아볼 수 없도록 암호화하고, 받은 전자우편의 암호를 해석해 주는 프로그램이다.
- 필 짐머맨(Phil Zimmermann)이 독자적으로 개발하였다.
- IETF에서 표준으로 채택한 PEM에 비해 보안성은 떨어지지만, 실장된 프로그램이 공개되어 있어서 현재 가장 많이 사용되고 있다.
- PGP의 보안서비스 : 인증, 기밀성, 압축, 전자우편 호환성, 분할 기능, 무결성

08 ②

- **PC 전원 관리 장치**
  – 자동 전압 조절기(AVR) : 입력 전압의 변동에 관계없이 항상 일정한 출력 전압을 유지
  – 무정전 전원 공급 장치(UPS) : 정전 시 시스템에 일정 시간 동안 전원을 공급
  – 정전압 정주파 장치(CVCF) : 전압과 주파수를 항상 일정하게 유지
  – 서지 보호기 : 전압이나 전류의 갑작스런 증가에 의한 손상을 보호하는 장치
- **AGP(accelerated graphics port)**
  3D 그래픽 카드의 속도 향상을 위한 것으로, CPU와 직접적인 자료 전송으로 PCI보다 2배 이상 속도가 향상됨(64bit)

09 ④

- **레지스터의 종류**
  – Instruction Register : 현재 실행 중인 명령을 기억함
  – Accumulator : CPU 내에서 산술 및 논리 연산 결과를 일시적으로 기억함
  – Program counter : 다음 실행할 프로세스의 주소를 기억함
- **멀티플렉서(Multiplexer)**
  여러 개의 터미널 신호를 하나의 통신회선을 통해 전송할 수 있도록 하는 장치

10 ②

프로그램 카운터(PC, Program Counter)
다음에 실행할 명령의 주소를 기억함

11 ④

사무자동화의 기본 구성 요소
사람(Human), 철학(Philosophy), 장비(Equipment), 제도(System)이며 모든 시스템의 주체 및 운영의 주역은 사람이다.

12 ③

플로터 : 대형 출력에 사용되는 출력장치이다.

13 ②

- **시분할**
  사용자들에게 일정 시간을 할당하고, CPU를 그 시간만큼 사용할 수 있게 하는 방식이다.
- **실시간 처리**
  처리를 요구하는 자료가 발생할 때마다 즉시 처리하는 방식이다.

14 ①

관계형 데이터베이스(Relational Database)
행과 열로 구성된 2차원 조직(Table, 표)으로 된 데이터베이스이다.

15 ④

- **DXF**
  오토캐드에서 사용되는 자료 교환 형식이다.
- **GIF(Graphics interchange Format)**
  – 인터넷 표준 그래픽 형식이며 Bitmap 표현 방식이다.
  – 애니메이션을 표현할 수 있고 무손실 압축 기법이다.
  – 8비트 컬러 사용으로 256가지 색을 표현한다.
- **JPEG(joint photographic coding experts group)**
  정지 영상을 표현하기 위한 국제 표준 압축 방식으로, 24비트 컬러 사용. 손실 압축 기법과 무손실 압축 기법을 사용한다.

16 ②

ODBC(Open DataBase Connectivity)
- 개방형 데이터베이스 접속 규격이다.
- 공통적인 인터페이스를 통해 서로 다른 데이터베이스 파일을 볼 수 있도록 만들어 준 데이터베이스 표준 접속 규격이다.

17 ③

데이터베이스 사용자의 종류
- 데이터베이스 관리자(DBA) : 데이터베이스 설계, 보안관리, 운용에 대한 전반적인 책임을 짐
- 응용 프로그래머 : 데이터베이스 사용자를 위한 응용 프로그램 작성
- 일반사용자 : 데이터베이스 시스템을 실제 사용하는 사용자

18 ③

벤치마킹은 성능평가로 사무자동화 추진 후 진행한다.
사무자동화 추진의 선결 과제
사무환경 정비 , 사무관리 제도 개혁, 조직 및 체제의 재정비, 정보시스템의 구축, 실시안의 결정, 도입교육 실시, 한계선 설정

19 ②

- **요구조건 분석**
  - 데이터베이스 사용자로부터 요구조건 수집
  - 요구조건 명세서 작성
- **개념적 설계**
  - 목표 DBMS에 독립적인 개념 스키마 설계
  - 개념 스키마 모델링과 트랜잭션 모델링 병행 수행
  - E-R 다이어그램 작성
- **논리적 설계**
  - 목표 DBMS에 종속적인 논리적 스키마 설계
  - 논리적 데이터 모델로 변환, 트랜잭션 인터페이스 설계
  - 스키마의 평가 및 정제
- **물리적 설계**
  - 목표 DBMS에 종속적인 물리적 구조 설계
  - 저장 레코드 양식 설계, 레코드 집중의 분석/설계
  - 접근 경로 설계, 트랜잭션 세부설계
- **데이터베이스 구축**
  - 응용 프로그램 프로그래밍
  - 목표 DBMS의 DDL로 스키마 작성 후 데이터베이스에 등록
  - 트랜잭션 작성

20 ③

전자메일 프로토콜의 종류
- POP3(Post Office Protocol version 3) : 메일 수신 프로토콜
- SMTP(Simple Mail Transfer Protocol) : 메일 전송 프로토콜
- S/MIME(Secure Multipurpose Internet Mail Extensions) : 전자메일의 암호화 방식의 표준이다. RSA Data Security.사에 의해 제안되어, IETF에 의해 표준화되었다. RSA 공개키 암호 방식을 이용한 메세지를 암호화하여 송/수신한다. 이 방식으로 암호화 메일을 주고 받기 위해서는 수신자 측도 S/MIME에 대응할 필요가 있다.

2과목 사무경영관리개론

21 ①

산업안전보건기준에 관한 규칙에 의거한 사무실 용도별 조도 기준
- 초정밀작업 : 750럭스 이상
- 정밀작업 : 300럭스 이상
- 보통작업 : 150럭스 이상
- 기타작업 : 75럭스 이상

22 ④

자료의 폐기
- 자료로서의 가치가 떨어져 더 이상 관리할 필요가 없는 자료는 자료관리 기관의 장이 폐기할 수 있다.
- 2본 이상의 복사본을 소장하고 있는 자료로서 열람 빈도가 낮아 복사본을 소장할 필요가 없게 된 자료는 자료관리 기관의 장이 폐기할 수 있다.
- 심한 훼손으로 더 이상 활용이 곤란하게 된 자료는 자료관리 기관의 장이 폐기할 수 있다.
- 공개할 경우 사회 및 경제 질서 유지에 혼란이 초래될 우려가 있는 자료는 열람을 제한한다.
- 개인의 기밀에 속하는 사항으로 당사자에게 불이익을 줄 우려가 있는 경우 열람을 제한한다.
- 기타 당해 자료 관리 기관의 장이 소장할 필요가 없다고 인정하는 자료는 자료관리 기관의 장이 폐기할 수 있다.

23 ④

사무공정 분석
- 사무실이나 공장에서 특정한 사무 절차에 필요한 각종 장표와 현품의 관계 등에 대한 정보의 흐름을 조사하여 사무처리의 방법이나 제도조직을 개선하는 기법이다.
- 각 사무작업 자체의 능률화를 꾀하는 사무개선, 사무량 측정, 사무할당, 사무표준화, 사무서식의 규격화나 제도화, 사무흐름의 표준화, 결재권한의 합리화 등이 있다.

24 ④

- 경험적 측정법(청취법) : 사무 경험이 많은 담당자나 그 업무에 정통한 사람에게 문의한 후 사무량을 측정하는 방법
- 시간 관측법(Stop Watch) : 업무를 직접 관찰하여 소요시간을 측정하는 방법
- 워크샘플링법(Work Sampling) : 임의의 시간 간격으로 작업사항을 직접 관측하여 특별한 관측기구가 필요 없음. 누구라도 가능함
- PTS(Predetermined Time Standards Method)법 : 기본 동작에 대한 표준시간을 설정하고, 사무작업에 구성동작으로 전체 표준시간을 구하는 방법
- CMU(Clerical Minute per Unit) : 이미 나타나 있는 처리 실적에 대하여 일종의 산술평균치를 구하여 1건당의 처리시간을 계산하여 표준시간을 구하는 방법 → 실적 통계법에 해당하는 개념

25 ③

- **스니핑(Sniffing)**
  "코를 킁킁거리다"는 뜻으로 도청 공격을 의미하는 용어로 네트워크를 거쳐 전송되는 패킷 정보를 읽어 계정과 암호를 알아내는 행위이다.
- **스푸핑(Spoofing)**
  눈속임에서 파생된 것으로, 검증된 사람이 네트워크를 통해 데이터를 보낸 것처럼 데이터를 변조하여 접속을 시도하는 침입 형태이다.
- **DDoS(Distributed Denial of Service)**
  특정 시스템에 통신량을 급격히 오버플로우를 일으켜 정상적인 서비스를 수행하지 못하도록 만드는 행위이다.
- **XSS(Cross-site scripting, 사이트 간 스크립팅)**
  게시판, 웹 메일 등에 삽입된 악의적인 스크립트에 의해 페이지가 깨지거나 다른 사용자의 사용을 방해하거나 쿠키 및 기타 개인 정보를 특정 사이트로 전송시키는 공격이다.

26 ③

③번은 클라이언트/서버 연결 구조에 관한 설명이다.
그룹웨어의 특징
- 공동 작업이나 공동 목표에 참여하는 다양한 작업 그룹 지원기능
- 신속하고 정확한 의사결정을 지원하는 의사결정기능
- 컴퓨터의 환경을 최대로 활용하여 개인 및 조직의 이익과 생산성을 극대화할 수 있는 환경을 제공하여 업무 흐름이 원활하도록 하는 기능

27 ②

통제과정에 관한 원칙
- 표준의 원칙 : 효율적인 통제가 이루어지려면 객관적이며 정확하고 적절한 표준이 마련되어야 한다는 원칙이다.
- 중요 항목 통제의 원칙 : 계획에 대한 실적을 평가함에 있어서는 중요한 사항에 대해서만 주의를 기울여야 한다는 원칙으로 실적과 중요한 편차 요인에만 주의를 기울인다.
- 예외의 원칙 : 유난히 좋거나 유난히 나쁜점과 같이 편차 같은 예외적인 사항에 특히 주의를 기울여야 한다는 원칙이다.
- 탄력적인 통제원칙 : 통제의 실효를 거두기 위해 탄력성 있는 통제가 이루어져야 한다는 원칙으로 계획 집행상 예상하지 않던 변화나 예기치 않았던 결과가 생겼을 때에는 이에 적응하는 통제가 이루어져야 한다는 원칙이다.

- 활동의 원칙 : 통제에는 수정 활동이 따라야 한다는 원칙으로 실적이나 예상결과가 계획과 편차가 있을 때에는 계획을 수정하거나, 조직의 재편성 충원 혹은 지휘 방법의 개선 등을 통해 통제가 효율적으로 달성된다는 원칙이다.

28 ②
계속관찰법
근무시간 중 일정한 시간을 한정시킨 다음 계속하여 조사하는 발췌 검사식 방법

29 ①
공공기록물 관리에 관한 법률
제7조(기록물관리의 표준화 원칙) 중앙기록물관리기관의 장은 기록물이 효율적이고 통일적으로 관리·활용될 수 있도록 기록물관리의 표준화를 위한 정책을 수립하여 시행하여야 한다.

30 ①
- 빅데이터 3V
  데이터의 크기(Volume), 데이터의 속도(Velocity), 데이터의 다양성(Variety)
- 빅데이터 4V
  데이터의 크기(Volume), 데이터의 속도(Velocity), 데이터의 다양성(Variety), 데이터의 가치(Value)

31 ②
- 훈령
  상급기관이 하급기관에 대하여 장기간에 걸쳐 그 권한의 행사를 일반적으로 지시하기 위하여 발하는 명령
- 예규
  행정사무의 통일을 기하기 위하여 반복적 행정사무의 처리기준을 제시하는 법규문서 외의 문서

32 ③
- 서식절차 도표
  현재의 서식을 대상으로 하는 것으로 새로운 서식의 도안, 신종 사무 발생시 변화 절차에 관한 자료 수집을 목적
- 인간절차 도표
  인간 자체를 대상으로 작업 방법에 관한 정보를 수집하여 작업 방법의 개선을 목적
- 작업 도표
  인간이 한 장소 내에서 행하는 작업행동을 대상으로 그 작업이 어떻게 이루어지는가를 측정
- 서식경략 도표
  각 부서가 서식의 취급을 둘러싸고 어떤 관계에 놓여 있는가를 파악하고 책임 범위를 명확히 하기 위한 목적

33 ④
- 안소프(Ansoft)의 경영전략에 따른 의사결정
  거시적인 차원에서 전략의 개념을 정립하였다. 경영전략을 변동하는 기업환경 속에서 기업의 유지와 성장을 위해서 환경에 적응 및 대응하기 위한 방향의 설정과 그 수단선택에 관한 의사결정이라고 정의하고 있다.

- 안소프의 의사결정 분류
  - 전략적 의사결정(Strategic decision)
  - 관리적 의사결정(Administrative decision)
  - 업무적 의사결정(Operating decision)
- 전략 개념을 구성하는 기준
  상품/시장 분야, 성장벡터, 경쟁상의 이점, 시너지

34 ①
작업의 분류 중 여유의 분류
- 작업 여유, 직장 여유(관리 여유), 용달 여유, 피로 여유
- 표준시간 = 기본시간 + 여유시간
- 표준시간 = 기본시간(1 + 여유율)
- 여유율 = 여유시간 / 표준시간 * 100

35 ④
제18조(문서의 쪽 번호 등 표시) 영 제19조 제2호 가목에 따라 전자문서에는 다음 각 호의 구분에 따라 쪽 번호 또는 발급번호를 표시한다.
1. 각종 증명발급에 관한 문서를 제외한 문서에는 문서의 중앙 하단에 쪽 번호를 표시하되, 문서의 순서 또는 연결관계를 명백히 할 필요가 있는 중요 문서에는 해당 문건의 전체 쪽수와 그 쪽의 일련번호를 붙임표(−)로 이어 표시한다.
2. 각종 증명발급에 관한 문서에는 해당 문서의 왼쪽 하단에 발급번호를 표시하되, 다음 예시와 같이 표시한다.
예 단말번호−출력연월일/시·분·초−발급일련번호−쪽번호

36 ③
라인조직의 단점
- 상위자에게 많은 책임이 부여된다.
- 상위 자의 독단적 처사의 폐단이 발생할 수 있다.
- 구성원의 의욕과 창의력 저하될 수 있다.
- 각 부분간 유기적 조정이 곤란할 수 있다.
- 전문화가 어려우며 전문가 양성이 어렵다.

37 ①
생체인식
측정 가능한 사람의 신체적, 행동적 특성을 이용하여 본인 여부를 비교, 확인하는 기술이다.

38 ②
경영의 목적으로 사무가 있는 것이 아니라 사무는 경영의 개념보다 하위 수준에 있다. 사무는 경영을 위한 도구다.
사무의 특성
- 사무의 정보를 취급하고 정보의 기록과 관리를 수행한다.
- 조직목표를 달성하기 위해 의사결정에 필요한 다양한 정보 수집, 처리, 전달, 보관 등의 기능을 관리한다.
- 사무작업은 기록, 계산, 통신, 회의, 분류, 정리 등의 작업을 포함한다.
- 사무의 간소화, 표준화, 기계화는 동시에 경영활동의 간소화, 표준화, 기계화를 성취하는 것이다.
- 사무기능도 경영기능과 같이 생산사무, 재무사무, 인사사무, 판매사무 등으로 나눌 수 있다.
- 예를 들어 판매전표를 작성하는 경우 이는 사무이며, 동시에 경영의 판매 활동을 처리하는 것이다.

39 ④

사무작업의 분산화 목적
- 작업 시간, 거리, 운반 등의 간격을 줄일 수 있다.
- 사무 작업자의 사기 저하를 방지할 수 있다.
- 사무의 중요도에 따라 순조롭게 처리할 수 있다.
- 사무작업을 분산화하면 사무작업자의 지휘·감독이 어려워진다.
- 사무량 측정이 어려워지며 전문성이 떨어진다.
- 사무기기를 중복으로 보유하게 된다.

40 ①

- **법규문서**
  헌법, 법률, 대통령령, 총리령, 부령, 조례, 규칙 등에 관한 문서로 누년 일련번호를 사용한다.
- **공고문서**
  행정기관이 일정한 사항을 일반인에게 알리기 위한 문서로 고시, 공고 등이 있으며 연도 표시 일련번호를 사용한다.
- **지시문서**
  행정기관이 그 하급기관이나 소속 공무원에 대하여 일정한 사항을 지시하는 문서로 훈령, 지시, 예규, 일일명령 등이 있다.

3과목 | 프로그래밍 일반

41 ①

C 언어의 특징
- 효율성이 좋아 대규모의 프로그램을 만들 수 있다.
- 포인터에 의한 번지 연산 등 다양한 연산 기능을 가진다.
- 컴파일러 기법의 언어이며 이식성이 뛰어나 컴퓨터 기종에 관계없이 프로그램을 작성할 수 있다.
- UNIX 운영체제를 구성하는 시스템 프로그램이다.
- 포인터에 의한 번지 연산등 다양한 연산 기능을 가진다.
- 소프트웨어 부품화를 실현할 수 있어 유연성을 갖는다.
- 어셈블리어를 기호 코드(Mnemonic Code)라고도 한다.

42 ②

- **fflush()**
  버퍼에 남아 있는 불필요한 데이터를 삭제해 주는 함수
- **fopen()**
  fflush() 함수로 삭제된 버퍼에 스트림을 생성해 주는 함수
- **fwrite()**
  - 스트림에 바이너리 데이터를 작성할 때 사용하는 함수
  - printf() : 형식화된 출력
  - puts(): 문자열 출력
  - putchar() : 한문자 출력
  - scanf() :형식화된 입력
  - gets() : 문자열 입력
  - getchar() : 한문자 입력

43 ③

교착상태 필수 4요소
- 상호 배제(Mutual Exclusion)
- 점유와 대기(Hold & Wait)
- 비선점(Non Preemption)
- 순환 대기(Circular Wait, 환형 대기)

44 ④

연산자의 종류
- 단항(Unary) 연산자 : 하나의 입력 자료에 대한 연산으로 Move, Shift, Rotate, Complement 등을 말한다.
- 이항(Binary) 연산자 : 두 개의 입력 자료에 대한 연산으로 AND, OR, 사칙연산 등을 말한다.
- 대입 연산자 : =, +=, −=, *=, /=, %=, &=, ^=, |=, 〈〈=, 〉〉=
- 삼항 연산자 : ? :

45 ④

BNF보다 읽기 쉽고 간결한 표현 시에 사용
- [‥] : 다양한 선택
- [|] : 양자택일 선택
- { } : 반복

46 ④

클래스(Class)
- 클래스는 객체를 정의해 놓은 것으로 데이터와 함수로 구성된다.
- 하나 이상의 유사한 객체들을 묶어 공통된 특성을 묶어 공통된 속성과 연산을 표현한 객체의 집단을 의미한다.
- 객체지향언어에서 객체를 생성하기 위한 자료형이다.
- 객체는 클래스에 정의된 대로 생성된다.
- 클래스로부터 객체를 생성하는 과정을 클래스의 인스턴스화라고 한다.
- 클래스로부터 만들어진 객체를 클래스의 인스턴스라고 한다.

47 ②

주어진 표현식에 대한 파스트리가 존재한다면, 그 표현식은 BNF에 의해 작성될 수 있음을 의미한다.

48 ③

구조적(Structured) 프로그램의 기본 구조
- 순차(Sequence) 구조
- 조건(Condition) 구조
- 반복(Repetition) 구조

49 ②

연산자 우선순위에 따라 각 연산을 ( ) 묶은 뒤 수식을 뒤쪽으로 이동시킨다.
A*(B−C) → (A*(B−C)) → (A(BC)−)* → ABC−*

50 ①

원시프로그램 → 컴파일러 → 목적프로그램 → 링커 → 로더

51 ③

보통 변수의 번지를 참조하려면 번지 연산자 &을 변수 앞에 쓴다.

52 ②

상수값 출력 포맷
- %d : (decimal) 10진 정수 출력
- %o : (octet) 8진 정수 출력
- %x : (hexad) 16진 정수 출력
- %u : 부호 없는 10진 정수 출력
- %c : 문자 출력
- %s : 문자열 출력

53 ③

UNIX 명령어
- fork : 프로세스 생성, 복제
- mount : 기존 파일 시스템에 새로운 파일 시스템을 서브디렉터리에 연결
- cp : 파일 복사
- mv : 파일 이동
- rm : 파일 삭제
- cat : 파일 내용 화면에 표시
- open : 텍스트 문서 열기
- chmod : 파일의 사용 허가 지정
- chown : 소유자 변경
- ls : 현재 디렉터리 내의 파일 목록 확인
- pwd : 현재 작업 중인 디렉터리 경로를 보여주는 명령어

54 ③

배치(Placement) 전략
- 최초 적합(First Fit) : 입력되는 작업의 순서에 따라 주기억장치 첫 번째 기억 공간부터 할당한다.
- 최적 적합(Best Fit) : 입력되는 작업의 크기에 맞는 주기억장치를 찾아 할당한다.
- 최악 적합(Worst Fit) : 입력되는 작업의 크기에 맞지 않고 낭비가 가장 심한 공간을 찾아 할당한다.
- 두 번째 공간이 16K로 입력을 요구하는 프로그램의 크기와 동일하므로 최적 적합에 해당한다.

55 ②

- **로더(Loader)**
  합쳐진 목적 프로그램을 주기억 장치에 적재하여 실행 가능하도록 해주는 시스템 프로그램이다.
- **인터프리터**
  고급언어로 작성된 원시프로그램을 행 단위로 번역한다.
- **프리프로세서(Preprocessor)**
  주석(Comment)의 제거, 상수 정의 치환, 매크로 확장 등 컴파일러가 처리하기 전에 먼저 처리하여 확장된 원시 프로그램을 생성한다.

56 ②

시간 구역성
최근에 참조된 기억장소가 가까운 장래에도 계속 참조될 가능성이 높음을 의미한다.

57 ③

LFU(Least Frequently Used)
참조된 횟수가 가장 적은 페이지를 먼저 교체하는 기법

Page	1	2	3	4	1	2	5	1	2
A	1	1	1	1	1	1	1	1	1
B		2	2	2	2	2	2	2	2
C			3	3	3	3	3	3	3
D				4	4	4	5	5	5
Fault	O	O	O	O			O		

58 ③

- **워킹 셋(Working Set)**
  프로세스를 효과적으로 실행하기 위하여 주기억장치에 유지되어야 하는 페이지들의 집합
- **스래싱(Thrashing)**
  페이지 부재가 계속 발생되어 프로세스가 수행되는 시간보다 페이지 교체에 소비되는 시간이 더 많은 현상

59 ③

객체지향 기법의 기본 원칙
- 추상화(Abstraction) : 필요 없는 부분은 생략하고 객체의 속성 중 중요한 것만 개략적으로 표현하는 것
- 캡슐화(Encapsulation) : 데이터와 데이터를 조작하는 연산을 하나로 묶는 것을 의미함. 캡슐화의 장점으로는 응집도 강해짐, 결합도 약해짐, 인터페이스의 단순화, 재사용이 용이함
- 추상화(Abstraction) : 주어진 문제나 시스템 중에서 중요하고 관계있는 부분만을 분리하여 간결하고 이해하기 쉽게 만드는 작업을 의미함
- 상속성(Inheritance) : 상위 클래스의 속성과 메소드를 하위 클래스가 물려받는 것을 의미함. 클래스와 객체를 재사용할 수 있음

60 ②

Call by Reference(주소에 의한 호출)
매개 변수(Actual arguments) 주소를 대응되는 형식매개 변수에 전달하는 방식으로 호출자의 데이터는 호출된 함수에 의해 수정이 가능해진다. 일반적으로 입력 함수에 사용한다(데이터의 갱신, 호출자에게 전달).

void main () {
　　int a = 3 ;
　　func (a) ;
}
void func(int &x) {
　　x = 5 ;
}
	정수형 변수 a에 3 입력
	a 호출
	즉 아래 func 함수연산 결과인 5가 a에 입력된다.

	func 함수 값으로 정수 x를 받는다. 정수 5 가 x에 입력된다.

4과목　정보통신개론

61 ②

데이터그램 방식
- 데이터를 패킷 단위로 나누어 특정 경로의 설정 없이 전송되는 방식이다.
- 패킷마다 전송 경로가 다르므로 모든 패킷이 순서대로 도착하지 않는다.
- 네트워크의 상황에 따라 적절한 경로로 전송이 되므로 융통성이 좋다.

62 ②

나이퀴스트(Nyquist) 샘플링 법칙
- 디지털 전송에서 부호 간 간섭을 없애는 조건으로 입력 신호의 최고 주파수 fm의 2배 이상의 주파수, 즉 2fm 이상의 주파수에서 표본화하면 원 신호를 충실하게 재현할 수 있다는 정리
- 나이퀴스트 원리 : $C = 2W \log_2 L$

63 ①

ARQ 종류
- 정지-대기 ARQ(Stop-And-Wait ARQ): 송신 측에서 1개의 프레임을 전송한 후, 수신 측에서 오류의 발생을 점검하여 ACK 또는 NAK를 보내 올 때까지 대기하는 ARQ 방식
- 연속적 ARQ(Continue ARQ) : 정지-대기 ARQ의 단점을 보완하기 위한 방식
  - Go-Back-N ARQ : 다수의 데이터 블록을 송신하고, 수신 측으로부 터 NAK 신호가 전송되면 NAK 신호를 받은 블록부터 다음의 모든 블 록을 재전송하는 방식
  - 선택적 재전송 ARQ(Selective-Repeat ARQ) : NAK신호를 받은 블 록만을 재전송하는 방식
- 적응적 ARQ(Adaptive ARQ) : 전송 효율을 높이기 위해서 블록의 길이 를 동적(Dynamic) 으로 변경시킬 수 있는 방식

64 ④

- **데이터 링크 계층(Data Link Layer)**
  - 흐름 제어, 오류 제어
  - 표준 : HDLC, LLC, LAPB, LAPD, ADCCP
- **세션 계층(Session Layer)**
  프로세스 간에 대한 연결을 확립, 관리, 단절 수단 제공
- **표현 계층(Presentation Layer)**
  코드 변환, 암호화, 압축, 구문 검색

65 ③

TCP(Transmission Control Protocol)
- OSI 7계층의 전송 계층에 해당한다.
- 접속형(연결형) 서비스, 전이중 전송 서비스, 신뢰성 서비스, 스트림 데이 터 서비스를 제공한다.
- 패킷 다중화, 오류 제어, 흐름 제어, 순서 제어 등의 기능을 한다.
- 비연결형 프로토콜은 IP이다.

66 ③

DNS 사용포트
- TCP, UDP 모두 53포트를 사용한다.
- UDP : 일반적인 DNS 조회를 할 경우 사용한다.
- TCP : Zone Transfer(영역 전송)와 512Byte를 초과하는 DNS 패킷을 전 송해야 할 경우이다.

67 ①

- **PAD(Packet Assemble and Disassembly**
  패킷 교환망에 접속되는 단말기 중 비패킷형 단말기(Non-Packet Mode Terminal)에서 패킷의 조립, 분해 기능을 제공해 주는 장치
- **Li-Fi(Visible Light Communication, 가시광 무선통신)**
  - 발광다이오드(LED)가 방출하는 전파를 이용해 데이터를 주고 받는 가 시광 무선통신이다.
  - 조명이 있는 곳이면 어디에서나 사용이 가능하며 인체에 무해하고 저 렴하다.

68 ③

보호대역(Guard Band)
주파수 분할 다중화 방식은 인접한 채널 간의 간섭을 막기 위해 보호 대역 (Guard Band)이 필요하지만 채널의 이용률이 낮아진다.

69 ①

DES(Data Encryption Standard)
암호화 기법 중에 블록 암호의 일종으로 대칭키 암호이며 평문을 64비트로 나누어 56비트의 암호키를 사용한 알고리즘 방법이다.

70 ①

1비트 신호 단위인 경우(onebit; 2^1) : bps = 1baud
2비트 신호 단위인 경우(dibit; 4^1) : bps = 2baud
3비트 신호 단위인 경우(tribit; 8^1) : bps = 3baud
4비트 신호 단위인 경우(Quardbit : 16^1) : bps=4baud
bps = baud * 비트수
baud = bps / 비트수
16진 PSK = 2^4 = 즉 4비트이다.
baud = 9,600 / 4 = 2,400[baud]

71 ④

다중접속 방식의 종류
FDMA, TDMA ,CDMA

72 ②

통신 제어장치의 기능
- 전송 제어 : 회선을 사용하여 데이터가 오류 없이 전송될 수 있도록 하기 위한 제어 기능이다.
- 흐름 제어 : 통신 당사자 간의 데이터 흐름을 규제하는 경우에 송신 속도 가 수신 측의 처리 능력을 초과하지 않도록 데이터 흐름을 조정하는 기능 이다.
- 동기 제어 : 통신 제어장치의 송신과 수신을 동일한 타이밍으로 동작시키 기 위한 기능이다.

73 ③

- **게이트웨이**
  프로토콜이 다른 통신망을 상호 접속하기 위한 장치이다.
- **브릿지**
  프로토콜이 동일한 두 개의 LAN을 연결할 때 사용한다. 물리 계층까지 기능을 수행한다.
- **라우터**
  - OSI-7 참조모델의 네트워크 계층까지의 기능을 수행한다.
  - 둘 이상의 서로 다른 네트워크에 접속하여 서로 간에 데이터를 주 고 받을 수 있도록 경로 선택, 혼잡 제어, 패킷 폐기 기능을 수행한다.

74 ③

DQDB(Distributed Queue Dual Bus)
- 미국전기전자학회(IEEE)에서 제정한 도시권 통신망(MAN)의 표준 규격인 IEEE 802.6에 채용되어 있는 다중 접속 프로토콜이다.
- 비동기 전송 방식(ATM)을 의식하여 정한 이중 버스 방식의 구내 정보 통 신망(LAN)형 프로토콜이다.

75 ④

코덱(CODEC; COder/DECoder)
- 아날로그 형태를 디지털 신호로 변환하거나(Coder) 다시 아날로그로 환 원하는(DEcoder) 장치다.
- 펄스 부호 변조(PCM) 방식을 이용하여 데이터를 변환한다.
- 아날로그 신호를 디지털로 변환하여 전송하고 수신단에서 다시 복원하는 장치는 디코더(Decoder)가 된다. 모뎀은 디지털 신호를 아날로그로 변조 하여 전송하고 수신단에서 다시 디지털로 복조한다.

76 ①

PCM 순서

표본화 → 양자화 → 부호화 → 복호화 → 여과기

오답 피하기

[ㅍ,ㅇ,ㅂ → 표.인봉]으로 암기

77 ④

IPv4 → IPv6 전환 전략의 종류

듀얼스택(Dual Stack), 터널링(Tunneling), 변환(Header translation)

오답 피하기

- 듀얼 스택(Dual Stack) : 하나의 시스템(호스트 또는 라우터)에서 IPv4와 IPv6 프로토콜을 동시에 개별적으로 처리하는 기술이다.
- 터널링(Tunneling) : 전송하고자 하는 프로토콜의 정보가 다른 프로토콜 패킷 내에 캡슐화되어 전송되는 방식이다.
- 변환(Translation) : IPv6 패킷 헤더를 IPv4 패킷 헤더로 변경하거나 그 반대로 변환하는 방식이다.

78 ②

QoS(Quality of Service, 통신 서비스 품질)

데이터를 목적지까지 빠르게, 일정한 속도로, 신뢰성 있게 보내기 위해 대역폭, 우선순위 등 네트워크 자원을 주어진 네트워크 자원에 각종 응용 프로그램의 송신 수요를 지능적으로 맞춰주는 여러 가지 기술을 총칭하는 용어이다.

RADIUS(Remote Authentication Dial-In User Services)

원격 이용자가 접속을 요구하면 정보인증 서버에 ID/Password 등의 정보를 보내어 이용자식별과 인증을 실행하는 것을 의미한다.

79 ④

HDLC 프레임 구성

- 플래그(Flag) : 프레임의 시작과 끝을 나타내며, 항상 '01111110'을 취한다.
- 주소부(Address Field) : 송·수신국을 식별한다.
- 제어부(Control Field) : 프레임 종류를 식별한다.
- 정보부(Information Field) : 실제 정보를 포함한다.

80 ③

통신용량 $C = B \log_2(1+S/N)$

- B : 대역폭, S : 신호 전력, N : 잡음
- $1,200\log_2 (1 + 15) = 1,200\log_2 16$
- $1,200\log_2 2^4 = 1,200 * 4 = 4,800bps$

01 ②	02 ③	03 ①	04 ③	05 ④
06 ④	07 ①	08 ④	09 ④	10 ①
11 ③	12 ②	13 ④	14 ④	15 ②
16 ④	17 ①	18 ③	19 ②	20 ④
21 ①	22 ③	23 ④	24 ①	25 ①
26 ③	27 ①	28 ②	29 ②	30 ②
31 ②	32 ②	33 ①	34 ②	35 ④
36 ②	37 ④	38 ④	39 ②	40 ①
41 ④	42 ④	43 ②	44 ①	45 ①
46 ④	47 ①	48 ②	49 ④	50 ②
51 ①	52 ④	53 ④	54 ③	55 ①
56 ④	57 ③	58 ④	59 ①	60 ③
61 ③	62 ④	63 ④	64 ③	65 ①
66 ②	67 ③	68 ①	69 ④	70 ②
71 ④	72 ②	73 ②	74 ①	75 ④
76 ③	77 ①	78 ③	79 ①	80 ①

1과목 사무자동화시스템

01 ②

사무의 기능상 분류

단순사무 기능, 관리 기능, 서비스 기능

02 ③

전자우편 프로토콜

- SMTP(Simple Mail Tranfer Protocol) : 25번 포트 사용. 사용자의 컴퓨터에서 작성된 메일을 다른 사람의 계정이 있는 곳으로 전송하는 프로토콜이다.
- POP3(Post Office Protocol) : 110번 포트 사용. 메일 서버에 도착한 E-Mail을 사용자 컴퓨터로 가져오는 메일 서버에서 제공하는 프로토콜이다.
- IMAP(internet Messaging Access Protocol) : 143번 포트 사용. 메시지의 헤더만을 다운로드 할 수 있으며 다중 사용자 메일박스와 서버에 기반을 둔 저장 폴더를 만들어 주는 기능을 제공함으로써 스마트폰, 태블릿, 다른 PC 등의 이메일 클라이언트에서도 확인할 수 있는 이메일 프로토콜이다.
- MIME(Multi-purpose Internet Mail Extension) : 웹 브라우저가 지원하지 않는 각종 멀티미디어 파일의 내용을 확인하고, 실행시켜 주는 프로토콜이다.

03 ①

관계형 모델(Relational model)

- 데이터베이스를 테이블(Table)의 집합으로 표현하여 간결하고 보기편리하다.
- 데이터 간의 관계를 기본키(Primary Key)와 이를 참조하는 외래키(Foreign Key)로 표현한다.
- 테이블(Table, 표) 데이터 모델이라고도 한다.
- 대응도 : 1:1, 1:N, N:M

04 ③

인쇄 단위
- DPI(Dot Per Inch) : 인쇄 해상도
- CPS(Character per Second) : 인쇄 속도
- LPM(Line Per Minute) : 출력 속도
- PPM(Page per Minute) : 출력 속도

05 ④

- **사무관리**
  관리란 자체가 목적이 아니라 하나의 수단으로서 한 조직이 공통의 목표를 달성할 수 있도록 계획을 세우고, 이를 달성하기 위하여 인간, 기계, 재료, 방법 등으로 조정하는 모든 활동을 말한다.
- **페이욜(Fayol, H.)**
  기업 활동의 본질적 기능은 기술(Technical), 영업(Commercial), 재무(Financial), 보안(Security), 회계(Accounting), 관리(Management)에 있다. 그중 가장 중요한 것은 관리이다.

06 ④

HDD(Hard Disk Drive) : 보조기억장치이다.

07 ①

ROM(Read Only Memory)
- Mask ROM : 생산 당시 프로그램을 내장한 상태로 제작된다.
- PROM(Programmable ROM) : 한 번에 한해 기록(쓰기)이 가능하다.
- EPROM(Erasable PROM) : 자외선을 이용하여 지울 수 있는 ROM이다.
- EEPROM(Electrically EPROM) : 전기적으로 지웠다 썼다 할 수 있는 ROM이다.
- Flash 메모리−EEPROM을 기반으로 제작됨. MP3, 디지털 카메라 등 최근 소형기기 저장장치 대부분에 사용된다.

08 ④

매시업(Mashup)
여러 웹사이트에서 제공하는 정보를 합쳐 새로운 서비스를 제공하는 웹사이트나 애플리케이션을 의미한다. 예를 들면 구글지도를 이용한 회사약도 웹사이트나 어플리케이션 등이 이에 해당한다.

09 ④

VoIP(Voice Over Internet Protocol) : 인터넷을 통해 음성을 전달할 수 있는 인터넷 전화 프로토콜

10 ①

- **랜섬웨어(Ransomware)**
  인터넷 사용자의 컴퓨터에 잠입하여 내부 문서, 스프레드시트, 그림(사진) 파일 등을 암호화시킨 후 해동 프로그램 또는 방법을 알려주겠다며 금품을 요구하는 악성프로그램이다.
- **비트락커(BitLocker)**
  MS Windows vista 이후 버전에서 사용되는 완전한 디스크 암호화 기능이다.
- **크립토그래피(cryptography, 암호학)**
  정보를 보호하기 위한, 언어/수학적 방법론을 다루는 학문이다.
- **스테가노그래피(steganography)**
  메시지가 전송되고 있다는 사실을 숨기는 기술이다.

11 ③

스키마의 3계층
외부 스키마(External Schema) : 사용자나 응용 프로그래머가 접근할 수 있는 정의를 기술한다.

- 개념 스키마(Conceptual Schema)
  - 범 기관적인 입장에서 데이터베이스를 정의한 것이다.
  - 개체 간의 관계와 제약 조건을 나타내고, 데이터베이스 접근 권한, 보안 및 무결성 규칙 명세가 있다.
- 내부 스키마(Internal Schema) : 물리적 저장장치의 처지에서 본 데이터베이스 구조로서 실제로 데이터베이스에 저장될 레코드의 형식을 정의하고 저장 데이터 항목의 표현 방법, 내부 레코드의 물리적 순서 등을 나타낸다.

12 ②

사무 표준의 구비 조건
- 사무 표준은 정확해야 한다.
- 내용을 주기적으로 검토하여 수정하여야 한다.
- 유능한 직원을 기준으로 하고 실제 적용에 무리가 없으며, 또 당사자들인 사무원들도 받아들일 수 있어야 한다.

13 ④

그룹웨어
- 기업 내 공동작업, 공동목표에 참여하는 다양한 작업을 지원하여 신속하고 정확한 의사결정 지원
- 컴퓨터의 환경을 최대로 활용하여 개인 및 조직의 이익과 생산성을 극대화할 수 있는 환경을 제공
- 클라이언트/서버 환경에서 구현되며, 이들 클라이언트와 서버 간을 네트워크로 연결하는 정보공유 구조
- 비즈니스 규칙이나 작업자들의 역할에 따라 그룹의 업무 처리흐름을 자동화하는 워크플로우 기능이 있음

14 ②

사무자동화의 추진 단계
1) 환경 분석 → 2) 요구 분석 → 3) 목표 설정 → 4) OA 계획 수립 → 5) OA 계획 추진 → 6) OA 결과 분석 → 7) 평가 → 8) 피드백(Feed back)

15 ②

LAN(Local Area Network, 근거리 통신망)
- 정보 통신 기술 발전에 의해 출현한 정보화의 한 형태로서, 한 건물 또는 공장, 학교 구내, 연구소 등의 일정 지역 내의 설치된 통신망으로서 각종 기기 사이의 통신을 실행하는 통신망이다.
- 단말기 10대 정도인 소규모 사무실 단위의 사무자동화시스템 구축에 가장 적합한 통신망이다.

16 ④

경영 정보 시스템의 기본 구성
- 의사 결정 서브시스템(Decision Making Subsystem) : MIS의 지휘기능에 해당하며, System 설계기능도 포함
- 프로세스 서브시스템(Process Subsystem) : 자료 저장·검색기능
- 데이터베이스 서브시스템(Database Subsystem) : 체계적으로 축적된 데이터의 집합 기능
- 통신 서브시스템(Communication Subsystem) : MIS 기기의 통신을 위한 기능
- 시스템 설계 서브시스템(System Design Subsystem) : MIS의 유지, 개발, 통합을 위한 기능

17 ①

전사적(하향식 상향식 절충) 접근 방식
- 경영층의 강력한 리더쉽과 추진 조직이 필요하며 작은 규모의 조직이나 신설되는 조직 또는 조직의 재구성을 필요로 하는 경우 적당하다.
- 사업 전반에 걸쳐 문제점이나 개선점을 분석 정리하여 추진되는 방식으로 최적의 시스템을 구성하고 추진 효과를 극대화할 수 있다.

- 시스템 도입의 낭비를 줄일 수 있다.
- 계획의 성공에 따라 매우 큰 효과를 얻을 수 있다.

18 ③

- 문제의 요지를 알면 쉽게 해결할 수 있다.
- 문서의 변질의 원인인 충해와 방법과는 관련이 적다.

19 ②

사무자동화의 기본 요소
사람(Human), 철학(Philosophy), 장비(Equipment), 제도(System)이며 모든 시스템의 주체 및 운영의 주역은 사람이다.

20 ④

사무자동화 시스템의 평가 방법
- 투자 효율 산정법
- 상대적 평가법
- 정성적 평가법

2과목 사무경영관리개론

21 ①

MBO(Management By Objectives, 목표에 의한 관리)
- 하급자가 담당하는 일의 목표를 세우고 목표 달성 정도를 직접 평가하여 상급자에게 보고하는 방법으로 능률에 중점을 둔다.
- 역할 갈등을 느끼지 않고, 권한과 책임의 영역이 명확해지며, 직무를 통해서 높은 수준의 욕구 충족이 가능하다.

22 ③

- **집권화의 장점**
  - 시간의 경제성을 높이고 작업량의 균일화가 가능하며, 통일된 정책의 수립과 집행이 가능하다.
  - 행정적 통제와 지도감독하기가 쉽다.
  - 기계 설비의 유휴시간이 감소되어 소요 면적이 감소되며, 대량의 업무 처리로 재원을 절감할 수 있다.
  - 휴가 또는 질병에 의한 결근 등의 조직의 위기나 비상사태에 신속히 대응할 수 있다.
  - 조직 내 부서들 간의 업무조정이나 지역적 격차를 시정하기가 쉽다.
  - 행정기능의 중복을 피하고 분열을 억제할 수 있다.
  - 조직의 목표성취에 필요한 인적 및 물적 자원의 동원을 쉽게 할 수 있다.
  - 조직의 혁신이나 변화에 대한 요구가 수용되는 정도가 높다.
  - 조직체 내의 갈등을 신속히 해결할 수 있다.
- **집권화의 단점**
  - 관료주의적이고 권위주의적인 성격을 띠게 된다.
  - 형식주의에 빠져 행정의 실효성을 거두지 못할 수 있다.
  - 조직 내의 창의성과 자발성을 저해한다.
  - 획일화함으로써 부서 또는 지역의 특수성을 고려하지 못한다.

23 ④

동작의 경제 원칙
- 사무활동에 있어 동작의 경제적인(노력의 소기가 적은) 행동 법칙이다.
- 많은 일을 수행하는 오른손은 주된 작업을 하고 왼손으로 작업할 수 있는 작업은 왼손으로 작업해 작업의 효율성을 높이도록 한 원칙이다.
- 이 원칙은 생산작업뿐만 아니라 사무작업에서도 응용할 수 있다.

24 ①

사무량 측정 방법
- 경험적 측정법(청취법) : 사무 경험이 많은 담당자나 그 업무에 정통한 사람에게 문의한 후 사무량을 측정
- 시간 관측법(Stop Watch) : 업무를 직접 관찰하여 소요시간을 측정하는 방법
- 워크샘플링법(Work Sampling) : 임의의 시간 간격으로 작업사항을 직접 관측하는 방법으로 특별한 관측기구가 필요 없고 누구라도 할 수 있음
- PTS(Predetermined Time Standards Method)법 : 기본 동작에 대한 표준 시간을 설정하고, 사무작업에 구성 동작으로 전체 표준시간을 구하는 방법
- 실적 기록법 : CMU(Clerical Minute per Unit) 방법이라고도 하며, 일정 단위 사무량과 소요시간을 기록하고 통계적 분석을 통해 표준 시간을 결정한다. 기록양식과 기입방법이 정확하다면 우수한 측정방법이다.

25 ①

- **CRM(Customer Relationship Management, 고객관계관리)**
  기업이 고객과 관련된 내외부 자료를 분석·통합해 고객 중심 자원을 극대화하고 이를 토대로 고객 특성에 맞게 마케팅 활동을 계획·지원·평가하는 과정이다.
- **POS(Point Of Sail) 시스템**
  - 점포자동화를 기본으로 한 스토어 컨트롤러로 구성
  - 점포내에 입고/판매를 관리하는 시스템을 의미

26 ③

공공기록물 관리 원칙 13조
전자기록물로 구성되어 있는 기록물철의 분류번호는 해당 전자기록물철의 등록정보로 관리한다.

27 ①

전문화 결여는 라인 조직의 단점에 해당한다.
라인 조직의 단점
- 상위자에게 많은 책임이 부여된다.
- 상위 자의 독단적 처사의 폐단이 발생할 수 있다.
- 구성원의 의욕과 창의력 저하될 수 있다.
- 각 부분간 유기적 조정이 곤란할 수 있다.
- 전문화가 어려우며 전문가 양성이 어렵다.

28 ②

전자 데이터 교환(Electronic Data Interchange)의 특징
- 기업 간/기업 내의 신속하고 신뢰성 있는 거래문서 교환으로 불확실성의 감소
- 표준화된 양식의 정보 이용으로 오류의 감소
- 거래시간의 단축으로 송·수신 측의 문서발송(비용 절감)

29 ②

현대 과학적 사무 관리의 3S
- 사무 관리의 표준화(Standard)
- 사무 관리의 간소화(Simplification)
- 사무 관리의 전문화(Speciality)

30 ②

제18조(기안자등의 표시)
④ 영 제14조 제5항의 규정에 의하여 기안문의 해당 직위 또는 직급의 앞 또는 위에 발의자는 ★표시를, 보고자는 ◉표시를 한다. 다만, 전자문서면 발의자는 해당란에 ★표시를 하거나 발의자가 누구인지를 검색할 수 있도록 기안자·검토자 또는 결재권자의 직위 또는 직급 난에 발의자 항목을 추가할 수 있으며, 전자문서로 결재하거나 결재권자에게 직접 보고하지 아니할 때에는 보고자의 표시를 생략한다.

31 ②

- 1인당 처리 건수 200/5 = 40
- 1일 처리시간 : 44시간/6일 = 7.3(7시간 20분)
- 7시간 20분을 분으로 계산 = 440분
- 건당 처리시간 : 1일 처리시간/1인당 처리 건수 = 440/40 = 11분

32 ②

행정정보 통신망에서 프로토콜을 다양성을 확보하면 공통된 프로토콜의 부재로 인하여 통신에 문제가 발생할 수 있다.

33 ①

공공기록물 관리에 관한 법률 시행령 제2조 정의
비치기록물이라 함은 카드 · 도면 · 대장등과 같이 주로 사람 · 물품 또는 권리관계 등에 관한 사항의 관리나 확인등에 수시로 사용되고 처리과에서 계속하여 비치 · 활용하여야 하는 기록물을 말한다.

34 ②

정보보안의 3대 목표
무결성(Integrity), 기밀성(Confidentiality), 가용성(Availability)

35 ④

한국십진분류법(KDC)
공공도서관 등에서 사용하는 분류법으로 10개 항목으로 분류된 주류와 대분류, 중분류로 구분한다.

36 ②

전자문서의 효력발생 시기
- 전자문서는 수신자의 컴퓨터 파일에 전자문서가 기록된 때에 그 수신자에게 도달된 것으로 본다.
- 행정기관에 송신한 전자문서는 당해 전자문서의 송신 시점이 컴퓨터에 의해 전자적으로 기록된 때에 송신자가 발송한 것으로 본다.
- 전자문서는 작성자 외의 자 또는 작성자의 대리인 외의 자가 관리하는 컴퓨터에 입력된 때에 송신된 것으로 본다.

37 ④

제84조(지질 및 단위당 중량결정기준) 영 제76조 제3항의 규정에 의한 서식지의 지질 및 단위당 중량을 결정하는 때에는 별표 23의 기준과 다음 사항을 참작하여야 한다.
- 사용 목적 : 보존 기간 및 보존 방법
- 기재 방법 : 복사 방법 및 복사 매수
- 사용 빈도 : 사무자동화기기의 활용 여부

38 ④

자료관리의 특징
- 많은 양의 자료에서 필요한 자료를 계획적으로 수집, 분류하여 자료의 이동 과정을 신속하게 파악할 수 있다.
- 수집된 많은 양의 자료에서 필요한 정보를 유효하고 적절하게 얻어낼 수 있어야 한다.
- 자료를 필요로 하는 곳에 신속하게 전달하여 자료처리에 따르는 경비를 절약할 수 있다.
- 자료의 대출, 전시, 복사, 번역서비스, 전달 등의 내용을 모두 포함한다.
- 자료를 수집, 분류, 정리하고 필요 없는 자료를 폐기하여 자료의 자연 증가를 통제할 수 있다.

39 ②

대사무실(큰 방)의 이점
- 사무실을 너무 세분화하는 것보다는 여러 과를 한 사무실에 배정하여 사용하는 것이 바람직하다고 생각하는 사무실의 배정 방식이다.
- 실내 공간 이용도를 높일 수 있으며 상관의 감독을 쉽게 한다.
- 사무의 흐름을 직선화하는데 편리하며 직원 상호 간 친목도를 높인다.

40 ①

힉스(Hicks)
사무작업은 계산, 기록, 서신, 전화, 보고, 회의, 명령, 기록의 파일화 및 폐기를 포함한 기록 보존 등의 의사소통 등으로 구분한다.

3과목 프로그래밍 일반

41 ④

묵시적 순서제어
- 프로그램 언어에서 미리 정해진 순서에 따라서 제어가 일어나는 것을 의미한다.
- 일반 언어에서 순서를 명시적으로 제어하는 문장이 없으면 문장 나열 순서로 제어한다.
- 수식에서 괄호가 없으면 연산자 우선순위에 의해서 수식이 계산된다.

42 ④

Java에서 접근제어자
- 클래스의 변수와 메소드들이 사용됨에 있어 어느 범위 까지 사용가능한지 정해주는 것이다.
- public : 모든 클래스에서 접근 가능하다.
- private : 클래스 내에서만 접근 가능하다.
- protected : 동일한 패키지에 속하는 클래스에서 접근가능하며 자신을 상속받은 클래스에서 접근 가능하다.
- default : 아무것도 선언하지 않은 상태를 표현한다. 동일한 패키지에 속한 클래스에서만 접근 가능하다.

43 ②

Critical Resource : 임계 구역 내 할당된 자원
임계 구역(Critical Section)
- 다중 프로그래밍 운영체제에서 여러 개의 프로세스가 공유하는 자원이나 데이터에 대하여 어느 한 시점에서 하나의 프로세스만 사용할 수 있도록 지정된 공유 자원을 의미한다.
- 하나의 프로세스만 사용할 수 있으므로 다른 프로세스들은 대기하게 된다.
- 임계 구역에서의 작업은 신속하게 이루어져야 한다.

44 ①

Postfix를 Infix로 변환하여 계산한다.
$345+* \rightarrow 3(4+5)* \rightarrow 3*(4+5) = 27$

45 ①

char *pc, array1[100]; → 문자형 포인터 변수 *pc와 1차원 배열 array1[100]을 선언한다.
array1[100] → 100개의 배열을 갖는 배열 변수를 의미한다.
array1[100]의 첫 번째 배열 주소는 array1[0] 마지막 주소는 array1[99] 이다.
pc=array1 → array1 배열의 시작 주소를 포인터 변수 pc에 입력한다. 여기서 다른 표현방식은 ①번이 된다.
pc = &array1[0]; → &array1[0] (배열의 시작주소)를 pc 포인터 변수에 입력한다는 표현이다.

46 ④

연산자의 종류
- 단항(unary) 연산자 : 하나의 입력 자료에 대한 연산으로 Move, Shift, Rotate, Complement 등을 말한다.
- 이항(binary) 연산자 : 두 개의 입력 자료에 대한 연산으로 AND, OR, 사칙연산 등을 말한다.
- 대입 연산자 : =, +=, -=, *=, /=, %=, &=, ^=, |=, 《=, 》=
- 삼항 연산자 : ? :

47 ①

상수(Constant)
프로그램이 동작하는 동안 값이 절대로 변하지 않는 값을 의미한다.

48 ②

배치(Placement) 전략
- 최초 적합(First Fit) : 입력되는 작업의 순서에 따라 주기억장치 첫 번째 기억 공간부터 할당(1,000번 할당)
- 최적 적합(Best Fit) : 입력되는 작업의 크기에 맞는 주기억장치를 찾아 할당 (5,000번 할당)
- 최악 적합(Worst Fit) : 입력되는 작업의 크기에 맞지 않고 낭비가 가장 심한 공간을 찾아 할당(11,000번 할당)
- 30KB 공간에 13KB가 할당되면 17KB의 단편화가 발생한다.

49 ④

50 ②

- **어휘 분석**
  프로그램 실행 시 원시 프로그램을 문자 단위로 스캐닝하여 문법적으로 의미 있는 일련의 문자들로 분할해 내는 역할을 한다.
- **구문 분석**
  주어진 문장이 정의된 문법 구조에 따라 정당하게 하나의 문장으로 사용될 수 있는가를 확인하는 작업. 컴퓨터 분야에서는 컴파일러에 의하여 원시 프로그램을 기계어 프로그램으로 번역할 때 낱말 분석(lexical analysis) 결과로 만들어진 토큰들을 문법에 따라 분석하는 파싱(parsing) 작업을 수행하여 파스 트리를 구성하는 작업을 지칭한다.

51 ①

추상화 메커니즘의 종류
- 자료 추상화 : 컴퓨터 내부의 자료 표현을 추상화한다.
- 제어 추상화 : 몇 개의 기계 명령어를 모아 이해하기 쉬운 추상 구문으로 만드는 것이다.
- 기능 추상화 : 입력 데이터를 출력 데이터로 변환하는 과정을 추상화하는 방법이다.

52 ④

UNIX 파일 시스템의 구성
- 부트 블록 : 운영체제를 부트하거나 초기화하는 부트스트랩 코드를 저장한다.
- 슈퍼 블록 : 파일 시스템의 크기, 개수, 미사용공간 등의 상태를 나타낸다.
- inode 리스트 : 하나의 파일에 하나의 inode를 생성하고 각 파일의 위치 정보를 가르킨다.
- 데이터 블록 : 파일, 디렉토리, 간접 블록을 저장하는 영역

53 ④

치환 알고리즘
- 데이터를 가지고 있는 변수에 데이터를 입력하면 기존 데이터가 삭제되면서 입력된다.
- 두 변수의 값을 치환할 때에는 아래와 같은 절차를 따른다.
- 임시 변수 ← A 변수 데이터(A 변수 데이터 임시 변수에 입력)
- A 변수 데이터 ← B 변수 데이터(B 변수 데이터를 A 변수에 입력)
- B 변수 데이터 ← 임시변수 데이터(A 변수에서 옮겨 두었던 임시 변수 데이터를 B 변수에 입력)
  답은 *pa = *pb; 가 된다.

54 ③

C 언어의 문자형
- CHAR : 문자형
- INT: 정수형(2Byte)
- FLOAT: 실수형(4Byte)
- DOUBLE : 실수형(8Byte)

55 ①

- 링커(Linker) : 재배치 가능한 기계 코드의 여러 파일을 한 프로그램으로 만듦
- 디버거(Debugger) : 프로그램의 오류 수정 작업을 위하여 사용되는 소프트웨어(DE + BUG)

56 ②

어휘 분석
프로그램 실행 시 원시 프로그램을 문자 단위로 스캐닝하여 문법적으로 의미 있는 일련의 문자들로 분할해 내는 역할을 한다.

57 ③

운영체제 성능 평가 요인
- 처리량(Throughput) : 주어진 시간 내에 처리하여 결과를 출력하는 양
- 반환 시간(Turn around time) : 질문에 대한 답변 시간(반응시간)
- 신뢰도(Reliability) : 작업의 정확성
- 이용 가능도(Availability) : 시스템을 100%로 봤을 때 사용가능한 정도

58 ③

메소드(Method)
- 객체에서 반복적으로 수행하기 위한 명령문의 집합을 정의한 것
- 객체가 메시지를 받아 실행해야 할 객체의 구체적인 연산의 정의한 것
- 객체의 상태를 참조하거나 변경시킴
- 함수(Function)나 프로시저(Procedure)에 해당함

59 ①

정적 바인딩(Static Binding)이 발생하는 시간
- 번역 시간(Translation time)
- 언어 구현 시간
- 언어 정의 시간
- 로드 시간(Load time)
- 링크 시간(Link time)

60 ③

구조적(Structured) 프로그램의 기본 구조
- 순차(Sequence) 구조
- 조건(Condition) 구조
- 반복(Repetition) 구조

61 ③

PCM 순서

표본화 → 양자화 → 부호화 → 복호화 → 여과기

오답 피하기

[ㅍ.ㅇ.ㅂ → 표.인.봉]으로 암기

62 ④

④는 메시지 교환 방식에 관한 설명이다.

패킷 교환 방식(Packet Switching)

• 메시지를 일정한 길이의 전송 단위인 패킷으로 나누어 전송하는 방식
• 패킷 단위로 저장–전달(Store–and–Forward) 방식에 의해 데이터를 교환하는 방식
• 다수의 사용자 간에 비대칭적 데이터 전송을 원활하게 하므로 모든 사용자 간에 빠른 응답 시간 제공이 가능함
• 전송에 실패한 패킷의 경우 재전송이 가능함
• 패킷 단위로 헤더를 추가하므로 패킷별 오버헤드가 발생함
• 패킷교환 방식에서 패킷을 작게 분할할 경우 헤더와 노드지연시간이 증가되며 패킷의 분할/조립시간이 늘어난다.

63 ④

UDP는 전송 계층 프로토콜이다.

64 ③

3비트 (tribit: 8위상) : bps = 3 * baud
3,600 * 3 = 10,800 bps
1,200[baud] * 3 = 10,800bps

65 ①

HDLC의 데이터 전송모드

• 표준(정규)응답모드(NRM) : 반이중 통신을 하는 포인트 투 포인트 또는 멀티 포인트 불균형 링크 구성에 사용하며 종국은 주국의 허가가 있을 때만 송신한다.
• 비동기응답모드(ARM) : 전이중 통신을 하는 포인트 투 포인트 불균형 링크 구성에 사용하며 종국은 주국의 허가 없이도 송신이 가능하지만, 링크 설정이나 오류 복구 등의 제어기능은 주국만 한다.
• 비동기균형(평형)모드(ABM) : 포인트 투 포인트 균형 링크에서 사용하면 혼합국끼리 허가 없이 언제나 전송할 수 있도록 설정한다.

66 ③

OSI 7 계층

• 물리 계층(Physical Layer)
  – 전기적, 기능적, 절차적 기능 정의
  – 표준 : RS–232C
• 데이터 링크 계층(Data Link Layer)
  – 흐름 제어, 에러 제어
  – 표준 : HDLC, LLC, LAPB, LAPD, ADCCP
• 네트워크 계층(Network Layer)
  – 경로 설정 및 네트워크 연결 관리
  – 표준 : X.25, IP
• 전송 계층(Transport Layer)
  – 통신 양단 간(End–to–End)의 에러 제어 및 흐름 제어
  – 표준 : TCP, UDP
• 세션 계층(Session Layer)
프로세스 간에 대한 연결을 확립, 관리, 단절 수단 제공

• 표현 계층(Presentation Layer)
코드 변환, 암호화, 압축, 구문 검색
• 응용 계층(Application Layer)
사용자에게 서비스 제공

67 ③

ATM 셀

• 비동기 전송 방식(ATM)에서 전송 단위로 채택된 고정길이의 패킷이다.
• ITU–T에서는 셀의 길이를 헤더(5바이트)와 정보 블록(48바이트)를 더하여 53바이트로 표준화하였다.

68 ①

PWM(Pulse Width Modulation)

펄스변조에서 아날로그 정보 신호의 크기에 따라 펄스 반송파의 폭을 변화시키는 변조 방식이다.

69 ④

가드밴드는 주파수 분할 다중화 방식에서 사용한다.

차분 펄스 부호 변조(DPCM)

• 실제 표본 값과 추정 표본 값과의 차이를 양자화한다.
• 차동 PCM이라고도 한다.
• 양자화 시 예측기를 사용한다.

70 ②

Hamming code는 수신된 데이터를 분석하여 자동으로 오류를 수정하는 자기정정 부호 방식의 하나이다.

71 ②

서브넷을 이용하여 네트워크 주소와 브로드캐스트 주소를 구하므로 기본 B 클래스의 서브넷주소를 그대로 사용한다. 즉 브로드캐스트 또는 네트워크 주소를 구하기 위해 사용하는 서브넷이 무엇인지 요구한 문제이다.

• **브로드캐스트**
  네트워크 내에서 모든 호스트에게 정보를 전송하는 공통 주소로 포함된 주소 중 가장 마지막 주소가 된다.
• **네트워크 주소**
  서브넷으로 네트워크를 구분하는 주소로 포함된 주소 중 첫 번째 주소가 된다.

72 ②

T = 1/F = 1/50 = 0.02

73 ②

OSI 7 Layer

• Layer : 기능
• Application : 사용자에게 서비스 제공
• Presentation : 코드 변환, 암호화, 압축, 구문 검색
• Session : 프로세스 간에 대한 연결을 확립, 관리, 단절 수단 제공
• Transport : 통신 양단간의 에러 제어 및 흐름 제어
• Network : 경로 설정 및 네트워크 연결 관리
• Data Link : 흐름 제어, 에러 제어
• Physical : 전기적, 기능적, 절차적 기능 정의

74 ②

ARQ 종류

• 정지–대기 ARQ(Stop–And–Wait ARQ) : 송신 측에서 1개의 프레임을 전송한 후, 수신 측에서 오류의 발생을 점검하여 ACK 또는 NAK를 보내올 때까지 대기하는 ARQ 방식

- 연속적 ARQ(Continue ARQ) : 정지−대기 ARQ의 단점을 보완하기 위한 방식
  - Go−Back−N ARQ : 다수의 데이터 블록을 송신하고, 수신 측으로부터 NAK 신호가 전송되면 NAK 신호를 받은 블록부터 다음의 모든 블록을 재전송하는 방식
  - 선택적 재전송 ARQ(Selective−Repeat ARQ) : NAK 신호를 받은 블록만을 재전송하는 방식
- 적응적 ARQ(Adaptive ARQ) : 전송 효율을 높이기 위해서 블록의 길이를 동적(Dynamic)으로 변경시킬 수 있는 방식

75 ④

- 회선 교환 방식은 메시지를 저장하지 않고 연결된 회선에 바로 자료를 전송한다. 따라서 회선교환기에서 오류제어가 힘들다.
- 나머지 보기는 패킷 교환 방식에 관한 내용이다.

76 ③

TCP/IP 인터넷 계층(Internet Layer) 프로토콜
- IP(Internet Protocol) : 주소, 경로 설정
- ARP(Address Resolution Protocol) : IP Address를 물리적 하드웨어 주소(MAC Address)로 변환하는 프로토콜
- RARP(Reverse Address Resolution Protocol) : 호스트의 물리 주소를 통하여 논리 주소인 IP 주소를 얻어오기 위해 사용되는 프로토콜
- ICMP(Internet Control Message Protocol, 인터넷 제어 메시지 프로토콜) : TCP/IP 계층의 인터넷 계층에 해당, 네트워크 컴퓨터에서 운영체제의 오류 메시지를 전송받는 데 주로 쓰이며, 인터넷 프로토콜에 의존하여 작업을 수행

77 ①

통신용량 C =Wlog₂(1+S/N)
W : 대역폭, S : 신호 전력, N : 잡음

78 ③

- **동기식 TDM(STDM)**
  단말장치 모두에게 타임 슬롯을 할당하며 타임슬롯은 고정된다. 고속선로의 회선량은 전체 단말기의 전송량보다 커야 한다.
- **비동기식 TDM(ATDM)=통계적 TDM=지능적 TDM**
  전송을 요구하는 단말기에 슬롯을 할당하며 슬롯 크기는 가변적이다. 고속선로의 전체 단말기의 전송속도의 합보다 적게할 수 있다.

79 ①

프로토콜의 기본 구성 요소
- 구문(Syntax) : 데이터 형식, 부호화, 신호 레벨 등을 규정
- 의미(Semantic) : 효율적, 정확한 전송을 위한 개체 간의 조정과 에러 제어
- 순서(Timing) : 접속되는 개체 간의 통신 속도의 조정과 메시지의 순서 제어

80 ①

- **거리 벡터 라우팅**
  가장 짧은 경로 스패닝 트리를 찾기 위해 경로상의 홉(Hop) 수에 따라 반복하여 실행되는 라우팅 알고리즘이다. 벨맨 포워드 라우팅 알고리즘(Bellman−forward routing algorithm)이라고도 한다.
- **Bellman−Ford 알고리즘**
  - 최단 거리를 구하는 알고리즘의 일종이다.
  - 네트워크에서 임의 단말을 시작점으로 선택하고 나머지 단말들과 최단 거리를 모두 구한다. 단말간 가중치가 음수인 경우까지 감안한 알고리즘이다.

01 ②	02 ③	03 ④	04 ④	05 ②
06 ③	07 ③	08 ②	09 ②	10 ③
11 ④	12 ③	13 ②	14 ①	15 ②
16 ④	17 ③	18 ②	19 ①	20 ②
21 ②	22 ③	23 ①	24 ④	25 ②
26 ②	27 ③	28 ①	29 ②	30 ②
31 ②	32 ②	33 ④	34 ③	35 ①
36 ②	37 ④	38 ③	39 ②	40 ④
41 ②	42 ③	43 ①	44 ③	45 ④
46 ②	47 ③	48 ④	49 ③	50 ④
51 ④	52 ③	53 ①	54 ①	55 ③
56 ②	57 ④	58 ④	59 ③	60 ③
61 ④	62 ①	63 ②	64 ①	65 ④
66 ②	67 ②	68 ②	69 ④	70 ②
71 ④	72 ②	73 ③	74 ②	75 ④
76 ④	77 ①	78 ④	79 ③	80 ①

1과목 사무자동화시스템

01 ②

- **자기 테이프(Magnetic Tape)**
  - 자성 물질을 입힌 테이프를 릴에 감아서 만든 기억장치
  - 순차 접근만 가능하며 대량의 자료를 장시간 보관하는 데 가장 유리한 장치
- **윈체스터 디스크**
  자기 디스크에 헤드가 가까울수록 불순물이나 결함에 의한 오류 발생의 위험이 더 큰 문제점을 해결한 방식

02 ③

전자상거래
- 인터넷을 통해 소비자와 기업이 상품과 서비스를 사고파는 행위로, 일반적인 상거래뿐만 아니라 고객 마케팅, 광고, 조달, 서비스 등을 포함하는 개념이다.
- 인터넷을 통한 거래를 진행함으로써 완벽한 기밀성과 익명성을 보장하기 어렵다.

03 ④

정보보안의 3대 목표
무결성(Integrity), 기밀성(Confidentiality), 가용성(Availability)

04 ④

경영정보시스템의 기본 구성
- 의사 결정 서브시스템(Decision Making Subsystem) : MIS의 지휘 기능에 해당하며, System 설계 기능도 포함
- 프로세스 서브시스템(Process Subsystem) : 자료저장 · 검색 기능
- 데이터베이스 서브시스템(Database Subsystem) : 체계적으로 축적된 데이터의 집합 기능
- 통신 서브시스템(Communication Subsystem) : Mis 기기의 통신을 위한 기능
- 시스템 설계 서브시스템(System Design Subsystem) : MIS의 유지, 개발, 통합을 위한 기능

05 ②

FTTH(Fiber To The Home)

광섬유를 집안까지 연결한다는 뜻의 FTTH는 초고속 인터넷 설비 방식의 하나로, 광통신 회선을 일반 가입자의 안방까지 지원하여 고품질의 광대역 통신 서비스를 제공할 수 있는 기술이며 FTTP(Fiber To The Premises)라고도 한다. 각 가정에 개별적으로 광섬유를 부설하면 전화, 팩스, 데이터, 텔레비전 영상까지 한 줄의 광섬유로 전송할 수 있게 된다.

06 ③

IME 모드(입력시스템 모드)

테이블이나 폼에서 텍스트 상자 컨트롤 데이터를 입력하려고 할 때 입력모드를 '한글' 또는 '영숫자반자'와 같은 입력상태로 지정하려고 할 때 사용하는 소프트웨어이다.

07 ③

Digitizer는 펜을 이용하여 입력을 도와주는 입력장치이다.

08 ②

무결성(Integrity)

• 개체 무결성 : 기본키의 값은 널 값이나 중복값을 가질 수 없다는 제약 조건이다.
• 참조 무결성 : 참조할 수 없는 외래키 값을 가질 수 없다는 제약 조건이다.

09 ②

DRAM과 SRAM의 비교

구분	동적 램(DRAM)	정적 램(SRAM)
구성 소자	콘덴서	플립플롭
재충전 여부	필요	불필요
전력 소모	적음	많음
접근 속도	느림	빠름
집적도(밀도)	높음	낮음
복잡도	단순	복잡
가격	저가	고가
용도	주기억장치	캐시 메모리

10 ③

시스템 카탈로그(System Catalog)

• 시스템 자신이 필요로 하는 여러 가지 객체(기본 테이블, 뷰, 인덱스, 데이터베이스, 패키지, 접근 권한 등)에 관한 정보를 포함하고 있는 시스템 데이터베이스이다.
• 데이터 사전(Data Dictionary)라고도 한다.
• 메타 데이터(Meta Data)라고도 한다.

11 ④

DELETE는 데이터 조작어이다.

12 ③

SSD(Solid State Drive 또는 Disk)

• HDD에 비해 속도가 빠르고, 발열 및 소음이 적으며, 소형화 · 경량화할 수 있는 장점이 있다.
• 기억매체로 플래시 메모리나 DRAM을 사용하나 DRAM은 제품 규격이나 가격, 휘발성의 문제로 많이 사용하지는 않는다.

• SSD는 HDD에 비해 외부의 충격에 강하며, 디스크가 아닌 메모리에 데이터를 기록하므로 배드섹터가 발생하지 않는다.

13 ②

솔라리스

선 마이크로시스템즈에서 개발한 운영체제이다.

14 ①

자료의 용량 단위

• 1 byte = 8 bit
• 1 Kbyte = 10^3 Byte = 2^{10} Byte
• 1 Mbyte = 10^6 Byte = 2^{20} Byte
• 1 Gbyte = 10^9 Byte = 2^{30} Byte
• 1 Tbyte = 10^{12} Byte = 2^{40} Byte
• 1 Pbyte = 10^{15} Byte = 2^{50} Byte

15 ②

사무통제의 종류

• 자동 독촉 제도(Come-up System) : 정해진 시기에 처리해야 할 사무계획을 세운 후, 사무계획에 필요한 서류를 전담직원이 관리하고, 자동으로 독촉하게 하는 제도
• 티클러 시스템(Tickler System) : 색인 카드철(Tickler File)을 이용하여 서류를 관리 후 날짜에 맞춰 서류를 처리
• 간트 차트 : 작업량, 시간, 평가 등을 나타내는 간단한 부호를 사용하여 절차계획과 일정계획의 내용을 작업자에게 쉽게 이해시키기 위한 것. 유기적인 전후 관계를 나타내지 못하는 단점이 있음

16 ④

• **데이터 웨어하우스(Data Warehouse)**
  기업의 정보자산을 효율적으로 활용하기 위해 기업의 전략적 관점에서 효율적인 의사결정을 위한 데이터의 통합을 목표로 하는 주제 중심의 정보저장소이다.
• **데이터마이닝**
  데이터 웨어하우스에 저장된 데이터에 의미를 부여하여 조직의 의사 결정에 도움을 주는 데이터베이스 시스템
• **OLAP(On-Line Analytical Processing)**
  – 데이터 웨어하우스에서 사용자가 대용량 데이터를 쉽고 다양한 관점에서 추출 및 분석할 수 있도록 지원하는 기술이다.
  – 다양한 형태의 데이터베이스 자원을 통합 및 가공하여 의사 결정 지원을 목적으로 특별히 설계한 주제 중심의 정보저장소이다.
  – 데이터 웨어하우스나 데이터 마트에서 데이터를 분석하는 기술이다.
• **OLTP(Online Transaction Processing)**
  – 여러 이용자가 네트워크상에서 실시간으로 데이터베이스의 데이터를 조회/갱신하는 등의 단위 작업을 처리하는 방식을 말한다.
  – 주로 신용카드 조회 업무나 자동 현금 지급 등 금융 전산 관련 부문에서 많이 발생하기 때문에 '온라인 거래처리'라고도 한다.

17 ③

소비자는 상품을 선택할 기회가 확대된다.

18 ②

• **SCM(Supply Chain Management, 공급망 관리)**
  기업에서 원재료의 생산 · 유통 등 모든 공급망 단계를 최적화해 수요자가 원하는 제품을 원하는 시간과 장소에 제공하는 개념이다.

- CRM(Customer Relationship Management, 고객관계관리)

  기업이 고객과 관련된 내외부 자료를 분석 · 통합해 고객 중심 자원을 극대화하고 이를 토대로 고객특성에 맞게 마케팅 활동을 계획 · 지원 · 평가하는 과정이다.

19 ①

Benchmarking

기업 내부의 활동과 기능, 관리능력을 제고하기 위해 참고 대상이나 사례를 정하고, 그와의 비교 분석을 통해 필요한 전략 또는 교훈을 찾아보려는 행위

20 ②

안티바이러스는 소프트웨어적인 기술에 해당한다.

2과목 사무경영관리개론

21 ②

힉스(Hicks)

사무작업은 계산, 기록, 서신, 전화, 보고, 회의, 명령, 기록의 파일화 및 폐기를 포함한 기록 보존 등의 의사소통 등으로 구분한다.

22 ③

현대 과학적 사무 관리의 3S

- 사무 관리의 표준화(Standard)
- 사무 관리의 간소화(Simplification)
- 사무 관리의 전문화(Speciality)

23 ①

자료

- 행정기관이 생산 또는 취득하는 각종 기록물(공문서 제외)중 행정기관에서 상당기간에 걸쳐 이를 보존 또는 활용할 가치가 있는 도서, 사진, 디스크, 테이프 . 필름, 슬라이드 기타 각종 형태의 기록물
- 자료의 적합성에 대한 평가 방법 : 유용성, 신뢰성, 효율성, 자료의 수집시간
- 행정기관에서 사무 관리 방법상 필요에 따라 나누는 자료의 종류 : 행정간행물, 행정자료, 일반 자료

24 ④

공공기록물 관리에 관한 법률 제8장 제35조

③ 비공개 기록물은 생산연도 종료 후 30년이 지나면 모두 공개하는 것을 원칙으로 한다. 다만, 제19조 제4항 및 제5항에 따라 이관시기가 30년 이상으로 연장되는 기록물의 경우에는 그러하지 아니하다.

25 ②

- 자동 독촉 제도(Come-up System)

  정해진 시기에 처리해야 할 사무계획을 세운 후, 사무계획에 필요한 서류를 전담직원이 관리하고, 자동으로 독촉하게 하는 제도
- 티클러 시스템(Tickler System)

  색인 카드철(Tickler File)을 이용하여 서류를 관리 후 날짜에 맞춰 서류를 처리하는 제도
- 간트 차트(Gantt Chart)

  간단한 부호를 사용하여, 작업의 전체적인 상황을 작업자에게 쉽게 이해시키기 위한 것이며 유기적인 전후 관계를 나타내지 못함(반복적인 업무를 대상으로 함)

- PERT

  프로젝트의 달성에 필요한 모든 작업을 작업 관련 내용과 순서를 기초로 네트워크형으로 파악. 프로젝트를 구성하는 작업내용은 이벤트(원(圓)으로 표시하며, 각 작업의 실시는 액티비티(화살표)라 하여 소요시간과 함께 화살표로 표시. 따라서, 계획내용은 이벤트, 액티비티 및 시간에 의해서 그림과 같은 네트워크 모양으로 표시

26 ②

- "전자문서"라 함은 정보처리시스템에 의하여 전자적 형태로 작성되어 송신 또는 수신되거나 저장된 정보를 말한다.
- "전자서명"이라 함은 서명자를 확인하고 서명자가 당해 전자문서에 서명하였음을 나타내는 데 이용하기 위하여 당해 전자문서에 첨부되거나 논리적으로 결합된 전자적 형태의 정보를 말한다.

27 ②

공공기록물 관리에 관한 법률 시행령 [일부개정 2008.2.29 대통령령 제20741호]

제30조 (보존장소) ① 보존기간이 10년 이하인 기록물은 보존기간 종료 시까지 관할 기록관 또는 특수기록관에서 보존한다.

28 ①

대사무실(큰 방)의 이점

- 정의 : 사무실을 너무 세분화하는 것보다는 여러 과를 한 사무실에 배정하여 사용하는 것이 바람직하다고 생각하는 사무실의 배정 방식이다.
- 실내 공간 이용도를 높일 수 있으며 상관의 감독을 쉽게 한다.
- 사무의 흐름을 직선화하는데 편리하며 직원 상호간 친목도를 높인다.
- 과별로 직원 상호간에 행동상의 비교가 이루어져 자유통제가 쉽다.
- 사무실을 너무 세분화하는 것보다는 여러 과를 한 사무실에 배정하여 사용하는 것이 바람직하다고 생각하는 사무실의 배정 방식이다.

29 ②

IPv6

- 주소의 길이가 128비트이다.
- 유니캐스트, 멀티캐스트, 애니캐스트의 3가지 주소 유형이 있다.
- IPv4 대비 라우팅 능력 개선 및 라우팅 옵션 개선 보안 취약점 개선이 가능하다.
- 패킷은 기본 헤더와 페이로드로 구성된다.
- 0으로만 구성된 섹션은 0을 모두 생략하고 두 개의 콜론으로 대체할 수 있으며 주소당 한번만 허용된다.

오답 피하기

- 유니캐스트 : 단일 송신자와 단일 수신자간의 통신이므로, 단일 인터페이스를 사용한다.
- 애니캐스트 : 주소로 지정된 패킷은 적절한 멀티캐스트 라우팅 토폴로지를 통해 주소로 식별되는 가장 가까운 인터페이스인 단일 인터페이스로 배달된다.
- 멀티캐스트 : 한 번의 송신으로 메시지나 정보를 목표한 여러 컴퓨터에 동시에 전송한다.

30 ②

- 사무계획화
  - 기업의 모든 계층에서 필요한 목표를 정하고 그 목표를 효과적으로 수행할 수 있도록 하는 것이다.
  - 사무 작업의 내용을 파악하고 필요 정보를 확정하여 필요한 사무량을 예측하여 목표 사무처리 방식을 결정하는 것이다.
- 사무계획화의 요건
  - 합리 타당하게 설정하며 신축 탄력성이 있도록 수립한다.
  - 객관적이고 정확하게 수립하며 실시 가능한 대체안 중 최선을 선택한다.
  - 자금의 조달과 원천을 결정한다.

31 ②

사무량 측정 대상
- 업무의 구성이 동일한 사무
- 일상적으로 일정한 처리 방법으로 반복되는 사무
- 상당 기간 내용적으로 처리 방법이 균일하여 변동이 별로 없는 사무
- 성과 또는 진행 상황을 수치화하여 일정 단위로서 계산할 수 있는 사무

32 ②

사무관리의 기본 정의
- 경영 내부의 여러 기능과 활동을 능률적으로 달성하기 위해 정보처리 활동을 효율적이고 합리적으로 수행하기 위한 제반 관리 활동의 총칭이다.
- 사무의 실체를 작업으로 규정하는 것이다.
- 초기연구자는 레핑웰(W.H.Leffingwell)이다.
- 사무소는 공장과 같이 사무라는 서비스를 생산한다.

33 ④

전자정부구현을 위한 행정업무 등의 전자화 촉진에 관한 법률
제19조(전자문서의 발송 및 도달 시기) ① 행정기관에 송신한 전자문서는 당해 전자문서의 송신 시점이 컴퓨터에 의하여 전자적으로 기록된 때에 그 송신자가 발송한 것으로 본다.

34 ③

사무관리의 원칙
- 용이성, 정확성, 신속성, 경제성
- 다양성은 사무개선의 목표가 아니라 사무개선 대상이다.

35 ①

대사무실(큰 방)의 이점
- 정의 : 사무실을 너무 세분화하는 것보다는 여러 과를 한 사무실에 배정하여 사용하는 것이 바람직하다고 생각하는 사무실의 배정 방식이다.
- 실내 공간 이용도를 높일 수 있으며 상관의 감독을 쉽게 한다.
- 사무의 흐름을 직선화하는데 편리하며 직원 상호간 친목도를 높인다.
- 과별로 직원 상호간에 행동상의 비교가 이루어져 자율통제가 쉽다.
- 사무실을 너무 세분화하는 것보다는 여러 과를 한 사무실에 배정하여 사용하는 것이 바람직하다고 생각하는 사무실의 배정 방식이다.

36 ④

복호화가 불가능하도록 암호화하면 복호화가 불가능해 비밀정보를 열람할 수 없게 된다.

37 ④

제19조(문서의 쪽 번호 등 표시)
2장 이상으로 이루어진 문서가 제1호 각 목의 어느 하나에 해당하는 경우에는 제2호 각 목의 구분에 따라 쪽 번호 또는 발급번호를 표시하거나 간인(間印) 등을 하여야 한다.
1. 대상 문서
가. 문서의 순서 또는 연결 관계를 명백히 할 필요가 있는 문서
나. 사실관계나 법률관계의 증명에 관계되는 문서
다. 허가, 인가 및 등록 등에 관계되는 문서

38 ③

특성에 따른 사무계획의 순응능력에 따른 분류
고정계획과 신축계획으로 구분된다.

39 ③

사무를 위한 작업 구성 요소
- 기록(Writing : 인쇄 포함)
- 계산(Computing)
- 면담(Interviewing)
- 의사소통(Communicating : 운반 포함)
- 분류 · 정리(Classifying and Filing)

40 ②

사무 처리 방식의 결정
- 의의 : 필요한 정보와 측정된 사무량, 장소 및 기계 등의 모든 조건을 고려하여 결정한다.
- 개별 처리 방식 : 1인의 사무원이 정보의 수집부터 작성까지 모두 처리. 사외 정보 사무, 일시적 사무, 돌발적 사무 처리 등에 많이 적용된다.
- 로트(Lot) 처리 방식 : 정보의 수집부터 작성까지를 여러 사무원이 분담 처리, 각 사무원이 맡은 처리를 행한 다음 다른 사람에게 넘기는 방식으로 경상 사무에서 많이 이용한다.
- 유동 처리 방식 : 사무의 처리 순서대로 사무 기계 및 사무원을 배치하여 1인의 사무원 또는 1대의 사무 기계 처리가 끝나면 다음 사무 공정으로 진행한다.
- 오토메이션 방식 : 컴퓨터 및 사무기기를 사용하여 사무를 자동으로 처리하는 방식이다.

3과목 프로그래밍 일반

41 ④

어휘 분석
프로그램 실행 시 원시 프로그램을 문자 단위로 스캐닝하여 문법적으로 의미 있는 일련의 문자들로 분할해 내는 역할을 한다.

42 ③

- **상향식 구문 분석(Bottom-Up Parsing)**
  - 파스 트리의 리프, 즉 입력스트링으로부터 위쪽으로 파스 트리를 만들어 가는 방식이다.
  - Shift Reduce 파싱이라고도 한다.
  - 주어진 스트링의 시작이 심볼로 축약될 수 있으면 올바른 문장이고, 그렇지 않으면 틀린 문장으로 간주하는 방법을 말한다.
- **하향식 구문 분석(Top-Down Parsing)**
  - 루트로부터 터미널 노드 쪽으로 파스 트리를 구성하는 것으로 입력 문자열에 대한 좌측유도(Left Most Derivation) 과정이다.
  - 파스 트리의 루트로부터 시작하여 파스 트리를 만들어가는 방식이다.
  - 입력 문자열에 대해 루트로부터 왼쪽 우선 순으로 트리의 노드를 만들어 간다.
  - 생성 규칙이 잘못 적용될 경우 문자열을 다시 입력으로 보내는 반복 강조 방법을 사용한다.

43 ①

다음은 LHS가 RHS로 정의된다는 표현이다.
- |는 or로 택일을 의미한다.

⟨num⟩ → ⟨num⟩⟨dig⟩|⟨dig⟩ ⟨dig⟩ → 1|3|5|7|9	
LHS(left hand side)	RHS(right hand side)

- ⟨dig⟩와 같이 '⟨⟩'로 묶인 기호 : 비단말 기호(Non-Terminal Symbol)

- 0, 1, 2와 같이 직접 나타낼 수 있는 기호 : 단말 기호(Terminal Symbol)
- →, |와 같이 BNF 표기에서 사용되는 특수한 기호 : 메타 기호(Meta Symbol)

• 유도(Derivation)

언어의 문장들은 BNF의 규칙을 적용해가며 생성된다. 시작 기호(Start Symbol)라 불리는 비단말 기호에서 시작되며, 이러한 문장 생성 과정을 의미한다.

```
⟨num⟩ → ⟨num⟩⟨dig⟩ ── ①
          |⟨dig⟩ ── ②
```

- ⟨number⟩ ⇒ ⟨number⟩⟨dig⟩ : ①⟨number⟩를 ⟨number⟩⟨dig⟩로 대치
⇒ ⟨number⟩⟨dig⟩⟨dig⟩ : ①⟨number⟩를 ⟨number⟩⟨dig⟩로 대치
⇒ ⟨dig⟩⟨dig⟩⟨dig⟩ : ②에 의해 ⟨number⟩를 ⟨dig⟩로 대치
- 즉, ⟨dig⟩에 대치된 1, 3, 5, 7, 9의 숫자를 이용하여 3자리 경우의 수를 만들 수 있다.
- 보기 중에 1, 3, 5, 7, 9가 아닌 수가 포함된 것은 답이 될 수 없다.

44 ③

- super : 하위 클래스에서 상위 클래스를 참조하기 위해 사용하는 명령어
- extends : 상위 클래스에서 하위 클래스로 상속하기 위해 사용하는 명령어

45 ④

- aa|b : aa 이거나 b를 출력할 수 있다.
- (aa|b)* : aa 이거나 b를 그룹으로 묶어 반복 출력할 수 있다.
- (aa|b)*a : 맨 뒤 a는 a로 끝나야 한다는 의미이다.

보기를 모두 경우의 수에 따라 대입해본다.

a나 b로 시작하면서 a로 끝나야 한다.

④번의 경우, a 또는 b 택일하여 시작해야 하나 모두 표시되어 있어 오류가 된다.

46 ②

표의 기호 정의(정규 표현식)

표현	의미
^x	문자열의 시작을 표현하며 x 문자로 시작됨을 의미한다.
x$	문자열의 종료를 표현하며 x 문자로 종료됨을 의미한다.
.x	임의의 한 문자의 자리수를 표현하며 문자열이 x로 끝난다는 것을 의미한다.
x+	반복을 표현하며 x 문자가 한 번 이상 반복됨을 의미한다.
x?	존재 여부를 표현하며 x 문자가 존재할 수도, 존재하지 않을 수도 있음을 의미한다.
x*	반복 여부를 표현하며 x 문자가 0번 또는 그 이상 반복됨을 의미한다.
x|y	or를 표현하며 x 또는 y 문자가 존재함을 의미한다.
(x)	그룹을 표현하며 x를 그룹으로 처리함을 의미한다.
(x)(y)	그룹들의 집합을 표현하며 앞에서부터 순서대로 번호를 부여하여 관리하고 x, y 는 각 그룹의 데이터로 관리된다.
(x)(?:y)	그룹들의 집합에 대한 예외를 표현하며 그룹 집합으로 관리되지 않음을 의미한다.
x{n}	반복을 표현하며 x 문자가 n번 반복됨을 의미한다.
x{n,}	반복을 표현하며 x 문자가 n번 이상 반복됨을 의미한다.

47 ③

보통 변수의 번지를 참조하려면 번지 연산자 &을 변수 앞에 쓴다.

48 ④

• 후위(postfix) 표기법

- 피연산자 뒤에 연산자를 표기한다.
- 일반적인 수식 : A+B를 AB+로 표시한다.
- 연산자 우선순위대로 묶은 뒤 연산자를 괄호 뒤로 이동한다.

• A+B*C−D

- A+B*C−D → A+(B*C)−D → (A+(B*C))−D → ((A+(B*C))−D)
- ((A+(B*C))−D) → ((A+(BC)*)−D) → ((A(BC)*)+D)−
- ABC*+D−

49 ③

• 선점형 스케줄링 기법

- 라운드 로빈 : 시분할 방식을 위해 고안된 방식으로 FIFO 방식으로 수행하되 각 작업은 할당 시간 동안만 CPU를 사용
- SRT(Shortest Remaining Time) : 남은 처리시간이 가장 짧은 작업을 먼저 수행

• 비선점형 스케줄링 기법

- FIFO(First In First Out) : 가장 먼저 들어온 작업을 가장 먼저 처리
- SJF(Shortest Job First) : 처리시간이 가장 짧은 작업부터 먼저 처리
- HRN(Highest Response−ratio Next) : 처리시간이 긴 작업의 대기시간이 길어지는 SJF의 단점을 보안

50 ④

- a[2][3]은 a변수의 배열 크기가 2행 3열이란 의미이며 정수의 크기가 2byte이므로 각 배열의 크기가 2byte씩임을 알 수 있다. C에서 첫 번째 배열은 (0,0)으로 시작한다.

• a[2][3] 배열 (2행 3열)

• a[2][3] 배열의 주소 할당

주소	1000	1002	1004
배열	a(0,0)	a(0,1)	a(0,2)
주소	1006	1008	1010
배열	a(1,0)	a(1,1)	a(2,1)

51 ④

- 변수 k는 1부터 60까지 1씩 증가한다.

```
k = 1;
while(k<60)
~
k++;
```

- 변수 k가 4의 배수이면 그때 k보다 2 작은 값을 출력한다.

```
if(k%4==0)
    printf("%d\n", k-2);
```

- 즉 1~60까지 수중에서 4의 배수인 값보다 2 작은 값이 출력된다.
- (4)2, (8)6, (12)10, (16)14 ~ 32(30), 36(34) ~

52 ③

객체지향 기법의 기본 원칙

- 캡슐화(Encapsulation) : 데이터와 데이터를 조작하는 연산을 하나로 묶는 것을 의미하며 연관된 데이터와 함수를 함께 묶어 외부와 경계를 만들고 필요한 인터페이스만을 밖으로 드러내는 과정을 의미한다.
- 정보 은닉(Information Hiding) : 객체가 다른 객체로부터 자신의 자료를 숨기고 자신의 연산만을 통하여 접근을 허용하는 것을 의미하며 캡슐화와 밀접한 관계가 있다.
- 추상화(Abstraction) : 주어진 문제나 시스템 중에서 중요하고 관계있는 부분만을 분리하여 간결하고 이해하기 쉽게 만드는 작업을 의미한다.
- 상속성(Inheritance) : 상위 클래스의 속성과 메소드를 하위 클래스가 물려받는 것을 의미하며 클래스와 객체를 재사용할 수 있다.
- 다형성(Polymorphism) : 많은 상이한 클래스들이 동일한 메소드명을 이용하는 능력을 의미하며 한 메시지가 객체에 따라 다른 방법으로 응답할 수 있는 것을 의미한다.

53 ①

- **변수와 상수**
  - 변수(Variable) : 기억 장치의 한 장소를 추상화 한 것. 프로그래머가 프로그램 내에서 정의하고 이름을 줄 수 있는 자료 객체
  - 상수(Constant) : 프로그램이 동작하는 동안 값이 절대로 변하지 않는 값
- **주석(Comment)**
  - 프로그램에 실제 실행되지 않고 프로그래머가 코드의 이해를 돕거나 분석을 위해 써놓은 일종의 프로그램 설명이다.
  - 프로그램 문서화의 중요한 부분으로 추후 유지보수에 유리하다.
  - 대부분의 프로그래밍 언어에서 각각의 주석 형식은 달라도 주석을 허용한다.

54 ①

배치(Placement) 전략

- 최초 적합(First Fit) : 입력되는 작업의 순서에 따라 주기억장치 첫 번째 기억 공간부터 할당한다.
- 최적 적합(Best Fit) : 입력되는 작업의 크기에 맞는 주기억장치를 찾아 할당한다.
- 최악 적합(Worst Fit) : 입력되는 작업의 크기에 맞지 않고 낭비가 가장 심한 공간을 찾아 할당한다.
- 이 문제에서 50K 공간에 15K를 적재함으로서 내부단편화가 35로 가장 많이 발생한다.

55 ③

BNF에서 | 는 택일을 의미한다. 제시된 순서에 따라 정규 문법에 맞춰 경우의 수를 찾아보면 된다.

- **S → aS | aB**
  - S는 a로 시작하면서 S로 끝나거나 a로 시작하면서 B로 끝난다. 즉 ④번은 b로 시작하므로 답이 될 수 없다.
  - aa, aaa(S재귀) 또는 aBC가 될 수 있다.
- **C → a | aC**
  - C는 a로 시작하거나 a로 시작해 C로 끝난다.
  - a 또는 aa, aaa(C재귀)이 될 수 있다.
- **B → bC**
  - B는 b로 시작 C로 끝난다.
- **S → aS | aB를 앞의 C, B를 대입해 찾는다.**
  - aS → aa, aaa, aaaa가 될 수 있으며 또는
  - aB → abC → aba 또는 abaa가 될 수 있다.
  - 보기 중 가능한 문법은 abaa이므로 답은 ③이다.

56 ②

- **제어 프로그램(Control Program)**
  - 감시 프로그램(Supervisor Program)
  - 작업 제어 프로그램(Job Control Program)
  - 자료 관리 프로그램(Data Management Program)
- **처리 프로그램(Processing Program)**
  - 언어 번역 프로그램(Language Translator Program)
  - 서비스 프로그램(Service Program)
  - 문제 프로그램(Problem Program)

57 ④

토큰으로 인식되는 대상

예약어, 공백(문자열 내의 공백), 구두점, 여는 괄호, 콜론, 세미콜론 등과 같은 특수 기호, 식별자, 지정어, 상수, 단말 기호 들로 인식된다. 키워드, 변수, 연산자, 숫자 등이 있다.

58 ④

후위(postfix) 표기법

- 피연산자 뒤에 연산자를 표기
- 일반적인 수식 : A+B를 AB+로 표시한다.
- 연산자 우선순위대로 묶은 뒤 연산자를 괄호 뒤로 이동한다.
- A+(B*C) → (A+(B*C)) → (A(BC)*)+ → ABC*+

59 ③

- 프로그래밍 언어에서 A = B라는 표현은 A와 B가 같다는 의미가 아니라 오른쪽 값(B)을 왼쪽 값(A)에 입력한다는 의미를 가진다.
- 여기서 A가 왼쪽에 있으므로 Left − Value, B가 오른쪽에 있으므로 R − Value가 된다.
- 다르게 말하면 A(기억장소)에 B(값)를 입력한다는 의미이고 각 위치를 R, L Value라고 정의한다.
- 변수명, 배열 원소, 포인터의 위치 모두 기억장소에 해당하므로 L Value가 된다.

60 ③

Noam Chomsky의 문법 구조

- Type 0 문법 : 튜링 머신(Turing Machine), (Recursively Enumerable set), 모든 형식문법 포함한다.
- Type 1 문법 : 선형 한계 오토마타(Linear Bounded Automata), (Context−sensitive language), 문맥인식에 사용한다.
- Type 2 문법 : 푸시다운 오토마타(Push Down Automata) (Context−Free Language), 구문분석에 사용한다.
- Type 3 문법 : 유한 상태 오토마타(Finite Automata) (Regular Language), 언어의 어휘구조(lexical−structure), 어휘 분석에 사용한다.

4과목 | 정보통신개론

61 ④

- **VoIP(Voice Over Internet Protocol)**
  인터넷망을 통하여 음성을 전달할 수 있는 인터넷 전화 프로토콜이다.
- **전자우편 프로토콜**
  - SMTP(Simple Mail Tranfer Protocol) : 사용자의 컴퓨터에서 작성된 메일을 다른 사람의 계정이 있는 곳으로 전송하는 프로토콜이다.
  - POP3(Post Office Protocol) : 메일 서버에 도착한 E-Mail을 사용자 컴퓨터로 가져오는 메일 서버에서 제공하는 프로토콜이다.

- IMAP(internet Messaging Access Protocol) : 포트번호 143을 사용하고 메시지의 헤더만을 다운로드할 수 있으며 다중 사용자 메일박스와 서버에 기반을 둔 저장 폴더를 만들어 주는 기능을 제공함으로써 스마트폰, 태블릿, 다른 PC 등의 이메일 클라이언트에서도 확인이 가능한 이메일 프로토콜이다.
- MIME(Multi-purpose Internet Mail Extension) : 웹 브라우저가 지원하지 않는 각종 멀티미디어 파일의 내용을 확인하고, 실행시켜 주는 프로토콜이다.

62 ①

ARQ 종류
- 정지-대기 ARQ (Stop-And-Wait ARQ) : 송신 측에서 1개의 프레임을 전송한 후, 수신 측에서 오류의 발생을 점검하여 ACK 또는 NAK를 보내올 때까지 대기하는 ARQ 방식
- 연속적 ARQ(Continue ARQ) : 정지-대기 ARQ의 단점을 보완하기 위한 방식
  - Go-Back-N ARQ : 다수의 데이터 블록을 송신하고, 수신 측으로부터 NAK 신호가 전송되면 NAK 신호를 받은 블록부터 다음의 모든 블록을 재전송하는 방식
  - 선택적 재전송 ARQ(Selective-Repeat ARQ) : NAK 신호를 받은 블록만을 재전송하는 방식
- 적응적 ARQ(Adaptive ARQ) : 전송 효율을 높이기 위해서 블록의 길이를 동적(Dynamic)으로 변경시킬 수 있는 방식

63 ②

TCP/IP 인터넷 계층(Internet Layer) 프로토콜
- IP(Internet Protocol) : 주소, 경로 설정
- ARP(Address Resolution Protocol) : IP Address를 물리적 하드웨어 주소(MAC Address)로 변환하는 프로토콜
- RARP(Reverse Address Resolution Protocol) : 호스트의 물리 주소를 통하여 논리 주소인 IP 주소를 얻어오기 위해 사용되는 프로토콜
- ICMP(Internet Control Message protocol, 인터넷 제어 메시지 프로토콜) : TCP/IP 계층의 인터넷 계층에 해당한다. 네트워크 컴퓨터에서 운영체제의 오류 메시지를 전송받는 데 주로 쓰이며, 인터넷 프로토콜에 의존하여 작업 수행

64 ①

통신용량 C =B log₂(1+S/N)
- B : 대역폭, S : 신호 전력, N : 잡음
- 3100 log₂ (1+100) → 3100 log₂ 101 → 31000 log₂ 2^6.6582114
- 3100 * 6.6582114 = 20640.45

65 ④

- **Layer 2 스위치**
  - OSI 2계층(Data Link)까지의 기능을 한다.
  - MAC(Media Access Conrol) 주소를 읽어 스위칭한다.
- **스위치의 4가지 기능**
  - Address Learning : 프레임의 출발지 맥주소가 맥 테이블에 없으면 300초 동안 저장한다.
  - Flooding : 프레임의 목적지 맥주소가 없을 시 브로드캐스팅을 통해 확인한다.
  - Fowarding : 프레임의 목적지 맥주소가 있을 때 해당 포트로만 프레임을 전달한다.
  - Filtering : 프레임의 목적지 맥주소가 테이블에 있을 경우 해당 주소가 아닌 곳에는 전달하지 않는 역할을 한다.
  - Routing은 L3 스위치가 담당한다.

66 ②

- **모뎀의 신호 방식(디지털 → 아날로그로 변조)**
  - ASK : 진폭 편이 변조
  - FSK : 주파수 편이 변조
  - PSK : 위상 편이 변조
  - QAM : 직교 진폭 변조
- **DM(Delta Modulation)**
  - 이전 샘플과 현재 샘플 간의 차이를 계산하여 차분 신호를 생성하여, 차분 신호를 1 또는 0으로 표현하는 디지털 신호로 변환한다.
  - 주로 단순하고 저비용의 시스템에서 사용되며, 신호 대역폭을 줄이고 신호 압축을 위해 사용될 수 있다.
  - 잡음에 강한 특징을 가지고 있어 주로 음성 전송이나 통신 시스템에서 사용된다.

67 ②

텔레텍스트의 특징
- 문자 다중 방송
- 방송 시스템 + 데이터 뱅크 + TV 수상기
- 단방향 시스템으로 텔레비전 전파의 자극히 짧은 간격을 이용하여 문자 정보를 전달하는 방식
- 일기예보, 프로그램 안내, 교통방송 등의 자막

68 ②

IP 주소(Internet Protocol Address)

A class	• 대형 기관 및 기업에서 사용 • 2^24(=16,777,216) 중 16,777,214개의 호스트 사용 가능 0.0.0.0 - 127,255,255,255
B class	• 중형 기관 및 기업에서 사용 • 2^16(=65,536) 중 65,534개의 호스트 사용 가능 128.0.0.0 - 191,255,255,255
C class	• 소형 기관 및 기업에서 사용 • 2^8(=256) 중 254개의 호스트 사용 가능 192.0.0.0 - 223,255,255,255
D class	• 멀티캐스트용, netid와 hostid가 없다. 224.0.0.0 - 239,255,255,255
E class	실험용

69 ④

모뎀의 신호 방식(디지털 → 아날로그로 변조)
- ASK : 진폭 편이 변조
- FSK : 주파수 편이 변조
- PSK : 위상 편이 변조
- QAM : 직교 진폭 변조

70 ②

광섬유의 구조 손실
- 불균등 손실 : 코어와 클래드 경계면의 불균일로 인하여 발생한다.
- 코어 손실 : 광섬유 케이블을 구부려 사용할 때 발생한다.
- 마이크로 벤딩 손실 : 광섬유 측압에 의한 코어와 크래드 경계면 요철로 인한 빛의 방사에 의해 발생한다.

오답 피하기

광섬유의 재료 손실
- 레일리 산란 손실 : 광이 미소한 입자에 부딪힐 때 광이 여러 방향으로 산란하는 현상에 의해 발생한다.

- 흡수 손실 : 광섬유 재료 자체에 의해 흡수되어 열로 변환되어 발생하는 손실로, 광섬유의 유리 중에 포함된 Fe, Cu 등의 천이 금속이나 수분 등의 불순물로 인하여 발생한다.
- 회선 손실 : 광섬유를 영구접속 또는 임의 접속으로 연결 시 발생하는 접속 손실과 광원과 광섬유 결합 시 발생하는 결합 손실이 있다.

71 ④

변조

전송하고자 하는 신호를 주어진 통신 채널에 적합하도록 처리하는 과정이다.

72 ②

CCU (Commuication Control Unit)

전송 회선과 단말 장치 사이에 위치해서 프로토콜의 정의에 따라 통신 제어 기능을 담당하게 되는 장치

73 ③

- 8진 = 3bit
- baud = bps/bit
- 9,600/3 = 3,200[baud]

74 ②

DQDB(Distributed Queue Dual Bus)

- DQDB는 이중버스 형태로 구성되어 있다.
- 분산 큐라고 하는 큐잉 방식을 이용하여 전송하기에 앞서 미리 준비된 큐에 데이터를 삽입하고 자기 차례가 되었을 때 전송하는 방식이다.

75 ③

- SMTP(Simple Mail Transfer Protocol) : 메일전송 프로토콜
- RIP(Routing Information Protocol) : IP 통신망의 경로 지정 통신 규약의 하나. 경유하는 라우터의 대수(hop의 수량)에 따라 최단 경로를 동적으로 결정하는 거리 벡터 알고리즘을 사용한다.
- OSPF(Open Shortest Path First protocol) : 링크 상태 라우팅 프로토콜로 IP 패킷에서 프로토콜 번호 89번을 사용하여 라우팅 정보를 전송하여 안정되고 다양한 기능으로 가장 많이 사용되는 IGP(Interior Gateway Protocol) 이다.

76 ④

신뢰성 있는 데이터 전송을 보장하는 프로토콜은 TCP이다.

오답 피하기

TCP(Transmission Control Protocol)

- OSI 7계층의 전송 계층에 해당한다.
- 접속형(연결형) 서비스, 전이중 데이터 전송 서비스, 신뢰성 서비스, 스트림 데이터 서비스를 제공한다.
- 패킷 다중화, 오류 제어, 흐름 제어, 순서 제어 등의 기능을 한다.

77 ①

PCM 순서

표본화 → 양자화 → 부호화 → 복호화 → 여과기

오답 피하기

[ㅍ.ㅇ.ㅂ → 표.인.봉]으로 암기

78 ④

다중접속 방식의 종류

FDMA, TDMA ,CDMA

79 ③

203.230.7.110/29

- 서브넷 마스크는 255.255.255.248로도 표현 가능하다.
- /29는 서브넷을 표현할 때 사용한다. ipv4는 총 32bit이며 4개의 각 블록 8bit를 왼쪽부터 1로 채운 1의 개수이다.

1	1	1	1	1	1	1	1	255 (8bit)
1	1	1	1	1	1	1	1	255 (8bit)
1	1	1	1	1	1	1	1	255 (8bit)
1	1	1	1	1	0	0	0	248 (8bit)

- 이 네트워크에서는 8개의 IP가 할당되고 첫 번째(네트워크 주소) 마지막 (브로드캐스트 주소) 로 사용되어 6개의 장치만 연결 가능하다.
- 서브넷 마스크(and 연산)는 제시된 IP를 2진수로 변환하여 곱한 결과를 이용한다. 마스크의 0 자리는 결국 0이 된다.
  110 (0110 1110)
  248 (1111 1000)
  - - - - - - - - -
  104 (0110 1000)
  - cf. 102(0110 0110), 103(0110 0111), 105(0110 1001)
  - 104 ~ 111 까지가 사용 범위가 된다.
- 간단히 계산하는 방법
  - 마지막 블록의 2진수 변환값이 xxxxx000인 주소가 네트워크 주소가 된다. → 104(0110 1000)
  - 마지막 블록의 2진수 변환값이 xxxxx111인 주소가 브로드캐스트 주소가 된다. → 111(0110 1111)

80 ①

- **거리 벡터 라우팅**
  가장 짧은 경로 스패닝 트리를 찾기 위해 경로상의 홉(hop) 수에 따라 반복하여 실행되는 라우팅 알고리즘이다. 벨만 포워드 라우팅 알고리즘 (Bellman–Forward Routing Algorithm)이라고도 한다.
- **Bellman–Ford 알고리즘**
  - 최단 거리를 구하는 알고리즘의 일종이다.
  - 네트워크에서 임의 단말을 시작 점으로 선택하고 나머지 단말들과 최단거리를 모두 구한다. 단말 간 가중치가 음수인 경우까지 감안한 알고리즘이다.

01 ①	02 ③	03 ③	04 ②	05 ②
06 ④	07 ②	08 ②	09 ④	10 ④
11 ①	12 ①	13 ④	14 ②	15 ④
16 ②	17 ②	18 ①	19 ①	20 ②
21 ④	22 ②	23 ③	24 ②	25 ①
26 ④	27 ②	28 ②	29 ③	30 ③
31 ④	32 ①	33 ①	34 ②	35 ④
36 ①	37 ①	38 ③	39 ②	40 ③
41 ④	42 ③	43 ④	44 ②	45 ②
46 ④	47 ①	48 ④	49 ①	50 ③
51 ①	52 ①	53 ③	54 ①	55 ①
56 ③	57 ②	58 ①	59 ①	60 ②
61 ①	62 ②	63 ④	64 ④	65 ④
66 ①	67 ②	68 ③	69 ④	70 ④
71 ①	72 ②	73 ④	74 ④	75 ③
76 ③	77 ④	78 ②	79 ①	80 ③

1과목 사무자동화시스템

01 ①

BCP(업무 영속성 관리, Business Continuity Management)
재난, 재해, 테러 등 예기치 못한 위기의 발생으로 주요 사무 업무 중단위험이 발생하면 최대한 빨리 핵심 업무를 복구하여 기업 경영의 연속성을 유지할 수 있는 경영 기법

02 ③

소비자는 상품을 선택할 기회가 확대된다.

03 ③

- **데이터 웨어하우스(Data Warehouse)**
  기업의 정보자산을 효율적으로 활용하기 위해 기업의 전략적 관점에서 효율적인 의사결정을 한 데이터의 통합을 목표로 하는 기술 환경이다.
- **데이터 마이닝**
  데이터 웨어하우스에 저장된 데이터에 의미를 부여하여 조직의 의사결정에 도움을 주는 데이터베이스 시스템이다.

04 ②

DSS(Decision Support System, 의사결정지원시스템)
경영 의사결정에 필요한 정보를 데이터베이스로부터 검색하여 필요한 분석을 하고 보기 쉬운 형태로 편집, 출력해 주는 시스템이다.

05 ②

캐시(Cache) 기억장치
중앙처리장치(CPU)의 속도와 주기억장치의 속도 차이가 클 때 명령어의 수행 속도를 중앙처리장치의 속도와 비슷하게 하기 위하여 사용하는 메모리이다. 저용량 고속의 반도체 장치이다.

06 ④

사무자동화의 접근(추진) 방식
- 전사적 접근 방식 : 사업 전반에 걸쳐 문제점이나 개선점을 분석 정리하여 추진되는 방식으로 최적의 시스템을 구성하고 추진 효과를 극대
- 부문 전개 접근 방식 : 특정한 한 부문을 선정하여 추진하고 전체로 확대하는 방식
- 공통 과제형 접근 방식 : 문서보안, 사무환경 개선 등과 같은 각 부분의 공통 과제를 대상으로 추진하는 방식
- 기기 도입형 접근 방식 : 사무자동화기기를 시험적으로 도입하여 사용자의 사무자동화 이해도를 높이고, 단계적으로 적용 분야를 넓혀가는 방식
- 계층별 접근 방식 : 일반 사무직에서 최고 경영자 또는 직위에 따라 사무자동화를 적용하는 방식
- 업무별 접근 방식 : 업무 개선이 우선되어야 할 분야부터 시작하여 완료 시까지 업무의 흐름에 따라 사무자동화를 적용시켜 나가는 방식

07 ②

처리 속도 단위
- ms(밀리/초 : milli second) : 10^{-3}
- μs(마이크로/초 : micro second) : 10^{-6}
- ns(나노/초 : nano second) : 10^{-9}
- ps(피코/초 : pico second) : 10^{-12}
- fs(펨토/초 : femto second) : 10^{-15}
- as(아토/초 : atto second) : 10^{-18}

08 ②

- **스풀링(Spooling)**
  처리 속도가 빠른 CPU와 속도가 느린 프린터 사이에서 두 장치 간의 속도 차이를 줄여주기 위한 임시 기억장소로 보조기억장치를 사용하며 가상메모리와 버퍼메모리를 혼합한 기능으로 볼 수 있다.
- **Buffering**
  CPU와 입 · 출력 장치와의 속도 차이를 줄이기 위해 사용하는 기법이다.

09 ④

- **쉘(Shell)**
  사용자의 명령어를 인식하여 프로그램을 호출하고 명령을 수행하는 명령어 해석기이다.
- **커널(Kernel)**
  프로세스 간의 통신, 파일관리, 입출력 관리 등을 수행한다.

10 ④

- 전술용 전자식 교환기(TTC-95K) : 1995년 정부주도 업체자체 개발로 삼성전자㈜에서 전술용 전자식 교환기를 국내 개발 전력화 운용 중이다.
- FTTH(Fiber To The Home) : 광섬유를 집안까지 연결한다는 뜻의 FTTH는 초고속 인터넷 설비 방식의 하나로, 광통신회선을 일반 가입자의 안방까지 지원하여 고품질의 광대역 통신서비스를 제공할 수 있는 기술을 말한다.
- LTE(Long Term Evolution) : WCDMA와 CDMA2000의 3세대 통신과 4세대 이동통신 4G의 중간에 해당하는 기술이라 하여 3.9세대라고도 하며, 채널 대역폭은 1.25~20MHz, 29HMz 대역폭을 기준으로 하향링크의 최대 전송 속도는 100Mbps, 상향링크의 최대 전송 속도는 50Mbps이다.
- HSDPA(High Speed Downlink Packet Access) : 고속하향 패킷 접속을 통해 3세대 이동 통신 기술인 W-CDMA나 CDMA보다 훨씬 빠른 속도로 데이터를 주고받을 수 있는 3.5세대 이동 통신 방식이다.

11 ①

사물인터넷(Internet of Things)
생활 속 사물들을 유무선 네트워크로 연결해 정보를 공유하는 환경. 가전제품, 전자기기뿐만 아니라 헬스케어, 원격검침, 스마트홈, 스마트카 등 다양한 분야에서 사물을 네트워크로 연결하는 것을 의미한다.

12 ①

- 충격식 인쇄기 : 기계적으로 종이에 충격을 줘 인쇄하는 방식으로 도트 매트릭스 프린터가 대표적이다.
- 비충격식 인쇄기 : 기계적 충격을 가하지 않고 인쇄하는 방식으로, 레이저, 잉크젯, 열전사 프린터 등이 있다.

13 ④

네트워크 설정을 할 때 TCP/IP 등록 정보
① 도메인 네임(Domain Name), ② IP Address, ③ 게이트웨이(Gateway)

오답 피하기
URL(Uniform Resource Locator)은 인터넷 주소 형식을 의미한다.
🔗 http://dumok.net

14 ②

EDI의 유형
- 배치형 EDI(Batch EDI) : 축적 전송(Store and Forward) 방식을 이용하여 통신회사의 효율성을 추구하는 방식이다.
- 실시간형 EDI(Real Time EDI) : 실시간 응답 방식을 말한다.
- 대화형 EDI(Interactive EDI) : 거래 상대방의 응용 시스템들이 질의와 응답으로 구성된 두 개 이상의 짧은 메시지를 한 번의 접속 상태에서 주고받는 방식을 말한다.
- 개방형 EDI(Open EDI) : 이질적인 거래형태/정보기술 및 데이터 구조를 지닌 거래 주체 사이에 공공 표준을 활용하여 상호 운용하는 방식을 말한다.
- 인터넷 EDI(Internet EDI) : EDI 문서 전송 시 TCP/IP프로토콜을 사용하는 방식을 말한다.

15 ④

교착상태 필수 4요소
- 상호 배제(Mutual Exclusion)
- 점유와 대기(Hold & Wait)
- 비선점(Non Preemption)
- 순환 대기(Circular Wait, 환형 대기)

16 ②

- LTO(Linear Tape-Open, 개방 선형 테이프)
  - 고속 데이터 처리와 대용량 형식으로 만들어진 백업용 개방 테이프 시스템이다. Accelis 방식과 Ultrium 방식이 있다.
  - 240MB/S의 속도를 가진다.
  - 순차접근방식의 저장장치이다.
- SSD(Solid State Drive)
  반도체를 이용하여 정보를 저장하는 장치이다. 하드디스크 드라이브에 비하여 속도가 빠르고 기계적 지연이나 실패율, 발열 · 소음도 적으며, 소형화 · 경량화할 수 있는 장점이 있다.

17 ②

트랜잭션의 특성
- 원자성(Atomicity) : 완전하게 수행 완료되지 않으면 전혀 수행되지 않아야 한다.
- 일관성(Consistency) : 시스템의 고정 요소는 트랜잭션 수행 전후에 같아야 한다.
- 격리성(Isolation, 고립성) : 트랜잭션 실행 시 다른 트랜잭션의 간섭을 받지 않아야 한다.
- 영속성(Durability, 지속성) : 트랜잭션의 완료 결과가 데이터베이스에 영구히 기억된다.

18 ①

- 마이크로필름의 특징
  - 고밀도 기록이 가능하여 대용량화하기 쉽다.
  - 기록내용을 확대하면 그대로 재현된다.
  - 기록내용의 보존이 반영구적이다(100년 이상).
  - 공간이 절약된다.
  - 저렴하고 쉽게 복사할 수 있다.
- COM(Computer Output Microfilm)
  - 종이에 인쇄된 정보를 축소 촬영한 필름에 저장하는 시스템이다.
  - 컴퓨터의 출력 정보를 마이크로 이미지 촬영기를 이용하여 온-라인 및 마이크로 필름으로부터 오프-라인으로 촬영 현상을 처리하는 시스템이다.
- CAR(Computer Assisted Retrieval)
  컴퓨터를 이용하여 마이크로필름을 고속 자동으로 검색해 주는 시스템이다.

19 ①

- ADSL
  전화선을 이용한 초고속 인터넷망이다.
- LTE(Long Term Evolution)
  WCDMA와 CDMA2000의 3세대 통신과 4세대 이동통신 4G의 중간에 해당하는 기술이라 하여 3.9세대라고도 하며, 채널 대역폭은 1.25~20MHz, 29HMz 대역폭을 기준으로 하향링크의 최대 전송 속도는 100Mbps, 상향링크의 최대 전송 속도는 50Mbps이다.
- HSDPA(High Speed Downlink Packet Access)
  고속하향패킷접속을 통해 3세대 이동통신 기술인 W-CDMA나 CDMA보다 훨씬 빠른 속도로 데이터를 주고받을 수 있는 3.5세대 이동통신방식이다.

20 ②

Michael D. Zisman 정의의 구분
- 컴퓨터 기술(Computer Technology)
- 통신 기술(Communication Technology)
- 시스템 공학(System Engineering)
- 행동 과학(Behavior Science)

2과목 | 사무경영관리개론

21 ④

행정업무의 효율적 운영에 관한 규정 시행규칙 제7조(문서의 결재)
① 결재권자의 서명란에는 서명날짜를 함께 표시한다.
② 제10조 제2항에 따라 위임전결하는 경우에는 전결하는 사람의 서명란에 "전결" 표시를 한 후 서명하여야 한다.

③ 제10조 제3항에 따라 대결(代決)하는 경우에는 대결하는 사람의 서명란에 "대결" 표시를 하고 서명하되, 위임전결사항을 대결하는 경우에는 전결하는 사람의 서명란에 "전결" 표시를 한 후 대결하는 사람의 서명란에 "대결" 표시를 하고 서명하여야 한다.
④ 제2항과 제3항의 경우에는 서명 또는 "전결" 표시를 하지 아니하는 사람의 서명란은 만들지 아니한다.

22 ②

정보통신망의 고도화와 안전한 이용 촉진을 위하여 설립한 것은 한국인터넷진흥원이다.

오답 피하기

제48조의2(침해사고의 대응 등) ① 방송통신위원회는 침해사고에 적절히 대응하기 위하여 다음 각 호의 업무를 수행하고, 필요하면 업무의 전부 또는 일부를 한국인터넷진흥원이 수행하도록 할 수 있다. 〈개정 2009.4.22〉
1. 침해사고에 관한 정보의 수집 · 전파
2. 침해사고의 예보 · 경보
3. 침해사고에 대한 긴급조치

23 ③

전자정부구현을 위한 행정업무 등의 전자화 촉진에 관한 법률
제19조(전자문서의 발송 및 도달시기) ① 행정기관에 송신한 전자문서는 당해 전자문서의 송신 시점이 컴퓨터에 의하여 전자적으로 기록된 때에 그 송신자가 발송한 것으로 본다.

24 ②

사무량 측정 방법
• 경험적 측정법(청취법) : 사무 경험이 많은 담당자나 그 업무에 정통한 사람에게 문의한 후 사무량을 측정한다.
• 시간 관측법(Stop Watch) : 업무를 직접 관찰하여 소요시간을 측정하는 방법이다.
• 워크샘플링법(Work Sampling) : 임의의 시간 간격으로 작업사항을 직접 관측하여 특별한 관측기구가 필요 없다 누구라도 할 수 있다.
• PTS(Predetermined Time Standards Method)법 : 기본동작에 대한 표준시간을 설정하고, 사무작업에 구성 동작으로 전체 표준시간을 구하는 방법을 말한다.
• 실적 기록법 : CMU(Clerical Minute per Unit) 방법이라고도 하며, 일정단위 사무량과 소요시간을 기록하고 통계적 분석을 통해 표준 시간을 결정한다. 기록양식과 기입방법이 정확하다면 우수한 측정 방법이다.

25 ①

• **빅데이터 3V**
데이터의 크기(Volume), 데이터의 속도(Velocity), 데이터의 다양성(Variety)
• **빅데이터 4V**
데이터의 크기(Volume), 데이터의 속도(Velocity), 데이터의 다양성(Variety), 데이터의 가치(Value)

26 ④

사무 계획의 요소
• 사무 계획 목표 : 경영활동을 하기 위한 지표이다.
• 사무량 예측 : 계획 결정의 기초가 되는 것으로 정보를 수집하고 분석해 얻는 과정이다.
• 방침(Policy) : 목표를 달성하기 위한 원칙내지 규칙이다.
• 스케줄(Schedule) : 해야 할 일에 대한 시간적 순서이다.
• 프로그램(Program) : 목표를 달성하기 위한 행위의 계획이다.
• 예산(Budget) : 사무 계획에 필요한 예산을 예측한다

27 ②

Taylor System
• 작업의 과학적, 시간적 관리를 꾀하는 제도이다.
• 작업과정에서 노동자의 태만을 방지하고 최대의 능률을 발휘하도록 시간 연구와 동작 연구를 바탕으로 하여 공정한 1일의 작업 표준량을 제시한다.
• 과업관리와 함께 의욕을 고취시키기 위해 차별적인 성과급 제도를 채택한다.
• 기능식 직공장 제도를 도입한 관리방식이다.

28 ②

계속관찰법
근무시간 중 일정한 시간을 한정시킨 다음 계속하여 조사하는 발췌 검사식 방법

29 ③

• **사무 간소화 대상**
  − 사무처리 소요시간이 타 작업과 비교하여 상대적으로 긴 작업
  − 사무처리 비용이 타 작업과 비교하여 상대적으로 많이 소요되는 작업
  − 업무의 반복, 불평등한 업무량 등으로 불평불만이 제기되는 작업
• **사무 간소화 부적합 대상**
  − 사무량 측정이 부적합한 대상
  − 조사 기획과 같은 비교적 판단 및 사고력이 요구되는 사무

30 ③

• **스니핑(Sniffing)**
"코를 킁킁거리는" 뜻으로 도청 공격을 의미하는 용어로 네트워크를 거쳐 전송되는 패킷 정보를 읽어 계정과 암호를 알아내는 행위이다.
• **스푸핑(Spoofing)**
눈속임에서 파생된 것으로, 검증된 사람이 네트워크를 통해 데이터를 보낸 것처럼 데이터를 변조하여 접속을 시도하는 침입 형태이다.
• **DDoS(Distributed Denial of Service)**
특정 시스템에 통신량을 급격히 오버플로우를 일으켜 정상적인 서비스를 수행하지 못하도록 만드는 행위이다.
• **XSS(Cross−site scripting, 사이트 간 스크립팅)**
게시판, 웹 메일 등에 삽입된 악의적인 스크립트에 의해 페이지가 깨지거나 다른 사용자의 사용을 방해하거나 쿠키 및 기타 개인 정보를 특정 사이트로 전송시키는 공격이다.

31 ④

정보관리의 기능
• 정보 계획 : 정보관리를 수행하기 위해 필요한 기본적인 요건을 결정하는 것으로 의사결정자가 요구하는 정보의 확정, 사무량 및 처리 방침을 결정하는 기능이다.
• 정보 통제 : 공정 관리에 해당하는 정보관리의 핵심 기능. 이 기능의 성패에 따라 정보관리의 경영적 가치가 좌우된다.
• 정보 처리 : 정보관리의 실제 활동으로 사무활동 그 자체, 사무작업 실행과 보고 기능을 포함한다.
• 정보 보관 및 정보 제공 : 적시에 정보를 제공하고 생산성을 높이기 위한 기능이다.

32 ②

• **간소화의 목적**
용이성, 정확성, 신속성
• **간소화 방법**
  − 본질적이 아닌 작업을 제거한다.
  − 사무작업에서 불필요한 단계나 복잡성을 제거한다.
  − 작업을 단순화하여 사무중복을 최소화한다.

33 ③

사무통제의 종류
- 자동 독촉 제도(Come-up System) : 정해진 시기에 처리해야 할 사무계획을 세운 후, 사무계획에 필요한 서류를 전담직원이 관리하고, 자동으로 독촉하게 하는 제도
- 티클러 시스템(Tickler System) : 색인 카드철(Tickler File)을 이용하여 서류를 관리 후 날짜에 맞춰 서류를 처리
- 간트 차트(Gantt Chart) : 작업량, 시간, 평가 등을 나타내는 간단한 부호를 사용하여 절차계획과 일정계획의 내용을 작업자에게 쉽게 이해시키기 위한 것. 유기적인 전후 관계를 나타내지 못하는 단점이 있다.

34 ②

정보관리와 사무관리는 사무활동을 대상으로 하는 점에서 같으나 관리범위가 사무관리는 좁고 정보 관리는 넓다.

35 ④

사무자동화 사무실 배치원칙
- 사무의 성질상 유사하거나 연락이 많은 부, 과는 거리적으로 가깝게 배치하여 작업의 편리를 도모하며 일의 흐름이 직선적이 되도록 배치한다.
- 공중과 관계가 깊은 부, 과는 입구 근처에 배치하며 관리자의 개인실을 가능한 감소시키고 면적도 작게 하며, 공동의 응접실이나 회의실의 활용을 도모하도록 한다.
- 장래 확장에 대비하여 탄력성 있는 공간을 확보해 두고 장래의 자동화 계획도 계산해 넣어야 한다.
- 사무실 배치에 있어서 가능한 한 독방을 제한한다.
- 채광은 왼쪽 어깨 위에서 비치도록 한다.

36 ①

기능식(스태프) 조직
관리자에 대한 조언·직무를 스태프에게 수평적으로 분담시키는 조직으로 전문화의 장점을 살린 관리 조직
- 장점
  - 조직 구조는 전문가로 구성되어 있고 보다 좋은 감독이 가능하다.
  - 교육 훈련이 용이해 전문가 양성이 쉽고 작업의 표준화가 가능하다.
- 단점
  - 권한이 분산되어 책임 전가가 가능하다.
  - 관리비용이 증가하고 경영전체의 조정이 어렵다.

37 ①

사무계획 수립 절차
목적 → 목표 → 방침의 명확화 → 정보 수집 → 정보 분석 → 전제 설정 → 대안 구상 → 최종안 결정

38 ④

사무관리의 전문화(Specialization)
개인적 전문화, 집단적 전문화, 기계적 전문화, 기술적 전문화를 기하도록 관리를 해야 한다.

39 ②

오답 피하기
- ① : 사후에 결정짓는 것이 아니라 사전에 목적을 달성하기 위해 전망이나 예측을 하는 것을 계획화라 한다.
- ③ : 조정화에 대한 설명이다.
- ④ : 통제화에 대한 설명이다.

40 ③

사무환경 요소
실내조명, 색채조절, 공기조절(냉/난방, 환기시설, 방음설비) 등

3과목 프로그래밍 일반

41 ④

- wrapper : Java 언어에서 기본 데이터형을 객체 데이터형으로 바꾸어주는 클래스이다.
- abstract : Java 언어에서 추상 메소드를 한 개 이상 포함한 클래스로 상속 시에 추상 메소드를 반드시 재정의 해야 한다.
- super : 상속 관계에서 상위 클래스이다.
- sub : 상속 관계에서 하위 클래스이다.
- final : 마지막으로 구현한다라는 의미로 클래스를 제한할 때 사용한다.

42 ③

C 언어의 입출력 함수
- printf() : 형식화된 출력
- puts() : 문자열 출력
- putchar() : 한 문자 출력
- scanf() : 형식화된 입력
- gets() : 문자열 입력
- getchar() : 한 문자 입력

43 ④

구문 분석
주어진 문장이 정의된 문법 구조에 따라 정당하게 하나의 문장으로 사용될 수 있는가를 확인하는 작업이다. 컴퓨터 분야에서는 컴파일러에 의하여 원시 프로그램을 기계어 프로그램으로 번역할 때 낱말 분석(Lexical Analysis) 결과로 만들어진 토큰들을 문법에 따라 분석하는 파싱(Parsing) 작업을 수행하여 파스 트리를 구성하는 작업을 지칭한다.

44 ②

원시프로그램 → 컴파일러 → 목적프로그램 → 링커 → 로더

45 ②

BNF 심벌
- → : 정의될 대상(Object)
- ::= : 정의
- | : 택일
- 〈 〉 : 비종단

46 ④

객체지향 기법의 기본 원칙
- 캡슐화(Encapsulation) : 데이터와 데이터를 조작하는 연산을 하나로 묶는 것을 의미하며 연관된 데이터와 함수를 함께 묶어 외부와 경계를 만들고 필요한 인터페이스만을 밖으로 드러내는 과정을 의미한다.
- 정보 은닉(Information Hiding) : 객체가 다른 객체로부터 자신의 자료를 숨기고 자신의 연산만을 통하여 접근을 허용하는 것을 의미하며 캡슐화와 밀접한 관계가 있다.
- 추상화(Abstraction) : 주어진 문제나 시스템 중에서 중요하고 관계있는 부분만을 분리하여 간결하고 이해하기 쉽게 만드는 작업을 의미한다.
- 상속성(Inheritance) : 상위 클래스의 속성과 메소드를 하위 클래스가 물려받는 것을 의미하며 클래스와 객체를 재사용할 수 있다.

- 다형성(Polymorphism) : 많은 상이한 클래스들이 동일한 메소드명을 이용하는 능력을 의미하며 한 메시지가 객체에 따라 다른 방법으로 응답할 수 있는 것을 의미한다.

47 ①

토큰(Token)
원시 프로그램을 하나의 긴 스트링으로 보고 원시 프로그램을 문자 단위로 스캐닝하여 문법적으로 의미 있는 일련의 문자들로 분할 내는데 이때 분할된 문법적인 단위를 말한다.

48 ④

C언어의 문자형
- char : 문자형
- int : 정수형 (2byte)
- float : 실수형 (4byte)
- double : 실수형 (8byte)

49 ①

어휘 분석
문법적 의미 있는 문자들로 분해해서 토큰 생성하는 단계이다.

50 ③

- **묵시적 순서 제어**
  - 프로그램 언어에서 미리 정해진 순서에 따라서 제어가 일어나는 것을 의미한다.
  - 일반 언어에서 순서를 명시적으로 제어하는 문장이 없으면 문장 나열 순서로 제어한다.
  - 수식에서 괄호가 없으면 연산자 우선순위에 의해서 수식이 계산된다.
- **명시적 순서 제어**
  - 해당 언어에서 각 문장이나 연산의 순서를 프로그래머가 직접 명시 한다.
  - GOTO문이나 반복문을 사용해서 문장의 실행 순서를 바꾼다.
  - 수식의 괄호를 사용해서 연산의 순서를 바꾼다.

51 ①

Noam Chomsky의 문법 구조
- Type 0 문법 : 튜닝 머신(Turing Machine), (Recursively Enumerable Set), 모든 형식 문법을 포함한다. 생성 규칙에 제한이 없다.
- Type 1 문법 : 선형 한계 오토마타(Linear Bounded Automata), (Context–Sensitive Language)
- Type 2 문법 : 푸시다운 오토마타(Push Down Automata), (Context–Free Language), 구문 분석에 사용한다.
- Type 3 문법 : 유한 상태 오토마타(Finite Automata), (Regular Language), 언어의 어휘 구조(Lexical–Structure), 어휘 분석에 사용한다.

52 ①

Java 언어는 객체지향 언어로 다중 상속을 받을 수 있다.

53 ③

UNIX 명령어
- fork : 프로세스 생성, 복제
- mount : 기존 파일 시스템에 새로운 파일 시스템을 서브디렉토리에 연결
- cp : 파일 복사
- mv : 파일 이동
- rm : 파일 삭제
- cat : 파일 내용 화면에 표시
- open : 텍스트 문서 열기

- chmod : 파일의 사용 허가 지정
- chown : 소유자 변경
- ls : 현재 디렉토리 내의 파일 목록 확인
- pwd : 현재 작업 중인 디렉터리 경로를 보여주는 명령어

54 ④

변수명, 연산자, 구두점 모두 각각 한 개씩 토큰으로 분리할 수 있다.

55 ①

파스 트리
- 구문 분석기가 언어 번역에서 문법의 시작 기호가 어떻게 스트링을 유도하는가를 그림으로 표현하는 것이다.
- 어떤 표현이 BNF에 의해 바르게 작성되었는지 확인하기 위해 만드는 트리이다.
- 구문 분석기가 올바른 문장에 대해 그 문장의 구조를 루트, 중간, 단말 노드로 구성하여 트리로 표현한 것이다.

56 ③

C언어의 문자형
- CHAR : 문자형
- INT : 정수형(2Byte)
- FLOAT : 실수형(4Byte)
- DOUBLE : 실수형(8Byte)

57 ②

#include 〈stdio.h〉 int main() {	• 출력 헤더 정의 • main() 함수 시작
int x = 4, y = 7;	x=4, y=7 할당
int resultxy;	resultxy 변수선언
resultxy = x & y;	4 와 7을 논리 곱 연산
printf("%d", resultxy);	결과를 10진수로 출력
return 0; }	main() 함수 종료

0100 → 4
0111 → 7
– – – – – – – 논리 곱
0100 → 4
&는 C 언어에서 논리 곱 연산을 수행한다. 논리 연산을 위해 정수 4, 7을 2진수로 변환한 뒤 논리 곱 처리한다.

58 ①

크로스 컴파일러(Cross Compiler)
번역이 이루어지는 컴퓨터와 번역된 기계어에 이용되는 컴퓨터가 서로 다른 기종의 컴퓨터일 때 사용하는 컴파일러의 한 가지이다.

59 ①

추상화 메커니즘의 종류
- 자료 추상화 : 컴퓨터 내부의 자료 표현을 추상화한다.
- 제어 추상화 : 몇 개의 기계 명령어를 모아 이해하기 쉬운 추상 구문으로 만드는 것이다.
- 기능 추상화 : 입력 데이터를 출력 데이터로 변환하는 과정을 추상화하는 방법이다.

60 ②

Call by Reference (참조에 의한 호출)

| void main () {
　　　int a = 3 ;
　　　func (a) ;
} | 정수형 변수 a에 3 입력
a 호출
즉 아래 func 함수연산 결과인 5가 a에 입력된다. |
| void func(int &x) {
　　　x = 5 ;
} | func 함수 값으로 정수 x를 받는다.
정수 5가 x에 입력된다. |

4과목 정보통신개론

61 ①

X.25

패킷 전송을 위한 DTE/DCE 접속규격(1976년에 패킷교환망을 위한 표준으로 처음 권고)

62 ②

나이퀴스트 채널용량 공식

$C = 2B \log_2 M$

63 ④

FTP 전송 방식
- 텍스트 모드 (TEXT) : ASCII 방식의 문자 전송 시에 사용하는 옵션이다.
- 바이너리 모드(BINARY) : 동영상, 그림, 프로그램 등 전송 시에 사용하는 옵션이다.

64 ④

- **데이터 링크 계층(Data Link Layer)**
  - 흐름 제어, 오류 제어
  - 표준 : HDLC, LLC, LAPB, LAPD, ADCCP
- **세션 계층(Session Layer)**
  프로세스 간에 대한 연결을 확립, 관리, 단절 수단 제공
- **표현 계층(Presentation Layer)**
  코드 변환, 암호화, 압축, 구문 검색

65 ④

FTP(File Transfer Protocol)
- 멀리 떨어져 있는 컴퓨터로부터 파일을 전송받거나 전송하는 서비스를 의미한다.
- bin : 텍스트 모드 외의 파일을 전송할 때 사용한다.
- ascii : 텍스트 모드 파일 전송할 때 사용한다.

66 ①

- **WPAN(Wireless Personal Area Network)**
  10m 이내의 거리에서 무선 서비스를 제공하기 위한 무선 개인 통신망.
  UWB, ZigBee, 블루투스 기술 등이 활용
- **WLAN(Wireless LAN)**
  무선랜

67 ②

ATM
- 광대역 종합정보통신망 B-ISDN 을 실현하기 위하여 사용된다.
- 48 Byte의 페이로드(Payload)를 갖고 있다.
- 5 Byte의 헤더를 갖고 있다.
- 정보는 셀 단위로 나누어 전송하며 멀티미디어 서비스에 적합하다.
- 비동기식 전달 모드로 고속데이터 전송에 사용된다.
- 1.5(Mbps) 이상 Gbps 급의 고속 통신속도를 제공한다.

68 ③

- **SMTP(Simple Mail Transfer Protocol)**
  메일전송 프로토콜
- **RIP(Routing Information Protocol)**
  IP 통신망의 경로 지정 통신 규약의 하나. 경유하는 라우터의 대수(hop의 수량)에 따라 최단 경로를 동적으로 결정하는 거리 벡터 알고리즘 사용
- **OSPF(Open Shortest Path First protocol)**
  링크 상태 라우팅 프로토콜로 IP 패킷에서 프로토콜 번호 89번을 사용하여 라우팅 정보를 전송하여 안정되고 다양한 기능으로 가장 많이 사용되는 IGP(Interior Gateway Protocol)

69 ④

LAN Topology 종류

성형(Star)	망형(Mesh)	링형(Ring)
계층형(Tree)	버스형(Bus)	격자망형(Grid)

70 ④

HDLC의 데이터 전송 모드
- 표준(정규) 응답 모드(NRM) : 반이중 통신을 하는 포인트 투 포인트 또는 멀티 포인트 불균형 링크 구성에 사용하며 종국은 주국의 허가가 있을 때만 송신한다.
- 비동기 응답 모드(ARM) : 전이중 통신을 하는 포인트 투 포인트 불균형 링크 구성에 사용하며 종국은 주국의 허가 없이도 송신이 가능하지만, 링크 설정이나 오류 복구 등의 제어기능은 주국만 한다.
- 비동기 균형(평형) 모드(ABM) : 포인트 투 포인트 균형 링크에서 사용하면 혼합국끼리 허가 없이 언제나 전송할 수 있도록 설정 가능하다.

71 ①

통신용량 $C = W \log_2(1+S/N)$
W : 대역폭, S : 신호 전력, N : 잡음

72 ②

ATM 셀(Cell)의 구조
- 48 Byte의 페이로드(Payload)를 갖고 있다.
- 5Byte의 헤더를 갖고 있다.
- 정보는 셀 단위로 나누어 전송하며 멀티미디어 서비스에 적합하다.
- 비동기식 전달 모드로 고속데이터 전송에 사용된다.
- 1.5(Mbps) 이상 Gbps 급의 고속 통신 속도를 제공한다.

73 ④

- **RIP(Routing Information Protocol)**
  IP 통신망의 경로 지정 통신 규약의 하나로, 경유하는 라우터의 대수(hop 의 수량)에 따라 최단 경로를 동적으로 결정하는 거리 벡터 알고리즘을 사용한다.
- **OSPF(Open Shortest Path First protocol)**
  링크 상태(Link State) 라우팅 프로토콜로 IP 패킷에서 프로토콜 번호 89 번을 사용하여 라우팅 정보를 전송하여 안정되고 다양한 기능으로 가장 많이 사용되는 IGP(Interior Gateway Protocol)이다.

74 ④

OSI 7 Layer
개방된 이기종 단말 간 통신과 호환성 등 모든 네트워크상의 원활한 통신을 위해 최소한의 네트워크 구조를 제공하는 모델이다.

구분	Layer	기능
상	Application	사용자에게 서비스 제공
	Presentation	코드 변환, 암호화, 압축, 구문 검색
	Session	프로세스 간에 대한 연결을 확립, 관리, 단절 수단 제공
	Transport	통신 양단 간의 에러 제어 및 흐름 제어
	Network	경로 설정 및 네트워크 연결 관리
하	Data Link	흐름 제어, 에러 제어
	Physical	전기적, 기능적, 절차적 기능 정의

75 ③

코덱(CODEC; COder/DECoder)
- 아날로그 형태를 디지털 신호로 변환하거나(Coder) 다시 아날로그로 환원하는(Decoder) 장치다.
- 펄스 부호 변조(PCM) 방식을 이용하여 데이터를 변환한다.

오답 피하기

아날로그 신호를 디지털로 변환하여 전송하고 수신단에서 다시 복원하는 장치는 디코더(Decoder)가 된다. 모뎀은 디지털 신호를 아날로그로 변조하여 전송하고 수신단에서 다시 디지털로 복조한다.

76 ③

통신장치
- 게이트웨이 : 프로토콜이 다른 통신망을 상호 접속하기 위한 장치이다.
- 브릿지 : 프로토콜이 동일한 두 개의 LAN을 연결할 때 사용한다. 물리계층까지 기능을 수행할 수 있다.
- 라우터 : 둘 이상의 서로 다른 네트워크에 접속하여 서로 간에 데이터를 주고받을 수 있도록 경로 선택, 혼잡 제어, 패킷 폐기 기능을 수행한다.

77 ④

- 1비트 신호 단위인 경우(onebit; 2위상) : bps = baud
- 2비트 신호 단위인 경우(dibit; 4위상) : bps = 2baud
- 3비트 신호 단위인 경우(tribit; 8위상) : bps = 3baud
- bps = baud * 비트수
  - tribit는 신호당(보오당) 3비트이므로
  - 3bit × 1,600[Baud] = 4,800bps

78 ②

데이터 통신 방식의 종류
- 단방향(Simplex) 방식 : 정보전송은 한 방향으로만 이루어진다.
- 반이중 통신(Half Duplex) 방식 : 2선 회선을 이용해 정보 전송은 양쪽으로 가능하나 한 순간에는 한쪽 방향으로만 가능하다.
- 전이중 통신 (Full Duplex) 방식 : 4선식 회선을 이용하여 양방향 동시 통신 가능한 회선이다.

79 ①

Token Passing
채널의 사용권을 균등 분배하기 위하여 사용권을 의미하는 토큰을 차례로 전달 나가는 방법이다. Token은 채널의 사용권을 가진다.

80 ③

IEEE 802의 표준 규격
- 802.1 : 상위 계층 인터페이스
- 802.2 : 논리 링크 제어(LLC)
- 802.3 : CSMA/CD
- 802.4 : 토큰 버스(Token Bus)
- 802.5 : 토큰 링(Token Ring)
- 802.6 : MAN
- 802.8 : 고속 이더넷(Fast Ethernet)
- 802.11 : 무선 LAN